2018

江西统计年鉴

Jiangxi Statistical Yearbook

江西省统计局　国家统计局江西调查总队 · 编

总第 36 期

中国统计出版社
China Statistics Press

图书在版编目（CIP）数据

江西统计年鉴. 2018 / 江西省统计局, 国家统计局江西调查总队编. -- 北京 : 中国统计出版社, 2018.7
ISBN 978-7-5037-8477-4

Ⅰ. ①江… Ⅱ. ①江… ②国… Ⅲ. ①统计资料－江西－2018－年鉴 Ⅳ. ①C832.56-54

中国版本图书馆 CIP 数据核字(2018)第 113642 号

江西统计年鉴-2018

作　　者/ 江西省统计局　国家统计局江西调查总队
责任编辑/ 钟　钰 张雪梅
装帧设计/ 黄正坤 齐　晶
出版发行/ 中国统计出版社
地　　址/ 北京市丰台区西三环南路甲 6 号
邮政编码/ 100073
电　　话/ 邮购（010）63376909　书店（010）68783171
网　　址/ http://www.zgtjcbs.com
印　　刷/ 江西昌和特种票证有限公司
经　　销/ 新华书店
开　　本/ 890mm×1240mm　1/16
字　　数/ 1200 千字
印　　张/ 32.25 0.75 彩页
版　　别/ 2018 年 10 月第 1 版
版　　次/ 2018 年 10 月第 1 次印刷
定　　价/ 400.00 元　Price:400.00(RMB)

本书附同版本 CD-ROM 一张，光盘内容以书面文字为准。
如有印装差错，由本社发行部调换。

《江西统计年鉴2018》编辑部

Jiangxi Statistical Yearbook 2018 Editorial Office

经济总量
Economic Aggregate

▶地区生产总值(亿元)
Gross Domestic Product(100 million yuan)

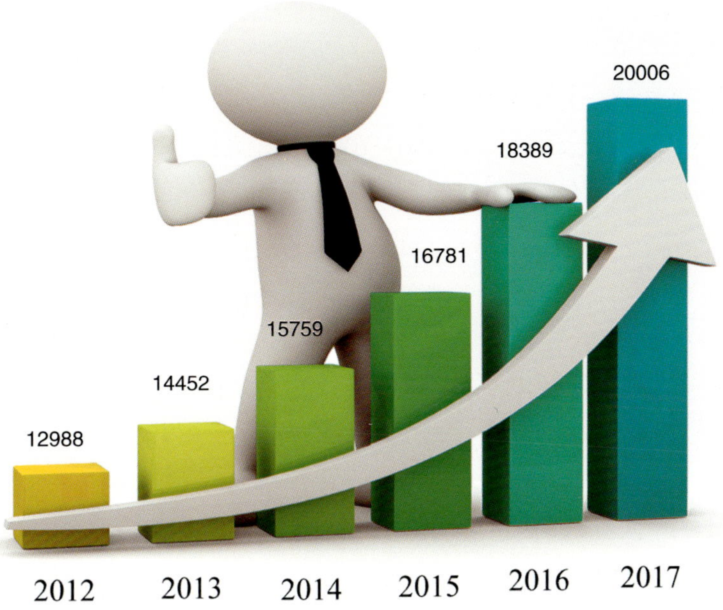

▶财政总收入(亿元)
Government Revenue(100 million yuan)

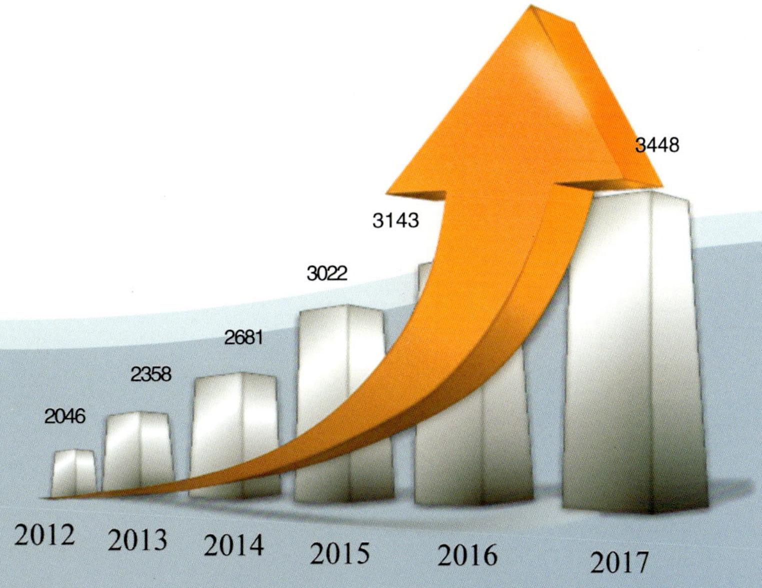

产业结构
Industrial Structure

▶三次产业结构
Three Industrial Structure

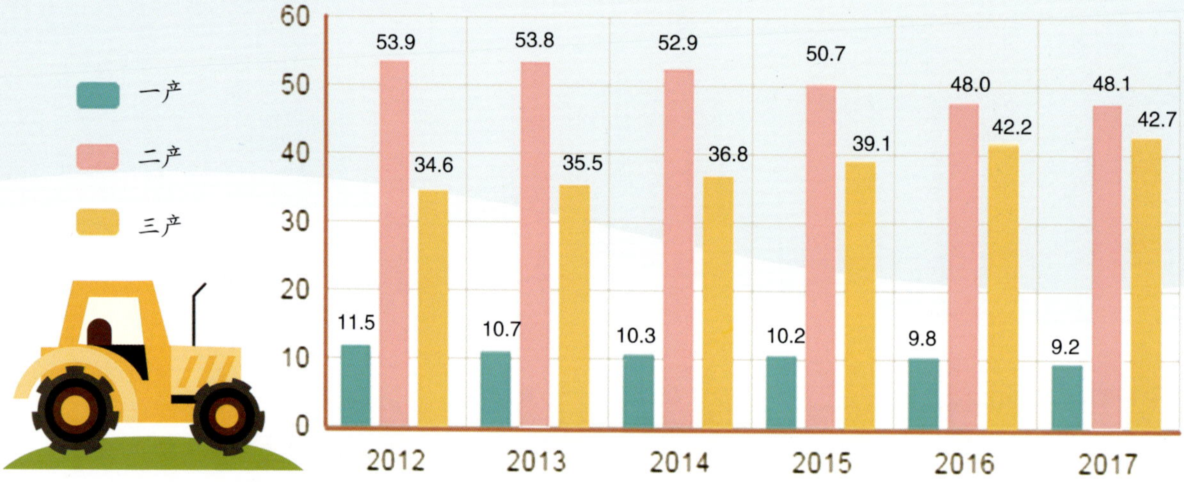

▶农业总产值及工业增加值(亿元)
Agricultural Output and Value-added of Industrial(100 million yuan)

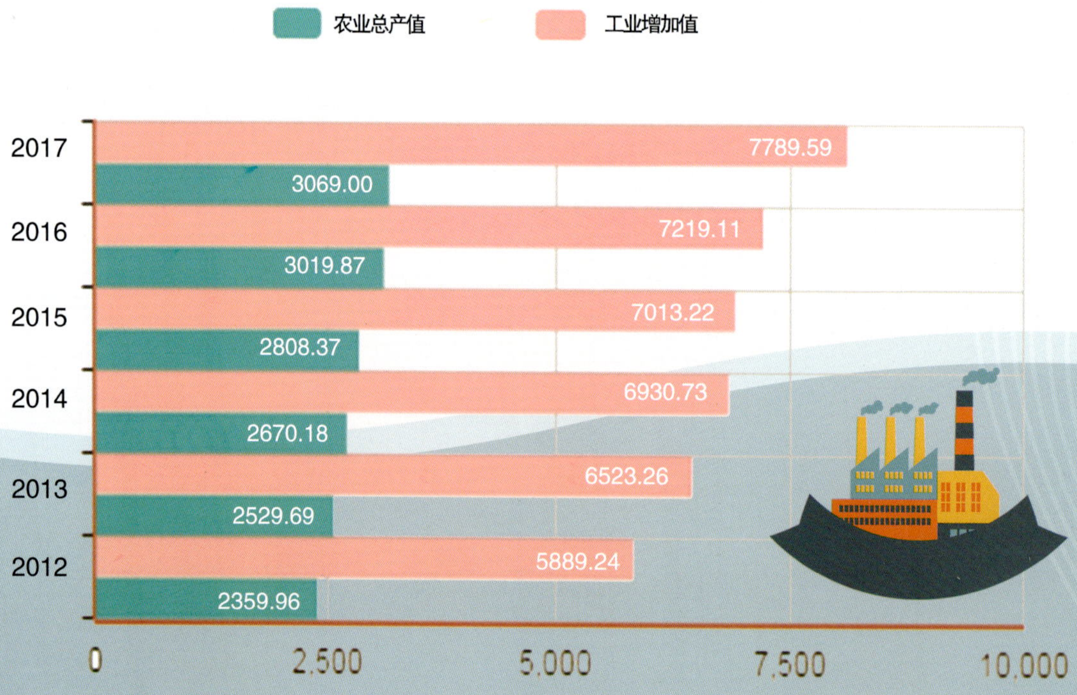

基础设施

Infrastructure Construction

▶固定资产投资(亿元)
Investment in Fixed Assets(100 million yuan)

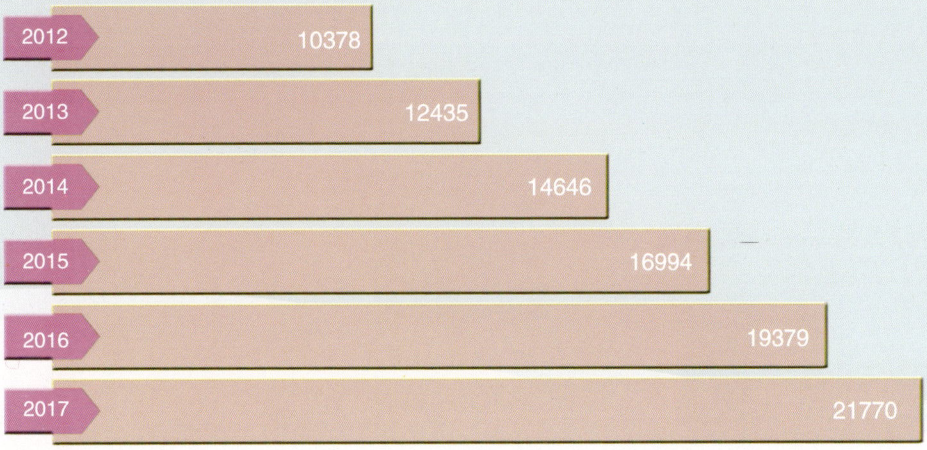

▶高速公路(公里)
Expressway(kilometer)

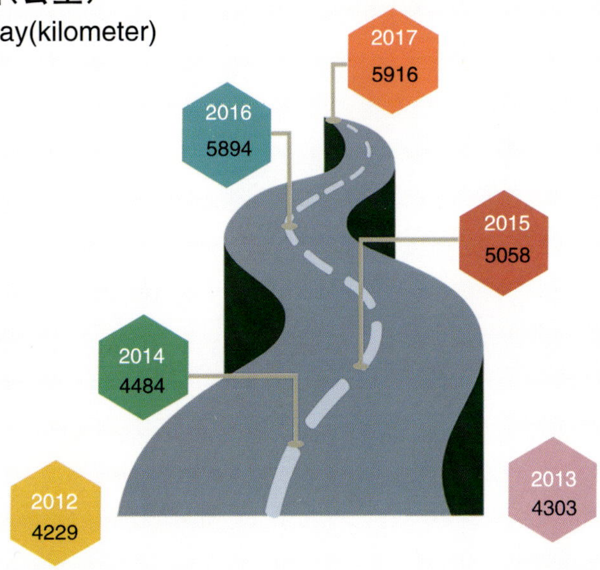

▶城镇化率(%)
Urbanization Rate(%)

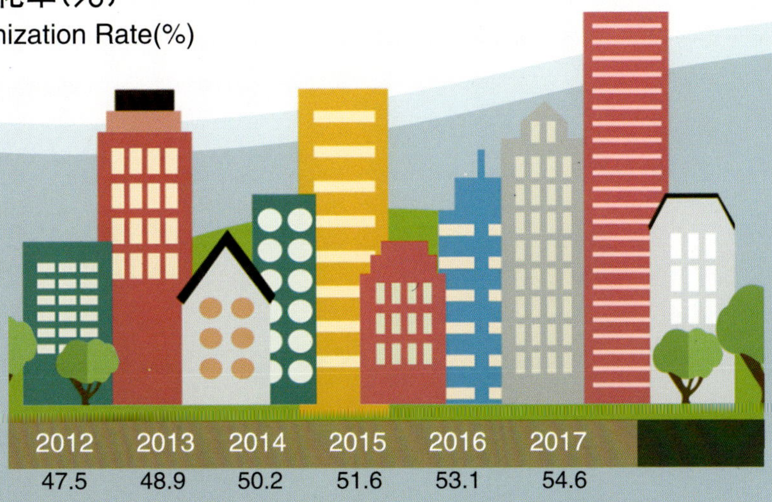

对外开放

Opening to the outside world

▶进出口总额(亿元)
Total Value of Imports and Exports(100 million yuan)

▶实际利用外商直接投资(亿美元)
Direct Foreign Investments(USD 100 million)

贸易、旅游
Trade and Tourism

▶入境旅游人数（万人次）
Number of Overseas Visitor Arrivals(10000 person-times)

▶旅游外汇收入（万美元）
Foreign Exchange Earnings from International Tourism(USD 10000)

▶社会消费品零售总额（亿元）
Total Retail Sales of Consumer Goods(100 million yuan)

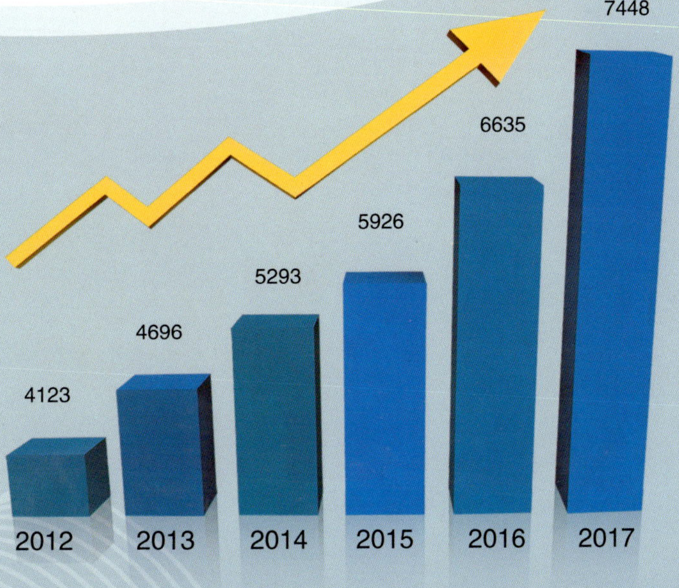

人民生活
People's Livelihood

▶城乡居民人均可支配收入(元)
Per-capita Disposable Income of Urban and Rural Households(yuan)

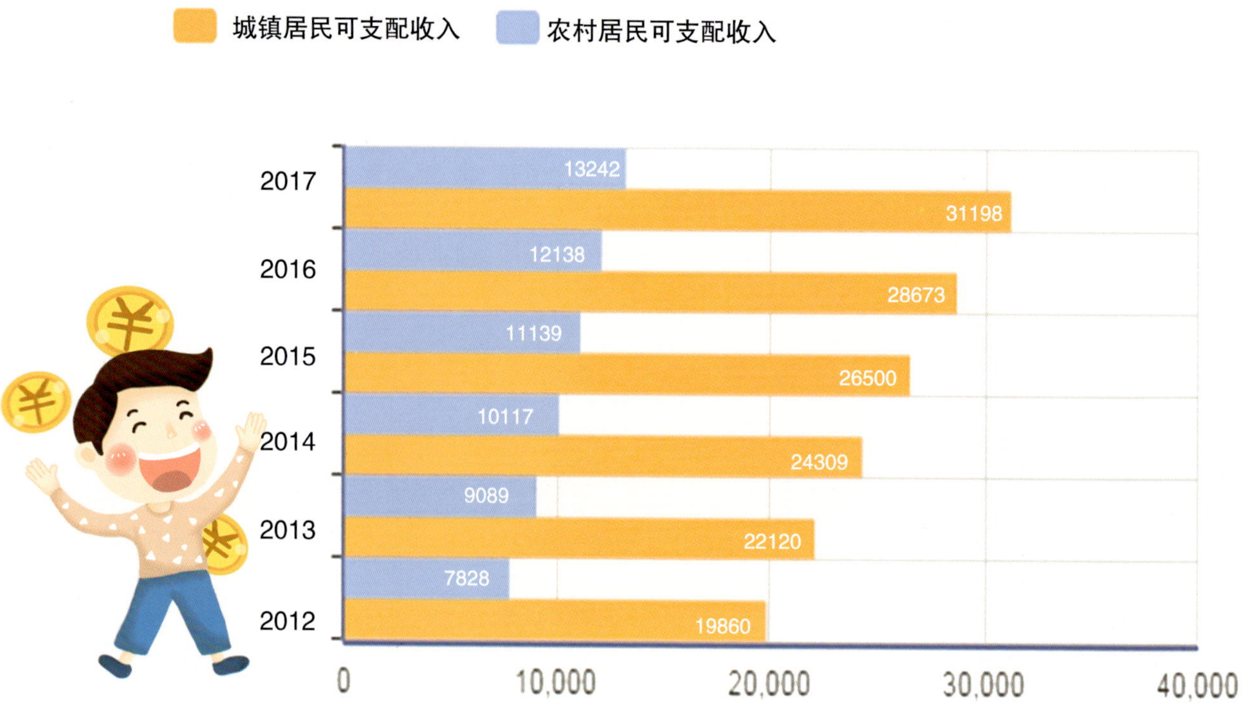

▶人民币住户存款(亿元)
RMB Savings Deposit(100 million yuan)

社会事业
Social Undertakings

▶高等学校在校学生数(万人)
Total Enrollment of Regular Institutions of Higher Eduction (10000 persons)

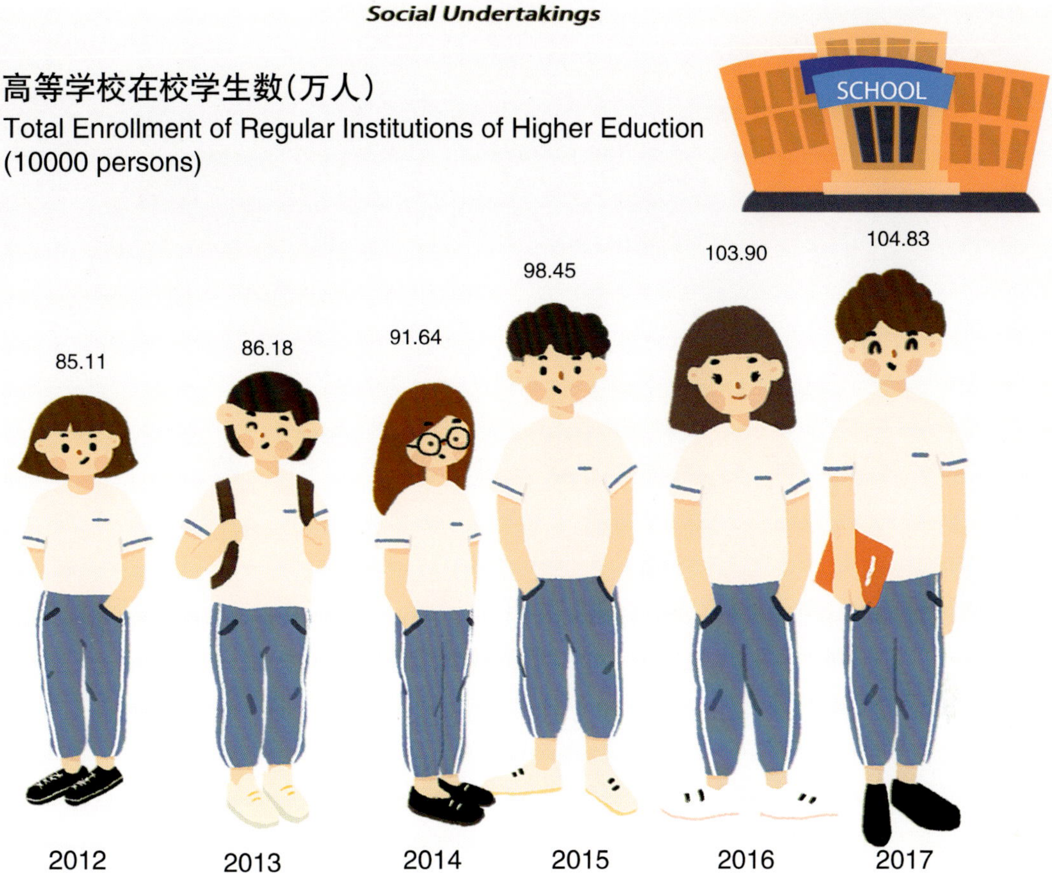

▶卫生技术人员(万人)
Medical Technical Personnel(10000 persons)

生态建设
Ecological Construction

▶森林覆盖率(%)
Forest Coverage(%)

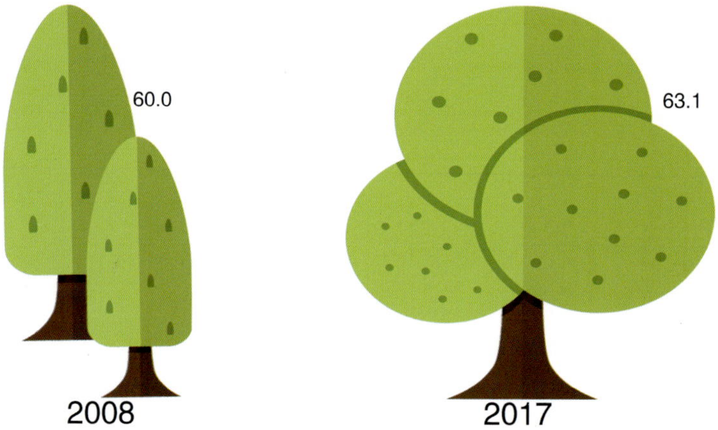

▶单位GDP能耗下降率（%）
Descent Rate of Unit GDP Consumption(%)

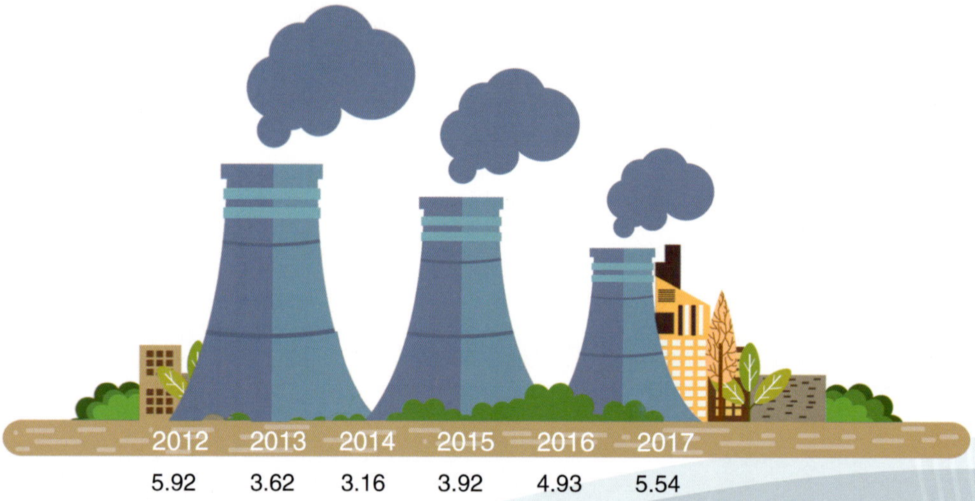

▶城市污水处理率及生活垃圾无害化处理率(%)
Treatment Rate of Domestic Sewage And Treatment Rate of Urban Garbage(%)

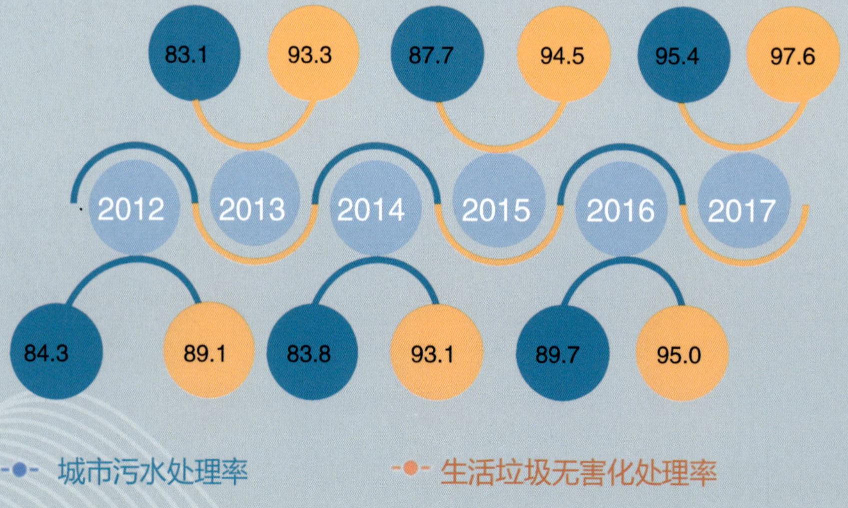

编者说明

一、《江西统计年鉴-2018》系统收录了全省和11个设区市2017年经济、社会各方面的统计数据，改革开放以来和其他历史重要年份的全省主要统计数据，以及全国各省市部分主要指标数据。是一部全面反映江西省经济和社会发展情况的资料性年刊。

二、本年鉴正文内容分为21个篇章，即：综合，人口，就业人员和职工工资，固定资产投资，对外经济贸易，能源，财政，价格指数，人民生活，城市建设，生态环境，农业，工业，建筑业，交通运输、邮电通讯业，国内贸易和旅游，金融业，房地产开发，科技、教育、文化，卫生、体育、社会福利及其他，各省、市、自治区主要经济指标及2017年江西统计调查工作大事记。为方便读者使用，各篇章前设有《简要说明》，对本篇章的主要内容、资料来源、统计范围、统计方法等予以简要概述，篇末附有《主要统计指标解释》。

三、本《年鉴》对以前发表的统计资料重新予以审核，凡与本《年鉴》资料有出入的，均以本年鉴为准。

四、本年鉴所使用的度量衡单位，均采用国际统一标准计量单位。

五、本年鉴中部分数据合计数或相对数由于单位取舍不同而产生的计算误差，均未作机械调整。

六、符号使用说明:年鉴各表中的“空格”表示该项统计指标数据不足本表最小单位数、数据不详或无该项数据；“#”表示其中的主要项。

I Editor's Notes

I. *Jiangxi Statistical Yearbook 2018* is an annual statistics publication, which covers very comprehensive data in 2017 and some selected data series in historically important years and the most recent thirty years at level of province and other provinces and municipalities. Therefore, reflects various aspects of Jiangxi's social and economic development.

II. The yearbook contains the following twenty-two chapters, General Survey; Population; Employment and Wages; Investment in Fixed Assets; Energy; Price Indices; People's Livelihood; General Survey of Cities; Ecological Environment; Agriculture; Industry; Construction; Transport, Post and Telecommunication Services; Domestic Trade; Foreign Trade and Economic Cooperation; Tourism; Financial Intermediation; Insurance; Real Estate; Education, Science and Technology; Culture, Sports and Public Health; Social Welfare and Other Social Activities; Main Statistical Indictors on provinces, autonomous regions and municipalities and Notes of Jiangxi Statistical Events in 2017. For readers' convenience, in Brief Introduction at the beginning of each chapter, main coverage of this chapter, data sources, statistical coverage, statistical methods and historical changes are concerned. In addition, Explanatory Notes on Main Statistical Indicators are provided at the end of each chapter.

III. This Yearbook re-audited statistic data published previously, any data different from this yearbook, take this yearbook's as standard data.

IV. The units of measurement used in this yearbook are internationally standard measurement units.

V. Statistical discrepancies due to rounding are not adjusted in the yearbook.

VI. Notations used in the yearbook: blank space indicates that the figure is not large enough to be measured with the smallest unit in the table, or data are unknown or are not available; "#" indicates a major breakdown of the total.

目 录 Contents

一、综 合
CHAPTER 1 GENERAL SURVEY

二、人 口
CHAPTER 2 POPULATION

三、就业人员和职工工资
CHAPTER 3 EMPLOYMENT AND WAGE

四、固定资产投资
CHAPTER 4 INVESTMENT IN FIXED ASSETS

五、对外经济贸易
CHAPTER 5 FOREIAN ECONOMIC RELATIONS AND TRADE

六、 能 源 CHAPTER 6 ENERGY

七、 财 政 CHAPTER 7 GOVERNMENT FINANCE

八、价格指数
CHAPTER 8 PRICE INDICES

九、人民生活
CHAPTER 9 PEOPLE'S LIVELIHOOD

十、城市建设
CHAPTER 10 MUNICIPAL CONSTRUCTION

十一、生态环境
CHAPTER 11 Ecological Environment

十二、农 业
CHAPTER 12 AGRICULTURE

十三、工 业

CHAPTER 13 INDUSTRY

十四、建筑业
CHAPTER 14 CONSTRUCTION

十五、交通运输、邮电通讯和规上服务业
CHAPTER 15 Transportation,Postal Telecommunications And Above Designated Size In Services

十六、国内贸易和旅游
CHAPTER 16 DOMESTIC TRADE AND TOURISM

十七、金融业 CHAPTER 17 FINANCIAL INDUSTRY

十八、房地产开发 CHAPTER 18 REAL ESTATE DEVELOPMENT

十九、科技、教育、文化 CHAPTER 19 SCI-TECH,EDUCATION AND CULTURE

二十、卫生、体育、社会福利和其他
CHAPTER 20 PUBLIC HEALTH,SPORTS,SOCIAL WELFARE AND OTHERS

二十一、各省、市、自治区主要经济指标

CHAPTER 21 MAIN ECONOMIC INDICATORS OF PROVICES,AUTONOMOUS REGIONS AND MUNICIPALITIES DIRECTLY UNDER THE CENTRAL GOVERNMENT

1

综合

GENERAL SURVEY

◆1/28

资料整理及英文翻译：张雪梅、徐荣开、王倩、邓新欣

简要说明

本篇章由综合资料及国民经济核算资料两个部分组成。

综合资料主要包括国民经济和社会发展综合资料，通过对各篇章主要统计指标及其速度、结构、比例和效益等的加工计算，来反映国民经济和社会发展的总体情况。

国民经济核算资料主要包括地区生产总值及其有关资料。地区生产总值是根据不同产业部门、不同支出构成的特点和资料来源情况而分别采取不同方法计算的。

分设区市的国民经济核算数据由各设区市统计局提供，由于采取分级核算，各设区市数据相加不等于全省总计。

根据第一次第三产业普查结果，对1992年以前全省地区生产总值的历史数据做了调整；2005年根据全国第一次经济普查结果，对1993-2004年的全省地区生产总值历史数据做了调整，本年鉴的数据为调整后数据。

Brief Introduction

This chapter consists of two parts: The summary data and the data on national accounts.

The summary data on the national economy reflect the overall situation of the economic and social development by presenting further processed statistics including growth, structure, ratio and efficiency data derived from other chapters.

The data on national accounts mainly include Gross Domestic Product (GDP) and related data. Data on GDP are calculated with various approaches in accordance with the features of various sectors, various expenditure structures and the data resources.

The data on national accounts by region are provided by the statistical bureaus of various region. The sum of the city data is not equal to the provincial total due to the decentralized accounting approach.

The GDP figures of years up to 1992 been revised in accordance with the result of the First Tertiary Industry Census. In 2005, the GDP figures from the year 1993 to 2004 had in accordance with the result of the First National Economic Census. Data published in this yearbook have been revisedaccordingly.

自然地理资源

位　　置

江西省，简称赣。位于长江中下游交接处的南岸。地处北纬 24° 29′ ~30° 04′ 、东经 113° 34′ ~118° 28′ 之间，东邻浙江、福建，南连广东，西接湖南，北毗湖北、安徽。北控长江，上接武汉三镇，下通南京、上海，东南与沿海开放城市相邻近。京九铁路和浙赣铁路纵横贯通全境，交通便利，地理位置优越。

地势、面积

全省东南西三面群山环绕，内侧丘陵广亘，中北部平原坦荡，整个地势，由外及里，自南而北，渐次向鄱阳湖倾斜，构成一个向北开口的巨大盆地。全省面积 16.69 万平方公里。全境以山地、丘陵为主，山地占全省总面积的 36%，丘陵占 42%，岗地、平原、水面占 22%。

山脉、河流、湖泊

主要山脉分布于省境边陲，山峰一般海拔 1000 米左右，少数海拔 2000 余米。省境东和东北有蜿蜒于赣闽、赣浙之间的武夷山和怀玉山；南有逶迤于赣粤之间的大庾岭和九连山；西有耸峙于赣湘之间的罗霄山脉，雄伟的井冈山就在罗霄山脉的中段；西北有盘亘于赣鄂之间的幕阜山，庐山即是它向东延伸的余脉。

全省有大小河流 2400 多条，总长约 18400 公里，大部分河流汇向鄱阳湖，再注入长江。主要河流有 5 条，即赣江、抚河、信江、修河、饶河。赣江全长 751 公里，为本省第一大川，水量为长江第二大支流，它自南而北流贯全省，从赣州至湖口而入长江，通航里程 5000 余公里。

鄱阳湖是全国最大的淡水湖，它是江西最大的聚水盆，长江水量的巨大调节器，也是沟通省内外各地航道的中转站。

气　　候

江西气候四季变化分明。春季温暖多雨，夏季炎热温润，秋季凉爽少雨，冬季寒冷干燥。2017 年全省平均气温为 18.9℃，降水量为 1739 毫米，日照为 1669 小时。全年气候温暖，光照充足,雨量充沛,无霜期长，具有亚热带湿润气候特色。

资　　源

2017 年，全省淡水面已养殖面积 41.28 万公顷。已查明鱼类 155 种，产量较多的有鲤、鲫、青、鲢等 30 余种，名贵鱼类有荷包红鲤鱼、玻璃鲤鱼、银鱼、石鱼、鲥鱼、鳜鱼等。省内还有众多的水禽和珍禽，其中不少是受到世界性保护的珍禽。

江西地下矿藏丰富，是我国矿产资源配套程度较高的省份之一。储量居全国前三位的有铜、钨、银、钽、钪、铀、铷、铯、金、伴生硫、滑石、粉石英、硅灰石等。铜、钨、铀、钽、稀土、金、银被誉为江西的“七朵金花”。

Nature, Geography and Resourcesrief

Position

Jiangxi Province, called Gan for short, lies in the southern bank of the middle and lower reaches of the Yangtze River. It is located at latitude 24° 29′ ～30° 04′ north, longitude 113° 34′ ～118° 28′ east. It borders Zhejiang and Fujian provinces to the east, Guangdong to the south, Hunan to the west, and Hubei and Anhui to the north. Jiangxi dominates the Yangtze River on the north, and connects the Wuhan in the upper stream, Nanjing and Shanghai in the downstream. And it closes to the coastal opening cities in the southeast. Both Beijing-Kowloon and Zhejiang¬-Jiangxi railways run through the whole province, which provided with the convenient transportation and superior location.

Topography and area

Mountains surround Jiangxi province on three sides. The southern half of the province is hilly with ranges and valleys interspersed; while the middle and northern half is flatter and lower in altitude. Stretching from south to north, the whole land is generally sloping towards Poyang Lake, which has formed a huge basin opening to the north. The total area of the province is 166,900 square kilometers. Within it are various land forms, with mountains and hills dominating. Mountains account for 36% of the province's total area, hills account for 42%, and mounds, plains, and water surface area for 22%.

Mountain ranges, rivers and lakes

The main mountain ranges are distributed by the border of the province, which generally have the altitude of about 1000m, and minority over 2000m. On the east and northeast of Jiangxi have Wuyi and iHuaiyu Mountains winding between Jiangxi and Fujian, Jiangxi and Zhejiang provinces. On the south have Dayu and Jiulian Mountains wriggling between Jiangxi and Guangdong provinces. In the west have Luoxiao Ranges standing between Jiangxi and Hunan provinces, where the magnificent Mt. Jinggang is situated at the middle. In the northwest have Mufu Mountains circling between Jiangxi and Hubei provinces. And its extending part on the east is namely the famous mountain—Mt. Lushan.

There are more than 2,400 rivers of various sizes in Jiangxi province, which have a combined total length of about 18,400 kilometers. Most of them enter Poyang Lake, which in turn empties into the Yangtze River. The five major rivers are Gan River, Fu River, Xin River, Xiu River, and Rao River. The Gan River winds along 751 kilometers, which is the biggest river of the province, and the second tributary of the Yangtze River in water volume. Flowing through the entire length of the province from south to north, it enters Ganzhou to Hukou, and then pours into the Yangtze River, with navigation mileage of over 5000 kilometers.

Poyang Lake is the largest fresh lake in China, and the biggest water assembling basin of Jiangxi province. It is the huge volume moderator of the Yangtze River, and also the intersection of linking up with all shipping lines in-and-out of the province.

Climate

The climate of Jiangxi province is four seasons alternating distinctively: warm with abundant rainfall in spring, hot and humid in summer, cool with little rainfall in autumn, chilly and dry in winter. In 2017, The average temperature of the whole province is about 18.9℃, with the annual precipitation of 1739mm and sunshine hours of 1669h. The whole year of Jiangxi has mild climate, with sufficient sunshine, plentiful rainfall and long frost-free period, which belongs to humid subtropical climate.

Resources

In 2017, the total cultivated freshwater area of the whole province is 41.28 hectares. The identified species of the fishes are 155 and more than 30 types of them occupied the main production, such as carp, crucian carp, black carp, and silver carp etc. The valuable types include lotus red carp, transparent carp, whitebait, reeves shad, and mandarin fish etc. There are also numerous birds and cherished ones in province, most of which are world-protected species.

Jiangxi province has a rich reserve of underground minerals, which is one of the provinces with higher matching degree of mineral resources in China. The reserves of Copper, Tungsten, Silver, Tantalum, Scandium, Uranium, Rubidium, Caesium, Gold, and Associated Pyrite etc, ranking the top three of the nation. Among all these minerals, Copper, Tungsten, Uranium, Tantalum, Rare Earths, Gold and Silver are considered “the seven gold flowers of Jiangxi.”

Administratives Divisions (end of 2017)

地 区	Region	设区市 Cities at Prefecture Level	县级市 Cities at County Level	县 Countries	市辖区 Districts Under the Jurisdication of Cities	市、县、区名称	Name of Cities at County Level, Countries and Districts Under the Jurisdication of Cities
全 省	**Total**	**11**	**11**	**64**	**25**		
南昌市	Nanchang	1		3	6	东湖区、西湖区、青云谱区、湾里区、青山湖区、新建区、南昌县、安义县、进贤县	Donghu,Xihu,Qingyunpu,Wanli,Qingshanhu,Xinjian,Nanchang,Anyi,Jinxian
景德镇市	Jingdezhen	1	1	1	2	昌江区、珠山区、浮梁县、乐平市	Changjiang,Zhushan,Fuliang,Leping
萍乡市	Pingxiang	1		3	2	安源区、湘东区、莲花县、上栗县、芦溪县	Anyuan,Xiangdong,Lianhua,Shangli,Luxi
九江市	Jiujiang	1	3	7	3	濂溪区、浔阳区、九江县、武宁县、修水县、永修县、德安县、都昌县、湖口县、彭泽县、庐山市、瑞昌市、共青城市	Lianxi,Xunyang,Jiujiang,Wuning,Xiushui,Yongxiu,De'an,Duchang,Hukou,Pengze,Lushan,Ruichang,Gongqingcheng
新余市	Xinyu	1		1	1	渝水区、分宜县	Yushui,Fenyi
鹰潭市	Yingtan	1	1	1	1	月湖区、余江县、贵溪市	Yuehu,Yujian,Guixi
赣州市	Ganzhou	1	1	14	3	章贡区、南康区、赣县区、信丰县、大余县、上犹县、崇义县、安远县、龙南县、定南县、全南县、宁都县、于都县、兴国县、会昌县、寻乌县、石城县、瑞金市	Zhanggong,Nankang,Ganxian,Xinfeng,Dayu,Shangyou,Chongyi,Anyuan,Longnan,Dingnan,Quannan,Ningdu,Yudu,Xingguo,Huichang,Xunwu,Shicheng,Ruijin,
吉安市	Ji'an	1	1	10	2	吉州区、青原区、吉安县、吉水县、峡江县、新干县、永丰县、泰和县、遂川县、万安县、安福县、永新县、井冈山市	Jizhou,Qingyuan,Ji'an,Jishui,Xiajiang,Xingan,Yongfeng,Taihe,Suichuan,Wan'an,Anfu,Yongxin,Jinggangshan
宜春市	Yichun	1	3	6	1	袁州区、奉新县、万载县、上高县、宜丰县、靖安县、铜鼓县、丰城市、樟树市、高安市	Yuanzhou,Fengxin,Wanzai,Shanggao,Yifeng,Jing'an,Tonggu,Fengcheng,Zhangshu,Gao'an
抚州市	Fuzhou	1		9	2	临川区、南城县、黎川县、南丰县、崇仁县、乐安县、宜黄县、金溪县、资溪县、东乡县、广昌县	Linchuan,Nancheng,Lichuan,Nanfeng,Chongren,Le'an,Yihuang,Jinxi,Zixi,Dongxiang,Guangchang
上饶市	Shangrao	1	1	9	2	信州区、广丰区、上饶县、玉山县、铅山县、横峰县、弋阳县、余干县、鄱阳县、万年县、婺源县、德兴市	Xinzhou,Guangfeng,Shangrao,Yushan,Yanshan,Hengfeng,Yiyang,Yugan,Poyang,Wannian,Wuyuan,Dexing

1-2 按行业门类和地区分组的法人单位数(2017年)
Number of Legal Entities by Region and Sector(2017)

单位：个 (unit)

项目	Item	法人单位数 Number of Legal Entities 合计 Total	单产业法人 Single Industry	多产业法人 Multi-Industry
总计	**Total**	**573013**	**559043**	**13970**
按行业分	**By sector**			
农、林、牧、渔业	Farming, Forestry, Animal Husbandy and Fishery	69269	69063	206
采矿业	Mining	4354	4293	61
制造业	Manufacturing	79759	79030	729
电力、热力、燃气及水生产和供应业	Production and Supply of Electricity Heating Gas and Water	7228	7039	189
建筑业	Construction	32400	30732	1668
批发和零售业	Wholesale and Retail Trade	134553	132713	1840
交通运输、仓储和邮政业	Transport, Storage and Post Services	17798	17245	553
住宿和餐饮业	Hotel and Catering Services	7560	7381	179
信息传输、软件和信息技术服务业	Information Transmission,Software and Information Technology Services	18582	18408	174
金融业	Financial Intermediation	3509	3030	479
房地产业	Real Estate	14987	14159	828
租赁和商务服务业	Leasing and Business Services	59671	58861	810
科学研究和技术服务业	Scientific Reseach and Ploytechnic Services	15488	15081	407
水利、环境和公共设施管理业	Management of Water Conservancy, Public Facilities and Environment	4145	4058	87
居民服务、修理和其他服务业	Services to Households Repair and Other Services	10760	10628	132
教育	Education	16699	15398	1301
卫生和社会工作	Health Care and Social Services	10627	10268	359
文化、体育和娱乐业	Culture,Sports and Entertainment	9369	9269	100
公共管理、社会保障和社会组织	Public Management Social Security and Social Organizations	56255	52387	3868
按地区分	**By Region**			
南昌市	Nanchang	83894	81508	2386
景德镇市	Jingdezhen	19944	19658	286
萍乡市	Pingxiang	30251	29540	711
九江市	Jiujiang	72959	71408	1551
新余市	Xinyu	27434	27050	384
鹰潭市	Yingtan	19242	18844	398
赣州市	Ganzhou	96846	94343	2503
吉安市	Ji'an	53376	51741	1635
宜春市	Yichun	46567	44941	1626
抚州市	Fuzhou	45261	43957	1304
上饶市	Shangrao	77239	76053	1186

1-3 各设区市按专业分组一套表法人单位数（2017年）

Number of Qualified Legal Entities by Region and Profession in (2017)

单位：个 (unit)

地 区	Region	合 计 Total	工 业 Industry	建筑业 Construction	批发和零售业 Wholesale and Retail Trade
全 省	**Provincial Total**	**31822**	**10889**	**2452**	**4047**
南昌市	Nanchang	4833	1108	744	926
景德镇市	Jingdezhen	1035	327	40	104
萍乡市	Pingxiang	1616	578	88	148
九江市	Jiujiang	3925	1592	201	365
新余市	Xinyu	1025	369	102	102
鹰潭市	Yingtan	1144	276	43	179
赣州市	Ganzhou	4617	1800	358	519
吉安市	Ji'an	3593	1222	168	436
宜春市	Yichun	3812	1542	256	475
抚州市	Fuzhou	2258	772	138	247
上饶市	Shangrao	3964	1303	314	546

注：其他投资是指未纳入规模以上工业、有资质的建筑业、限额以上批发和零售业、限额以上住宿和餐饮业、房地产开发经营业、规模以上服务业，且在报告期内有计划总投资5000万元及以上在建投资项目的法人单位。

a) Other investment refers to legal entities including 50 million yuan and above construction project in the reporting period,while the entities are not included in above scale industry、qualified construction industry、above-norm wholesale and retail trade、above-norm hotel and Catering Services、real estate development business、above scale service industry.

1-3 续表 continued

单位：个 (unit)

地 区	Region	住宿和餐饮业 Hotel and Catering Services	房地产开发经营业 Real Estate	服务业 Service	其他投资 Other Investment
全 省	**Provincial Total**	**977**	**2452**	**4848**	**6157**
南昌市	Nanchang	180	515	908	452
景德镇市	Jingdezhen	39	92	172	261
萍乡市	Pingxiang	43	92	154	513
九江市	Jiujiang	107	276	453	931
新余市	Xinyu	28	96	132	196
鹰潭市	Yingtan	45	77	198	326
赣州市	Ganzhou	127	396	598	819
吉安市	Ji'an	148	164	607	848
宜春市	Yichun	101	266	536	636
抚州市	Fuzhou	41	187	400	473
上饶市	Shangrao	118	291	690	702

注：其他投资是指未纳入规模以上工业、有资质的建筑业、限额以上批发和零售业、限额以上住宿和餐饮业、房地产开发经营业、规模以上服务业，且在报告期内有计划总投资5000万元及以上在建投资项目的法人单位。

a) Other investment refers to legal entities including 50 million yuan and above construction project in the reporting period,while the entities are not included in above scale industry,qualified construction industry,above-norm wholesale and retail trade,above-norm hotel and catering services real estate development business,above scale service industry.

1-4 国民经济和社会发展主要指标与发展速度

指 标	Item	1978
人口(万人)	**Population (10000 persons)**	
年末总人口	Population at Year-end	3182.82
#男性人口	Male	1642.78
女性人口	Female	1540.04
#城镇人口	Urban	533.12
乡村人口	Rural	2649.70
就业(万人)	**Employment (10000 persons)**	
年末社会就业人数	Employment at Year-end	1254.3
#职工人数	Staff and Workers	267.4
年末城镇登记失业人数	Registration Unemployment in Urban Areas at Year-end	21.38
地区生产总值(亿元)	**Gross Domestic Product (100 million yuan)**	**87.00**
第一产业	Primary Industry	36.18
第二产业	Secondary Industry	33.08
第三产业	Tertiary Industry	17.74
人均生产总值(元)	Per Capita GDP (yuan)	276
固定资产投资(亿元)	**Investment in Fixed Assets (100 million yuan)**	
全社会固定资产投资总额	Total Investment in Fixed Assets	8.13
#房地产开发投资	Investment in Real Estate Development	
新增固定资产	Newly Increased Fixed Assets	
财政(亿元)	**Government Finance (100 million yuan)**	
财政总收入	Government Revenue	12.22
一般公共预算收入	Public Financial Revenue of the Local Government	
一般公共预算支出	Government Expenditures	16.27
能源生产与消费(万吨标准煤)	**Production and Consumption of Energy (10 000 tons of SCE)**	
能源生产总量	Total Energy Production	
能源消费总量	Total Energy Consumption	
价格指数(上年=100)	**Price Indices (preceding year=100)**	
居民消费价格指数	Consumer Price Index	
商品零售价格指数	Retail Price Index	100.1
工业生产者出厂价格指数	Producer Price Index for Industrial Products	
工业生产者购进价格指数	Producer Price Indices for Purchasing Goods	
固定资产投资价格指数	Investment in Fixed Assets Price Indices	
人民生活	**People's Livelihood**	
城镇非私营单位职工平均工资(元)	Average Wage of Staff and Workers in Urban Non-Private Units(yuan)	552
城镇居民人均可支配收入(元)	Per Capita Disposable Income of Urban Residents(yuan)	305.36
农村居民人均可支配收入(元)	Per Capita Disposable Income of Rural Residents (yuan)	140.70
人民币住户存款年末余额(亿元)	Outstanding Amount of Saving Deposits in Urban and Rural Areas (100 million yuan)	4.16
城镇居民人均建筑面积(平方米)	Per Capita Building Space of Urban Households (sq.m)	
农村居民人均建筑面积(平方米)	Per Capita Living Space of Rural Households (sq.m)	
城市建设、环境保护	**City Construction ,Environmental Protection**	
人工煤气供气量(万立方米)	Coal Gas Supply (10000 cu.m)	
液化石油气供气量(吨)	Total Liquefied Petroleum Gas Supply (ton)	
道路长度(公里)	Length of Roads (km)	
排水管道长度(公里)	Length of Drainpipes (km)	
公共车辆(汽、电车)运营数(辆)	Operating Public Buses (Buses and Trolley Buses) (unit)	
绿化覆盖面积(公顷)	Coverage Area of Afforestation (hectare)	

注：1.地区生产总值、农业总产值、工业增加值的发展速度均按可比价格计算。
2.自1998年起,职工人数为在岗职工人数。自2012年起，职工人数含劳务派遣人员。
3.从2011年起，固定资产投资项目统计起点由过去的计划投资50万元及以上提高到计划投资500万元及以上。
4.2013年起城乡居民调查指标为新口径调查数据，统一为可支配收入指标。

Major Indicators and Growth Rates on National Economic and Social Development

总量指标 Aggregate Data					速度指标 (%) Indices and Growth Rates (%)						
					指数 Index (2017为以下各年) (2017 as Percentage of the Following Years)				平均增长速度 Average Annual Growth Rate		
1990	2000	2010	2016	2017	1978	1990	2000	2016	1979-2017	1991-2017	2001-2017
3810.64	4148.54	4462.25	4592.26	4622.06	145.2	121.3	111.4	100.6	1.0	0.7	0.6
1972.77	2157.02	2303.16	2356.02	2370.61	144.3	120.2	109.9	100.6	0.9	0.7	0.6
1837.87	1991.52	2159.08	2236.24	2251.45	146.2	122.5	113.1	100.7	1.0	0.8	0.7
775.47	1148.73	1966.07	2438.49	2523.64	473.4	325.4	219.7	103.5	4.1	4.5	4.7
3035.18	2999.81	2496.18	2153.77	2098.42	79.2	69.1	70.0	97.4	-0.6	-1.4	-2.1
1816.5	2060.9	2498.8	2637.6	2645.6	210.9	145.6	128.4	100.3	1.9	1.4	1.5
386.2	291.6	279.6	431.8	427.5	159.9	110.7	146.6	99.0	1.2	0.4	2.3
10.26	16.68	26.26	31.33	32.33	151.2	315.1	193.8	103.2	1.1	4.3	4.0
428.62	**2003.07**	**9483.50**	**18388.59**	**20006.31**	**4547.6**	**1615.5**	**629.2**	**108.8**	**10.3**	**10.9**	**11.4**
175.96	485.14	1188.26	1794.12	1835.26	719.7	339.8	218.1	104.4	5.2	4.6	4.7
133.56	700.76	5163.42	8829.54	9627.98	10752.2	3437.4	1065.1	108.2	12.7	14.0	14.9
119.10	817.17	3131.82	7764.93	8543.07	6564.9	1714.5	493.8	110.5	11.3	11.1	9.8
1134	4851	21325	40159	43424	3119.0	1328.4	565.6	108.1	9.2	10.1	10.7
70.65	548.20	7164.62	19694.21	22085.34	271652.4	31260.2	4028.7	113.3	22.5	23.7	24.3
2.88	42.37	706.82	1770.94	2013.98		69973.6	4753.3	113.7		27.5	25.5
32.5	453.31	4739.38	10888.11	12358.13		37986.6	2726.2	113.5		24.6	21.5
40.62	171.69	1226.24	3143.02	3447.72	28213.7	8487.7	2008.1	109.7	15.6	17.9	19.3
	111.55	778.09	2151.47	2247.06			2014.3	104.4			19.3
50.76	223.47	1923.26	4617.40	5111.47	31416.5	10069.9	2287.3	110.7	15.9	18.6	20.2
1282.42	1293.23	2312.80	2000.89	1525.19		118.9	117.9	76.2		0.6	1.0
1732.29	2505.00	6280.55	8747.18	8995.34		519.3	359.1	102.8		6.3	7.8
102.1	100.3	103.0	102.0	102.0		290.7	145.5	102.0		4.0	2.2
101.3	98.5	102.7	100.6	101.0	473.0	224.3	130.7	101.0	4.1	3.0	1.6
	101.0	115.3	98.6	107.9			164.4	107.9			3.0
	101.2	111.8	97.7	107.2			187.0	107.2			3.8
	101.4	104.8	100.0	106.1			150.2	106.1			2.4
1729	7014	29092	57470	63069	11425.5	3647.7	899.2	109.7	12.9	14.2	13.8
1187.88	5103.60	15660.00	28673.28	31198.06	10216.8	2626.4	611.3	108.8	12.6	12.9	11.2
669.90	2135.30	5987.00	12137.72	13241.82	9411.4	1976.7	620.1	109.1	12.4	11.7	11.3
142.79	1243.15	6113.24	13980.95	15503.39	372677.6	10857.5	1247.1	110.9	23.5	19.0	16.0
	32.4	38.88	42.40	42.50			131.2	100.2			1.6
20.58	27.79	40.26	54.20	54.90		266.8	197.6	101.3		3.7	4.1
1203	39463	58208	19362	17972		1493.9	45.5	92.8		10.5	-4.5
12182	164698	188847	242942	218325		1792.2	132.6	89.9		11.3	1.7
1108	3033	5742	8977	10289		928.6	339.2	114.6		8.6	7.4
878	2074	7340	13326	14134		1609.8	681.5	106.1		10.8	12.0
1091.0	4031	7048	10813	12718		1165.7	315.5	117.6		9.5	7.0
7044	20044	48924	61259	69027		979.9	344.4	112.7		8.8	7.5

a) Growth rates of Gross Domestic Product, gross output value of agriculture and gross industrial value-added are calculated at constant prices.
b) Since 1998,number of staff and workers refers to number of employed staff and workers.Since 2012,number of staff and workers includes dispatched laborers.
c) The statistical starting point of the fixed assets investment projects from the previous plan to invest 500,000yuan and above to plans to invest 5,000,000 million and above since 2011.
d) Indicators of urban and rural residents survey have been adjusted to disposable income since 2013.

1-4 续表1

指 标	Item	1978
一般工业固体废物综合利用量(万吨)	General Industrial Solid Wastes Utilized (10000 tons)	
一般工业固体废物综合利用率(%)	Ratio of General Industrial Solid Wastes Utilized (%)	
农业	**Agriculture**	
农业总产值(亿元)	Gross Output Value of Agriculture (100 million yuan)	49.29
主要农产品产量	Output of Major Farm Products	
粮食(万吨)	Grain(10000 tons)	1125.74
棉花(万吨)	Cotton(10000 tons)	3.48
油料折油(万吨)	Oil-bearing Crops Converted Into Oil(10000 tons)	6.63
油料(万吨)	Oil-bearing Crops(10000 tons)	13.49
黄红麻(万吨)	Jute and Ambary Hemp(10000 tons)	0.48
烟叶(万吨)	Tobacco(10000 tons)	0.61
茶叶(吨)	Tea(ton)	8878
蚕茧(吨)	Silkworm Cocoons(ton)	143
甘蔗(万吨)	Sugar Cane(10000 tons)	68.29
水果(万吨)	Fruits(10000 tons)	2.92
肉类总产量(万吨)	Total Output of Meat(10000 tons)	26.27
水产品(万吨)	Aquatic Products(10000 tons)	5.93
生猪年末存栏(万头)	Number of Slaughtered Fattened Hogs at Year-end(10000 heads)	944.27
生猪当年出栏(万头)	Number of Slaughtered Fattened Hogs of the Year(10000 heads)	574.00
工业	**Industry**	
主要工业产品产量	Output of Major Industrial Products	
化学纤维(万吨)	Chemical Fiber (10000 tons)	0.42
布(混合数)(万米)	Cloth(10000 m)	20173
机制纸及纸板(万吨)	Machine-made Paper and Paperboard (10000 tons)	9.26
卷烟(万箱)	Cigarettes(10000 boxs)	19.14
原煤产量(万吨)	Coal(10000 tons)	1435.50
原油加工量(万吨)	Processed Crude Oil(10000 tons)	
发电量(亿千瓦时)	Electricity(100 million kwh)	45.31
粗钢 (万吨)	Crude Steel (10000 tons)	25.64
钢材 (万吨)	Rolled Steel (10000 tons)	24.50
水泥(万吨)	Cement(10000 tons)	155.56
汽车(万辆)	Vehicles(10000 unit)	0.10
照相机(万架)	Cameras(10000 sets)	1.00
化学肥料(折合100%)(万吨)	Chemical Fertilezers(pure)(10000 tons)	15.97
化学农药(原药)(吨)	Chemical Pesticide(ton)	13539
规模以上工业企业主要指标(亿元)	Main Indicators of Industrial Enterprises above Designated Size (100 million yuan)	
工业增加值	Gross Industrial Value-added	
资产总计	Total Assets	
主营业务收入	Revenue from Principal Business	
建筑业(资级企业)	**Construction With Grade**	
建筑业企业人数(万人)	Number of Employed Persons(10000 persons)	
建筑业总产值(亿元)	Gross Output Value(100 million yuan)	
施工房屋面积(万平方米)	Floor Space of Buildings Under Construction(10000 sq.m)	
竣工房屋面积(万平方米)	Floor Space of Buildings Completed(10000 sq.m)	
交通运输业	**Transportation**	
铁路营业里程(公里)	Length of Railways in Operation(km)	1184
公路通车里程(公里)	Length of Highways(km)	30245

注：1.2000年及以后工业产品产量为规模以上产量。
2.公路通车里程从2006年开始包括村道。

continued

总量指标 Aggregate Data					速度指标（%） Indices and Growth Rates (%)						
1990	2000	2010	2016	2017	指数 Index（2017为以下各年） (2017 as Percentage of the Following Years)				平均增长速度 Average Annual Growth Rate		
					1978	1990	2000	2016	1979–2017	1991–2017	2001–2017
	702.24	4379.14	4909.48	4593.78			654.2	93.6			11.7
	14.64	46.54	38.69	37.15							
255.24	741.35	1900.58	3019.90	3069.00	721.4	364.3	215.7	104.4	5.2	4.9	4.6
1658.20	1614.60	1954.70	2234.4	2221.7	197.4	134.0	137.6	99.4	1.8	1.1	1.9
5.70	6.80	13.08	7.33	7.77	223.3	136.3	114.3	106.0	2.1	1.2	0.8
19.61	32.52	36.47	43.35	46.11	695.5	235.1	141.8	106.4	5.1	3.2	2.1
54.89	96.73	107.57	115.33	117.32	869.7	213.7	121.3	101.7	5.7	2.9	1.1
1.88	0.44	0.11	0.06	0.02	4.2	1.1	4.5	32.8	-7.8	-15.5	-16.6
2.31	1.82	3.76	6.41	5.57	913.1	241.1	306.0	86.9	5.8	3.3	6.8
19415	15703	29808	57528	61399	691.6	316.2	391.0	106.7	5.1	4.4	8.4
2639	3266	7550	6256	6274	4387.4	237.7	192.1	100.3	10.2	3.3	3.9
194.29	136.81	59.10	65.75	65.51	95.9	33.7	47.9	99.6	-0.1	-3.9	-4.2
23.30	42.34	297.13	405.37	455.23	15590.1	1953.8	1075.2	112.3	13.8	11.6	15.0
111.74	192.31	308.20	323.25	326.05	1241.1	291.8	169.5	100.9	6.7	4.0	3.2
30.68	127.12	215.34	241.76	250.55	4225.1	816.7	197.1	103.6	10.1	8.1	4.1
1547.26	1473.50	1756.33	1631.30	1621.34	171.7	104.8	110.0	99.4	1.4	0.2	0.6
1313.18	1992.27	2897.54	3130.31	3180.46	554.1	242.2	159.6	101.6	4.5	3.3	2.8
2.00	7.08	17.92	45.82	46.33	11031.0	2316.5	654.4	110.1	12.8	12.3	11.7
30566	21710	80517	134572	127379	631.4	416.7	586.7	98.0	4.8	5.4	11.0
25.59	24.02	186.59	200.34	211.04	2279.0	824.7	878.6	108.5	8.3	8.1	13.6
47.02	50.99	111.80	129.22	131.65	687.8	280.0	258.2	101.9	5.1	3.9	5.7
2027.11	1813.76	2912.22	1556.80	938.92	65.4	46.3	51.8	60.3	-1.1	-2.8	-3.8
155.10	327.62	468.43	725.01	698.72		450.5	213.3	96.4		5.7	4.6
121.41	226.77	637.59	1085.40	1157.83	2555.4	953.7	510.6	109.4	8.7	8.7	10.1
112.09	319.86	1834.03	2241.53	2412.69	9409.9	2152.5	754.3	107.7	12.4	12.0	12.6
92.32	282.90	1951.55	2584.99	2524.44	10303.8	2734.4	892.3	100.0	12.6	13.0	13.7
469.13	1382.00	6220.54	9513.03	8934.13	5743.2	1904.4	646.5	99.9	10.9	11.5	11.6
0.97	13.36	37.28	53.74	61.02	61574.2	6283.6	456.9	113.6	17.9	16.6	9.3
9.00	17.84	0.58	126.76	130.98	13098.0	1455.3	734.2	103.3	13.3	10.4	12.4
31.07	43.43	113.42	148.18	22.66	141.9	72.9	52.2	77.4	0.9	-1.2	-3.8
5146	13796	21213	55743	35399	261.5	687.9	256.6	74.7	2.5	7.4	5.7
	269.81	3101.89	7803.55	-			1475.1	109.1			17.2
	1835.86	8424.86	21432.66	22909.29			1247.9	106.9			16.0
	897.00	14196.68	35518.65	35585.11			3967.1	100.2			24.2
12.58	29.80	86.10	152.64	160.89		1278.9	539.9	105.4		9.9	10.4
13.76	116.41	1691.47	5183.00	6172.70		44859.7	5302.6	119.1		25.4	26.3
487.50	2572.30	13669.67	28446.16	30726.83		6302.9	1194.5	108.0		16.6	15.7
192.50	1359.80	6488.09	14835.79	15042.24		7814.2	1106.2	101.4		17.5	15.2
1581	2197	2734.10	3909	4137	349.4	261.7	188.3	105.8	3.3	3.6	3.8
33203	60292	140597	161909	162285	536.6	488.8	269.2	100.2	4.4	6.1	6.0

a) Output of industrial products has refered to above designated size since 2000.
b) The total length of highways have included the village road since 2006.

1-4 续表2

指　　标	Item	1978
货物周转量(亿吨公里)	Freight Ton-kilometers (100 million ton-km)	128.63
铁　　路(亿吨公里)	Railways (100 million ton-km)	108.48
公　　路(亿吨公里)	Highways (100 million ton-km)	5.14
水　　运(亿吨公里)	Waterways (100 million ton-km)	15.01
旅客周转量(亿人公里)	Passenger-kilometers (100 million person-km)	44.67
铁　　路(亿人公里)	Railways (100 million person-km)	26.73
公　　路(亿人公里)	Highways (100 million person-km)	16.83
水　　运(亿人公里)	Waterways (100 million person-km)	1.13
邮电通信业	**Postal and Telecommunication Services**	
邮电业务总量(亿元)	Business Volume of Postal and Telecommunication Services (100 million yuan)	0.92
函　件(万件)	Number of Letters (10000 pcs)	7372
移动电话用户(万户)	Number of Mobile Telephone Subscribers (10000 subscribers)	
固定电话用户(万户)	Fixed Telephone Subscribers (10000 Subscribers)	5.59
城市	Urban	3.01
农村	Rural	2.58
计算机互联网用户(万户)	Number of Internet Services Subscribers (10000 subscribers)	
内外贸易和旅游	**Domestic Trade , Foreign Trade and Tourism**	
社会消费品零售总额(亿元)	Total Retail Sales of Consumer Goods(100 million yuan)	33.93
海关进出口总额(万美元)	Total Value of Imports and Exports (USD 10000)	
出口额	Exports	
进口额	Imports	
外商直接投资合同金额(万美元)	Contracted Foreign Direct Investments (USD 10000)	
外商直接投资实际使用金额(万美元)	Actually Utilized Foreign Direct Investments (USD 10000)	
旅游总收入(亿元)	Total Tourism Earnings (100 million yuan)	
涉外旅游人数(人次)	Number of International Tourists (person-times)	
涉外旅游收汇(万美元)	Foreign Exchange Earnings from International Tourism (USD 10000)	
金融业(亿元)	**Financial Intermediation (100 million yuan)**	
金融机构人民币存款余额	Deposits of National Banking System	
金融机构人民币贷款余额	Loans of National Banking System	
教育、文化、卫生	**Education,Culture and Health Care**	
高等学校在校学生数(人)	Students Enrollment of Higher Education(person)	21847
中等专业学校在校学生数(人)	Students Enrollment of Specialized Secondary Schools(persons)	28926
普通中学在校学生数(万人)	Students Enrollment of Secondary Schools(10000 persons)	169.20
小学在校学生数(万人)	Students Enrollment of Primary Schools(10000 persons)	513.77
学龄儿童入学率(%)	Rate of School-age Children Enrollment (%)	94.15
报纸出版数量(万份)	Number of Newspapers Published(10000 copies)	14453
期刊出版数量(万册)	Number of Magazines Published(10000 copies)	378
图书出版数量(万册)	Number of Books Published (10000 copies)	8495
卫生机构数(个)	Number of Hospitals(unit)	5178
卫生技术人员(人)	Number of Medical Technical Personnels(person)	70247
#医　生	Number of Doctors	30430
病 床 数(张)	Number of Hospital Beds(bed)	72289

注：1.邮电业务总量2000年以前按1990年不变价格计算，2001年以后按2000年不变价格计算,2011年以后按2010年不变价格计算。
2.卫生机构数1996年开始包括个体机构。
3.2007年卫生年报统计口径变动。
4.交通运输数据2008年开始按新口径计算
5.2009年互联网用户口径变化为宽带用户数。

continued

总量指标 Aggregate Data 1990	2000	2010	2016	2017	速度指标(%) Indices and Growth Rates (%) 指数 Index (2017为以下各年) (2017 as Percentage of the Following Years) 1978	1990	2000	2016	平均增长速度 Average Annual Growth Rate 1979–2017	1991–2017	2001–2017
299.06	746.93	2738.70	3897.55	4217.07	3278.4	1410.1	564.6	108.2	9.4	10.3	10.7
204.27	563.82	705.90	514.78	532.24	490.6	260.6	94.4	103.4	4.2	3.6	-0.3
62.83	147.19	1850.20	3147.50	3432.95	66788.9	5463.9	2332.3	109.1	18.1	16.0	20.4
31.96	35.81	182.41	235.28	251.87	1678.0	788.1	703.3	107.1	7.5	7.9	12.2
170.37	453.07	912.76	970.64	1000.29	2239.3	587.1	220.8	103.1	8.3	6.8	4.8
74.65	271.91	564.80	687.99	722.66	2703.6	968.1	265.8	105.0	8.8	8.8	5.9
93.88	171.33	330.48	282.31	277.29	1647.6	295.4	161.8	98.2	7.4	4.1	2.9
1.11	1.20	0.32	0.34	0.34	30.1	30.6	28.3	100.0	-3.0	-4.3	-7.2
2.85	81.31	698.05	486.82	790.75	85792.6	27745.6	972.5	162.4	18.9	23.2	14.3
17162	14010	17971	3244	2997	40.7	17.5	21.4	92.4	-2.3	-6.3	-8.7
	140.29	1811.26	3140.7	3449.2			2458.5	109.8			20.7
12.61	354.09	709.60	517.50	477.0	8533.1	3782.7	134.7	92.2	12.1	14.4	1.8
10.11	234.34	439.74	337.4	317.4	10544.9	3139.5	135.4	94.1	12.7	13.6	1.8
2.49	119.75	269.84	180.1	159.6	6186.0	6409.6	133.3	88.6	11.2	16.7	1.7
	26.95	253.40	822.5	997.1			3699.8	121.2			23.7
151.94	704.87	2956.21	6634.63	7448.09	21951.3	4902.0	1056.7	112.3	14.8	15.5	14.9
71934	162399	2160007	4002841	4433898		6163.8	2730.2	110.8		16.5	21.5
58023	119736	1341606	2979840	3248827		5599.2	2713.3	109.0		16.1	21.4
13911	42663	818400	1023001	1185072		8519.0	2777.8	115.8		17.9	21.6
2855	26478	749447	748776	1012521		35464.8	3824.0	135.2		24.3	23.9
621	22724	510084	1044056	1146373		184601.1	5044.8	109.8		32.1	25.9
	134.6	818.32	4993.29	6435.09			4780.9	128.9			25.5
52875	163057	1140792	1648342	1889316		3573.2	1158.7	114.6		14.2	15.5
418	6234	34630	58454	62992		15069.9	1010.5	107.8		20.4	14.6
	1966.78	11846.18	28893.11	32324.91			1643.5	111.9			17.9
	1739.87	7757.12	21721.77	25712.56			1477.8	118.4			17.2
56608	144293	816484	1038951	1048289	4798.3	1851.8	726.5	100.9	10.4	11.4	12.4
61675	160022	238744	219960	203941	705.0	330.7	127.4	92.7	5.1	4.5	1.4
181.06	259.22	273.96	274.57	287.74	170.1	158.9	111.0	104.8	1.4	1.7	0.6
450.44	422.68	426.02	422.76	422.90	82.3	93.9	100.1	100.0	-0.5	-0.2	0.0
98.24	99.58	99.93	99.68	103.75	105.9	101.5	100.1	100.0	0.1	0.1	0.0
58930	39929	70449	107365	90694	627.5	153.9	227.1	84.5	4.8	1.6	4.9
2714	9060	7060	7291	7385	1953.7	272.1	81.5	101.3	7.9	3.8	-1.2
19216	20300	16039	21423	22657	266.7	117.9	111.6	105.8	2.5	0.6	0.6
5632	8048	7172	7879	8057	155.6	143.1	100.1	102.3	1.1	1.3	0.0
116786	123192	154733	220979	235773	335.6	201.9	191.4	106.7	3.2	2.6	3.9
51994	54437	59264	79183	83652	274.9	160.9	153.7	105.6	2.6	1.8	2.6
92274	90930	127915	209085	233513	307.0	240.5	244.1	106.1	2.9	3.3	5.4

a) Business volume of post and telecommunication services before 2000 are calculated at constant prices of 1990 and at 2000 constant prices since 2000，and at 2011 constant prices since 2010.
b) Number of hospitals include individual since 1996.
c) Statistical standards in health report have changed since 2007.
d) The data of transportation are calculated according to new statistical scope since 2008.
e) Internet subscriber is adjusted to DSL subscriber in 2009.

1-5 国民经济主要比例关系

Principal Relations of Major Indicators on National Economic

单位：% (%)

指标	Item	1978	1980	1990	2000	2010	2016	2017
地区生产总值	**Gross Domestic Product**							
第一产业	Primary Industry	41.6	43.5	41.0	24.2	12.5	9.8	9.2
第二产业	Secondary Industry	38.0	36.9	31.2	35.0	54.5	48.0	48.1
工　业	Industry	26.6	27.8	27.2	27.2	45.6	39.2	38.9
建筑业	Construction	11.4	9.1	4.0	7.8	8.8	8.8	9.2
第三产业	Tertiary Industry	20.4	19.6	27.8	40.8	33.0	42.2	42.7
#交通运输邮电业	Transport,Postal and Telecommunication Services	2.9	3.5	5.9	9.7	4.7	4.3	4.3
批零贸易和住宿餐饮业	Wholesaleand Retaill Trades,Hotel and Catering Services	5.6	5.2	4.6	9.1	9.1	9.2	9.4
金融业	Financial Intermediation	1.4	1.3	6.4	4.6	2.5	5.7	5.5
全省总人口	**Province Total Population**							
城镇人口	Urban				27.7	44.1	51.3	54.6
乡村人口	Rural				72.3	55.9	48.7	45.4
社会就业人员	**Total Employed Persons**							
第一产业	Primary Industry	77.2	77.7	65.7	46.6	35.6	29.3	28.5
第二产业	Secondary Industry	13.0	12.3	20.3	24.4	29.6	32.4	32.7
第三产业	Tertiary Industry	9.8	10.0	14.0	29.0	34.8	38.3	38.9
农业总产值	**Gross Agricultural Output Value**							
农　业	Farming	74.0	70.7	60.1	46.5	42.2	46.2	47.1
林　业	Forestry	11.9	14.1	9.4	7.8	9.8	10.4	10.6
牧　业	Animal Husbandry	12.8	14.0	26.4	29.9	30.7	25.2	22.6
渔　业	Fishery	1.3	1.2	4.1	13.5	13.5	14.7	15.9
服务业	Service in Support of Agriculture				2.3	3.8	3.6	3.8
规模以上工业增加值	**Gross Industrial Value-added Above Designated Size**							
轻工业	Light Industry				37.7	34.6	38.0	36.5
重工业	Heavy Industry				62.3	65.4	62.0	63.5
全社会固定资产投资	**Total Investment in Fixed Assets**							
第一产业	Primary Industry					2.9	2.5	2.6
第二产业	Secondary Industry					57.5	52.4	53.5
第三产业	Tertiary Industry					39.6	45.1	43.9
财政支出	**Government Expenditures**							
文教科学卫生	Operating Expenses for Culture, Education, Science and Health Care	18.0	25.4	27.4	24.7	25.7	31.2	22.2
#科　学	Science	0.2	0.4	0.8	0.5	0.9	1.8	2.3
教　育	Education	10.6	15.6	16.4	17.1	15.5	18.4	18.4

1-6 主要指标每人年平均水平
Per Capita Average Annual Level of Major Indicators

指 标	Item	1978	1980	1990	2000	2010	2016	2017
地区生产总值(元)	**Gross Domestic Product(yuan)**	**276**	**342**	**1134**	**4851**	**21325**	**40159**	**43424**
第一产业	Primary Industry	115	149	466	1175	2672	3918	3983
第二产业	Secondary Industry	105	126	353	1697	11611	19283	20898
第三产业	Tertiary Industry	56	67	315	1979	7042	16958	18543
财政总收入(元)	**Government Revenue (yuan)**	**39**	**38**	**107**	**416**	**2757**	**6820**	**7483**
年末居民储蓄存款余额(元)	**Balance of Savings Deposit of Households at Year-end(yuan)**	**13**	**24**	**375**	**2997**	**13746**	**30533**	**33542**
主要农产品产量(公斤)	**Output of Major Farm Products(kg)**							
粮 食	Grain	357.33	381.60	438.86	391.04	439.53	466.94	482.23
棉 花	Cotton	1.10	1.32	1.51	1.65	2.94	1.60	1.69
油料折油	Oil-bearing Crops Converted into oil	2.10	2.09	5.19	7.88	8.20	9.95	10.01
甘 蔗	Sugar Cane	21.68	26.38	51.42	33.13	13.29	14.36	14.22
水 果	Fruits	0.93	1.73	6.17	10.25	66.81	88.53	98.81
肉类总产量	Total output of Meat	8.34	11.71	29.57	46.58	69.30	76.79	70.76
牛 奶	Milk	0.16	0.28	0.59	1.36	2.67	2.05	
水 产 品	Aquatic Products	1.88	2.32	8.12	30.79	48.42	59.32	54.38
主要工业产品产量	**Output of Major Industrial Products**							
化学纤维(公斤)	Chemical Fiber(kg)	0.13	0.41	0.53	1.71	4.03	10.10	10.06
布(混合数)(米)	Cloth(m)	6.40	9.24	8.09	5.26	18.10	29.39	27.65
机制纸及纸板(公斤)	Machine-made Paper and Paperboard(kg)	2.94	3.91	6.77	5.82	41.96	43.75	45.81
原 煤(公斤)	Coal(kg)	455.65	458.62	536.50	439.28	636.40	312.76	203.80
原油加工量(公斤)	Processed Crude Oil(kg)					1053.31	1583.35	1516.60
发 电 量(千瓦小时)	Electricity(kwh)	143.82	176.05	321.32	486.95	1387.46	2015.51	2513.11
粗钢(公斤)	Crude Steel (kg)	8.14	11.93	29.67	77.47	412.40	489.53	523.68
钢材(公斤)	Rolled Steel(kg)	7.78	14.36	24.43	68.52	438.83	564.54	547.94
水 泥(公斤)	Cement(kg)	49.38	61.85	124.16	334.71	1398.75	2067.19	1939.18
化学肥料(公斤)	Chemical Fertilezers(kg)	5.07	7.92	8.22	10.52	25.50	32.36	4.92
化学农药(公斤)	Chemical Pesticide(kg)	0.43	0.54	0.14	0.33	0.48	1.22	0.77
主要消费品消费量	**Consumption of Major Consumer Good**							
农村居民食品消费量(公斤)	Living Consumption of Rural Households(kg)							
粮 食	Grain		314.55	340.85	303.61	213.52	172.04	167.28
植 物 油	Vegetable Oils		2.03	4.76	8.73	6.57	13.92	11.36
猪牛羊肉	Pork, Beef and Mutton		6.60	11.99	12.64	12.71	18.04	18.71
蛋 类	Eggs		1.04	1.95	3.26	3.28	5.73	5.84
水 产 品	Aquatic Products		1.54	2.02	3.73	5.23	8.30	8.43
城镇居民消费量(公斤)	Purchase of Urban Households(kg)							
粮 食	Grain						118.45	112.43
油脂类	Oil						14.04	14.41
肉类	Meat						30.08	31.90
禽类	Pouorty						10.48	10.21
蛋类及蛋制品	Eggs and Related Products						8.00	8.19
水 产 品	Aquatic Products						16.32	17.03

注：2013年起城乡居民消费品为新口径调查数据。

a) New statistical caliber has been applied in living consumption of urban and rural households since 2013.

1-7 江西的一天

One Day of Jiangxi

指标	Item	1978	2000	2010	2016	2017
全省每天创造的财富	**Province Daily Production**					
地区生产总值(万元)	Gross Domestic Product(10000 yuan)	2384	54879	259822	503797	548118
第一产业	Primary Industry	991	13292	32555	49154	50281
第二产业	Secondary Industry	907	19199	141464	241905	263780
工业	Industry	635	14788	118556	197784	213413
建筑业	Construction	272	4410	22907	44135	50382
第三产业	Tertiary Industry	486	22388	85803	197784	234057
#交通运输邮电业	Transport,Postal and Telecommunication Services	70	5342	12251	21821	23734
批零贸易和住宿餐饮业	Wholesaleand Retaill Trades,Hotel and Catering Services	135	4985	23770	46301	51526
金融业	Financial Intermediation	32	2708	6616	28940	30332
财政总收入(万元)	Government Revenue(10000 yuan)	335	4704	33596	85562	94458
财政支出(万元)	Government Expenditures(10000 yuan)	446	6123	52692	126504	140040
布产量(万米)	Cloth(10000 meters)	55	59	221	369	349
机制纸及纸板(吨)	Machine-made Paper and Paperboard(ton)	254	658	5112	5489	5782
原煤产量(吨)	Coal(ton)	39329	49692	77540	39235	25724
原油加工量(吨)	Processed Crude Oil(ton)			12834	19863	19143
发电量(万千瓦小时)	Electricity(10000 kwh)	1241	5508	16905	25285	31721
粗钢(吨)	Crude Steel (ton)	702	8763	50247	61412	66101
钢材(吨)	Rolled Steel (ton)	671	7751	53467	70822	69163
水泥(吨)	Cement(ton)	4262	37863	170426	260631	244771
汽车(辆)	Vehicles(unit)	3	366	1021	1472	1672
照相机(架)	Cameras(set)	27	489	16	3473	3588
全省每天消费	**Province Daily Consumption**					
能源消费(万吨标准煤)	Energy Consumption(10000 tons of SCE)		6.86	17.41	23.96	24.64
社会消费品零售总额(万元)	Total Retail Sales of Consumer Goods (10000 yuan)	930	19312	80992	181771	204057
全省每天其他活动	**Province Other Daily Economic Activities**					
货物运输量(万吨)	Freight Traffic(10000 tons)	12.89	64.66	274.90	378.27	422.90
旅客运输量(万人)	Passenger Traffic(10000 persons)	17.69	98.14	209.95	175.13	176.47
出版报纸(万份)	Newspapers Published(10000 copies)	39.60	109.39	193.01	294.15	248.48
出版期刊(万册)	Number of Magazines Published(10000 copies)	1.03	28.70	19.34	19.98	20.23
出版图书(万册)	Books Published(10000 copies)	23.27	55.62	43.94	58.69	62.07
邮电业务总量(万元)	Business Volume of Postal and Telecommunication Services(10000 yuan)	21	2228	19125	13338	21664
邮寄函件(万件)	Letters Delivered(10000 pieces)	20.20	38.38	49.24	8.89	8.21
邮寄包裹(件)	Packages Delivered(piece)		6767	3321	1549	1373
结婚人数(对)	Number of Marriages(couple)	437	810	989	827	982
离婚人数(对)	Number of Divorces(couple)	28	66	134	237	281

1-8 地区生产总值

Gross Domestic Product

本表按当年价格计算。

Data in this table are calculated at current prices.

单位：亿元 (100 million yuan)

年份 地区 Year Region	地区生产总值 Gross Domestic Product	第一产业 Primary Industry	第二产业 Secondary Industry			第三产业 Tertiary Industry				人均地区生产总值(元) Per Capita GDP (yuan)
				工业 Industry	建筑业 Construction		交通运输仓储和邮政业 Transport, Storage and Post	批发零售和住宿餐饮业 Whlesale and Retail Trades,Hotel and Catering Services	金融业 Financial Intermediation	
1978	87.00	36.18	33.08	23.16	9.92	17.74	2.54	4.91	1.18	276
1980	111.15	48.31	41.00	30.84	10.16	21.84	3.92	5.78	1.39	342
1985	207.89	84.06	76.05	63.13	12.92	47.78	12.27	11.57	5.60	597
1990	428.62	175.96	133.56	116.50	17.06	119.10	25.18	19.74	27.33	1134
1991	479.37	183.27	154.77	135.82	18.95	141.33	26.73	27.86	31.17	1249
1992	572.55	200.81	199.40	168.14	31.26	172.34	31.61	35.80	38.83	1472
1993	723.04	225.58	282.46	233.76	48.70	215.00	39.43	44.68	48.44	1835
1994	948.16	314.35	338.23	269.16	69.07	295.58	55.93	57.76	61.71	2376
1995	1169.73	374.64	403.74	314.49	89.25	391.35	78.32	82.39	71.84	2896
1996	1409.74	440.00	481.30	375.83	105.47	488.44	101.64	108.31	86.32	3452
1997	1605.77	475.18	548.84	438.98	109.86	581.75	115.41	124.66	97.40	3890
1998	1719.87	450.44	608.22	477.15	131.07	661.21	145.40	143.54	100.50	4124
1999	1853.65	464.40	648.82	503.79	145.03	740.43	167.74	161.63	101.15	4402
2000	2003.07	485.14	700.76	543.88	156.88	817.17	194.98	181.96	92.97	4851
2001	2175.68	506.00	786.12	603.23	182.89	883.56	217.94	192.06	82.02	5221
2002	2450.48	535.98	941.77	702.42	239.35	972.73	248.61	214.19	76.51	5829
2003	2807.41	560.00	1204.33	863.31	341.02	1043.08	266.11	243.06	64.31	6624
2004	3469.01	673.77	1576.14	1149.79	426.35	1219.10	259.03	296.37	65.10	8126
2005	4073.32	727.37	1930.65	1468.68	461.97	1415.30	300.97	355.63	69.55	9479
2006	4842.96	786.14	2437.59	1923.00	514.59	1619.23	339.58	406.55	79.75	11197
2007	5825.99	902.41	2998.68	2435.45	563.23	1924.90	372.23	473.70	101.34	13381
2008	7000.28	1051.83	3584.87	2936.92	647.95	2363.58	389.17	596.97	130.57	15967
2009	7702.71	1101.03	3955.38	3232.49	722.89	2646.30	395.74	721.48	165.10	17442
2010	9483.50	1188.26	5163.42	4327.30	836.12	3131.82	447.16	867.60	241.49	21325
2011	11738.45	1363.29	6441.00	5462.31	978.69	3934.16	508.57	1102.26	357.44	26229
2012	12987.99	1484.41	7003.63	5889.24	1114.39	4499.95	631.76	1246.78	413.07	28887
2013	14452.19	1540.65	7783.87	6523.26	1260.61	5127.67	679.48	1354.75	542.83	32023
2014	15759.45	1626.87	8330.03	6930.73	1399.59	5802.55	710.88	1467.43	739.70	34773
2015	16780.89	1714.47	8506.79	7013.22	1493.77	6559.63	736.11	1577.80	897.65	36850
2016	18388.59	1794.12	8829.54	7219.11	1610.91	7764.93	796.47	1690.00	1056.30	40159
2017	20006.31	1835.26	9627.98	7789.59	1838.95	8543.07	866.30	1880.70	1107.12	43424

注：1.自2005年起，交通运输仓储和邮政业不含信息传输计算机服务和软件业。

2.自2013年起，行业分类执行国民经济新行业分类标准(2011)。

3.自2004年起，为研发支出计入GDP核算改革后数据。

a) Since 2005, transportation,storage and post has not included information transmission, computer service and software.

b) New industrial classification for national economic activities (2011) is adopted since 2013.

c)Since 2004, GDP has included data for R&D expenditure after the GDP accounting reform.

1-9 地区生产总值构成

Composition of Gross Domestic Product

本表按当年价格计算。
Data in this table are calculated at current prices.

单位：% (%)

年份 地区 Year Region	地区生产总值 Gross Domestic Product	第一产业 Primary Industry	第二产业 Secondary Industry	工业 Industry	建筑业 Construction	第三产业 Tertiary Industry	交通运输仓储和邮政业 Transport, Storage and Post	批发零售和住宿餐饮业 Whlesale and Retail Trades,Hotel and Catering Services	金融业 Financial Intermediation
1978	100.0	41.6	38.0	26.6	11.4	20.4	2.9	5.6	1.4
1980	100.0	43.5	36.9	27.8	9.1	19.6	3.5	5.2	1.3
1985	100.0	40.4	36.6	30.4	6.2	23.0	5.9	5.6	2.7
1990	100.0	41.0	31.2	27.2	4.0	27.8	5.9	4.6	6.4
1995	100.0	32.0	34.5	26.9	7.6	33.5	6.7	7.0	6.1
1996	100.0	31.2	34.1	26.6	7.5	34.7	7.2	7.7	6.1
1997	100.0	29.6	34.2	27.3	6.9	36.2	7.2	7.8	6.1
1998	100.0	26.2	35.4	27.8	7.6	38.4	8.5	8.3	5.8
1999	100.0	25.1	35.0	27.2	7.8	39.9	9.0	8.7	5.5
2000	100.0	24.2	35.0	27.2	7.8	40.8	9.7	9.1	4.6
2001	100.0	23.3	36.1	27.7	8.4	40.6	10.0	8.8	3.8
2002	100.0	21.9	38.5	28.7	9.8	39.6	10.1	8.7	3.1
2003	100.0	19.9	42.9	30.8	12.1	37.2	9.5	8.7	2.3
2004	100.0	19.4	45.4	33.1	12.3	35.1	7.5	8.5	1.9
2005	100.0	17.9	47.4	36.1	11.3	34.7	7.4	8.7	1.7
2006	100.0	16.2	50.3	39.7	10.6	33.4	7.0	8.4	1.6
2007	100.0	15.5	51.5	41.8	9.7	33.0	6.4	8.1	1.7
2008	100.0	15.0	51.2	42.0	9.3	33.8	5.6	8.5	1.9
2009	100.0	14.3	51.3	42.0	9.4	34.4	5.1	9.4	2.1
2010	100.0	12.5	54.4	45.6	8.8	33.1	4.7	9.1	2.5
2011	100.0	11.6	54.9	46.5	8.3	33.5	4.3	9.4	3.0
2012	100.0	11.5	53.9	45.3	8.6	34.6	4.9	9.6	3.2
2013	100.0	10.7	53.8	45.1	8.7	35.5	4.7	9.4	3.8
2014	100.0	10.3	52.9	44.0	8.9	36.8	4.5	9.3	4.7
2015	100.0	10.2	50.7	41.8	8.9	39.1	4.4	9.4	5.3
2016	100.0	9.8	48.0	39.3	8.8	42.2	4.3	9.2	5.7
2017	100.0	9.2	48.1	38.9	9.2	42.7	4.3	9.4	5.5

1-10 地区生产总值指数

Indices of Gross Domestic Product

本表按可比价格计算。

Data in this table are calculated at constant pieces.

(1978年=100) (year of 1978=100)

年 份 Year	地区生产总 值 Gross Domestic Product	第一产业 Primary Industry	第二产业 Secondary Industry	工 业 Industry	建筑业 Construc-tion	第三产业 Tertiary Industry	交通运输仓储和邮政业 Transport, Storage and Post	批发零售和住宿餐饮业 Whlesale and Retail Trades,Hotel and Cate-ring Services	金融业 Financial Interme-diation	人均地区生产总值 Per Capita GDP
1978	100.0	100.0	100.0	100.0	100.0	100.0	100.0	100.0	100.0	100.0
1979	115.8	115.4	115.9	120.9	104.2	116.6	141.6	108.2	83.3	113.8
1980	120.7	116.4	129.7	138.9	108.1	114.4	147.1	106.1	98.1	117.0
1981	127.5	128.3	127.8	142.2	93.6	125.0	152.0	120.4	107.2	122.2
1982	139.4	144.1	131.5	146.5	96.4	141.4	202.3	131.1	141.6	132.0
1983	148.9	144.2	150.6	165.5	115.4	154.8	221.7	149.1	155.1	139.1
1984	171.8	157.9	182.5	211.0	115.4	183.0	235.9	156.6	314.1	157.9
1985	197.2	169.1	218.3	258.7	123.5	222.9	303.1	182.8	382.9	178.3
1986	210.4	171.0	234.2	286.9	117.0	256.8	312.5	210.6	514.6	187.0
1987	227.9	186.6	250.4	310.4	115.5	280.2	320.9	199.9	761.6	199.2
1988	253.9	191.6	291.5	361.3	134.4	327.6	375.1	233.7	1077.7	218.7
1989	269.4	199.1	305.2	373.9	150.8	364.0	390.9	207.8	1353.6	228.5
1990	281.5	211.8	312.8	392.2	133.9	382.9	439.0	136.5	1368.5	234.8
1991	304.6	219.2	349.7	434.6	138.5	429.2	407.4	177.7	1467.0	250.1
1992	349.7	231.9	430.1	511.5	222.7	511.6	449.0	275.3	1665.0	283.4
1993	397.6	235.6	554.4	650.1	315.3	573.0	489.4	277.5	1981.4	318.0
1994	432.6	249.0	593.2	678.1	392.5	659.0	580.4	301.6	2211.2	341.5
1995	462.0	261.5	611.0	684.2	449.0	749.3	705.2	348.6	2339.4	360.4
1996	516.1	283.7	692.3	778.6	499.3	848.2	777.8	425.3	2470.4	398.2
1997	579.6	303.0	799.6	917.2	520.8	966.9	912.4	482.7	2670.5	442.4
1998	620.8	291.5	888.4	1013.5	597.4	1087.8	1121.3	562.3	2729.3	468.9
1999	669.2	309.0	946.1	1068.2	670.3	1204.2	1320.9	634.3	2786.6	500.5
2000	722.7	330.0	1009.5	1143.0	705.2	1329.4	1550.7	726.9	2549.7	551.5
2001	786.3	343.9	1139.7	1266.4	844.8	1434.4	1713.5	780.0	2412.0	594.8
2002	868.9	359.0	1350.5	1495.6	1012.9	1533.4	1895.1	862.7	2151.5	651.3
2003	981.9	368.7	1678.7	1787.2	1408.9	1646.9	2052.4	975.7	1912.7	730.1
2004	1111.5	398.2	1990.9	2114.3	1682.2	1808.3	2309.0	1097.7	1579.9	823.6
2005	1254.9	424.1	2333.4	2547.7	1826.9	2005.4	2593.0	1238.2	1668.4	923.2
2006	1409.2	451.6	2713.7	3031.7	1965.7	2203.9	2917.1	1386.7	1786.8	1030.3
2007	1595.3	470.2	3185.9	3689.6	2012.9	2461.8	3284.6	1547.6	1954.8	1159.1
2008	1807.4	492.7	3730.7	4438.6	2087.4	2744.9	3448.9	1767.4	2165.9	1304.0
2009	2046.0	514.9	4368.6	5255.3	2308.7	3038.6	3486.8	2067.8	2577.4	1464.4
2010	2332.5	535.5	5159.4	6295.9	2525.7	3378.9	3922.6	2336.6	2958.9	1657.6
2011	2621.7	556.9	5943.6	7378.8	2639.3	3754.0	4169.8	2612.4	3281.4	1851.6
2012	2910.1	582.5	6728.2	8367.5	2950.8	4110.6	4524.2	2873.6	3632.5	2046.0
2013	3204.0	608.8	7542.3	9396.7	3269.5	4455.9	4822.8	3014.4	4584.2	2244.5
2014	3514.8	637.4	8371.9	10421.0	3632.4	4856.9	4977.1	3210.3	5533.1	2451.0
2015	3834.6	662.2	9158.9	11358.9	4064.6	5347.5	5091.6	3428.6	6756.0	2661.7
2016	4179.7	689.4	9937.4	12347.1	4369.5	5941.1	5330.9	3634.4	7870.7	2885.3
2017	4547.6	719.7	10752.2	13433.6	4609.8	6564.9	5666.7	3870.6	8760.1	3119.0

1-11 地区生产总值指数

Indices of Gross Domestic Product

本表按可比价格计算。

Data in this table are calculated at constant prices.

(上年=100) (preceding year =100)

年份 地区 Year Region	地区生产总值 Gross Domestic Product	第一产业 Primary Industry	第二产业 Secondary Industry	工业 Industry	建筑业 Construction	第三产业 Tertiary Industry	交通运输仓储和邮政业 Transport, Storage and Post	批发零售和住宿餐饮业 Whlesale and Retail Trades,Hotel and Catering Services	金融业 Financial Intermediation	人均地区生产总值 Per Capita GDP
1978	113.3	99.8	126.1			128.6				
1980	104.2	100.9	111.9	114.9	103.7	98.1	103.9	98.1	117.8	102.8
1985	114.8	107.1	119.6	122.6	107.0	121.8	128.5	116.7	121.9	112.9
1990	104.5	106.4	102.5	104.9	88.8	105.2	112.3	65.7	101.1	102.7
1991	108.2	103.5	111.8	110.8	103.4	112.1	92.8	130.2	107.2	106.5
1992	114.8	105.8	123.0	117.7	160.8	119.2	110.2	154.9	113.5	113.3
1993	113.7	101.6	128.9	127.1	141.6	112.0	109.0	100.8	119.0	112.2
1994	108.8	105.7	107.0	104.3	124.5	115.0	118.6	108.7	111.6	107.4
1995	106.8	105.0	103.0	100.9	114.4	113.7	121.5	115.6	105.8	105.5
1996	111.7	108.5	113.3	113.8	111.2	113.2	110.3	122.0	105.6	110.5
1997	112.3	106.8	115.5	117.8	104.3	114.0	117.3	113.5	108.1	111.1
1998	107.1	96.2	111.1	110.5	114.7	112.5	122.9	116.5	102.2	106.0
1999	107.8	106.0	106.5	105.4	112.2	110.7	117.8	112.8	102.1	106.7
2000	108.0	106.8	106.7	107.0	105.2	110.4	117.4	114.6	91.5	110.2
2001	108.8	104.2	112.9	110.8	119.8	107.9	110.5	107.3	94.6	107.8
2002	110.5	104.4	118.5	118.1	119.9	106.9	110.6	110.6	89.2	109.5
2003	113.0	102.7	124.3	119.5	139.1	107.4	108.3	113.1	88.9	112.1
2004	113.2	108.0	118.6	118.3	119.4	109.8	112.5	112.5	82.6	112.8
2005	112.9	106.5	117.2	120.5	108.6	110.9	112.3	112.8	105.6	112.1
2006	112.3	106.5	116.3	119.0	107.6	109.9	112.5	112.0	107.1	111.6
2007	113.2	104.1	117.4	121.7	102.4	111.7	112.6	111.6	109.4	112.5
2008	113.3	104.8	117.1	120.3	103.7	111.5	105.0	114.2	110.8	112.5
2009	113.2	104.5	117.1	118.4	110.6	110.7	101.1	117.0	119.0	112.3
2010	114.0	104.0	118.1	119.8	109.4	111.2	112.5	113.0	114.8	113.2
2011	112.4	104.0	115.2	117.2	104.5	111.1	106.3	111.8	110.9	111.7
2012	111.0	104.6	113.2	113.4	111.8	109.5	108.5	110.0	110.7	110.5
2013	110.1	104.5	112.1	112.3	110.8	108.4	106.6	104.9	126.2	109.7
2014	109.7	104.7	111.0	110.9	111.1	109.0	103.2	106.5	120.7	109.2
2015	109.1	103.9	109.4	109.0	111.9	110.1	102.3	106.8	122.1	108.6
2016	109.0	104.1	108.5	108.7	107.5	111.1	104.7	106.0	116.5	108.4
2017	108.8	104.4	108.2	108.8	105.5	110.5	106.3	106.5	111.3	108.1

1-12 收入法地区生产总值

Income Approach of Gross Domestic Product

本表按当年价格计算。

Data in this table are calculated at current prices.

单位：亿元 (100 million yuan)

年 份 地 区 Year Region	地区生产总值 Gross Domestic Product	劳动者报酬 Compensation of Employees	固定资产折旧 Depreciation of Fixed Assets	生产税净额 Net Taxes on Production	营业盈余 Operating Surplus
1978	87.00	57.36	8.19	7.62	13.83
1980	111.15	73.40	9.06	9.05	19.64
1985	207.89	134.11	17.82	19.79	36.17
1990	428.62	265.24	33.85	42.61	86.92
1991	479.37	277.58	44.06	45.52	112.21
1992	572.55	358.84	55.87	50.56	107.28
1993	723.04	462.89	61.49	80.65	118.01
1994	948.16	613.87	97.04	106.10	131.15
1995	1169.73	718.54	123.45	100.37	227.37
1996	1409.74	898.92	140.02	120.04	250.76
1997	1605.77	1044.68	192.38	160.07	208.64
1998	1719.87	1081.83	229.54	166.88	241.62
1999	1853.65	1151.31	282.15	180.32	239.87
2000	2003.07	1218.70	351.87	210.86	221.64
2001	2175.68	1274.14	419.36	280.09	202.09
2002	2450.48	1399.72	497.42	316.47	236.87
2003	2807.41	1555.45	567.25	374.23	310.48
2004	3469.01	1606.15	434.66	409.22	1018.98
2005	4073.32	1845.67	498.63	502.26	1226.76
2006	4842.96	2140.24	581.35	624.30	1497.07
2007	5825.99	2541.01	778.30	694.33	1812.35
2008	7000.28	2997.98	1300.32	1181.75	1520.23
2009	7702.71	3120.36	1488.80	1391.01	1702.54
2010	9483.50	4240.36	1616.83	1213.10	2413.21
2011	11738.45	5116.23	1965.45	1644.57	3012.20
2012	12987.99	5493.23	2114.79	2033.36	3346.61
2013	14452.19	6166.52	2240.86	1980.92	4063.89
2014	15759.45	6331.41	2572.53	2300.17	4555.34
2015	16780.89	7013.93	2734.90	2284.17	4747.89
2016	18388.59	7644.12	2824.51	2556.74	5363.22
2017	20006.31	8413.62	3186.67	2706.58	5699.44

1-13 支出法地区生产总值

Gross Domestic Product by Expenditure Approach

本表按当年价格计算

Data in this table are calculated at current prices

单位：亿元 (100 million yuan)

年份 地区 Year Region	支出法地区生产总值 Gross Domestic Product by Expenditure Approach	最终消费支出 Final Consumption Expenditures	居民消费支出 Household Consumption Expenditures	农村居民 Rural Household	城镇居民 Urban Household	政府消费支出 Government Consumption Expenditures	资本形成总额 Gross Capital Formation	固定资本形成总额 Gross Fixed Capital Formation	存货增加 Change in Inventories	货物和服务净出口 Net Exports of Goods and Services
1978	87.00	56.88					34.52	29.71	4.81	-4.40
1980	111.15	81.02	68.45	49.22	19.23	12.57	36.34	31.28	5.06	-6.21
1985	207.89	151.31	126.30	90.76	35.54	25.01	68.83	52.05	16.78	-12.25
1990	428.62	310.12	250.02	172.83	77.19	60.10	126.99	78.87	48.12	-8.88
1991	479.37	341.79	270.89	185.27	85.62	70.90	147.60	86.56	61.04	-10.02
1992	572.55	381.98	299.37	196.36	103.01	82.61	219.50	136.93	82.57	-28.93
1993	723.04	460.22	349.29	222.92	126.37	110.93	298.34	222.47	75.87	-35.52
1994	944.75	597.07	471.91	291.17	180.74	125.16	368.62	282.84	85.78	-20.94
1995	1177.26	769.98	629.78	401.86	227.92	140.20	425.44	325.55	99.89	-18.16
1996	1413.70	919.59	758.36	495.80	262.56	161.23	507.63	395.85	111.78	-13.52
1997	1596.56	989.60	796.77	504.29	292.48	192.83	617.03	477.30	139.73	-10.07
1998	1719.01	1053.66	823.03	516.98	306.05	230.63	672.85	520.82	152.03	-7.50
1999	1831.25	1122.56	865.87	532.56	333.31	256.69	715.49	552.67	162.82	-6.80
2000	1982.17	1269.58	989.20	574.63	414.57	280.38	718.29	605.54	112.75	-5.70
2001	2161.75	1357.47	1041.96	578.29	463.67	315.51	800.83	696.70	104.13	3.45
2002	2460.49	1459.65	1114.58	602.72	511.86	345.07	999.28	931.80	67.48	1.56
2003	2815.35	1525.90	1171.27	628.50	542.77	354.63	1321.68	1269.92	51.76	-32.23
2004	3476.90	1821.72	1431.42	744.46	686.96	390.30	1709.74	1646.26	63.48	-54.56
2005	4078.32	2116.74	1642.20	816.84	825.36	474.54	1999.10	1939.22	59.88	-37.52
2006	4836.96	2372.15	1804.79	893.04	911.75	567.36	2517.86	2445.25	72.61	-53.05
2007	5823.35	2792.46	2047.13	976.65	1070.48	745.33	3091.05	3012.42	78.63	-60.16
2008	7008.83	3278.60	2522.19	806.58	1715.61	756.41	3799.57	3714.78	84.79	-69.34
2009	7700.34	3544.30	2750.72	877.74	1872.98	793.58	4210.07	4129.33	80.74	-54.03
2010	9483.50	4479.48	3538.46	1095.46	2443.00	941.02	4897.35	4792.98	104.37	106.67
2011	11738.45	5565.91	4237.80	1419.88	2817.92	1328.11	6048.70	5851.32	197.38	123.84
2012	12987.99	6293.04	4731.79	1519.90	3211.89	1561.25	6576.86	6377.32	199.54	118.09
2013	14452.19	7051.32	5397.48	1718.95	3678.53	1653.84	7326.75	6966.82	359.93	74.12
2014	15759.45	7776.37	5989.78	1926.50	4063.28	1786.59	7996.76	7362.37	634.39	-13.68
2015	16780.89	8390.44	6578.11	2088.12	4489.99	1812.33	8412.41	7820.64	591.77	-21.96
2016	18388.59	9311.32	7284.86	2409.35	4875.51	2026.46	9253.63	8999.49	254.14	-176.36
2017	20006.31	10223.22	7965.72	2553.24	5412.48	2257.50	10025.14	9738.41	286.73	-242.05

注：支出法生产总值不等于前表生产总值是由于计算误差的影响。

a) The gorss regional production by expenditure approach is not equal to Gross Domestic Product due to statistical discrepancies.

1-14 支出法地区生产总值结构

Components of Gross Domestic Product by Expenditure Approach

本表按当年价格计算

Data in this table are calculated at current prices

单位：% (%)

年份 地区 Year Region	最终消费率 (消费率) Final Consumption Rate	资本形成率 (投资率) Capital Formation Rate	最终消费支出＝100 Final Consumption Expenditures=100		资本形成总额＝100 Gross Capital Formation=100		居民消费支出＝100 Household Consumption Expenditures=100	
			居民消费支出 Household Consumption Expenditures	政府消费支出 Government Consumption Expenditures	固定资本形成总额 Gross Fixed Capital Formation	存货增加 Change in Inventories	农村居民 Rural Household	城镇居民 Urban Household
1978	65.38	39.68			86.1	13.9		
1980	72.89	32.69	84.5	15.5	86.1	13.9	71.9	28.1
1985	72.78	33.11	83.5	16.5	75.6	24.4	71.9	28.1
1990	72.35	29.63	80.6	19.4	62.1	37.9	69.1	30.9
1991	71.30	30.79	79.3	20.7	58.6	41.4	68.4	31.6
1992	66.72	38.34	78.4	21.6	62.4	37.6	65.6	34.4
1993	63.65	41.26	75.9	24.1	74.6	25.4	63.8	36.2
1994	63.20	39.02	79.0	21.0	76.7	23.3	61.7	38.3
1995	65.40	36.14	81.8	18.2	76.5	23.5	63.8	36.2
1996	65.05	35.91	82.5	17.5	78.0	22.0	65.4	34.6
1997	61.98	38.65	80.5	19.5	77.4	22.6	63.3	36.7
1998	61.29	39.14	78.1	21.9	77.4	22.6	62.8	37.2
1999	61.30	39.07	77.1	22.9	77.2	22.8	61.5	38.5
2000	64.05	36.24	77.9	22.1	84.3	15.7	58.1	41.9
2001	62.79	37.05	76.8	23.2	87.0	13.0	55.5	44.5
2002	59.32	40.61	76.4	23.6	93.2	6.8	54.1	45.9
2003	54.20	46.95	76.8	23.2	96.1	3.9	53.7	46.3
2004	52.39	49.17	78.6	21.4	96.3	3.7	52.0	48.0
2005	51.90	49.02	77.6	22.4	97.0	3.0	49.7	50.3
2006	49.04	52.05	76.1	23.9	97.1	2.9	49.5	50.5
2007	47.95	53.08	73.3	26.7	97.5	2.5	47.7	52.3
2008	46.78	54.21	76.9	23.1	97.8	2.2	32.0	68.0
2009	46.03	54.67	77.6	22.4	98.1	1.9	31.9	68.1
2010	47.23	51.64	79.0	21.0	97.9	2.1	31.0	69.0
2011	47.42	51.53	76.1	23.9	96.7	3.3	33.5	66.5
2012	48.45	50.64	75.2	24.8	97.0	3.0	32.1	67.9
2013	48.79	50.70	76.5	23.5	95.1	4.9	31.8	68.2
2014	49.34	50.74	77.0	23.0	92.1	7.9	32.2	67.8
2015	50.00	50.13	78.4	21.6	93.0	7.0	31.7	68.3
2016	50.64	50.32	78.2	21.8	97.3	2.7	33.1	66.9
2017	51.10	50.11	77.9	22.1	97.1	2.9	32.1	67.9

1-15 支出法地区生产总值指数

Indices of Gross Domestic Product by Expenditure Approach

本表按可比价格计算.
Data in this table are calculated at constant prices.

(1980=100) (year of 1980=100)

年 份 Year	支出法地区生产总值 Gross Domestic Product by Expenditure Approach	最终消费支出 Final Consumption Expenditures	居民消费支出 Household Consumption Expenditures	农村居民 Rural Household	城镇居民 Urban Household	政府消费支出 Government Consumption Expenditures	资本形成总额 Gross Capital Formation	固定资本形成总额 Gross Fixed Capital Formation	存货增加 Change in Inventories
1980	100.0	100.0	100.0	100.0	100.0	100.0	100.0	100.0	100.0
1981	105.6	106.4	107.1	102.6	118.6	104.3	87.8	80.0	105.2
1982	115.4	122.8	121.9	121.8	122.2	129.2	113.0	105.2	145.7
1983	123.2	130.0	129.5	131.3	124.9	133.9	125.1	128.0	77.7
1984	142.2	146.6	141.5	143.5	136.6	180.0	149.0	140.9	163.0
1985	163.2	159.1	154.1	154.0	154.4	192.8	198.5	161.9	315.2
1986	174.1	168.3	158.6	156.0	165.5	233.9	216.4	212.4	204.6
1987	188.6	176.4	166.7	161.1	182.2	240.7	221.2	182.0	324.1
1988	210.1	187.5	177.5	166.4	208.4	252.7	291.8	145.6	815.8
1989	222.9	205.7	181.6	172.4	195.9	362.4	397.7	211.3	904.7
1990	232.9	219.5	193.9	184.8	207.5	385.6	371.8	205.8	811.5
1991	253.6	234.9	205.3	194.8	222.0	430.7	414.6	212.2	1018.4
1992	291.1	257.5	221.9	207.3	248.6	498.3	589.1	313.8	1367.7
1993	331.0	282.0	238.1	220.1	273.0	588.0	705.7	453.8	1131.1
1994	358.8	298.1	255.2	233.3	300.0	588.6	767.1	516.4	1079.1
1995	386.8	318.4	275.6	252.0	324.3	601.0	825.4	568.0	1081.3
1996	430.1	360.7	312.8	293.3	348.6	676.7	884.0	607.2	1164.6
1997	480.4	389.2	330.0	304.4	381.0	793.8	1035.2	700.7	1431.3
1998	516.9	412.6	338.9	310.5	397.0	935.1	1129.4	756.8	1610.2
1999	554.7	441.1	357.2	324.5	426.0	1042.6	1217.5	814.3	1742.2
2000	599.6	498.4	408.3	360.5	514.2	1137.5	1226.0	903.1	1210.8
2001	654.8	534.8	432.0	365.5	575.4	1280.8	1368.2	1040.4	1120.0
2002	726.8	566.9	455.3	375.4	626.0	1385.8	1637.7	1333.8	698.9
2003	821.3	592.4	478.5	389.3	641.7	1420.4	2088.1	1751.3	520.7
2004	929.7	645.7	530.7	424.7	724.5	1458.8	2516.2	2122.6	547.3
2005	1051.5	703.8	585.3	458.3	819.4	1518.6	2928.8	2487.7	507.3
2006	1181.9	777.7	635.7	492.7	898.9	1775.2	3359.3	2855.8	561.6
2007	1337.9	871.1	693.5	523.7	1005.8	2151.5	3839.7	3272.8	595.8
2008	1515.8	971.2	801.7	450.9	1437.3	2142.9	4400.3	3753.9	667.9
2009	1714.4	1080.0	906.7	500.0	1642.9	2247.9	5042.8	4305.7	748.8
2010	1954.4	1212.9	1021.9	565.0	1848.2	2495.2	5748.8	4912.8	826.6
2011	2196.8	1365.7	1149.6	672.4	2025.7	2819.6	6461.6	5526.9	899.4
2012	2438.4	1517.3	1276.0	741.0	2256.6	3146.7	7172.4	6129.3	1022.6
2013	2684.7	1672.0	1408.7	818.8	2491.3	3451.9	7904.0	6754.5	1092.1
2014	2945.1	1839.2	1558.1	912.1	2747.9	3717.7	8670.7	7376.0	1458.0
2015	3213.1	2013.9	1709.2	1001.5	3011.7	4044.8	9459.7	8076.7	1369.1
2016	3502.3	2197.2	1871.6	1099.7	3294.8	4348.2	10339.5	9239.7	580.5
2017	3810.5	2392.8	2038.2	1198.7	3588.0	4730.8	11239.0	10052.8	606.6

1-16 支出法地区生产总值指数

Indices of Gross Domestic Product by Expenditure Approach

本表按可比价格计算.

Data in this table are calculated at constant prices.

(上年=100) (preceding year=100)

年份 地区 Year Region	支出法地区生产总值 Gross Domestic Product by Expenditure Approach	最终消费支出 Final Consumption Expenditures	居民消费支出 Household Consumption Expenditures	农村居民 Rural Household	城镇居民 Urban Household	政府消费支出 Government Consumption Expenditures	资本形成总额 Gross Capital Formation	固定资本形成总额 Gross Fixed Capital Formation	存货增加 Change in Inventories
1980	104.2	100.2	99.8	97.9	105.3	100.3	93.7	99.3	57.5
1985	114.8	108.5	108.9	107.3	113.0	107.1	133.2	114.9	193.4
1990	104.5	106.7	106.8	107.2	105.9	106.4	93.5	97.4	89.7
1991	108.9	107.0	105.9	105.4	107.0	111.7	111.5	103.1	125.5
1992	114.8	109.6	108.1	106.4	112.0	115.7	142.1	147.9	134.3
1993	113.7	109.5	107.3	106.2	109.8	118.0	119.8	144.6	82.7
1994	108.4	105.7	107.2	106.0	109.9	100.1	108.7	113.8	95.4
1995	107.8	106.8	108.0	108.0	108.1	102.1	107.6	110.0	100.2
1996	111.2	113.3	113.5	116.4	107.5	112.6	107.1	106.9	107.7
1997	111.7	107.9	105.5	103.8	109.3	117.3	117.1	115.4	122.9
1998	107.6	106.0	102.7	102.0	104.2	117.8	109.1	108.0	112.5
1999	107.3	106.9	105.4	104.5	107.3	111.5	107.8	107.6	108.2
2000	108.1	113.0	114.3	111.1	120.7	109.1	100.7	110.9	69.5
2001	109.2	107.3	105.8	101.4	111.9	112.6	111.6	115.2	92.5
2002	111.0	106.0	105.4	102.7	108.8	108.2	119.7	128.2	62.4
2003	113.0	104.5	105.1	103.7	106.9	102.5	127.5	131.3	74.5
2004	113.2	109.0	110.9	109.1	112.9	102.7	120.5	121.2	105.1
2005	113.1	109.0	110.3	107.9	113.1	104.1	116.4	117.2	92.7
2006	112.4	110.5	108.6	107.5	109.7	116.9	114.7	114.8	110.7
2007	113.2	112.0	109.1	106.3	111.9	121.2	114.3	114.6	106.1
2008	113.3	111.5	115.6	86.1	142.9	99.6	114.6	114.7	112.1
2009	113.1	111.2	113.1	110.9	114.3	104.9	114.6	114.7	112.1
2010	114.0	112.3	112.7	113.0	112.5	111.0	114.0	114.1	110.4
2011	112.4	112.6	112.5	119.0	109.6	113.0	112.4	112.5	108.8
2012	111.0	111.1	111.0	110.2	111.4	111.6	111.0	110.9	113.7
2013	110.1	110.2	110.4	110.5	110.4	109.7	110.2	110.2	106.8
2014	109.7	110.0	110.6	111.4	110.3	107.7	109.7	109.2	133.5
2015	109.1	109.5	109.7	109.8	109.6	108.8	109.1	109.5	93.9
2016	109.0	109.1	109.5	109.8	109.4	107.5	109.3	114.4	42.4
2017	108.8	108.9	108.9	109.0	108.9	108.8	108.7	108.8	104.5

主要统计指标解释

国内（地区）生产总值 指按市场价格计算的一个国家（或地区）所有常住单位在一定时期内生产活动的最终成果。地区生产总值有三种表现形态，价值形态、收入形态和产品形态。从价值形态看，它是所有常住单位在一定时期内所生产的全部货物和服务价值超过同期投入的全部非固定资产货物和服务价值的差额，即所有常住单位的增加值之和；从产品形态看，它是最终使用的货物和服务减去进口货物和服务。在实际核算中，国内（或地区）生产总值的有三种计算方法，即生产法，收入法和支出法。三种方法分别从不同的方面反映国内（或地区）生产总值及其构成。

地区收入总值 即国民生产总值，指一个国家（或地区）所有常住单位在一定时期内收入初次分配的最终成果，它等于地区生产总值加上来自国外的劳动者报酬和财产收入减去支付给国外的劳动者报酬和财产收入，与地区生产总值不同，地区生产总值是一个生产概念，而地区收入总值是一个收入概念。

支出法地区生产总值 是从最终使用的角度反映一个国家（或地区）一定时期内生产活动最终成果的一种方法，包括最终消费支出、资本形成总额及货物和服务净出口三部分。计算公式为:

支出法地区生产总值=最终消费支出+资本形成总额+货物和服务净出口

最终消费支出 指常住单位为满足物质、文化和精神生活的需要，从本国经济领土和国外购买的货物和服务的支出。它不包括非常住单位在本国经济领土内的消费支出。最终消费支出分为居民消费支出和政府消费支出。

居民消费支出 指常住住户在一定时期内对于货物和服务的全部最终消费支出。居民消费支出除了直接以货币形式购买的货物和服务的消费支出外，还包括以其他方式获得的货物和服务的消费支出，即所谓的虚拟消费支出。居民虚拟消费支出包括如下几种类型：单位以实物报酬及实物转移的形式提供给劳动者的货物和服务；住户生产并由本住户消费了的货物和服务，其中的服务仅指住户的自有住房服务；金融机构提供的金融媒介服务；保险公司提供的保险服务。

政府消费支出 指政府部门为全社会提供的公共服务的消费支出和免费或以较低的价格向居民住户提供的货物和服务的净支出，前者等于政府服务的产出价值减去政府单位所获得的经营收入的价值；后者等于政府部门免费或以较低价格向居民住户提供的货物和服务的市场价值减去向居民住户收取的价值。

资本形成总额 指常住单位在一定时期内获得减去处置的固定资本和存货的净额，包括固定资本形成总额和存货增加两部分。

固定资本形成总额 指常住单位在一定时期内获得的固定资产减处置的固定资产的价值总额。固定资产是通过生产活动生产出来的，且其使用年限在一年以上，单位价值在规定标准以上的资产，不包括自然资产。可分为有形固定资本形成总额和无形固定资本形成总额。有形固定资本形成总额包括一定时期内完成的建筑工程、安装工程和设备器具购置（减处置）价值，以及土地改良、新增役、种、奶、毛、娱乐用牲畜和新增经济林木价值。无形固定资本形成总额包括矿藏的勘探、计算机软件等获得减处置。

存货增加 指常住单位在一定时期内存货实物量变动的市场价值，即期末价值减期初价值的差额，再扣除当期由于价格变动而产生的持有收益。存货增加可以是正值，也可以是负值，正值表示存货上升，负值表示存货下降。包括生产单位购进的原材料、燃料和储备物资等存货，以及生产单位生产的产成品、在制品和半产品等存货。

货物和服务净出口 指货物和服务出口减货物和服务进口的差额。出口包括常住单位向非常住单位出售或无偿转让的各种货物和服务的价值；进口包括常住单位从非常住单位购买或无偿得到的各种货物和服务的价值。由于服务活动的提供与使用同时发生，一般把常住单位从非常住单位得到的服务作为进口，非常住单位从常住单位得到的服务作为出口。货物的出口和进口都按离岸价格计算。

三次产业 三产业的划分是世界上较为常用的产业结构分类，但各国的划分不尽一致。我国的三次产业划分是:

第一产业是指农业、林业、畜牧业、渔业和农林牧渔服务业。

第二产业是指采矿业、制造业、电力、煤气及水的生产和供应业，建筑业。

第三产业是指除第一、二产业以外的其他行业。

固定资产折旧 指一定时期内为弥补固定资产损耗按照规定的固定资产折旧率提取的固定资产折旧，或按国民经济核算统一规定的折旧率虚拟计算的固定资产折旧。它反映了固定资产在当期生产中的转移价值。各类企业和企业化管理的事业单位的固定资产折旧是指实际计提的折旧费。不计提折旧的政府机关、非企业化管理的事业单位和居民住房是按照统一规定的折旧率和固定资产原值计算的虚拟折旧。原则上，固定资产折旧应按固定资产当期的重置价值计算，但是目前我国尚不具备对全社会固定资产进行重估价的基础，所以暂时只能采用上述办法。

劳动者报酬 指劳动者因从事生产活动而获得的全部报酬。包括劳动者获得的各种形式的工资、奖金和津贴，既包括货币形式的，也包括实物形式的，还包括劳动者所享受的公费医疗和医药卫生费、上下班交通补贴、单位支付的社会保险费、住房公积金等。对于个体经济来说，其所有者所获得的劳动报酬和经营利润不易区分，这两部分统一作为劳动者报酬处理。

生产税净额 指生产税减生产补贴后的余额，生产税是指政府对生产单位从事生产、销售和经营活动以及因从事生产活动使用某些生产要素（如固定资产、土地、劳动力）所征收的各种税、附加费和规费。生产补贴与生产税相反，指政府对生产单位的单方面转移支出，因此视为负生产税，包括政策亏损补贴、价格补贴等。

营业盈余 指常住单位创造的增加值扣除固定资产折旧、劳动者报酬和生产税净额后的余额，它相当于企业的营业利润加上生产补贴，但要扣除利润中开支的工资、福利等。

Explanatory Notes on Main Statistical Indicators

Gross Domestic Product (GDP) refers to the final products at market prices produced by all resident units in a country (or a region) during a certain period of time. Gross domestic product is expressed in three different perspectives, namely value, income, and products respectively. GDP in its value perspective refers to the total value of all goods and services produced by all resident units during a certain period of time, minus the total value of input of goods and services of the nature of non-fixed assets; in other words, it is the sum of the value-added of all resident units. GDP from the perspective of income includes the primary income created by all resident units and distributed to resident and non-resident units. GDP from the perspective of products refers to the value of all goods and services for final consumption by all resident units minus the net exports of goods and services during a given period of time. In the practice of national accounting, gross domestic product is calculated from three approaches, namely production approach, income approach and expenditure approach, which reflect gross domestic product and its composition from different angles.

Gross National Income (GNI) also known as Gross National Product, refers to the final result of the primary distribution of the income created by all the resident units of a country (or a region) during a certain period of time. The value-added created by the resident units of a country engaged in production activities is distributed, during the primary distribution, mainly to the resident units of that country, while part of it is distributed to the non-resident units in the form of production tax and import duties (minus subsidies to production and import), labourers remuneration and property income. In the meantime, a part of the value-added created abroad is distributed to the resident units of the country in the form of production tax and import duties (minus subsidies to production and import), labourers remuneration and property income. The concept of Gross National Income is thus developed, which equals to Gross Domestic Product plus the net factor income from abroad. Unlike GDP which is a concept of production, GNP is a concept of income.

GDP by Expenditure Approach refers to the method of measuring the final results of production activities of a country (region) during a given period from the perspective of final uses. It includes final consumption expenditure, gross capital formation and net export of goods and services. The formula for computation is.:

GDP by expenditure approach = final consumption expenditure + gross capital formation + net export of goods and services

Final Consumption Expenditure refers to the total expenditure of resident units for purchases of goods and services from both the domestic economic territory and abroad to meet the needs of material, cultural and spiritual life. It does not include the expenditure of non-resident units on consumption in the economic territory of the country. The final consumption expenditure is broken down into household consumption expenditure and government consumption expenditure.

Household Consumption Expenditure refers to the total expenditure of resident households on the final consumption of goods and services. In addition to the consumption of goods and services bought by the households directly with money, the household consumption expenditure also includes expenditure on goods and services obtained by the households in other ways, i.e. the so-called imputed consumption expenditure, which includes the following: (a) the goods and services provided to households by employers in the form of payment in kind and transfer in kind; (b) goods and services produced and consumed by the households themselves, in which the services refer only to the owner-occupied housing; (c) financial intermediate services provided by financial institutions; (d) insurance services provided by insurance companies.

Government Consumption Expenditure refers to the consumption expenditure spent for the provision of public services provided by the government to the whole country and the net expenditure on the goods and services provided by the government to households free of charge or at reduced prices. The former equals to the output value of the government services minus the value of operating income obtained by the government departments. The latter equals to the market value of the goods and services provided by the government free of charge or at reduced prices to the households minus the value received by the government from the households.

Gross Capital Formation refers to the fixed assets acquired less disposals and the net value of inventory, thus including gross fixed capital formation and changes in inventories.

Gross Fixed Capital Formation refers to the value of acquisitions less those disposals of fixed assets during a given period. Fixed assets are the assets produced through production activities with unit value above a specified amount and which could be used for over one year. Natural assets are not included.Gross fixed capital formation can be categorized into total tangible fixed capital formation and total intangible fixed capital formation. Total tangible fixed capital formation includes the value of the construction projects and installation projects completed and the equipment, apparatus and instruments purchased (less those disposed) as well as the value of land improved, the value of draught animals, breeding stock and animals for milk, for wool and for recreational purposes and the newly increased forest with economic value. Total intangible fixed capital formation includes the prospecting of minerals and the acquisition of computer software minus the disposal of them.

Changes in Inventories refers to the market value of the change in the physical volume of inventory of resident units during a given period, i.e. the difference between the values at the beginning and at the end of the period minus the gains due to the change in prices. The changes in inventories can have a positive or a negative value. A positive value indicates an increase in inventory while a negative value indicates a decrease in inventory. The inventory includes raw materials, fuels and reserve materials purchased by the production units as well as the inventory of finished products, semi-finished products and work-in-progress.

Net Export of Goods and Services refers to the exports of goods and services subtracting the imports of goods and services. Exports include the value of various goods and services sold or gratuitously transferred by resident units to non-resident units. Imports include the value of various goods and services purchased or gratuitously acquired resident units from non-resident units. Because the provision of services and the use of them happen simultaneously, the acquisition of services by resident units from abroad is usually treated as import while the acquisition of services by non-resident units in this country is usually treated as export. The exports and imports of goods are calculated at FOB.

Three Strata of Industry Classification of economic activities into three strata of industry is a common practice in the world, although the grouping varies to some extent form country to country. In China economic activities are categorized into the following three strata of industry:

Primary industry refers to agriculture, forestry, animal husbandry and fishery and services in support of these industries.

Secondary industry refers to mining and quarrying, manufacturing, production and supply of electricity, water and gas, and construction.

Tertiary industry refers to all other economic activities not included in the primary or secondary industries.

Labourers Remuneration refers to the total payment of various forms to labourers for the productive activities they are engaged in. It includes wages, bonuses and allowances, which the labourers earn in cash and in kind. It also includes the free medical services provided to the labourers and the medicine expenses, transport subsidies and social insurance, and housing fund paid by the employers. As regards the individual economy, since labourers remuneration is not easily distinguishable from the operating profit, both parts are treated as labourer remuneration.

Net Taxes on Production refers to taxes on production less subsidies on production. The taxes on production refers to the various taxes, extra charges and fees levied on the production units on their production, sale and business activities as well as on the use of some factors of production, such as fixed assets, land and labour in the production activities they are engaged in. In contrast to taxes on production, subsidies on production refer to the unilateral government transfer to the production units and are therefore regarded as negative taxes on production. They include subsidies on the loss due to implementation of government policies, price subsidies, etc.

Depreciation of Fixed Assets refers to the depreciation of fixed assets in a given period, drawn in accordance with the stipulated depreciation rate for the purpose of compensating the wear-and-tear loss of the fixed assets or the depreciation of fixed assets imputed in accordance with the stipulated unified depreciation rate in the national economic accounting system. It reflects the value of transfer of the fixed assets in the production of the current period. The depreciation of fixed assets in various enterprises and institutions managed as enterprises refers to the depreciation expenses actually drawn. In government agencies and institutions not managed as enterprises which do not draw the depreciation expenses, as well as for the houses of residents, the depreciation of fixed assets is the imputed depreciation, which is calculated in accordance with the stipulated unified depreciation rate. In principle, the depreciation of fixed assets should be calculated on the basis of the re-purchased value of the fixed assets. However, currently the conditions in China do not facilitate the revaluation of all the fixed assets. Therefore, only the above-mentioned methods can be adopted at present.

Operating Surplus refers to the balance of the value added created by the resident units after deducting the labourers remuneration, net taxes on production and the depreciation of fixed assets. It is equivalent to the business profit of the enterprises plus subsidies to production, but the wages and welfare expenses paid from the profits should be deducted.

2

人 口

POPULATION

◆29/39

资料整理及英文翻译：　冷　晴

I 简要说明

一、本篇资料的主要内容

本篇资料反映全省2017年及历年人口方面的基本情况，包括全省及11个设区市的主要人口统计数据，如：全省历年人口数、城镇人口、乡村人口、农业人口、非农业人口、男性人口、女性人口、分年龄人口、人口密度、人口受教育程度、婚姻状况；2017年各设区市人口数、出生率、死亡率、自然增长率、家庭户规模等。

二、本篇的资料来源

本篇资料由省统计局人口和就业统计处整理。资料来源为人口普查和年度人口变动情况抽样调查数据。

三、本篇的统计调查方法

2017年全省人口变动情况抽样调查是以全省为总体，各设区市为次总体，采用分层、多阶段、整群概率比例抽样方法，在全省11个设区市抽取了100个县（市、区）1089个调查小区的约30万人，调查样本占全省总人口的0.60%。经加权后汇总，2017年全省人口出生率为13.79‰、死亡率为6.08‰、自然增长率为7.71‰。按此推算，2017年全省总人口为4622.06万人，出生人口为63.53万人，死亡人口为28.01万人，考虑迁移流动情况，全省净增人口29.80万人。

I Brief Introduction

Ⅰ.Main Contents

Data in this chapter show the basic condition of population in 2017 as well as previous years for the whole province and 11 municipalities. They include the sizes of the provincial population, urban population and rural population, agricultural population and non-agricultural population, male population and female population, population density over the years, as well as age population, education attainment of the population and marriage. They also include birth rates, death rates, natural growth rate, dependency ratio, household size by region in 2017.

Ⅱ. Sources of Data

Data in this chapter are collected by the Division of Population and Occupation, Jiangxi Provincial Bureau of Statistics. The data source from statistics of Population Census and Annual Sample Survey on Population Changes.

Ⅲ.Methodology of Survey

The 2017 Provincial Sample Survey on Population Change adopted a stratified multi-stage systematic PPS cluster sampling scheme. A total of 300000 people were selected from 1089 survey district in 100 counties (cities and districts of 11 municipalities. The size of the sample was thus 0.60% of the provincial population. The weighted estimation procedure suggested that the birth rate was 13.79 per thousand, the death rate was 6.08 per thousand, and the natural growth rate was 7.71 per thousand for the whole province in 2017. Based on these rates, it was further estimated that the whole Province had a total population of 46.22 million, with 0.6353 million births, 0.2801 million deaths and a net increase of 0.2980 million people during the year.

2-1 人口自然变动情况

Natural Change of Population

年 份 地 区 Year Region	年平均人口(人) Average Population (person)	人口出生率 (‰) Birth Rate (‰)	人口死亡率 (‰) Death Rate (‰)	人口自然增长率 (‰) Natural Growth Rate(‰)	人口密度 (人/平方公里) Population Density (person/sq.km)
1978	31504121	27.01	7.39	19.62	191
1980	32495869	18.57	6.38	12.19	196
1985	34838425	20.29	5.39	14.90	210
1990	37784307	24.59	7.54	17.05	228
1991	38376396	21.20	7.13	14.07	231
1992	38888651	19.53	7.07	12.46	234
1993	39395666	20.33	6.89	13.44	238
1994	39907432	19.38	7.00	12.38	241
1995	40389933	18.94	7.28	11.66	243
1996	40840020	17.53	7.02	10.51	246
1997	41278987	17.43	6.56	10.87	249
1998	41707706	16.85	7.05	9.80	251
1999	42111908	16.51	7.02	9.49	253
2000	41289734	15.55	6.07	9.48	249
2001	41671562	15.44	6.06	9.38	251
2002	42040975	14.74	6.02	8.72	253
2003	42383264	14.07	5.98	8.09	255
2004	42688961	13.61	5.99	7.62	257
2005	42974053	13.79	5.96	7.83	258
2006	43251863	13.80	6.01	7.79	260
2007	43537706	13.86	5.99	7.87	262
2008	43842582	13.92	6.01	7.91	264
2009	44161310	13.87	5.98	7.89	266
2010	44472035	13.72	6.06	7.66	267
2011	44753428	13.48	5.98	7.50	269
2012	44961844	13.46	6.14	7.32	270
2013	45130395	13.19	6.28	6.91	271
2014	45321538	13.24	6.26	6.98	272
2015	45538962	13.20	6.24	6.96	273
2016	45789480	13.45	6.16	7.29	275
2017	46071640	13.79	6.08	7.71	277
南 昌 市 Nanchang	5417482	13.64	6.01	7.63	759
景德镇市 Jingdezhen	1659899	13.98	5.85	8.13	316
萍 乡 市 Pingxiang	1919611	13.52	6.02	7.50	490
九 江 市 Jiujiang	4860444	13.55	6.11	7.44	255
新 余 市 Xinyu	1177203	13.85	5.91	7.94	374
鹰 潭 市 Yingtan	1163385	13.67	6.10	7.57	328
赣 州 市 Ganzhou	8612128	13.89	6.19	7.70	219
吉 安 市 Ji'an	4929936	13.97	5.99	7.99	195
宜 春 市 Yichun	5543104	13.68	6.05	7.63	298
抚 州 市 Fuzhou	4020935	13.90	6.10	7.80	214
上 饶 市 Shangrao	6767516	13.88	6.15	7.73	298

2-2 户数和人口数（年末数）

Households and Population (Year-end)

年份 地区 Year Region	总户数（户） Total Number of Households (household)	总人口（人） Total Population (person)	按性别分 By Sex 男 Male	女 Female	以年末总人口为100 Total Population at Year-end=100 男 Male	女 Female
1978	6153908	31828203	16427779	15400424	51.61	48.39
1980	6364176	32701960	16866769	15835191	51.58	48.42
1985	6986097	35097971	18155525	16942446	51.73	48.27
1990	8524926	38106418	19727708	18378710	51.77	48.23
1991	8748781	38646374	19978326	18668148	51.69	48.31
1992	8877008	39130927	20259917	18871010	51.77	48.23
1993	8987115	39660405	20500789	19159616	51.69	48.31
1994	9165092	40154459	20586009	19568450	51.27	48.73
1995	9422399	40625406	20837093	19788313	51.29	48.71
1996	9611344	41054635	21184192	19870443	51.60	48.40
1997	9784924	41503338	21345274	20158064	51.43	48.57
1998	10040894	41912074	21364925	20547149	50.98	49.02
1999	10318396	42311742	21810874	20500868	51.55	48.45
2000	10645841	41485447	21570202	19915245	51.99	48.01
2001	10934368	41857676	21840587	20017089	52.18	47.82
2002	11226475	42224273	21813059	20411214	51.66	48.34
2003	11524786	42542255	21807160	20735095	51.26	48.74
2004	11808762	42835667	22064652	20771015	51.51	48.49
2005	12084036	43112439	21935609	21176830	50.88	49.12
2006	12375753	43391287	22194643	21196644	51.15	48.85
2007	12664544	43684125	22388114	21296011	51.25	48.75
2008	12794161	44001038	22584130	21416908	51.33	48.67
2009	12925542	44321581	22717106	21604475	51.26	48.74
2010	11887821	44622489	23031644	21590845	51.61	48.39
2011	12097969	44884367	23133750	21750617	51.54	48.46
2012	12316056	45039321	23186034	21853287	51.48	48.52
2013	12530776	45221468	23265848	21955620	51.45	48.55
2014	12681522	45421607	23346565	22075042	51.40	48.60
2015	12668476	45656316	23436968	22219348	51.33	48.67
2016	12807837	45922644	23560227	22362417	51.30	48.70
2017	12848772	46220636	23706134	22514502	51.29	48.71

2-3 按城乡分的人口数（年末数）

Population by Residence (Year-end)

年 份 地 区 Year Region	总人口 （人） Total Population (person)	按城乡分 By Residence		以年末总人口为100 Total Population at Year-end=100	
		城镇人口 Urban Population	乡村人口 Rural Population	城镇人口 Urban Population	乡村人口 Rural Population
1978	31828203	5331228	26496975	16.75	83.25
1980	32701960	6145928	26556032	18.79	81.21
1985	35097971	6942379	28155592	19.78	80.22
1990	38106418	7754656	30351762	20.35	79.65
1991	38646374	8148201	30498173	21.08	78.92
1992	39130927	8537586	30593341	21.82	78.18
1993	39660405	8944215	30716190	22.55	77.45
1994	40154459	9350367	30804092	23.29	76.71
1995	40625406	9689159	30936247	23.85	76.15
1996	41054635	10092871	30961764	24.58	75.42
1997	41503338	10507815	30995523	25.32	74.68
1998	41912074	10918934	30993140	26.05	73.95
1999	42311742	11333623	30978119	26.79	73.21
2000	41485447	11487320	29998127	27.69	72.31
2001	41857676	12728919	29128757	30.41	69.59
2002	42224273	13596216	28628057	32.20	67.80
2003	42542255	14472875	28069380	34.02	65.98
2004	42835667	15240930	27594737	35.58	64.42
2005	43112439	15994715	27117724	37.10	62.90
2006	43391287	16783750	26607537	38.68	61.32
2007	43684125	17386282	26297843	39.80	60.20
2008	44001038	18198829	25802209	41.36	58.64
2009	44321581	19138059	25183522	43.18	56.82
2010	44622489	19660669	24961820	44.06	55.94
2011	44884367	20512156	24372211	45.70	54.30
2012	45039321	21398181	23641140	47.51	52.49
2013	45221468	22099731	23121737	48.87	51.13
2014	45421607	22810731	22610876	50.22	49.78
2015	45656316	23567790	22088526	51.62	48.38
2016	45922644	24384924	21537720	53.10	46.90
2017	46220636	25236447	20984189	54.60	45.40

2-4 各地区户数和人口数（2017年末）

Households and Population by Region (End of 2017)

地　区	Region	总户数（户）Total Number of Households (household)	总人口（人）Total Population (person)	按性别分 By Sex		以年末总人口为100 Total Population at Year-end=100	
				男 Male	女 Female	男 Male	女 Female
全　省	**Provincial Total**	**12848772**	**46220636**	**23706134**	**22514502**	**51.29**	**48.71**
南昌市	Nanchang	1573643	5463538	2816985	2646553	51.56	48.44
景德镇市	Jingdezhen	480106	1664901	854492	810409	51.32	48.68
萍乡市	Pingxiang	532715	1924998	972442	952556	50.52	49.48
九江市	Jiujiang	1340689	4873276	2479637	2393639	50.88	49.12
新余市	Xinyu	375699	1180699	610394	570305	51.70	48.30
鹰潭市	Yingtan	326563	1167501	604815	562686	51.80	48.20
赣州市	Ganzhou	2326172	8635583	4402461	4233122	50.98	49.02
吉安市	Ji'an	1366488	4941941	2530771	2411170	51.21	48.79
宜春市	Yichun	1559737	5553748	2865847	2687901	51.60	48.40
抚州市	Fuzhou	1135739	4031037	2081468	1949569	51.64	48.36
上饶市	Shangrao	1846591	6783414	3486822	3296592	51.40	48.60

2-5 各地区按城乡分的人口数（2017年末）

Population by Residence and Region (End of 2017)

地　区	Region	总人口（人）Total Population (person)	按城乡分 By Residence		以年末总人口为100 Total Population at Year-end=100	
			城镇人口 Urban Population	乡村人口 Rural Population	城镇人口 Urban Population	乡村人口 Rural Population
全　省	**Provincial Total**	**46220636**	**25236447**	**20984189**	**54.60**	**45.40**
南昌市	Nanchang	5463538	4005851	1457687	73.32	26.68
景德镇市	Jingdezhen	1664901	1098002	566899	65.95	34.05
萍乡市	Pingxiang	1924998	1313041	611957	68.21	31.79
九江市	Jiujiang	4873276	2620341	2252935	53.77	46.23
新余市	Xinyu	1180699	826607	354092	70.01	29.99
鹰潭市	Yingtan	1167501	689760	477741	59.08	40.92
赣州市	Ganzhou	8635583	4207215	4428368	48.72	51.28
吉安市	Ji'an	4941941	2439829	2502112	49.37	50.63
宜春市	Yichun	5553748	2671882	2881866	48.11	51.89
抚州市	Fuzhou	4031037	1943757	2087280	48.22	51.78
上饶市	Shangrao	6783414	3420162	3363252	50.42	49.58

2-6 各地区家庭户数和家庭户规模（2017年末）

Family Households Number and Family Households Size by Region (End of 2017)

地 区	Region	户数(户) Number of Households (household)	#家庭户 Number of Family Households	人口数(人) Population (person)	#家庭户人口数 Population Family Households	家庭户规模(人/户) Average Family Household Size (person/household)
全 省	**Provincial Total**	**12848772**	**12412794**	**46220636**	**43817163**	**3.53**
南 昌 市	Nanchang	1573643	1442008	5463538	4729785	3.28
景德镇市	Jingdezhen	480106	467491	1664901	1594143	3.41
萍 乡 市	Pingxiang	532715	518398	1924998	1845496	3.56
九 江 市	Jiujiang	1340689	1298361	4873276	4648131	3.58
新 余 市	Xinyu	375699	358754	1180699	1090612	3.04
鹰 潭 市	Yingtan	326563	320436	1167501	1134344	3.54
赣 州 市	Ganzhou	2326172	2247381	8635583	8202940	3.65
吉 安 市	Ji'an	1366488	1333075	4941941	4745746	3.56
宜 春 市	Yichun	1559737	1513476	5553748	5297165	3.50
抚 州 市	Fuzhou	1135739	1119300	4031037	3939936	3.52
上 饶 市	Shangrao	1846591	1808786	6783414	6583982	3.64

2-7 各地区按年龄分的人口数（2017年末）

Population by Age and Region (End of 2017)

地 区	Region	总人口(万人) Total Population (10000 persons)	0-14岁人口 0-14		15-64岁人口 15-64		65岁及以上人口 65 And Over	
			人口数 Population	比重(%) Proportion	人口数 Population	比重(%) Proportion	人口数 Population	比重(%) Proportion
全 省	**Provincial Total**	**4622.06**	**935.50**	**20.24**	**3219.27**	**69.65**	**467.29**	**10.11**
南 昌 市	Nanchang	546.35	95.61	17.50	395.02	72.30	55.72	10.20
景德镇市	Jingdezhen	166.49	35.03	21.04	111.91	67.22	19.55	11.74
萍 乡 市	Pingxiang	192.50	36.15	18.78	136.75	71.04	19.60	10.18
九 江 市	Jiujiang	487.33	94.35	19.36	343.66	70.52	49.32	10.12
新 余 市	Xinyu	118.07	21.36	18.09	84.81	71.83	11.90	10.08
鹰 潭 市	Yingtan	116.75	23.57	20.19	81.30	69.64	11.87	10.17
赣 州 市	Ganzhou	863.56	190.07	22.01	585.50	67.80	88.00	10.19
吉 安 市	Ji'an	494.19	99.98	20.23	345.10	69.83	49.12	9.94
宜 春 市	Yichun	555.37	112.02	20.17	388.10	69.88	55.26	9.95
抚 州 市	Fuzhou	403.10	83.36	20.68	281.08	69.73	38.66	9.59
上 饶 市	Shangrao	678.34	144.01	21.23	466.03	68.70	68.30	10.07

2-8 各地区人口抚养比（2017年末）

Dependency Ratio of Population by Region (End of 2017)

单位：%　　(%)

地　区	Region	少儿抚养比 Children Dependency Ratio	老年抚养比 Old Dependency Ratio	总抚养比 Gross Dependency Ratio
全　省	**Provincial Total**	**29.06**	**14.52**	**43.58**
南 昌 市	Nanchang	24.20	14.11	38.31
景德镇市	Jingdezhen	31.30	17.46	48.76
萍 乡 市	Pingxiang	26.44	14.33	40.77
九 江 市	Jiujiang	27.45	14.35	41.80
新 余 市	Xinyu	25.18	14.03	39.21
鹰 潭 市	Yingtan	28.99	14.60	43.59
赣 州 市	Ganzhou	32.46	15.03	47.49
吉 安 市	Ji'an	28.97	14.23	43.20
宜 春 市	Yichun	28.86	14.24	43.10
抚 州 市	Fuzhou	29.66	13.75	43.41
上 饶 市	Shangrao	30.90	14.65	45.55

2-9 分年龄、性别的人口构成（2017年末）

Population Composition by Age and Sex (End of 2017)

单位：%　　(%)

年　龄(岁) Age(year old)	人口构成合计 Population Composition Total	男 Male	女 Female	性 别 比 (女=100) Sex Ratio (Female=100)
总　计 Total	**100.00**	**51.29**	**48.71**	**105.29**
0—4	6.79	3.62	3.17	114.20
5—9	7.36	4.07	3.29	123.71
10—14	6.09	3.39	2.70	125.56
15—19	6.74	3.67	3.07	119.54
20—24	8.71	4.36	4.35	100.23
25—29	6.89	3.43	3.46	99.13
30—34	7.06	3.52	3.54	99.44
35—39	8.54	4.42	4.12	107.28
40—44	8.64	4.45	4.19	106.21
45—49	7.50	3.78	3.72	101.61
50—54	5.56	2.76	2.80	98.57
55—59	5.55	2.77	2.78	99.64
60—64	4.46	2.30	2.16	106.48
65—69	3.59	1.76	1.83	96.17
70—74	2.76	1.34	1.42	94.37
75—79	1.90	0.85	1.05	80.95
80—84	1.15	0.53	0.62	85.48
85—89	0.49	0.19	0.30	63.33
90＋	0.22	0.08	0.14	57.14

2-10 6岁及以上人口的文化构成

Educational Attainment Composition of Population Aged 6 and Over

单位：%、万人 (%, 10 000 persons)

年 份 Year	不识字或识字很少 Illiterate	小 学 Primary School	初 中 Junior Secondary School	高 中 Senior Secondary School	大专及以上 Junior College and Above	6岁及以上人口 Population Aged 6 and over
2010	4.16	33.16	41.54	13.58	7.56	4046.37
2011	3.88	32.40	41.78	14.02	7.92	4083.63
2012	3.72	31.59	42.06	14.42	8.21	4108.94
2013	3.59	30.92	42.18	14.90	8.41	4152.23
2014	3.44	30.29	42.28	15.36	8.63	4172.43
2015	3.39	29.89	42.07	15.77	8.88	4187.14
2016	3.35	29.48	41.54	16.33	9.30	4217.07
2017	3.30	29.09	40.88	16.86	9.87	4239.82

2-11 15岁及以上人口的婚姻构成

Marital Composition of Population Aged 15 and Over

单位：% (%)

年 份 Year	未 婚 Never Married		有配偶 Married		离 婚 Divorced		丧 偶 Widowed	
	男 Male	女 Female	男 Male	女 Female	男 Male	女 Female	男 Male	女 Female
2010	12.45	9.02	35.36	36.41	0.66	0.42	1.55	4.13
2011	10.25	7.13	37.33	38.72	0.64	0.41	1.53	3.99
2012	10.37	7.21	37.27	38.62	0.63	0.39	1.57	3.94
2013	10.54	7.24	37.24	38.42	0.64	0.41	1.59	3.92
2014	10.49	7.20	37.28	38.31	0.72	0.47	1.57	3.96
2015	10.86	7.38	36.81	38.12	0.82	0.50	1.46	4.03
2016	11.08	7.83	36.77	37.69	0.92	0.63	1.37	3.71
2017	10.93	7.77	36.72	37.77	0.93	0.66	1.38	3.84

2-12 育龄妇女分年龄的生育状况（2017年末）

Age-specific Fertility Rate of Childbearing Women by Age of Mother (End of 2017)

年 龄(岁) Age(year old)	平均育龄妇女比重(%) Average Proportion of Childbearing Women (%)	出生人口比重(%) Births Proportion (%)	育龄妇女生育率(‰) Fertility Rate of Childbearing Women (‰)			
				一 孩 1st Birth	二 孩 2nd Birth	三孩及以上 3rd Birth and Above
总 计 Total	**100.00**	**100.00**	**51.97**	**26.44**	**22.21**	**3.32**
15-19	11.61	1.51	6.77	6.36	0.41	0.00
20-24	16.45	30.37	95.96	74.19	18.88	2.89
25-29	13.08	32.05	127.33	68.40	54.49	4.44
30-34	13.38	20.25	78.64	19.22	48.92	10.50
35-39	15.58	10.33	34.46	5.42	24.58	4.45
40-44	15.84	4.04	13.26	4.92	7.65	0.69
45-49	14.06	1.45	5.34	2.54	2.39	0.41

2-13 全省老年人口数及构成(2017年末)

Population and Composition of Seniors in the Whole Province (End of 2017)

单位：万人、%　　(10000 persons, %)

年 龄(岁) Age(year old)	老年人口数 Senior Population			占总人口数的比重 Proportion of Total Population			性别比 (女=100) Sex Ratio (Female=100)
	小计 Subtotal	男 Male	女 Female	小计 Subtotal	男 Male	女 Female	
60+	673.43	325.85	347.58	14.57	7.05	7.52	93.75
65+	467.29	219.55	247.74	10.11	4.75	5.36	88.62
70+	301.36	128.20	173.16	6.52	2.99	3.53	74.04
80+	85.97	36.98	48.99	1.86	0.80	1.06	75.48
90+	10.17	3.70	6.47	0.22	0.08	0.14	57.19

主要统计指标解释

人口数 指一定时点，一定地区范围内有生命的个人总和。

城镇人口和乡村人口 城镇人口是指居住在城镇范围内的全部常住人口；乡村人口是除上述人口以外的全部人口。

出生率（又称粗出生率） 指在一定时期内（通常为一年）一定地区的出生人数与同期内平均人数（或期中人数）之比，用千分率表示。本资料中的出生率指年出生率，其计算公式为：

$$出生率=\frac{年出生人数}{年平均人数}\times 1000‰$$

式中：出生人数指活产婴儿，即胎儿脱离母体时（不管怀孕月数），有过呼吸或其他生命现象。年平均人数指年初、年底人口数的平均数，也可用年中人口数代替。

死亡率（又称粗死亡率） 指在一定时期内（通常为一年）一定地区的死亡人数与同期平均人数（或期中人数）之比，用千分率表示。本资料中的死亡率指年死亡率，其计算公式为：

$$死亡率=\frac{年死亡人数}{年平均人数}\times 1000‰$$

人口自然增长率 指在一定时期内（通常为一年）人口自然增加数（出生人数减死亡人数）与该时期内平均人数（或期中人数）之比，用千分率表示。计算公式为：

$$人口自然增长率=\frac{本年出生人数-本年死亡人数}{年平均人数}\times 1000‰$$
$$=人口出生率-人口死亡率$$

Explanatory Notes on Main Statistical Indicators

Total Population refers to the total number of people alive at a certain point of time within a given area.

Urban Population and Rural Population Urban population refers to all people residing in cities and towns, while rural population refers to population other than urban population.

Birth Rate (or Crude Birth Rate) refers to the ratio of the number of births to the average population (or mid-period population) during a certain period of time (usually a year), expressed in ‰. Birth rate in the chapter refers to annual birth rate. The following formula is used:

$$\text{Birth Rate}=\frac{\text{Number of Births}}{\text{Annual Average Population}}\times 1000‰$$

Number of births in the formula refers to live births, i.e. when a baby has breathed or showed any vital phenomena regardless of the length of pregnancy. Annual average population is the average of the number of population at the beginning of the year and that at the end of the year. Sometimes it is substituted by the mid-year population.

Death Rate (or Crude Death Rate) refers to the ratio of the number of deaths to the average population (or mid-period population) during a certain period of time (usually a year), expressed in ‰. Death rate in the chapter refers to annual death rate.The following formula is used:

$$\text{Death Rate}=\frac{\text{Number of Deaths}}{\text{Annual Average Population}}\times 1000‰$$

Natural Growth Rate of Population refers to the ratio of natural increase in population (number of births minus number of deaths) in a certain period of time (usually a year) to the average population (or mid-period population) of the same period, expressed in ‰. The following formula is applied:

$$\begin{array}{c}\text{Natural Growth}\\ \text{Rate of Population}\end{array}=\frac{\text{Number of Births - Number of Deaths}}{\text{Annual Average Popultion}}\times 1000‰$$

Natural Growth Rate of Population = Birth Rate-Death Rate

3

就业人员和职工工资

EMPLOYMENT AND WAGE

资料整理及英文翻译:　韩　梅、黄　琰

Ⅰ 简要说明

一、本篇资料的主要内容

本篇资料反映全省劳动经济方面的基本情况，包括11个设区市的主要劳动统计数据。如：就业人员、职工工资总额、职工平均工资等情况。

二、本篇资料的统计范围

《劳动工资统计报表制度》的调查范围为城镇辖区内独立核算法人单位（不包括乡镇企业和个体工商户），自1998年起部分指标有所变动，职工人数为在岗职工；劳动力资源、全社会就业人员统计范围为城镇和乡村16岁以上人口，2002年及以后全社会就业人员、城镇和乡村就业人员的总计资料根据人口和劳动力调查资料推算，因此分地区、分类型、分行业的资料相加不等于总计；私营和个体工商户统计范围为全社会。

三、本篇资料来源

1. 就业基本情况及分组资料、职工工资总额等资料，是省统计局根据《劳动工资统计报表制度》、《人口变动情况抽样调查制度》、《劳动力调查制度》等资料，加工整理。

2. 城镇登记失业人数根据省人力资源和社会保障厅报表整理。

3. 个体劳动者根据省工商行政管理局报表整理。

四、本篇的统计调查方法

劳动工资统计采用全面调查方法，由各级统计部门和各直报单位逐级上报；劳动力调查采用抽样调查方法；就业统计及个体工商统计利用行政登记资料加工汇总。

Ⅰ Brief Introduction

I. Main Contents

Data in this chapter show the basic conditions of labour economy for the whole province, including main labour statistics on the 11 municipalities, such as number of employed persons, total wage bills and average wages of staff.

II. Scope of Statistics

The Reporting Form System on Labour and Wage Statistics covers independent corporate units within the urban areas (not including township enterprise or self-employed individuals). Since 1998, some indicators varied, number of staff refers to working staff. Scope of statistics on labour force and whole society employment is refers to population above age 16 in urban and rural areas. Since 2002, statistics on whole society employment、urban and rural areas employment are complied according to Population and labour force survey data, thus the sum of region or category or sector does not necessarily equal the total number. Scope of Statistics on private and individual industrial and commercial households is the whole society.

III. Sources of Data

1. Data on basic conditions of employment, data by groups, total wage bills of staff and workers are collected and compiled through The Reporting Form System on Labour and Wage System, The Sample Survey System on Demographic changes and The System of Labour Survey by Jiangxi Provincial Bureau of Statistics.

2. Data on the number of registered umemployed persons in urban areas are provided by Jiangxi Department of Human Resources and Social Security.

3. Data on the number of employed persons in self-employed individuals are provided by the Provincial Administration for Industry and Commerce.

IV. Methodology of Survey

A complete reporting form from lower-level statistical bureaus to higher level statistical bureaus is used in the labour and wage statistics. The Sampling Survey on Labour Force are conducted by using sampling methods. Statistics on employment and self-employed individuals are collected and complied on basis of administrative registering records.

3-1 劳动力资源
Labor Force Resources

单位：万人 (10 000 persons)

年份 Year	劳动力资源总数 Total Number of Labor Force Resources	社会就业人数 Number of Employed Persons in Society	#职工人数 Number of Staff and Workers	国有经济单位 State-owned Units	城镇集体经济单位 Urban Collective-owned Units	其他各种经济单位 Units of Other Types of Ownership	劳动力资源总数占人口数的比重(%) Percentage of Total Number of Labor Force Resources to Population(%)	劳动力资源利用率(%) Utilization Ratio of Labor Force Resources (%)
1978	1448.1	1254.3	267.4	221.0	46.4		45.5	86.6
1979	1503.5	1307.0	269.6	219.6	50.0		46.6	86.9
1980	1559.6	1356.3	286.7	233.0	53.7		47.7	87.0
1981	1610.2	1409.8	301.9	242.2	59.7		48.7	87.6
1982	1638.9	1434.0	311.9	249.3	62.6		49.0	87.5
1983	1731.4	1498.2	311.1	245.6	65.5		51.2	86.5
1984	1824.8	1537.3	324.9	247.0	77.9		53.4	84.3
1985	1887.1	1584.8	341.6	261.4	80.1	0.1	54.5	84.0
1986	1934.6	1622.6	351.9	269.4	82.3	0.2	55.1	83.9
1987	1981.4	1668.4	365.3	281.4	83.7	0.2	55.7	84.2
1988	2055.3	1723.0	379.2	293.8	85.0	0.4	56.6	83.8
1989	2107.2	1760.4	380.1	298.3	81.3	0.5	57.0	83.5
1990	2175.3	1816.5	386.2	304.0	81.6	0.6	57.1	83.5
1991	2248.8	1874.5	398.9	313.9	83.9	1.1	58.2	83.4
1992	2354.0	1870.4	408.4	322.0	84.4	2.0	60.2	79.5
1993	2418.7	1903.7	412.0	326.9	80.4	4.7	61.0	78.7
1994	2636.1	2007.7	413.5	328.6	79.2	5.7	65.6	76.2
1995	2653.3	2100.5	411.3	332.7	71.4	7.2	63.3	79.2
1996	2735.4	2107.2	412.0	336.0	68.8	7.2	66.6	77.0
1997	2768.8	2120.6	409.4	334.0	67.6	7.8	66.7	76.6
1998	2809.1	2094.3	322.5	254.9	41.0	26.6	67.0	74.6
1999	2830.2	2089.0	305.9	242.8	36.3	26.8	66.9	73.8
2000	2898.2	2060.9	291.6	231.8	33.0	26.8	69.8	71.1
2001	2898.5	2054.8	279.3	222.2	27.9	29.2	69.2	70.9
2002	2911.6	2130.6	261.9	206.8	22.8	32.3	69.0	73.2
2003	3016.6	2168.2	256.7	196.1	20.0	40.6	70.9	71.9
2004	3073.5	2214.0	258.4	192.4	17.5	48.5	71.8	72.0
2005	3130.0	2276.7	264.8	191.3	17.6	55.9	72.6	72.7
2006	3210.4	2321.1	271.9	191.9	16.0	64.0	74.0	72.3
2007	3290.6	2369.6	275.0	190.5	16.3	68.2	75.3	72.0
2008	3353.0	2404.5	275.2	186.6	13.9	74.7	76.2	71.7
2009	3413.8	2445.2	273.8	187.4	12.6	73.8	77.0	71.6
2010	3417.6	2498.8	279.6	187.8	12.5	79.3	76.6	73.1
2011	3480.5	2532.6	311.3	185.3	15.7	110.2	77.5	72.8
2012	3495.5	2556.0	360.9	195.2	15.6	150.1	77.6	73.1
2013	3524.7	2588.7	410.0	173.0	12.6	224.4	77.9	73.4
2014	3551.6	2603.3	426.0	175.7	12.4	238.0	78.2	73.3
2015	3577.6	2615.8	440.1	180.8	11.8	247.5	78.4	73.1
2016	3606.8	2637.6	431.8	172.3	9.9	249.6	78.5	73.1
2017	3624.2	2645.6	427.5	171.2	9.0	247.3	78.4	73.0

注：自1998年起，职工人数为在岗职工人数。自2012年起，职工人数含劳务派遣人员。

a) Since 1998,number of staff and workers refers to number of employed staff and workers.Since 2012,number of staff and workers includes dispatched laborers.

3-2 三次产业社会就业人员数(年末数)

Number of Employed Persons by Three Strata of Industry (year-end)

年份 地区 Year Region	合计 (万人) Total (10000 persons)	第一产业 Primary Industry	第二产业 Secondary Industry	第三产业 Tertiary Industry	构成(以合计数为100) Composition (Total=100) 第一产业 Primary Industry	第二产业 Secondary Industry	第三产业 Tertiary Industry
1978	1254.3	968.7	163.4	122.2	77.2	13.0	9.8
1980	1356.3	1053.8	166.9	135.6	77.7	12.3	10.0
1985	1584.8	1057.2	320.5	207.1	66.7	20.2	13.1
1990	1816.5	1193.1	368.6	254.8	65.7	20.3	14.0
1991	1874.5	1224.2	388.7	261.6	65.3	20.7	14.0
1992	1870.4	1186.2	412.9	271.3	63.4	22.0	14.6
1993	1903.7	1085.9	462.5	355.3	57.3	24.3	18.4
1994	2007.7	1127.2	493.3	387.2	56.1	24.6	19.3
1995	2100.5	1071.7	525.1	503.7	51.0	25.0	24.0
1996	2107.2	1049.7	539.7	517.8	49.8	25.6	24.6
1997	2120.6	1000.9	549.8	569.9	47.2	25.9	26.9
1998	2094.3	975.5	548.8	570.0	46.6	26.2	27.2
1999	2089.0	969.3	530.7	589.0	46.4	25.4	28.2
2000	2060.9	960.9	502.8	597.2	46.6	24.4	29.0
2001	2054.8	949.6	482.6	622.6	46.2	23.5	30.3
2002	2130.6	964.5	483.8	682.3	45.3	22.7	32.0
2003	2168.2	910.7	568.0	689.5	42.0	26.2	31.8
2004	2214.0	907.7	598.4	707.9	41.0	27.0	32.0
2005	2276.7	907.5	619.5	749.7	39.9	27.2	32.9
2006	2321.1	907.4	639.5	774.2	39.1	27.5	33.4
2007	2369.6	900.8	663.3	805.5	38.0	28.0	34.0
2008	2404.5	900.1	675.0	829.4	37.4	28.1	34.5
2009	2445.2	892.6	710.1	842.5	36.5	29.0	34.5
2010	2498.8	888.6	741.1	869.1	35.6	29.6	34.8
2011	2532.6	870.5	763.3	898.8	34.4	30.1	35.5
2012	2556.0	841.0	792.3	922.7	32.9	31.0	36.1
2013	2588.7	820.9	824.1	943.8	31.7	31.8	36.5
2014	2603.3	801.4	837.6	964.3	30.8	32.2	37.0
2015	2615.8	786.0	849.3	980.5	30.0	32.5	37.5
2016	2637.6	773.4	853.7	1010.5	29.3	32.4	38.3
2017	2645.6	753.1	864.2	1028.3	28.5	32.7	38.9
南昌市 Nanchang	333.0	58.1	130.7	144.2	17.4	39.3	43.3
景德镇市 Jingdezhen	105.3	28.2	36.0	41.2	26.7	34.1	39.1
萍乡市 Pingxiang	119.6	26.3	49.2	44.1	22.0	41.1	36.9
九江市 Jiujiang	311.0	91.7	106.1	113.2	29.5	34.1	36.4
新余市 Xinyu	67.3	22.7	23.8	20.8	33.7	35.4	31.0
鹰潭市 Yingtan	80.6	24.7	22.3	33.6	30.6	27.7	41.7
赣州市 Ganzhou	578.0	166.7	180.9	230.4	28.8	31.3	39.9
吉安市 Ji'an	296.2	104.0	74.5	117.6	35.1	25.2	39.7
宜春市 Yichun	340.3	110.4	101.4	128.5	32.4	29.8	37.8
抚州市 Fuzhou	229.1	90.7	46.8	91.7	39.6	20.4	40.0
上饶市 Shangrao	440.4	123.8	147.6	169.0	28.1	33.5	38.4

注：就业人员总计是根据人口变动抽样调查资料推算，因此，分地区、分经济类型、分行业资料相加不等于总计。下表同。

a) The total mumber of employed persons have been estimated in accordance with the data from the national sample survey on population changes. As a result,the sum of the data by region,by ownership and by sector is not equal to the total.The same applies to the following tables.

3-3 社会就业人员数(年末数)

Number of Employed Persons in Society (year-end)

单位：万人 (10 000 persons)

类别	Type	2016	2017
总计	**Total**	**2637.58**	**2645.64**
按经济类型分	**Classifed by Types of Ownership**		
城镇	Urban	1077.99	1123.35
#国有	State-owned	186.56	184.21
集体	Collective-owned	12.56	11.20
股份合作	Cooperative	2.27	1.68
联营	Joint Ownership	0.18	0.15
有限责任公司	Limited Liability Corporations	177.96	176.21
股份有限公司	Share-holding Corporations Ltd.	36.76	37.20
港澳台投资	Funds from Hong Kong,Macao&Taiwan	33.45	33.96
外商投资	Foreign Funded	18.72	15.23
私营和个体	Private Enterprises and Self-employed Individuals	547.52	577.19
乡村	Rural	1559.59	1522.29
私营和个体	Private Enterprises and Self-employed Individuals	351.10	267.88
按国民经济行业分	**Classified by Sector**		
农、林、牧、渔业	Agriculture, Forestry, Animal Husbandry and Fishery	773.41	753.09
采矿业	Mining	47.65	42.99
制造业	Manufacturing	549.19	539.82
电力、热力、燃气及水生产和供应业	Production and Distribution of Electricity,Heat,Gas and Water	16.34	16.57
建筑业	Construction	240.49	254.10
批发和零售业	Wholesale and Retail Trades	400.98	408.08
交通运输、仓储和邮政业	Traffic, Transport, Storage and Post	105.61	105.62
住宿和餐饮业	Hotels and Catering Services	90.21	97.43
信息传输、软件和信息技术服务业	Information Transmission,Software and Information Technical Services	37.17	38.93
金融业	Financial Intermediation	14.76	15.83
房地产业	Real Estate	35.09	37.22
租赁和商务服务业	Leasing and Business Services	41.02	43.31
科学研究和技术服务业	Scientific Research and Technical Service	12.23	13.21
水利、环境和公共设施管理业	Management of Water Conservancy, Environment and Public Facilities	12.43	12.63
居民服务、修理和其他服务业	Services to Households,Repair and Other Services	95.05	98.40
教育	Education	58.26	58.94
卫生和社会工作	Health and Social Work	36.96	37.73
文化、体育和娱乐业	Culture, Sports and Entertainment	18.25	18.37
公共管理、社会保障和社会组织	Public Management,Social Security and Social Organization	52.48	53.37

3-4 各地区城镇就业人员数(年末数)

Number of Employed Persons in Urban Areas by Region (year-end)

单位: 万人 (10 000 persons)

地 区	Region	2013	2014	2015	2016	2017
全 省	**Provincial Total**	**934.94**	**985.41**	**1030.62**	**1077.99**	**1123.35**
南 昌 市	Nanchang	188.38	194.45	200.14	207.53	215.44
景德镇市	Jingdezhen	46.19	48.99	49.13	51.60	51.79
萍 乡 市	Pingxiang	45.72	47.86	51.20	54.04	55.56
九 江 市	Jiujiang	110.04	116.07	122.40	127.97	133.52
新 余 市	Xinyu	35.39	37.52	38.74	40.79	40.91
鹰 潭 市	Yingtan	31.17	33.45	34.40	36.51	36.56
赣 州 市	Ganzhou	118.72	127.22	134.11	140.40	154.30
吉 安 市	Ji'an	87.42	92.87	97.91	102.74	105.54
宜 春 市	Yichun	97.36	103.05	108.84	113.84	119.11
抚 州 市	Fuzhou	75.71	80.25	84.30	88.00	91.12
上 饶 市	Shangrao	98.84	103.68	109.45	114.57	119.50

3-5 各地区城镇个体劳动者数(年末数)

Number of Self-employed Workers in Urban Areas by Region (year-end)

单位: 万人 (10 000 persons)

地 区	Region	2013	2014	2015	2016	2017
全 省	**Provincial Total**	**203.48**	**232.48**	**255.62**	**267.80**	**284.25**
南 昌 市	Nanchang	33.64	38.65	43.62	46.37	42.55
景德镇市	Jingdezhen	9.45	10.60	11.16	11.86	13.13
萍 乡 市	Pingxiang	11.45	12.82	14.29	14.38	15.35
九 江 市	Jiujiang	24.98	28.38	25.16	25.76	30.22
新 余 市	Xinyu	9.71	10.57	11.32	7.62	6.73
鹰 潭 市	Yingtan	5.17	6.10	7.11	8.61	9.66
赣 州 市	Ganzhou	35.82	41.23	48.36	55.75	65.82
吉 安 市	Ji'an	15.86	19.06	21.37	21.67	22.21
宜 春 市	Yichun	24.50	27.27	30.04	34.95	35.65
抚 州 市	Fuzhou	18.64	20.70	23.71	20.04	19.43
上 饶 市	Shangrao	14.26	17.10	19.48	20.79	23.51

3-6 城镇登记失业人数及登记失业率

Registered Unemployed Persons and Unemployment Rate in Urban Areas

年 份 地 区 Year Region	城镇登记失业人数 (万人) Unemployed Persons in Urban Areas (10000 persons)			登记失业率 (%) Unemployment Rate (%)
		#失业青年 Unemployed-Youth	占城镇登记失业人数(%) Percentage to Unemployed Persons in Urban Areas(%)	
1978	21.38			7.39
1979	15.17	13.35	88.0	5.31
1980	17.03	14.43	84.7	5.59
1981	14.58	11.61	79.6	4.57
1982	14.81	11.63	78.5	4.47
1983	13.26	10.60	79.9	3.98
1984	7.57	6.10	80.6	2.21
1985	5.21	4.74	91.0	1.45
1986	5.42	4.98	91.9	1.46
1987	5.56	4.83	86.9	1.45
1988	6.17	5.57	90.3	1.53
1989	6.95	6.60	95.0	1.69
1990	10.26	9.60	93.6	2.44
1991	10.56	10.14	96.0	2.40
1992	8.65	7.92	91.6	1.92
1993	8.65	8.29	95.8	1.82
1994	8.85	7.13	80.6	1.79
1995	8.66	7.48	86.3	1.57
1996	10.10	6.36	63.1	2.20
1997	14.22	8.52	60.0	2.32
1998	14.45	8.26	57.2	2.47
1999	15.50	5.95	38.4	2.60
2000	16.68	5.45	32.7	2.90
2001	17.28	3.39	19.6	3.30
2002	17.76	3.86	21.7	3.40
2003	21.62	4.21	19.5	3.80
2004	22.42	4.39	19.5	3.56
2005	22.84	3.87	16.90	3.48
2006	25.27	3.83	15.20	3.64
2007	24.34	2.41	9.90	3.37
2008	25.99	2.12	8.15	3.42
2009	27.30	1.36	4.98	3.44
2010	26.26	0.94	3.58	3.31
2011	24.64	1.44	5.84	3.20
2012	25.72	1.03	4.00	3.00
2013	27.42	1.19	4.34	3.17
2014	29.41	1.25	4.25	3.27
2015	29.95	1.35	4.51	3.35
2016	31.33	1.38	4.40	3.35
2017	32.33	0.81	2.51	3.34

注：自1999年起失业青年为长期失业者。

a) Unemployed youth are the long-term umemployed since 1999.

3-7 城镇非私营单位就业人员年末人数、工资(2017年)

Number and Wage of Employed Persons in Urban Non-Private Units at Year-end (2017)

类别	Type	就业人员人数(人) Number of Employed Persons (person)	就业人员平均工资(元) Average Wage of Employed Persons (yuan)
总计	**Total**	**4635409**	**61429**
按经济类型分	**Classified by Types of Ownership**		
国有单位	State-owned	1842083	72845
城镇集体单位	Collective-owned	111971	51556
其他单位	Others	2681355	53899
#股份合作	Cooperative	16829	67887
联营	Joint Ownership	1460	64288
有限责任公司	Limited Liability Corporations	1762107	53431
股份有限公司	Share-holding Corporations Ltd.	372003	59610
其他	Others	37092	52134
港澳台商投资	Funds from Hong Kong,Macao&Taiwan	339573	50288
外商投资	Foreign Funded	152291	51765
按国民经济行业分	**Classified by Sector**		
农、林、牧、渔业	Agriculture, Forestry, Animal Husbandry and Fishery	42538	37769
采矿业	Mining	45907	49041
制造业	Manufacturing	1309710	53417
电力、热力、燃气及水生产和供应业	Production and Supply of Electricity, Heat, Gas and Water	92428	70226
建筑业	Construction	876903	52990
批发和零售业	Wholesale and Retail Trades	178055	50814
交通运输、仓储和邮政业	Transport, Storage and Post	205494	70558
住宿和餐饮业	Hotels and Catering Services	42415	37123
信息传输、软件和信息技术服务业	Information Transmission, Software and Information Technology	62728	73333
金融业	Financial Intermediation	132636	84304
房地产业	Real Estate	71111	56954
租赁和商务服务业	Leasing and Business Services	64680	49468
科学研究和技术服务业	Scientific Research and Technical Services	62268	80120
水利、环境和公共设施管理业	Management of Water Conservancy, Environment and Public Facilities	76784	46782
居民服务、修理和其他服务业	Services to Households, Repair and Other Services	11028	51848
教育	Education	534426	70448
卫生和社会工作	Health and Social Services	258525	78366
文化、体育和娱乐业	Culture, Sports and Entertainment	34043	64370
公共管理、社会保障和社会组织	Public Management, Social Security and Social Organization	533730	75324
按地区分	**Classified By Region**		
南昌市	Nanchang	1209457	70017
景德镇市	Jingdezhen	189744	56093
萍乡市	Pingxiang	188495	59589
九江市	Jiujiang	444135	60083
新余市	Xinyu	135438	58256
鹰潭市	Yingtan	160415	64461
赣州市	Ganzhou	565619	58642
吉安市	Ji'an	375570	54722
宜春市	Yichun	461940	52737
抚州市	Fuzhou	358035	58250
上饶市	Shangrao	433024	56449

3-8 城镇非私营单位在岗职工年末人数、工资(2017年)

Number and Wage of Employed Staff and Workers in Urban Non-Private Units at Year-end (2017)

类 别	Type	在岗职工人数（人） Number of Employed Staff and Workers (person)	在岗职工平均工资（元） Average Wage of Employed Staff and Workers (yuan)
总 计	**Total**	**4274646**	**63069**
按经济类型分	**By Types of Ownership**		
国有单位	State-owned	1711519	76018
城镇集体单位	Collective-owned	89967	52596
其他单位	Others	2473160	54369
#股份合作	Cooperative	16087	68752
联营	Joint Ownership	1410	65318
有限责任公司	Limited Liability Corporations	1597613	53535
股份有限公司	Share-holding Corporations Ltd.	336835	62895
其他	Others	34870	52799
港澳台商投资	Funds from Hong Kong,Macao&Taiwan	335924	50165
外商投资	Foreign Funded	150421	51922
按国民经济行业分	**By Sector**		
农、林、牧、渔业	Agriculture, Forestry, Animal Husbandry and Fishery	34291	41513
采矿业	Mining	44988	49495
制造业	Manufacturing	1286915	53655
电力、热力、燃气及水生产和供应业	Production and Supply of Electricity, Heat, Gas and Water	77929	74180
建筑业	Construction	713081	53073
批发和零售业	Wholesale and Retail Trades	172709	51350
交通运输、仓储和邮政业	Transport, Storage and Post	196364	71881
住宿和餐饮业	Hotels and Catering Services	41133	37298
信息传输、软件和信息技术服务业	Information Transmission, Software and Information Technology	59117	75015
金融业	Financial Intermediation	106788	98750
房地产业	Real Estate	68240	57963
租赁和商务服务业	Leasing and Business Services	57541	50169
科学研究和技术服务业	Scientific Research and Technical Services	58005	82154
水利、环境和公共设施管理业	Management of Water Conservancy, Environment and Public Facilities	58519	53680
居民服务、修理和其他服务业	Services to Households, Repair and Other Services	10264	52783
教育	Education	508488	72630
卫生和社会工作	Health and Social Services	243657	80839
文化、体育和娱乐业	Culture, Sports and Entertainment	32356	66099
公共管理、社会保障和社会组织	Public Management, Social Security and Social Organization	504261	78059
按地区分	**By Region**		
南 昌 市	Nanchang	1056608	72686
景德镇市	Jingdezhen	183104	57191
萍 乡 市	Pingxiang	176602	61464
九 江 市	Jiujiang	416007	61938
新 余 市	Xinyu	130712	59185
鹰 潭 市	Yingtan	153356	65632
赣 州 市	Ganzhou	536065	60337
吉 安 市	Ji'an	351127	56109
宜 春 市	Yichun	437223	53568
抚 州 市	Fuzhou	336916	59542
上 饶 市	Shangrao	397348	58376

注：在岗职工含劳务派遣人员。
a) Number of employed staff and workers includes dispatched laborers.

3-9 城镇非私营单位各种分组的就业人员人数(2017年末)
Number of Employed Persons in Urban Non-Private Units by Types of Groups (end of 2017)

单位：人 (person)

类　别	Type	合计 Total	国有单位 State-owned Units	城镇集体单位 Urban Collective-owned Units	其他单位 Units of Other Types of Ownership
总　计	**Total**	**4635409**	**1842083**	**111971**	**2681355**
按国民经济行业分	**Grouped by Sector**				
农、林、牧、渔业	Agriculture, Forestry, Animal Husbandry and Fishery	42538	41890	98	550
采矿业	Mining	45907	12217	633	33057
制造业	Manufacturing	1309710	83605	5232	1220873
电力、热力、燃气及水生产和供应业	Production and Supply of Electricity, Heat, Gas and Water	92428	12652	107	79669
建筑业	Construction	876903	53349	76871	746683
批发和零售业	Wholesale and Retail Trades	178055	21418	2495	154142
交通运输、仓储和邮政业	Transport, Storage and Post	205494	111541	2572	91381
住宿和餐饮业	Hotels and Catering Services	42415	6699	224	35492
信息传输、软件和信息技术服务业	Information Transmission, Software and Information Technology	62728	3106	291	59331
金融业	Financial Intermediation	132636	55249	9682	67705
房地产业	Real Estate	71111	7816	706	62589
租赁和商务服务业	Leasing and Business Services	64680	27242	2322	35116
科学研究和技术服务业	Scientific Research and Technical Services	62268	45483	127	16658
水利、环境和公共设施管理业	Management of Water Conservancy, Environment and Public Facilities	76784	56987	3028	16769
居民服务、修理和其他服务业	Services to Households, Repair and Other Services	11028	1789	278	8961
教育	Education	534426	508643	804	24979
卫生和社会工作	Health and Social Services	258525	232063	6391	20071
文化、体育和娱乐业	Culture, Sports and Entertainment	34043	26798	64	7181
公共管理、社会保障和社会组织	Public Management, Social Security and Social Organization	533730	533536	46	148

3-10 城镇非私营单位各种分组的在岗职工人数(2017年末)

Number of Employed Staff and Workers in Urban Non-Private Units by Types of Groups (end of 2017)

单位：人 (person)

类 别	Type	合 计 Total	国有单位 State-owned Units	城镇集体单位 Urban Collective-owned Units	其他单位 Units of Other Types of Ownership
总 计	**Total**	**4274646**	**1711519**	**89967**	**2473160**
按国民经济行业分	**Grouped by Sector**				
农、林、牧、渔业	Agriculture, Forestry, Animal Husbandry and Fishery	34291	33667	74	550
采矿业	Mining	44988	12195	629	32164
制造业	Manufacturing	1286915	80571	4858	1201486
电力、热力、燃气及水生产和供应业	Production and Supply of Electricity, Heat, Gas and Water	77929	11975	107	65847
建筑业	Construction	713081	33198	57873	622010
批发和零售业	Wholesale and Retail Trades	172709	20474	2394	149841
交通运输、仓储和邮政业	Transport, Storage and Post	196364	109305	2399	84660
住宿和餐饮业	Hotels and Catering Services	41133	6169	138	34826
信息传输、软件和信息技术服务业	Information Transmission, Software and Information Technology	59117	2960	281	55876
金融业	Financial Intermediation	106788	50806	9492	46490
房地产业	Real Estate	68240	6989	705	60546
租赁和商务服务业	Leasing and Business Services	57541	25892	2147	29502
科学研究和技术服务业	Scientific Research and Technical Services	58005	42646	127	15232
水利、环境和公共设施管理业	Management of Water Conservancy, Environment and Public Facilities	58519	41322	1585	15612
居民服务、修理和其他服务业	Services to Households, Repair and Other Services	10264	1696	261	8307
教育	Education	508488	484062	804	23622
卫生和社会工作	Health and Social Services	243657	217996	5983	19678
文化、体育和娱乐业	Culture, Sports and Entertainment	32356	25529	64	6763
公共管理、社会保障和社会组织	Public Management, Social Security and Social Organization	504261	504067	46	148

3-11 城镇非私营单位职工工资总额和平均工资
Total Wages Bill and Average Wage of Staff and Workers in Urban Non-Private Units

年 份 Year	工资总额 (万元) Total Wages Bill (10000 yuan)	国有经济单位 State-owned Units	城镇集体经济单位 Urban Collective-owned Units	其他各种经济单位 Units of Other Types of Ownership	平均工资 (元) Average Wage (yuan)	国有经济单位 State-owned Units	城镇集体经济单位 Urban Collective-owned Units	其他各种经济单位 Units of Other Types of Ownership
1978	145123	122929	22194		552	562	500	
1979	161102	135538	25564		603	624	512	
1980	199674	167220	32454		713	733	625	
1981	210974	175632	35342		719	745	613	
1982	223632	185973	37659		732	758	625	
1983	230035	190050	39985		747	774	640	
1984	284282	230178	54067	37	894	949	716	949
1985	329858	266560	63213	86	997	1052	817	1132
1986	394647	321560	72890	197	1147	1215	919	1190
1987	431756	352660	78895	202	1215	1286	974	1312
1988	533074	440107	92403	564	1446	1539	1121	1675
1989	583499	486785	95917	798	1562	1658	1205	1809
1990	656975	551602	104213	1160	1729	1843	1300	2079
1991	719291	598920	118234	2137	1842	1946	1446	2329
1992	860275	724646	131368	4261	2154	2295	1606	2414
1993	1042007	883776	144510	13720	2580	2753	1842	3114
1994	1407031	1207665	176282	23084	3450	3720	2268	4214
1995	1621603	1393677	189980	37946	4211	4427	2990	5623
1996	1858269	1588203	218857	51209	4852	5050	3562	7275
1997	1944011	1666516	219199	58297	5089	5303	3636	7843
1998	1739295	1400368	152032	186895	5384	5473	3720	7104
1999	2057811	1675969	170518	211325	6749	6930	4692	7913
2000	2047372	1681669	151720	213983	7014	7249	4676	7798
2001	2255433	1864519	144576	246339	8026	8346	5149	8349
2002	2437527	2001095	133577	302855	9262	9607	5859	9444
2003	2710865	2161536	137779	411551	10521	10918	6905	10359
2004	3054546	2367213	136642	550691	11860	12291	7873	11569
2005	3583091	2726459	157004	699628	13688	14276	8952	13140
2006	4170749	3136396	160449	873904	15590	16491	10102	14220
2007	4994197	3703412	203353	1087433	18400	19624	12574	16344
2008	5732519	4204570	192028	1335921	21000	22608	13934	18247
2009	6713864	4900030	205362	1608472	24696	26247	16624	22088
2010	8071398	5796975	223793	2050630	29092	30985	18194	26272
2011	9970075	6256416	378133	3335526	34055	36939	24265	30939
2012	12823272	7891818	455102	4476352	39651	40712	30608	39030
2013	17789724	8248934	435385	9105405	43582	47238	36185	41101
2014	19882093	8981797	491409	10408887	47299	51406	41022	44550
2015	22796952	10470884	529037	11797031	52137	58565	46734	47734
2016	24553020	11513470	481493	12558057	57470	67536	50045	50815
2017	26478273	12879242	459114	13139917	63069	76018	52596	54369

注:自1998年起,职工工资为在岗职工工资。自2012年起，平均工资含劳务派遣人员工资。

a) Since 1998,wage of staff and workers refers to wage of employed staff and workers.Since 2012,average wage includes dispatched laborers' wage.

3-12 城镇非私营单位职工平均工资指数
Average Wage Indices of Staff and Workers in Urban Non-Private Units

(以上年为100) (preceding year=100)

年 份 Year	货币工资指数 Currency Wages Indices	国有经济单位 State-owned Units	城镇集体经济单位 Urban Collective-owned Units	其他各种经济单位 Units of Other Types of Ownership	实际工资指数 Actual Wages Indices	国有经济单位 State-owned Units	城镇集体经济单位 Urban Collectiv-owned Units	其他各种经济单位 Units of Other Types of Ownership
1978	106.8	105.4	102.0		106.6	105.2	101.8	
1979	109.2	111.0	102.4		107.0	108.7	100.3	
1980	118.2	117.5	122.1		112.0	111.4	115.7	
1981	100.8	101.6	98.1		97.1	97.9	94.5	
1982	101.8	101.7	102.0		98.7	98.6	98.9	
1983	102.0	102.1	102.4		100.1	100.2	100.5	
1984	119.7	122.6	111.9		116.7	119.5	109.1	
1985	111.5	110.9	114.1	119.3	102.5	101.9	104.9	109.7
1986	115.0	115.5	112.5	105.1	108.5	108.7	106.1	99.2
1987	105.9	105.8	106.0	108.0	98.1	98.1	98.2	100.1
1988	119.0	119.7	115.1	127.7	96.2	96.8	93.0	103.2
1989	108.0	107.7	107.5	108.0	92.2	91.9	91.7	92.2
1990	110.7	111.2	107.9	114.9	109.1	109.6	106.3	113.2
1991	106.5	105.6	111.2	112.0	102.0	101.1	106.5	107.3
1992	116.9	117.9	111.1	103.6	108.7	109.7	103.3	96.4
1993	115.9	115.9	111.5	127.8	100.1	100.1	96.3	110.4
1994	138.2	139.8	126.1	136.6	108.9	110.2	99.4	107.6
1995	122.1	119.0	131.8	133.4	104.4	101.8	112.7	114.1
1996	115.2	114.1	105.8	129.4	106.6	105.5	97.9	119.7
1997	104.9	105.0	102.1	107.8	101.8	101.9	99.1	104.7
1998	105.8	103.2	102.3	90.6	104.8	102.2	101.3	89.7
1999	125.4	126.6	126.1	111.4	127.2	128.4	127.9	112.9
2000	103.9	104.6	99.7	98.5	103.5	104.2	99.4	98.2
2001	114.4	115.1	110.1	107.0	114.9	115.7	110.7	107.5
2002	115.4	115.1	113.8	113.1	115.3	114.9	113.7	112.9
2003	113.6	113.6	117.9	109.7	112.7	112.7	117.0	108.8
2004	112.7	112.6	114.0	111.7	108.9	108.8	110.1	107.9
2005	115.4	116.2	113.7	113.6	113.5	114.3	111.8	111.7
2006	113.9	115.5	112.8	108.2	112.5	114.1	111.5	106.9
2007	118.0	119.0	124.5	114.9	112.6	113.5	118.8	109.6
2008	114.1	115.2	110.8	111.6	107.5	108.7	104.5	105.3
2009	117.6	116.1	119.3	121.1	118.4	116.9	120.1	122.0
2010	117.8	118.1	109.4	118.9	114.4	114.7	106.2	115.4
2011	117.1	119.2	133.4	117.8	111.3	113.3	126.8	112.0
2012	116.3	110.7	125.7	124.1	113.2	107.8	122.4	120.8
2013	109.9	116.0	118.2	105.3	107.2	113.2	115.3	102.7
2014	108.5	108.8	113.4	108.4	106.1	106.4	110.9	106.0
2015	110.2	113.9	113.9	107.1	108.6	112.2	112.2	105.5
2016	110.2	115.3	107.1	106.5	108.0	113.0	105.0	104.4
2017	109.7	112.6	105.1	107.0	107.5	110.4	103.0	104.9

3-13 城镇非私营单位各种分组的就业人员工资总额(2017年)
Total Wages Bill of Employed Persons by Types of Groups in Urban Non-Private Units (2017)

单位：万元 (10000 yuan)

类别	Type	工资总额 Total Wages Bill	国有单位 State-owned Units	城镇集体单位 Urban Collective-owned Units	其他单位 Units of Other Types of Ownership
总计	**Total**	**27994806**	**13290605**	**555485**	**14148716**
按国民经济行业分	**Grouped by Sector**				
农、林、牧、渔业	Agriculture, Forestry, Animal Husbandry and Fishery	159072	156442	396	2234
采矿业	Mining	229061	58845	1885	168331
制造业	Manufacturing	6891422	669265	23263	6198894
电力、热力、燃气及水生产和供应业	Production and Supply of Electricity, Heat, Gas and Water	653798	78886	441	574471
建筑业	Construction	4438224	241446	346337	3850441
批发和零售业	Wholesale and Retail Trades	900461	167454	9603	723404
交通运输、仓储和邮政业	Transport, Storage and Post	1442331	937488	10252	494591
住宿和餐饮业	Hotels and Catering Services	156434	27480	579	128375
信息传输、软件和信息技术服务业	Information Transmission, Software and Information Technology	460474	17728	1675	441072
金融业	Financial Intermediation	1121975	539156	87021	495798
房地产业	Real Estate	401527	47724	2925	350879
租赁和商务服务业	Leasing and Business Services	314830	121231	9828	183771
科学研究和技术服务业	Scientific Research and Technical Services	495824	365451	1094	129280
水利、环境和公共设施管理业	Management of Water Conservancy, Environment and Public Facilities	350539	270909	9388	70241
居民服务、修理和其他服务业	Services to Households, Repair and Other Services	55990	10601	908	44481
教育	Education	3731209	3596558	5758	128894
卫生和社会工作	Health and Social Services	1999920	1841871	43665	114385
文化、体育和娱乐业	Culture, Sports and Entertainment	220094	171982	317	47794
公共管理、社会保障和社会组织	Public Management, Social Security and Social Organization	3971620	3970090	149	1381

3-14 城镇非私营单位各种分组的在岗职工工资总额(2017年)

Total Wages Bill of Employed Staff and Workers by Types of Groups in Urban Non-Private Units (2017)

单位：万元 (10000 yuan)

类 别	Type	工资总额 Total Wages Bill	国有单位 State-owned Units	城镇集体单位 Urban Collective-owned Units	其他单位 Units of Other Types of Ownership
总 计	**Total**	**26478273**	**12879242**	**459114**	**13139917**
按国民经济行业分	**Grouped by Sector**				
农、林、牧、渔业	Agriculture, Forestry, Animal Husbandry and Fishery	142178	139613	330	2234
采矿业	Mining	225904	58800	1874	165230
制造业	Manufacturing	6792684	658991	22073	6111621
电力、热力、燃气及水生产和供应业	Production and Supply of Electricity, Heat, Gas and Water	580797	77059	441	503297
建筑业	Construction	3601114	164069	258223	3178823
批发和零售业	Wholesale and Retail Trades	881439	164113	9541	707786
交通运输、仓储和邮政业	Transport, Storage and Post	1399765	923773	9721	466272
住宿和餐饮业	Hotels and Catering Services	151902	25847	513	125542
信息传输、软件和信息技术服务业	Information Transmission, Software and Information Technology	443648	17232	1623	424792
金融业	Financial Intermediation	1047752	527093	86177	434481
房地产业	Real Estate	390993	44784	2924	343285
租赁和商务服务业	Leasing and Business Services	283365	115720	9117	158529
科学研究和技术服务业	Scientific Research and Technical Services	472305	349565	1094	121646
水利、环境和公共设施管理业	Management of Water Conservancy, Environment and Public Facilities	304521	230002	6194	68326
居民服务、修理和其他服务业	Services to Households, Repair and Other Services	53417	10347	860	42210
教育	Education	3663176	3532235	5758	125182
卫生和社会工作	Health and Social Services	1940550	1785629	42187	112735
文化、体育和娱乐业	Culture, Sports and Entertainment	214767	167905	317	46545
公共管理、社会保障和社会组织	Public Management, Social Security and Social Organization	3887997	3886466	149	1381

3-15 城镇非私营单位各种分组的就业人员平均工资(2017年)

Average Wage of Employed Persons by Types of Groups in Urban Non-Private Units (2017)

单位：元 (yuan)

类别	Type	平均工资 Average Wage	国有单位 State-owned Units	城镇集体单位 Urban Collective-owned Units	其他单位 Units of Other Types of Ownership
总计	**Total**	**61429**	**72845**	**51556**	**53899**
按国民经济行业分	**Grouped by Sector**				
农、林、牧、渔业	Agriculture, Forestry, Animal Husbandry and Fishery	37769	37728	40429	40396
采矿业	Mining	49041	49856	29504	49125
制造业	Manufacturing	53417	80589	44970	51576
电力、热力、燃气及水生产和供应业	Production and Supply of Electricity, Heat, Gas and Water	70226	61949	41642	71577
建筑业	Construction	52990	45839	47591	54070
批发和零售业	Wholesale and Retail Trades	50814	78176	38535	47191
交通运输、仓储和邮政业	Transport, Storage and Post	70558	84651	38571	54343
住宿和餐饮业	Hotels and Catering Services	37123	39809	25830	36666
信息传输、软件和信息技术服务业	Information Transmission, Software and Information Technology	73333	57187	57543	74253
金融业	Financial Intermediation	84304	97433	89445	72888
房地产业	Real Estate	56954	61539	41722	56553
租赁和商务服务业	Leasing and Business Services	49468	45601	42271	52910
科学研究和技术服务业	Scientific Research and Technical Services	80120	80443	87480	79167
水利、环境和公共设施管理业	Management of Water Conservancy, Environment and Public Facilities	46782	48071	32174	44862
居民服务、修理和其他服务业	Services to Households, Repair and Other Services	51848	59321	32436	50941
教育	Education	70448	71340	74778	52131
卫生和社会工作	Health and Social Services	78366	80335	68948	58374
文化、体育和娱乐业	Culture, Sports and Entertainment	64370	64017	49531	65805
公共管理、社会保障和社会组织	Public Management, Social Security and Social Organization	75324	75323	32457	93324

3-16 城镇非私营单位各种分组的在岗职工平均工资(2017年)

Average Wage of Employed Staff and Workers by Types of Groups in Urban Non-Private Units (2017)

单位：元 (yuan)

类别	Type	平均工资 Average Wage	国有单位 State-owned Units	城镇集体单位 Urban Collective-owned Units	其他单位 Units of Other Types of Ownership
总计	**Total**	**63069**	**76018**	**52596**	**54369**
按国民经济行业分	**Grouped by Sector**				
农、林、牧、渔业	Agriculture, Forestry, Animal Husbandry and Fishery	41513	41524	44635	40396
采矿业	Mining	49495	49915	29509	49728
制造业	Manufacturing	53655	82309	45927	51744
电力、热力、燃气及水生产和供应业	Production and Supply of Electricity, Heat, Gas and Water	74180	63950	41642	76096
建筑业	Construction	53073	50062	46690	53838
批发和零售业	Wholesale and Retail Trades	51350	80239	39903	47563
交通运输、仓储和邮政业	Transport, Storage and Post	71881	85601	39149	55287
住宿和餐饮业	Hotels and Catering Services	37298	41354	37181	36561
信息传输、软件和信息技术服务业	Information Transmission, Software and Information Technology	75015	58296	57769	75986
金融业	Financial Intermediation	98750	103198	90314	95526
房地产业	Real Estate	57963	64698	41767	57373
租赁和商务服务业	Leasing and Business Services	50169	45848	42423	54490
科学研究和技术服务业	Scientific Research and Technical Services	82154	82427	87480	81336
水利、环境和公共设施管理业	Management of Water Conservancy, Environment and Public Facilities	53680	56669	41765	46610
居民服务、修理和其他服务业	Services to Households, Repair and Other Services	52783	61079	32700	51709
教育	Education	72630	73582	74778	53156
卫生和社会工作	Health and Social Services	80839	83087	71165	58677
文化、体育和娱乐业	Culture, Sports and Entertainment	66099	65593	49531	68148
公共管理、社会保障和社会组织	Public Management, Social Security and Social Organization	78059	78058	32457	93324

3-17 城镇私营单位就业人员年末人数、工资(2017年)

Number and Wage of Employed Persons in Urban Private Units at Year-end (2017)

类　　别	Type	就业人员人　数(人) Number of Employed Persons (person)	就业人员平均工资(元) Average Wage of Employed Persons (yuan)
总　计	**Total**	**3656345**	**40310**
按国民经济行业分	**Classified by Sector**		
农、林、牧、渔业	Agriculture, Forestry, Animal Husbandry and Fishery	59118	28801
采矿业	Mining	79217	41842
制造业	Manufacturing	1688916	41837
电力、热力、燃气及水生产和供应业	Production and Supply of Electricity, Heat, Gas and Water	21651	40616
建筑业	Construction	677782	43586
批发和零售业	Wholesale and Retail Trades	419903	33517
交通运输、仓储和邮政业	Transport, Storage and Post	130477	38571
住宿和餐饮业	Hotels and Catering Services	96690	34332
信息传输、软件和信息技术服务业	Information Transmission, Software and Information Technology	46855	37192
金融业	Financial Intermediation	8896	39779
房地产业	Real Estate	96625	47441
租赁和商务服务业	Leasing and Business Services	130360	36768
科学研究和技术服务业	Scientific Research and Technical Services	24424	40111
水利、环境和公共设施管理业	Management of Water Conservancy, Environment and Public Facilities	15987	37366
居民服务、修理和其他服务业	Services to Households, Repair and Other Services	60172	33662
教育	Education	43301	37088
卫生和社会工作	Health and Social Services	27769	43233
文化、体育和娱乐业	Culture, Sports and Entertainment	27749	36511
按地区分	**By Region**		
南 昌 市	Nanchang	579524	44063
景德镇市	Jingdezhen	120752	43360
萍 乡 市	Pingxiang	313891	38908
九 江 市	Jiujiang	345228	43559
新 余 市	Xinyu	98299	36408
鹰 潭 市	Yingtan	61365	37146
赣 州 市	Ganzhou	827781	39710
吉 安 市	Ji'an	274422	36572
宜 春 市	Yichun	387062	35538
抚 州 市	Fuzhou	292586	42576
上 饶 市	Shangrao	355435	40610

注：本表为城镇私营抽样调查资料整理。

a) Data on the table are estimated in accordance with the data from sample survey on urban private employment.

主要统计指标解释

就业人员 指从事一定社会劳动并取得劳动报酬或经营收入的人员。包括(1)在岗职工; (2)再就业的离退休人员;(3)私营业主;(4)个体户主;(5)私营企业和个体就业人员; (6)乡镇企业就业人员;(7)农村就业人员;(8)其他就业人员。

单位就业人员 各单位的就业人员是指在各级国家机关、政党机关、社会团体及企业、事业单位中工作，取得工资或其他形式的劳动报酬的全部人员。包括在岗职工、再就业的离退休人员、民办教师以及在各单位中工作的外方人员和港澳台方人员、兼职人员、借用的外单位人员和第二职业者。不包括离开本单位仍保留劳动关系的职工。

在岗职工 指在本单位工作并由单位支付工资的人员，以及有工作岗位，但由于学习、病伤产假等原因暂未工作，仍由单位支付工资的人员。

私营企业就业人员 指在工商管理部门注册登记的私营企业就业人员，包括私营企业投资者和雇工。

个体就业人员 指在工商管理部门注册登记，经批准从事个体工商经营的就业人员，包括个体户主和在个体工商户劳动的家庭帮工和雇工。

单位就业人员劳动报酬 指各单位在一定时期内直接支付给本单位全部就业人员的劳动报酬总额。包括在岗职工工资总额和本单位其他从业人员劳动报酬两部分。

在岗职工工资总额 指各单位在一定时期内直接支付给本单位全部在岗职工的劳动报酬总额。包括：计时工资(含计时标准工资)、计件工资、计件超额工资、奖金、津贴和补贴、加班加点工资、特殊情况下支付的工资等。

津贴和补贴 包括:(1)补偿职工特殊额外劳动消耗的津贴及岗位性津贴；(2)保健性津贴；(3)技术性津贴；(4)年功性津贴；(5)地区津贴;(6)其他津贴包括伙食补贴、上下班交通补贴、洗理卫生费、书报费等。以及为保证职工工资不受物价上涨或变动影响而支付的各种补贴，如副食价格补贴(含肉类等价格补贴)、粮、油、蔬菜等价格补贴，煤价补贴、房贴、水电贴、房改补贴等。

在岗职工平均工资 指在企业、事业、机关单位的在岗职工在一定时期内平均每人所得的货币工资额。

$$\text{在岗职工平均工资}=\frac{\text{报告期实际支付的全部在岗职工工资总额}}{\text{报告期全部在岗职工平均人数}}$$

货币工资指数 指报告期在岗职工平均工资与基期在岗职工平均工资的比率。

$$\text{货币工资指数}=\frac{\text{报告期在岗职工平均工资}}{\text{基期在岗职工平均工资}}\times 100\%$$

实际工资指数 指扣除物价变动因素后的在岗职工平均工资。

$$\text{实际工资指数}=\frac{\text{报告期在岗职工货币工资指数}}{\text{报告期居民消费价格指数}}\times 100\%$$

Explanatory Notes on Main Statistical Indicators

Employed Persons refer to persons who are engaged in gainful employment and thus receive remuneration payment or earn business income. They include 1)employed staff and workers, 2) re-employed retirees, 3) owners of private enterprises,4)owners of self-employed individuals, 5)persons employed in private enterprises and self-employed individuals, 6) persons employed in township enterprises,7)employed persons in rural areas, 8)other employed persons.

Persons Employed in Various Units refer to all the persons working in government agencies of various levels, political and party organizations, social organizations, enterprises and institutions, and receiving wages or other forms of payment. They include fully-employed staff and workers, re-employed retirees, teachers in the schools run by the local people, foreigners and Chinese compatriots from Hong Kong, Macao, and Taiwan working in various units, part-time employees, employees of other units working temporarily at current posts, and employees holding the second job, but do not include persons who have left their working units while keeping their labour contract (employment relation) unchanged.

Employed Staff and Workers refer to persons who work in, and receive wages from their working units, including persons who have their work posts but are temporarily absent from work for reasons of study or on sick, injury or maternal leave and still receive wages from their working units.

Persons Employed in Private Enterprises refer to the persons employed in the private enterprises which have been registered at the departments of industrial and commercial administration, including investors of private enterprises and hired labourers.

Persons Employed in Self-Employed Individuals refer to persons employed in the self-employed individuals which have been registered at the departments of industrial and commercial administration and approved to be engaged in individual industrial or commercial business, including self-employed persons as well as helpers and hired labourers who work in individual households.

Earning of Persons Employed in Various Units refers to the total remuneration payment to all employees in various units during a certain period of time, including employed staff and workers and other employees.

Total Wage Bill of Employed Staff and workers refers to the total remuneration payment to all employed staff and workers in various units during a certain period of time. Including wage paid on a time basis (including standard wage paid on a time basis),wage paid on a piece basis, extra wage on a piece basis, bonus, allowance and subsidy, wage paid for working extra hours, wage paid in particular circumstance.

Allowance and Subsidy

Including1）allowance compensated for particular extra labour consume and position allowance to staff and workers,2)health care allowance,3)technical allowance,4)seniority allowance, 5)region allowance,6) other allowance including meals subsidy, traffic subsidy, hygiene subsidy, book and newspaper allowance, as well as all sorts of allowance which ensure the price rises or changes not affect the wage of staff and workers, i.e. non-staple food price subsidy(including meat and other foodstuffs price subsidy),grain, edible oil, vegetables and other food price subsidy, gas price subsidy, housing subsidy, water and electricity subsidy, housing reform subsidy.

Average Wage of Employed Staff and workers refer to average earning level in money terms per employee in the enterprise, institution and government organ during a certain period of time. Total Wage Bill of Employed Staff and Workers

$$\text{Staff and Workers} = \frac{\text{Total Wage Bill of Employed Staff and Workers at Reference Time}}{\text{Average Number of Employed Staff and Workers at Reference Time}}$$

Currency Wage Indices refers to the ratio of average wage of employed staff and workers at the reference period to that at the base period.

$$\text{Average Wage Indices} = \frac{\text{Average Wage of Employed Staff and Workers at Reference Time}}{\text{Average Wage of Employed Staff and Workers at Base Time}}$$

Average Real Wage Indices refers to the average wage of employed staff and workers after removing the effects of the price changes.

$$\text{Average Real Wage Indices} = \frac{\text{Average Wage Indices of Employed Staff and Workers at Reference Time}}{\text{Consumer Price Indices at Reference Time}}$$

4

固定资产投资

INVESTMENT IN FIXED ASSETS

◆61/92

资料整理及英文翻译: 石 磊

Ⅰ 简要说明

一、本篇资料的主要内容

本篇资料通过对一定时期全社会建造和购置固定资产活动的数量描述，反映报告期内固定资产投资的规模和速度、固定资产投资的结构和比例关系、固定资产投资的资金来源及固定资产投资的效果等。

二、本篇资料的统计范围

全社会固定资产投资统计的范围包括：建设项目固定资产投资、房地产开发投资、农村农户固定资产投资。

三、本篇的资料来源

农户固定资产投资资料来自国家统计局江西调查总队；除此以外的固定资产投资统计资料均来自省统计局固定资产投资统计处统计调查。

四、本篇的统计调查方法

除农户固定资产投资统计采用抽样调查方法外，其他均为全面统计报表。

I Brief Introduction

I. Main Contents

Statistics in this chapter describe activities on the construction and purchase of fixed assets of the whole country during a given period of time, and reflect the size, growth, structure, financing and results of the investment in fixed assets during the reference period.

II. Scope of Statistics

Statistics on the total investment in fixed assets in the whole country cover construction project investments in fixed assets, investments in real estate development and investments in fixed assets by rural households.

III. Sources of Data

Data on investments in fixed assets by individuals in rural areas are provided by Survey Office of the National Bureau of Statistics of Jiangxi. Other data on investments in fixed assets come from surveys conducted by the Department of Investment & Construction Statistics of Jiangxi Provincial Bureau of Statistics.

IV. Methodology of Data Collection

All data on investments in fixed assets are collected by the system of reporting form with complete enumeration, except data on individual investments in fixed assets in rural areas, which are collected through sample surveys.

4-1 全社会固定资产投资
Total Investment in Fixed Assets in the Whole Country

年 份 Year	全社会固定资产投资 Total Investment in Fixed Assets in the Whole Country				发展速度(上年=100) Development Speed(preceding year=100)			
	合 计 (万元) Total (10000 yuan)	固定资产投资 Investment in Fixed Assets	#房地产开发投资 Investment in Real Estate Development	农村农户投资 Farm Households Investment in Fixed Assets	合 计 (%) Absolute Figures (%)	固定资产投资 Investment in Fixed Assets	#房地产开发投资 Investment in Real Estate Development	农村农户投资 Farm Households Investment in Fixed Assets
1978	81316	81316			157.7	157.7		
1979	83995	83995			103.3	103.3		
1980	188219	163219		25000	224.1	194.3		
1981	170858	134858		36000	90.8	82.6		144.0
1982	244972	199695		45277	143.4	148.1		125.8
1983	280948	205037		75911	114.7	102.7		167.7
1984	352080	261500		90580	125.3	127.5		119.3
1985	440279	318179		122100	125.1	121.7		134.8
1986	533527	368962	9600	164565	121.2	116.0		134.8
1987	587729	407083	9300	180646	110.2	110.3	96.9	109.8
1988	781751	520755	20000	260996	133.0	127.9	215.1	144.5
1989	732849	501940	23000	230909	93.7	96.4	115.0	88.5
1990	706532	561167	28782	145365	96.4	111.8	125.1	63.0
1991	910773	711283	47957	199490	128.9	126.8	166.6	137.2
1992	1253607	995379	76487	258228	137.6	139.9	159.5	129.4
1993	1855038	1511952	137036	343086	148.0	151.9	179.2	132.9
1994	2374548	2018725	187480	355823	128.0	133.5	136.8	103.7
1995	2841825	2224678	258631	617147	119.7	110.2	138.0	173.4
1996	3558519	2673333	263962	885186	125.2	120.2	102.1	143.4
1997	3843045	2957798	251323	885247	108.0	110.6	95.2	100.0
1998	4547650	3557650	271234	990000	118.3	120.3	107.9	111.8
1999	4914811	3806414	335876	1108397	108.1	107.0	123.8	112.0
2000	5482004	4581858	423705	900146	111.5	120.4	126.1	81.2
2001	6604942	5648215	635195	956727	120.5	123.3	149.9	106.3
2002	9246027	8263879	1036441	982148	140.0	146.3	163.2	102.7
2003	13799696	12797615	1774707	1002081	149.3	154.9	171.2	102.0
2004	18196590	17100349	2660196	1096241	131.9	133.6	149.9	109.4
2005	21689712	20468652	3010982	1221060	119.2	119.7	113.2	111.4
2006	26835744	25425744	3459564	1410000	123.7	124.2	114.9	115.5
2007	33019427	31464114	4354573	1555313	123.0	123.7	125.9	110.3
2008	43454333	41532409	5476570	1921924	131.6	132.0	125.8	123.6
2009	56931422	54421272	6345238	2510150	131.0	131.0	115.9	130.6
2010	71646250	68593453	7068222	3052797	125.8	126.0	111.4	121.6
2011	87375985	84039281	8670285	3336704	122.0	122.5	122.7	109.3
2012	107741579	103783697	9696176	3957882	123.3	123.5	111.8	118.6
2013	128502527	124349494	11745768	4153033	119.3	119.8	121.1	104.9
2014	150792554	146463081	13224909	4329473	117.3	117.8	112.6	104.2
2015	173881278	169938969	15200985	3942309	115.3	116.0	114.9	91.1
2016	196942104	193786876	17709442	3155228	113.3	114.0	116.5	80.0
2017	220853390	217704331	20139823	3149059	112.1	112.3	113.7	99.8

注：1.本篇章各表均不含跨省中央项目投资。
2.全社会固定资产投资=固定资产投资+农村农户投资，后同。
3.固定资产投资=计划投资500万元及以上项目固定资产投资+房地产开发投资，后同。
4.2008-2014年为对投资项目复查后的核定数。

a) Cross-provincial central project investment is not included in the table of this chapter.

b) Total Investment in Fixed Assets in the Whole Country=Investment in Fixed+Farm Households Investment in Fixed Assets. The same applies to the tables following.

c) Investment in fixed assets = construction project investments in fixed assets plans to invest 5 miliion yuan and above + investments in real estate development. The same applied to the tables following.

d) The data from 2008 to 2014 on approved investment projects were reviewed in later years.

4-2 全社会固定资产投资

Total Investment in Fixed Assets in the Whole Country

指　　标	Item	2016	2017
全社会固定资产投资(万元)	**Total Investment in Fixed Assets in the Whole Country(10000 yuan)**	**196942104**	**220853390**
#工　业	Industry	102850379	117828732
固定资产投资	Total Investment	193786876	217704331
农户投资	Farm Households	3155228	3149059
按登记注册类型分	Grouped by Status of Registration		
内　资	Domestic Funds	186965051	212389184
国　有	State-owned	32648881	37215298
集　体	Collective-owned	841493	548246
股份合作	Share Holding Cooperative	509252	493295
联　营	Joint-owned	342928	312471
有限责任公司	Limited Liability Corporations	72674584	77797508
股份有限公司	Share Holding Enterprises	5357342	5683881
私　营	Private	69791995	84216051
其他内资	Others	4798576	6122434
港、澳、台投资	Funds from Hong Kong，Macao and Taiwan	3893613	3357643
外商投资	Foreign Funded	2303725	1593404
个体经营	Individuals	624487	364100
按构成分	Grouped by Use of Funds		
建筑工程	Construction	130009959	147596652
安装工程	Installation	18851286	24932619
设备、工器具购置	Purchase of Equipment and Instruments	32143458	32228033
其他费用	Others	15937401	16096086
按建设性质分	Grouped by Type of Construction		
#新　建	New Construction	141419388	163832357
扩　建	Expansion	20633500	18498866
改建和技术改造	Reconstruction and Technical Rennovation	30154530	30634793
按产业分	Grouped by Industry		
第一产业	Primary Industry	4830194	5747089
第二产业	Secondary Industry	103285280	118118619
第三产业	Tertiary Industry	88826630	96987682

4-2 续表 continued

指　　标	Item	2016	2017
按行业分	Grouped by Sector		
农、林、牧、渔业	Farming, Forestry, Animal Husbandy and Fishery	5380117	6627348
采矿业	Mining	3020411	2262238
制造业	Manufacturing	91908370	107912615
电力、热力、燃气及水生产和供应业	Production and Supply of Electricity, Heat Power, Gas and Water	7921598	7653879
建筑业	Construction	527862	437402
批发和零售业	Wholesale and Retail Trade	9414725	8774277
交通运输、仓储和邮政业	Transport, Storage and Post Services	9654189	7346027
住宿和餐饮业	Hotel and Catering Services	2755044	2152635
信息传输、软件和信息技术服务业	Information Transmission,Software and Information Technology Services	1711597	2048206
金融业	Financial Intermediation	488751	625256
房地产业	Real Estate	27756280	29333074
租赁和商务服务业	Leasing and Business Services	4946524	5792577
科学研究和技术服务业	Scientific Reseach and Ploytechnic Services	1532745	1358502
水利、环境和公共设施管理业	Management of Water Conservancy, Public Facilities and Environment	20044047	25447045
居民服务、修理和其他服务业	Services to Households, Repair and Other Services	1203997	842837
教　育	Education	2183479	2348614
卫生和社会工作	Health Care and Social Services	1456388	2023614
文化、体育和娱乐业	Culture, Sports and Entertainment	1760106	1985405
公共管理、社会保障和社会组织	Public Management,Social Security and Social Organizations	3275873	5881840
资金来源合计(万元)	**Total Source of Funds (10000 yuan)**		
上年末结余资金	Balance at last Year-end	13497749	15666517
本年资金来源小计	Subtotal Sources of Funds This Year	197166590	215109814
国家预算内资金	State Budget	11605537	11513265
国内贷款	Domestic Loans	15224308	16419372
债券	Bonds	63434	250121
利用外资	Foreign Investment	429625	622151
自筹资金	Self-raising Funds	148394088	158166327
其他资金	Others	21449597	28138579
新增固定资产(万元)	**Newly Increased Fixed Assets (10000 yuan)**	**108881065**	**123581327**
施工房屋建筑面积(万平方米)	**Floor Space of Buildings under Construction (10000 sq.m)**	**31758.66**	**32075.09**
#住宅	Residential Buildings	17061.72	18034.59
竣工房屋建筑面积(万平方米)	**Floor Space of Buildings Completed (10000 sq.m)**	**8120.83**	**8131.98**
#住宅	Residential Buildings	4588.71	4255.98

4-3 全社会固定资产投资构成
Composition of Total Investments in Fixed Assets

单位：%　　　　　　　　　　　　　　　　　　　　　　　　　　(%)

指　　　　标	Item	2016	2017
全社会固定资产投资	**Total Investment in Fixed Assets in the Whole Country**	**100.0**	**100.0**
#工　业	Industry	52.2	53.4
固定资产投资	Total Investment	98.4	98.6
农户投资	Farm Households	1.6	1.4
按登记注册类型分	Grouped by Status of Registration		
内　资	Domestic Funds	94.9	96.2
国　有	State-owned	16.6	16.9
集　体	Collective-owned	0.4	0.2
股份合作	Share Holding Cooperative	0.3	0.2
联　营	Joint-owned	0.2	0.1
有限责任公司	Limited Liability Corporations	36.9	35.2
股份有限公司	Share Holding Enterprises	2.7	2.6
私　营	Private	35.4	38.1
其他内资	Others	2.4	2.8
港、澳、台投资	Funds from Hong Kong，Macao and Taiwan	2.0	1.5
外商投资	Foreign Funded	1.2	0.7
个体经营	Individuals	0.3	0.2
按构成分	Grouped by Use of Funds		
建筑工程	Construction	66.0	66.8
安装工程	Installation	9.6	11.3
设备、工器具购置	Purchase of Equipment and Instruments	16.3	14.6
其他费用	Others	8.1	7.3
按建设性质分	Grouped by Type of Construction		
#新　建	New Construction	71.8	74.2
扩　建	Expansion	10.5	8.4
改建和技术改造	Reconstruction and Technical Rennovation	15.3	13.9
按产业分	Grouped by Industry		
第一产业	Primary Industry	2.5	2.6
第二产业	Secondary Industry	52.4	53.5
第三产业	Tertiary Industry	45.1	43.9
按行业分	Grouped by Sector		
农、林、牧、渔业	Farming, Forestry, Animal Husbandry and Fishery	2.7	3.0
采矿业	Mining	1.5	1.0
制造业	Manufacturing	46.7	48.9
电力、热力、燃气及水生产和供应业	Production and Supply of Electricity,Heat Power, Gas and Water	4.0	3.5
建筑业	Construction	0.3	0.2
批发和零售业	Wholesale and Retail Trade	4.8	4.0
交通运输、仓储和邮政业	Transport, Storage and Post Services	4.9	3.3
住宿和餐饮业	Hotel and Catering Services	1.4	1.0
信息传输、软件和信息技术服务业	Information Transmission, Software and Information Technology Services	0.9	0.9
金融业	Financial Intermediation	0.2	0.3
房地产业	Real Estate	14.1	13.3
租赁和商务服务业	Leasing and Business Services	2.5	2.6
科学研究和技术服务	Scientific Reseach and Ploytechnic Services	0.8	0.6
水利、环境和公共设施管理业	Management of Water Conservancy, Environment and Public Facilities	10.2	11.5
居民服务、修理和其他服务业	Services to Households,Repair and Other Services	0.6	0.4
教　育	Education	1.1	1.1
卫生和社会工作	Health Care and Social Services	0.7	0.9
文化、体育和娱乐业	Culture, Sports and Entertainment	0.9	0.9
公共管理、社会保障和社会组织	Public Management, Social Security and Social Organizations	1.7	2.7

4-4 固定资产投资
Investment in Fixed Assets

指　　标	Item	2016	2017
固定资产投资(万元)	**Total Investment (10000 yuan)**	**193786876**	**217704331**
#工　业	Industry	102849490	117828732
按登记注册类型分	Grouped by Status of Registration		
内　资	Domestic Funds	186965051	212389184
国　有	State-owned	32648881	37215298
集　体	Collective-owned	841493	548246
股份合作	Share Holding Cooperative	509252	493295
联　营	Joint-owned	342928	312471
有限责任公司	Limited Liability Corporations	72674584	77797508
股份有限公司	Share Holding Enterprises	5357342	5683881
私　营	Private	69791995	84216051
其他内资	Others	4798576	6122434
港、澳、台投资	Funds from Hong Kong, Macao and Taiwan	3893613	3357643
外商投资	Foreign Funded	2303725	1593404
个体经营	Individuals	624487	364100
按构成分	Grouped by Use of Funds		
建筑工程	Construction	127280730	144944743
安装工程	Installation	18851286	24932619
设备、工器具购置	Purchase of Equipment and Instruments	31774527	31789832
其他费用	Others	15880333	16037137
按建设性质分	Grouped by Type of Construction		
#新　建	New Construction	138264160	163832357
扩　建	Expansion	20633500	18498866
改建和技术改造	Reconstruction and Technical Rennovation	30154530	30634793
按产业分	Grouped by Industry		
第一产业	Primary Industry	4362479	5191288
第二产业	Secondary Industry	103219703	118100585
第三产业	Tertiary Industry	86204694	94412458
资金来源合计(万元)	**Total Source of Funds (10000 yuan)**		
上年末结余资金	Balance at last Year-end	13497749	15666517
本年资金来源小计	Subtotal Sources of Funds This Year	194011362	211960755
国家预算内资金	State Budget	11605537	11513265
国内贷款	Domestic Loans	15211253	16414880
债券	Bonds	63434	250121
利用外资	Foreign Investment	429625	622151
自筹资金	Self-raising Funds	145293624	155072281
其他资金	Others	21407889	28088057
新增固定资产(万元)	**Newly Increased Fixed Assets (10000 yuan)**	**106065837**	**120801818**
施工房屋建筑面积(万平方米)	**Floor Space of Buildings under Construction (10000 sq.m)**	**28037.07**	**29061.84**
#住宅	Residential Buildings	13509.63	15190.22
竣工房屋建筑面积(万平方米)	**Floor Space of Buildings Completed (10000 sq.m)**	**4890.72**	**5656.05**
#住宅	Residential Buildings	1656.34	1912.11

4-5 固定资产投资构成
Composition of Investment in Fixed Assets

单位：% (%)

指　　标	Item	2016	2017
固定资产投资	**Total Investment**	**100.0**	**100.0**
#工　业	Industry	53.1	54.1
按登记注册类型分	Grouped by Status of Registration		
内　资	Domestic Funds	96.5	97.6
国　有	State-owned	16.8	17.1
集　体	Collective-owned	0.4	0.3
股份合作	Share Holding Cooperative	0.3	0.2
联　营	Joint-owned	0.2	0.1
有限责任公司	Limited Liability Corporations	37.5	35.7
股份有限公司	Share Holding Enterprises	2.8	2.6
私　营	Private	36.0	38.7
其他内资	Others	2.5	2.8
港、澳、台投资	Funds from Hong Kong, Macao and Taiwan	2.0	1.5
外商投资	Foreign Funded	1.2	0.7
个体经营	Individuals	0.3	0.2
按构成分	Grouped by Use of Funds		
建筑工程	Construction	65.7	66.6
安装工程	Installation	9.7	11.4
设备、工器具购置	Purchase of Equipment and Instruments	16.4	14.6
其他费用	Others	8.2	7.4
按建设性质分	Grouped by Type of Construction		
#新　建	New Construction	71.3	75.3
扩　建	Expansion	10.6	8.5
改建和技术改造	Reconstruction and Technical Rennovation	15.6	14.1
按产业分	Grouped by Industry		
第一产业	Primary Industry	2.2	2.4
第二产业	Secondary Industry	53.3	54.2
第三产业	Tertiary Industry	44.5	43.4

4-6　分行业固定资产投资和构成

Investment and Expenditure in Fixed Assets by Sector

行　　业	Sector	投资额(万元) Investment (10000 yuan)		构成(%) Percentage (%)	
		2016	2017	2016	2017
总　计	**Total**	**193786876**	**217704331**	**100.0**	**100.0**
农、林、牧、渔业	**Agriculture, Forestry, Animal Husbandry and Fishery**	**4912402**	**6071547**	**2.5**	**2.8**
采矿业	**Mining**	**3020411**	**2262238**	**1.6**	**1.0**
#煤炭开采和洗选业	Mining and Washing of Coal	328281	239928	0.2	0.1
黑色金属矿采选业	Mining and Processing of Ferrous Metal Ores	394863	161136	0.2	0.1
有色金属矿采选业	Mining and Processing of Non-Ferrous Metal Ores	598629	643335	0.3	0.3
非金属矿采选业	Mining and Processing of Nonmetal Ores	1621364	1187482	0.8	0.5
制造业	**Manufacturing**	**91907481**	**107912615**	**47.4**	**49.6**
#石油、煤炭及其他燃料加工业	Processing of Oil, Coal, and Other Fuels	244189	297748	0.1	0.1
非金属矿物制品业	Manufacture of Non-metallic Mineral Products	10394649	11622135	5.4	5.3
黑色金属冶炼及压延加工业	Smelting and Pressing of Ferrous Metals	937467	1517535	0.5	0.7
有色金属冶炼及压延加工业	Smelting and Pressing of Non-ferrous Metals	4046529	4796972	2.1	2.2
计算机、通信和其他电子设备制造业	Manufacture of Communication Equipment, Computers and Other Electronic Equipment	5750847	10135203	3.0	4.7
电力、热力、燃气及水生产和供应业	**Production and Supply of Electricity, Heat Power, Gas and Water**	**7921598**	**7653879**	**4.1**	**3.5**
#电力、热力的生产和供应业	Production and Supply of Electric Power and Heat Power	5975780	5334801	3.1	2.5
水的生产和供应业	Production and Supply of Water	1393530	1963054	0.7	0.9
建筑业	**Construction**	**463174**	**419368**	**0.2**	**0.2**
批发和零售业	**Wholesale and Retail Trades**	**9401390**	**8760337**	**4.9**	**4.0**
交通运输、仓储和邮政业	**Transport, Storage and Post**	**9582980**	**7237855**	**4.9**	**3.3**
#铁路运输业	Railway Transport	1458206	1024821	0.8	0.5
道路运输业	Road Transport	6362430	5053564	3.3	2.3
邮政业	Post	99024	49001	0.1	0.0
住宿和餐饮业	**Hotels and Catering Services**	**2753752**	**2151536**	**1.4**	**1.0**
信息传输、软件和信息技术服务业	**Information Transmission, Software and Information Technology Services**	**1711597**	**2048206**	**0.9**	**0.9**
#电信、广播电视和卫星传输服务	Telecommunications, Broadcasting Television and Satellite Transmission Services	39610	36963	0.0	0.0
金融业	**Financial Intermediation**	**488751**	**625256**	**0.3**	**0.3**
房地产业	**Real Estate**	**25222010**	**26883484**	**13.0**	**12.3**
租赁和商务服务业	**Leasing and Business Services**	**4946524**	**5792577**	**2.6**	**2.7**
科学研究和技术服务业	**Scientific Reseach and Ploytechnic Services**	**1532745**	**1358502**	**0.8**	**0.6**
水利、环境和公共设施管理业	**Management of Water Conservancy, Public Facilities and Environment**	**20044047**	**25447045**	**10.3**	**11.7**
水利管理业	Management of Water Conservancy	1472617	1541663	0.8	0.7
生态保护和环境治理业	Ecological Protection and Environmental Management	487232	709161	0.3	0.3
公共设施管理业	Management of Public Facilities	18084198	23196221	9.3	10.7
居民服务、修理和其他服务业	**Services to Households Repair and Other Services**	**1202168**	**840413**	**0.6**	**0.4**
教育	**Education**	**2183479**	**2348614**	**1.1**	**1.1**
卫生和社会工作	**Health Care and Social Services**	**1456388**	**2023614**	**0.8**	**0.9**
#卫生	Health	972079	1466746	0.5	0.7
文化、体育和娱乐业	**Culture, Sports and Entertainment**	**1760106**	**1985405**	**0.9**	**0.9**
公共管理、社会保障和社会组织	**Public Management Social Security and Social Organizations**	**3275873**	**5881840**	**1.7**	**2.7**

4-7 按行业和登记注册类型分固定资产投资（2017年）

单位：万元

行业	Sector	合计 Total	内资 Domestic Funds	国有 State-owned
总计	**Total**	**217704331**	**212389184**	**37215298**
农、林、牧、渔业	**Agriculture, Forestry, Animal Husbandry and Fishery**	**6071547**	**5950042**	**960929**
农业	Farming	3215475	3145585	476345
林业	Forestry	685612	677874	148309
畜牧业	Animal Husbandry	1041205	1008548	29570
渔业	Fishery	248996	245996	14521
农、林、牧、渔服务业	Services in Support of Agriculture	880259	872039	292184
采矿业	**Mining**	**2262238**	**2125258**	**132014**
#煤炭开采和洗选业	Mining and Washing of Coal	239928	239928	
黑色金属矿采选业	Mining and Processing of Ferrous Metal Ores	161136	161136	
有色金属矿采选业	Mining and Processing of Non-Ferrous Metal Ores	643335	519935	115614
非金属矿采选业	Mining and Processing of Nonmetal Ores	1187482	1173902	12400
制造业	**Manufacturing**	**107912615**	**104069392**	**2363807**
农副食品加工业	Processing of Food from Agricultural Products	5501420	5460017	161764
食品制造业	Manufacture of Foods	2690045	2575885	55496
酒、饮料和精制茶制造业	Manufacture of Wine,Beverages and Refined Tea	1453860	1378148	
烟草制品业	Manufacture of Tobacco	92055	62760	34654
纺织业	Manufacture of Textile	3371097	3194120	12629
纺织服装、服饰业	Manufacture of Textile Wearing Apparel	5225510	5060008	189328
皮革、毛皮、羽毛及其制品和制鞋业	Manufacture of Leather, Fur, Feather and Related Products Footwear	2351812	2212468	6525
木材加工及木、竹、藤、棕、草制品业	Processing of Timber, Manufacture of Wood, Bamboo, Rattan,Palm and Straw Products	1779493	1736485	44708
家具制造业	Manufacture of Furniture	2264251	2263041	110030
造纸及纸制品业	Manufacture of Paper and Paper Products	1465883	1428685	
印刷和记录媒介复制业	Printing, Reproduction of Recording Media	1049863	949718	10400
文教、美工、体育和娱乐用品制造业	Manufacture of Articles For Culture, Art, Education Sport Activities and Entertainmetn Products	1367950	1222879	3516
石油、煤炭及其他燃料加工业	Processing of Oil, Coal, and Other Fuels	297748	294351	67723
化学原料及化学制品制造业	Manufacture of Raw Chemical Materials and Chemical Products	9360117	8879903	76200
医药制造业	Manufacture of Medicines	3902231	3869469	157943
化学纤维制造业	Manufacture of Chemical Fibers	763426	540908	
橡胶和塑料制品业	Manufacture of Rubber and Plastics	3206415	3084365	
非金属矿物制品业	Manufacture of Non-metallic Mineral Products	11622135	11400574	83122
黑色金属冶炼及压延加工业	Smelting and Pressing of Ferrous Metals	1517535	1513065	
有色金属冶炼及压延加工业	Smelting and Pressing of Non-ferrous Metals	4796972	4744561	140247
金属制品业	Manufacture of Metal Products	5198579	5100886	16553
通用设备制造业	Manufacture of General Purpose Machinery	4057236	3923138	2853
专用设备制造业	Manufacture of Special Purpose Machinery	4818672	4720395	84439
汽车制造业	Manufacture of Transport Carmaking.	4950716	4662642	106173
铁路、船舶、航空航天和其他运输设备制造业	Manufacture of Railroads,Ships,Aerospace and Other Transportation Equipment	1021618	1011742	153592
电气机械和器材制造业	Manufacture of Electrical Machinery and Equipment	9170211	8686222	202383
计算机、通信和其他电子设备制造业	Manufacture of Computers, Communication Equipment and Other Electronic Equipment	10135203	9729154	431173
仪器仪表及制造业	Manufacture of Measuring Instruments	1316823	1224907	
其他制造业	Manufacture of Others	1898225	1874166	116859
废弃资源综合利用业	Comperhensive Utilization of Waste	1144906	1144122	92567
金属制品、机械和设备修理业	Repair of Metal Products, Machinery and Equipment	120608	120608	2930
电力、热力、燃气及水生产和供应业	**Production and Supply of Electricity Heating Gas and Water**	**7653879**	**7518752**	**2358890**
电力、热力的生产和供应业	Production and Supply of Electric Power and Heat Power	5334801	5281131	1404806
燃气生产和供应业	Production and Supply of Gas	356024	294472	18174
水的生产和供应业	Production and Supply of Water	1963054	1943149	935910
建筑业	**Construction**	**419368**	**419368**	**35700**
房屋建筑业	Construction of Buildings	41535	41535	
土木工程建筑业	Construction of Civil Engineering	84005	84005	35700
建筑安装业	Building Installation	48074	48074	
建筑装饰业和其他建筑业	Building Decoration and Other	245754	245754	
批发和零售业	**Wholesale and Retail Trades**	**8760337**	**8705857**	**427564**

Investment in Fixed Assets by Sector and Registration Status (2017)

(10000 yuan)

集 体 Collective-owned	股份合作 Share Holding Cooperative	联 营 Joint-owned	有限责任公司 Limited Liability Corporations	股份有限公司 Share Holding Enterprises	私 营 Private	其 他 Others	港澳台商投资 Funds from Hong Kong, Macao and Taiwan	外商投资 Foreign Funded	个体经营 Individuals
548246	**493295**	**312471**	**77797508**	**5683881**	**84216051**	**6122434**	**3357643**	**1593404**	**364100**
28240	**17413**	**24151**	**1198984**	**121463**	**2853964**	**744898**	**47353**		**74152**
10620	15413	6045	604507	50579	1557958	424118	44579		25311
		8520	169159	5400	249548	96938			7738
10580		4597	207164	20519	618307	117811	2774		29883
100	2000		67491	2800	127516	31568			3000
6940		4989	150663	42165	300635	74463			8220
		9085	**426295**	**25508**	**1494796**	**37560**	**106634**	**16766**	**13580**
			97125		116103	26700			
			54675		106461				
		4369	19494	5739	374719		106634	16766	
		4716	247578	16969	881379	10860			13580
162817	**310133**	**19824**	**37772122**	**2801491**	**57917602**	**2721596**	**2277561**	**1382373**	**183289**
3004	1000		1762877	75624	3267881	187867	10585	24598	6220
		5900	952238	44460	1463848	53943	93806	18054	2300
4200			586418	14742	754743	18045	26864	48848	
			28106				29295		
			950107	23358	2174334	33692	78958	97476	543
			2164995	10679	2627282	67724	129420	31242	4840
3968			765960		1428342	7673	111054	18900	9390
			486564	54148	1108715	42350	15132	2600	25276
			726011	29786	1379907	17307			1210
	8190		575662	7300	800862	36671	23100	5000	9098
2870	13575		487151		413167	22555	97635	100	2410
			383942	40000	755761	39660	126417	18224	430
			68366	49342	106677	2243		3397	
1950	34500	1667	2672287	364793	5584388	144118	236957	167183	76074
	1818		1549506	75012	2037150	48040	12045	20717	
			298632	60000	182276		170435	52083	
	20323		1094833	75811	1870898	22500	110765	11285	
54970	117667	6409	3757325	346436	6883864	150781	129891	67725	23945
			514563	23727	918733	56042		4470	
			1206654	84382	2989963	323315	35465	16946	
	18785		2220114	56391	2715427	73616	82754	14439	500
4135	27000	5848	1628005	107905	1986968	160424	93500	30578	10020
11537			1880347	71535	2543346	129191	24925	72702	650
3397	15412		1843411	156051	2463612	74586	48884	239190	
2795	2962		487370	3500	351860	9663		9876	
65007			3458893	265388	4456901	237650	242482	238527	2980
997	48901		3370617	642964	4686825	547677	330802	72597	2650
			556745	61600	464107	142455		91916	
			689219	28032	996293	43763	16390	3700	3969
			567136	28525	430839	25055			784
3987			38068		72633	2990			
18632	**8500**	**506**	**2734493**	**182577**	**1918452**	**296702**	**90075**	**43725**	**1327**
10932		506	1838249	177336	1599769	249533	14222	38748	700
	8500		139306	800	127692		57802	3750	
7700			756938	4441	190991	47169	18051	1227	627
			198433		**136541**	**48694**			
			31514		10021				
			41885		2532	3888			
			12930		31356	3788			
			112104		92632	41018			
13744	**81851**	**20082**	**3813225**	**126986**	**3802710**	**419695**	**16000**		**38480**

4-7 续表

单位：万元

行业	Sector	合计 Total	内资 Domestic Funds	国有 State-owned
批发业	Wholesale Trade	5317655	5292159	199187
零售业	Retail Trade	3442682	3413698	228377
交通运输、仓储和邮政业	**Transport, Storage and Post**	**7237855**	**7125116**	**2739647**
铁路运输业	Railway Transport	1024821	1024821	98351
道路运输业	Road Transport	5053564	5038380	2475088
水上运输业	Water Transport	100230	100230	6960
航空运输业	Air Transport	42040	42040	26175
管道运输业	Transport Via Pipelines	9580	9580	9495
装卸搬运和其他运输服务业	Loading, Unloading and Other Transport Services	228804	134879	4800
仓储业	Storage	729815	726185	118210
邮政业	Post	49001	49001	568
住宿和餐饮业	**Hotels and Catering Services**	**2151536**	**2089400**	**200030**
住宿业	Hotels	1216957	1178118	200030
餐饮业	Catering Services	934579	911282	
信息传输、软件和信息技术服务业	**Information Transmission, Software and Information Technology Services**	**2048206**	**2047206**	**78732**
电信、广播电视和卫星传输服务	Telecommunications, Broadcasting Television and Satellite Transmission Services	36963	36963	12090
互联网和相关服务	Internet and Related Services	348947	348947	15850
软件和信息技术服务业	Software and Information Technology Services	1662296	1661296	50792
金融业	**Financial Intermediation**	**625256**	**625256**	**282646**
货币金融服务	Monetary and Financial Services	326908	326908	180250
资本市场服务	Capital Market Services	127156	127156	14109
保险业	Insurance	57175	57175	
其他金融活动	Other Financial Activities	114017	114017	88287
房地产业	**Real Estate**	**26883484**	**26129619**	**3027245**
租赁和商务服务业	**Leasing and Business Services**	**5792577**	**5752400**	**657152**
租赁业	Leasing	249664	249664	1206
商务服务业	Business Services	5542913	5502736	655946
科学研究和技术服务业	**Scientific Reseach and Ploytechnic Services**	**1358502**	**1358502**	**160972**
研究与试验发展	Research and Experimental Development	110450	110450	66561
专业技术服务业	Professional Technical Services	728586	728586	86155
科技推广和应用服务业	Services of Science and Technology Promotion and Application	519466	519466	8256
水利、环境和公共设施管理业	**Management of Water Conservancy, Environment and Public Facilities**	**25447045**	**25406936**	**14455214**
水利管理业	Management of Water Conservancy	1541663	1523843	1126319
生态保护和环境治理业	Ecological Protection and Environmental Management	709161	706161	380400
公共设施管理业	Management of Public Facilities	23196221	23176932	12948495
居民服务、修理和其他服务业	**Services to Households Repair and Other Services**	**840413**	**837213**	**131050**
居民服务业	Services to Households	384356	384356	111043
机动车、电子产品和日用产品修理业	Repair to Motor, Electronic Products and Household Products	343419	340219	12174
其他服务业	Other Services	112638	112638	7833
教育	**Education**	**2348614**	**2348614**	**1668958**
卫生和社会工作	**Health Care and Social Services**	**2023614**	**2017324**	**1360966**
卫生	Health	1466746	1460456	1034273
社会工作	Social Services	556868	556868	326693
文化、体育和娱乐业	**Culture, Sports and Entertainment**	**1985405**	**1981089**	**619026**
新闻和出版业	Journalism and Publishing Activities	22158	22158	
广播、电视、电影和影视录音制作业	Broadcasting, Movies, Television and Video Reccording	72618	72568	19295
文化艺术业	Cultural and Art Activities	875267	874301	356976
体育	Sports Activities	324401	324401	157006
娱乐业	Entertainment	690961	687661	85749
公共管理、社会保障和社会组织	**Public Management, Social Security and Social Organizations**	**5881840**	**5881840**	**5554756**
#中国共产党机关	Organs of Communist Party of China	8035	8035	8035
国家机构	Government Agencies	5608311	5608311	5421793
社会保障	Social Security	39335	39335	29452
群众团体、社会团体和其他成员组织	Non-Governmental Organizations, Social Organizations and Other Organizations	85964	85964	6200
基层群众自治组织	Grass Roots Self-governing Organizations	137975	137975	87056

continued

(10000 yuan)

集 体 Collective-owned	股份合作 Share Holding Cooperative	联 营 Joint-owned	有限责任公司 Limited Liability Corporations	股份有限公司 Share Holding Enterprises	私 营 Private	其 他 Others	港澳台商投资 Funds from Hong Kong, Macao and Taiwan	外商投资 Foreign Funded	个体经营 Individuals
10254	53100	7905	2516464	93010	2101518	310721	16000		9496
3490	28751	12177	1296761	33976	1701192	108974			28984
12120	**4966**	**7809**	**2405779**	**904291**	**841559**	**208945**	**112739**		
			50015	872200	4255				
8200	4966	6909	1981897	14853	495588	50879	15184		
			86991	2999	3280				
			10735		5130				
			85						
3920			55595	2800	60983	6781	93925		
		900	204287	11439	240064	151285	3630		
			16174		32259				
8755	**2019**	**19741**	**578186**	**36516**	**1176727**	**67426**	**29639**		**32497**
5155	2019	19741	452995	8655	441994	47529	29639		9200
3600			125191	27861	734733	19897			23297
		4992	**1070020**	**33472**	**722134**	**137856**		**1000**	
			10137	12275		2461			
			249780		75731	7586			
		4992	810103	21197	646403	127809		1000	
4950	**28083**		**182184**	**78515**	**48878**				
4950	28083		35199	74640	3786				
			80830		32217				
			57175						
			8980	3875	12875				
29395	**21470**	**37786**	**14295066**	**837267**	**7650149**	**231241**	**652656**	**96424**	**4785**
4760	**1500**		**2798129**	**331228**	**1727867**	**231764**	**977**	**39200**	
			156132		80850	11476			
4760	1500		2641997	331228	1647017	220288	977	39200	
	3880	**7010**	**544873**	**2980**	**507892**	**130895**			
			22749		13502	7638			
	3880	4850	274134	2980	307866	48721			
		2160	247990		186524	74536			
147752	**8500**	**137849**	**8374236**	**136072**	**1752705**	**394608**	**23959**	**12950**	**3200**
42269		69384	203986	3850	25515	52520	1670	12950	3200
		6353	273540	2500	36338	7030	3000		
105483	8500	62112	7896710	129722	1690852	335058	19289		
	3980		**190805**	**10482**	**462575**	**38321**			**3200**
			31860	10482	225102	5869			
	3980		97482		212434	14149			3200
			61463		25039	18303			
9250	**1000**		**159044**		**371873**	**138489**			
32789		**4796**	**288218**	**2960**	**247768**	**79827**			**6290**
21778		4796	225306	2960	139430	31913			6290
11011			62912		108338	47914			
9955		**17255**	**698719**	**36073**	**526854**	**73207**	**50**	**966**	**3300**
			2850		17772	1536			
			25075		28198		50		
			334710	2987	148244	31384		966	
9955			128335		27460	1645			
		17255	207749	33086	305180	38642			3300
65087		**1585**	**68697**	**16000**	**55005**	**120710**			
50469		1585	44512		18124	71828			
			9883						
2336			14302	16000	32951	14175			
12282					3930	34707			

4-8 固定资产投资资金来源（2017年）

单位：万元

行　　　业	Sector	上年末结余资金 Balance of Funds Forward Brought from the Previous Year	本年资金来源小计 Subtotal Sources of Funds This Year
总　计	**Total**	**15666517**	**211960755**
按行业分	**By Sector**		
农、林、牧、渔业	Farming, Forestry, Animal Husbandy and Fishery	121527	5721191
采矿业	Mining	23436	2060827
制造业	Manufacturing	1618029	100945991
电力、热力、燃气及水生产和供应业	Production and Supply of Electricity Heating Gas and Water	298974	7104107
建筑业	Construction	346	414959
批发和零售业	Wholesale and Retail Trade	115930	8164178
交通运输、仓储和邮政业	Transport, Storage and Post Services	2587070	6452501
住宿和餐饮业	Hotel and Catering Services	36350	2027364
信息传输、软件和信息技术服务业	Information Transmission,Software and Information Technology Services	83077	1961445
金融业	Financial Intermediation	193175	351920
房地产业	Real Estate	9689862	35304088
租赁和商务服务业	Leasing and Business Services	151644	5378253
科学研究和技术服务业	Scientific Reseach and Ploytechnic Services	21398	1281687
水利、环境和公共设施管理业	Management of Water Conservancy, Public Facilities and Environment	491356	22822211
居民服务、修理和其他服务业	Services to Households Repair and Other Services	8577	799790
教　育	Education	55535	2172891
卫生和社会工作	Health Care and Social Services	68217	1739943
文化、体育和娱乐业	Culture, Sports and Entertainment	36755	1651752
公共管理、社会保障和社会组织	Public Management Social Security and Social Organizations	65259	5605657
按地区分	**By Region**		
南 昌 市	Nanchang	5117024	51968930
景德镇市	Jingdezhen	286514	8871275
萍 乡 市	Pingxiang	269057	13349321
九 江 市	Jiujiang	1793424	27294734
新 余 市	Xinyu	167741	9943850
鹰 潭 市	Yingtan	333434	6788306
赣 州 市	Ganzhou	2398949	23683506
吉 安 市	Ji'an	891394	16907307
宜 春 市	Yichun	1230475	19995100
抚 州 市	Fuzhou	530941	14206050
上 饶 市	Shangrao	946645	18168215
不分地区	Not Classified by Region	1700919	784161

Investment in Fixed Assets by Sources of Funds (2017)

(10000 yuan)

国家预算内资金 State Budget	国内贷款 Domestic Loans	债 券 Bonds	利用外资 Foreign Investment	自筹资金 Self-raising Funds	其他资金 Others
11513265	**16414880**	**250121**	**622151**	**155072281**	**28088057**
276786	344608	3073	8228	4737363	351133
25657	131415		3589	1867712	32454
552633	6284933	144629	216591	90189505	3557700
663164	576392	9317	2850	5223689	628695
28761	7722			378076	400
181536	369975		43021	7217217	352429
1952821	442171	2006	107462	3515604	432437
49250	66781		1600	1725932	183801
42003	54196			1683008	182238
1300	16831			321789	12000
755252	5340029	6000	26260	11169862	18006685
319548	355914	20198	42960	4409911	229722
55525	27998		4200	1112943	81021
4312935	2073680	47090	128355	13554167	2705984
28639	11285			750047	9819
565693	54200			1292365	260633
336222	69998	10000		1090358	233365
192319	74283			1192211	192939
1173221	112469	7808	37035	3640522	634602
1162122	4705413	15204	318741	38618129	7149321
145947	409005	16000	4190	7567542	728591
508112	715092	5 000	27717	11368738	724662
682208	2434665	25 960	45128	22222863	1883910
341485	361180	2000		8476830	762355
335417	1031098	82050	17400	4614369	707972
4179759	2332488	30410	64458	11879651	5196740
939340	627408	29521	38813	13286965	1985260
508482	1116221	42626	39442	15385500	2902829
1138359	644976	1 350	39209	9238534	3143622
1172034	1946637		27053	12119696	2902795
400000	90697			293464	

4-9 固定资产投资建设项目和新增固定资产（2017年）

Projects Investment Construction and Newly Increased Fixed Assets (2017)

行业	Sector	施工项目(个) Number of Projects under Construction (unit)	全部建成投产(个) Number of Projects Completed and Put into Use (unit)	新增固定资产(万元) Newly Increased Fixed Assets (10000 yuan)
总计	**Total**	**24842**	**17861**	**120801818**
农、林、牧、渔业	**Agriculture, Forestry, Animal Husbandry and Fishery**	**1012**	**636**	**3208685**
农业	Farming	481	279	1555717
林业	Forestry	104	69	361041
畜牧业	Animal Husbandry	224	149	619316
渔业	Fishery	64	45	129290
农、林、牧、渔服务业	Services in Support of Agriculture	139	94	543321
采矿业	**Mining**	**273**	**197**	**1351832**
#煤炭开采和洗选业	Mining and Washing of Coal	32	18	146886
黑色金属矿采选业	Mining and Processing of Ferrous Metal Ores	22	20	53980
有色金属矿采选业	Mining and Processing of Non-Ferrous Metal Ores	61	36	265234
非金属矿采选业	Mining and Processing of Nonmetal Ores	149	116	865344
制造业	**Manufacturing**	**11115**	**8404**	**62614477**
农副食品加工业	Processing of Food from Agricultural Products	656	511	3513962
食品制造业	Manufacture of Foods	317	263	1488275
酒、饮料和精制茶制造业	Manufacture of Wine,Beverages and Refined Tea	131	95	922776
烟草制品业	Manufacture of Tobacco	5	3	73343
纺织业	Manufacture of Textile	358	269	2005035
纺织服装、服饰业	Manufacture of Textile Wearing Apparel	846	778	3720025
皮革、毛皮、羽毛及其制品和制鞋业	Manufacture of Leather, Fur, Feather and Related Products Footwear	270	197	1529860
木材加工及木、竹、藤、棕、草制品业	Processing of Timber, Manufacture of Wood, Bamboo, Rattan, Palm and Straw Products	266	180	1090548
家具制造业	Manufacture of Furniture	294	210	1119548
造纸及纸制品业	Manufacture of Paper and Paper Products	175	126	1009038
印刷和记录媒介复制业	Printing, Reproduction of Recording Media	147	129	694111
文教、美工、体育和娱乐用品制造业	Manufacture of Articles For Culture, Art,Education Sport Activities and Entertainmetn Products	194	154	1051784
石油、煤炭及其他燃料加工业	Processing of Oil, Coal, and Other Fuels	52	41	135454
化学原料及化学制品制造业	Manufacture of Raw Chemical Materials and Chemical Products	902	584	5219308
医药制造业	Manufacture of Medicines	350	239	2212652
化学纤维制造业	Manufacture of Chemical Fibers	30	19	222188
橡胶和塑料制品业	Manufacture of Rubber and Plastics	381	297	1935449
非金属矿物制品业	Manufacture of Non-metallic Mineral Products	1270	899	7329172
黑色金属冶炼及压延加工业	Smelting and Pressing of Ferrous Metals	115	94	910042
有色金属冶炼及压延加工业	Smelting and Pressing of Non-ferrous Metals	377	254	3189467
金属制品业	Manufacture of Metal Products	566	430	2869391
通用设备制造业	Manufacture of General Purpose Machinery	488	434	2479397

4-9 续表1 continued

行 业	Sector	施工项目(个) Number of Projects under Construction (unit)	全部建成投产(个) Number of Projects Completed and Put into Use (unit)	新增固定资产(万元) Newly Increased Fixed Assets (10000 yuan)
专用设备制造业	Manufacture of Special Purpose Machinery	599	496	3254810
汽车制造业	Manufacture of Transport Carmaking.	416	298	2154868
铁路、船舶、航空航天和其他运输设备制造业	Manufacture of Railroads,Ships,Aerospace and Other Transportation Equipment	78	65	597009
电气机械和器材制造业	Manufacture of Electrical Machinery and Equipment	784	617	5355122
计算机、通信和其他电子设备制造业	Manufacture of Computers, Communication Equipment and Other Electronic Equipment	598	372	4193710
仪器仪表及制造业	Manufacture of Measuring Instruments	119	97	813584
其他制造业	Manufacture of Others	203	165	872998
废弃资源综合利用业	Comperhensive Utilization of Waste	111	74	604131
金属制品、机械和设备修理业	Repair of Metal Products, Machinery and Equipment	17	14	47420
电力、热力、燃气及水生产和供应业	**Production and Supply of Electricity Heating Gas and Water**	**824**	**544**	**5132633**
电力、热力的生产和供应业	Production and Supply of Electric Power and Heat Power	475	311	3681946
燃气生产和供应业	Production and Supply of Gas	51	41	189688
水的生产和供应业	Production and Supply of Water	298	192	1260999
建筑业	**Construction**	**65**	**102**	**380408**
房屋建筑业	Construction of Buildings	5	10	38095
土木工程建筑业	Construction of Civil Engineering	9	14	76505
建筑安装业	Building Installation	7	9	30873
建筑装饰业和其他建筑业	Building Decoration and Other	44	69	234935
批发和零售业	**Wholesale and Retail Trades**	**1857**	**1747**	**6763914**
批发业	Wholesale Trade	1122	1061	4267129
零售业	Retail Trade	735	686	2496785
交通运输、仓储和邮政业	**Transport, Storage and Post**	**771**	**443**	**3105589**
铁路运输业	Railway Transport	12	6	117394
道路运输业	Road Transport	641	349	2268855
水上运输业	Water Transport	6	5	248807
航空运输业	Air Transport	7	3	9126
管道运输业	Transport Via Pipelines	5	4	5119
装卸搬运和其他运输服务业	Loading, Unloading and Other Transport Services	20	21	122800
仓储业	Storage	67	45	303822
邮政业	Post	13	10	29666
住宿和餐饮业	**Hotels and Catering Services**	**486**	**410**	**1294034**
住宿业	Hotels	190	126	528475
餐饮业	Catering Services	296	284	765559
信息传输、软件和信息技术服务业	**Information Transmission, Software and Computer Services**	**299**	**392**	**1419315**
电信、广播电视和卫星传输服务	Telecommunications, Broadcasting Television and Satellite Transmission	17	10	26871
互联网和相关服务	Internet and Related Services	41	41	203374
软件和信息技术服务业	Software and Information Technology Services	241	341	1189070

4-9 续表2 continued

行 业	Sector	施工项目（个）Number of Projects under Construction (unit)	全部建成投产（个）Number of Projects Completed and Put into Use (unit)	新增固定资产（万元）Newly Increased Fixed Assets (10000 yuan)
金融业	**Financial Intermediation**	**54**	**44**	**420783**
货币金融服务	Monetary and Financial Services	18	12	236359
资本市场服务	Capital Market Services	25	23	87464
保险业	Insurance	1	1	33250
其他金融活动	Other Financial Activities	10	8	63710
房地产业	**Real Estate**	**675**	**378**	**9107345**
租赁和商务服务业	**Leasing and Business Services**	**940**	**752**	**4792030**
租赁业	Leasing	57	65	339273
商务服务业	Business Services	883	687	4452757
科学研究和技术服务业	**Scientific Reseach and Ploytechnic Services**	**299**	**299**	**1185520**
研究与试验发展	Research and Experimental Development	17	15	99412
专业技术服务业	Professional Technical Services	163	175	640491
科技推广和应用服务业	Services of Science and Technology Promotion and Application	119	109	445617
水利、环境和公共设施管理业	**Management of Water Conservancy, Environment and Public Facilities**	**3740**	**1937**	**12532207**
水利管理业	Management of Water Conservancy	330	222	991843
生态保护和环境治理业	Ecological Protection and Environmental Management	121	51	386769
公共设施管理业	Management of Public Facilities	3289	1664	11153595
居民服务、修理和其他服务业	**Services to Households Repair and Other Services**	**223**	**207**	**668179**
居民服务业	Services to Households	94	78	280997
机动车、电子产品和日用产品修理业	Repair to Motor, Electronic Products and Household Products	93	98	304671
其他服务业	Other Services	36	31	82511
教 育	**Education**	**650**	**422**	**1486644**
卫生和社会工作	**Health Care and Social Services**	**361**	**204**	**987420**
卫 生	Health	237	134	696237
社会工作	Social Services	124	70	291183
文化、体育和娱乐业	**Culture, Sports and Entertainment**	**314**	**198**	**1076542**
新闻和出版业	Journalism and Publishing Activities	8	7	23967
广播、电视、电影和影视录音制作业	Broadcasting, Movies, Television and Video Reccording	15	9	43518
文化艺术业	Cultural and Art Activities	122	65	326230
体 育	Sports Activities	57	36	196836
娱乐业	Entertainment	112	81	485991
公共管理、社会保障和社会组织	**Public Management,Social Security and Social Organizations**	**884**	**545**	**3274261**
#中国共产党机关	Organs of Communist Party of China	2	1	8000
国家机构	Government Agencies	829	513	3122576
社会保障	Social Security	8	4	23486
群众团体、社会团体和其他成员组织	Non-Governmental Organizations, Social Organizations and Other Organizations	13	9	71879
基层群众自治组织	Grass Roots Self-governing Organizations	31	18	48320

4-10 农村农户固定资产投资

Farm Households Investment in Fixed Assets in Rural Area

指 标	Item	2015	2016
农户固定资产投资(万元)	**Total Investment(10000 yuan)**	**3155228**	**3149059**
按资金来源分	Grouped by Sources of Funds		
#国内贷款	Domestic Loans	13055	4492
自筹资金	Self-raising Funds	3100464	3094046
按构成分	Grouped by Use of Funds		
建筑工程	Construction	2729229	2651909
#水 利	Water Conservancy	4427	3099
房 屋	Building	2709550	2610152
#住 宅	Residential Buildings	2534270	2449590
安装工程	Installation		
设备、工器具购置	Purchase of Equipment and Instruments	368931	438201
#生产设备	Product Equipment	368931	438201
其 它	Others	57068	58949
按行业分	Grouped by Sector		
农业	Farming	467715	555801
采矿业	Mining		
制造业	Manufacturing	889	
电力、燃气及水的生产和供应业	Production and Supply of Electricity Gas and Water		
建筑业	Construction	64688	18034
批发和零售业	Wholesale and Retail Trade	13335	13940
交通运输、仓储和邮政业	Transport, Storage and Post Services	71209	108172
住宿和餐饮业	Hotel and Catering Services	1292	1099
信息传输、计算机服务和软件业	Information Transmission, Computer Software and Services		
金融业	Financial Intermediation	2534270	2449590
房地产业	Real Estate		
租赁和商务服务业	Leasing and Business Services		
科学研究、技术服务和地质勘查业	Scientific Reseach, Ploytechnic Services and Geological Prospecting		
水利、环境和公共设施管理业	Management of Water Conservancy, Environment and Public Facilities		
居民服务和其他服务业	Services to Households and Other Services	1829	2424
教 育	Education		
卫生、社会保障和社会福利业	Health Care, Social Security and Social Welfare		
文化、体育和娱乐业	Culture, Sports and Entertainment		
公共管理和社会组织	Public Management and Social Organizations		
按具体投资项目分	Grouped by Project		
房 屋	Building	2709550	2610152
#住 宅	Residential Buildings	2534270	2449590
道 路	Road		
桥 梁	Bridge		
设 备	Equipment	368931	438201
水 利	Water Conservancy	4427	3099
其 他	Others	72320	97608
新增固定资产(万元)	**Newly Increased Fixed Assets (10000 yuan)**	**3155228**	**3149059**
施工房屋建筑面积(万平方米)	**Floor Space of Buildings under Construction (10000 sq.m)**	**3721.59**	**3013.25**
#住宅	Residential Buildings	3552.09	2844.37
竣工房屋建筑面积(万平方米)	**Floor Space of Buildings Completed (10000 sq.m)**	**3230.10**	**2475.93**
#住宅	Residential Buildings	2932.37	2343.87

注：本表资料来自国家统计局江西调查总队，为抽样调查数据。

a) Data in the table are sample survey data provided by Survey Office of the National Bureau of Statistics in Jiangxi.

4-11 各地区固定资产投资（2017年）

Investment in Fixed Assets by Region (2017)

单位：万元 (10000 yuan)

地 区	Region	合 计 Total	#工 业 Industry	第一产业 Primary Industry	第二产业 Secondary Industry	第三产业 Tertiary Industry
全 省	**Provincial Total**	**217704331**	**117828732**	**5191288**	**118100585**	**94412458**
南昌市	Nanchang	51151841	18439941	342889	18761949	32047003
景德镇市	Jingdezhen	8893257	5124955	386670	5136487	3370100
萍乡市	Pingxiang	13118956	9387718	295416	9381060	3442480
九江市	Jiujiang	27309587	21341585	420347	21273341	5615899
新余市	Xinyu	10350362	6414471	466619	6414471	3469272
鹰潭市	Yingtan	6785074	4101546	219210	4101546	2464318
赣州市	Ganzhou	25104751	10430159	560471	10422159	14122121
吉安市	Ji'an	19377120	12141445	649066	12139645	6588409
宜春市	Yichun	20603978	12262195	756398	12272854	7574726
抚州市	Fuzhou	14014109	7214535	632426	7233821	6147862
上饶市	Shangrao	20042086	10954964	461776	10948034	8632276

注：4-11至4-18表统计范围为计划总投资500万元及以上项目投资和房地产开发投资。

a) The statistical scope of 4-11 to 4-18 table is more than 5000000 yuan project investment, including investment for real estate development, no-including farm households investment in fixed assets in rural area.

4-12 各地区固定资产投资增长速度（2017年）

Growth Rates of Investment in Fixed Assets by Region (2017)

地 区	Region	合 计 Total	#工 业 Industry	第一产业 Primary Industry	第二产业 Secondary Industry	第三产业 Tertiary Industry
全 省	**Provincial Total**	**12.3**	**14.6**	**19.0**	**14.4**	**9.5**
南昌市	Nanchang	12.7	13.4	-11.6	13.1	12.7
景德镇市	Jingdezhen	13.5	-2.8	347.4	-2.9	37.0
萍乡市	Pingxiang	12.8	13.8	17.2	13.6	10.4
九江市	Jiujiang	12.5	14.5	52.0	14.2	4.3
新余市	Xinyu	12.3	18.5	19.9	18.6	1.5
鹰潭市	Yingtan	12.3	16.6	13.4	16.6	5.8
赣州市	Ganzhou	13.8	29.0	43.6	28.9	4.0
吉安市	Ji'an	13.3	16.5	17.6	16.5	7.4
宜春市	Yichun	13.1	15.2	20.5	15.3	9.2
抚州市	Fuzhou	12.0	14.6	-18.3	14.7	13.2
上饶市	Shangrao	11.9	9.3	6.4	9.0	16.2

4-13 各地区按登记注册类型分的固定资产投资（2017年）

Investment in Fixed Assets by Region and Status of Registration (2017)

单位：万元 (10000 yuan)

地 区	Region	合 计 Total	内 资 Domestic Funds	国 有 State-owned	集 体 Collective-owned	股份合作 Share Holding Cooperative	联 营 Joint-owned
全 省	**Provincial Total**	**217704331**	**212389184**	**37215298**	**548246**	**493295**	**312471**
南 昌 市	Nanchang	51151841	49785194	5594112	135602	65815	14653
景德镇市	Jingdezhen	8889257	8802804	1728563	3600	13200	2000
萍 乡 市	Pingxiang	13118956	12883079	1323964	45180	219707	800
九 江 市	Jiujiang	27309587	25938637	2245017	23353	16501	82172
新 余 市	Xinyu	10350362	10144585	1714371	139600		49090
鹰 潭 市	Yingtan	6785074	6781574	1612053			
赣 州 市	Ganzhou	25104751	24458305	7969963	71344	6569	96012
吉 安 市	Ji'an	19377120	19098820	4372281	9300	32410	
宜 春 市	Yichun	20607978	20161644	2588440	1520	27193	1700
抚 州 市	Fuzhou	14016009	13877259	4174307	76695	14576	900
上 饶 市	Shangrao	20040186	19504073	3892227	42052	97324	65144

4-13 续表 continued

单位：万元 (10000 yuan)

地 区	Region	有限责任公司 Limited Liability Corporations	股份有限公司 Share Holding Enterprises	私 营 Private	其 他 Others	港澳台商投资 Funds from Hong Kong, Macao and Taiwan	外商投资 Foreign Funded	个体经营 Individuals
全 省	**Provincial Total**	**77797508**	**5683881**	**84216051**	**6122434**	**3357643**	**1593404**	**364100**
南 昌 市	Nanchang	25497022	989359	15688575	1800056	869185	442000	55462
景德镇市	Jingdezhen	3304958	216616	3421693	112174	37515	48938	
萍 乡 市	Pingxiang	2987326	593846	7559027	153229	170869	22288	42720
九 江 市	Jiujiang	14647868	383449	8375265	165012	894789	459301	16860
新 余 市	Xinyu	2450958	201303	5211872	377391	177122	20666	7989
鹰 潭 市	Yingtan	2308902	158124	1765793	936702		3500	
赣 州 市	Ganzhou	8433142	258982	7222755	399538	432548	200398	13500
吉 安 市	Ji'an	2782302	943483	10182402	776642	172669	93631	12000
宜 春 市	Yichun	6351318	302470	10144674	744329	195437	73842	177055
抚 州 市	Fuzhou	3356558	461575	5445279	347369	100279	6285	32186
上 饶 市	Shangrao	5573944	324674	9198716	309992	307230	222555	6328

4-14 各地区按行业分固定资产投资（2017年）

单位：万元

行业	Sector	全省 Total	南昌市 Nanchang	景德镇市 Jingdezhen
总计	**Total**	**217704331**	**51151841**	**8893257**
农、林、牧、渔业	**Agriculture, Forestry, Animal Husbandry and Fishery**	**6071547**	**435532**	**386670**
农业	Farming	3215475	172885	150980
林业	Forestry	685612	22072	100080
畜牧业	Animal Husbandry	1041205	90307	127310
渔业	Fishery	248996	57625	8300
农、林、牧、渔服务业	Services in Support of Agriculture	880259	92643	
采矿业	**Mining**	**2262238**	**12407**	**126370**
#煤炭开采和洗选业	Mining and Washing of Coal	239928		
黑色金属矿采选业	Mining and Processing of Ferrous Metal Ores	161136		
有色金属矿采选业	Mining and Processing of Non-Ferrous Metal Ores	643335		
非金属矿采选业	Mining and Processing of Nonmetal Ores	1187482		126370
制造业	**Manufacturing**	**107912615**	**17548286**	**4870592**
农副食品加工业	Processing of Food from Agricultural Products	5501420	980857	85060
食品制造业	Manufacture of Foods	2690045	573087	141600
酒，饮料和精制茶制造业	Manufacture of Wine, Beverages and Refined Tea	1453860	108459	37390
烟草制品业	Manufacture of Tobacco	92055		
纺织业	Manufacture of Textile	3371097	380722	89210
纺织服装、服饰业	Manufacture of Textile Wearing Apparel	5225510	1784115	86370
皮革、毛皮、羽毛及其制品和制鞋业	Manufacture of Leather, Fur, Feather and Related Products Footwrare	2351812	138136	94310
木材加工及木、竹、藤、棕、草制品业	Processing of Timber, Manufacture of Wood, Bamboo, Rattan, Palm and Straw Products	1779493	250555	30980
家具制造业	Manufacture of Furniture	2264251	273142	87800
造纸及纸制品业	Manufacture of Paper and Paper Products	1465883	228626	41175
印刷和记录媒介复制业	Printing, Reproduction of Recording Media	1049863	351238	10700
文教、美工、体育和娱乐用品制造业	Manufacture of Articles For Culture, Art,Education Sport Activities and Entertainmetn Products	1367950	223040	32530
石油、煤炭及其他燃料加工业	Processing of Oil, Coal, and Other Fuels	297748	39525	77298
化学原料及化学制品制造业	Manufacture of Raw Chemical Materials and Chemical Products	9360117	586484	722321
医药制造业	Manufacture of Medicines	3902231	580205	184067
化学纤维制造业	Manufacture of Chemical Fibers	763426	31511	
橡胶和塑料制品业	Manufacture of Rubber and Plastics	3206415	377484	94602
非金属矿物制品业	Manufacture of Non-metallic Mineral Products	11622135	988018	1232122
黑色金属冶炼及压延加工业	Smelting and Pressing of Ferrous Metals	1517535	166480	3060
有色金属冶炼及压延加工业	Smelting and Pressing of Non-ferrous Metals	4796972	319489	22990
金属制品业	Manufacture of Metal Products	5198579	1043924	174460
通用设备制造业	Manufacture of General Purpose Machinery	4057236	1111735	318758
专用设备制造业	Manufacture of Special Purpose Machinery	4818672	1356516	143289
汽车制造业	Manufacture of Transport Carmaking.	4950716	1162939	453090
铁路、船舶、航空航天和其他运输设备制造业	Manufacture of Railroads,Ships,Aerospace and Other Transportation Equipment	1021618	291545	224476
电气机械及器材制造业	Manufacture of Electrical Machinery and Equipment	9170211	1575152	318719
计算机、通信和其他电子设备制造业	Manufacture of Computers, Communication Equipment and Other Electronic Equipment	10135203	1877513	140425
仪器仪表及制造业	Manufacture of Measuring Instruments	1316823	245852	4960
其他制造业	Manufacture of Others	1898225	408100	18830
废弃资源综合利用业	Comperhensive Utilization of Waste	1144906	55359	
金属制品、机械和设备修理业	Repair of Metal Products, Machinery and Equipment	120608	38478	
电力、热力、燃气及水生产和供应业	**Production and Supply of Electricity Heating Gas and Water**	**7653879**	**879248**	**127993**
电力、热力的生产和供应业	Production and Supply of Electric Power and Heat Power	5334801	345421	54495
燃气生产和供应业	Production and Supply of Gas	356024	80075	4734
水的生产和供应业	Production and Supply of Water	1963054	453752	68764
建筑业	**Construction**	**419368**	**372893**	**11532**
房屋建筑业	Construction of Buildings	41535	36035	
土木工程建筑业	Construction of Civil Engineering	84005	73973	2532
建筑安装业	Building Installation	48074	34288	
建筑装饰业和其他建筑业	Building Decoration and Other	245754	228597	9000
批发和零售业	**Wholesale and Retail Trades**	**8760337**	**5553427**	**82220**

注：本表全省数据含跨地区项目数。

Investment in Fixed Assets by Region and Sector (2017)

(10000 yuan)

萍乡市 Pingxiang	九江市 Jiujiang	新余市 Xinyu	鹰潭市 Yingtan	赣州市 Ganzhou	吉安市 Ji'an	宜春市 Yichun	抚州市 Fuzhou	上饶市 Shangrao
13118956	**27309587**	**10350362**	**6785074**	**25104751**	**19377120**	**20603978**	**14014109**	**20042086**
324582	**491084**	**502877**	**261910**	**642987**	**730348**	**1024835**	**774084**	**496638**
210773	226554	285572	76800	434018	496263	487949	280310	393371
27284	16920	35060	87980	70985	46449	121586	128715	28481
24163	119486	127031	50980	52947	99033	128898	190114	30936
33196	57387	18956	3450	2521	7321	17965	33287	8988
29166	70737	36258	42700	82516	81282	268437	141658	34862
155170	**485891**	**385581**	**95982**	**289539**	**112112**	**225347**	**133653**	**240186**
27800	4359	99620			7093	40821	1 060	59175
28600		128971			3565			
	125634	8920	95982	199659	57700	17129	74961	63350
94570	355898	148070		81880	41954	167397	54832	116511
8857811	**19883641**	**5632279**	**3682346**	**8723408**	**11228436**	**11182516**	**6203110**	**10100190**
166672	1086997	253990	136300	325221	784893	943811	306319	431300
75407	534540	83499	82972	82469	243173	504934	239014	129350
71406	248191	48000	83235	119994	216498	296092	146414	78181
29295				48993	8967		4800	
149505	834614	148430		73895	174344	530780	485709	503888
134775	1401922	236230	54220	501143	190665	204935	169654	461481
238138	644118	24750		56473	555112	231121	203965	165689
73261	439886	16950	44215	143975	154392	355380	136743	133156
121531	269555	32340	7000	633757	208255	165158	165787	299926
143731	440147	31900	15000	83245	198619	91978	60104	131358
53213	209041	115000		18781	85274	70628	30353	105635
43802	231844		48800	107636	95695	212508	75382	296713
50295	84445	14790		14854		7341	5250	3950
1840828	2577209	309927	142715	371833	800576	1186411	394430	427383
45843	683506	93500	35350	431943	644374	648586	369832	185025
12133	559673					43337	14011	102761
212413	824777	147420	75365	201569	194248	415367	411347	251823
2981174	2075360	383219	158742	478917	782588	1459041	435432	647522
47947	59864	879512		8082	45970	39680	93731	173209
65403	228679	160791	1318334	855620	190064	473777	346858	814967
281413	1285674	198460	196860	321220	148176	793933	230970	523489
231251	671551	199743	16112	192160	439964	164689	320401	390872
411272	509232	306836	40300	352361	720279	672495	89160	216932
296310	590771	258300	24500	443134	145063	164902	224562	1187145
26108	220790	47381	78000	8000	12335		6296	106687
458512	1705306	793415	359953	948139	698161	754359	364468	1194027
349512	683539	638046	70610	1663216	3274996	221484	606153	609709
4800	270059	58280	159240	13005	97921	109123	64300	289283
84528	382265	40200	464275	79726	57337	32650	124875	205439
152378	61842	111370	70248	144047	60497	385515	76790	26860
4955	68244					2501		6430
374737	**972053**	**396611**	**323218**	**1417212**	**800897**	**854332**	**877772**	**614588**
268853	795958	320922	264676	835840	564458	650638	746750	471572
10593	27821	23508	1116	34521	19160	117538	15855	21103
95291	148274	52181	57426	546851	217279	86156	115167	121913
2497						**13160**	**19 286**	
							5 500	
						7500		
							13 786	
2 497						5660		
129069	**299363**	**103553**	**131410**	**648460**	**269594**	**654546**	**538412**	**350283**

a) The data of this table contain cross-regional project data.

4-14 续表

单位：万元

行业	Sector	全省 Total	南昌市 Nanchang	景德镇市 Jingdezhen
批发业	Wholesale Trade	5317655	3412130	26300
零售业	Retail Trade	3442682	2141297	55920
交通运输、仓储和邮政业	**Transport, Storage and Post**	**7237855**	**1454335**	**147535**
铁路运输业	Railway Transport	1024821	57653	
道路运输业	Road Transport	5053564	979338	143935
水上运输业	Water Transport	100230	6279	
航空运输业	Air Transport	42040	8449	
管道运输业	Transport Via Pipelines	9580		
装卸搬运和其他运输服务业	Loading, Unloading and Other Transport Services	228804	81331	
仓储业	Storage	729815	279352	3 600
邮政业	Post	49001	41933	
住宿和餐饮业	**Hotels and Catering Services**	**2151536**	**976562**	**108357**
住宿业	Hotels	1216957	267484	72800
餐饮业	Catering Services	934579	709078	35557
信息传输、软件和信息技术服务业	**Information Transmission,Software and Information Technology Services**	**2048206**	**1590216**	
电信、广播电视和卫星传输服务	Telecommunications, Broadcasting Television and Satellite Transmission Services	36963	10187	
互联网和相关服务	Internet and Related Services	348947	266951	
软件和信息技术服务业	Software and Information Technology Services	1662296	1313078	
金融业	**Financial Intermediation**	**625256**	**483004**	
货币金融服务	Monetary and Financial Services	326908	289157	
资本市场服务	Capital Market Services	127156	71292	
保险业	Insurance	57175	57175	
其他金融活动	Other Financial Activities	114017	65380	
房地产业	**Real Estate**	**26883484**	**9987450**	**578628**
租赁和商务服务业	**Leasing and Business Services**	**5792577**	**2954005**	**91895**
租赁业	Leasing	249664	197056	
商务服务业	Business Services	5542913	2756949	91895
科学研究和技术服务业	**Scientific Reseach and Ploytechnic Services**	**1358502**	**850384**	**6640**
研究与试验发展	Research and Experimental Development	110450	51336	
专业技术服务业	Professional Technical Services	728586	476348	6640
科学推广和应用服务业	Services of Science and Technology Promotion and Applicaion	519466	322700	
水利、环境和公共设施管理业	**Management of Water Conservancy, Environment and Public Facilities**	**25447045**	**5406919**	**1670002**
水利管理业	Management of Water Conservancy	1541663	124589	85927
生态保护和环境治理业	Ecological Protection and Environmental Management	709161	91701	22099
公共设施管理业	Management of Public Facilities	23196221	5190629	1561976
居民服务、修理和其他服务业	**Services to Households Repair and Other Services**	**840413**	**518421**	**8970**
居民服务业	Services to Households	384356	216257	
机动车、电子产品和日用产品修理业	Repair to Motor, Electronic Products and Househole Products	343419	243489	
其他服务业	Other Services	112638	58675	8970
教　育	**Education**	**2348614**	**554883**	**125091**
卫生和社会工作	**Health Care and Social Services**	**2023614**	**547586**	**39426**
卫　生	Health	1466746	488129	32256
社会工作	Social Services	556868	59457	7170
文化、体育和娱乐业	**Culture, Sports and Entertainment**	**1985405**	**392580**	**92385**
新闻和出版业	Journalism and Publishing Activities	22158	20905	
广播、电视、电影和影视录音制作业	Broadcasting, Movies, Television and Video Reccording	72618	19540	10000
文化艺术业	Cultural and Art Activities	875267	209811	40804
体　育	Sports Activities	324401	17987	41581
娱乐业	Entertainment	690961	124337	
公共管理、社会保障和社会组织	**Public Management,Social Security and Social Organizations**	**5881840**	**633703**	**418951**
#中国共产党机关	Organs of Communist Party of China	8035		
国家机构	Government Agencies	5608311	538296	383180
社会保障	Social Security	39335	16000	
群众团体、社会团体和其他成员组织	Non-Governmental Organizations, Social Organizations and Other Organizations	85964	22400	35771
基层群众自治组织	Grass Roots Self-governing Organizations	137975	57007	

continued

(10000 yuan)

萍乡市 Pingxiang	九江市 Jiujiang	新余市 Xinyu	鹰潭市 Yingtan	赣州市 Ganzhou	吉安市 Ji'an	宜春市 Yichun	抚州市 Fuzhou	上饶市 Shangrao
29942	229932	73097	94610	460336	167969	389356	228094	205889
99127	69431	30456	36800	188124	101625	265190	310318	144394
473055	**422264**	**219792**	**174327**	**1621161**	**403069**	**423988**	**519472**	**440865**
4794	41901	30722		5097	3292		18138	13224
414128	243787	108423	107008	1509628	274450	363469	447233	374173
	83491				3500	6960		
				25125	7416	1050		
		4 990			85		2127	2378
13485				63195	50682	2911	17200	
40648	53085	69157	67319	18116	63644	49598	34206	51090
		6500					568	
32443	**120242**	**185060**	**9500**	**65170**	**31076**	**234584**	**92675**	**295867**
2864	120242	120410		65170	29076	169220	92675	277016
29579		64650	9500		2000	65364		18851
35362	**35882**	**9522**	**3390**	**25778**	**224450**	**2835**	**47200**	**73571**
11045		9 522		5374		835		
24317			3390	860	4850			48579
	35882			19544	219600	2000	47200	24992
16649		**4950**	**2000**	**58258**	**7910**	**36175**	**14570**	**1740**
		4950	2000	9621	6610		14570	
16649				1300		36175		1740
				47337	1300			
529614	**1703664**	**511225**	**664436**	**4646901**	**1511243**	**3050064**	**1474039**	**2226220**
131335	**274779**	**198261**	**305338**	**144553**	**360663**	**401191**	**237362**	**693195**
3700		4 970		3 538				40 400
127635	274779	193291	305338	141015	360663	401191	237362	652795
16205	**90467**	**29960**	**31018**	**67137**	**74417**	**95391**	**24610**	**72273**
				1460	13700	43954		
10605	41 946	29960	1000	24474	18 000	49317	18653	51643
5600	48521		30018	41203	42717	2120	5957	20630
1693626	**966028**	**1825412**	**456122**	**5368368**	**2532021**	**935891**	**1820602**	**2772054**
50812	101127	147647	52235	423493	52086	145176	322471	36100
115350	27856	154730	31000	140282	15860	43514	60706	6063
1527464	837045	1523035	372887	4804593	2464075	747201	1437425	2729891
15372	**33702**	**24785**	**17900**	**68239**	**5366**	**82343**	**28261**	**37054**
7362		9860	17900	60739	2666	24056	13009	32507
4850	13702	9955		7 500	2700	53121	7602	500
3160	20000	4970				5166	7650	4047
48120	**160867**	**98686**	**31997**	**529490**	**256612**	**151107**	**208885**	**182876**
72439	**138891**	**123423**	**24968**	**406444**	**134529**	**95111**	**258947**	**181850**
54267	57963	47500	24968	216843	116775	68788	191698	167559
18172	80928	75923		189601	17754	26323	67249	14291
142177	**237801**	**75120**	**10800**	**300238**	**91067**	**228259**	**233732**	**181246**
				1253				
2684		188		3915		8000		28291
52962	128800	9537	10800	144029	26004	39896	133180	79444
47929	3620	50435		98874	13542	9405	9065	31963
38602	105381	14 960		52167	51521	170958	91487	41548
68693	**992968**	**23265**	**558412**	**81408**	**603310**	**912303**	**507437**	**1081390**
				8000	35			
53591	980749	23265	558412	64990	598075	844755	499917	1063081
	9883			1632	5200			6620
14302	2336					7775		3380
800				6786		59773	5300	8309

4-15 各地区按构成分固定资产投资（2017年）
Investment in Fixed Assets by Region and Use of Funds (2017)

单位：万元 (10000 yuan)

地　区	Region	合 计 Total	建筑、安装工程 Construction and Installation	设备、工器具购置 Purchase of Equipment and Instruments	其他费用 Others
全　省	**Provincial Total**	**217704331**	**169877362**	**31789832**	**16037137**
南 昌 市	Nanchang	51151841	40030971	8202422	2918448
景德镇市	Jingdezhen	8893257	6714065	981680	1197512
萍 乡 市	Pingxiang	13118956	9699121	1927969	1491866
九 江 市	Jiujiang	27309587	23036238	3321621	951728
新 余 市	Xinyu	10350362	7694044	2289640	366678
鹰 潭 市	Yingtan	6785074	5240774	1168225	376075
赣 州 市	Ganzhou	25104751	21256367	2028883	1819501
吉 安 市	Ji'an	19377120	14184903	3578439	1613778
宜 春 市	Yichun	20603978	15633138	3206461	1764379
抚 州 市	Fuzhou	14014109	10832775	1784249	1397085
上 饶 市	Shangrao	20042086	14605194	3298683	2138209

4-16 各地区按建设性质分固定资产投资（2017年）
Investment in Fixed Assets by Region and Type of Construction (2017)

单位：万元 (10000 yuan)

地　区	Region	合 计 Total	#新　建 New Construction	#扩　建 Expansion	#改建和技术改造 Reconstruction Technical Rennovation
全　省	**Provincial Total**	**217704331**	**163832357**	**18498866**	**30634793**
南 昌 市	Nanchang	51151841	27941241	979528	18664767
景德镇市	Jingdezhen	8893257	7422248	986581	337122
萍 乡 市	Pingxiang	13118956	9599573	2042942	1454561
九 江 市	Jiujiang	27309587	23669371	1597582	1724619
新 余 市	Xinyu	10350362	7077775	2343006	897171
鹰 潭 市	Yingtan	6785074	6293762	267330	206698
赣 州 市	Ganzhou	25104751	21815629	1117722	2018253
吉 安 市	Ji'an	19377120	15384829	2428543	1375256
宜 春 市	Yichun	20603978	16017854	3174041	1288385
抚 州 市	Fuzhou	14014109	10912257	1660322	1394009
上 饶 市	Shangrao	20042086	16744608	1901269	1273952

4-17 各地区工业投资（2017年）
Investment in Industry by Region (2017)

单位：万元 (10000 yuan)

地区	Region	合计 Total	采矿业 Mining	制造业 Manufacturing	电力、燃气及水的生产和供应业 Production and Supply of Electricity, Gas and Water
全省	**Provincial Total**	**117828732**	**2262238**	**107912615**	**7653879**
南昌市	Nanchang	18439941	12407	17548286	879248
景德镇市	Jingdezhen	5124955	126370	4870592	127993
萍乡市	Pingxiang	9387718	155170	8857811	374737
九江市	Jiujiang	21341585	485891	19883641	972053
新余市	Xinyu	6414471	385581	5632279	396611
鹰潭市	Yingtan	4101546	95982	3682346	323218
赣州市	Ganzhou	10430159	289539	8723408	1417212
吉安市	Ji'an	12141445	112112	11228436	800897
宜春市	Yichun	12262195	225347	11182516	854332
抚州市	Fuzhou	7214535	133653	6203110	877772
上饶市	Shangrao	10954964	240186	10100190	614588

4-18 各地区固定资产投资建设项目和新增固定资产（2017年）
Projects Investment Construction and Newly Increased Fixed Assets by Region (2017)

地区	Region	施工项目（个） Number of Projects under Construction (unit)	#新开工 Started this Year	全部建成投产（个） Number of Projects Completed and Put into Use (unit)	新增固定资产（万元） Newly Increased Fixed Assets (10000 yuan)
全省	**Provincial Total**	**24842**	**16027**	**17861**	**120801818**
南昌市	Nanchang	8886	6731	8434	31438365
景德镇市	Jingdezhen	1104	616	602	3459118
萍乡市	Pingxiang	1558	907	822	8917955
九江市	Jiujiang	1668	1000	799	11879471
新余市	Xinyu	947	633	844	8902303
鹰潭市	Yingtan	452	320	332	5307096
赣州市	Ganzhou	2713	1393	1362	11925271
吉安市	Ji'an	1436	863	791	10996661
宜春市	Yichun	1899	989	1095	11251857
抚州市	Fuzhou	1909	1129	1302	8223239
上饶市	Shangrao	2267	1446	1477	8447279

主要统计指标解释

全社会固定资产投资 是以货币形式表现的在一定时期内全社会建造和购置固定资产的工作量以及与此有关的费用的总称。该指标是反映固定资产投资规模、结构和发展速度的综合性指标,又是观察工程进度和考核投资效果的重要依据。全社会固定资产投资按登记注册类型可分为国有、集体、个体、联营、股份制、外商、港澳台商、其他等。按统计方式可分为建设项目固定资产投资和房地产开发投资(全面统计)、农村农户固定资产投资(抽样调查)。建设项目投资不同的时期有不同的统计起点。1995-1996年,项目投资统计的起点为计划总投资5万元及以上;自1997年起,项目投资统计的起点由5万元提高到50万元及以上;自2011年起,项目投资的统计起点由50万元提高至500万元及以上。为便于比较,2010年调整为500万元以上起点数。

固定资产投资 指各种登记注册类型的企业、事业、行政单位及个体户进行的建设项目投资、房地产开发投资。

房地产开发投资 指各种登记注册类型的房地产开发公司、商品房建设公司及其他房地产开发法人单位和附属于其他法人单位实际从事房地产开发或经营活动的单位统一开发的包括统代建、拆迁还建的住宅、厂房、仓库、饭店、宾馆、度假村、写字楼、办公楼等房屋建筑物和配套的服务设施,土地开发工程(如道路、给水、排水、供电、供热、通讯、平整场地等基础设施工程)的投资;不包括单纯的土地交易活动。

固定资产投资的资金来源 根据固定资产投资的资金来源不同,分为国家预算内资金、国内贷款、利用外资、自筹资金和其他资金。

(1)国家预算内资金:分为财政拨款和财政安排的贷款两部分。包括中央财政的基本建设基金(分经营性基金和非经营性基金两部分)、专项支出(如煤代油专项等)、收回再贷、贴息资金,财政安排的挖潜改造和新产品试制支出、城建支出、商业部门简易建筑支出、不发达地区发展基金等资金中用于固定资产投资的资金;地方财政中由国家统筹安排的资金等。

(2)国内贷款:指报告期固定资产投资单位向银行及非银行金融机构借入的用于固定资产投资的各种国内借款,包括银行利用自有资金及吸收的存款发放的贷款、上级主管部门拨入的国内贷款、国家专项贷款、地方财政专项资金安排的贷款、国内储备贷款、周转贷款等。

(3)利用外资:指报告期收到的用于固定资产建造和购置的国外资金(包括设备、材料、技术在内)。包括对外借款(外国政府、国际金融组织贷款、出口信贷、外国银行商业贷款、对外发行债券和股票)、外商直接投资及外商其他投资。不包括我国自有外汇资金(国家外汇、地方外汇、留成外汇、调剂外汇和中国银行自有资金发行的外汇贷款等)。计算利用外资时,需要折算成人民币,折算中所使用的外汇汇率按现汇计算,即按使用外汇时的汇率计算。

(4)自筹资金:指固定资产投资单位报告期收到的,由各地区、各部门及企、事业单位筹集用于固定资产投资的预算外资金,包括中央各部门、各级地方和企、事业单位的自筹资金。

(5)其他资金:指在报告期收到的除以上各种资金之外其他用于固定资产投资的资金,包括企业或金融机构通过发行各种债券筹集到的资金、群众集资、个人资金、无偿捐赠的资金及其他单位拨入的资金等。

固定资产投资按国民经济行业分 根据建设项目建成投产后的主要产品或主要用途及社会经济活动性质来确定国民经济行业。一般情况下,一个建设项目或一个企业、事业单位只能属于一种国民经济行业。

固定资产投资按建设性质分 根据整个建设项目情况来确定。建设项目的性质一般分为新建、扩建、改建和技术改造、迁建、恢复。

(1)新建:一般指从无到有开始建设的企业、事业和行政单位或建设项目。现有企业、事业、行政单位一般不属于新建。但如有的单位原有基础很小,经过建设后新增的固定资产价值超过该企、事业、行政单位原有固定资产价值(原值)三倍以上的也应作为新建。

(2)扩建:指在厂内或其他地点,为扩大原有产品的生产能力(或效益)或增加新的产品生产能力,而增建主要的生产车间(或主要工程)、分厂、独立的生产线。行政、事业单位在原单位增建业务用房(如学校增建教学用房、医院增建门诊部、病房等)也作为扩建。

现有企、事业单位为扩大原有主要产品生产能力或增加新的产品生产能力,增建一个或几个主要生产车间(或主要工程)、分厂,同时进行一些更新改造工程的,也应作为扩建。

(3)改建和技术改造:指现有企业、事业单位,对原有设施进行技术改造或更新(包括相应配套的辅助性生产、生活福利设施)的建设项目。现有企业、事业单位为适应市场变化的需要,而改变企业的主要产品种类(如军工企业转产民用品等)的建设项目,应作为改建。原有产品生产作业线由于各工序(车间)之间能力不平衡,为填平补齐充分发挥原有生产能力而增建不增加本企业主要产品设计能力的车间,也应作为改建。技术改造是指企业、事业单位在现有基础上，用先进的技术代替落后的技术，用先进的工艺和装备代替落后的工艺和装备，以改变企业落后的技术经济面貌，实现以内涵为主的扩大再生产，达到提高产品质量、促进产品更新换代、节约能源、降低消耗、扩大生产规模、全面提高社会经济效益的目的。技术改造具体包括以下内容：机器设备和工具的更新改造；生产工艺改革、节约能源和原材料的改造；厂房建筑和公共设施的改造；劳动条件和生产环境的改造等。

固定资产投资按构成分 固定资产投资活动按其工作内容和实现方式分为建筑安装工程，设备、工具、器具购置，其他费用三个部分。

(1)建筑安装工程(建筑安装工作量)：指各种房屋、建筑物的建造工程和各种设备、装置的安装工程。包括各种房屋建造工程；各种用途设备基础和各种工业窑炉的砌筑工程及金属结构工程；为施工而进行的各种准备工作和临时工程以及完工后的清理工作等；铁路、道路的铺设，矿井的开凿及石油管道的架设等；水利工程；防空地下建筑等特殊工程；列入房屋工程预算内的暖气、卫生、通风、照明、煤气等设备的价值及装设油饰工程；列入建筑工程预算内的各种管道(蒸汽、压缩空气、石油、给排水等管道)、电力、电讯电缆导线等的敷设工程；以及各种机械设备的安装工程；为测定安装工程质量，对设备进行的试运工作；房地产开发单位进行的商品房屋开发建设工程、土地开发工程。

在安装工程中，不包括被安装设备本身的价值。

(2)设备、工具、器具购置：指建设单位或企、事业单位购置或自制的，达到固定资产标准的设备、工具、器具的价值。新建单位及扩建单位的新建车间，按照设计或计划要求购置或自制的全部设备、工具、器具，不论是否达到固定资产标准均计入“设备、工具、器具购置”中。

(3)其他费用：指在固定资产建造和购置过程中发生的，除上述几项内容以外的各种应分摊计入固定资产的费用。

施工项目 指报告期内进行过建筑或安装施工活动的项目。凡是报告期内施过工的建设项目，不论施工时间长短，均作为施工项目统计。施工项目个数可以反映一定时期固定资产投资的实际规模，与同期全部建成投产项目个数相比，可以从建设速度的角度反映固定资产投资的效果。根据建设项目施工活动的不同性质，施工项目又分为：本年正式施工项目、本年收尾项目和以前年度全部停缓建项目。

全部建成投产项目 工业项目指设计文件规定形成生产能力的主体工程及其相应配套的辅助设施全部建成，经负荷试运转，证明具备生产设计规定合格产品的条件，并经过验收鉴定合格或达到竣工验收标准，与生产性工程配套的生活福利设施可以满足近期正常生产的需要，正式移交生产的建设项目。非工业项目指设计文件规定的主体工程和相应的配套工程全部建成，能够发挥设计规定的全部效益，经验收鉴定合格或达到竣工验收标准，正式移交使用的建设项目。

房屋建筑面积 指房屋建筑物勒脚以上外墙外围的水平截面面积，包括房屋建筑物的有效面积和结构面积。该指标是从实物形态上反映建设规模和建设成果的重要指标之一，也是检查工程形象进度、计算工程造价、分析投资效果、研究施工任务和建筑材料之间平衡情况的重要依据。

住宅建筑面积 指施工和竣工房屋建筑面积中供居住用的房屋建筑面积。

施工面积 指报告期内施工的全部房屋建筑面积。包括本期新开工的面积和上期开工跨入本期继续施工的房屋面积，以及上期已停建在本期恢复施工的房屋面积。本期竣工和本期施工后又停缓建的房屋，其建筑面积仍计入本期房屋施工面积中。

竣工面积 指在报告期内房屋建筑按照设计要求已经全部完工，达到住人和使用条件，经验收鉴定合格(或达到竣工验收标准)，正式移交使用单位的各栋房屋建筑面积的总和。

新增固定资产 指报告期内已经完成建造和购置过程，并已交付生产或使用单位的固定资产价值。该指标是表示固定资产投资成果的价值指标，也是反映建设进度，计算固定资产投资效果的重要指标。

Explanatory Notes on Main Statistical Indicators

Total Investment in Fixed Assets in the Whole Country refers to the volume of activities in construction and purchases of fixed assets of the whole country and related fees, expressed in monetary terms during the reference period. It is a comprehensive indicator which shows the size, structure and growth of the investment in fixed assets, providing a basis for observing the progress of construction projects and evaluating results of investment. Total investment in fixed assets in the whole country includes, by type of ownership, the investment by State-owned units, collective-owned units, individuals, joint ownership units, share-holding units, as well as investments by entrepreneurs from foreign countries and from Hong Kong, Macao and Taiwan, and by other units. According to statistical methods can be divided into construction project investments in fixed assets and investments in real estate development(Comprehensive Statistics), investments in fixed assets by rural households(sampling survey).Construction project investment of different periods have different starting point of statistics. From 1995 to 1996 the cut-off point of project investment was 50000 yuan and above; Since 1997 the cut-off point of project investment had changed from 50000 yuan to 500000 yuan and above; Since 2011,the cut-off point of project investment had changed from 500000 yuan to 5 million yuan and above. For the convenience of comparison, relevant data of 2010 were adjusted to 5 million yuan and above.

Investment in Fixed Assets refers to enterprises of various types of ownership, institutions, administrative units and individuals in the construction project investment, investments in real estate development.

Investment in Real Estate Development refers to investment by real estate development companies, commercialized buildings construction companies and other real estate development units of various types of ownership in the construction of buildings, such as residential buildings, factory buildings, warehouses, hotels, guesthouses, holiday villages, office buildings, and the complementary service facilities and land development projects, such as roads, water supply, water drainage, power supply, heating supply, telecommunications, land leveling and other infrastructural projects. It does not include activities in pure land transactions.

Sources of Funds for Investment in Fixed Assets are categorized as funds from the State budget, domestic loans, foreign investment, self-raised funds, and others, depending on the sources of investment.

(1) Fund from the State budget consists of budgetary appropriation and loans from the State budget. More specifically, it includes, from the budget of the central government, capital construction fund (operation fund and non-operational fund), special expenses (e.g. expenses on substituting petroleum with coal), loans from repayment, discount fund, expenses on innovation and trial production of new products, expenses on urban construction, expenses on temporary construction from business departments, development fund for less developed areas, as well as local budgetary fund transferred from the central budget.

(2) Domestic loans refer to loans of various forms borrowed by investing units from banks and non-bank financial institutions during the reference period for the purpose of investment in fixed assets, including loans issued by banks from their self-owned funds and deposit, loans appropriated by higher authorities, special loans by government, loans arranged by local government from special funds, domestic reserve loan, and working loan.

(3) Foreign investment refers to foreign funds received during the reference period for the construction and purchase of investment in fixed assets (covering equipment, materials and technology), including foreign borrowings (loans from foreign governments and international financial institutions, export credit, commercial loans from foreign banks, issue of bonds and stocks overseas), foreign direct investment and other foreign investments. Excluded from this category is capital in foreign exchanges owned by China (foreign exchanges owned by the central and local governments, foreign exchanges retained by enterprises, foreign exchanges by enterprises through the regulating mechanism, loans in foreign exchanges issued by the Bank of China with its own fund, etc.). In calculating the utilization of foreign capital, foreign currencies are converted into Chinese Renminbi applying the current exchange rate when the foreign capitals are actually used.

(4) Self-raised funds refer to extra-budgetary funds for investment in fixed assets received during the reference period by investing units from central government ministries, local governments, enterprises and institutions, including their self-raised funds.

(5) Others refer to funds for investment in fixed assets received from sources other than those listed above, including capital raised through issuing bonds by enterprises or financial institutions, funds raised from individuals and through donations, and funds transferred from other units.

Investment in Fixed Assets by Sector The classification of construction projects by sector is determined by the major products or the purpose of the projects when they are put into production or use, and by the nature of their social economic activities. In general, one project or one enterprise or institution can only be classified into one sector.

Investment in Fixed Assets by Type of Construction Construction projects in general can be classified, by the type of construction, into new construction, expansion, reconstruction and technical transformation, moving and restoration.

(1) New construction in general refers to construction projects, which start from scratch, of enterprises, institutions, administrative agencies. Construction in existing enterprises, institutions or agencies is generally not considered as new construction. In case the size of the existing unit is quite small, and the value of newly added fixed assets is more than three times of the the original value, the expansion will be considered as new construction.

(2) Expansion refers to construction of new major production workshop, branch factory or independent production line within a factory or in other locations, for the purpose of increasing the production capacity (or improving efficiency) or adding new production capacity. Newly constructed accommodation for the operation of institutions and administrative organizations (such as newly constructed buildings for teaching in schools, buildings for clinics or wards in hospitals, etc.) are also classified as expansion.

Also included in expansion are investments by existing enterprises or institutions in building major production line(s) or branch factory(ies) along with some work on innovation, for the purpose of expanding the production capacity of original products or producing new products.

(3) Reconstruction and technical transformation refers to

construction projects by existing enterprises or institutions in innovation or technical transformation of the old facilities (including auxiliary production equipment and welfare facilities). Also considered as reconstruction is the construction of new workshops by the existing enterprises or institutions to change the variety of products to meet the market demand (such as the production of civil products by defence industries), or to bring the designed production capacity into full play through a more balanced production process on production lines. Technical transformation refers to replacement of old technology or equipment by new technology or equipment, in order to expand the reproduction through improvement of technology contents in production, to improve product quality, to promote new products, to save energy, to reduce consumption, to expand the production scale and to improve overall social-economic efficiency. Contents of technical transformation include: updating of machinery, equipment and tools; reforming production process by using energy or materials saving technology; construction of factory workshops and transformation of public facilities; improvement of working conditions and environment, etc.

Investment in Fixed Assets by Structure By their contents and the mode of implementation, investment activities are classified into 3 categories, i.e. construction and installation, purchase of equipment and instrument, and other expenses.

(1) Construction and installation (work volume of construction and installation) refers to the construction of houses and buildings and the installation of various kinds of equipment and instruments. They include construction of houses; equipment foundations, industrial kilns and stoves, and metal structure work; preparation works and temporary works for project construction, and clearing up works post project construction; pavement of railways and roads, drilling of mines and putting up of oil pipes; construction of water conservancy; construction of underground air-raid shelters and construction of other special projects; value of equipment for heating, sanitation, ventilation, lighting, gas, painting, etc. that are covered by the budget of housing projects; laying out of various pipelines (for steam, compressed air, petroleum, tap water and sewage) and wiring and cabling for electric power and for communications; installation of various machinery and equipment; testing operation for pre-testing the quality of installation projects, and land and other development work conducted by real estate developers for commercialized housing. The value of equipment installed is itself not included in the value of installation projects.

(2) Purchase of equipment and instruments refers to the total value of equipment, tools, and instruments purchased or self-produced which come up to the cut-off point for fixed assets by the construction units or investing enterprises or institutions. Equipment, tools and instruments purchased or self-produced for new workshops by newly established or expanded units are categorized as "purchase of equipment and instruments" no matter whether they come up to the cut-off point for fixed assets.

(3) Other expenses refer to expenses arising during the construction or purchase of fixed assets other than those mentioned above.

Projects under Construction refer to projects with construction and installation activities undertaken in the reference period. All projects that have construction activities undertaken during the reference period are reported as projects under construction irrespective of the length of construction work. The number of projects under construction can reflect the actual size of investment in fixed assets during a given period, and when compared with the number of projects completed and put into use during the same period, it demonstrates the results of investment in fixed assets from the angle of the speed of the construction. Depending on the nature of construction activities, projects under construction can also be classified into projects beginning construction in current year, winding-up projects in current year and stopped or suspended projects in previous years (with resumption of work in current year).

Projects Completed and Put into Use Industrial projects refer to the major projects and anxilliary facilities having been completed in accordance with the design documents, resulting in forming production capacity and having checked and accepted after relevant tests, while the living and welfare facilities having been completed and being capable of ensuring normal production. Non-industrial projects refer to the major projects and anxilliary facilities which have been completed in accordance with the design documents ; have been checked, accepted after relevant examination; and have been formally delivered for use..

Floor Space of Buildings under Construction refers to the total floor space of the horizontal section of outer walls above the plinth of the building, including the effective area and the area occupied by the structure. This indicator is one of the important indicators in physical terms to reflect the scale and accomplishment of the construction industry and also an important basis for monitoring the progress, calculating the cost, analyzing the efficiency and studying the supply of building materials in relation to the construction projects.

Floor Space of Residential Buildings refers to the floor space of the residential buildings among the total space of buildings under construction or completed.

Floor Space under Construction refers to total floor space of all buildings under construction during the reference period, including floor space of newly started buildings during the reference period, floor space of construction extended from the previous period to the current period, and floor space of construction suspended during the previous period and resumed in the current period. Floor space of construction completed in the current period, and floor space of construction started and then suspended in the current period are also included in the floor space under construction of the current year.

Floor Space Completed refers to the floor space of all buildings completed in the reference period, which have been appraised and accepted (or come up to the designed standards) and have been transferred to owner units.

Newly Increased Fixed Assets refer to the newly increased value of fixed assets, constructed or purchased, that have been transferred to the investors. This is an indicator that demonstrates the results of investment in fixed assets in monetary terms, and an important indicator to reflect the speed of construction and to calculate the efficiency of investment.

5

对外经济贸易

FOREIAN ECONOMIC RELATIONS AND TRADE

◆93/121

资料整理及英文翻译：　林　红

Ⅰ 简要说明

本篇资料综合反映全省货物对外贸易、利用外资、对外经济合作、与国外结成友好城市的历年概况，重点反映对外经济贸易的近期发展状况。

一、货物对外贸易部分

货物对外贸易统计的主要内容包括：进出口货物的金额、品种、国别(地区)、经营单位、贸易方式、类别等项目。

货物对外贸易统计的范围是按照联合国的国际贸易统计原则制定的，即凡能引起中华人民共和国关境内物质资源存量增加或减少的进出口货物，除制度另有规定者外，均列入该项统计。

货物对外贸易统计的资料来源于南昌海关，调查方法是全面调查。

历年出口商品分类金额和历年进口商品分类金额按照联合国《国际贸易标准分类》(SITC)进行统计。进出口商品目录是在海关合作理事会制定的《商品名称和编码协调制度》(HS)的基础上，结合我国进出口实际情况制定的。

全省对各国(地区)进出口总值表中，出口货物按中华人民共和国关境外最终目的国(地区)统计，进口货物按中华人民共和国关境外原产国(地区)统计。各地区进出口商品总值按境内经营单位所在地列示。经营单位所在地是指中华人民共和国关境内进出口企业报关注册的登记地。

二、利用外资统计部分

利用外资统计的主要内容包括：外商直接投资、外商投资企业登记注册情况。

统计范围是凡经工商行政管理机关核准登记，在江西所有利用外资的单位和部门，经批准设立的中外合资经营企业、合作经营企业、外资企业、外商投资股份制企业、合作开发项目等具有法人资格的独立核算企业(包括港澳台地区投资企业)，在江西从事经营活动的外国及港澳台地区企业和外国公司在江西境内设立的分支机构。

利用外资统计的资料来源于省商务厅，其中，外商投资企业的登记注册情况资料来源于省工商行政管理局企业注册局，调查方法是全面调查。

三、对外经济合作部分

对外经济合作统计的主要内容包括：对外承包工程的合同数、合同金额、完成营业额及对外劳务合作的合同工资总额、实际收入总额和对外直接投资额等。

统计调查对象是经各级商务主管部门批准的从事对外承包和劳务合作业务并具有法人地位的对外承包劳务企业；境内投资主体通过直接投资在境外设立的各类公司型企业和非公司型企业。

资料来源于省商务厅，调查方法是全面调查。

四、其他

与国外结成友好城市部分的统计资料来源于省外侨办。

Ⅰ Brief Introduction

Data in this chapter show the summary data of the whole province over the years foreign trade, utilization of foreign capital, foreign sister city with foreign cities, focusing on the recent situation of foreign trade and economic cooperation.

I. Foreign Trade in Goods or Commodities

Data on foreign trade in goods or commodities include: value, varieties, country（region）, corporations, means of trade of imports and exports, and so on.

The statistical coverage foreign trade in goods or commodities is designed according to principle on international trade by United

Nations, that is: all imports or exports that will lead to stock changes of material resources with the territory of People's Republic of China; excluding goods by escape clause.

Sources of data on foreign trade in goods or commodities are from Customs of Nanchang through comprehensive reporting system.

Customs statistics on value term imports and exports by categories are using the UN Standard International Trade Classification (SITC). The catalogue of the import and export commodities is set based on the Harmonized Commodity Description and Coding System (HS) stipulated by the Customs Cooperation Council, Combining with practical domestic situations.

In the table on provincial total imports and exports with related countries and regions, the export commodities are calculated at the customs of the countries (regions) of destination and the import commodities are calculated at the customs of the countries (regions) of origin. The total values of the import and export commodities by region are calculated respectively at the place where the import or export corporations are situated within the boundary of the People's Republic of China. The province where the import or export corporations are situated refers to the province where the import or export corporations have applied to and have been registered at the customs. The province of origin within the boundary of the People's Republic of China refers to the province where the export commodities are produced or originally delivered.

II. Statistics on Utilization of Foreign Capitals

Utilization of foreign capitals includes: foreign loans, foreign direct investments and other foreign investments, and the basic condition of registration of foreign funded enterprises.

The statistics cover all the units and departments which have utilized foreign capital and all the Sino-foreign joint ventures, Sino-foreign cooperative enterprises, ventures exclusively with foreign investment, foreign-funded stock companies, Sino-foreign cooperative development projects and other corporate enterprises (including the enterprises funded by the entrepreneurs from Hong Kong, Macao and Taiwan) with independent accounting system which have been approved by the Jiangxi provincial government to set up in the boundary of Jiangxi.

Data on utilization of foreign capitals are from Department of Commerce of Jiangxi Province, of which, data on basic condition of registration of foreign funded enterprises are from Jiangxi Administration for Industry and Commerce through Enterprise Registration Bureau

III. Foreign Economic Cooperation

Data on foreign economic cooperation include: number, volume and turnover of foreign project-contracting. Total wages of contract, complete business turnover, foreign direct investment of foreign labor service cooperation and so on.

The statistical unit in the scheme is the corporate enterprise engaged in contracted projects and labors services cooperation with foreign countries and has been approved by the department of commerce at various levels, company type and non-company type enterprises established overseas by domestic subjects of investment.

Data on foreign economic cooperation are from Department of Commerce of Jiangxi Province through comprehensive reporting system.

IV. Others

Statistical of data on Foreign sister city with foreign countries are from Overseas Chinese Affairs of Jiangxi Province.

5-1 海关货物进出口总值
Total Value of Imports and Exports

年 份 地 区 Year Region	人 民 币 (万元) 10000 yuan				美 元 (万美元) USD 10000			
	进出口总值 Total Imports & Exports	出口值 Total Exports	进口值 Total Imports	差 额 Balance	进出口总值 Total Imports & Exports	出口值 Total Exports	进口值 Total Imports	差 额 Balance
1989	232715	174932	57783	117149	62487	46948	15539	31409
1990	322283	257970	64313	193657	71934	58023	13911	44112
1991	408347	270925	137422	133503	76568	50814	25754	25060
1992	531711	355773	175938	179835	96533	64707	31826	32881
1993	665418	350031	315387	34644	116740	61409	55331	6078
1994	1126963	690113	436850	253263	130457	80014	50443	29571
1995	1080209	845224	234985	610239	129044	101035	28009	73026
1996	928914	709206	219708	489498	111672	85243	26429	58814
1997	1105121	924093	181028	743065	133284	111438	21846	89592
1998	1033368	844234	189134	655100	124720	101870	22850	79020
1999	1087884	750259	337625	412634	131387	90611	40776	49835
2000	1344664	991414	353250	638164	162399	119736	42663	77073
2001	1267519	860333	407186	453147	153119	103930	49189	54741
2002	1402687	871005	531682	339323	169468	105232	64236	40996
2003	2092670	1246410	846260	400150	252799	150569	102230	48339
2004	2923218	1651484	1271734	379750	353195	199539	153656	45883
2005	3338761	2005931	1332830	673101	405938	244004	161934	82070
2006	4948598	3000716	1947882	1052834	619356	375307	244049	131258
2007	7230425	4168726	3061698	1107028	944886	544473	400413	144060
2008	9545118	5412965	4132153	1280812	1361793	772666	589127	183539
2009	8727529	5033213	3694316	1338897	1277878	736849	541029	195820
2010	14629821	9079759	5550062	3529697	2160529	1341606	818923	522683
2011	20387440	14160957	6226483	7934474	3146881	2187606	959275	1228331
2012	21086322	15846515	5239807	10606708	3341383	2511279	830104	1681175
2013	22844979	17525434	5319545	12205889	3674663	2816665	857998	1958667
2014	26243484	19666525	6576959	13089566	4273082	3202532	1070550	2131982
2015	26285359	20514912	5770447	14744465	4239961	3311674	928287	2383387
2016	26384489	19621927	6762562	12859365	4002841	2979840	1023001	1956839
2017	30111172	22090111	8021061	14069050	4433898	3248827	1185072	2063755
南昌市 Nanchang	6662338	4253535	2408803	1844732	984065	627982	356084	271898
景德镇市 Jingdezhen	558309	550662	7647	543015	82404	81272	1132	80140
萍乡市 Pingxiang	1029730	1001580	28151	973429	151308	147132	4176	142956
九江市 Jiujiang	3452631	2890420	562211	2328209	506821	424031	82790	341241
新余市 Xinyu	1821731	853533	968198	-114665	268990	126201	142789	-16588
鹰潭市 Yingtan	2932528	629728	2302800	-1673072	433548	93094	340454	-247360
赣州市 Ganzhou	3208097	2688769	519328	2169441	473403	396614	76790	319824
吉安市 Ji'an	3728004	3200374	527630	2672744	546808	468585	78223	390362
宜春市 Yichun	1923196	1663089	260108	1402981	283303	244812	38492	206320
抚州市 Fuzhou	1335621	1294825	40796	1254029	196248	190177	6071	184106
上饶市 Shangrao	3458986	3063597	395388	2668209	506999	448928	58071	390857

5-2 海关进出口货物分类金额（2017年）

Value of Imports and Exports by HS Section and Division (2017)

单位：万元 (RMB 10000yuan)

商品类别	Section & Division	进出口总值 Total Imports & Exports	出口值 Total Exports	进口值 Total Imports
总计	**Total**	**30111172**	**22090111**	**8021061**
活动物;动物产品	**Live Animals & Animal Products**	**41580**	**36974**	**4606**
活动物	Live Animals	27997	27997	
肉及食用杂碎	Meat and Edible Haslets	245	212	34
鱼、甲壳动物、软体动物及其他水生无脊动物	Fish;Shellfish;Molluscs and Other Aquatic Invertebrates	3537	3212	325
乳品；蛋品；天然蜂蜜;其他食用动物产品	Dairy Products;Eggs;Natural Honey;Other Edible Animal Products	4293	238	4055
其他动物产品	Other Animal Products	5507	5314	193
植物产品	**Vegetables; Fruits and Cereals**	**167900**	**144650**	**23250**
活树及其他活植物;鳞茎、根及类似品;插花及装饰用簇叶	Live Trees and other Live Plants;Bulbs;Roots and Similar Goods;Floral and Decorative Leaf Clusters	1915	1912	3
食用蔬菜、根及块茎	Edible Vegetables; Roots and Stem Tubers	38784	34384	4399
食用水果及坚果;甜瓜或柑桔属水果的果皮	Edible Fruits and Nuts; Muskmelon and Peels of Citrus Fruits	53243	53243	
咖啡、茶、马黛茶及调味香料	Coffee; Tea and Spices	37163	37064	99
谷物	Cereals	15151	178	14974
制粉工业产品;麦芽;淀粉;菊粉;面筋	Milling Products; Malt; Starch; Inulin and Gluten	2565	240	2324
含油子仁及果实;杂项子仁及果实;工业用或药用植物;稻草、秸秆及饲料	Oil Seeds and Kernels and Oleaginous Fruits;Other Seeds and Kernels and Fruits; Plants for Industrial and Medicinal Use; Straws and Forage	12701	11508	1193
虫胶;树胶、树脂及其他植物液、汁	Lac; Rubber; Resin and Other Plant Juices	3560	3483	77
编结用植物材料;其他植物产品	Plaiting Plant Materials; Other Plant Products	2818	2638	180
动植物油、脂及其分解产品;精制的食用油脂;动、植物蜡	**Animal and Vegetable Oils; Fats and Wax; Refined Edible Oils and Fats**	**22507**	**22277**	**231**
食品；饮料、酒及醋;烟草、烟草及烟草代用品的制品	**Food; Beverages; Liquor and Vinegar;Tobacco and Tobacco Substitutes**	**211517**	**174212**	**37306**
肉、鱼、甲壳动物、软体动物及其他水生无脊椎动物的制品	Meat; Fish and Shellfish Products Mollusks and Other Aquatic Products	90927	90927	
糖及糖食	Sugar and Sugar Products	1691	993	699
可可及可可制品	Cocoa and Cocoa Products	1407	1402	5
谷物、粮食粉、淀粉或乳的制品;糕饼点心	Cereals; Grain; Starches or Milk and Pastry Products	26586	22634	3952
蔬菜、水果、坚果或植物其他部分的制品	Products of Vegetables; Fruits and Nuts	30930	30862	68
杂项食品	Miscellaneous Food	3604	3291	314
饮料、酒及醋	Beverages; Liquor and Vinegar	6931	6196	735
食品工业的残渣及废料;配制的动物饲料	Waste Residues of Food Industry and Configuration of Animal Feed	49412	17877	31534
烟草及烟草代用品的制品	Tobacco, Product of Tobacco and Tobacco Substitute	29	29	
矿产品	**Minerals**	**2523463**	**94816**	**2428647**
盐;硫酸;泥土及石料;石膏料、石灰及水泥	Salt; Sulphur; Clay and Rock; Plaster Stone; Lime and Cement	258158	77760	180398
矿砂、矿渣及矿灰	Ore; Slag and Mortar	2193012	11136	2181876
矿物燃料、矿物油及其 蒸馏产品;沥青物质;矿物蜡	Mineral Fuels; Lubricants; Asphalt;Mineral Wax	72293	5920	66373

5-2 续表1 continued

单位: 万元 (RMB 10000yuan)

商品类别	Section & Division	进出口总值 Total Imports & Exports	出口值 Total Exports	进口值 Total Imports
化学工业及其相关工业的产品	**Chemicals and Related Products**	**2696337**	**2274810**	**421526**
无机化学品;贵金属、稀土金属、放射性元素及其同位素的有机及无机化合物	Inorganic Chemicals;Precious Metals;Rare Earth; Radioactive Elements and Isotopes of Organic and Inorganic Compounds	1111654	798665	312989
有机化学品	Organic Chemicals	569410	557886	11524
药品	Medicinal and Pharmaceutical Products	36055	31474	4582
肥料	Fertilizers	32022	32022	
鞣料浸膏及染料浸膏;鞣酸及其他衍生物;染料、颜料及其他着色料;油漆及清漆;油灰及其他类似胶粘剂;墨水、油墨	Tanning and Dyeing Extracts;Tannic Acid;Coloring and Dyeing Materials; Paint and Lacquer; Putty and other similar Adhesive; Ink and Printing Ink	140555	137361	3194
精油及香膏;芳香料制品及化妆盥洗品	Essential Oils and Perfumed Materials; Cosmetics Washing Goods	65253	47349	17904
肥皂、有机表面活性剂、洗涤剂、润滑剂、人造蜡、调制蜡、光洁剂、蜡烛及类似品、塑型用膏、"牙科用蜡"及牙科用熟石膏制剂	Soap;Organic Surfactant;Detergent;Lubricant;Man-made Wax; Modulated Wax,Lacquer;Candles and Similar Goods;Remodeling Paste;"Dental Wax"and Plaster Preparation of Dental Use	42714	36536	6178
蛋白类物质; 改性淀粉;胶; 酶	Protein like Substances; Modified Starch;Gel and Enzymes	39161	28304	10857
烟火制品; 火柴;引火合金; 易燃材料制品	Explosives and Matches Products;Inflammable Material Products	157066	154685	2381
照相及电影用品	Photographic and Film Supplies	5879	3290	2589
杂项化学产品	Miscellaneous Chemical Products	496567	447239	49328
塑料及其制品; 橡胶及其制品	**Plastics and Related Products;Rubber and Related Products**	**1134875**	**929661**	**205214**
塑料及其制品	Plastics and Related Products	1020360	849938	170422
橡胶及其制品	Rubber and Related Products	114516	79723	34793
生皮、皮革、毛皮及其制品;鞍具及挽具;旅行用品、手提包及类似品; 动物肠线(蚕胶丝除外)制品	**Raw Hides; Leather; Furs and Related Products; Saddle;Travel Articles; Handbags and Similar Containers**	**597529**	**578405**	**19124**
生皮及皮革	Raw Hides and Leather	22375	4437	17938
皮革制品;鞍具及挽具;旅行用 品、手提包及类似容器;动物肠线制品	Leather Products;Saddle;Travel Articles;Handbags and Similar Containers	555402	555031	371
毛皮、人造毛皮及其制品	Furs; Artificial Furs and Related Products	19752	18937	815
木及木制品;木炭;软木及软木制品;稻草、秸秆、针茅或其他编结材料制品;蓝筐及柳条编结品	**Wood and Wooden Products; Charcoal; Cork and Related Products; Straws;Plaited Products; Baskets and Wickerwork**	**256852**	**182041**	**74811**
木及木制品;木炭	Wood and Wooden Products, Charcoal	250258	175447	74811
软木及软木制品	Cork and Related Products	112	112	
稻草、秸秆、针茅或其他编结材料制品;篮筐及柳条编结品	Straws;Plaited Products; Baskets and Wickerwork	6482	6482	
木浆及其他纤维状纤维素浆;纸及纸板的废碎品;纸、纸板及其制品	**Paper Pulp and Cellulose Pulp; Paper and Waste Paper; Paperboard and Related Products**	**661806**	**407246**	**254560**
木浆及其他纤维状纤维;纸及纸板的废碎品	Paper Pulp and Cellulose Pulp; Paper and Paper Board Waste	238269	63	238207

5-2 续表2 continued

单位: 万元 (RMB 10000yuan)

商品类别	Section & Division	进出口总值 Total Imports & Exports	出口值 Total Exports	进口值 Total Imports
纸及纸板;纸浆、纸或纸板制品	Paper and Paperboard; Articles of Paper Pulp or Paper and Paperboard Products	388099	373063	15036
书籍、报纸、印刷图画及其他印刷品;手稿、打字稿及设计图纸	Books,Newspaper and Other Prints; Manuscript,Design Drawings	35437	34120	1317
纺织原料及纺织制品	**Textile Materials and Products**	**3000192**	**2873057**	**127135**
蚕丝	Natural Silk	1486	1466	20
羊毛、动物细毛或粗毛;马毛纱线及其机织物	Wool; Wool Yarn and Woolen Woven Fabrics	1356	613	743
棉花	Cotton	120271	83239	37033
其他植物纺织纤维;纸纱线及其机织物	Other Textile Fibres Yarn and Related Woven Fabrics	72034	67981	4053
化学纤维长丝	Man-Made Filament	79155	65723	13431
化学纤维短纤	Man-Made Short Fibres	129089	127124	1965
絮胎、毡呢及无纺织物;特种纱线;线、绳、索、缆及其制品	Wadding; Felt and Adhesive-Bond Fabrics;Special Yarn; Thread; Rope; Cable and Related Products	45971	41276	4694
地毯及纺织材料的其他铺地制品	Carpets and Related Products	34767	34735	32
特种机织物;簇绒织物;花边;装饰毯;装饰带;刺绣品	Special Woven Fabrics; Lace; Embroidery	53235	42231	11003
浸渍、涂布、包覆或层压的纺织物;工业用纺织制品	Coated Textiles; Textile Products for Industrial Use	47400	28905	18495
针织物及钩编织物	Knitwear and Crocheted Fabrics	104141	85449	18692
针织或钩编的服装及衣着附件	Knitted or Crocheted Garments&Clothing Accessories	1346792	1346176	616
非针织或非钩编的服装及衣着附件	Garments Not Knitted or Crocheted	731026	728090	2935
其他纺织制成品;旧衣着及旧纺织品;碎织物	Other Textile Products; Secondhand Garments	233468	220047	13421
鞋、帽、伞、杖、鞭及其零件;已加工的羽毛及其制品;人造花;人发制品	**Footwear; Headgear; Umbrellas; Canes; Whips;Processed Feather; Artificial Flowers; Wigs**	**1401130**	**1385158**	**15972**
鞋靴、护腿和类似品及其零件	Parts of Footwear; Gaiters	1093102	1077194	15908
帽类及其零件	Headgear And Accessories	47391	47330	61
雨伞、阳伞、手仗、鞭子、马鞭及其零件	Umbrellas; Canes; Whips and Accessories	32848	32847	1
已加工羽毛、羽绒及其制品;人造花;人发制品	Processed Feathers and Related Products;Artificial Flowers; Wigs	227789	227786	3
石料、石膏、水泥、石棉、云母及类似材料的制品;陶瓷产品;玻璃及其制品	**Gypsum; Cement; Asbestos; Mica; Ceramic Glass**	**1336246**	**1312696**	**23551**
石料、石膏、水泥、石棉、云母及类似材料的制品	Gypsum; Cement; Asbestos; Mica and Related Products	417551	410489	7062
陶瓷产品	Ceramics	605547	604879	668
玻璃及其制品	Glass and Glassware	313149	297328	15821
天然或养殖珍珠、宝石或半宝石、贵金属、包贵金属及其制品;仿首饰;硬币	**Natural or Cultivated Pearls;Precious or Semi-Precious Stones; Jewelry of Precious Metal or Rolled Precious Metal; Artificial Jewelry; Coins**	**212496**	**114755**	**97742**

5-2 续表3 continued

单位: 万元 (RMB 10000yuan)

商品类别	Section & Division	进出口总值 Total Imports & Exports	出口值 Total Exports	进口值 Total Imports
贱金属及其制品	**Base Metals and Related Products**	**4099986**	**2917463**	**1182523**
钢铁	Iron and Steel	533897	525078	8819
钢铁制品	Iron and Steel Products	985272	964859	20413
铜及其制品	Copper and Related Products	1334825	374443	960382
镍及其制品	Nickel and Related Products	4172	742	3429
铝及其制品	Aluminum and Related Products	159223	154746	4477
铅及其制品	Lead and Related Products	2043	2043	
锌及其制品	Zinc and Related Products	12494	11844	650
锡及其制品	Tin and Related Products	1109	450	660
其他贱金属、金属陶瓷及其制品	Other Base Metals and Related Products	343976	167784	176192
贱金属工具、器具、利口器、餐匙、餐叉及其零件	Tools and Apparatus of Base Metals;Spoon and Accessories	230206	227017	3189
贱金属杂项制品	Miscellaneous Products of Base Metals and Accessories	492767	488456	4311
机器、机械器具、电气设备及其零件;录音机及放声机、电视图像、声音的录制和重放设备及其零件、附件	**Machinery; Electric Equipment and Accessories; Recorders; Video Recorder and Accessories**	**7223940**	**4679708**	**2544232**
锅炉、机器机械器具及其零件等	Boilers;Machinery and Accessories	1855456	1387242	468214
电机、电气设备及其零件;录音机及放声机、电视图像、声音的录制和重放设备及其零件、附件	Electric Equipment and Accessories;Recorders;Video Recorder and Accessories	5368484	3292466	2076018
车辆、船舶及有关运输设备	**Locomotives; Vehicles; Ship and Related Transportation Equipment**	**708174**	**532954**	**175220**
光学、照相、电影、计量、检验、医疗或外科用仪器及设备、精密仪器及设备;上述物品的零件、附件	**Optical; Photographic; Film; Measuring and Checking and Medical Instruments and Equipment; Precision Instruments and Equipment; (Clocks; Musical Instruments;) Related Parts and Accessories**	**826987**	**449556**	**377431**
光学、照相、电影、计量、检验、医疗或外科用仪器及设备、精密仪器及设备;零件、附件	Optical; Photographic; Film; Measuring and Checking and Medical Instruments and Equipment; Precision Instruments and Equipment; Clocks; Musical Instruments; Related Parts and Accessories	753829	376848	376982
钟表及其零件	Clocks and Accessories	56333	56189	144
乐器及其零件、附件	Musical Instruments; Related Parts and Accessories	16016	15711	305
其它及其零件、附件	Other parts and Accessories	809	809	
杂项制品	**Miscellaneous Products**	**2976966**	**2970055**	**6911**
家具、寝具、褥垫、弹簧床垫、软座垫及类似的填充制品;未列名灯具及照明装置;发光标志、发光名牌及类似品;活动房屋	Furniture and Lighting Fixtures;Luminous Signs&similar Goods; Prefabricated Houses	1377573	1375848	1724
玩具、游戏品、运动用品及其零件、附件	Toys, Games, Sporting Goods and Accessories	1380915	1379005	1909
杂项制品	Miscellaneous Products	218479	215202	3277
艺术品、收藏品及古物	**Works of Art, Collectibles and Antiques**	**7280**	**7138**	**142**
特殊交易品及未分类商品	**Special and Uncategorized Products**	**3408**	**2482**	**926**

5-3 海关进出口货物分类金额（2017年）
Value of Imports and Exports by HS Section and Division (2017)

单位: 万美元 (USD 10000)

商品类别	Section & Division	进出口总值 Total Imports & Exports	出口值 Total Exports	进口值 Total Imports
总计	**Total**	**4433898**	**3248827**	**1185072**
活动物;动物产品	**Live Animals & Animal Products**	**6125**	**5448**	**677**
活动物	Live Animals	4126	4126	
肉及食用杂碎	Meat and Edible Haslets	37	32	5
鱼、甲壳动物、软体动物及其他水生无脊动物	Fish;Shellfish;Molluscs and Other Aquatic Invertebrates	520	473	47
乳品；蛋品；天然蜂蜜;其他食用动物产品	Dairy Products;Eggs;Natural Honey;Other Edible Animal Products	631	35	596
其他动物产品	Other Animal Products	811	783	28
植物产品	**Vegetables; Fruits and Cereals**	**24826**	**21391**	**3435**
活树及其他活植物;鳞茎、根及类似品;插花及装饰用簇叶	Live Trees and other Live Plants;Bulbs;Roots and Similar Goods;Floral and Decorative Leaf Clusters	281	281	1
食用蔬菜、根及块茎	Edible Vegetables; Roots and Stem Tubers	5689	5038	650
食用水果及坚果;甜瓜或柑桔属水果的果皮	Edible Fruits and Nuts; Muskmelon and Peels of Citrus Fruits	7943	7943	
咖啡、茶、马黛茶及调味香料	Coffee; Tea and Spices	5501	5487	14
谷物	Cereals	2240	26	2214
制粉工业产品;麦芽;淀粉;菊粉;面筋	Milling Products; Malt; Starch; Inulin and Gluten	379	35	344
含油子仁及果实;杂项子仁及果实;工业用或药用植物;稻草、秸秆及饲料	Oil Seeds and Kernels and Oleaginous Fruits;Other Seeds and Kernels and Fruits; Plants for Industrial and Medicinal Use; Straws and Forage	1853	1679	173
虫胶;树胶、树脂及其他植物液、汁	Lac; Rubber; Resin and Other Plant Juices	526	515	11
编结用植物材料;其他植物产品	Plaiting Plant Materials; Other Plant Products	413	387	26
动植物油、脂及其分解产品;精制的食用油脂;动、植物蜡	**Animal and Vegetable Oils; Fats and Wax; Refined Edible Oils and Fats**	**3296**	**3262**	**34**
食品；饮料、酒及醋;烟草、烟草及烟草代用品的制品	**Food; Beverages; Liquor and Vinegar;Tobacco and Tobacco Substitutes**	**31177**	**25680**	**5497**
肉、鱼、甲壳动物、软体动物及其他水生无脊椎动物的制品	Meat; Fish and Shellfish Products Mollusks and Other Aquatic Products	13401	13401	
糖及糖食	Sugar and Sugar Products	249	145	104
可可及可可制品	Cocoa and Cocoa Products	208	207	1
谷物、粮食粉、淀粉或乳的制品;糕饼点心	Cereals; Grain; Starches or Milk and Pastry Products	3920	3339	581
蔬菜、水果、坚果或植物其他部分的制品	Products of Vegetables; Fruits and Nuts	4561	4551	10
杂项食品	Miscellaneous Food	529	483	46
饮料、酒及醋	Beverages; Liquor and Vinegar	1027	919	108
食品工业的残渣及废料;配制的动物饲料	Waste Residues of Food Industry and Configuration of Animal Feed	7277	2630	4647
烟草及烟草代用品的制品	Tobacco, Product of Tobacco and Tobacco Substitute	4	4	
矿产品	**Minerals**	**372292**	**13905**	**358387**
盐;硫酸;泥土及石料;石膏料、石灰及水泥	Salt; Sulphur; Clay and Rock; Plaster Stone; Lime and Cement	38129	11409	26720
矿砂、矿渣及矿灰	Ore; Slag and Mortar	323401	1631	321771
矿物燃料、矿物油及其 蒸馏产品;沥青物质;矿物蜡	Mineral Fuels; Lubricants; Asphalt;Mineral Wax	10761	865	9896

5-3 续表1 continued

单位: 万美元 (USD 10000)

商品类别	Section & Division	进出口总值 Total Imports & Exports	出口值 Total Exports	进口值 Total Imports
化学工业及其相关工业的产品	**Chemicals and Related Products**	**397066**	**334825**	**62241**
无机化学品;贵金属、稀土金属、放射性元素及其同位素的有机及无机化合物	Inorganic Chemicals;Precious Metals;Rare Earth; Radioactive Elements and Isotopes of Organic and Inorganic Compounds	163672	117479	46193
有机化学品	Organic Chemicals	84120	82411	1709
药品	Medicinal and Pharmaceutical Products	5320	4648	672
肥料	Fertilizers	4697	4697	
鞣料浸膏及染料浸膏;鞣酸及其他衍生物;染料、颜料及其他着色料;油漆及清漆;油灰及其他类似胶粘剂;墨水、油墨	Tanning and Dyeing Extracts;Tannic Acid;Coloring and Dyeing Materials; Paint and Lacquer; Putty and other similar Adhesive; Ink and Printing Ink	20630	20157	473
精油及香膏;芳香料制品及化妆盥洗品	Essential Oils and Perfumed Materials; Cosmetics Washing Goods	9608	6963	2646
肥皂、有机表面活性剂、洗涤剂、润滑剂、人造蜡、调制蜡、光洁剂、蜡烛及类似品、塑型用膏、"牙科用蜡"及牙科用熟石膏制剂	Soap;Organic Surfactant;Detergent;Lubricant;Man-made Wax; Modulated Wax,Lacquer;Candles and Similar Goods;Remodeling Paste;"Dental Wax"and Plaster Preparation of Dental Use	6271	5357	914
蛋白类物质;改性淀粉;胶;酶	Protein like Substances; Modified Starch;Gel and Enzymes	5767	4170	1597
烟火制品;火柴;引火合金;易燃材料制品	Explosives and Matches Products;Inflammable Material Products	23108	22757	351
照相及电影用品	Photographic and Film Supplies	875	484	390
杂项化学产品	Miscellaneous Chemical Products	72998	65701	7296
塑料及其制品;橡胶及其制品	**Plastics and Related Products;Rubber and Related Products**	**166776**	**136432**	**30344**
塑料及其制品	Plastics and Related Products	149958	124752	25206
橡胶及其制品	Rubber and Related Products	16818	11680	5138
生皮、皮革、毛皮及其制品;鞍具及挽具;旅行用品、手提包及类似品;动物肠线(蚕胶丝除外)制品	**Raw Hides; Leather; Furs and Related Products; Saddle;Travel Articles; Handbags and Similar Containers**	**87798**	**84980**	**2819**
生皮及皮革	Raw Hides and Leather	3294	650	2644
皮革制品;鞍具及挽具;旅行用 品、手提包及类似容器;动物肠线制品	Leather Products;Saddle;Travel Articles;Handbags and Similar Containers	81567	81512	55
毛皮、人造毛皮及其制品	Furs; Artificial Furs and Related Products	2938	2818	120
木及木制品;木炭;软木及软木制品;稻草、秸秆、针茅或其他编结材料制品;蓝筐及柳条编结品	**Wood and Wooden Products; Charcoal; Cork and Related Products; Straws;Plaited Products; Baskets and Wickerwork**	**37818**	**26715**	**11103**
木及木制品;木炭	Wood and Wooden Products, Charcoal	36850	25747	11103
软木及软木制品	Cork and Related Products	16	16	
稻草、秸秆、针茅或其他编结材料制品;篮筐及柳条编结品	Straws;Plaited Products; Baskets and Wickerwork	952	952	
木浆及其他纤维状纤维素浆;纸及纸板的废碎品;纸、纸板及其制品	**Paper Pulp and Cellulose Pulp; Paper and Waste Paper; Paperboard and Related Products**	**97215**	**59724**	**37491**
木浆及其他纤维状纤维;纸及纸板的废碎品	Paper Pulp and Cellulose Pulp; Paper and Paper Board Waste	35080	9	35070

5-3 续表2 continued

单位：万美元 (USD 10000)

商品类别	Section & Division	进出口总值 Total Imports & Exports	出口值 Total Exports	进口值 Total Imports
纸及纸板;纸浆、纸或纸板制品	Paper and Paperboard; Articles of Paper Pulp or Paper and Paperboard Products	56935	54709	2226
书籍、报纸、印刷图画及其他印刷品;手稿、打字稿及设计图纸	Books,Newspaper and Other Prints; Manuscript,Design Drawings	5201	5006	195
纺织原料及纺织制品	**Textile Materials and Products**	**440933**	**422172**	**18761**
蚕丝	Natural Silk	218	215	3
羊毛、动物细毛或粗毛;马毛纱线及其机织物	Wool; Wool Yarn and Woolen Woven Fabrics	199	90	109
棉花	Cotton	17711	12260	5451
其他植物纺织纤维;纸纱线及其机织物	Other Textile Fibres Yarn and Related Woven Fabrics	10562	9961	601
化学纤维长丝	Man-Made Filament	11613	9621	1992
化学纤维短纤	Man-Made Short Fibres	18960	18668	291
絮胎、毡呢及无纺织物;特种纱线;线、绳、索、缆及其制品	Wadding; Felt and Adhesive-Bond Fabrics;Special Yarn; Thread; Rope; Cable and Related Products	6752	6059	692
地毯及纺织材料的其他铺地制品	Carpets and Related Products	5119	5114	5
特种机织物；簇绒织物；花边；装饰毯；装饰带；刺绣品	Special Woven Fabrics; Lace; Embroidery	7821	6195	1626
浸渍、涂布、包覆或层压的纺织物；工业用纺织制品	Coated Textiles; Textile Products for Industrial Use	6968	4239	2729
针织物及钩编织物	Knitwear and Crocheted Fabrics	15306	12546	2760
针织或钩编的服装及衣着附件	Knitted or Crocheted Garments&Clothing Accessories	198173	198082	91
非针织或非钩编的服装及衣着附件	Garments Not Knitted or Crocheted	107239	106808	431
其他纺织制成品；旧衣着及旧纺织品；碎织物	Other Textile Products; Secondhand Garments	34295	32314	1981
鞋、帽、伞、杖、鞭及其零件；已加工的羽毛及其制品；人造花；人发制品	**Footwear; Headgear; Umbrellas; Canes; Whips;Processed Feather; Artificial Flowers; Wigs**	**205808**	**203436**	**2372**
鞋靴、护腿和类似品及其零件	Parts of Footwear; Gaiters	160641	158278	2362
帽类及其零件	Headgear And Accessories	6928	6919	9
雨伞、阳伞、手仗、鞭子、马鞭及其零件	Umbrellas; Canes; Whips and Accessories	4807	4807	
已加工羽毛、羽绒及其制品；人造花；人发制品	Processed Feathers and Related Products;Artificial Flowers; Wigs	33432	33432	
石料、石膏、水泥、石棉、云母及类似材料的制品；陶瓷产品；玻璃及其制品	**Gypsum; Cement; Asbestos; Mica; Ceramic Glass**	**196142**	**192655**	**3487**
石料、石膏、水泥、石棉、云母及类似材料的制品	Gypsum; Cement; Asbestos; Mica and Related Products	61286	60237	1049
陶瓷产品	Ceramics	88924	88824	100
玻璃及其制品	Glass and Glassware	45933	43594	2339
天然或养殖珍珠、宝石或半宝石、贵金属、包贵金属及其制品；仿首饰；硬币	**Natural or Cultivated Pearls;Precious or Semi-Precious Stones; Jewelry of Precious Metal or Rolled Precious Metal; Artificial Jewelry; Coins**	**31623**	**16898**	**14725**

5-3 续表3 continued

单位: 万美元 (USD 10000)

商品类别	Section & Division	进出口总值 Total Imports & Exports	出口值 Total Exports	进口值 Total Imports
贱金属及其制品	**Base Metals and Related Products**	**603325**	**428076**	**175249**
钢铁	Iron and Steel	78283	76981	1302
钢铁制品	Iron and Steel Products	144385	141360	3025
铜及其制品	Copper and Related Products	197663	55271	142392
镍及其制品	Nickel and Related Products	620	108	511
铝及其制品	Aluminum and Related Products	23391	22729	662
铅及其制品	Lead and Related Products	297	297	
锌及其制品	Zinc and Related Products	1828	1731	96
锡及其制品	Tin and Related Products	163	66	97
其他贱金属、金属陶瓷及其制品	Other Base Metals and Related Products	50553	24499	26054
贱金属工具、器具、利口器、餐匙、餐叉及其零件	Tools and Apparatus of Base Metals;Spoon and Accessories	33833	33361	473
贱金属杂项制品	Miscellaneous Products of Base Metals and Accessories	72310	71674	636
机器、机械器具、电气设备及其零件;录音机及放声机、电视图像、声音的录制和重放设备及其零件、附件	**Machinery; Electric Equipment and Accessories; Recorders; Video Recorder and Accessories**	**1066023**	**690488**	**375534**
锅炉、机器机械器具及其零件等	Boilers;Machinery and Accessories	273683	204407	69276
电机、电气设备及其零件;录音机及放声机、电视图像、声音的录制和重放设备及其零件、附件	Electric Equipment and Accessories;Recorders;Video Recorder and Accessories	792340	486082	306258
车辆、船舶及有关运输设备	**Locomotives; Vehicles; Ship and Related Transportation Equipment**	**104435**	**78463**	**25972**
光学、照相、电影、计量、检验、医疗或外科用仪器及设备、精密仪器及设备;上述物品的零件、附件	**Optical; Photographic; Film; Measuring and Checking and Medical Instruments and Equipment; Precision Instruments and Equipment; (Clocks; Musical Instruments;) Related Parts and Accessories**	**121994**	**66229**	**55765**
光学、照相、电影、计量、检验、医疗或外科用仪器及设备、精密仪器及设备;零件、附件	Optical; Photographic; Film; Measuring and Checking and Medical Instruments and Equipment; Precision Instruments and Equipment; Clocks; Musical Instruments; Related Parts and Accessories	111274	55575	55699
钟表及其零件	Clocks and Accessories	8248	8227	21
乐器及其零件、附件	Musical Instruments; Related Parts and Accessories	2354	2309	45
其它及其零件、附件	Other parts and Accessories	118	118	
杂项制品	**Miscellaneous Products**	**437657**	**436635**	**1022**
家具、寝具、褥垫、弹簧床垫、软座垫及类似的填充制品;未列名灯具及照明装置;发光标志、发光名牌及类似品;活动房屋	Furniture and Lighting Fixtures;Luminous Signs&similar Goods; Prefabricated Houses	202769	202515	255
玩具、游戏品、运动用品及其零件、附件	Toys, Games, Sporting Goods and Accessories	202870	202587	284
杂项制品	Miscellaneous Products	32017	31533	484
艺术品、收藏品及古物	**Works of Art, Collectibles and Antiques**	**1067**	**1046**	**21**
特殊交易品及未分类商品	**Special and Uncategorized Products**	**501**	**366**	**135**

5-4 按国别(地区)分海关货物进出口总值（2017年）

Volume of Imports and Exports by Country or Region (2017)

单位：万元　　　(RMB 10000yuan)

国别（地区）	Country (Region)	进出口总值 Total Imports & Exports	出口值 Total Exports	进口值 Total Imports
合　计	**Total**	**30111172**	**22090111**	**8021061**
亚　洲	Asia	14905329	11255926	3649403
#孟加拉国	Bangladesh	155628	148013	7615
中国香港	Hong Kong, China	2149904	2118404	31499
中国澳门	Macao, China	124561	124561	
中国台湾	Taiwan, China	1443989	420328	1023661
印　度	India	732617	706529	26088
印度尼西亚	Indonesia	745387	571432	173955
伊　朗	Iran	218019	161199	56820
以色列	Israel	141901	137665	4236
日　本	Japan	1525983	797089	728894
马来西亚	Malaysia	817015	690466	126549
蒙　古	Mongolia	8390	8130	260
巴基斯坦	Pakistan	212576	203282	9294
菲律宾	Philippines	442248	411161	31087
沙特阿拉伯	Saudi Arabia	249518	238353	11165
新加坡	Singapore	620902	534866	86036
韩　国	Korea Rep.	2045178	1357310	687868
斯里兰卡	Sri Lanka	43084	42431	653
叙利亚	Syria	14516	14516	
泰　国	Thailand	493083	391637	101446
土耳其	Turkey	179561	167727	11834
阿联酋	United Arab Emirates	446083	438317	7767
也　门	Republic of Yemen	16041	16041	
越　南	Vietnam	774173	695150	79023
非　洲	Africa	1906040	1234065	671976
#阿尔及利亚	Algeria	37261	37261	
埃　及	Egypt	106878	106182	696
科特迪瓦	Cote d'lvoire	16845	16845	
尼日利亚	Nigeria	220259	200317	19942
南　非	South Africa	341751	213963	127788
多　哥	Togo	26920	26920	
刚果(金)	Congo DR	244688	18740	225949

5-4 续表 continued

单位: 万元 (RMB 10000yuan)

国别（地区）	Country (Region)	进出口总值 Total Imports & Exports	出口值 Total Exports	进口值 Total Imports
欧洲	Europe	4358568	3622884	735684
#比利时	Belgium	229527	198621	30906
丹麦	Denmark	26045	25192	853
英国	United Kingdom	673483	639979	33505
德国	Germany	952337	613280	339056
法国	France	243781	207120	36660
意大利	Italy	235504	208825	26679
荷兰	Netherlands	539251	501884	37367
希腊	Greece	81188	81015	173
西班牙	Spain	276930	259307	17623
奥地利	Austria	15911	8739	7172
芬兰	Finland	64626	19685	44941
波兰	Poland	152650	147358	5292
瑞典	Sweden	65560	50457	15103
瑞士	Switzerland	33254	12514	20741
爱沙尼亚	Estonia	4371	3277	1094
俄罗斯联邦	Russia	359990	340152	19838
乌克兰	Ukraine	49888	49865	23
捷克	Czech	44666	19320	25345
拉丁美洲	Latin America	3343411	1467054	1876357
#阿根廷	Argentina	107457	97404	10054
巴西	Brazil	512964	271681	241283
智利	Chile	1419278	176418	1242860
古巴	Cuba	11078	11078	
危地马拉	Guatemala	14928	14928	
牙买加	Jamaica	6303	6303	
墨西哥	Mexico	455133	441087	14046
巴拿马	Panama	90672	90672	
秘鲁	Peru	456329	90629	365699
委内瑞拉	Venezuela	13774	13774	
北美洲	North America	4336480	4149274	187206
#加拿大	Canada	339134	312121	27013
美国	United States	3997219	3837027	160193
大洋洲及太平洋群岛	Oceanic and Pacific Islands	1261205	360908	900298
#澳大利亚	Australia	1171150	288921	882229
新西兰	New Zealand	49310	45443	3867
巴布亚新几内亚	Papua New Guinea	22965	8763	14202
其他	Others	138		138

5-5 按国别(地区)分海关货物进出口总值（2017年）

Volume of Imports and Exports by Country or Region (2017)

单位：万美元 (USD 10000)

国别（地区）	Country (Region)	进出口总值 Total Imports & Exports	出口值 Total Exports	进口值 Total Imports
合计	**Total**	**4433898**	**3248827**	**1185072**
亚洲	Asia	2193710	1655140	538570
#孟加拉国	Bangladesh	22881	21759	1123
中国香港	Hong Kong, China	316997	312316	4681
中国澳门	Macao, China	18254	18254	
中国台湾	Taiwan, China	212755	61911	150844
印度	India	107675	103834	3841
印度尼西亚	Indonesia	109952	84200	25752
伊朗	Iran	31937	23694	8243
以色列	Israel	20841	20214	628
日本	Japan	225178	117403	107775
马来西亚	Malaysia	120203	101536	18667
蒙古	Mongolia	1234	1195	39
巴基斯坦	Pakistan	31247	29871	1376
菲律宾	Philippines	65148	60530	4618
沙特阿拉伯	Saudi Arabia	36605	34953	1652
新加坡	Singapore	91186	78578	12608
韩国	Korea Rep.	300164	198733	101431
斯里兰卡	Sri Lanka	6337	6240	97
叙利亚	Syria	2126	2126	
泰国	Thailand	72707	57728	14978
土耳其	Turkey	26410	24653	1757
阿联酋	United Arab Emirates	65990	64832	1158
也门	Republic of Yemen	2347	2347	
越南	Vietnam	113909	102227	11682
非洲	Africa	280813	181240	99572
#阿尔及利亚	Algeria	5446	5446	
埃及	Egypt	15715	15611	104
科特迪瓦	Cote d'lvoire	2462	2462	
尼日利亚	Nigeria	32375	29424	2951
南非	South Africa	50572	31469	19103
多哥	Togo	3955	3955	
刚果(金)	Congo DR	36196	2758	33437

5-5 续表 continued

单位: 万美元 (USD 10000)

国 别（地 区）	Country (Region)	进出口总值 Total Imports & Exports	出口值 Total Exports	进口值 Total Imports
欧 洲	Europe	641611	532503	109108
#比利时	Belgium	33768	29235	4533
丹 麦	Denmark	3840	3715	126
英 国	United Kingdom	98929	93969	4960
德 国	Germany	140574	90245	50330
法 国	France	35901	30439	5462
意大利	Italy	34647	30685	3962
荷 兰	Netherlands	79313	73786	5527
希 腊	Greece	11964	11938	26
西班牙	Spain	40702	38091	2611
奥地利	Austria	2340	1285	1055
芬 兰	Finland	9569	2899	6671
波 兰	Poland	22426	21645	782
瑞 典	Sweden	9651	7432	2219
瑞 士	Switzerland	4904	1844	3061
爱沙尼亚	Estonia	647	484	163
俄罗斯联邦	Russia	52928	49969	2958
乌克兰	Ukraine	7318	7314	3
捷 克	Czech	6603	2837	3766
拉丁美洲	Latin America	493175	216071	277105
#阿根廷	Argentina	15915	14440	1475
巴 西	Brazil	75396	39915	35481
智 利	Chile	209914	25948	183966
古 巴	Cuba	1633	1633	
危地马拉	Guatemala	2201	2201	
牙买加	Jamaica	926	926	
墨西哥	Mexico	67130	65039	2091
巴拿马	Panama	13375	13375	
秘 鲁	Peru	67053	13318	53734
委内瑞拉	Venezuela	2017	2017	
北美洲	North America	638353	610700	27653
#加拿大	Canada	49905	45892	4013
美 国	United States	588429	564790	23640
大洋洲及太平洋群岛	Oceanic and Pacific Islands	186216	53173	133043
#澳大利亚	Australia	172951	42605	130346
新西兰	New Zealand	7240	6669	571
巴布亚新几内亚	Papua New Guinea	3411	1284	2127
其他	Others	21		21

5-6 海关主要商品出口值

Main Export Commodities in Value

单位: 万元 (RMB 10000yuan)

品 名	Item	2016	2017
活猪	Live Hogs	21883	27985
蔬菜	Vegetables	41857	39578
鲜、干水果及坚果	Fresh and Dry Fruits,Nuts	45520	52721
茶叶	Tea	31695	34892
制作或保藏的鳗鱼	River Eels Processed or Preserved	101145	90290
钨品	Tungsten & its Compounds	66825	108986
医药品	Medical and Pharmaceutical Products	228412	265250
烟花、爆竹	Fireworks and Firecrackers	152899	153010
新的充气橡胶轮胎	New Air-filled Rubber Tyres	10350	15402
家用或装饰用木制品	Wood Products for Household Use or Decoration	36980	46866
纸及纸板(未切成形的)	Paper and Paperboard in Rolls	154414	146830
纺织纱线、织物及制品	Spinning Yarn,Fabric and the Products	712177	819177
玻璃制品	Glass Ware	109221	95066
陶瓷产品	Ceramic Products	541044	604879
铁合金	Ferroalloy	48821	53896
钢材	Rolled Steel	566179	569003
未锻轧铜及铜材	Unwrought Copper and Its Alloys	203260	354411
未锻轧铝及铝材	Unwrought Aluminium and Aluminium Products	25735	26491
太阳能电池	Solar Cells	614912	714180
二极管及类似半导体器件	Diode and Semi Conductors	768900	808369
家具及其零件	Furniture and Parts	606618	662421
床垫、寝具及类似品	Mattess, Bedclothing and Analogs	44540	52929
灯具、照明装置及零件	Lamps and Lighting Fittings	584125	637714
箱包及类似容器	Articles, Chests and Bags for Travel	482925	533213
体育用品及设备	Articles and Equipment of Sports	145068	185818
服装及衣着附件	Clothing and Accessories	2262187	2179999
鞋类	Shoes	919630	1077194
塑料制品	Plastic Articles	489185	558200
玩具	Toys	236383	858678
打火机	Porket lighters,gas-filled	27788	25943
伞	Umbrellas	40188	29773
农产品	Agriculture Products	389408	387239
机电产品	Mechanical and Electrical Products	8112565	8531481
高新技术产品	High and New-tech Products	2905548	2816651

5-7 海关主要商品出口值

Main Export Commodities in Value

单位：万美元 (USD 10000)

品名	Item	2016	2017
活猪	Live Hogs	3329	4124
蔬菜	Vegetables	6328	5806
鲜、干水果及坚果	Fresh and Dry Fruits,Nuts	6844	7866
茶叶	Tea	4800	5170
制作或保藏的鳗鱼	River Eels Processed or Preserved	15407	13308
钨品	Tungsten & its Compounds	10123	16072
医药品	Medical and Pharmaceutical Products	34651	39250
烟花、爆竹	Fireworks and Firecrackers	23252	22510
新的充气橡胶轮胎	New Air-filled Rubber Tyres	1575	2253
家用或装饰用木制品	Wood Products for Household Use or Decoration	5608	6894
纸及纸板(未切成形的)	Paper and Paperboard in Rolls	23521	21488
纺织纱线、织物及制品	Spinning Yarn,Fabric and the Products	108209	120297
玻璃制品	Glass Ware	16626	13939
陶瓷产品	Ceramic Products	82363	88824
铁合金	Ferroalloy	7394	7954
钢材	Rolled Steel	86301	83319
未锻轧铜及铜材	Unwrought Copper and Its Alloys	30876	52320
未锻轧铝及铝材	Unwrought Aluminium and Aluminium Products	3916	3885
太阳能电池	Solar Cells	93361	105628
二极管及类似半导体器件	Diode and Semi Conductors	116705	119424
家具及其零件	Furniture and Parts	92050	97598
床垫、寝具及类似品	Mattess, Bedclothing and Analogs	6765	7775
灯具、照明装置及零件	Lamps and Lighting Fittings	88692	93803
箱包及类似容器	Articles, Chests and Bags for Travel	73398	78316
体育用品及设备	Articles and Equipment of Sports	22046	27321
服装及衣着附件	Clothing and Accessories	343541	320416
鞋类	Shoes	139756	158278
塑料制品	Plastic Articles	74309	81890
玩具	Toys	35658	125971
打火机	Porket lighters,gas-filled	4210	3828
伞	Umbrellas	6119	4355
农产品	Agriculture Products	59049	57126
机电产品	Mechanical and Electrical Products	1231496	1256395
高新技术产品	High and New-tech Products	440544	415985

5-8 海关主要商品进口值
Main Import Commodities in Value

品　名	Item	人民币(万元)(10000yuan)		美元(万美元)(USD10000)	
		2016	2017	2016	2017
天然橡胶(包括胶乳)	Natural Rubber	7975	7545	1210	1113
合成橡胶(包括胶乳)	Synthetic Rubber	8556	15421	1289	2275
纸浆	Paper Pulp	193187	215510	29250	31734
棉花	Cotton, not Carded or Combed	15605	25102	2369	3686
铁矿砂及其精矿	Iron Ore	381397	693420	57689	102102
铜矿砂及其精矿	Copper Ores	1240018	1351913	187729	199481
成品油	Petroleum Products Refined	974	1224	147	181
医药品	Medical and Pharmaceutical Products	3444	8606	521	1274
废纸	Waste Paper	19288	22697	2919	3336
纺织纱线、织物及制品	Spinning Yarn,Fabric and the Products	88072	93476	13341	13810
钢材	Rolled Steel	6310	8267	953	1220
未锻轧铜及铜材	Unwrought Copper and its Alloys	491115	827287	74239	122655
废铜	Scrap Copper	60721	130069	9194	19288
二极管及类似半导体器件	Diode and Semi Conductors	249552	254903	37818	37260
集成电路	Integrated Circuit	1409448	1311407	213438	193824
服装及衣着附件	Clothing and Accessories	2995	4202	453	618
初级形状的塑料	Plastics of Primary Pattern	58229	74623	8810	11031
废塑料	Waste,parings and scrap,of plastics	4538	4154	689	616
塑料制品	Plastic Articles	21819	24040	3302	3561
牛皮革及马皮革	Bovine or equine leather	12811	11699	1945	1724
机电产品	Mechanical and Electrical Products	3291578	3135812	497766	463040
高新技术产品	High and New-tech Products	2467850	2283085	373332	336852

5-9 按贸易方式分海关货物进出口总值（2017年）

Total Value of Imports and Exports by Trade Form (2017)

贸易方式	Trade Form	人民币(万元)(10000yuan)			美元(万美元)(USD10000)		
		进出口总值 Total Imports & Exports	出口值 Total Exports	进口值 Total Imports	进出口总值 Total Imports & Exports	出口值 Total Exports	进口值 Total Imports
总计	**Total**	**30111172**	**22090111**	**8021061**	**4433898**	**3248827**	**1185072**
一般贸易	Ordinary Trade	24559921	19517341	5042579	3613137	2868877	744260
国家间、国际组织无偿援助和赠送的物资	Aid and Donation between Countries and from International Associations	1969	1969		292	292	
其他捐赠物资	Other Donations						
来料加工装配贸易	Trade for Processing and Assembling with Customer's Materials	430300	311490	118809	63459	45940	17519
进料加工贸易	Trade for Processing with Imported Materials	4903620	2126891	2776729	725045	314081	410963
边境小额贸易	Border Trade						
加工贸易进口设备	Processing Equipments	113		113	16		16
对外承包工程出口货物	Goods for Contracted Foreign Projects	108890	108890		16173	16173	
租赁贸易	Lease Trade						
外商投资企业作为投资进口的设备、物品	Foreign Funded Equipments and Goods	34174		34174	5072		5072
出料加工贸易	Give Makings Treatment						
保税监管场所进出境货物	Inbound and Outbound Goods in Bonded Supervision Area	16656	3716	12940	2472	544	1928
海关特殊监管区域物流货物	Logistic Good Customs in Particular Supervision Areas	28779	14616	14163	4259	2153	2106
海关特殊监管区域进口设备	Imported Equipment in Particular Supervision Areas	14213		14213	2115		2115
其他	Others	12538	5199	7340	1858	766	1092

5-10 对外经济合作

Economic Cooperation with Foreign Countries or Regions

指标	Item	2000	2005	2010	2014	2015	2016	2017
对外承包工程	**Contracted Projects**							
合同数（份）	Number of Contracts (unit)	27	32	102	209	230	198	284
合同额（万美元）	Contracted Value (USD 10000)	5149	19963	135697	264781	404131	289082	411064
营业额（万美元）	Value of Turnover Fulfilled (USD 10000)	6382	14817	104334	285147	351093	394256	426287
对外劳务合作	**Labor Services**							
合同工资总额(万美元)	Contracted Wage in Total (USD 10000)	4354	8555	3531	3378	5966	4242	3020
实际收入总额(万美元)	Real Income in Total (USD 10000)	4567	6350	6582	8749	5286	5784	3622
对外直接投资（非金融类）	**Overseas Direct Investment(Non-Finance)**							
核准境外投资企业(家)	Enterprise Newly Approved Investing Overseas (unit)		2	62	93	110	126	98
中方协议投资额(万美元)	Contractual Foreign Investment (USD 10000)		35	21747	107000	190600	168000	207000
对外直接投资额(万美元)	Overseas Direct Investment(USD 10000)		630	21280	65716	105062	124000	71000

注：从2002年始，商务部和国家统计局制订了《对外直接投资统计制度》。
a)State Department of Commerce and State Statistical Bureau drafted statistical system of foreign direct investment since 2002.

5-11 外商直接投资情况
Direct Foreign Investments

年份 地区 Year Region	项目数 (个) Number of Projects (unit)	合同外资金额 (万美元) Total Amount of Contracted Foreign Investment (USD10000)	实际使用外资 (万美元) Total Amount of Foreign Investment Actually Utilized (USD 10000)
1984	18	708	80
1985	29	2781	517
1986	8	2093	458
1987	15	1990	394
1988	35	1760	563
1989	24	513	587
1990	54	2855	621
1991	162	5562	1949
1992	906	58990	9653
1993	1293	90983	20817
1994	536	39158	26168
1995	522	53966	28818
1996	369	39485	30068
1997	395	64444	47768
1998	334	41919	46493
1999	245	35136	32080
2000	272	26478	22724
2001	308	52660	39575
2002	591	153387	108725
2003	759	233094	161234
2004	964	311289	205238
2005	940	387645	242258
2006	982	403068	280657
2007	867	544615	310358
2008	689	492550	360368
2009	821	490484	402354
2010	1092	749447	510084
2011	812	844545	605881
2012	789	816170	682431
2013	847	913261	755096
2014	822	1072711	845074
2015	640	736757	947321
2016	568	748776	1044056
2017	495	1012521	1146373
南昌市 Nanchang	52	191126	318065
景德镇市 Jingdezhen	9	41401	20463
萍乡市 Pingxiang	50	39909	36704
九江市 Jiujiang	81	210783	198436
新余市 Xinyu	5	7431	43500
鹰潭市 Yingtan	70	27260	28901
赣州市 Ganzhou	39	133236	166738
吉安市 Ji'an	101	133802	107035
宜春市 Yichun	27	115020	77176
抚州市 Fuzhou	31	75605	35309
上饶市 Shangrao	30	36948	114046

5-12 外商在赣直接投资情况（2017年）

Direct Foreign Investments in Jiangxi (2017)

类别	Type	项目数（个） Number of Projects (unit)	合同外资金额（万美元） Total Amount of Contracted Foreign Investment (USD10000)	实际使用外资（万美元） Total Amount of Foreign Investment Actually Utilized (USD 10000)
总计	**Total**	**495**	**1012521**	**1146373**
按投资方式分	**By Form**			
合资经营企业	Joint venture Enterprises	92	308304	102701
合作经营企业	Cooperative Operation Enterprises	4	27748	11697
外资企业	Foreign Investment Enterprise	397	693339	976866
外商投资股份制企业	Foreign Investment Share	2	-16870	55109
按国民经济行业分	**By Sector**			
农、林、牧、渔业	Agriculture, Forestry, Animal Husbandry and Fishery	31	50899	60499
采矿业	Mining	1	455	3364
制造业	Manufacturing	285	539350	652197
#食品制造业	Manufacture of Foods	5	4428	6130
酒、饮料和精制茶制造业	Manufacture of Beverages		4921	7410
纺织业	Manufacture of Textile	11	28272	23305
纺织服装、服饰业	Manufacture of Textile Wearing Apparel, Footware and Caps	27	42314	47626
家具制造业	Manufacture of Furniture	9	12245	7929
文教、工美、体育和娱乐用品制造业	Manufacture of Articles for Culture, Education and Sport Activties	10	9411	5972
化学原料和化学制品制造业	Manufacture of Raw Chemical Materials and Chemical Products	10	11291	16234
医药制造业	Manufacture of Medicines	2	10113	1336
橡胶和塑料制品业	Manufacture of Plastics	6	5722	6835
非金属矿物制品业	Manufacture of Non-metallic Mineral Products	11	21543	27438
有色金属冶练及压延加工业	Smelting and Pressing of Non-ferrous Metals	12	5543	9887
通用设备制造业	Manufacture of General Purpose Machinery	17	21549	51117
汽车制造业	Automotive Industry	4	14632	39973
电气机械和器材制造业	Manufacture of Electrical Machinery and Equipment	38	55791	161474
计算机、通信和其他电子设备制造业	Manufacture of Communication Equipment,Computers and Other Electronic Equipment	65	106417	116658
电力、热力、燃气及水生产和供应业	Production and Supply of Electricity, Gas and Water	8	17740	37930
建筑业	Construction		-17183	363
批发和零售业	Wholesale and Retail Trades	76	51686	82866
批发业	Wholesale Trade	52	34384	51051
零售业	Retail Trade	24	17302	31815
交通运输、仓储和邮政业	Transport, Storage and Post	5	5813	21115
#装卸搬运和仓储业	Handling and Warehousing Industry	3	3033	20702
住宿和餐饮业	Hotels and Catering Services	11	3105	8546
住宿业	Hotels	7	2596	1966
餐饮业	Catering Services	4	509	6580
信息传输、软件和信息技术服务业	Information Transmission, Computer Services and Software	10	15239	5779
#互联网和相关服务	Internet and Related Services			144
#软件和信息技术服务业	Software and Information Technology Services	10	15239	5635
金融业	Financial Intermediation	2	26689	14964
房地产业	Real Estate	21	236767	166092

5-12 续表 continued

类 别	Type	项目数（个） Number of Projects (unit)	合同外资金额（万美元） Total Amount of Contracted Foreign Investment (USD 10000)	实际使用外资（万美元） Total Amount of Foreign Investment Actually Utilized (USD 10000)
租赁和商务服务业	Leasing and Business Services	26	58789	66279
#商务服务业	Business Services	23	34356	49375
科学研究和技术服务业	Scientific Research, Technical Service and Geologic Prospecting	8	12346	6220
水利、环境和公共设施管理业	Management of Water Conservancy, Environment and Public Facilities	2	2366	7266
居民服务、修理和其他服务业	Services to Households and Other Services	2	1367	1570
教育	Education	2	-1416	997
卫生和社会工作	Health, Social Security and Social Welfare	3	6078	7135
文化、体育和娱乐业	Culture, Sports and Entertainment	2	2431	3191
公共管理、社会保障和社会组织	Public Management and Social Organization			
国际组织	International Organizations			
按投资国别（地区）分	**By Country (Region)**			
亚 洲	Asia	417	899066	961130
#中国香港	Hong Kong, China	338	735816	839680
中国澳门	Macao, China	13	31800	8009
中国台湾	Taiwan, China	44	40131	60719
印 度	India	1	1	
日 本	Japan	3	870	6293
马来西亚	Malaysia	2	794	
菲律宾	Philippines	1	1500	5317
沙特阿拉伯	Saudi Arabia			
新加坡	Singapore	1	2366	33277
韩 国	Korea Rep.	6	81554	1926
非 洲	Africa	1	26290	5322
欧 洲	Europe	8	5818	34035
#英 国	United Kingdom	2	4328	3047
德 国	Germany	2	2352	145
法 国	France			9051
意大利	Italy	1	250	
荷 兰	Netherlands		1300	15684
西班牙	Spain			
拉丁美洲	Latin America	1	1048	65426
北美洲	North America	10	6972	21999
#加拿大	Canada	6	828	8093
美 国	United States	3	6144	13906
大洋洲及太平洋群岛	Oceanic and Pacific Islands	4	705	19860
#澳大利亚	Australia	2	45	6125
新西兰	New Zealand			
其他	Others	55	72622	38601

注：利用外资项目中，存在多个国家投资同一项目，故按投资国别、地区分的项目个数之和不等于合计数。

a) Among the projects of utilization of foreign investments,there exists the same project with investments from different countries,so the number of projects by country or region is not equal to the total.

5-13 外商投资企业年底注册登记情况（2017年）

Registration Status of Foreign Funded Enterprises at Year-end (2017)

类 别	Type	外商投资企业数(户) Number of Enterprises Corporate (unit)	投资总额(万美元) Total Investment (USD 10000)	注册资本(万美元) Registered Capital (USD 10000)	#外方 Foreign Investor
总 计	**Total**	**6059**	**8079723**	**5660631**	**4239566**
按投资方式分	**By Form**				
合资经营企业	Joint venture Enterprises	852	3079733	2364151	1169602
合作经营企业	Cooperative Operation Enterprises	53	208137	102740	67697
外资企业	Foreign Investment Enterprises	2996	4480372	2935220	2935220
外商投资股份制企业	Foreign Investment Shares	29	305282	247174	61232
其他外商投资企业	Other Enerprises	47	6199	11347	5815
外商投资企业分支机构	Branches of Foreign Investment Enterprise	2082			
按国民经济行业分	**By Sector**				
农、林、牧、渔业	Agriculture, Forestry, Animal Husbandry and Fishery	307	530428	437939	294637
采矿业	Mining	20	86433	62475	28992
制造业	Manufacturing	2454	4021890	2535903	2156844
金属制品、机械和设备修理业	Repairing Maintenance of Metalwork, Machines and Equipments	1	2000	1000	1000
电力、热力、燃气及水生产和供应业	Production and Supply of Electricity, Gas and Water	104	272791	95555	61138
建筑业	Construction	78	153105	150671	110527
批发和零售业	Wholesale and Retail Trades	1377	469820	317422	288793
交通运输、仓储和邮政业	Transport, Storage and Post	63	64926	32526	32526
住宿和餐饮业	Hotels and Catering Services	264	60752	32850	26231
信息传输、软件和信息技术服务业	Information Transmission, Computer Services and Software	293	100234	89220	86221
金融业	Financial Intermediation	185	277191	214484	73828
房地产业	Real Estate	273	856925	489902	348969

5-13 续表 continued

类别	Type	外商投资企业数(户) Number of Enterprises Corporate (unit)	投资总额(万美元) Total Investment (USD 10000)	注册资本(万美元) Registered Capital (USD 10000)	#外方 Foreign Investor
租赁和商务服务业	Leasing and Business Services	377	608063	736138	359005
科学研究和技术服务业	Scientific Research, Technical Service and Geologic Prospecting	103	370727	249631	218436
水利、环境和公共设施管理业	Management of Water Conservancy, Environment and Public Facilities	35	93138	144107	120347
居民服务、修理和其他服务业	Services to Households and Other Services	58	48314	32227	12571
教育	Education	6	2925	925	759
卫生和社会工作	Health, Social Security and Social Welfare	7	15642	7584	5406
文化、体育和娱乐业	Culture, Sports and Entertainment	51	44662	30369	13844
其他	Others	4	1757	703	492
按投资国别(地区)分	**By Country (Region)**				
亚　洲	Asia	3343	6881036	4873815	3616486
中国香港	Hong Kong, China	2321	4617035	3378292	2635200
中国澳门	Macao, China	57	53604	68156	61086
中国台湾	Taiwan, China	448	307461	224755	201696
日　本	Japan	58	317315	174372	90296
韩　国	Korea Rep.	30	45136	19626	8429
亚洲其他国家(地区)	Other Asia Countries (Regions)	429	1540485	1008614	619779
非　洲	Africa	44	88563	45008	41936
埃　及	Egypt	1	70	50	50
南　非	South Africa	1	500	500	500
毛里求斯	Mauritius	11	18564	9732	7465
塞舌尔	Seychelles	22	63055	31482	30677
非洲其他国家(地区)	Other Africa Countries (Regions)	9	6374	3244	3244
欧　洲	Europe	107	99377	51315	36478
英　国	United Kingdom	23	7942	6247	5012
德　国	Germany	19	45421	20279	15700
法　国	France	8	6390	2937	2375
俄罗斯联邦	Russian Federation	4	706	682	315
欧洲其他国家(地区)	Other Europe Countries (Regions)	53	38918	21171	13076
拉丁美洲	Latin America	152	560128	306462	265952
巴　西	Brazil	2	9712	3347	3347
开曼群岛	Cayman Islands	11	291368	144030	132563
英属维尔京群岛	British Virgin Islands	131	253362	156133	127109
拉丁美洲其他国家(地区)	Other Latin America Countries (Regions)	8	5686	2952	2934
北美洲	North America	115	170036	83578	57521
加拿大	Canada	25	11492	7435	5745
美　国	United States	88	158035	75855	51533
百慕大群岛	Bermuda	2	509	287	243
大洋洲及太平洋群岛	Oceanic and Pacific Islands	91	110625	60754	56068
澳大利亚	Australia	30	13044	6726	5186
新西兰	New Zealand	4	16564	8397	7507
萨摩亚	Samoa	55	80643	45421	43165
大洋洲其他国家(地区)	Other Oceanic Countries (Regions)	2	374	210	210
其他	Others	75	153722	225995	158131

注：按投资国别(地区)分的外商投资企业数、投资总额、注册资本、其中外方注册资本等指标不包括其他外商投资企业和外商投资企业分支机构数。

a) Number of Foreign-invested enterprises, total investment, registered captial, foreign investor by country (region) do not include other foreign-invested enterprises or branchs of foreign-invested enterprises.

5-14 江西与国外结成友好城市一览
List of Foreign Sister Cities with Jiangxi

国别	Country Region	城市(州、县)	Sister City (State, Prefecture)	缔结日期 Date of Conclusion
马其顿	Macedonia	斯科普里市	Skopje	1984.03.20
德国	Germany	黑森州	Hesse	1985.04.03
美国	United States	肯塔基州	Kentucky	1985.10.16
美国	United States	犹他州	Utah	1986.07.10
日本	Japan	岐阜县	Gifu	1988.06.21
墨西哥	Mexico	托卢卡市	Toluca	1988.08.16
日本	Japan	高松市	Takamatsu-shi	1990.09.28
日本	Japan	冈山县	Okayama	1992.06.01
摩洛哥	Morocco	萨菲市	Safi	1993.10.15
澳大利亚	Australia	波波郡	Baw Baw Shire	1993.12.09
斯洛文尼亚	Slovenia	科佩尔市	Koper	1995.04.05
日本	Japan	佐贺县有田町	Arita-cho, Saga	1996.08.28
日本	Japan	玉野市	Tamano-shi	1996.10.05
芬兰	Finland	瓦尔济考斯基市	Valkeakoski	1997.11.20
美国	United States	路易维尔市	Louisville	2004.09.09
俄罗斯	Russia	雅罗斯拉夫尔州	Jarraud Slavic	2005.03.24
日本	Japan	冈山县鸭方町	Kamogata-cho, Okayama	2005.09.26
美国	United States	索拉洛郡	Solano	2005.10.26
日本	Japan	和歌山县清水町	Shimizu-cho, Wakayama	2006.04.03
韩国	Korea Rep.	南海郡市	Namhae	2006.04.13
菲律宾	Philippines	保和省	Bohol	2006.05.08
芬兰	Finland	卡亚尼市	Kajaani	2006.06.26
法国	France	第戎市	Dijon	2006.10.17
日本	Japan	濑户市	Seto-shi	2007.03.28
日本	Japan	岐阜县安八町	Anpachi-cho, Gifu	2007.08.02
韩国	Korea Rep.	利川市	Lcheon	2007.10.17
韩国	Korea Rep.	罗州市	Naju-si	2007.10.22
韩国	Korea Rep.	庆尚北道尚州市	Sangju-si,Gyeongsangbuk-do	2007.10.23
巴西	Brazil	索罗卡巴市	Sorocaba	2007.10.23
智利	Chile	科皮亚波市	Copiapo	2008.01.17
阿根廷	Argentina	拉普拉塔市	Laplata	2008.01.21
美国	United States	欧文顿市	Overton	2008.07.01
波兰	Poland	莱基奥诺沃市	Legionowo	2008.08.30
法国	France	奥赛市	Auxerre	2008.09.10
法国	France	中央大区	Centre	2008.09.25
希腊	Greece	希俄斯市	Chios	2008.09.25
韩国	Korea Rep.	堤川市	Jye Chun	2008.11.05
美国	United States	萨凡纳市	Savannah	2008.11.08
阿根廷	Argentina	基尔梅斯市	Quilmes	2008.12.05
澳大利亚	Australia	奥本市	Auburn	2009.09.24
德国	Germany	派尼区	Piney	2009.10.13
英国	United Kingdom	巴斯—东北萨默塞特郡	Bath and North East Somerset	2009.10.20

5-14 续表 continued

国别	Country Region	友好城市(州、县)	Sister City (State, Prefecture)	缔结日期 Date of Conclusion
巴西	Brazil	南马托格罗索州	Mato Grosso do Sul	2009.10.23
匈牙利	Hugary	蒂萨新城	Tiszaujvaros	2009.12.02
美国	United States	罕斯维尔市	Hansiweier	2009.12.07
美国	United States	不伦瑞克市	Brunswick	2010.04.03
美国	United States	威斯康星州门县市	Men of Wisconsin	2010.06.01
法国	France	图尔市	Tours	2010.06.18
埃塞俄比亚	Ethiopia	阿姆哈拉州	Amhara	2010.07.02
美国	United States	奥林匹亚市	Olympia	2010.08.18
塞拉利昂	Sierra Leone	弗里敦市	Freetown	2010.09.21
津巴布韦	Zimbabwe	穆塔雷市	Mutare	2010.09.21
荷兰	Holland	代尔夫特市	Delfe	2010.10.18
巴西	Brazil	基玛多斯市	Jimaduosi City	2011.02.24
韩国	Korea Rep.	太白市	Taebaek	2011.10.10
英国	United Kingdom	红桥市	Redbridge	2011.11.07
希腊	Greece	中希腊大区	Vea tia	2011.11.23
法国	France	香槟阿登大区	Champagne-Ardenne	2011.11.23
德国	Germany	沃尔泽伦市	Wall Zelen City	2011.11.29
墨西哥	Mexico	科阿韦拉州蒙克罗瓦市	Monk Luova, Coahuila	2012.02.29
韩国	Korea Rep.	全罗南道	Jeollanam-do	2012.04.17
意大利	Italy	卡乃利市	Kanaili	2012.06.29
南非	South Africa	自由州省	Free State	2012.07.19
俄罗斯	Russia	苏兹达里市	Suzy Dario	2012.09.10
南非	South Africa	新堡市	Newcastle	2012.11.29
匈牙利	Hugary	包尔绍德—奥包乌伊—曾普伦	Borsod-Abauj-Zemplén	2013.01.18
南非	South Africa	德拉肯斯汀市	De Lakin Steen	2013.01.23
乌克兰	Ukraine	伊久姆市	Izyum	2013.02.16
西班牙	Spain	阿尔巴塞特市	Albacete	2013.04.22
博茨瓦纳	Botswana	塞罗韦市	Serowe	2013.09.05
意大利	Italy	法恩扎市	Faenza	2013.10.18
柬埔寨	Cambodia	暹粒省	Siem Reap	2013.11.29
加纳	Republic of Ghana	北部省	Tamale	2014.07.09
巴西	Brazil	伊塔佩瓦市	Itapeva	2015.02.04
英国	United Kingdom	林肯市	Lincoln City	2015.03.27
韩国	Korea Rep.	忠州市	Chungju	2015.05.25
埃及	Egypt	卢克索省	Luxor	2015.06.08
俄罗斯	Russia	巴什科尔托斯坦共和国	Republic of Bashkortostan	2015.11.10
英国	United Kingdom	卡尔德达尔市	Calder	2015.11.16
澳大利亚	Australia	怀王市	Wyong	2015.11.20
泰国	Thailand	南邦府	Lampang	2016.02.24
柬埔寨	Cambodia	磅清扬省	Kampong Chhnang	2016.03.08
英国	United Kingdom	斯特拉福德区	Stratford District	2016.03.08
斯里兰卡	Sri Lanka	马塔拉市	Matara	2016.03.17
西班牙	Spain	阿尔卡拉德埃纳雷斯市	Alcal de Henares	2016.03.25
韩国	Korea Rep.	旌善郡	Jeongseon	2016.03.29
斯洛文尼亚	Slovenia	马里博尔市	Maribor	2016.07.06
刚果(金)	Congo (Kinshasa)	金沙萨市	Kinshasa	2016.09.02
俄罗斯	Russia	乌法市	Ufa	2016.09.08
俄罗斯	Russia	托斯诺区	Tosnenskiy Rayon	2017.02.22
美国	United States	利文斯顿市	Livingston	2017.08.28

主要统计指标解释

货物进出口总值 指实际进出我国国境的货物总金额。包括对外贸易实际进出口货物，来料加工装配进出口货物，国家间、联合国及国际组织无偿援助物资和赠送品，华侨、港澳台同胞和外籍华人捐赠品，租赁期满归承租人所有的租赁货物，进料加工进出口货物，边境地方贸易及边境地区小额贸易进出口货物，中外合资企业、中外合作经营企业、外商独资经营企业进出口货物和公用物品，到、离岸价格在规定限额以上的进出口货样和广告品(无商业价值、无使用价值和免费提供出口的除外)，从保税仓库提取在中国境内销售的进口货物，以及其他进出口货物。该指标可以观察一个国家在对外贸易方面的总规模。我国规定出口货物按离岸价格统计，进口货物按到岸价格统计。

商品经营单位所在地进、出口值 指在所在地海关注册登记的有进出口经营权的企业实际进、出口值。

外商直接投资 是指外国投资者在我国境内通过设立外商投资企业、合伙企业、与中方投资者共同进行石油资源的合作勘探开发以及设立外国公司分支机构等方式进行投资。外国投资者可以用现金、实物、无形资产、股权等投资，还可以用从外商投资企业获得的利润进行再投资。

对外承包工程 根据《对外承包工程管理条例》，对外承包工程是指中国的企业或者其他单位承包境外建设工程项目的活动。

对外劳务合作 指组织劳务人员赴其他国家或地区为国外的企业或机构工作的经营性活动。

对外直接投资 指我国企业、团体等(简称境内投资主体）在国外及港澳台地区以现金、实物、无形资产等方式投资，并以控制国(境)外企业的经营管理权为核心的经济活动。对外直接投资的内涵主要体现在一经济体通过投资于另一经济体而实现其持久利益的目标。

Explanatory Notes on Main Statistical Indicators

Total Value of Imports and Exports refer to the real value of commodities imported into and exported from the boundary of China. They include the actual imports and exports through foreign trade, imported and exported goods under the processing and assembling trades and materials, supplies and gifts as aid given gratis between governments and by the United Nations and other international organizations, and contributions donated by overseas Chinese, compatriots in Hong Kong and Macao and Chinese with foreign citizenship, leasing commodities owned by tenant at the expiration of leasing period, the imported and exported commodities processed with imported materials, commodities trading in border areas, the imported and exported commodities and articles for public use of the Sino-foreign joint ventures, cooperative enterprises and ventures exclusively with foreign own investment. Also included are import or export of samples and advertising goods for whose CIF or FOB value are beyond the permitted ceiling (excluding goods of no trading or use value and free commodities for export), imported goods sold in China from bonded warehouses and other imported or exported goods. The indicator of the total imports and exports at customs can be used to observe the total size of external trade in a country. In accordance with the stipulation of the Chinese government, imports are calculated at CIF, while exports are calculated at FOB.

Import or Export Value by Location of China's Foreign Trade Managing Units refers to actual value of imports and exports carried out by corporations which have been registered by the local Customs house and are vested with right to run import export business.

Foreign Direct Investment refers to foreign investment in China through the establishment of foreign invested enterprises, cooperative exploration and development of petroleum resources with domestic investors and the establishment of branch organizations of foreign enterprises.Foreign investment can be made in forms of cash, physical investment, technical know-how and reinvestment of the foreign enterprises with the profits gained from the investment.

Overseas Contracted Projects refer to activities of contracting overseas construction projects by Chinese enterprises or any other units, which are stipulated in the Regulations on Administration of Foreign Contracted Project.

Overseas Labour Services refer to operational activities of organizing labour force to go abroad providing services to foreign enterprises or agencies.

Overseas Direct Investment refers to investment made by domestic enterprises and organizations (referred to as domestic investors) in foreign countries and Hong Kong SAR, Macao SAR and Taiwan province in forms of cash, physical investment and intangible assets, and the economic activities centering on operation and management of those enterprises are under the control of domestic investors. The content of overseas direct investment mainly reflects one economic entity by investing in another economic entity to achieve its goal of lasting interest.

6

能 源

ENERGY

◆123/142

资料整理及英文翻译：方 颖、陈梦捷

Ⅰ 简要说明

一、本篇资料的主要内容

本篇包括的主要内容有能源生产、消费及品种构成，能源生产和消费弹性系数，综合能源平衡表和主要能源品种的单项平衡表，分行业、分主要能源品种的消费量，生活用能源消费量等。

二、本篇资料的来源

本篇资料来源于全省能源平衡表和规模以上工业企业能源报表。能源平衡表的编制范围为辖区内除军队系统以外的全部能源生产和消费活动的单位。

三、关于数据口径与计算的说明

1.一次能源生产量与工业统计数字一致。

2.能源生产与消费弹性系数分别以能源生产、消费增长速度与国内生产总值增长速度相比求得。

3.能源平衡表中的库存量、进口量、出口量和消费量，根据有关部门和企业提供的数据综合评估得出。电力折算标准煤系数按平均发电煤耗计算。

Ⅰ Brief Introduction

I. Main Contents

Data in this chapter cover mainly the energy production and consumption and their composition, the elasticity ratio of energy production and consumption, the overall balance of energy and the balance by different types of energy, the consumption of energy by sector and by types of energy, efficiency of energy conversion and the consumption of energy for non-production uses.

II. Source of Data

Data in this chapter comes from the province energy balance and energy-scale industrial enterprises above Designated Size. Energy balance for the establishment of the area in addition to the military system other than the total energy production and consumption activities of the units.

III. Notes on Coverage and Calculation of Data:

(a) The data on the production of primary energy are the same as the concerned data of the industrial statistics.

(b) The elasticity ratio of energy production is calculated as the quotient of the growth rate of energy production divided by the growth rate of GDP; and the elasticity ratio of energy consumption is calculated as the quotient of the growth rate of energy consumption divided by the growth rate of GDP.

(c)The storage,import and export in the energy balance tables are comprehensively evaluated based on data from related departments and enterprises. The coefficient for conversion of electric power into the standard coal equivalent is calculated according to the average consumption of coal for generating electricity.

6-1　能源生产总量及构成
Total Production of Energy and Its Composition

年　份 Year	能源生产总量 (万吨标准煤) Total Energy Production (10000 tons of SCE)	占能源生产总量的比重（%） As Percentage of Total Energy Production(%)			
		原　煤 Raw Coal	原　油 Crude Oil	天然气 Natural Gas	一次电力 Primary Power
1995	1868.8	88.0			12.0
1996	1573.2	88.5			11.5
1997	1410.0	83.7			16.3
1998	1394.7	78.6			21.4
1999	1154.5	85.7			14.3
2000	1293.2	81.5			18.5
2001	1242.7	80.5			19.5
2002	1252.2	77.0			23.0
2003	1505.4	83.5			16.5
2004	1902.5	81.9			18.1
2005	2010.5	86.0			14.0
2006	2241.0	84.6		0.1	15.3
2007	2253.3	87.9		0.3	11.8
2008	2395.0	87.0		0.2	12.8
2009	2528.8	89.1		0.2	10.7
2010	2312.8	82.8		0.2	12.9
2011	2581.6	88.3		0.7	11.0
2012	2601.2	81.0		0.5	18.5
2013	2558.8	83.3		0.8	15.9
2014	2451.9	82.0		0.2	17.8
2015	2356.9	66.9		0.2	26.5
2016	2000.9	55.1		0.1	35.3
2017	1525.2	43.3		0.2	44.0

注：1、根据第三次经济普查，对2010年以来的数据进行了调整。2、电力折算标准煤的系数根据当年平均发电煤耗计算。下表同。

a) Data since 2010 is adjusted according to the Third Economic Census.

b) The coefficient for conversion of electric power into SCE (standard coal equivalent) is calculated on the basis of the data on average coal consumption in generating electric power in the same year. The same applies to the tables following.

6-2　能源消费总量及构成
Total Consumption of Energy and Its Composition

年　份 Year	能源消费总量 (万吨标准煤) Total Energy Composition (10000 tons of SCE)	占能源消费总量的比重（%） As Percentage of Total Energy Composition(%)			
		煤　炭 Raw Coal	石　油 Crude Oil	天然气 Natural Gas	一次电力 Primary Power
1995	2391.7	79.8	10.0		10.2
1996	2154.7	78.4	12.0		9.6
1997	2132.4	75.2	12.9		11.9
1998	2028.4	73.3	16.3		10.4
1999	2123.3	73.6	17.8		8.7
2000	2505.0	70.5	17.3		12.2
2001	2628.0	71.5	17.0		11.5
2002	2933.0	68.7	21.8		9.5
2003	3426.0	74.5	22.2		3.2
2004	3814.0	72.6	16.9		10.5
2005	4286.0	74.0	17.0		6.6
2006	4660.1	73.8	16.9	0.2	7.4
2007	5052.5	74.9	16.9	0.3	5.3
2008	5383.0	71.7	16.7	0.6	5.7
2009	5812.5	72.0	16.0	0.5	4.7
2010	6280.6	71.0	16.3	1.0	4.7
2011	6847.1	74.0	15.6	1.2	4.1
2012	7148.3	69.5	15.8	1.9	6.8
2013	7582.9	70.5	17.5	2.4	5.4
2014	8055.4	68.0	16.9	2.5	5.4
2015	8440.3	66.8	17.3	2.7	7.4
2016	8747.2	65.8	17.1	3.0	8.1
2017	8995.3	64.9	17.5	3.1	7.5

注：2010年开始，能源消费总量不包括回收能，下表同。

a) From2010, the total energy consumption does not include the total amaunt of the recycled energy.The same applies to the tables following.

6-3 综合能源平衡表

Overall Energy Balance Sheet

单位：万吨标准煤 (10000 tons of SCE)

指　标	Item	1990	2000	2010	2015	2016	2017
可供消费的能源总量	**Total Energy Available for Consumption**	**1704.54**	**2371.75**	**6280.55**	**8440.34**	**8747.18**	**8995.34**
一次能源生产量	Primary Energy Output	1282.42	1293.23	2312.84	2356.86	2000.89	1525.19
外省(区、市)调入量	Transferred in from Other Provinces	808.97	1157.24	4601.12	5779.48	6611.69	7010.72
进口量	Imports	0.09	229.73	328.98	942.82	1237.84	1146.11
本省(区、市)调出量(–)	Sent Out to Other Provinces(-)	303.53	225.80	888.31	672.41	1097.45	713.72
出口量(–)	Exports (-)	8.15					
年初年末库存差额	Stock Changes in the Year	-75.26	-82.65	21.61	33.59	-5.80	27.05
能源消费总量	**Total Energy Consumption**	**1732.29**	**2505.00**	**6280.55**	**8440.34**	**8747.18**	**8995.34**
在总量中	Consumption by Sector						
农、林、牧、渔、水利业	Agriculture, Forestry, Animal Husbandry, Fishery and Water Conservancy	132.87	151.00	139.58	131.21	139.44	146.12
工　业	Industry	1264.22	1751.76	4635.41	5916.38	6012.65	6028.42
建筑业	Construction	8.88	7.72	57.15	109.16	114.34	122.71
交通运输、仓储和邮政业	Transport, Storage and Post	65.93	177.97	468.94	755.49	783.77	813.99
批发、零售业和住宿、餐饮业	Wholesale and Retail Trades,Hotels and Catering Services	10.81	30.59	140.70	232.54	265.62	309.91
其他	Others	25.60	44.46	182.70	301.20	343.55	401.56
生活消费	Household Consumption	223.98	341.50	656.07	994.45	1087.82	1172.65
在总量中	Consumption by Usage						
终端消费	End-use Consumption	1617.12	2320.40	6294.25	8677.99	8980.06	9333.30
#工　业	Industry	1149.05	1567.16	4651.30	6154.60	6246.58	6367.32
加工转换损失量	Losses During the Process of Energy Conversion	74.40	130.64	252.24	156.98	166.14	91.79
#炼　焦	Coking	9.71	24.88	62.64	53.39	70.41	14.74
炼　油	Petroleum Refining	2.46	24.91	4.13	0.12	3.81	3.67
回收能(–)	Recovery Energy			446.33	597.61	603.28	658.46
损失量	Energy Losses	40.77	53.96	180.40	202.98	204.26	228.70
#输变电损失量	Losses in Transmission	40.68	53.96	178.27	202.33	203.20	227.76
平衡差额	**Balance**	**-27.75**	**-133.25**				

注：电力、热力按等价热值计算，因此加工转换损失量中不包括发电、供热损失量。下表同。

a) Electric power and heat are converted on the basis of equal caloric value. Therefore, losses during the process of energy conversion do not include losses in power generation and heating. The same applies to the tables following.

6-4 煤炭平衡表

Coal Balance Sheet

单位：万吨 (10000 tons)

指 标	Item	1990	2000	2010	2015	2016	2017
可供量	**Total Energy Available for Consumption**	**2218.37**	**2245.84**	**6246.61**	**7698.24**	**7617.59**	**7761.30**
生产量	Output	2027.11	1813.76	2912.22	2270.70	1556.80	938.92
外省(市、区)调入量	Transferred in from Other Provinces	491.22	649.08	3829.74	5412.37	6260.88	7094.51
进口量	Imports				201.80	285.10	216.24
本省(市、区)调出量(-)	Sent Out to Other Provinces(-)	178.29	111.96	389.23	221.78	528.71	501.74
出口量(-)	Exports (-)	4.78					
年初年末库存差额	Stock Changes in the Year	-116.89	-105.04	-106.12	35.15	43.52	13.37
消费量	**Total Energy Consumption**	**2265.87**	**2468.63**	**6246.61**	**7698.24**	**7617.59**	**7761.31**
在消费量中	Consumption by Sector						
农、林、牧、渔、水利业	Agriculture, Forestry, Animal Husbandry, Fishery and Water Conservancy	54.20	12.10	23	18.00	20.00	21.00
工 业	Industry	1852.93	2263.78	5989.55	7457.73	7368.09	7494.31
建 筑 业	Construction	2.29		3.00	2.00	2.50	3.00
交通运输、仓储和邮政业	Transport, Storage and Post	38.66	11.42	3.06	5.00	5.50	15.00
批发、零售业和住宿、餐饮业	Wholesale and Retail Trades,Hotel and Catering Services	11.41	5.20	16.00	23.00	24.00	25.00
其他	Others	2.51		24.00	24.50	25	26
生活消费	Household Consumption	303.87	176.13	188.00	168.00	172.50	177.00
在消费量中	Consumption by Usage						
终端消费	End-use Consumption	1254.79	1076.66	2272.99	3232.64	3228.52	3255.01
#工 业	Industry	841.85	871.81	2015.93	2992.14	2979.02	2988.01
中间消费(用于加工转换)	Intermediate Consumption (Consumed in Conversion)	882.27	1261.89	3973.62	4465.60	4389.07	4506.29
#发 电	Power Generation	720.53	906.11	2648.31	3001.81	3113.32	3506.89
炼 焦	Coking	161.74	247.94	920.48	1123.75	1036.86	824.99
洗选损耗	Losses in Coal Washing and Dressing	128.81	130.08	291.59	243.17	118.59	57.71
平衡差额	**Balance**	**-47.50**	**-222.79**				

注：生产量为原煤产量。

a) Data on output refer to the output of raw coal.

6-5 石油平衡表

Petroleum Balance Sheet

单位：万吨 (10000 tons)

指 标	Item	1990	2000	2010	2015	2016	2017
可供量	**Total Energy Available for Consumption**	**132.89**	**297.33**	**713.89**	**1017.97**	**1048.29**	**1095.91**
外省(市、区)调入量	Moving In from Other Provinces	244.24	249.59	837.82	611.92	588.49	507.64
进口量	Imports	0.06	160.81	230.28	561.93	725.08	695.70
本省(市、区)调出量(-)	Sending Out to Other Provinces(-)	109.04	103.36	354.02	161.92	242.29	112.04
出口量(-)	Exports (-)	3.06					
年初年末库存差额	Stock Changes in the Year	0.69	-9.71	-0.19	6.04	-22.99	4.61
消费量	**Total Energy Consumption**	**133.09**	**304.46**	**713.89**	**1017.97**	**1048.29**	**1095.91**
在消费量中:	Consumption by Sector						
农、林、牧、渔、水利业	Agriculture, Forestry, Animal Husbandry, Fishery and Water Conservancy	25.82	61.25	55.00	59.00	61.00	63.00
工 业	Industry	62.96	105.96	232.68	242.56	249.57	259.53
建筑业	Construction	2.27	1.48	23.43	37.71	39.50	43.00
交通运输、仓储和邮政业	Transport, Storage and Post	26.27	105.17	288.73	452.98	460.07	474.21
批发、零售业和住宿、餐饮业	Wholesale and Retail Trades,Hotels and Catering Services	0.18	2.12	17.06	43.50	46.60	50.10
其他	Others	8.01	4.08	20.57	40.03	43.05	46.06
生活消费	Non-Production Consumption	7.58	24.40	76.42	142.20	148.50	160.00
在消费量中:	Consumption by Usage						
终端消费	End-use Consumption	119.34	253.08	707.66	1002.62	1018.09	1070.70
#工 业	Industry	49.21	54.58	227.94	227.66	220.11	234.99
中间消费(用于加工转换)	Intermediate Consumption (Consumed in Conversion)	8.63	28.56	4.74	14.89	29.46	24.55
#发 电	Power Generation	8.63	11.56	0.86	2.79	1.62	0.46
供 热	Heating		17.00	7.00	3.69	4.20	4.41
炼油损失量	Losses in Petroleum Refining	5.06	19.26	3.12	8.41	23.64	19.68
损 失 量	Other Losses	0.06	3.56	1.49	0.46	0.74	0.66
平衡差额	**Balance**	**-0.20**	**-7.13**				

6-6 电力平衡表

Electricity Balance Sheet

单位：亿千瓦小时 (100 millon kwh)

指 标	Item	1990	2000	2010	2015	2016	2017
可供量	**Total Energy Available for Consumption**	**127.65**	**233.85**	**700.51**	**1087.25**	**1182.50**	**1293.98**
发电量	Output	121.41	226.77	637.59	982.05	1085.40	1157.83
一次电力	Primary Power	27.77	77.96	87.84	196.45	228.40	218.41
火电	Thermal Power	93.64	148.81	549.75	785.60	857.00	939.42
外省(市、区)调入量	Transferred in from Other Provinces	6.51	7.12	62.92	105.20	97.10	136.15
本省(市、区)调出量(-)	Sent Out to Other Provinces(-)	0.27	0.04				
消费量	**Total Energy Consumption**	**127.65**	**233.85**	**700.51**	**1087.25**	**1182.50**	**1293.98**
在消费量中	Consumption by Sector						
农、林、牧、渔、水利业	Agriculture,Forestry,Animal Husbandry, Fishery and Water Conservancy	14.34	21.92	13.00	10.51	11.72	12.83
工 业	Industry	99.05	173.98	496.72	729.93	772.16	840.66
建 筑 业	Construction	0.93	0.80	6.69	17.79	18.60	19.73
交通运输、仓储和邮政业	Transport, Storage and Post	1.19	3.42	13.28	28.46	34.06	34.96
批发、零售业和住宿、餐饮业	Wholesale and Retail Trades,Hotels and Catering Services	0.90	2.98	21.73	45.87	54.31	61.15
其他	Others	2.77	7.52	38.27	70.30	81.56	93.64
生活消费	Household Consumption	8.47	23.23	110.82	184.39	210.09	231.01
在消费量中	Consumption by Usage						
终端消费	End-use Consumption	118.55	221.67	648.14	1022.06	1116.79	1219.79
#工 业	Industry	89.95	161.80	444.35	664.74	706.45	766.47
输配损失量	Losses in Transmission	9.10	12.18	52.37	65.19	65.71	74.19

6-7 能源消费量

Consumption of Energy by Sector

单位：万吨标准煤 (10000 tons of SCE)

行业	Sector	1990	2000	2010	2015	2016	2017
消费总量	**Total Consumption**	**1732.29**	**2505.00**	**6280.55**	**8440.34**	**8747.19**	**8995.34**
农、林、牧、渔、水利业	**Agriculture, Forestry, Animal Husbandry, Fishery and Water Conservancy**	**132.87**	**151.00**	**139.58**	**131.21**	**139.44**	**146.12**
工业	**Industry**	**1264.22**	**1751.76**	**4635.41**	**5916.38**	**6012.65**	**6028.42**
#煤炭开采和洗选业	Mining and Washing of Coal	115.91	165.95	219.43	100.26	76.03	44.78
黑色金属矿采选业	Mining and Processing of Ferrous Metal Ores	2.74	5.41	32.33	37.26	30.42	19.40
有色金属矿采选业	Mining and Processing of Non-Ferrous Metal Ores	48.27	46.01	38.53	37.14	33.15	29.92
非金属矿采选业	Mining and Processing of Non-metal Ores	6.21	20.86	45.57	52.90	53.66	47.42
其他采矿业	Mining of Other Ores	0.06	0.08				
农副食品加工业	Processing of Food from Agricultural Products	20.12	27.87	46.58	67.60	70.51	69.82
食品制造业	Manufacture of Foods	3.06	17.70	57.19	52.94	46.85	50.75
酒、饮料和精制茶制造业	Manufacture of Wine, Beverage and Refined Tea	16.32	10.34	19.59	22.44	22.63	21.71
烟草制品业	Manufacture of Tobacco	2.42	2.49	3.60	4.32	3.78	3.57
纺织业	Manufacture of Textile	48.08	37.07	77.99	80.75	83.38	84.20
纺织服装、服饰业	Manufacture of Textile and Clothing Apparels	1.64	0.68	15.45	39.70	42.02	42.47
皮革、毛皮、羽毛及其制品和制鞋业	Manufacture of Leather, Fur, Feathers and Related Products, Footware	1.78	1.04	13.91	24.24	23.22	21.78
木材加工及木、竹、藤、棕、草制品业	Processing of Timber, Manufacture of Wood, Bamboo, Rattan, Palm, and Straw Products	11.90	14.83	42.12	31.98	39.77	38.75
家具制造业	Manufacture of Furniture	0.88	0.93	4.51	9.74	11.40	12.74
造纸及纸制品业	Manufacture of Paper and Paper Products	38.67	35.57	76.49	113.82	134.59	135.77
印刷业和记录媒介的复制	Printing, Reproduction of Recording Media	1.20	1.77	5.63	21.01	20.50	25.50
文教、工美、体育和娱乐用品制造业	Manufacture of Articles for Culture, Education, Art, Sports and Entertainment Product	0.63	0.38	5.61	20.66	30.93	28.78
石油、煤炭及其他燃料加工业	Processing of Oil, Coal, and Other Fuels	53.45	145.55	236.28	229.37	298.43	210.24
化学原料及化学制品制造业	Manufacture of Raw Chemical Materials and Chemical Products	154.02	171.93	309.13	381.85	404.82	436.10
医药制造业	Manufacture of Medicines	23.02	20.31	54.94	94.88	76.70	78.04
化学纤维制造业	Manufacture of Chemical Fibres	14.83	32.57	25.87	65.14	87.16	50.91
橡胶和塑料制品业	Manufacture of Rubber and Plastics	11.20	4.45	39.22	55.29	52.25	56.19
非金属矿物制品业	Manufacture of Non-metallic Mineral Products	248.61	313.35	1313.16	1655.10	1703.52	1680.29
黑色金属冶炼及压延加工业	Smelting and Pressing of Ferrous Metals	232.43	323.10	1002.98	1470.91	1337.34	1356.27
有色金属冶炼及压延加工业	Smelting and Pressing of Non-ferrous Metals	31.80	102.17	287.01	413.52	395.51	464.59
金属制品业	Manufacture of Metal Products	9.80	5.20	26.45	57.95	50.08	50.34
通用设备制造业	Manufacture of General Purpose Machinery	16.52	10.95	24.78	26.80	35.84	31.07
专用设备制造业	Manufacture of Special Purpose Machinery	7.95	10.38	13.92	25.89	25.89	22.75
汽车制造业	Manufacture of Automobiles	11.09	14.39	54.60	79.10	84.17	90.63
铁路、船舶、航空航天和其他运输设备制造业	Manufacture of Railroads, Ships, Aerospace and Other Transport Equipment	2.27	2.95	11.25	11.29	4.34	3.53
电气机械及器材制造业	Manufacture of Electrical Machinery and Equipment	8.23	7.69	64.00	120.17	153.85	149.83
通信设备、计算机及其他电子设备制造业	Manufacture of Communication Equipment, Computers and Other Electronic Equipment	5.65	6.68	22.18	59.52	69.03	77.09
仪器仪表制造业	Manufacture of Measuring Instruments	1.64	3.61	2.92	6.60	8.30	9.35
其他制造业	Other Manufacturing	14.25	6.83	9.62	12.31	15.24	25.84
废弃资源综合利用业	Comprehensive Utilization of Dsiposal of Waste			1.85	8.52	8.59	11.00
电力、热力的生产和供应业	Production and Supply of Electric Power and Heat Power	84.97	164.68	408.51	405.78	450.90	520.58
燃气生产和供应业	Production and Supply of Gas	2.30	1.37	5.32	4.51	5.07	3.58
水的生产和供应业	Production and Supply of Water	6.90	13.70	15.97	14.90	22.35	22.63
建筑业	**Construction**	**8.88**	**7.72**	**57.15**	**109.16**	**114.34**	**122.71**
交通运输、仓储和邮政业	**Transport, Storage and Post**	**65.93**	**177.97**	**468.94**	**755.49**	**783.77**	**813.99**
批发、零售业和住宿、餐饮业	**Wholesale and Retail Trades, Hotels and Catering Services**	**10.81**	**30.59**	**140.70**	**232.54**	**265.62**	**309.91**
其他	**Others**	**25.60**	**44.46**	**182.70**	**301.20**	**343.55**	**401.56**
生活消费	**Non-Production Household Consumption**	**223.98**	**341.50**	**656.07**	**994.45**	**1087.82**	**1172.65**
城镇	Urban	120.75	231.33	364.10	528.14	580.36	637.78
乡村	Rural	103.23	110.17	291.97	466.31	507.46	534.87

6-8 煤炭消费量
Coal Consumption

单位：万吨 (10000 tons)

行业	Sector	1990	2000	2010	2015	2016	2017
消费总量	**Total Consumption**	**2265.87**	**2468.63**	**6246.61**	**7698.24**	**7617.59**	**7761.30**
农、林、牧、渔、水利业	**Agriculture, Forestry, Animal Husbandry, Fishery and Water Conservancy**	**54.20**	**12.10**	**23.00**	**18.00**	**20.00**	**21.00**
工 业	**Industry**	**1852.93**	**2263.78**	**5989.55**	**7457.73**	**7368.09**	**7494.31**
#煤炭开采和洗选业	Mining and Washing of Coal	182.33	200.13	367.29	261.19	132.44	63.32
黑色金属矿采选业	Mining and Processing of Ferrous Metal Ores	0.42	0.86	5.81	6.18	1.83	1.61
有色金属矿采选业	Mining and Processing of Non-Ferrous Metal Ores	13.90	4.76	3.91	3.49	1.66	0.99
非金属矿采选业	Mining and Processing of Non-metal Ores	3.87	22.40	15.18	49.99	47.9	42.33
其他采矿业	Mining of Other Ores						
农副食品加工业	Processing of Food from Agricultural Products	26.03	18.59	11.40	19.56	18.57	20.10
食品制造业	Manufacture of Foods	6.58	7.72	61.64	50.19	43.55	50.12
酒、饮料和精制茶制造业	Manufacture of Wine, Beverage and Refined Tea	17.53	14.48	12.04	9.76	7.05	7.52
烟草制品业	Manufacture of Tobacco	1.98	2.23	1.31	0.53	0.37	0.36
纺织业	Manufacture of Textile	47.21	32.80	12.30	11.39	6.39	6.39
纺织服装、服饰业	Manufacture of Textile and Clothing Apparels	1.14	0.03	3.68	2.23	1.16	1.11
皮革、毛皮、羽毛及其制品和制鞋业	Manufacture of Leather, Fur, Feathers and Related Products, Footware	1.09	0.64	1.01	1.78	1.79	1.76
木材加工及木、竹、藤、棕、草制品业	Processing of Timber, Manufacture of Wood,Bamboo, Rattan, Palm, and Straw Products	12.82	18.09	3.41	1.54	0.47	0.35
家具制造业	Manufacture of Furniture	0.38	0.07	0.42	0.22	0.17	0.16
造纸及纸制品业	Manufacture of Paper and Paper Products	43.20	60.49	60.18	117.98	139.77	142.38
印刷业和记录媒介的复制	Printing, Reproduction of Recording Media	0.24	0.25	0.34	2.83	1.46	1.78
文教、工美、体育和娱乐用品制造业	Manufacture of Articles for Culture, Education, Art, Sports and Entertainment Product	0.13	0.12	0.67	2.67	1.22	1.73
石油、煤炭及其他燃料加工业	Processing of Oil, Coal, and Other Fuels	90.60	125.50	387.56	623.10	649.45	457.78
化学原料及化学制品制造业	Manufacture of Raw Chemical Materials and Chemical Products	146.91	179.20	152.40	216.53	256.34	273.26
医药制造业	Manufacture of Medicines	24.08	19.20	20.71	18.29	26.39	26.39
化学纤维制造业	Manufacture of Chemical Fibres	17.98	20.32	28.50	72.98	111.07	60.18
橡胶和塑料制品业	Manufacture of Rubberf and Manufacture of Plastics	11.95	5.76	8.14	8.95	5.91	5.84
非金属矿物制品业	Manufacture of Non-metallic Mineral Products	316.22	360.31	1031.44	1704.93	1742.85	1779.32
黑色金属冶炼及压延加工业	Smelting and Pressing of Ferrous Metals	152.40	290.36	1083.66	1170.94	1023.33	998.82
有色金属冶炼及压延加工业	Smelting and Pressing of Non-ferrous Metals	12.09	24.17	63.89	159.17	145.56	146.16
金属制品业	Manufacture of Metal Products	3.69	2.39	3.39	5.07	3.26	2.10
通用设备制造业	Manufacture of General Purpose Machinery	4.46	4.99	4.07	2.86	1.77	1.18
专用设备制造业	Manufacture of Special Purpose Machinery	3.16	2.32	1.73	2.89	1.46	0.80
汽车制造业	Manufacture of Automobiles	4.18	5.68	7.43	3.31	1.35	1.44
铁路、船舶、航空航天和其他运输设备制造业	Manufacture of Railroads, Ships, Aerospace and Other Transport Equipment	0.86	1.18	1.54	0.56	0.12	0.15
电气机械及器材制造业	Manufacture of Electrical Machinery and Equipment	11.93	12.90	7.90	6.75	5.63	3.97
通信设备、计算机及其他电子设备制造业	Manufacture of Communication Equipment, Computers and Other Electronic Equipment	2.45	2.03	1.13	2.71	0.50	0.50
仪器仪表制造业	Manufacture of Measuring Instruments	0.81	0.66	0.16	0.06	0.01	0.02
其他制造业	Other Manufacturing	1.12	8.04	1.57	4.40	3.42	3.57
废弃资源综合利用业	Comprehensive Utilization of Dsiposal of Waste			0.34	3.00	1.58	0.48
电力、热力的生产和供应业	Production and Supply of Electric Power and Heat Power	685.20	857.12	2613.88	2909.57	2982.25	3390.29
燃气生产和供应业	Production and Supply of Gas	1.92	1.83	9.11			
水的生产和供应业	Production and Supply of Water		0.04	0.03			
建筑业	**Construction**	**2.29**		**3.00**	**2.00**	**2.50**	**3.00**
交通运输、仓储和邮政业	**Transport, Storage and Post**	**38.66**	**11.42**	**3.06**	**5.00**	**5.50**	**15.00**
批发、零售业和住宿、餐饮业	**Wholesale and Retail Trades, Hotels and Catering Services**	**11.41**	**5.20**	**16.00**	**23.00**	**24.00**	**25.00**
其他	**Others**	**2.51**		**24.00**	**24.50**	**25.00**	**26.00**
生活消费	**Non-Production Household Consumption**	**303.87**	**176.13**	**188.00**	**168.00**	**172.50**	**177.00**
城 镇	Urban	165.12	95.64	35.00	32.00	33.50	34.50
乡 村	Rural	138.75	80.49	153.00	136.00	139.00	142.50

6-9 电力消费量

Electricity Consumption

单位：亿千瓦小时 (100 million kwh)

行　　业	Sector	1990	2000	2010	2015	2016	2017
消费总量	**Total Consumption**	**127.65**	**233.85**	**700.51**	**1087.25**	**1182.50**	**1293.98**
农、林、牧、渔、水利业	**Agriculture, Forestry, Animal Husbandry, Fishery and Water Conservancy**	**14.34**	**21.92**	**13.00**	**10.51**	**11.72**	**12.83**
工　业	**Industry**	**99.05**	**173.98**	**496.72**	**729.93**	**772.16**	**840.66**
#煤炭开采和洗选业	Mining and Washing of Coal	8.28	7.54	11.70	8.35	6.53	5.65
黑色金属矿采选业	Mining and Processing of Ferrous Metal Ores	0.51	0.07	6.12	7.59	6.62	4.65
有色金属矿采选业	Mining and Processing of Non-Ferrous Metal Ores	8.63	2.88	8.79	10.34	9.84	8.98
非金属矿采选业	Mining and Processing of Non-metal Ores	0.57	0.90	3.35	6.61	6.67	6.19
其他采矿业	Mining of Other Ores	0.05	0.01				
农副食品加工业	Processing of Food from Agricultural Products	1.58	4.26	8.05	15.84	16.52	16.26
食品制造业	Manufacture of Foods	0.42	1.01	5.91	7.54	7.56	8.78
酒、饮料和精制茶制造业	Manufacture of Wine, Beverage and Refined Tea	0.85	0.89	2.75	4.53	4.61	4.23
烟草制品业	Manufacture of Tobacco	0.23	0.32	0.53	0.77	0.74	0.76
纺织业	Manufacture of Textile	4.42	5.00	17.41	22.36	24.07	24.63
纺织服装、服饰业	Manufacture of Textile and Clothing Apparels	0.16	0.15	3.18	9.62	9.76	9.16
皮革、毛皮、羽毛及其制品和制鞋业	Manufacture of Leather, Fur, Feathers and Related Products, Footware	0.23	0.17	3.21	6.47	6.68	6.49
木材加工及木、竹、藤、棕、草制品业	Processing of Timber, Manufacture of Wood,Bamboo, Rattan, Palm, and Straw Products	0.61	1.52	8.19	8.35	9.77	10.21
家具制造业	Manufacture of Furniture	0.09	0.19	1.04	2.96	3.34	3.72
造纸及纸制品业	Manufacture of Paper and Paper Products	2.91	3.00	14.08	19.69	20.57	21.09
印刷业和记录媒介的复制	Printing, Reproduction of Recording Media	0.27	0.33	1.24	3.41	3.63	3.79
文教、工美、体育和娱乐用品制造业	Manufacture of Articles for Culture, Education, Art, Sports and Entertainment Product	0.11	0.07	1.43	5.92	9.41	8.63
石油、煤炭及其他燃料加工业	Processing of Oil, Coal, and Other Fuels	1.31	4.05	5.93	10.35	13.57	12.06
化学原料及化学制品制造业	Manufacture of Raw Chemical Materials and Chemical Products	13.37	16.76	49.75	69.06	67.65	79.80
医药制造业	Manufacture of Medicines	1.95	1.52	6.44	20.34	13.62	13.41
化学纤维制造业	Manufacture of Chemical Fibres	0.69	1.95	2.59	5.84	5.80	5.96
橡胶和塑料制品业	Manufacture of Rubberf and Manufacture of Plastics	0.82	0.70	7.96	14.73	14.30	15.64
非金属矿物制品业	Manufacture of Non-metallic Mineral Products	7.81	16.34	57.69	87.65	82.08	86.53
黑色金属冶炼及压延加工业	Smelting and Pressing of Ferrous Metals	11.69	26.37	58.61	58.87	65.13	61.82
有色金属冶炼及压延加工业	Smelting and Pressing of Non-ferrous Metals	3.64	18.25	46.04	68.75	66.53	86.99
金属制品业	Manufacture of Metal Products	0.91	1.78	5.80	9.91	10.88	10.68
通用设备制造业	Manufacture of General Purpose Machinery	1.78	1.78	5.50	7.10	10.17	9.06
专用设备制造业	Manufacture of Special Purpose Machinery	1.05	1.94	3.20	6.56	6.40	6.37
汽车制造业	Manufacture of Automobiles	1.44	2.07	8.67	15.22	16.07	18.07
铁路、船舶、航空航天和其他运输设备制造业	Manufacture of Railroads, Ships, Aerospace and Other Transport Equipment	0.45	0.66	2.74	3.25	1.30	1.08
电气机械及器材制造业	Manufacture of Electrical Machinery and Equipment	0.93	1.10	15.34	29.22	39.45	37.91
通信设备、计算机及其他电子设备制造业	Manufacture of Communication Equipment, Computers and Other Electronic Equipment	0.45	0.62	5.85	18.23	21.82	24.47
仪器仪表制造业	Manufacture of Measuring Instruments	0.19	0.29	0.73	2.10	2.51	2.86
其他制造业	Other Manufacturing	0.12	0.15	2.21	0.02	0.97	1.33
废弃资源综合利用业	Comprehensive Utilization of Dsiposal of Waste				1.34	1.63	2.62
电力、热力的生产和供应业	Production and Supply of Electric Power and Heat Power	18.84	45.68	109.14	155.22	177.51	212.52
燃气生产和供应业	Production and Supply of Gas	0.03	0.03	0.76	1.03	1.21	0.94
水的生产和供应业	Production and Supply of Water	1.51	3.04	4.39	4.77	7.20	7.30
建筑业	**Construction**	**0.93**	**0.80**	**6.69**	**17.79**	**18.60**	**19.73**
交通运输、仓储和邮政业	**Transport, Storage and Post**	**1.19**	**3.42**	**13.28**	**28.46**	**34.06**	**34.96**
批发、零售业和住宿、餐饮业	**Wholesale and Retail Trades, Hotels and Catering Services**	**0.90**	**3.08**	**21.73**	**45.87**	**54.31**	**61.15**
其他	**Others**	**2.77**	**7.52**	**38.27**	**70.3**	**81.56**	**93.64**
生活消费	**Non-Production Household Consumption**	**8.47**	**23.23**	**110.82**	**184.39**	**210.09**	**231.01**
城　镇	Urban	4.51	15.68	61.48	98.33	112.13	125.01
乡　村	Rural	3.96	7.55	49.34	86.06	97.96	106.00

6-10 能源生产量
Energy Production

能源品种	Type of Energy	1990	2000	2010	2015	2016	2017
一次能源生产量(万吨标准煤)	**Primary Energy Output(10000 tons of SCE)**	**1282.42**	**1293.23**	**2312.84**	**2356.86**	**2000.89**	**1525.19**
原煤(万吨)	Raw Coal(10000 tons)	2027.11	1813.76	2912.22	2270.70	1556.80	938.92
洗精煤(万吨)	Cleaned Coal(10000 tons)	144.84	125.84	126.10	470.30	111.68	52.55
其他洗煤(万吨)	Other Washed Coal(10000 tons)	189.72	52.10	429.78	99.69	244.37	118.79
焦炭(万吨)	Coke(10000 tons)	119.96	177.5	678.44	815.44	749.11	593.60
燃料油(万吨)	Fuel Oil(10000 tons)	42.36	54.27	20.89	0.20		0.24
汽油(万吨)	Gasoline(10000 tons)	47.82	81.75	108.07	192.76	217.99	203.91
煤油(万吨)	Kerosene(10000 tons)	1.10	2.41		34.17	54.95	57.47
柴油(万吨)	Diesel Oil(10000 tons)	46.12	125.82	190.85	211.92	307.32	288.26
液化石油气(万吨)	Liquefied Petroleum Gas(10000 tons)	4.53	16.92	24.27	32.18	42.02	40.61
炼厂干气(万吨)	Refinery Gas(10000 tons)	3.98	9.43	14.84	22.08	24.97	24.97
焦炉煤气(亿立方米)	Coke Oven Gas(100 million cu.m)	3.72	7.03	15.71	24.76	21.75	17.92
电力(亿千瓦小时)	Electricity(100 million kwh)	121.41	226.77	637.59	982.05	1085.40	1157.83

6-11 平均每天能源消费量
Average Daily Energy Consumption by Type of Energy

能源品种	Type of Energy	1990	2000	2010	2015	2016	2017
合计(吨标准煤)	**Total(ton of SCE)**	**47460**	**68630**	**172071**	**231242**	**239649**	**246448**
煤炭(吨)	Coal(ton)	62079	67634	171140	210911	208701	212638
焦炭(吨)	Coke(ton)	4308	5642	21167	24430	23009	23625
原油(吨)	Crude Oil (ton)	4249	9073	12875	15232	19884	19161
燃料油(吨)	Fuel Oil(ton)	641	937	648	482	412	327
汽油(吨)	Gasoline(ton)	1159	1602	4253	7781	8072	9071
煤油(吨)	Kerosene(ton)	145	62	233	58	68	77
柴油(吨)	Diesel Oil(ton)	1245	2871	10103	14726	14978	15551
电力(万千瓦小时)	Electricity(10000 kwh)	3497	6407	19192	29788	32397	35452

6-12 人均生活能源消费量

Annual per Capita Energy Consumption of Households

能源品种	Type of Energy	1990	2000	2010	2015	2016	2017
生活消费能源(千克标准煤)	**Consumption for Households(kg of SCE)**	**59.68**	**82.71**	**147.52**	**218.37**	**237.74**	**254.54**
煤 炭(千克)	Coal(kg)	80.97	42.66	42.27	36.89	37.67	38.42
汽 油(千克)	Petrol(kg)		0.97	6.39	16.47	17.03	18.34
天然气(立方米)	Natural Gas(cu.m)			4.09	9.20	8.71	11.29
液化石油气(千克)	Liquefied Petroleum Gas(kg)	0.89	4.94	8.95	10.10	10.48	10.74
煤气(立方米)	Coal Gas(cu.m)	0.24	1.52	4.61	0.66	1.09	1.30
电力(千瓦小时)	Electricity(kwh)	22.57	56.26	249.19	404.91	458.81	501.43

6-13 能源生产弹性系数

Elasticity Ratio of Energy Production

年 份 Year	能源生产比上年增长(%) Growth Rate of Energy Production over Preceding Year (%)	电力生产比上年增长(%) Growth Rate of Electricity Production over Preceding Year (%)	地区生产总值比上年增长(%) Growth Rate of Gross Domestic Product (GDP) over Preceding Year (%)	能源生产弹性系数 Elasticity Ratio of Energy Production	电力生产弹性系数 Elasticity Ratio of Electricity Production
1985	2.52	15.43	14.8	0.17	1.04
1990	-2.86	1.42	4.5		0.32
1995	22.50	3.45	14.5	1.55	0.24
2000	12.02	7.73	8.0	1.50	0.97
2001	-3.91	6.85	8.8		0.78
2002	0.76	14.73	10.5	0.07	1.40
2003	20.22	22.64	13.0	1.55	1.74
2004	26.37	13.85	13.2	2.00	1.05
2005	5.68	1.89	12.8	0.44	0.15
2006	11.47	16.68	12.3	0.93	1.36
2007	0.55	13.42	13.2	0.04	1.02
2008	6.29	-0.21	13.2	0.48	
2009	5.59	6.33	13.1	0.43	0.48
2010	-8.54	21.58	14.0		1.54
2011	11.62	16.41	12.5	0.93	1.31
2012	0.76	2.34	11.0	0.07	0.21
2013	-1.63	15.25	10.1		1.51
2014	-4.18	-0.24	9.7		
2015	-3.88	12.45	9.1		1.37
2016	-15.10	10.52	9.0		1.17
2017	-23.77	6.67	8.8		0.76

6-14 能源消费弹性系数

Elasticity Ratio of Energy Consumption

年 份 Year	能源消费比上年增长(%) Growth Rate of Energy Consumption over Preceding Year (%)	电力消费比上年增长(%) Growth Rate of Electricity Consumption over Preceding Year (%)	地区生产总值比上年增长(%) Growth Rate of Gross Domestic Product (GDP) over Preceding Year (%)	能源消费弹性系数 Elasticity Ratio of Energy Consumption	电力消费弹性系数 Elasticity Ratio of Electricity Consumption
1985	4.75	14.11	14.8	0.32	0.95
1986	11.19	11.10	6.7	1.67	1.66
1987	8.07	11.53	8.3	0.97	1.39
1988	8.75	11.76	11.4	0.77	1.03
1989	0.76	4.61	6.1	0.12	0.76
1990	-2.08	4.10	4.5		0.91
1991	3.53	6.22	8.2	0.43	0.76
1992	4.35	9.37	14.8	0.29	0.63
1993	3.99	6.20	13.7	0.29	0.45
1994	6.45	10.37	17.0	0.38	0.61
1995	15.50	4.30	14.5	1.07	0.30
1996	-9.90	4.97	13.4		0.37
1997	-1.03	-2.18	11.5		
1998	-4.88	0.83	8.2		0.10
1999	5.23	3.35	7.8	0.67	0.42
2000	4.01	7.98	8.0	0.50	1.00
2001	4.91	6.23	8.8	0.56	0.71
2002	11.61	11.32	10.5	1.11	1.08
2003	16.81	15.54	13.0	1.29	1.20
2004	11.33	21.80	13.2	0.86	1.65
2005	12.38	6.37	12.8	0.97	0.50
2006	8.73	13.83	12.3	0.71	1.12
2007	8.42	14.54	13.2	0.64	1.10
2008	6.54	6.98	13.2	0.50	0.53
2009	7.98	11.42	13.1	0.61	0.87
2010	8.05	14.98	14.0	0.58	1.07
2011	9.02	19.21	12.5	0.72	1.54
2012	4.40	3.90	11.0	0.40	0.36
2013	6.08	9.16	10.1	0.60	0.91
2014	6.23	7.54	9.7	0.64	0.78
2015	4.78	6.75	9.1	0.53	0.74
2016	3.64	8.76	9.0	0.40	0.97
2017	2.84	9.43	8.8	0.32	1.07

6-15 规模以上工业主要能源分行业消费量（2017年）

单位：吨

行　　业	sector	原　煤 Raw Coal	洗精煤 Cleaned Coal
总　　计	**Total**	**58073480**	**8249949**
煤炭开采和洗选业	Mining and Washing of Coal	2346653	
黑色金属矿采选业	Mining and Processing of Ferrous Metal Ores	16064	
有色金属矿采选业	Mining and Processing of Non-Ferrous Metal Ores	9891	
非金属矿采选业	Mining and Processing of Non-metal Ores	450105	
农副食品加工业	Processing of Food from Agricultural Products	200052	
食品制造业	Manufacture of Foods	472566	
酒、饮料和精制茶制造业	Manufacture of Wine, Beverage and Refined Tea	75207	
烟草制品业	Manufacture of Tobacco		
纺织业	Manufacture of Textile	63879	
纺织服装、服饰业	Manufacture of Textile and Clothing Apparels	10974	
皮革、毛皮、羽毛及其制品和制鞋业	Manufacture of Leather, Fur, Feathers and Related Products, Footware	16530	
木材加工及木、竹、藤、棕、草制品业	Processing of Timber, Manufacture of Wood, Bamboo, Rattan, Palm, and Straw Products	3505	
家具制造业	Manufacture of Furniture	1620	
造纸及纸制品业	Manufacture of Paper and Paper Products	923795	
印刷和记录媒介复制业	Printing, Reproduction of Recording Media	17831	
文教、工美、体育和娱乐用品制造业	Manufacture of Articles for Culture, Education, Art, Sports and Entertainment Product	17264	
石油、煤炭及其他燃料加工业	Processing of Oil, Coal, and Other Fuels	780484	3797322
化学原料及化学制品制造业	Manufacture of Raw Chemical Materials and Chemical Products	1712176	

Main Energy Consumption of Industrial Enterprises Above Designated Size by Sector (2017)

(ton)

其他洗煤 Other Washed Coal	焦　炭 Coke	原　油 Crude Oil	汽　油 Gasoline	煤　油 Kerosene	柴　油 Diesel Oil	燃料油 Fuel Oil
573679	**8623312**	**6993516**	**35861**	**1234**	**236086**	**89457**
9			645		1525	
			180		10913	
16	7		615	42	9376	
			631	129	25824	
	128		892	1	2082	443
1305			2732	2	2294	
			196		191	
3564			126		800	
			572		461	19
158			1477		810	
1114			186		250	27
			615	49	1462	
			2768		3138	338
			178		863	
			860		607	
			631		854	18
		6993516	98		461	7363
20373	366		1332	51	4074	540

6-15 续表

单位：吨

行业	sector	原煤 Raw Coal	洗精煤 Cleaned Coal
医药制造业	Manufacture of Medicines	263744	
化学纤维制造业	Manufacture of Chemical Fibres	601790	
橡胶和塑料制品业	Manufacture of Rubber and Plastics	58419	
非金属矿物制品业	Manufacture of Non-metallic Mineral Products	12373550	
黑色金属冶炼及压延加工业	Smelting and Pressing of Ferrous Metals	3222254	4452626
有色金属冶炼及压延加工业	Smelting and Pressing of Non-ferrous Metals	425948	
金属制品业	Manufacture of Metal Products	21050	
通用设备制造业	Manufacture of General Purpose Machinery	11691	
专用设备制造业	Manufacture of Special Purpose Machinery	7974	
汽车制造业	Manufacture of Automobiles	13498	
铁路、船舶、航空航天和其他运输设备制造业	Manufacture of Railroads, Ships, Aerospace and Other Transport Equipment	1507	
电气机械及器材制造业	Manufacture of Electrical Machinery and Equipment	35140	
计算机、通信和其他电子设备制造业	Manufacture of Computers, Communication Equipment, and Other Electronic Equipment	5023	
仪器仪表制造业	Manufacture of Measuring Instruments	154	
其他制造业	Other Manufacturing	5474	
废弃资源综合利用业	Comprehensive Utilization of Dsiposal of Waste	4782	
电力、热力的生产和供应业	Production and Supply of Electric Power and Heat Power	33902885	
燃气生产和供应业	Production and Supply of Gas		
水的生产和供应业	Production and Supply of Water		

continued

(ton)

其他洗煤 Other Washed Coal	焦 炭 Coke	原 油 Crude Oil	汽 油 Gasoline	煤 油 Kerosene	柴 油 Diesel Oil	燃料油 Fuel Oil
142			1123		1274	
			22		199	
			899		974	3
21268	1686		1430	6	70609	17384
511173	8512566		265	2	7459	
9526	88535		1201	722	62098	57541
	5387		1272	191	1549	
69	2165		747	26	1437	51
	7785		644	2	1449	222
872	656		2694	8	6854	
			118		273	
4089	380		2455	3	4330	2707
			713		382	
			44			
			238		1438	
	3651		196		2028	2802
			5831		6729	
			255		408	
			976		586	

6-16 各地区能源消费总量及用电量（2017年）

The Energy Consumption and Electrical by Region (2017)

地　区	Region	能源消费总量（万吨标准煤） Total Energy Composition (10000 tons of SCE)	规模以上工业能源消费量（当量值）（万吨标准煤） Energy Consumption of Industrial Enterprises above Designated Size by Region (equivalent value) (10000 tons of SCE)	全社会用电量（亿千瓦时） Society Electrical (100million kwh)	工业用电量（亿千瓦时） Industrical Electricity (100million kwh)	居民生活用电量（亿千瓦时） Residential Electricity Consumption (100million kwh)
全　省	**Provincial Tota**	**8995.34**	**5299.97**	**1293.98**	**840.66**	**231.01**
南 昌 市	Nanchang	1515.32	608.76	205.97	105.46	40.03
景德镇市	Jingdezhen	411.80	258.23	52.52	34.50	9.66
萍 乡 市	Pingxiang	910.89	508.98	64.77	45.88	11.43
九 江 市	Jiujiang	1275.35	907.25	177.54	130.40	24.92
新 余 市	Xinyu	967.38	665.69	91.75	79.01	6.03
鹰 潭 市	Yingtan	260.79	257.42	44.72	32.00	5.87
赣 州 市	Ganzhou	958.10	351.53	165.57	90.38	43.31
吉 安 市	Ji'an	489.97	295.81	99.14	61.95	18.74
宜 春 市	Yichun	1129.20	807.50	179.34	132.00	24.03
抚 州 市	Fuzhou	481.44	266.17	69.56	39.39	16.77
上 饶 市	Shangrao	753.44	372.65	143.10	89.69	30.24

6-17 各地区规模以上工业主要能源消费量（2017年）

Main Energy Consumption of Industrial Enterprises above Designated Size by Region (2017)

单位：吨　　(ton)

地　区	Region	原　煤 Raw Coal	洗精煤 Cleaned Coal	其他洗煤 Other Washed Coal	焦　炭 Coke	原　油 Crude Oil	汽　油 Gasoline	煤　油 Kerosene	柴　油 Diesel Oil	燃料油 Fuel Oil
全　省	**Provincial Total**	**58073480**	**8249949**	**573679**	**8623312**	**6993516**	**35861**	**1234**	**236086**	**89457**
南 昌 市	Nanchang	3718935	1214669	502777	1315212		13914	14	30770	2701
景德镇市	Jingdezhen	3735329	2677037				257		2297	5769
萍 乡 市	Pingxiang	5762203	272164	6369	1976544		1080	2	10854	1941
九 江 市	Jiujiang	7974181			2058255	6993516	2420	6	19260	
新 余 市	Xinyu	5008763	3237957	12910	3169927		1696	270	21238	
鹰 潭 市	Yingtan	3757660			9916		451		59243	27066
赣 州 市	Ganzhou	4039316		5326	5828		5269	150	27426	13426
吉 安 市	Ji'an	4305692		1493	5083		538	57	4339	30
宜 春 市	Yichun	10353602	647276	20990	4755		6348	182	21407	12116
抚 州 市	Fuzhou	4407863	200846		22207		1500	546	5417	6928
上 饶 市	Shangrao	5009936		23814	55584		2388	7	33837	19480

a

主要统计指标解释

能源生产总量 指一定时期内，全国或地区一次能源生产量的总和。该指标是观察全国或地区能源生产水平、规模、构成和发展速度的总量指标。一次能源生产量包括原煤、原油、天然气、水电、核能及其他动力能(如风能、地热能等)发电量，不包括低热值燃料生产量、生物质能、太阳能等的利用和由一次能源加工转换而成的二次能源产量。

能源消费总量 指一定时期内，全国或地区各行业和居民生活消费的各种能源的总和。该指标是观察能源消费水平、构成和增长速度的总量指标。能源消费总量包括原煤和原油及其制品、天然气、电力，不包括低热值燃料、生物质能和太阳能等的利用。能源消费总量分为终端能源消费量、能源加工转换损失量和能源损失量三部分。

(1)终端能源消费量：指一定时期内，全国或地区生产和生活消费的各种能源在扣除了用于加工转换二次能源消费量和损失量以后的数量。

(2)能源加工转换损失量：指一定时期内，全国或地区投入加工转换的各种能源数量之和与产出各种能源产品之和的差额。该指标是观察能源在加工转换过程中损失量变化的指标。

(3)能源损失量：指一定时期内，能源在输送、分配、储存过程中发生的损失和由客观原因造成的各种损失量，不包括各种气体能源放空、放散量。

能源生产弹性系数 是研究能源生产增长速度与国民经济增长速度之间关系的指标。计算公式：

$$\text{能源生产弹性系数}=\frac{\text{能源生产总量年平均增长速度}}{\text{国民经济年平均增长速度}}$$

国民经济年平均增长速度，可根据不同的目的或需要，用国民生产总值、国内生产总值等指标来计算，本年鉴是采用国内生产总值指标计算的。

电力生产弹性系数 是研究电力生产增长速度与国民经济增长速度之间关系的指标。一般来说，电力的发展应当快于国民经济的发展，也就是说电力应超前发展。计算公式为：

$$\text{电力生产弹性系数}=\frac{\text{电力生产量年平均增长速度}}{\text{国民经济年平均增长速度}}$$

能源消费弹性系数 反映能源消费增长速度与国民经济增长速度之间比例关系的指标。计算公式为：

$$\text{能源消费弹性系数}=\frac{\text{能源消费量年平均增长速度}}{\text{国民经济年平均增长速度}}$$

电力消费弹性系数 反映电力消费增长速度与国民经济增长速度之间比例关系的指标。计算公式为：

$$\text{电力消费弹性系数}=\frac{\text{电力消费量年平均增长速度}}{\text{国民经济年平均增长速度}}$$

一次电力 是指核电、水电、风电以及太阳能发电所发出的电力。

Explanatory Notes on Main Statistical Indicators

Total Energy Production refers to the total production of primary energy by all energy producing enterprises in the country or region in a given period of time. It is a comprehensive indicator to show the level, scale, composition and pace of development of energy production of the country or region. The production of primary energy includes that of coal, crude oil, natural gas, hydro-power and electricity generated by nuclear energy and other means such as wind power and geothermal power. However, it does not include the production of fuels of low calorific value, bio-energy, solar energy and secondary energy converted from primary energy.

Total Energy Consumption refers to the total consumption of energy of various kinds by the production sectors and the households in the country or region in a given period of time. It is a comprehensive indicator to show the scale, composition and pace of increase of energy consumption. Total energy consumption includes that of coal, crude oil and their products, natural gas and electricity. However, it does not include the consumption of fuel of low calorific value, bio-energy and solar energy. Total energy consumption can be divided into three parts: end-use energy consumption; loss during the process of energy conversion; and energy loss.

(1)End-use Energy Consumption: It refers to the total energy consumption by the production sectors and the households in the country or region in a given period of time. It does not include the consumption during the conversion of primary energy into secondary energy and the loss in the process of energy conversion.

(2)Loss During the Process of Energy Conversion: It refers to the total input of various kinds of energy for conversion, minus the total output of various kinds of energy in the country or region in a given period of time. It is an indicator to show the loss that occurs during the process of energy conversion.

(3)Energy Loss: It refers to the total of the loss of energy during the course of energy transport, distribution and storage and the loss caused by any objective reason in a given period of time. The loss of various kinds of gas due to gas discharges and stocktaking is not included.

Elasticity Ratio of Energy Production is an indicator to show the relationship between the growth rate of energy production and the growth rate of the national economy. The formula is:

$$\frac{\text{Elasticity Ratio of}}{\text{Energy Production}} = \frac{\text{Average Annual Growth Rate of Energy Production}}{\text{Average Annual Growth Rate of National Economy}}$$

The average annual growth rate of the national economy can be measured by indicators such as the Gross National Product and the Gross Domestic Product, depending on the purposes or needs. The Gross Domestic Product has been used in the calculation of the ratio in this Yearbook.

Elasticity Ratio of Electricity Production is an indicator to show the relationship between the growth rate of electricity production and the growth rate of the national economy. Generally speaking, the growth rate of electricity production should be higher than that of the national economy.

Its formula is:

$$\frac{\text{Elasticity Ratio of}}{\text{Electricity Production}} = \frac{\text{Average Annual Growth Rate of Electricity Production}}{\text{Average Annual Growth Rate of National Economy}}$$

Elasticity Ratio of Energy Consumption is an indicator to show the relationship between the growth rate of energy consumption and the growth rate of the national economy. The formula is:

$$\frac{\text{Elasticity Ratio of}}{\text{Energy Consumption}} = \frac{\text{Average Annual Growth Rate of Energy Consumption}}{\text{Average Annual Growth Rate of National Economy}}$$

Elasticity Ratio of Electricity Consumption is an indicator to show the relationship between the growth rate of electricity consumption and the growth rate of the national economy. The formula is:

$$\frac{\text{Elasticity Ratio of}}{\text{Electricity Consumption}} = \frac{\text{Average Annual Growth Rate of Electricity Consumption}}{\text{Average Annual Growth Rate of National Economy}}$$

Primary Power It refers to electricity generated by nuclear power, hydropower, wind power and solar power.

7

财 政

GOVERNMENT FINANCE

◆143/153

资料整理及英文翻译: 黄 晨

I 简要说明

一、主要内容

本篇包括全省财政收支和预算外资金收支资料。

二、统计口径

2007 年起，财政收支科目实施了较大改革，特别是财政支出项目口径变化很大，与往年数据不可比。

三、资料来源

资料来源于省财政厅的财政总决算报表，由省统计局国民经济核算处编辑整理。

I Brief Introduction

I. Main Contents

The data in this chapter present provincial government revenue and expenditure situation, the extra-budgetary revenue and expenditure.

II. Scope of Statistics

Due to the adjustment on classifications of revenue and expenditure accounts since 2007, the relative data are not compared with data in preceding years.

III. Sources of Data

The data are based on final provincial financial accounts, which are provided by the Department of National Accounts of the provincial Bureau of Statistics.

7-1 财 政 收 入

Government Revenue

单位：万元　　　　　　　　　　　　　　　　　　　　　(10000 yuan)

年 份 Year	财政总收入 Total Government Revenue	一般公共预算收入 Public Financial Revenue of the Local Government	税收收入 Taxes	#增值税 Value-added Tax	#营业税 Business Tax	#企 业所得税 Company Income Tax	非税收入 Other Revenue	上交中央收 入 Revenue Handed in the Central Government	财政总收入占GDP比重(%) Ratio to Gross Domestic Product (%)
1995	1052156	641328	524945	110526	151464	56004	116383	410828	9.0
1996	1235752	770936	635070	126810	194011	63139	135866	464816	8.8
1997	1349161	905924	712721	119902	216962	81443	193203	443237	8.4
1998	1456586	971561	769453	123145	250849	73469	202108	485025	8.5
1999	1549806	1051371	812280	125302	249255	86842	239091	498435	8.4
2000	1716931	1115536	856481	150826	263986	95048	259055	601395	8.6
2001	2001639	1319790	1021023	172324	266187	226086	298767	681849	9.2
2002	2345064	1405457	1040551	187248	334960	105994	364906	939607	9.6
2003	2858087	1681670	1230510	230683	431628	97428	451160	1176417	10.2
2004	3508081	2057667	1450860	254350	553126	135045	606807	1450414	10.1
2005	4259007	2529236	1707228	338739	628395	173966	822008	1729771	10.5
2006	5186139	3055214	2087123	411759	755107	246651	968091	2130925	10.7
2007	6652189	3898510	2818573	530534	973988	379803	1079937	2753679	11.4
2008	8169872	4886476	3579635	642916	1181937	474319	1306841	3283396	11.7
2009	9288753	5813012	4300204	667374	1534987	462744	1512808	3475741	12.1
2010	12262376	7780922	5851073	847892	2043822	637192	1929849	4481454	12.9
2011	16450001	10534342	7770948	1058993	2727856	979220	2763394	5915659	14.0
2012	20461475	13719940	9780836	1074123	3634642	1241189	3939104	6741535	15.8
2013	23584319	16212358	11787426	1464306	4235034	1367065	4424932	7371961	16.3
2014	26809635	18818315	13811325	2195983	4435692	1524704	5006990	7991320	17.0
2015	30218303	21657362	15170279	2406292	4984378	1572137	6487083	8560941	18.0
2016	31430214	21514670	14711012	3788124	2828829	1662639	6803658	9915544	17.1
2017	34477187	22470624	15150122	6157167	67732	1822263	7320502	12006563	17.2

注：1.1995-2009年企业所得税含退税。
2.1995-1997年国有资产经营收益体现为国有企业上缴利润。
3.1997年地方财政收入和非税收入包含当年纳入基金预算收入的城市教育附加费、矿产资源补偿费、排污费和城市水资源费收入。
4.从2002年开始，上交中央收入包含上划所得税。
5.农业税收包含农业税、农业特产税(2006年含烟叶税部分)、耕地占用税、契税。
6.以上数据根据江西省历年财政总决算整理得出。

a) From 1995 to 2006,Company income tax indudes tax rebate for it.
b) From 1995 to 1997,the operating income of State-owned enterprises reflects the profits the state-owned enterprises handed in.
c) In 1997,the local government revenue and non-tax income indude extra-charges for urban education,compensation for mineral resources,fee on sewage treatment and on urban water resource,which has brought into the income of funds budget at current year.
d) Since 2002,revenue handed in the central government has induded income tax divided above.
e) Agricultural tax includes Agricultural tax,tax on special Agricultural,products(inducle tobacco tax in 1996),tax on the occupancy of cultivated land, and contract tax.
f) Data above are collected according to Jiangxi annual general final budget of public finance.

7-2 一般公共预算收入
Public Financial Revenue of the Local Government

单位：万元 (10000 yuan)

项　　目	Item	2013	2014	2015	2016	2017
总　　计	**Total**	**16212358**	**18818315**	**21657362**	**21514670**	**22470624**
税收收入	**Total Tax revence**	**11787426**	**13811325**	**15170279**	**14711012**	**15150122**
#增值税	Value Added Tax	1464306	2195983	2406292	3788124	6157167
营业税	Business Tax	4235034	4435692	4984378	2828829	67732
企业所得税	Corporate Income Tax	1367065	1524704	1572137	1662639	1822263
个人所得税	Individual Income Tax	287730	359419	424055	497850	696417
资源税	Resource Tax	347039	467450	479727	566191	596392
城市维护建设税	City Maintenance and Construction Tax	576022	662609	708553	768612	893434
房产税	House Property Tax	214942	277092	342884	343730	402352
印花税	Stamp Tax	121794	144135	151963	179592	219525
城镇土地使用税	Urban Land Use Tax	319490	406223	441153	462585	554839
土地增值税	Land Appreciation Tax	802508	1138424	1288367	1187488	1180500
车船税	Tax on Vehicles and Boat Operation	84759	97109	117776	132333	139312
烟叶税	Tobacco Leaf Tax	22868	27958	25494	29470	26033
耕地占用税	Farm Land Occupation Tax	698190	768323	863027	860363	780138
契　税	Deed Tax	1245624	1306204	1363298	1402864	1681750
非税收入	**Non Tax Revenue**	**4424932**	**5006990**	**6487083**	**6803658**	**7320502**
#国有资本经营收入	Profit from State-owned Assets	17189	26134	32104	41862	31175
行政性收费收入	Charge of Administrative and Institutional Units	1662924	1797296	1904960	1816461	1759765
罚没收入	Penalty Receipts	633792	731824	699636	663414	972193
专项收入	Special Program Receipts	629570	672101	1280946	1207807	1228799
国有资源(资产)有偿使用收入	Revenue of Compensable Use of State-owned Resources	1139467	1453851	2123854	2564127	2615552
其他收入	Other Revences	341990	325784	445583	509987	713018

7-3 一般公共预算支出

Public Financial Expenditures of the Local Government

单位：万元 (10000 yuan)

项 目	Item	2013	2014	2015	2016	2017
总 计	**Total**	**34703013**	**38827011**	**44125491**	**46174022**	**51114673**
一般公共服务	General Public Services	3370070	3613598	4108277	4165957	4771658
国防	National Defence	59455	65296	71337	58717	56800
公共安全	Public Security	1629192	1759620	1954372	2291422	2557445
教育	Education	6645302	7117164	7932675	8488828	9405702
科学技术	Science and Technology	463220	583726	747884	831178	1200857
文化体育与传媒	Culture,Sports and Media	526243	600344	688996	704876	746545
社会保障和就业	Social Seaurity and Employment	3788398	4223474	5101847	5822353	6639343
医疗卫生与计划生育	Health Care and Birth Plan	2621374	3384540	3987901	4387151	4925890
节能环保	Energy Saving and Environment Protection	741652	681277	874337	1178772	1434042
城乡社区事务	Community Affairs in Urban and Rural Areas	2012053	2268123	3314359	3801211	5160581
农林水事务	Agriculture,Forestry and Water Conservancy	4385353	5001512	5572959	5808964	6077087
交通运输	Transportation	2069270	2894581	2471769	2234891	2289087
资源勘探电力信息等	Information of Electric Power and Resources Exploration	2115185	2443835	2757931	2583299	2158014
商业服务业等	Commercial Service	344648	329419	557026	412219	346045
金融	Expenditure for Affairs of Financial Supervision	67087	43202	102179	40668	71153
援助其他地区	Assistance to Other Regions		10000	10000	30000	31000
国土海洋气象等	Land and Marine Meteorology	295464	334960	368368	283964	400948
住房保障支出	Expenditure for Affairs of Housing Security	2000215	1971080	2413843	1716465	1510369
粮油物资储备	Expenditure for Affairs of Grain & Oil Reserves	209684	236703	172305	221834	171073
国债还本付息支出	Expenditure for National Debt Repay Capital with Interest	215950	320468		486612	575689
其他支出	Other Expenditure	1143198	944089	704307	624641	578682

7-4 财政收支总额及增长速度
Government Revenue and Expenditure and Growth Rates

年 份 Year	财政总收入(万元) Government Revenue (10000 yuan)	一般公共预算支出(万元) Public Financial Revenue of the Local Government (10000 yuan)	收支差额(万元) Balance (10000 yuan)	比上年增长(%) Growth Rate over preceding year(%) 财政总收入 Government Revenue	一般公共预算支出 Public Financial Revenue of the Local Government
1978	122246	162701	-40455	60.4	35.5
1979	117771	176302	-58531	-3.7	8.4
1980	124667	159884	-35217	5.9	-9.3
1981	131822	140292	-8470	5.7	-12.3
1982	123283	155407	-32124	-6.5	10.8
1983	135281	174677	-39396	9.7	12.4
1984	150126	219439	-69313	11.0	25.6
1985	211843	297263	-85420	41.1	35.5
1986	240552	366258	-125706	13.6	23.2
1987	282110	377878	-95768	17.3	3.2
1988	322931	423518	-100587	14.5	12.1
1989	374886	487126	-112240	16.1	15.0
1990	406155	507559	-101404	8.3	4.2
1991	448050	603651	-155601	10.3	18.9
1992	493882	683826	-189944	10.2	13.3
1993	656721	818983	-162262	33.0	19.8
1994	886707	920290	-33583	35.0	12.4
1995	1052172	1103381	-51209	18.7	19.9
1996	1235782	1318475	-82693	17.5	19.5
1997	1349160	1526026	-176866	9.2	15.7
1998	1456584	1752605	-296021	8.0	14.8
1999	1549809	2078293	-528484	6.4	18.6
2000	1716943	2234722	-517779	10.8	7.5
2001	2001638	2837144	-835506	16.6	27.0
2002	2344259	3413843	-1069584	17.1	20.3
2003	2858122	3820981	-962859	21.9	11.9
2004	3508096	4540598	-1032502	22.7	18.8
2005	4259007	5639525	-1380518	21.4	24.2
2006	5186139	6964361	-1778222	21.8	23.5
2007	6652189	9050582	-2398393	28.3	30.0
2008	8169872	12100730	-3930858	22.8	33.7
2009	9288753	15623742	-6334989	13.7	29.1
2010	12262376	19232633	-6970257	32.0	23.1
2011	16450001	25345989	-8895988	34.2	31.8
2012	20461475	30192244	-9730769	24.4	19.1
2013	23584319	34703013	-11118694	15.3	14.9
2014	26809635	38827011	-12017376	13.7	11.9
2015	30218303	44125491	-13907188	12.7	13.6
2016	31430214	46174022	-14743808	4.0	4.6
2017	34477187	51114673	-16637486	9.7	10.7

7-5 各地区一般公共预算收入（2017年）

Public Financial Revenue of the Local Government by Region (2017)

单位：万元 (10000 yuan)

地 区	Region	一般公共预算收入 Public Financial Revenue of the Local Government	增值税 Value-added Tax	企业所得税 Company Income Tax	个人所得税 Personal Income Tax	其他收入 Other Revenue
全 省	**Provincial Total**	**22470624**	**6157167**	**1822263**	**696417**	**13794777**
南 昌 市	Nanchang	4170774	1268930	534844	178859	2188141
景德镇市	Jingdezhen	867034	172225	42466	17996	634347
萍 乡 市	Pingxiang	1027281	229323	35771	19892	742295
九 江 市	Jiujiang	2625306	677725	124826	50059	1772696
新 余 市	Xinyu	926029	215536	63748	48422	598323
鹰 潭 市	Yingtan	752547	292846	55749	16294	387658
赣 州 市	Ganzhou	2453663	681273	178706	83823	1509861
吉 安 市	Ji'an	1565425	462707	98794	40511	963413
宜 春 市	Yichun	2252713	669470	122931	41453	1418859
抚 州 市	Fuzhou	1201920	337220	69103	19947	775650
上 饶 市	Shangrao	2139784	527213	87962	39878	1484731

注：本表财政收入不含中央两税收入。
The local Government Revenue in the table do not include the Value-added tax and consumption tax of the central Government.

7-6 各地区一般公共预算支出（2017年）

Public Financial Expenditures of the Local Government by Region (2017)

单位：万元 (10000 yuan)

地 区	Region	一般公共预算支出 Public Financial Expenditures of the Local Government	一般公共服务 General Public Services	教 育 Education	社会保障和就业 Social Security and Employment	医疗卫生 Health Care and Medical	农林水事务 Agriculture, Forestry and Water	其他支出 Other Expenditure
全 省	**Provincial Total**	**51114673**	**4771658**	**9405702**	**6639343**	**4925890**	**6077087**	**19294993**
南 昌 市	Nanchang	6531223	683904	998001	759333	688874	403273	2997838
景德镇市	Jingdezhen	1921244	243575	281417	327364	163359	137276	768253
萍 乡 市	Pingxiang	2249377	291678	328694	442168	205790	199582	781465
九 江 市	Jiujiang	5250146	584249	908971	722493	553552	644926	1835955
新 余 市	Xinyu	1601894	123383	214846	215578	112746	133548	801793
鹰 潭 市	Yingtan	1283534	109267	192836	160891	123995	129473	567072
赣 州 市	Ganzhou	7763343	634109	1579970	1049061	906699	955119	2638385
吉 安 市	Ji'an	4332153	422213	866115	586307	483444	660730	1313344
宜 春 市	Yichun	4750473	430260	906585	741223	514964	677333	1480108
抚 州 市	Fuzhou	3552632	324502	622552	508147	408649	556976	1131806
上 饶 市	Shangrao	5508214	450480	1036827	744475	604120	819242	1853070

7-7 县(市、区)一般公共预算收支表（2017年）

General Public Financial Revenue and Expenditure of Local Government by County (County-level City) (2017)

单位：万元 (10000 yuan)

地区	Region	一般公共预算收入 General Local Government Budgetary Revenue	税收收入 Tax Revenue	增值税 Value-added Tax Revenue	非税收入 Non-tax Revenue	一般公共预算支出 General Local Government Budgetary Expenditure
东湖区	Donghu	130508	105,490	34,973	25,018	236,450
西湖区	Xihu	173632	155,869	38,476	17,763	276,427
青云谱区	Qingyunpu	98121	75,673	37,260	22,448	158,564
湾里区	Wanli	67500	53,173	22,663	14,327	146,092
青山湖区	Qingshanhu	154470	134,165	44,470	20,305	265,403
新建区	Xinjian	305720	219,500	86,703	86,220	647,848
南昌县	Nanchang	637968	455,069	206,020	182,899	1,122,491
安义县	Anyi	87386	49,352	19,162	38,034	230,945
进贤县	Jinxian	156864	106,436	59,279	50,428	441,937
昌江区	Changjiang	84389	53,472	19,109	30,917	161,870
珠山区	Zhujiang	98545	83,240	31,610	15,305	202,021
浮梁县	Fuliang	75041	64,275	15,522	10,766	232,585
乐平市	Leping	273601	204,245	56,682	69,356	578,615
安源区	Anyuan	291757	196,345	59,191	95,412	416,995
湘东区	Xiangdong	145427	87,393	33,440	58,034	352,300
莲花县	Lianhua	61897	40,096	16,924	21,801	228,385
上栗县	Shangli	160557	114,992	28,908	45,565	332,353
芦溪县	Luxi	106687	70,582	26,189	36,105	281,192
濂溪区	Lushan	126079	90,664	41,171	35,415	205,354
浔阳区	Xunyang	101300	55,398	28,904	45,902	136,382
柴桑区	chaisang	135496	100,362	30,005	35,134	255,312
武宁县	Wuning	140093	113,633	29,693	26,460	318,020
修水县	Xiushui	156772	123,632	47,022	33,140	513,766
永修县	Yongxiu	163268	120,579	48,461	42,689	385,203
德安县	De'an	120513	91,733	34,375	28,780	232,355
都昌县	Duchang	107988	83,388	26,613	24,600	435,826
湖口县	Hukou	165599	137,945	79,906	27,654	278,322
彭泽县	Pengze	153557	119,368	44,776	34,189	309,887
瑞昌市	Ruichang	213762	153,863	46,224	59,899	385,206
共青城市	Gongqingcheng	114248	87,554	25,363	26,694	204,795
庐山市	Xingzi	130578	78,913	13,141	51,665	238,319
渝水区	Yushui	192354	156,202	60,884	36,152	419,302
分宜县	Fenyi	261387	135,395	26,988	125,992	392,916
月湖区	Yuehu	96023	83,853	36,490	12170	121,860

7-7 续表1 continued

单位：万元 (10000 yuan)

地 区	Region	一般公共预算收入 General Local Government Budgetary Revenue	税收收入 Tax Revenue	增值税 Value-added Tax Revenue	非税收入 Non-tax Revenue	一般公共预算支出 General Local Government Budgetary Expenditure
余江县	Yujiang	127751	95,652	40,966	32,099	303,644
贵溪市	Guixi	320350	263,398	144,138	56,952	452,526
章贡区	Zhanggong	216685	155,886	83,619	60,799	399,817
南康区	Nankang	192366	139,855	50,182	52,511	587,860
赣县区	Ganxian	153366	85,809	35,331	67,557	452,009
信丰县	Xinfeng	118073	81,309	32,223	36,764	441,345
大余县	Dayu	78736	53,701	21,106	25,035	254,568
上犹县	Shangyou	60841	38,960	15,494	21,881	258,748
崇义县	Chongyi	80257	53,757	22,363	26,500	221,786
安远县	Anyuan	52504	37,031	13,235	15,473	283,446
龙南县	Longnan	133585	83,042	33,273	50,543	314,500
定南县	Dingnan	87634	50,675	13,643	36,959	237,457
全南县	Quannan	64507	39,290	18,583	25,217	240,872
宁都县	Ningdu	76803	50,227	20,157	26,576	457,371
于都县	Yudu	129954	75,086	28,147	54,868	560,016
兴国县	Xingguo	78252	57,675	23,434	20,577	445,289
会昌县	Huichang	92944	48,981	18,240	43,963	336,002
寻乌县	Xunwu	48851	35,207	16,121	13,644	261,000
石城县	Shicheng	49205	37,407	16,080	11,798	215,102
瑞金市	Ruijin	123998	95,104	46,299	28,894	500,185
吉州区	Jizhou	97328	66,702	27,638	30,626	287,120
青原区	Qingyuan	57090	37,770	19,342	19,320	161,482
吉安县	Ji’an	185208	115,812	38,746	69,396	434,639
吉水县	Jishui	100780	73,270	32,425	27,510	351,049
峡江县	Xiajiang	66542	50,935	33,401	15,607	207,741
新干县	Xingan	96776	72,555	43,531	24,221	261,746
永丰县	Yongfeng	113907	80,128	35,826	33,779	295,287
泰和县	Taihe	128547	82,845	37,604	45,702	369,762
遂川县	Suichuan	100788	67,585	24,927	33,203	398,621
万安县	Wan an	74895	47,472	21,152	27,423	282,328
安福县	Anfu	130654	85,225	31,332	45,429	324,633
永新县	Yongxin	70388	44,008	22,207	26,380	321,534
井冈山市	Jinggangshan	53166	36,566	11,682	16,600	202,905

7-7 续表2 continued

单位：万元 (10000 yuan)

地 区	Region	一般公共预算收入 General Local Government Budgetary Revenue	税收收入 Tax Revenue	增值税 Value-added Tax Revenue	非税收入 Non-tax Revenue	一般公共预算支出 General Local Government Budgetary Expenditure
袁州区	Yuanzhou	186407	142,131	74,211	44,276	554,322
奉新县	Fengxin	163122	126,255	40,570	36,867	317,391
万载县	Wanzai	147258	113,217	64,821	34,041	335,301
上高县	Shanggao	160526	130,226	68,053	30,300	315,898
宜丰县	Yifeng	129230	89,747	40,451	39,483	267,676
靖安县	Jing'an	66453	46,677	14,460	19,776	176,807
铜鼓县	Tonggu	68538	47,177	13,946	21,361	167,415
丰城市	Fengcheng	497223	344,660	123,568	152,563	918,576
樟树市	Zhangshu	328028	232,869	80,460	95,159	548,019
高安市	Gaoan	249692	202,248	82,879	47,444	554,602
临川区	Linchuan	156211	122,722	34,468	33,489	517,634
东乡区	Dongxiang	158179	112,691	47,065	45,488	398,483
南城县	Nancheng	96743	68,533	33,390	28,210	248,543
黎川县	Lichuan	74981	56,362	18,686	18,619	232,205
南丰县	Nanfeng	80881	61,711	21,868	19,170	261,275
崇仁县	Chongren	82575	60,043	17,683	22,532	284,096
乐安县	Le'an	49516	38,576	13,151	10,940	270,483
宜黄县	Yihuang	70165	51,747	19,025	18,418	199,276
金溪县	Jinxi	75733	57,998	17,529	17,735	248,779
资溪县	Zixi	30905	24,184	11,398	6,721	115,466
广昌县	Guangchang	52173	40,695	19,992	11,478	245,578
信州区	Xinzhou	147625	111,903	49,943	35,722	277,070
广丰区	Guangfeng	292160	196,855	70,042	95,305	578,159
上饶县	Shangrao	154526	94,024	40,533	60,502	455,853
玉山县	Yushan	165433	110,355	42,215	55,078	393,688
铅山县	Qianshan	149278	86,587	32,700	62,691	341,546
横峰县	Hengfeng	64645	52,109	30,718	12,536	238,343
弋阳县	Yiyang	114928	78,116	23,594	36,812	326,995
余干县	Yugan	110720	80,027	34,835	30,693	494,232
鄱阳县	Poyang	122266	86,271	31,355	35,995	733,531
万年县	Wannian	139035	101,231	31,065	37,804	350,045
婺源县	Wuyaun	99855	64,602	24,712	35,253	275,783
德兴市	Dexing	294759	164,534	42,276	130,225	426,006

主要统计指标解释

财政收入 国家财政参与社会产品分配所取得的收入，是实现国家职能的财力保证。财政收入所包括的内容几经变化，目前主要包括：

1．各项税收：包括增值税、营业税、消费税、土地增值税、城市维护建设税、资源税、城市土地使用税、印花税、固定资产投资方向调节税、个人所得税、企业所得税、关税和耕地占用税等。

2．专项收入：包括征收排污费、征收城市水资源费收入、教育费附加收入等。

3．其他收入：包括基本建设贷款归还收入、国家能源交通重点建设基金收入、国家预算调节基金等。

4．国有企业计划亏损补贴：这项为负收入，冲减财政收入。

财政支出 国家财政将筹集起来的资金进行分配使用，以满足经济建设和各项事业的需要，主要包括一般公共服务、外交、国防、教育、公共安全、科学技术、文化体育与传媒、社会保障和就业、医疗卫生、环境保护、城乡社区事务、农林水事务、交通运输、工业商业金融等事务和其他支出等科目。

Explanatory Notes on Main Statistical Indicators

Government Revenue refers to income for the government finance through participating in the distribution of social products. It is the financial guarantee to ensure government functioning. The contents of government revenue have changed several times. Now it includes the following main items:

(1) Various tax revenues, including value added tax, business tax, consumption tax, land value added tax, tax on city maintenance and construction, resources tax, tax on use of urban land, enterprise income tax, personal income tax, tariff, stamp tax on security transactions, tax on purchase of motor vehicles, tax on agriculture and animal husbandry and tax on occupancy of cultivated land, etc.

(2) Special revenues, including revenues from the fee on sewage treatment, fee on urban water resources and extra-charges for education, etc.

(3) Other revenues, including revenue from the repayment of capital construction loan, funds for national key construction projects in energy industry and transportation, and national budget adjustment funds.

(4) Subsidies for the losses of State-owned enterprises. This is an item of negative revenue, counteracting revenues.

Government Expenditure refers to the distribution and use of the funds the government finance has raised, so as to meet the needs of economic construction and various causes. It includes expenditure for capital construction, innovation funds of the enterprises, geological prospecting expenses, expenditures for science and technology promotion, expenditure for supporting rural production, operating expenses of the departments of farming, forestry, water conservancy and meteorology etc., operating expenses of the departments of industry, transport and commerce, operating expenses of the departments of culture, education, science and public health, pension for the disabled or for the families of the bereaved and relief funds for social welfare, expenditures for national defence, administrative expenses, expenditure for price subsidies.

8

价格指数

PRICE INDICES

资料整理及英文翻译: 饶云青 、赵 敏

I 简要说明

一、本篇资料的主要内容

本篇资料反映了全省生产、投资、流通、消费等环节价格变动状况，主要包括居民消费、商品零售、生产资料、工业品出厂、原材料燃料动力购进、固定资产投资等价格指数。

二、本篇资料的来源

1.居民消费、商品零售和农业生产资料价格指数来源于消费价格统计调查年报，由国家统计局江西调查总队消费价格调查处整理提供。

2.工业品出厂、原材料燃料动力购进、固定资产投资等价格指数来源于生产价格统计调查年报，由国家统计局江西调查总队生产投资价格调查处整理提供。

I Brief Introduction

I. Main Content

Data on the price indices in this chapter show the changing trend in production, investment, circulation and consumption, including mainly consumer price indices of residents, retail price indices, price indices of means of production, production price indices of industrial products, purchasing price indices of raw materials, fuels and power, price indices of investment in fixed assets.

II. Source of Data

(1) Data on consumer price indices of residents, retail price indices and price indices of agricultural means of production are based on yearly report on consumer price and are provided by the Division of Consumer Price Survey of Survey Office of the National Bureau of Statistics in Jiangxi.

(2) Data on production price indices of industrial products, purchasing price indices of raw materials, fuels and power, price indices of investment in fixed assets are based on yearly report on production price and are provided by the Division of Production Investment Price Survey of Survey Office of the National Bureau of Statistics in Jiangxi.

8-1 各 种 价 格 指 数

Price Indices

(上年=100) (preceding year=100)

年 份 Year	商品零售价格指数 Retail Price Index	城 市 Urban Areas	农 村 Rural Areas	居民消费价格指数 Consumer Price Index	城 市 Urban Areas	农 村 Rural Areas
1978	100.1	100.2	100.1		100.2	
1980	104.3	106.6	102.9		106.0	
1985	108.3	109.0	107.8	109.0	108.8	109.1
1990	101.3	100.3	102.2	102.1	101.5	102.8
1991	102.4	104.0	101.2	102.8	104.4	101.3
1992	105.6	107.2	103.9	105.7	107.5	103.5
1993	111.1	112.6	110.1	114.6	115.8	112.5
1994	123.9	122.9	125.4	126.9	126.9	126.7
1995	115.9	115.0	116.9	116.9	116.9	117.0
1996	106.6	106.4	106.7	108.4	108.1	108.6
1997	99.6	100.1	99.3	102.0	103.0	102.1
1998	98.8	98.5	98.9	101.0	101.0	101.0
1999	96.8	97.3	96.3	98.6	99.1	98.1
2000	98.5	98.6	98.5	100.3	102.1	99.1
2001	98.4	98.3	98.4	99.5	99.8	99.2
2002	100.2	100.1	100.3	100.1	100.2	99.9
2003	100.1	99.4	100.7	100.8	100.9	100.6
2004	103.0	101.9	104.0	103.5	103.3	103.5
2005	100.9	100.3	101.4	101.7	101.5	102.2
2006	101.2	101.0	101.4	101.2	100.9	101.6
2007	104.0	103.5	105.1	104.8	104.4	105.8
2008	106.1	106.0	106.4	106.0	105.9	106.3
2009	99.1	99.1	99.0	99.3	99.4	99.2
2010	102.7	102.6	102.9	103.0	102.9	103.3
2011	104.8	104.8	105.0	105.2	105.1	105.6
2012	102.1	101.9	102.5	102.7	102.6	103.0
2013	101.5	101.2	101.9	102.5	102.4	102.9
2014	101.2	101.1	101.4	102.3	102.4	102.2
2015	100.5	100.4	100.6	101.5	101.5	101.5
2016	100.6	100.5	100.8	102.0	102.0	101.9
2017	101.0	101.0	101.0	102.0	102.0	101.9

8-2 各 种 价 格 指 数 (2017年)

Price Indices (2017)

类 别	Type	以1978年价格为100 year of 1978=100	以1980年价格为100 year of 1980=100	以1985年价格为100 year of 1985=100	以1990年价格为100 year of 1990=100	以1995年价格为100 year of 1995=100	以2005年价格为100 year of 2005=100	以2010年价格为100 year of 2010=100
商品零售价格指数	Retail Price Index	473.0	449.5	371.6	224.3	130.2	126.7	111.8
城 市	Urban Areas	492.1	454.9	373.3	222.7	125.7	124.8	111.1
农 村	Rural Areas	454.9	440.9	377.8	230.9	136.1	130.7	113.3
居民消费价格指数	Consumer Price Index			486.7	290.7	157.3	135.0	118.2
城 市	Urban Areas	685.1	634.5	521.9	310.1	161.0	133.4	117.6
农 村	Rural Areas			457.9	275.6	157.5	138.4	119.3

注：1990-1993年零售、消费价格指数中城市、农村口径为城镇、农村。

a) Statistic standards of retail and consumer price index from 1990-1993 are urban and rural areas.

8-3 商品零售价格分类指数（2017年）

Retail Price Indices by Category (2017)

(上年=100) (preceding year=100)

类别	Type	全省 Province Indices	城市 Urban Areas	农村 Rural Areas
商品零售价格总指数	**Retail Price Index**	**101.0**	**101.0**	**101.0**
食品类	**Food**	**99.7**	**100.0**	**98.3**
粮食	Grain	100.9	101.0	100.5
薯类	Potatoes	99.4	100.7	94.6
豆类	Beans	102.8	103.2	101.2
食用油	Edible oil	101.4	101.7	100.4
菜	Vegetables	92.6	92.6	92.6
畜肉类	Meat class	94.5	95.4	91.1
禽肉类	Poultry meat	101.7	102.2	99.5
水产品	Aquatic products	108.5	108.9	106.7
蛋类	Egg	97.3	97.1	98.2
奶类	Milk	100.1	100.1	100.3
干鲜瓜果类	Dried and Fresh Melons and Fruits	104.4	105.0	101.5
糖果糕点类	Cake, Biscuit and Bread	103.5	103.4	104.0
调味品	Condiment	102.4	102.4	102.2
其他食品类	Other food	102.5	103.0	99.6
在外餐饮	Outward Dinner Food	101.5	101.3	102.3
饮料、烟酒	**Beverages, Tobacco and Liquor**	**99.6**	**99.6**	**99.6**
茶及饮料	Tea and Beverages	99.7	99.6	100.2
烟草	Tobacco	99.2	99.1	99.4
酒类	Liquor	100.2	100.3	99.6
服装、鞋帽类	**Garments, Shoes and Hats**	**102.2**	**102.2**	**101.9**
服装	Garments	102.7	102.8	101.7
鞋袜帽	Footgear and Hats	100.8	100.3	102.8
其它	Others	100.1	100.3	99.3
纺织品类	**Textiles**	**99.2**	**98.8**	**100.7**
衣着材料	Cotton Cloth	102.8	102.9	102.4
床上用品	Blend Cloth	98.3	97.9	100.1
家用电器及音像器材	**Household Appliances, Music and Video Equipment**	**99.9**	**99.7**	**101.1**
家庭设备	Household Appliances	99.8	99.5	101.2
文娱用耐用消费品	Culture and Recreat Durable Consumable	99.5	99.3	100.8
专业音像器材	Household Appliances and Hifi	103.4	103.6	102.1
文化办公用品	**Cultural and Office Appliances**	**103.1**	**103.3**	**102.2**
日用品	**Articles for Daily Use**	**99.4**	**99.2**	**100.4**
日用百货	General Merchandise for Daily Use	100.6	100.7	100.4
厨具餐具茶具	Kitchen utensils tableware	100.2	100.1	101.1
清洗用品	Washing	97.8	97.3	99.7
其它日用品	Other Daily Use Articles	98.4	98.1	100.8
体育娱乐用品	**Sports and Recreation Articles**	**100.9**	**101.0**	**100.3**

8-3 续表 continued

(上年=100) (preceding year=100)

类别	Type	全省 Province Indices	城市 Urban Areas	农村 Rural Areas
体育用品	Sports Articles	101.1	101.1	101.2
娱乐用品	Recreation Articles	100.7	100.9	99.9
交通、通信用品	**Transportation and Communication Appliances**	**97.3**	**97.4**	**97.3**
交通运输机械	Transportation Equipments	98.2	98.2	98.4
通信器材类	Communication Equipments	94.1	94.1	94.2
家具	**Furniture**	**104.5**	**104.3**	**105.5**
化妆品类	**Cosmetics**	**101.3**	**101.1**	**101.9**
金银珠宝类	**Gold, Silver and Jewelry**	**102.2**	**102.0**	**103.4**
中西药品及医疗保健用品类	**Traditional Chinese and Western Medicines and Health Care Articles**	**104.8**	**104.8**	**105.2**
医疗器具及用品	Medical Apparatus and Article	100.4	100.6	99.1
中药	Traditional Chinese Medicinal Materials and Medicines	106.3	106.7	104.6
西药	Western Medicines	105.6	105.6	105.7
保健器具及用品	Medical Apparatus and Articles	101.5	101.0	105.3
书报杂志及电子出版物类	**Books, Newspapers, Magazines and Electronic Publications**	**101.3**	**101.1**	**102.2**
教材及参考书	Teaching Material and Reference Book	100.8	100.2	103.5
书报杂志	Books and Magazines	101.8	101.9	101.3
计算机办公软件	Computer office software	101.0	101.1	100.3
燃料类	**Fuels**	**108.7**	**108.4**	**109.9**
煤炭及制品类	Coal and Coal Products	102.7	102.5	103.6
石油及制品类	Petroleum and Related Products	109.9	109.6	111.3
建筑材料及五金电料类	**Building Materials and Hardware**	**102.8**	**102.6**	**103.6**
建筑装璜材料	Building Decoration Materials	102.8	102.5	104.0
五金水暖	Hardware plumbing	102.8	102.8	102.6
农业生产资料价格指数	**Price Indices of Agricultural Means of Production**	**101.0**		**101.0**
农用手工工具	Farm Handtools	104.3		104.3
饲料	Forage	99.9		99.9
产品畜	Production Livestock	86.8		86.8
半机械化农具	Semi-mechanized Farm Tools	102.2		102.2
机械化农具	Mechanized Farm Machinery	103.8		103.8
化学肥料	Chemical Fertilizer	104.7		104.7
农药及农药器械	Pesticide and Its Appliances	103.3		103.3
化学农药	Chemical Pesticides	103.2		103.2
农药器械	Pesticides Appliances	104.5		104.5
农用机油	Oil for Farm Machinery	109.9		109.9
其他农业生产资料	Other Means of Agricultural Production	100.8		100.8
农业生产服务	Service of Agricultural Production	100.6		100.6

8-4 居民消费价格分类指数（2017年）
Consumer Price Indices by Category (2017)

(上年=100) (preceding year=100)

类别	Type	全省 Province Indices	城市 Urban Areas	农村 Rural Areas
居民消费价格总指数	**Consumer Price Index**	**102.0**	**102.0**	**101.9**
服务项目价格指数	**Price Index of Services**	**104.3**	**104.2**	**104.5**
食品烟酒	**Food and tobacco**	**99.3**	**99.7**	**98.5**
食品	**Food**	**98.5**	**99.2**	**97.4**
粮食	Grain	100.7	101.0	100.2
薯类	Potatoes	100.0	100.5	96.5
豆类	Beans	102.3	103.0	101.2
食用油	Edible oil	101.2	101.8	100.3
菜	Vegetables	92.6	92.4	92.9
畜肉类	Meat class	93.3	94.8	91.0
禽肉类	Poultry meat	100.8	101.4	99.6
水产品	Aquatic products	107.7	108.2	106.9
蛋类	Egg	97.6	97.0	98.7
奶类	Milk	99.9	99.9	100.1
干鲜瓜果	Dried and Fresh Melons and Fruits	103.6	104.4	101.7
糖果糕点类	Cake, Biscuit and Bread	103.1	103.0	103.2
调味品	Condiment	102.4	102.4	102.3
其他食品类	Other food	101.2	102.2	99.8
茶及饮料	Tea and drinks	100.2	100.1	100.2
烟酒	**Tobacco and Liquor**	**99.6**	**99.6**	**99.6**
烟草	Tobacco	99.3	99.3	99.5
酒类	Liquor	100.1	100.3	99.9
在外餐饮	Outward Dinner Food	101.5	101.2	102.5
衣着	**Clothing**	**102.1**	**102.1**	**102.1**
服装	Garments	102.3	102.6	101.6
男式服装	Clothing for Men	103.0	103.5	102.2
女式服装	Clothing for Women	101.1	101.2	101.1
儿童服装	Clothing for Children	104.6	105.9	101.9
服装材料	Clothing Material	103.0	103.3	102.7
其他衣着及配件	Other clothing and accessories	100.8	100.6	101.4
衣着加工服务费	Clothing processing service fee	105.9	104.8	108.7
鞋类	Footwear	101.4	100.4	103.4
鞋	Shoes	101.3	100.3	103.3
鞋类加工服务	Footwear processing services	106.0	107.3	104.2
居住	**Residence**	**103.4**	**102.5**	**105.2**
租赁房房租	Rental housing rentals	103.9	103.7	105.7

8-4 续表 continued

(上年=100) (preceding year=100)

类 别	Type	全 省 Province Indices	城 市 Urban Areas	农 村 Rural Areas
住房保养维修及管理	Housing maintenance and management	104.6	103.5	106.2
水电燃料	Hydropower fuel	102.4	101.7	103.8
自有住房	Own housing	103.4	102.4	105.7
生活用品及服务	**Daily necessities and services**	**101.2**	**100.8**	**102.0**
家具及室内装饰品	Furniture and interior decorations	103.7	102.7	105.7
家用器具	Household appliances	100.5	100.1	101.2
家用纺织品	Home textiles	99.8	99.2	101.0
家庭日用杂品	Household daily groceries	100.6	100.2	101.2
个人护理用品	Personal care products	101.1	101.1	101.0
家庭服务	Family service	103.1	103.1	102.8
交通和通信	**Traffic and communication**	**101.9**	**102.2**	**101.3**
交通	Traffic	102.8	102.8	102.7
通信	Communication	100.3	101.0	98.8
教育文化和娱乐	**Recreation, Education and Culture Articles**	**102.5**	**102.4**	**102.8**
教育	Education	103.5	103.7	103.3
教育用品	Teaching Materials	101.4	100.6	102.8
教育服务	Education Service	103.6	103.8	103.4
文化娱乐	Cultural and Recreational Articles	100.9	100.9	101.0
文娱耐用消费品	Durable Consumer Goods for Cultural and Recreational Use and Services	100.6	100.3	101.5
其他文娱用品	Other recreational items	101.6	101.7	101.5
文化娱乐服务	Cultural and recreational services	100.4	100.8	99.1
旅游	Touring	101.1	101.0	102.4
医疗保健	**Health Care**	**109.0**	**110.7**	**106.2**
药品及医疗器具	Medical Instrument and Articles	105.2	105.5	104.6
中药	Traditional Chinese Medicine	106.9	107.8	104.7
西药	Western Medicine	106.2	106.8	105.0
滋补保健品	Nourishing health care products	103.7	103.1	105.5
医疗卫生器具	Medical and health equipment	100.6	101.1	99.2
保健器具	Health care equipment	98.0	97.3	101.1
医疗服务	Medical service	111.0	114.0	106.8
综合医疗类	Comprehensive medical category	131.5	142.9	116.7
诊断类	Diagnostic class	101.3	100.7	102.1
治疗类	Treatment class	109.1	111.1	106.3
康复类	Rehabilitation class	106.2	109.5	100.0
中医医疗服务类	Chinese medicine medical services category	112.2	115.5	105.4
其他医疗服务	Other medical services	105.8	108.4	104.1
其他用品和服务	**Other supplies and services**	**102.6**	**102.8**	**101.9**
其他用品类	Other supplies	101.2	101.0	101.6
首饰手表	Jewelry watch	101.9	101.7	102.5
其他杂项用品	Other miscellaneous supplies	99.9	99.5	100.5
其他服务类	Other services	103.9	104.5	102.2
旅馆住宿	Hotel accommodation	100.1	99.6	102.4
美容美发洗浴	Beauty salon and bath	103.7	104.0	103.0
养老服务	Old age service	106.3	107.5	102.6
金融保险	Financial insurance	105.4	106.9	101.4
其他服务类	Other services	100.6	100.4	101.1

8-5　各市、县商品零售价格分类指数（2017年）

(上年=100)

类　　别	Type	南昌市 Nan chang	景德镇市 Jing dezhen	萍乡市 Ping xiang	九江市 Jiu jiang	新余市 Xin yu
商品零售价格总指数	**Retail Price Index**	**101.0**	**100.1**	**101.4**	**100.7**	**100.6**
食品类	Food	101.0	100.8	99.0	97.5	98.6
饮料、烟酒	Beverages, Tobacco and Liquor	99.3	98.2	100.7	100.4	99.4
服装、鞋帽类	Garments, Shoes and Hats	103.9	99.9	101.8	100.8	101.6
纺织品类	Textiles	97.0	101.9	100.9	99.5	95.3
家用电器及音像器材	Household Appliances, Music and Video Equipment	99.5	99.3	103.3	99.7	98.7
文化办公用品	Cultural and Office Appliances	105.1	98.6	101.9	105.2	101.6
日用品	Articles for Daily Use	97.4	101.8	99.4	100.4	100.2
体育娱乐用品	Sports and Recreation Articles	100.7	101.4	100.7	100.8	104.6
交通、通信用品	Transportation and Communication Appliances	96.7	96.4	99.0	99.0	97.0
家具	Furniture	108.7	92.6	100.7	99.4	101.0
化妆品类	Cosmetics	100.5	102.8	100.4	101.6	99.9
金银珠宝类	Gold, Silver and Jewelry	102.1	101.6	102.4	99.8	100.2
中西药品及医疗保健用品类	Traditional Chinese and Western Medicines and Health	103.2	104.7	109.9	105.2	106.6
书报杂志及电子出版物类	Books, Newspapers, Magazines and Electronic Publications	100.4	99.7	100.3	104.4	100.9
燃料类	Fuels	108.0	106.0	107.3	109.7	108.5
建筑材料及五金电料类	Building Materials and Hardware	101.3	100.4	101.6	101.6	106.0
农业生产资料价格指数	**Price Indices of Agricultural Means of Production**					

8-6　各市、县居民消费价格分类指数（2017年）

(上年=100)

类　　别	Type	南昌市 Nan chang	景德镇市 Jing dezhen	萍乡市 Ping xiang	九江市 Jiu jiang	新余市 Xin yu
居民消费价格总指数	**Consumer Price Index**	**102.1**	**102.3**	**101.9**	**102.3**	**102.0**
服务项目价格指数	Price Index of Services	103.4	105.9	103.8	106.1	105.5
食品烟酒	Food and tobacco	100.8	100.3	99.2	98.1	98.6
衣着	Clothing	104.1	100.4	102.3	100.7	101.8
居住	Residence	102.5	102.5	101.5	103.6	101.9
生活用品及服务	Daily necessities and services	100.8	99.9	101.6	100.4	100.1
交通和通信	Traffic and communication	102.6	102.0	102.2	104.5	101.4
教育文化和娱乐	Recreation, Education and Culture Articles	101.0	100.6	101.6	105.8	107.9
医疗保健	Health Care	107.2	118.8	114.1	111.3	108.4
其他用品和服务	Other supplies and services	102.4	100.5	103.3	101.3	106.5

Retail Price Indices by Category and Region (2017)

(preceding year=100)

鹰潭市 Ying tan	赣州市 Gan zhou	宜春市 Yi chun	上饶市 Shang rao	吉安市 Ji'an	抚州市 Fuzhou	瑞昌市 Rui chang	信丰县 Xin feng	宁都县 Ning du	上高县 Shang gao	铅山县 Yan shan	泰和县 Taihe	南城县 Nan cheng
101.8	**101.5**	**100.2**	**100.5**	**99.9**	**101.7**	**100.7**	**100.9**	**101.0**	**101.7**	**101.2**	**100.8**	**100.9**
99.1	100.9	98.0	99.0	99.3	98.5	97.0	97.6	97.2	97.6	100.5	98.9	99.1
102.1	100.2	100.0	98.4	100.0	100.4	100.0	99.4	99.8	100.0	98.2	100.3	99.7
102.7	99.7	101.0	101.6	99.2	102.0	103.1	101.9	102.4	101.9	100.4	101.7	102.0
101.5	100.1	100.6	101.2	98.2	101.0	99.9	103.8	101.3	101.2	98.2	101.7	99.1
100.2	101.0	98.6	98.2	96.6	99.6	102.3	100.0	100.0	102.8	100.2	100.3	102.7
102.7	100.8	99.5	98.3	101.0	104.0	99.4	104.9	102.0	98.4	100.8	108.1	101.1
100.6	100.8	100.7	102.6	98.8	100.4	98.5	100.7	99.7	101.4	100.8	101.4	100.8
104.0	100.3	99.8	105.2	97.8	100.4	102.9	101.6	100.1	99.1	99.6	100.2	98.8
98.1	99.0	98.3	95.2	97.3	98.4	98.9	97.7	97.6	97.7	99.0	95.1	94.2
99.9	100.3	102.1	113.1	101.0	103.2	99.3	107.2	108.5	112.3	101.1	109.4	102.2
102.4	102.0	100.2	103.7	100.5	103.1	103.7	102.1	100.3	103.4	100.2	101.3	102.8
98.9	105.6	101.7	103.7	103.9	98.9	104.3	102.0	101.7	111.7	102.2	101.0	102.8
112.9	102.7	104.6	99.7	107.0	111.8	104.9	103.6	102.4	109.2	103.2	102.2	110.9
103.3	100.4	100.9	104.1	100.1	103.6	106.1	101.4	100.1	103.9	101.3	100.6	102.5
108.1	108.7	107.3	109.6	107.4	109.3	105.3	106.0	118.3	111.1	110.9	109.9	107.0
103.1	108.2	100.6	104.7	98.5	107.8	105.0	107.4	101.8	102.4	104.1	102.5	101.9
						102.5	**103.4**	**101.9**	**101.0**	**99.9**	**100.9**	**98.3**

Consumer Price Indices by Category and Region (2017)

(preceding year=100)

鹰潭市 Ying tan	赣州市 Gan zhou	宜春市 Yi chun	上饶市 Shang rao	吉安市 Ji'an	抚州市 Fuzhou	瑞昌市 Rui chang	信丰县 Xin feng	宁都县 Ning du	上高县 Shang gao	铅山县 Yan shan	泰和县 Taihe	南城县 Nan cheng
101.7	**102.1**	**101.8**	**102.1**	**101.5**	**101.6**	**100.8**	**101.8**	**101.7**	**101.8**	**101.6**	**102.3**	**103.0**
102.7	103.9	105.2	105.2	104.3	102.9	102.8	105.1	103.3	104.5	102.3	105.7	107.0
99.6	100.6	98.4	99.3	99.5	98.8	97.4	97.9	97.8	97.9	100.2	99.0	98.9
102.9	99.8	100.9	101.6	99.3	102.2	103.3	101.6	103.2	102.1	100.7	101.8	102.3
103.1	101.4	103.0	102.2	102.1	103.1	103.2	104.9	105.4	104.6	104.4	107.7	103.4
101.4	100.9	100.7	102.1	99.4	100.7	101.8	102.1	101.6	103.4	100.1	102.6	102.5
103.2	101.8	101.2	99.5	102.0	101.5	101.7	101.3	102.3	101.9	101.6	100.4	100.7
101.3	105.3	100.6	100.9	100.9	101.9	102.3	100.4	103.3	106.5	102.6	102.5	104.3
103.6	106.5	116.0	121.7	112.8	109.1	102.7	111.0	103.7	102.1	100.8	104.5	118.6
101.3	107.6	101.2	101.1	102.5	101.8	100.8	102.9	103.0	103.6	101.8	101.3	100.1

8-7 工业生产者出厂价格指数

Producer Price Index for Industrial Products

(上年＝100) (preceding year=100)

类　别	Type	2005	2010	2015	2016	2017
总指数	**General Index**	**108.8**	**115.3**	**93.7**	**98.6**	**107.9**
按轻重工业分	**Grouped by Light & Heavy Industries**					
轻工业	Light Industry	99.2	104.3	99.1	99.4	101.4
以农产品为原料	Agricultural Products as Raw Materials	100.6	105.4	99.8	99.3	101.4
以非农产品为原料	Non-agricultural Products as Raw Materials	98.0	103.2	97.9	99.4	101.4
重工业	Heavy Industry	113.3	121.3	91.7	98.3	110.9
采　掘	Mining	145.5	123.0	91.2	94.3	109.7
原　料	Raw Materials	115.6	123.7	90.0	96.3	114.1
加　工	Processing	104.2	118.8	92.7	99.6	109.4
按部类分	**Grouped by Category of Industry**					
生产资料	Means of Production	110.8	117.9	91.9	98.1	110.5
采　掘	Mining	142.2	121.5	91.2	94.3	109.7
原　料	Raw Materials	115.1	124.3	90.0	96.1	114.3
加　工	Processing	101.7	113.8	92.9	99.2	108.9
生活资料	Consumer Goods	100.5	103.1	100.3	100.2	100.5
食　品	Food	100.3	103.5	101.3	101.6	102.0
衣　着	Clothing	100.7	103.3	100.9	98.9	97.5
一般日用品	Articles for Daily Use	101.6	102.4	99.0	99.7	101.2
耐用消费品	Durable Consumer Goods	99.7	102.1	98.9	99.5	100.0
按工业部门分	**Grouped by Industrial Department**					
冶金工业	Metallurgical Industry	120.7	131.8	84.8	97.5	120.7
电力工业	Power Industry	104.6	102.2	96.3	96.5	99.4
煤炭及炼焦工业	Coal Industry and Coking Industry	125.0	115.4	88.7	104.3	144.4
石油工业	Petroleum Industry	122.8	115.4	77.5	94.7	111.1
化学工业	Chemical Industry	106.1	108.4	97.4	98.5	105.8
机械工业	Machine Building Industry	100.3	103.4	97.7	98.7	101.9
建筑材料工业	Building Materials Industry	93.0	104.9	97.9	100.3	105.7
森林工业	Timber Industry	102.9	104.1	100.7	100.5	101.1
食品工业	Food Industry	100.9	103.9	100.4	99.7	101.2
纺织工业	Textile Industry	98.7	117.4	94.9	98.5	107.4
缝纫工业	Tailoring Industry	101.0	103.4	100.7	98.7	96.6
皮革工业	Leather Industry	100.4	102.7	101.6	100.1	100.5
造纸工业	Paper Industry	102.8	103.5	100.1	99.9	105.5
文教艺术用品工业	Industry of Cultural, Educational & Handicrafts Articles	99.8	103.8	99.9	99.7	96.1
其他工业	Others Industry	105.7	105.3	100.4	100.0	101.6

注：2016年工业生产者价格调查对调查目录做了修订，部分分类指标与2015年不同。2016和2017年目录相同。

a)The survey frame of producer price index for industrial products was adjusted in 2016. Thus the Classification of product may vary from 2015. The classification of 2017 matches the classification of 2016.

8-8 按工业行业分工业生产者出厂价格指数

Producer Price Index for Industrial Products by Sectors

(上年＝100) (preceding year=100)

行业	Sector	2016	2017
煤炭开采和洗选业	**Mining and Washing of Coal**	**93.8**	**124.8**
烟煤和无烟煤的开采洗选	Mining and Washing of Bituminous Coal and Anthracite	93.8	124.8
黑色金属矿采选业	**Mining and Processing of Ferrous Metal Ores**	**94.3**	**102.8**
铁矿采选	Mining and Processing of Iron Ores	94.2	102.9
锰矿、铬矿采选	Mining and Processing of Manganese and Chromium	96.0	100.9
有色金属矿采选业	**Mining and Processing of Non-Ferrous Metal Ores**	**92.8**	**113.8**
常用有色金属矿采选	Mining and Processing of Frequently Used Non-Ferrous Metal Ores	97.9	118.2
贵金属矿采选	Mining and Processing of Precious Metal Ores	113.4	104.7
稀有稀土金属矿采选	Mining and Processing of Rare Earth and Rare Metals Ores	85.8	111.2
非金属矿采选业	**Mining and Processing of Nonmetal Ores**	**97.1**	**104.4**
土砂石开采	Mining of Soil,Sand and Stone	98.3	105.8
采盐	Mining and Processing of Salt Ores	92.3	100.6
石棉及其它非金属矿采选产品	Mining and Processing of Asbestos and Other Nonmetal Ores	93.6	100.3
农副食品加工业	**Processing of Food from Agricultural Products**	**99.4**	**101.4**
谷物磨制	Polishing of Grain	99.4	102.9
饲料加工	Processing of Feed	93.8	100.0
植物油加工	Processing of Vegetable Oil	101.8	106.7
屠宰及肉类加工	Slaughtering and Processing if Meat	109.3	94.8
水产品加工	Processing of Aquatic Products	109.7	108.7
蔬菜、水果和坚果加工	Processing of Vegetables, Fruits and Nuts	100.2	100.5
其他农副食品加工	Processing of Other Food from Agricultural Products	98.6	99.2
食品制造业	**Manufacture of Foodstuff**	**99.5**	**100.5**
焙烤食品制造	Manufacture of Baking Foodstuff	99.6	99.3
糖果、巧克力及蜜饯制造	Manufacture of Sweet,Chocolate and Candied Fruit	101.3	102.8
方便食品制造	Manufacture of Convenience Food	100.0	100.3
乳制品制造	Manufacture of Dairy Products	100.2	100.1
罐头食品制造	Manufacture of Cans Food	100.7	99.0
调味品、发酵制品制造	Manufacture of Condiments and Fermentation Products	101.0	101.2
其他食品制造	Manufacture of Other Foodstuff	97.9	100.9
酒、饮料和精制茶制造业	**Manufacture of Wine, Beverages and Refined Tea**	**99.6**	**101.6**
酒的制造	Manufacture of Liquor	98.9	105.1
饮料制造	Manufacture of Beverages	100.2	98.8
精制茶加工	Processing of Refined Tea	99.8	98.9
烟草制品业	**Manufacture of Tobacco**	**100.1**	**100.0**
卷烟制造	Manufacture of Cigarettes	100.1	100.0
纺织业	**Manufacture of Textile**	**98.5**	**107.4**
棉纺织及印染精加工	Processing and Dyeing of Cotton and Textile	98.0	107.6
毛纺织及染整精加工	Processing and Dyeing of Wool Textile	88.8	86.5
麻纺织及染整精加工	Processing and Dyeing of Flax Textile	101.5	118.8
丝绢纺织及印染精加工	Processing and Dyeing of Silk Textile	101.6	111.0
化纤织造及印染精加工	Processing and Dyeing of Chemical Fiber	103.0	110.8
家用纺织制成品制造	Manufacture of Household Textile Products	100.5	101.7
非家用纺织制成品制造	Manufacture of Non-Household Textile Products	100.3	100.3
纺织服装、服饰业	**Manufacture of Textile Wearing Apparel, Dress**	**98.6**	**96.6**
机织服装制造	Manufacture of Woven Garments	97.8	95.4
针织或钩针编织服装制造	Manufacture of Knitwear	100.4	100.4
服饰制造	Manufacture of Clothing	99.7	93.7
皮革、毛皮、羽毛及其制品和制鞋业	**Manufacture of Leather, Fur, Feather and Related Products and Footwear**	**100.0**	**100.6**

8-8 续表1 continued

(上年＝100) (preceding year=100)

行　　业	Sector	2016	2017
皮革鞣制加工	Processing of Leather	103.7	100.1
皮革制品制造	Manufacture of Leather Products	100.5	100.3
毛皮鞣制及制品加工	Manufacture and Processing of Fur Products	100.5	95.9
羽毛(绒)加工及制品制造	Manufacture and Processing of Feather Products	97.4	104.7
制鞋业	Manufacture of Shoes	99.7	100.2
木材加工及木、竹、藤、棕、草制品业	**Processing of Timber,Manufacture of Wood,Bamboo,Rattan,Palm, and Straw Products**	**100.8**	**101.0**
木材加工	Processing of Wood	100.1	104.9
人造板制造	Manufacture of Plywood	101.3	100.7
木制品制造	Manufacture of Wood Products	99.5	103.4
竹、藤、棕、草等制品制造	Manufacture of Penny,Vines Coir and Grass Products	101.0	98.7
家具制造业	**Manufacture of Furniture**	**99.7**	**101.0**
木质家具制造	Manufacture of Wood Furniture	99.5	101.3
金属家具制造	Manufacture of Metal Furniture	100.2	106.6
其他家具制造	Manufacture of Other Furniture	100.2	92.9
造纸及纸制品业	**Manufacture of Paper and Paper Products**	**99.9**	**105.5**
造纸	Manufacture of Paper	99.9	107.4
纸制品制造	Manufacture of Paper Products	99.8	103.0
印刷和记录媒介复制业	**Printing, Reproduction of Recording Media**	**99.5**	**92.4**
印刷	Printing	99.5	92.2
记录媒介复制	Copy of Record Media	100.1	100.0
文教、工美、体育和娱乐用品制造业	**Manufacture of Articles For Culture,Education, Artwork, Sport Activity and Amusement**	**100.3**	**102.2**
文教办公用品制造	Manufacture of Office Supplies For Culture,Education	99.9	108.5
乐器制造	Manufacture of Music Instruments	100.1	102.4
工艺美术品制造	Manufacture of Artwork	100.4	102.5
体育用品制造	Manufacture of Sport Articles	100.4	100.1
玩具制造	Manufacture of Toys	99.9	99.3
游艺器材及娱乐用品制造	Manufacture of Recreational Equipment	100.2	102.7
石油加工、炼焦和核燃料加工业	**Processing of Petroleum, Coking, Processing of Nuclear Fuel**	**102.3**	**133.1**
精炼石油产品制造	Manufacture of Refined Petroleum Products	95.2	114.0
炼焦	Coking	115.0	161.1
化学原料和化学制品制造业	**Manufacture of Raw Chemical Materials and Chemical Products**	**98.0**	**108.8**
基础化学原料制造	Manufacture of Basic Chemical Material	95.7	110.9
肥料制造	Manufacture of Fertilizers	90.8	105.0
农药制造	Manufacture of Pesticides	99.9	103.5
涂料、油墨、颜料及类似产品制造	Manufacture of Coating,Ink and Paint Products	97.2	101.7
合成材料制造	Manufacture of Synthetic Materials	95.0	115.5
专用化学产品制造	Manufacture of Specialized Chemical Products	99.6	111.7
炸药、火工及焰火产品制造	Manufacture of Explosives, pyrotechnics and fireworks	100.5	100.5
日用化学产品制造	Manufacture of Daily Used Chemical Products	102.0	102.5
医药制造业	**Manufacture of Medicines**	**100.9**	**102.4**
化学药品原料药制造	Manufacture of Chemical Original Drug	102.4	102.4
化学药品制剂制造	Manufacture of Chemical Agents	100.1	102.1
中药饮片加工	Manufacture of Herbal Medicine	104.2	108.4
中成药生产	Manufacture of Proprietary Chinese Medicine	100.8	101.2
兽用药品制造	Manufacture of Veterinary Drugs	100.1	100.0
生物药品制造	Manufacture of Biopharmaceutical Products	99.8	113.6
卫生材料及医药用品制造	Manufacture of Sanitation Materials and Medical Supplies	98.6	98.6
化学纤维制造业	**Manufacture of Chemical Fibers**	**96.7**	**107.5**
纤维素纤维原料及纤维制造	Manufacture of Cellulose Fibers and Fibers	96.6	109.4
合成纤维制造	Manufacture of Synthetic Fibers	96.9	101.0
橡胶和塑料制品业	**Manufacture of Rubber and Plastics**	**97.9**	**101.7**
橡胶制品业	Manufacture of Rubber	99.2	101.5
塑料制品业	Manufacture of Plastics	97.5	101.8

8-8 续表2 continued

(上年＝100)

(preceding year=100)

行 业	Sector	2016	2017
非金属矿物制品业	**Manufacture of Non-metallic Mineral Products**	**100.5**	**105.4**
水泥、石灰和石膏制造	Manufacture of Cement, Lime and Gypsum	106.3	112.0
石膏、水泥制品及类似制品制造	Manufacture of Cement and Gypsum	97.5	110.1
砖瓦、石材等建筑材料制造	Manufacture of Brick, Stone	100.2	102.1
玻璃制造	Manufacture of Glass	102.6	111.4
玻璃制品制造	Manufacture of Glass Products	90.8	95.5
玻璃纤维和玻璃纤维增强塑料制品制造	Manufacture of Glass Fiber and Glass Fiber Reinforced Plastic Products	97.8	107.8
陶瓷制品制造	Manufacture of Ceramic Products	100.0	101.5
耐火材料制品制造	Manufacture of Refractory Products	97.2	101.0
石墨及其他非金属矿物制品制造	Manufacture of Graphite and Other Non-metallic Mineral Products	99.9	99.2
黑色金属冶炼和压延加工业	**Smelting and Pressing of Ferrous Metals**	**108.7**	**137.6**
炼钢	Steelmaking	95.7	94.8
黑色金属铸造	Casting of Ferrous Metals	93.2	110.1
钢压延加工	Smelting and Pressing of Steel	110.5	141.9
铁合金冶炼	Smelting of Alloy Iron	98.4	100.3
有色金属冶炼和压延加工业	**Smelting and Pressing of Non-ferrous Metals**	**95.2**	**117.7**
常用有色金属冶炼	Smelting of Frequently Used Non-Ferrous Metal	92.1	117.4
贵金属冶炼	Smelting of Precious Metal	97.4	110.3
稀有稀土金属冶炼	Smelting of Rare Earth and Rare Metals	99.4	120.5
有色金属合金制造	Manufacture of Non-Ferrous Metaling Alloy	87.8	103.5
有色金属压延加工	Pressing of Non-Ferrous Metal	97.8	119.3
金属制品业	**Manufacture of Metal Products**	**98.5**	**112.3**
结构性金属制品制造	Manufacture of Structural Metal Products	96.7	111.9
金属工具制造	Manufacture of Metal Tools	95.8	101.8
集装箱及金属包装容器制造	Manufacture of Containers and Metal Packaging	98.7	102.3
金属丝绳及其制品制造	Manufacture of Metal Wire, Ropes and Its Products	102.9	134.2
建筑、安全用金属制品制造	Manufacture of Metal Products for Construction and Safety	99.5	112.2
金属表面处理及热处理加工	Processing of Metal Surface and Heating	96.8	118.7
搪瓷制品制造	Manufacture of Enamel Products	101.8	101.8
金属制日用品制造	Manufacture of Metal Commodity	102.7	101.2
其他金属制品制造	Manufature of Other Metal Products	96.3	104.6
通用设备制造业	**Manufacture of General Purpose Machinery**	**96.7**	**104.0**
锅炉及原动设备制造	Manufacture of Boilers and Original Motivation	97.3	99.6
金属加工机械制造	Manufacture of Metal Processing Machinery	97.6	101.0
物料搬运设备制造	Manufacture of Material Handling Equipment	98.1	101.1
泵、阀门、压缩机及类似机械制造	Manufacture of Pumps, Valves, Compressors	93.2	105.8
轴承、齿轮和传动部件制造	Manufacture of Bearings, Gears and Transmission Components	96.3	107.5
烘炉、风机、衡器、包装等设备制造	Manufacture of Ovens,Fans, Weighing,Packaging Equipment	99.9	97.9
通用零部件制造	Manufacture of General Components	98.7	108.6
其他通用设备制造业	Manufacture of Other General Purpose Machinery	100.2	103.8
专用设备制造业	**Manufacture of Special Purpose Machinery**	**99.3**	**100.6**
采矿、冶金、建筑专用设备制造	Manufacture of Special Equipment for Mining,Metallurgy, Construction	98.8	100.1
化工、木材、非金属加工专用设备制造	Manufacture of Special Equipment for Chemicals, Wood, Non-metallic Processing	98.7	100.7
食品、饮料、烟草及饲料生产专用设备制造	Manufacture of Special Equipment for Food, Beverage,Tobacco and Feed Production	100.1	99.1
印刷、制药、日化及日用品生产专用设备制造	Manufacture of Special Equipment for Printing, Pharmaceuticals, Cosmetics and Daily Production	99.7	100.0
纺织、服装和皮革加工专用设备制造	Manufacture of Special Equipment for Textiles, Clothing and Leather Industry	102.1	101.8
农、林、牧、渔专用机械制造	Manufacture of Special Equipment for Agriculture,Forestry, Animal Husbandry, Fishery	99.5	101.2
医疗仪器设备及器械制造	Manufacture of Medical Equipment and Instrument	99.1	100.9
环保、社会公共服务及其他专用设备制造	Manufacture of Special Equipment for Environmental,Social Public Service and Others	99.5	100.6

8-8 续表3 continued

(上年=100) (preceding year=100)

行业	Sector	2016	2017
汽车制造业	**Manufacture of Automobiles**	**99.6**	**99.9**
汽车整车制造	Manufacture of Automobiles	100.2	99.0
改装汽车制造	Manufacture of Refit Automobiles	100.5	102.7
汽车车身、挂车制造	Manufacture of Automobiles and Trailers	100.3	101.3
汽车零部件及配件制造	Manufacture of Auto parts and accessories	99.1	100.4
铁路、船舶、航空航天和其他运输设备制造业	**Manufacture of Railway,Shipping,Aerospace and Other Transport Equipment**	**100.4**	**100.2**
铁路运输设备制造	Manufacture of Equipment for Railway Transport	101.0	99.5
船舶及相关装置制造	Manufacture of Shipping and Related Devices	100.7	100.5
摩托车制造	Manufacture of Motorcycles	98.4	98.9
自行车制造	Manufacture of Bicycles	100.1	100.0
非公路休闲车及零配件制造	Non-road Recreational Vehicle and Components Manufacturing	100.5	100.1
电气机械及器材制造业	**Manufacture of Electrical Machinery and Equipment**	**98.6**	**103.0**
电机制造	Manufacture of Electrical Motors	99.4	101.9
输配电及控制设备制造	Manufacture of Power Distribution and Control Equipment	98.3	100.6
电线、电缆、光缆及电工器材制造	Manufacture of Wires, Cables,Fiber-optic Cables and Electrical Equipment	96.2	106.2
电池制造	Manufacture of Electric Cells	102.8	106.0
家用电力器具制造	Manufacture of Household Electrical Apparatus	99.2	100.6
非电力家用器具制造	Manufacture of Household Nonelectrical Apparatus	100.1	100.0
照明器具制造	Manufacture of Lighting Devices	99.2	102.4
其他电气机械及器材制造	Manufacture of Other Electrical Machinery and Equipment	101.7	102.4
计算机、通信和其他电子设备制造业	**Manufacture of Computers,Communications and Other Electronic Equipment**	**99.0**	**100.8**
计算机制造	Manufacture of Computers	99.0	99.7
通信设备制造	Manufacture of Communication Equipment	97.9	99.8
广播电视设备制造	Manufacture of Communication Broadcasting and TV Equipment	100.1	101.3
视听设备制造	Manufacture of Audio-visual Equipment	98.9	101.3
电子器件制造	Manufacture of Electronic Devices	99.5	103.1
电子元件制造	Manufacture of Electronic Components	98.9	99.2
其他电子设备制造	Other Electronic Equipment	102.4	100.8
仪器仪表制造业	**Manufacture of Measuring Instruments**	**99.2**	**99.7**
通用仪器仪表制造	Manufacture of General Measuring Instruments and Machinery	99.8	100.2
专用仪器仪表制造	Manufacture of Special Measuring Instruments and Machinery	94.6	96.9
钟表与计时仪器制造	Manufacture of Clocks and Timing Equipment	100.1	100.0
光学仪器及眼镜制造	Manufacture of Optical Equipment and Glasses	99.9	100.1
其他制造业	**Manufacture of Other**	**99.1**	**101.6**
日用杂品制造	Manufacture of Groceries for Daily Use	99.0	101.7
其他未列明制造业	Manufacture of Other unlisted Product	99.8	101.3
废弃资源综合利用业	**Comprehensive Utilization of Waste Resources**	**90.3**	**142.1**
金属废料和碎屑加工处理	Metal Waste and Fragment Treatment and Processing	91.1	148.1
非金属废料和碎屑加工处理	Non-metal Waste and Fragment Treatment and Processing	81.7	77.9
金属制品、机械和设备修理业	**Repair of Metal Products, Machinery and Equipment**	**91.8**	**91.4**
其他机械和设备修理业	Repair of Other Machinery and Equipment	91.8	91.4
电力、热力生产和供应业	**Production and Supply of Electric Power and Heat Power**	**96.4**	**99.4**
电力生产	Production of Electric Power	92.6	100.9
电力供应	Supply of Electric Power	97.9	98.8
热力生产和供应	Production and Supply of Heat Power	89.4	96.0
燃气生产和供应业	**Production and Supply of Gas**	**92.0**	**96.5**
水的生产和供应业	**Production and Supply of Water**	**101.7**	**102.6**
自来水生产和供应	Production and Supply of Water	101.9	103.0
污水处理及其再生利用	Sewage Treatment and Recycling	100.1	100.0

8-9 工业生产者购进价格指数

Producer Price Indices for Purchasing Goods

(上年=100) (preceding year=100)

类别	Type	2005	2010	2015	2016	2017
总指数	**General Index**	**110.0**	**111.8**	**93.6**	**97.7**	**107.2**
燃料、动力类	Fuel and Power	112.8	106.6	89.6	97.3	110.2
黑色金属材料类	Ferrous Metals	105.3	108.0	87.8	95.9	112.1
钢材	Steel	106.9	105.3	91.6	96.2	111.0
其他	Others	103.7	111.4	77.9	95.2	114.5
有色金属材料及电线类	Nonferrous Metals and Wire	125.7	135.0	88.4	96.7	110.4
化工原料类	Raw Chemical Materials	109.0	111.9	94.9	97.2	105.8
木材及纸浆类	Timber and Paper Pulp	107.7	106.6	99.0	101.0	106.9
建筑材料及非金属类	Building Materials and Nonmetal Ores	113.1	104.5	95.1	98.0	108.4
其它工业原材料及半成品类	Other Industrial Raw Materials and Semifinished Products	103.6	108.3	97.7	98.1	102.9
农副产品类	Agricultural Products	100.6	119.8	99.1	99.4	101.3
纺织原料类	Textile Materials	102.4	112.7	97.8	99.7	103.4

8-10 固定资产投资价格指数

Price Indices of Investment in Fixed Assets

(上年=100) (preceding year=100)

类别	Type	2005	2010	2015	2016	2017
固定资产投资	**Investment in Fixed Assets**	**100.5**	**104.8**	**96.8**	**100.0**	**106.1**
建筑安装工程	**Construction and Installation**	**99.2**	**105.6**	**95.4**	**100.3**	**108.6**
人工费	Labor Costs	107.6	106.7	104.8	103.6	105.1
材料费	Material Costs	97.1	105.6	90.7	98.5	111.6
钢材	Steel	96.5	105.1	80.0	98.1	123.1
木材	Wood	98.2	104.3	103.4	102.5	99.9
水泥	Cement	92.1	106.5	95.8	96.5	106.5
地方建筑材料	Local Building Materials	102.2	106.0	99.8	100.7	105.0
化工材料	Chemical Materials	105.9	113.7	97.8	98.2	105.7
电料	Electric Materials	102.4	107.7	98.1	100.2	102.4
其他材料	Other Materials	102.2	102.3	100.1	100.5	106.4
机械使用费	Machinery Costs	100.7	103.2	102.5	101.2	101.6
设备、工器具购置	**Purchase of Equipment,Tools and Instruments**	**100.3**	**102.0**	**99.2**	**98.7**	**100.8**
其他费用	**Others**	**107.2**	**105.4**	**101.1**	**100.5**	**100.7**

主要统计指标解释

居民消费价格指数　是反映一定时期内城乡居民所购买的生活消费品价格和服务项目价格变动趋势和程度的相对数，是对城市居民消费价格指数和农村居民消费价格指数进行综合汇总计算的结果。该指数可以观察和分析消费品的零售价格和服务项目价格变动对城乡居民实际生活费支出的影响程度。

商品零售价格指数　是反映一定时期内城乡商品零售价格变动趋势和程度的相对数。商品零售价格的变动直接影响到城乡居民的生活支出和国家的财政收入，影响居民购买力和市场供需的平衡，影响到消费与积累的比例关系。因此，该指数可以从一个侧面对上述经济活动进行观察和分析。

工业生产者价格指数　是反映工业产品价格变化趋势和变动幅度的统计指标，是工业企业的产品价格在不同时间和空间条件下平均变动的相对数，包括工业品第一次出售时的出厂价格和企业作为中间投入的原材料、燃料、动力购进价格。该指数是进行国民经济核算和经济管理的重要依据。

固定资产投资价格指数　是反映一定时期内固定资产投资品及项目的价格变动趋势和程度的相对数。固定资产投资额是由建筑安装工程投资完成额、设备工器具购置投资完成额和其他费用投资完成额三部分组成的。编制固定资产投资价格指数应首先分别编制上述三部分投资的价格指数，然后采用加权算术平均法求出固定资产投资价格总指数。

该指数可以准确地反映固定资产投资中涉及的各类投资品和取费项目价格变动趋势和变动幅度，消除按现价计算的固定资产投资指标中的价格变动因素，真实地反映固定资产投资的规模、速度、结构和效益，为国家科学地制定、检查固定资产投资计划并提高宏观调控水平，为完善国民经济核算体系提供科学的、可靠的依据。

Explanatory Notes on Main Statistical Indicators

Consumer Price Indices　reflect the trend and degree of changes in prices of consumer goods and services purchased by urban and rural households during a given period. They are obtained by combining the Urban Consumer Price Indices and the Rural Consumer Price Indices. The Indices enable the observation and analysis of the degree of impact of the changes in the prices of retailed goods and services on the actual living expenses of urban and rural residents.

Retail Price Indices　reflect the trend and degree of change in retail prices of commodities during a given period. The change in retail prices of commodities directly affect the living expenses of urban and rural residents, government revenue, purchasing power of residents and the equilibrium of market supply and demand, and the ratio of consumption to accumulation. Therefore, the retail price indices are useful from an oblique perspective for observing and analyzing the changes of the above economic activities.

Industry producer price index　measures the trend and degree of variance of industry producer price. It is a relative figure of average variance in different time and space, which includes factory price of first sale and intermediate inputs of raw materials, fuel and power. It is a important base of national economic accounting and economic governance.

Price Indices of Investment in Fixed Assets　reflect the trend and degree of changes in prices of investment goods and projects in fixed assets during a given period. The investment in fixed assets consists of three components, namely the investment in construction and installation, the investment in purchases of equipment and instrument, and the investment in other items. Price indices of investment in fixed assets are calculated as the weighted arithmetic mean of the price indices of the three components of investment in fixed assets.

Removing the factor of price change in the aggregates of investment at current prices, this indicator shows the changes in the prices of commodities and fees involved in the investment of fixed assets, and can be used to observe the actual size, growth, structure, and efficiency of investment in fixed assets and provides reliable and scientific data for government planning, management, decision-making, and further improving the current national accounting system.

9

人民生活

PEOPLE'S LIVELIHOOD

◆171/201

资料整理及英文翻译：张雪梅、徐荣开、黄　晨
王　敏、廖云洲

Ⅰ 简要说明

一、本篇资料的主要内容

本篇资料反映了全省城镇、农村居民的家庭收支、人口就业、居住、耐用消费品拥有、生产和生活等方面的情况。

二、本篇资料的来源

本篇资料中城镇、农村居民家庭相关资料来源于居民收支调查年报，由国家统计局江西调查总队居民收支调查处整理提供。

三、本篇资料的调查口径

从2013年起，国家统计局开展了城乡一体化住户收支与生活状况抽样调查，与2013年前的分城镇和农村住户抽样调查的调查范围、调查方法、指标口径有所不同。2013年前城镇和农村住户调查的指标为老口径数据，2013年后城镇和农村居民调查的指标为新口径数据。

Ⅰ Brief Introduction

I. Content

Data in this chapter show the basic conditions of the people's livelihood for the whole province, including income and expenditure of the households, employment, housing condition, consumption and possession of the major consumer goods, etc.

II. Source of Data

Data in this chapter are based on the data collected by the sample survey on household income and expenditure and are prepared and provided by the Division of Household Income and Expenditure Survey of Survey Office of the National Bureau of Statistics in Jiangxi.

Ⅲ Statistical Caliber

The sample survey of the integration of urban and rural residents income and life situation has been conducted since 2013. The scope of investigation, investigation method, index caliber therefore varies from the sample survey of residents by residences before 2013. New statistical caliber is applied since 2013.

9-1 人民物质文化生活情况
People's Material and Cultural Life

指　　标	Item	1978	2000	2010	2016	2017
就　业(人)	**Employment (person)**					
城镇居民每一劳动力负担人口	Number of Dependents per Employee of Urban Household		1.79	1.87	1.46	1.45
农村居民每一劳动力负担人口	Number of Dependents per Laborer of Rural Household	2.50	1.46	1.35	1.86	1.85
收　入(元)	**Income(yuan)**					
城镇非私营单位在岗职工平均工资	Average Wage of Employed Staff and Workers in Urban Nonprivate Units	552	7014	29092	57470	63069
城镇居民人均可支配收入	Per Capita Annual Disposable Income of Urban Households	305	5104	15481	28673	31198
农村居民人均可支配收入	Per Capita Net Income of Rural Residents	141	2135	5789	12138	13242
储　蓄(元)	**Saving(yuan)**					
平均每人住户存款年末余额	Per Capita Balance of Saving Deposit at Year-end	13	2997	13746	30533	33542
居　住(平方米)	**Residence(sq.m)**					
城镇居民人均建筑面积	Per Capita Building Space of Urban Households			38.88	42.40	42.50
农村居民人均建筑面积	Per Capita Living Space of Rural Households		27.79	40.26	54.20	54.90
交通、通讯	**Traffic and Communication**					
城镇居民每百户汽车拥有量(辆)	Number of Automobiles per 100 Urban Households(unit)		0.39	5.31	26.20	29.21
城镇居民每百户摩托车拥有量(辆)	Number of Motor Cycles per 100 Urban Households(unit)		12.96	20.77	32.07	29.04
城镇居民每百户拥有移动电话(部)	Number of Mobile Telephones per 100 Urban Households(unit)		14.37	181.18	231.35	235.73
农村居民每百户汽车拥有量(辆)	Number of Bicycles per 100 Rural Households (unit)				13.90	16.54
农村居民每百户摩托车拥有量(辆)	Number of Motor Cycles per 100 Rural Households(unit)		17.47	60.49	75.45	75.60
农村居民每百户拥有移动电话(部)	Number of Mobile Telephones per 100 Rural Households(unit)		1.43	140.98	241.19	249.52
教　育	**Education**					
每万人中有普通高等学校在校学生(人)	Students Enrollment of Regular Higher Education Institutions per 10000 Population(person)	6.86	35.29	187.98	234.19	235.81
每万人中有中等学校在校学生(人)	Students Enrollment of Secondary Schools per 10000 Population(person)	540.69	702.41	788.66	708.18	655.51
每万人中有小学在校学生(人)	Students Enrollment of Primary Schools per 10000 Population(person)	1614.20	1018.85	955.90	925.96	920.94
学龄儿童入学率(%)	Enrollment Rate of School-Age Children(%)	94.15	99.58	99.93	99.68	103.75
卫　生	**Health**					
每万人中有卫生技术人员(人)	Number of Medical Technical Personnels per 10000 Population(person)	22.1	29.7	34.7	48.3	51.0
#医生	Doctors	9.6	13.1	13.3	17.3	18.1
每万人中有病床数(张)	Number of Hospital Beds per 10000 Population (bed)	22.7	21.9	28.7	45.7	50.7
#医院卫生院	Hospital Beds	20.5	20.1	23.1	42.6	46.5
文　化(台/套)	**Culture(set)**					
城镇居民每百户拥有彩色电视机	Number of Color TV per 100 Urban Households		106.01	148.00	135.72	136.29
城镇居民每百户拥有照相机	Number of Cameras per 100 Urban Households		25.48	33.82	18.46	19.27
城镇居民每百户拥有计算机	Number of Computers per 100 Urban Households		4.56	59.91	71.22	74.33
农村居民每百户拥有计算机	Number of Computers per 100 Rural Households		2.00	5.22	22.24	24.59
农村居民每百户拥有彩色电视机	Number of Color TV per 100 Rural Households		30.16	106.86	130.88	132.12
农村居民每百户拥有照相机	Number of Cameras per 100 Rural Households		2.08	2.69	1.99	1.96

注：2013年之前为农村居民人均纯收入指标，2013年之后所有调查指标为新口径调查数据，无纯收入指标，统一为可支配收入指标。后同。

a) Rural per capita net income is adjusted to per capita disposable income of rural residents since 2013. The same applies to the tables following.

9-2 居民消费水平
Household Consumption Expenditure

本表绝对数按当年价格计算，指数按可比价格计算.

Level in this table are calculated at current prices,while indices are calculated at constant prices

年份 Year	绝对数(元) Level(yuan)			指数(上年=100) Index(Preceding Year=100)			指数(1978=100) Index(year of 1978=100)		
	全体居民 All Households	农村居民 Rural Household	城镇居民 Urban Household	全体居民 All Households	农村居民 Rural Household	城镇居民 Urban Household	全体居民 All Households	农村居民 Rural Household	城镇居民 Urban Household
1978	181	161	281	115.7	115.7	109.7	100.0	100.0	100.0
1979	203	179	323	110.7	109.7	113.4	110.7	109.7	113.4
1980	211	183	340	99.7	98.0	101.0	110.4	107.5	114.5
1981	230	194	394	104.1	101.3	110.8	114.9	108.9	126.9
1982	266	235	403	112.4	117.7	99.5	129.1	128.2	126.3
1983	282	253	410	104.5	106.1	100.3	134.9	136.0	126.7
1984	311	279	448	107.6	107.6	106.6	145.2	146.3	135.1
1985	367	327	535	108.7	107.9	109.7	157.8	157.9	148.2
1986	395	346	590	101.6	101.0	101.6	160.3	159.5	150.6
1987	427	365	675	103.7	101.7	107.0	166.2	162.2	161.1
1988	506	421	842	104.7	101.7	111.7	174.0	165.0	179.9
1989	580	480	971	100.0	101.6	96.5	174.0	167.6	173.6
1990	666	577	1017	104.5	104.8	103.6	181.8	175.6	179.8
1991	706	605	1105	103.6	103.2	104.6	188.3	181.2	188.1
1992	770	634	1295	106.7	105.1	110.0	200.9	190.4	206.9
1993	887	712	1566	105.9	105.0	107.8	212.8	199.9	223.0
1994	1182	923	2165	105.8	105.2	106.3	225.1	210.3	237.0
1995	1559	1266	2632	106.8	107.6	104.2	240.4	226.3	247.0
1996	1857	1553	2942	112.2	115.7	104.4	269.7	261.8	257.9
1997	1930	1569	3200	104.4	103.1	106.7	281.6	269.9	275.2
1998	1973	1599	3267	101.6	101.4	101.7	286.1	273.7	279.9
1999	2056	1637	3482	104.4	103.9	105.0	298.7	284.4	293.9
2000	2396	1793	4488	116.6	114.9	117.2	348.3	326.8	344.5
2001	2500	1801	4845	104.8	101.2	108.0	365.0	330.7	372.1
2002	2651	1879	5138	106.0	104.3	106.0	386.9	344.9	394.4
2003	2739	1964	5127	102.9	104.0	99.6	392.5	353.6	387.3
2004	3353	2342	6300	111.6	109.8	110.8	438.0	388.3	429.1
2005	3821	2576	7329	109.6	108.1	109.5	480.0	419.8	469.9
2006	4173	2810	7950	125.0	120.1	129.2	600.0	504.2	607.1
2007	4702	3061	9200	108.4	105.9	110.3	650.4	533.9	669.6
2008	5753	3096	9642	114.8	105.4	93.4	746.7	562.7	625.4
2009	6229	3443	10033	112.3	113.4	108.9	838.5	638.1	681.1
2010	7957	4369	12593	111.9	114.8	108.3	938.3	732.5	737.6
2011	9469	5756	14029	111.8	120.9	105.9	1049.0	885.6	781.2
2012	10524	6331	15327	110.5	113.2	106.7	1159.1	1002.5	833.5
2013	11960	7352	16914	110.0	113.4	106.3	1275.1	1136.9	886.0
2014	13216	8425	18095	110.2	113.9	106.8	1405.1	1294.9	946.2
2015	14445	9343	19362	109.1	112.3	106.1	1533.0	1454.2	1004.0
2016	15909	11045	20335	108.9	112.5	105.8	1669.4	1636.0	1062.2
2017	17290	12009	21815	108.2	111.8	105.2	1806.3	1829.0	1117.4

9-3 各地区住户存款年末余额（2017年）
Balance of Household Year-end by Region (2017)

单位：亿元 (100 million yuan)

地区	Region	本外币 RMB and Foreign Currency 年末余额 Balance	比年初 Over Beginning of Year	比年初增长(%) Growth Rate (%)	人民币 RMB 年末余额 Balance	比年初 Over Beginning of Year	比年初增长(%) Growth Rate (%)
全省	**Provincial Total**	**15580.33**	**1513.89**	**10.8**	**15503.39**	**1521.66**	**10.9**
南昌市	Nanchang	2913.24	143.10	5.2	2869.84	147.34	5.4
景德镇市	Jingdezhen	632.00	57.17	9.9	629.61	57.56	10.1
萍乡市	Pingxiang	558.39	42.35	8.2	556.17	42.58	8.3
九江市	Jiujiang	1468.83	139.30	10.5	1464.26	139.85	10.6
新余市	Xinyu	508.04	47.42	10.3	506.21	47.64	10.4
鹰潭市	Yingtan	402.69	37.82	10.4	401.09	37.95	10.5
赣州市	Ganzhou	2739.50	390.62	16.6	2733.46	391.16	16.7
吉安市	Ji'an	1599.37	147.27	10.1	1596.06	147.30	10.2
宜春市	Yichun	1675.66	151.05	9.9	1671.63	151.48	10.0
抚州市	Fuzhou	1185.82	125.49	11.8	1182.59	125.95	11.9
上饶市	Shangrao	1895.34	232.49	14.0	1891.03	233.06	14.1

9-4 各地区住户贷款年末余额（2017年）
Household Loan Balance at Year-end by Region (2017)

单位：亿元 (100 million yuan)

地区	Region	本外币 RMB and Foreign Currency 年末余额 Balance	比年初 Over Beginning of Year	比年初增长(%) Growth Rate (%)	人民币 RMB 年末余额 Balance	比年初 Over Beginning of Year	比年初增长(%) Growth Rate (%)
全省	**Provincial Total**	**10241.88**	**1931.17**	**23.2**	**10241.64**	**1931.20**	**23.2**
南昌市	Nanchang	2928.54	646.33	28.3	2928.46	646.31	28.3
景德镇市	Jingdezhen	236.82	58.32	32.7	236.81	58.31	32.7
萍乡市	Pingxiang	236.23	41.97	21.6	236.22	41.96	21.6
九江市	Jiujiang	988.74	243.39	32.7	988.72	243.38	32.7
新余市	Xinyu	271.90	35.31	14.9	271.89	35.31	14.9
鹰潭市	Yingtan	201.83	27.01	15.5	201.82	27.00	15.4
赣州市	Ganzhou	1936.37	379.19	24.4	1936.34	379.18	24.4
吉安市	Ji'an	855.98	180.60	26.7	855.97	180.60	26.7
宜春市	Yichun	887.28	150.95	20.5	887.26	150.95	20.5
抚州市	Fuzhou	746.58	141.61	23.4	746.56	141.60	23.4
上饶市	Shangrao	937.25	175.85	23.1	937.24	175.85	23.1

9-5 城镇居民基本情况

Basic Condition of Urban Households

年 份 地 区 Year Region	平均每户家庭人口数(人) Average Household Size (person)	平均每户劳动力人口数(人) Average Number of Employed Persons per Household (person)	平均每人每年可支配收入(元) Per Capita Annual Disposable Income (yuan)	可支配收入指数 Index of Disposable Income 以上年为100 (preceding year=100)	以1978年为100 (year of 1978=100)	平均每人每年消费支出(元) Per Capita Annual Consumption Expenditure (yuan)
1986	4.02		729.84	118.00	171.90	630.96
1987	3.98		791.88	100.60	172.90	703.20
1988	3.72		937.80	95.70	165.50	876.48
1989	3.65		1081.92	98.40	161.20	977.88
1990	3.60		1187.88	107.50	173.30	983.76
1991	3.54		1295.40	104.50	181.00	1110.24
1992	3.45		1584.96	113.80	206.00	1275.96
1993	3.37		1984.80	108.10	222.80	1585.68
1994	3.28		2776.80	110.20	245.60	2201.04
1995	3.20		3376.56	104.00	255.50	2712.48
1996	3.18		3780.24	103.60	264.60	2942.16
1997	3.13		4071.36	104.60	276.70	3199.56
1998	3.08		4251.48	103.40	286.00	3266.76
1999	3.06		4720.56	112.00	320.30	3482.28
2000	3.08		5103.60	105.90	339.20	3623.52
2001	3.04		5506.08	108.10	366.70	3894.48
2002	2.97		6335.64	114.80	421.00	4549.32
2003	2.97		6901.44	108.00	454.70	4914.60
2004	2.91		7559.64	106.00	482.00	5337.84
2005	2.89		8619.72	112.30	541.30	6109.44
2006	2.86		9551.12	110.00	595.43	6645.54
2007	2.85		11221.87	112.50	669.80	7810.73
2008	2.90		12866.44	108.30	725.40	8717.37
2009	2.88		14021.54	109.60	795.00	9739.99
2010	2.84		15481.12	107.30	853.00	10618.69
2011	2.87		17494.87	107.52	917.00	11747.21
2012	2.86		19860.36	110.60	1014.20	12775.65
2013	3.35	2.32	22119.66	107.80	1093.30	13843.00
2014	3.32	2.31	24309.19	107.30	1173.10	15142.00
2015	3.23	2.27	26500.12	107.40	1259.90	16731.81
2016	3.25	2.22	28673.28	106.10	1244.66	17695.65
2017	3.23	2.22	31198.06	106.7	1425.9	19244.46

注：可支配收入指数均按可比价计算。

a) Disposable income index are calculated at comparable price.

9-6 城镇居民按收入高低五等份分组基本情况（2017年）

Basic Indicators of Urban Households of Five Groups Divided Equally by Income Level (2017)

指　　标	Item	低收入组 Low Income Households	中低收入组 Lower Middle Income Households
占调查总户数比重(%)	Percentage of Households (%)	20	20
平均每户家庭人口数(人)	Average Household Size (person)	4.04	3.60
平均每户劳动力人口数(人)	Average Number of Laborer Per Household (person)	2.35	2.32
平均每户家庭劳动力人口比重(%)	Percentage of Laborer Per Household	58.16	64.43
平均每一劳动力负担人口(人)	Average Number of Persons Supported by A Laborer(Person)	1.72	1.55
平均每人每年可支配收入(元)	Per Capita Annual Disposable Income (yuan)	14033.71	23540.63
平均每人每年消费支出(元)	Per Capita Annual Disposable Income (yuan)	10749.98	14794.77

9-6 续表 continued

指　　标	Item	中等收入组 Middle Income Households	中高收入组 Upper Middle Income Households	高收入组 High Income Households
占调查总户数比重(%)	Percentage of Households (%)	20	20	20
平均每户家庭人口数(人)	Average Household Size (person)	3.12	2.78	2.61
平均每户劳动力人口数(人)	Average Number of Laborer Per Household (person)	2.31	2.13	2.00
平均每户家庭劳动力人口比重	Percentage of Laborer Per Household	74.11	76.75	76.51
平均每一劳动力负担人口(人)	Average Number of Persons Supported by A Laborer(Person)	1.35	1.30	1.31
平均每人每年可支配收入(元)	Per Capita Annual Disposable Income (yuan)	30519.72	38253.72	60785.23
平均每人每年消费支出(元)	Per Capita Annual Consumption Expenditure (yuan)	18375.99	23036.18	35108.24

9-7 城镇居民平均每人每年收支

Per Capita Annual Cash Income and Expenditure of Urban Households

单位：元 (yuan)

指标	Item	2016	2017
可支配收入	**Disposable Income**	**28673.28**	**31198.06**
工资性收入	Income of Wages and Salaries	18135.90	19794.87
#工资	Wages	17574.49	19106.68
经营净收入	Net Business Income	2384.69	2605.52
财产净收入	Income from Property	2619.25	2630.47
转移净收入	Income from Transfers	5533.42	6167.20
#养老金或离退休金	Pension or Retirement Annuities	5396.88	6089.59
总支出	**Total Expenditure of Households**	**22598.18**	**25320.48**
#消费支出	Consumption Expenditure	17695.65	19244.46
生产经营费用支出	Production and Operation	814.03	809.89
财产性支出	Property	70.43	88.36
转移性支出	Transfer	1008.99	1217.39
个人所得税	Individual Income Tax	28.93	31.18
部分商业保险支出	Part of the Commercial Insurance Payments	41.40	20.07
购置资产及非经常性转移支出	Purchase of Assets and non Regular Payments	1917.10	2853.81
借贷性支出	Loan	1050.57	1086.50
#存入储蓄款	Money Deposited in Bank	358.59	299.67
借出款	Lending Money	8.64	27.69
归还借款	Money Returned to the Borrower	10.74	34.07
归还住房贷款	Housing Loan Returned	583.84	631.33

9-8 城镇居民平均每人每年收支（2017年）

Per Capita Annual Cash Income and Expenditure of Urban Households (2017)

单位：元

指 标	Item	合 计 Total	低 收 入 户 Low Income Households	中 等 偏下户 Lower Middle Income Households	中 等 收入户 Middle Income Households	中 等 偏上户 Upper Middle Income Households	高 收 入 户 High Income Households
可支配收入	**Disposable Income**	**31198.06**	**14033.71**	**23540.63**	**30519.72**	**38253.72**	**60785.23**
工资性收入	Income of Wages and Salaries	19794.87	8943.50	15650.22	20195.58	23206.14	37669.01
#工资	Wages	19106.68	8896.80	15427.10	19560.18	22319.13	35528.50
经营净收入	Net Business Income	2605.52	1717.80	1904.82	1762.91	1840.88	6710.92
财产净收入	Income from Property	2630.47	1265.85	1730.85	2641.27	3167.78	5329.26
转移净收入	Income from Transfers	6167.20	2106.57	4254.75	5919.96	10038.92	11076.05
#养老金或离退休金	Pension or Retirement Annuities	6089.59	1932.08	4241.64	6327.37	9742.18	10709.90
总支出	**Total Expenditure of Households**	**25320.48**	**13694.05**	**18764.32**	**23876.72**	**29748.98**	**48781.52**
#消费支出	Consumption Expenditure	19244.46	10749.98	14794.77	18375.99	23036.18	35108.24
生产经营费用支出	Production and Operation	809.89	577.92	484.65	329.16	519.88	2483.19
财产性支出	Property	88.36	60.21	110.24	89.14	63.70	125.79
转移性支出	Transfer	1217.39	654.11	929.65	1113.64	1465.04	2318.29
个人所得税	Individual Income Tax	31.18	0.91	6.55	9.86	25.98	141.23
部分商业保险支出	Part of the Commercial Insurance Payments	20.07	8.81	10.33	12.00	42.15	36.54
购置资产及非经常性	Purchase of Assets and non Regular	2853.81	1266.82	1600.28	2810.07	3256.53	6578.75
借贷性支出	Loan	1086.50	376.19	834.41	1146.73	1365.50	2130.72
#存入储蓄款	Money Deposited in Bank	299.67	89.08	272.35	427.15	567.76	217.42
借出款	Lending Money	27.69	6.04	-	129.82	2.19	3.52
归还借款	Money Returned to the Borrower	34.07	6.62	5.53	48.74	-	132.98
归还住房贷款	Housing Loan Returned	631.33	224.87	510.39	481.45	670.10	1544.45

9-9 城镇居民平均每人每年消费支出（2017年）
Per Capita Consumption Expenditure of Urban Households (2017)

单位：元

指　　标	Item	合　计 Total	低　收 入　户 Low Income Households	中　等 偏下户 Lower Middle Income Households	中　等 收入户 Middle Income Households	中　等 偏上户 Upper Middle Income Households	高　收 入　户 High Income Households
消费支出	**Consumption Expenditure**	**19244.46**	**10749.98**	**14794.77**	**18375.99**	**23036.18**	**35108.24**
食品烟酒	Food, Cigarette and Wine	5994.00	3859.27	5108.46	6040.34	7463.42	8799.82
#食品	Food	4474.04	3101.13	3981.19	4599.94	5449.73	6026.57
烟酒	Cigarette and Wine	478.76	245.88	340.52	473.67	736.45	750.85
饮料	Beverage	70.70	38.43	65.11	65.26	96.26	106.19
饮食服务	Service	970.51	473.83	721.64	901.46	1180.98	1916.21
衣着	Clothing	1531.22	789.95	1174.22	1497.98	1843.79	2841.44
#衣类	Clothes	1244.00	635.15	940.72	1231.34	1502.34	2314.78
鞋类	Footwears	287.22	154.80	233.50	266.64	341.44	526.65
居住	Residence	4588.84	2670.83	3537.26	4498.00	4969.79	8612.89
生活用品及服务	Household Appliances and Services	1196.18	548.62	713.74	1225.30	1448.46	2527.22
交通通信	Transport and Communications	2156.95	883.60	1416.72	1684.42	2843.37	4917.94
#交通	Transport	1411.03	465.75	777.95	896.28	1978.18	3709.46
通信	Communications	745.92	417.85	638.77	788.14	865.18	1208.48
教育、文化娱乐	Education, Cultural and Recreation Services	2235.36	1283.05	1994.39	2149.43	2146.81	4190.70
#教育	Education	1288.94	975.60	1388.36	1312.85	1040.74	1857.28
文化娱乐	Cultural and Recreation Services	946.41	307.44	606.04	836.58	1106.07	2333.42
医疗保健	Health Care and Medical Services	1044.26	546.25	559.06	894.01	1764.25	1872.99
#医疗器具及药品	Instruments, Apparatuses and Medicines,	377.76	198.79	221.10	308.46	465.67	850.48
医疗服务	Service	666.49	347.46	337.96	585.55	1298.58	1022.51
其他用品和服务	Other Goods and Services	497.65	168.42	290.92	386.51	556.30	1345.24
#其他用品	Other Goods	273.23	95.71	150.93	190.25	288.89	789.45
其他服务	Other Services	224.42	72.71	139.99	196.25	267.41	555.79

9-10 城镇居民平均每人每年消费支出和构成

Per Capita Consumption Expenditure and Expenditure Percentage of Urban Households

类别	Type	消费性支出（元） Consumption Expenditure(yuan)		构成（%） Percentage (%)	
		2016	2017	2016	2017
消费支出	**Consumption Expenditure**	**17695.65**	**19244.46**	**100.00**	**100.00**
食品烟酒	Food, Cigarette and Wine	5667.46	5994.00	32.03	31.15
#食品	Food	4298.78	4474.04	24.29	23.25
烟酒	Cigarette and Wine	441.60	478.76	2.50	2.49
饮料	Beverage	65.60	70.70	0.37	0.37
饮食服务	Service	861.48	970.51	4.87	5.04
衣着	Clothing	1472.19	1531.22	8.32	7.96
#衣类	Clothes	1184.14	1244.00	6.69	6.46
鞋类	Footwears	288.06	287.22	1.63	1.49
居住	Residence	3915.86	4588.84	22.13	23.84
生活用品及服务	Household Appliances and Services	1028.59	1196.18	5.81	6.22
交通通信	Transport and Communications	2310.58	2156.95	13.06	11.21
#交通	Transport	1589.30	1411.03	8.98	7.33
通信	Communications	721.28	745.92	4.08	3.88
教育、文化娱乐	Education, Cultural and Recreation Services	1963.93	2235.36	11.10	11.62
#教育	Education	1076.12	1288.94	6.08	6.70
文化娱乐	Cultural and Recreation Services	887.81	946.41	5.02	4.92
医疗保健	Health Care and Medical Services	887.45	1044.26	5.02	5.42
#医疗器具及药品	Instruments, Apparatuses and Medicines,	351.63	377.76	1.99	1.96
医疗服务	Service	535.82	666.49	3.03	3.46
其他用品和服务	Other Goods and Services	449.60	497.65	2.54	2.58
#其他用品	Other Goods	228.66	273.23	1.29	1.42
其他服务	Other Services	220.94	224.42	1.25	1.17

9-11 城镇居民平均每百户主要耐用消费品年末拥有量
Ownership of Major Consumer Good Per 100 Urban Households at Year-end

品名	Item	2005	2010	2016	2017
摩托车(辆)	Motorcycle(unit)	24.38	20.77	32.07	29.04
家用汽车(辆)	Family Car(unit)	0.73	5.31	26.20	29.21
洗衣机(台)	Washing Machine(unit)	95.29	93.84	92.35	94.21
电冰箱(台)	Refrigerator(unit)	90.66	96.57	97.45	98.60
彩色电视机(台)	Color Television Set(unit)	139.31	148.00	135.72	136.29
计算机(台)	Computer(unit)	32.03	59.91	71.22	74.33
照相机(台)	Camera(unit)	37.35	33.82	18.46	19.27
中高档乐器(架)	Medium and High Grade Musical Instruments(piece)	8.67	6.70	3.33	4.21
微波炉(台)	Microwave Oven(unit)	38.93	55.86	50.37	54.21
空调(台)	Air Conditioner(unit)	72.41	107.67	129.79	137.65
热水器(台)	Shower Heater(unit)	81.77	92.28	93.15	95.90
健身器材(台)	Body Building Equipment(unit)	1.77	3.17	3.63	4.94
移动电话(部)	Mobile Telephone(unit)	136.26	181.18	231.35	235.73

9-12 农村居民家庭基本情况

Basic Statistics on Rural Households

年 份 Year	平均每户家庭人口(人) Average Permanent Population Per Household (person)	平均每户整半劳动力(人) Average Number of Full Semi Labour Force Per Household (person)	平均每个劳动力负担人口(人) Average Number of Dependents Per Laborer Force (person)	平均每人可支配收入(元) Per Capita Average Net Income (yuan)	平均每人住房面积(平方米) Per Capita Floor Space of Residential Buildings (sq.m)
1978	5.68	2.77	2.5	140.7	
1979	5.67	2.26	2.50	156.50	
1980	5.91	2.50	2.36	181.24	9.09
1981	6.06	2.78	2.18	226.87	10.05
1982	5.97	2.63	2.27	269.71	11.57
1983	5.92	2.90	2.04	301.76	13.92
1984	5.94	3.02	1.97	334.11	15.55
1985	5.79	3.09	1.87	377.31	16.20
1986	5.72	3.04	1.88	395.63	17.50
1987	5.61	3.02	1.85	429.29	18.47
1988	5.48	3.01	1.82	488.16	19.35
1989	5.38	3.02	1.78	558.64	19.94
1990	5.28	3.00	1.76	669.90	20.58
1991	5.09	2.92	1.74	702.53	20.08
1992	5.01	2.94	1.70	768.41	20.70
1993	4.92	3.02	1.63	869.81	22.91
1994	4.86	3.10	1.57	1218.19	21.61
1995	4.79	3.12	1.54	1537.36	22.70
1996	4.71	3.02	1.56	1869.63	24.00
1997	4.61	3.00	1.54	2107.28	24.33
1998	4.56	2.99	1.52	2048.00	25.31
1999	4.50	2.99	1.50	2129.45	26.90
2000	4.44	3.03	1.46	2135.30	27.79
2001	4.43	3.01	1.47	2231.60	28.25
2002	4.39	3.01	1.46	2334.20	29.24
2003	4.36	3.05	1.43	2457.53	30.55
2004	4.33	3.08	1.41	2952.56	31.35
2005	4.34	3.14	1.38	3265.53	34.10
2006	4.30	3.15	1.37	3584.72	35.91
2007	4.29	3.17	1.35	4097.82	36.78
2008	4.29	3.16	1.36	4697.19	37.56
2009	4.29	3.17	1.35	5075.01	39.53
2010	4.29	3.18	1.35	5788.56	40.26
2011	4.25	3.06	1.39	6891.63	46.82
2012	4.24	3.04	1.40	7827.82	47.61
2013	4.20	2.40	1.75	9088.78	49.11
2014	4.20	2.31	1.82	10116.58	50.20
2015	4.11	2.24	1.83	11139.08	51.80
2016	4.05	2.18	1.86	12137.72	54.20
2017	4.06	2.19	1.85	13241.82	54.90

注：2013年之后人均常住人口指标为人均家庭人口，人均纯收入指标为人均可支配收入，2013年之后所有数据为新口径调查数据。后同。

a) Average permanent population per household has been adjusted to average family population per household, per capita net income to per capita disposable income since 2013. The new statistic standard has been applied since 2013.The same applies to the table following.

9-13 平均每百户农村居民主要生产用固定资产拥有量
Ownership of Major Fixed Assets for Production Per 100 Rural Households

指　　标	Item	2016	2017
生产性固定资产原值（元）	**Productive Original Value of Fixed Assets (yuan)**	**1184454**	**992749**
农　业	Farming	475212	505202
林　业	Forestry	9586	5492
牧　业	Animal Husbandry	84099	64662
渔　业	Fishing	6273	2743
采矿业	Mining	1756	19301
制造业	Manufacturing	51074	5593
电力、热力、燃气及水的生产和供应业	Production and Supply of Electricity, Gas & Water	1444	1494
建筑业	Construction	37519	30066
批发和零售业	Wholesale and Retail Trade	147135	115678
交通运输、仓储和邮政业	Traffic, Transport, Storage and Post	233908	146499
住宿和餐饮业	Hotels and Catering Services	46384	37322
居民服务与其他服务业	Services to Households and Other Services	54444	49690
其　他	Others	35619	9006
主要生产性固定资产数量	**Amount of Major Productive Fixed Assets**		
房屋及建筑物（平方米）	Housing and Building (sq.m)	1253.87	3567.97
大中型农用拖拉机（台）	Large and Medium Tractor (unit)	0.96	0.81
小型农用拖拉机（台）	Small and Walking Tractor (unit)	12.74	12.22
农用排灌动力机械(台)	Power-driven Irrigation and Drainage Equipment (unit)	7.64	7.38
插秧机(台)	Rice Transplanter (unit)	0.19	0.06
收割机（台）	Harvester (unit)	1.48	1.40
脱粒机（台）	Thresher (unit)	11.23	9.28
役　畜（头）	Draught Animal (head)	44.55	11.05
产品畜（头）	Commodity Animal (head)	27.71	14.20

9-14 农村居民人口与就业情况

Population and Employment of Rural Households

单位：人 (person)

指标	Item	2016	2017
农村居民人口状况	**Population of Rural Households**		
家庭常住人口	Number of Permanent Residents	10604	10863
5岁及以下	5 and Under	690	562
6-15岁	Aged 6 - 15	1878	1965
16-19岁	Aged 16 - 19	581	639
20-24岁	Aged 20 - 24	466	462
25-29岁	Aged 25 - 29	447	462
30-34岁	Aged 30 - 34	403	407
35-40岁	Aged 35 - 40	702	614
41-50岁	Aged 41 - 50	1969	1986
51-60岁	Aged 51 - 60	1856	1940
61-65岁	Aged 61 - 65	718	815
66岁及以上	66 and Over	894	1012
在校学生人数	Students Enrollment	2576	2712
农村住户劳动力素质状况	**Labor Force Quality of Rural Households**		
整半劳动力数	Number of Full/Semi Labour Force	6795	7023
#男劳动力人数	Number of Male Labour Force	3413	3504
整劳动力	Number of Full Labour Force	3192	3130
劳动力文化程度	Education of Labor Force		
未上过学	Un-Schooled	326	317
小学程度	Primary School	2425	2462
初中程度	Junior High School	3136	3250
高中程度	Senior High School	728	781
大专及以上	Junior College and over	180	213

9-14 续表 continued

单位：人 (person)

指 标	Item	2016	2017
农村居民就业情况	**Employment of Rural Households**		
家庭常住从业人数	Resident Labor Force	6152	6295
#男性从业人数	Male Labor Force	3258	-
就业类型	Type of Employment		
雇主	Employer	108.5	105
公职人员	Public Employee	38	43
事业单位人员	Institution personnel	64	67
国有企业雇员	Employee of State-owned Enterprises	23	21
其他雇员	Other Employee	2038.25	2246
农业自营	Agricultural Self-run	3300	3213
非农自营	Non-agricultural Self-run	580	601
行业分布	Sector of Employment		
第一产业就业人数	Primary Industry	3393	3295
第二产业就业人数	Secondary Industry	1535.5	1618
采矿业	Mining and Quarrying	33	41
制造业	Manufacturing	656.25	688
电力、热力、燃气及水生产供应业	Production and Supply of Electricity, Gas & Water	33	36
建筑业	Construction	813.25	853
第三产业就业人数	Tertiary Industry	1223.25	1383
批发和零售业	Wholesale and Retail Trades	377	445
交通运输、仓储和邮政业	Transport,Storage and Post	177	190
住宿和餐饮业	Hotels and Catering Services	124.25	127
居民服务、修理和其他服务业	Services to Households and Other Services	254	276
教 育	Education	53	68
卫生和社会工作	Health and Social Affairs	39	45
文化、体育和娱乐业	Culture,Sports and Entertainment	23	28
其 他	Others	176	204

9-15 平均每百户农村居民主要耐用消费品年末拥有量

Ownership of Major Durable Consumer Goods Per 100 Rural Households

品　　名	Item	2016	2017
家用汽车(辆)	Family Vehicle(unit)	13.90	16.54
摩托车(辆)	Motorcycle(unit)	75.45	75.60
洗衣机(台)	Washing Machine(unit)	49.54	55.25
电冰箱(台)	Refrigerator(unit)	89.79	91.42
彩色电视机(台)	Color TV Set(unit)	130.88	132.12
排油烟机(台)	Smoke Absorber(unit)	18.36	20.34
空调(台)	Air Conditioner(unit)	48.34	56.48
热水器(台)	Water Heater(unit)	64.72	68.01
微波炉(台)	Oven(unit)	9.85	11.20
固定电话(线)	Fixed-line Telephone(line)	14.83	13.07
移动电话(部)	Mobile Telephone(unit)	241.19	249.52
照相机(台)	Camera(unit)	1.99	1.96
计算机(台)	Computer(unit)	22.24	24.59
中高档乐器(架)	Medium and High Grade Musical Instrument(unit)	0.48	0.70

9-16　农村居民人均食品消费量

Peasants' Per Capita Consumption on Living Consumer Goods

单位：公斤　　(kg)

类　别	Type	2016	2017
粮食	Grain	172.04	167.28
#谷物	Rice	164.44	159.90
薯类	Tubers	1.79	1.51
豆类	Soybeans	5.81	5.86
蔬菜及菜制品	Fresh Vegetable and Related Products	110.10	104.31
油脂类	Oil	14.68	11.97
#植物油	Vegetable Oil	13.92	11.36
肉类	Meat	19.93	0.61
#猪肉	Pork	17.04	17.42
牛肉	Beef	0.87	1.12
羊肉	Mutton	0.13	0.18
禽类	Poultry	6.68	6.69
水产品	Aquatic Products	8.30	8.43
蛋类及蛋制品	Eggs and Related Products	5.73	5.84
奶和奶制品	Milk and Dairy Products	5.99	6.59
食糖	Sugar	0.93	0.94
酒	Liquor and Beverages	11.25	10.85
干鲜瓜果类	Dry and Fresh Melon and Fruits	27.24	28.00

9-17　农村居民平均每人总收入

Per Capita Total Income in Rural Households

单位：元　　(yuan)

指　标	Item	2016	2017
全年总收入（未扣除生产费用）	**Annual Total Income**	**15371.65**	**16196.34**
工资性收入	Income From Wages and Salaries	4954.66	5609.17
经营性收入	Income from Household Operations	7705.90	7579.85
第一产业	Primary Industry	5242.33	4943.42
#农业	Farming	3397.24	3273.98
林业	Forestry	247.65	194.82
牧业	Animal Husbandry	1496.60	1370.02
渔业	Fishery	100.84	104.60
第二产业	Secondary Industry	614.61	629.43
第三产业	Tertiary Industry	1848.96	2007.00
财产性收入	Property Income	230.55	237.49
转移性收入	Transfer Income	2480.55	2769.83

9-18 农村居民平均每人现金收入

Per Capita Cash Income in Rural Households

单位：元 (yuan)

指　　标	Item	2016	2017
全年现金收入(未扣除生产费用)	**Annual Total Cash Income**	**14189.29**	**15193.58**
#现金工资性收入	Income from Wages and Salaries	4947.10	5597.50
#工资	Wages	4936.72	5534.97
其他工资性收入	Other Wage Incomes	10.38	62.53
现金经营性收入	Operational Income in Cash	6654.82	6687.68
第一产业	Primary Industry	4191.26	4051.25
#农业	Farming	2556.95	2519.87
林业	Forestry	136.08	139.39
牧业	Animal Husbandry	1400.72	1291.38
渔业	Fishery	97.51	100.61
第二产业	Secondary Industry	614.61	629.43
#采矿业	Mining	1.57	-
制造业	Manufacturing	54.40	46.53
建筑业	Construction	558.64	582.90
第三产业	Tertiary Industry	1848.96	2007.00
#批发和零售业	Wholesale and Retail Trade	934.67	1018.85
交通运输、仓储和邮政业	Traffic Transport, Storage and Post	490.98	451.66
住宿和餐饮业	Hotels and Catering Services	81.00	100.83
居民服务、修理和其他服务业	Domestic Service, Repair and Other Services	242.41	284.31
其他行业	Other Sectors	30.90	50.51
现金财产性收入	Income from Properties	230.55	237.49
现金转移性收入	Income from Transfers	2356.81	2670.91

9-19 农村居民家庭平均每人总支出

Per Capita Total Expenditures in Rural Households

单位：元 (yuan)

指　标	Item	2016	2017
全年总支出	**Annual Total Expenditure**	**13838.50**	**14616.22**
#生产经营费用支出	Expenditure on Production and Management	2807.70	2520.46
第一产业	Primary Industry	1911.23	1671.17
第二产业	Secondary Industry	239.45	193.21
第三产业	Tertiary Industry	657.02	656.08
购置资产及非经常性转移	Acquisition of Assets and Non-recurrent Transfer	1378.56	1687.69
#购置资产支出	Acquisition of Assets	465.65	680.19
非经常转移支出	Non-recurrent Transfer	912.91	1007.50
消费支出	Living Expenditure	9128.27	9870.38
#食品烟酒	Food, Cigarette and Wine	3221.71	3314.41
衣　着	Clothing	453.65	502.02
居　住	Residence	2319.52	2558.20
生活用品及服务	Articles and Service of Daily Use	519.70	537.43
交通通信	Transportation and Communications	893.92	1067.41
教育文化娱乐	Education, Culture and Entertainment	922.24	1004.08
医疗保健	Medical Articles	649.98	718.24
其他用品和服务	Other Commodities and Services	147.54	168.57
财产性支出	Property Expenditure	26.18	23.26
转移性支出	Transfer Expenditure	194.16	220.21

9-20 农村居民平均每人生活消费支出

Per Capita Living Expenditure of Rural Households

单位：元 (yuan)

指　　标	Item	2016	2017
全年生活消费支出(不含自产自用)	**Annual Living Expenditure for Consumption**	**8388.30**	**9230.21**
#货币性消费	Consumption Paid in Money	6732.27	7472.97
食品烟酒	Food, Cigarette and Wine	2592.11	2731.61
#货币性消费	Consumption Paid in Money	2583.84	2719.05
衣着	Clothing	453.53	501.90
#货币性消费	Consumption Paid in Money	453.53	501.90
居住	Residence	2209.75	2503.03
#货币性消费	Consumption Paid in Money	685.01	856.30
生活用品及服务	Articles and Service of Daily Use	519.70	537.43
#货币性消费	Consumption Paid in Money	518.52	536.75
交通通信	Transportation and Communications	893.92	1067.41
#货币性消费	Consumption Paid in Money	893.92	1067.33
教育文化娱乐	Education, Culture and Entertainment	922.24	1004.08
#货币性消费	Consumption Paid in Money	922.24	1004.08
医疗保健	Medical Articles	649.98	718.24
#货币性消费	Consumption Paid in Money	528.46	621.89
其他用品和服务	Other Commodities and Services	147.07	166.50
#货币性消费	Consumption Paid in Money	146.75	165.68

9-21 农村居民家庭平均每人可支配收入
Per Capita Annual Net Income in Rural Households

单位：元 (yuan)

指　　标	Item	2016	2017
全年可支配收入	**Annual Disposable Income**	**12137.72**	**13241.82**
工资性收入	Income of Wages and Salaries	4954.66	5609.17
#工资	Wages	4936.72	5534.97
经营净收入	Income from Household Business Operation	4692.30	4868.80
第一产业	Primary Industry	3209.36	3160.40
农业收入	Farming	2382.96	2326.65
林业收入	Forestry	221.08	172.77
牧业收入	Animal Husbandry	531.37	579.82
渔业收入	Fishery	73.95	81.16
第二产业	Secondary Industry	367.03	427.43
第三产业	Tertiary Industry	1115.91	1280.97
财产净收入	Property Income	204.37	214.23
转移净收入	Transfer Income	2286.39	2549.62

9-22 农村居民平均每人按收入水平分组的户数构成
Composition of Rural Households by Per Capita Annual Net Income

单位：% (%)

分组	Group	2016	2017
600元以下的户	600 yuan and below	0.93	0.53
600-1000元的户	600-1000 yuan	0.16	0.19
1000-1500元的户	1000-1500 yuan	0.32	0.37
1500-2000元的户	1500-2000 yuan	0.45	0.31
2000-2500元的户	2000-2500 yuan	0.51	0.59
2500-3000元的户	2500-3000 yuan	0.93	0.62
3000-3500元的户	3000-3500 yuan	1.22	1.25
3500-4000元的户	3500-4000 yuan	1.28	1.40
4000-5000元的户	4000-5000 yuan	4.17	3.70
5000-6000元的户	5000-6000 yuan	5.78	5.01
6000-7000元的户	6000-7000 yuan	6.68	6.32
7000-8000元的户	7000-8000 yuan	7.25	6.26
8000元以上的户	8000 yuan and over	70.36	73.47

9-23 按收入高低五等份分组农村居民家庭基本情况（2017年）
Basic Indicators of Rural Households of Five Groups Divided Equally by Income Level (2017)

指　　标	Item	低收入组 Low Income Households	中低收入组 Lower Middle Income Households	中等收入组 Middle Income Households	中高收入组 Upper Middle Income Households	高收入组 High Income Households
占调查总户数比重(%)	Percentage of Households (%)	20	20	20	20	20
平均每户家庭人口(人)	Family Members Per Household(person)	4.63	4.39	4.14	3.81	3.32
平均每户劳动力人口数(人)	Labourer per Household(person)	2.14	2.25	2.19	2.23	2.11
平均每一劳动力负担人口(人)	Average Number of Persons Supported by A Laborer(Person)	2.16	1.95	1.89	1.71	1.57
平均每人可支配收入(元)	per capita Disposable Income(yuan)	4653.77	8326.85	11638.11	16373.51	30468.27
工资性收入	Income of Wage	1840.30	3667.02	5464.05	8337.03	10617.80
经营净收入	Net Income from Operations	1420.97	2723.15	3712.44	5230.24	13692.36
第一产业	Primary Industry	1158.81	2030.54	2490.30	3204.49	8316.82
第二产业	Secondary Industry	41.64	87.53	342.97	427.81	1539.39
第三产业	Tertiary Industry	220.52	605.09	879.17	1597.94	3836.16
财产净收入	Property Income	34.37	52.08	133.87	185.97	821.68
转移净收入	Transfer Income	1358.12	1884.60	2327.74	2620.27	5336.44
平均每人消费支出(元)	Per Capita Living Expenditure(yuan)	6629.24	8350.24	9331.29	11353.98	15489.29
食品烟酒	Food Expenditure	2374.56	2815.37	3240.60	3748.63	4914.54
衣着	Clothing Expenditure	265.44	362.70	459.84	649.57	908.58
居住	Residence Expenditure	1831.43	2150.44	2437.81	2833.58	3973.87
生活用品及服务	Articles and Service of Daily Use	307.10	427.66	511.89	588.34	986.14
交通通信	Transport and Communication	476.51	925.73	788.21	1328.88	2145.71
教育、文化娱乐	Education, Culture and Entertainment	704.37	912.86	1133.21	1156.01	1216.54
医疗保健	Medicines and Health Care	553.72	637.84	619.90	871.58	1006.35
其他用品和服务	Other Commodities and Services	116.10	117.65	139.82	177.39	337.57

9-24 各地区城乡居民人均可支配收入和消费支出(2017年)

Per Capita Annual Income and Consumption Expenditure of Urban and Rural Residents by Region (2017)

单位：元 (yuan)

地 区	Region	城镇居民可支配收入 Per Capita Annual Disposable Income of Urban Residents	农村居民可支配收入 Per Capita Net Income of Rural Residents	城镇居民消费支出 Per Capita Consumption Expenditure of Urban Residents	农村居民消费支出 Per Capita Consumption Expenditure of Rural Residents
全 省	**Total**	**31198**	**13242**	**19244**	**9870**
南 昌 市	Nanchang	37675	16364	24275	10240
景德镇市	Jingdezhen	34283	15095	20811	10951
萍 乡 市	Pingxiang	33120	16598	21716	11462
九 江 市	Jiujiang	32592	13303	19877	10041
新 余 市	Xinyu	34775	16581	22180	11808
鹰 潭 市	Yingtan	31696	14738	20207	11163
赣 州 市	Ganzhou	29567	9717	18547	8214
吉 安 市	Ji'an	31936	12543	18904	9402
宜 春 市	Yichun	29871	13747	18515	10486
抚 州 市	Fuzhou	29463	13563	16981	8627
上 饶 市	Shangrao	31853	12174	17366	8481

9-25 居民人均收入和消费支出(2017年)

Per Capita Annual Disposable Income and Consumption Expenditure (2017)

单位：元 (yuan)

指 标	Item	2016	2017
全省居民人均可支配收入	**Per Capita Annual Disposable Income of Total Residents**	**20109.56**	**22031.45**
工资性收入	Income of Wages and Salaries	11309.37	12553.11
经营净收入	Net Business Income	3579.80	3760.92
财产净收入	Net Income from Property	1368.59	1396.99
转移净收入	Net Income from Transfers	3851.79	4320.43
全省居民人均消费支出	**Per Capita Consumption Expenditure of Total Residents**	**13258.62**	**14459.02**
食品烟酒	Foods,Tobacco and Beverages	4400.81	4626.08
衣着	Clothing	944.69	1005.82
居住	Residence	3089.12	3552.21
生活用品及服务	Household Supplies and Services	765.03	859.89
交通通信	Transport and Communications	1576.90	1600.74
教育文化娱乐	Education, Culture and Recreation	1424.44	1606.79
医疗保健	Medical Care	764.47	877.83
其他用品和服务	Other Goods and Services	293.17	329.66

9-26 各县(市、区)城乡居民人均可支配收入
Per Capita Disposable Income of Urban and Rural Residents by Region and County

单位：元 (yuan)

地 区	Region	城镇居民人均可支配收入 Per Capita Disposable Income of Urban Residents		农村居民人均可支配收入 Per Capita Disposable Income of Rural Residents	
		2016	2017	2016	2017
全 省	**Provinvial Total**	**28673**	**31198**	**12138**	**13242**
南昌市	**Nanchang**	**34619**	**37675**	**14952**	**16364**
东湖区	Donghu	36440	39438		
西湖区	Xihu	35709	38692		
青云谱区	Qingyunpu	35163	38026		
湾里区	Wanli	31138	34034	11399	12585
青山湖区	Qingshanhu	35192	38345	17128	18704
南昌县	Nanchang	31095	33987	16411	17971
新建区	Xinjian	30934	33790	14635	16365
安义县	Anyi	27510	29935	13396	14602
进贤县	Jinxian	29271	31818	15440	16829
景德镇市	**Jingdezhen**	**31418**	**34283**	**13878**	**15095**
昌江区	Changjiang	32578	35506	14383	15661
珠山区	Zhushan	33191	36140		
浮梁县	Fuliang	25568	27925	13906	15112
乐平市	Leping	28955	31624	13849	15064
萍乡市	**Pingxiang**	**30630**	**33120**	**15274**	**16598**
安源区	Anyuan	32473	35175	17656	19151
湘东区	Xiangdong	30856	33287	15481	16832
*莲花县	Lianhua	21475	23193	8518	9591
上栗县	Shangli	28577	30904	15054	16366
芦溪县	Luxi	28223	30543	15459	16750
九江市	**Jiujiang**	**30011**	**32592**	**12157**	**13303**
濂溪区	Lushan	32446	35097	15407	16794
浔阳区	Xunyang	33356	36048	17564	19092
九江县	Jiujiang	28573	30993	13118	14351
武宁县	Wuning	27859	30302	12897	14147
*修水县	Xiushui	24171	26266	8465	9415
永修县	Yongxiu	28587	31031	13814	15127
德安县	De'an	28990	31532	13851	15167
庐山市	Xingzi	27840	30171	12988	14196
都昌县	Duchang	22657	24531	7066	7843
湖口县	Hukou	29274	31900	13363	14619
彭泽县	Pengze	27333	29673	12907	14133
瑞昌市	Ruichang	28189	30630	13237	14468
共青城市	Gongqingcheng	29729	32277	13843	15139

注：*号为贫困县，2014年国家统计局对我省24个贫困县农民人均可支配收入水平进行了重新核定调整。
a)Counties marked "*" are nationally designated poor counties. Net Income of these counties was adjust and redified by State Statistics Bureau in 2014

9-26 续表1 continued

单位：元 (yuan)

地区	Region	城镇居民人均可支配收入 Per Capita Disposable Income of Urban Residents		农村居民人均可支配收入 Per Capita Disposable Income of Rural Residents	
		2016	2017	2016	2017
新余市	**Xinyu**	**32163**	**34775**	**15203**	**16581**
渝水区	Yushui	33221	35891	15565	16997
分宜县	Fenyi	27353	29596	14831	16166
鹰潭市	**Yingtan**	**29116**	**31696**	**13534**	**14737**
月湖区	Yuehu	32295	35147	14545	15831
余江县	Yujiang	27003	29547	13902	15157
贵溪市	Guixi	29205	31807	13507	14732
赣州市	**Ganzhou**	**27086**	**29567**	**8729**	**9717**
章贡区	Zhanggong	31881	34878	12768	14078
*赣县区	Ganxian	24432	26741	8588	9542
信丰县	Xinfeng	25664	28056	10803	11909
大余县	Dayu	23963	26110	9664	10657
*上犹县	Shangyou	22338	24393	8494	9407
崇义县	Chongyi	22938	24982	8515	9390
*安远县	Anyuan	21251	23111	8371	9227
龙南县	Longnan	25160	27482	9506	10481
定南县	Dingnan	24489	26639	7722	8806
全南县	Quannan	22631	24629	6839	7802
*宁都县	Ningdu	20785	22691	8609	9559
*于都县	Yudu	24266	26513	8799	9793
*兴国县	Xingguo	23872	26044	8794	9729
*会昌县	Huichang	23117	25230	8715	9612
*寻乌县	Xunwu	22024	24068	8444	9424
*石城县	Shicheng	21081	22951	7398	8435
*瑞金市	Ruijin	25304	27597	9211	10301
*南康区	Nankang	25720	28034	9166	10165
吉安市	**Ji'an**	**29307**	**31936**	**11380**	**12543**
吉州区	Jizhou	31416	34306	13862	15276
青原区	Qingyuan	31449	34311	11350	12406
*吉安县	Ji'an	27490	29964	9317	10325
吉水县	Jishui	24726	26926	13825	15179
峡江县	Xiajiang	23354	25456	10423	11497
新干县	Xingan	27041	29583	12858	14118
永丰县	Yongfeng	26343	28672	13347	14722
泰和县	Taihe	24504	26684	12452	13722
*遂川县	Suichuan	23451	25562	8570	9506
*万安县	Wan'an	22649	24733	8490	9530
安福县	Anfu	24623	26913	12125	13289
*永新县	Yongxin	21039	22933	8432	9453
*井冈山市	Jinggangshan	29215	31798	8577	9556

9-26 续表2 continued

单位：元 (yuan)

地 区	Region	城镇居民人均可支配收入 Per Capita Disposable Income of Urban Residents		农村居民人均可支配收入 Per Capita Disposable Income of Rural Residents	
		2016	2017	2016	2017
宜春市	**Yichun**	**27452**	**29871**	**12643**	**13747**
袁州区	Yuanzhou	30640	33217	12326	13425
奉新县	Fengxin	27610	30040	14164	15371
万载县	Wanzai	24061	26306	10167	11106
上高县	Shanggao	27546	30053	14879	16114
宜丰县	Yifeng	27327	29651	13086	14175
靖安县	Jing'an	25443	27657	12029	13127
铜鼓县	Tonggu	21998	23891	8490	9257
丰城市	Fengcheng	29125	31805	14313	15573
樟树市	Zhangshu	29547	32150	14412	15671
高安市	Gaoan	28222	30626	13926	15072
抚州市	**Fuzhou**	**27195**	**29463**	**12447**	**13563**
临川区	Linchuan	33155	36073	15150	16529
南城县	Nancheng	28810	31316	14074	15369
黎川县	Lichuan	23912	25944	11779	12816
南丰县	Nanfeng	27733	29924	18519	20130
崇仁县	Chongren	24700	26824	14873	16167
*乐安县	Le'an	20672	22367	7898	8794
宜黄县	Yihuang	23057	24971	11865	12933
金溪县	Jinxi	25875	27894	12624	13710
资溪县	Zixi	22136	23907	11605	12637
东乡县	Dongxiang	29688	32212	14543	15896
*广昌县	Guangchang	22541	24389	8304	9364
上饶市	**Shangrao**	**29153**	**31853**	**11103**	**12174**
信州区	Xinzhou	31656	34549	14358	15692
*上饶县	Shangrao	23940	26104	8535	9520
广丰区	Guangfeng	30989	33903	13760	15134
玉山县	Yushan	26579	29112	12788	14045
铅山县	Qianshan	22491	24569	10927	11965
*横峰县	Hengfeng	21277	23213	8423	9469
弋阳县	Yiyang	26631	29111	11532	12630
*余干县	Yugan	21255	23229	8577	9472
*鄱阳县	Poyang	20466	22309	8574	9483
万年县	Wannian	26845	29317	11403	12491
婺源县	Wuyaun	21676	23705	10750	11797
德兴市	Dexing	28755	31464	12873	14089

主要统计指标解释

一、城镇住户

城镇家庭人口 指居住在一起，经济上合在一起共同生活的家庭成员。凡计算为家庭人口的成员其全部收支都包括在本家庭中。

城镇就业面 指就业人口占家庭人口的百分比。

城镇就业者负担人数 指家庭人口与就业人口之比。

城镇家庭总收入 指家庭成员在调查期得到的工资性收入、经营净收入、财产性收入、转移性收入之和，不包括出售财物收入和借贷收入。

城镇家庭可支配收入 指家庭成员可用于最终消费支出和其它非义务性支出以及储蓄的总和，即居民家庭可以用来自由支配的收入。它是家庭总收入扣除交纳的所得税、个人交纳的社会保障支出以及记账补贴后的收入。计算公式为：

可支配收入=家庭总收入-交纳所得税-个人交纳的社会保障支出-记账补贴

城镇家庭总支出 指除借贷支出以外的全部家庭支出。包括消费性支出、购房建房支出、转移性支出、财产性支出、社会保障支出。

城镇家庭消费性支出 指家庭用于日常生活的支出，包括食品、衣着、家庭设备用品及服务、医疗保健、交通和通信、娱乐教育文化服务、居住、其他商品和服务等八大类支出。

城镇家庭服务性消费支出 指家庭用于支付社会提供的各种文化和生活方面的非商品性服务费用。

二、农村住户

农村住户 指农村常住户。农村常住户指长期(一年以上)居住在乡镇(不包括城关镇)行政管理区域内的住户，以及长期居住在城关镇所辖行政村范围内的农村住户。户口不在本地而在本地居住一年及以上的住户也包括在本地农村常住户范围内；有本地户口，但举家外出谋生一年以上的住户，无论是否保留承包耕地都不包括在本地农村住户范围内。

常住人口 指全年经常在家或在家居住6个月以上，而且经济和生活与本户连成一体的人口。外出从业人员在外居住时间虽然在6个月以上，但收入主要带回家中，经济与本户连为一体，仍视为家庭常住人口；在家居住，生活和本户连成一体的国家职工、退休人员也为家庭常住人口。但是现役军人、中专及以上(走读生除外)的在校学生、以及常年在外(不包括探亲、看病等)且已有稳定的职业与居住场所的外出从业人员，不算家庭常住人口。家庭常住人口主要作为计算农村住户平均每人收入、消费和积累水平及分析家庭人口状况的依据。

整、半劳动力 整劳动力指男子18周岁到50周岁，女子18周岁到45周岁；半劳动力指男子16周岁到17周岁，51周岁到60周岁；女子16周岁到17周岁，46周岁到55周岁，同时具有劳动能力的人。虽然在劳动年龄之内，但已丧失劳动能力的人，不应算为劳动力；超过劳动年龄，但能经常参加劳动，计入半劳动力数内。常住人口中的职工，若这些职工为劳动力，就包括在本户的整半劳动力中。

总收入 指调查期内农村住户和住户成员从各种来源渠道得到的收入总和。按收入的性质划分为工资性收入、家庭经营收入、财产性收入和转移性收入。

工资性收入 指农村住户成员受雇于单位或个人，靠出卖劳动而获得的收入。

家庭经营收入 指农村住户以家庭为生产经营单位进行生产筹划和管理而获得的收入。农村住户家庭经营活动按行业划分为农业、林业、牧业、渔业、工业、建筑业、交通运输业邮电业、批发和零售贸易餐饮业、社会服务业、文教卫生业和其他家庭经营。

财产性收入 指金融资产或有形非生产性资产的所有者向其他机构单位提供资金或将有形非生产性资产供其支配，作为回报而从中获得的收入。

转移性收入 指农村住户和住户成员无须付出任何对应物而获得的货物、服务、资金或资产所有权等，不包括无偿提供的用于固定资本形成的资金。一般情况下，是指农村住户在二次分配中的所有收入。

现金收入 指农村住户和住户成员在调查期内得到以现金形态表现的收入。按来源分成工资性收入、家庭经营现金收入、财产性收入、转移性收入。

纯收入 指农村住户当年从各个来源得到的总收入相应地扣除所发生的费用后的收入总和。计算方法：

纯收入=总收入-税费支出-家庭经营费用支出-生产性固定资产折旧-赠送农村亲友支出

纯收入主要用于再生产投入和当年生活消费支出，也可用于储蓄和各种非义务性支出。“农民人均纯收入”按人口平均的纯收入水平，反映的是一个地区或一个农户农村居民的平均收入水平。

总支出 指农村住户用于生产、生活和再分配的全部支出。家庭经营费用支出、购置生产性固定资产支出、生产性固定资产折旧、税费支出、生活消费支出、财产性支出和转移性支出。

可支配收入(新口径) 指调查户在调查期内获得的、可用于最终消费支出和储蓄的总和，即调查户可以用来自由支配的收入。可支配收入既包括现金，也包括实物收入。按照收入的来源，可支配收入包含五项，分别为：工资性收入、经营净收入、财产净收入、转移净收入和自有住房折算净租金。计算公式为：可支配收入=工资性收入+经营净收入+财产净收入+转移净收入+自有住房折算净租金。

Explanatory Notes on Main Statistical Indicators

I. Urban Households

Population of Urban Households refer to members of households living and sharing economically together in the urban areas. All the income and expenditure of all the members of such households are included in the income and expenditure of the household.

Proportion of Urban Employment refers to the proportion of employed population to the population of urban households.

Number of Dependents per Urban Employee refers to the ratio between number of persons in an urban household and the number of employed persons.

Total Income of Urban Households refers to the sum of wage and salary; net business income; income from properties; and income from transfers of members of the households. Income from selling of properties and income from borrowing are not included..

Disposable Income of Urban Households refers to the actual income at the disposal of members of the households which can be used for final consumption, other non-compulsory expenditure and savings. This equals to total income minus income tax, personal contribution to social security and subsidy for keeping diaries in being a sample household. The following formula is used:

Disposable income = total household income - income tax - personal contribution to social security - subsidy for keeping diaries for a sampled household

Total Expenditure of Urban Households refers to all expenditure of households except expenditure on lending. It includes expenditure on consumption; on purchasing or building houses; on transfers; on properties; and on social security.

Consumption Expenditure of Urban Households refers to total expenditure of households for consumption in daily life, including expenditure on the eight categories of food; clothing; household appliances and services; health care and medical services; transport and communications; recreation, education and cultural services; housing; and miscellaneous goods and services.

Expenditure of Urban Households on Consumption of Services refers to expenditure of households on various kinds of non-commercial services provided in life and culture by society.

II. Rural Household

Rural Households refer to usual resident households in rural areas. Usual resident households in rural areas are households residing on a long term basis(for more than one year) in the areas under the administration of township governments (not including county towns), and in the areas under the administration of villages in county towns. Households residing in the current addresses for over one year with their household registration in other places are still considered as resident households of the locality. For households with their household registration in one place but all members of the households having moved away to make a living in another place for over one year, they will not be included in the rural households of the area where they are registered, irrespective of whether they still keep their contracted land.

Usual Resident Population refers to persons staying at home regularly or for over 6 months during a year and integrated with the household economically and in terms of living.. Members of the household staying away from the household for over 6 months but keeping a close economic relation with the household by sending the majority of income to the household are regarded as usual resident of the household. Government staff and workers or retirees living as close members of the household are also considered as usual resident. However, servicemen, students of secondary technical schools or schools of higher education and persons with stable jobs and residence outside the household (excluding those visiting relatives or seeking medical service) are not included as resident population of the household. Resident population is used in calculating income, consumption, accumulation on per capita basis of rural households and in analyzing composition of rural households.

Full/Semi Labour Force Full labour force refers to persons capable of work, aged 18-50 for males and 18-45 for females. Semi labour force refers to persons capable of work, aged 16-17 and 51-60 for males and 16-17 and 46-55 for females. Persons at their working ages but not capable of work are not to be included as labour force. Persons not at working ages but participating regularly in work are included in semi labour force. For staff and workers who are usual residents, are included as full or semi labour force of the household if they are in the labour force.

Total Income refers to the sum of income earned from various sources by the rural households and their members during the reference period, and is classified as income from wages and salaries, income from household operations, income from properties and income from transfers.

Income from Wages and Salaries refers to income from labour earned by the members of rural households employed by other units or individuals.

Income from Household Operations refers to income by the rural households as units of production and operation. Operations by rural households are classified according to their economic activities namely agriculture, forestry, animal husbandry, fishery, manufacturing, construction, transportation, post and telecommunications, wholesale, retail and catering, social service, culture, education, health, and other household operations.

Income from Properties refers to the income received as returns by owners of financial assets or tangible non-productive assets by providing capitals or tangible non-productive assets to other institutional units.

Income from Transfers refers to the receipt by rural households and their members of goods, services, capital or rights of assets without giving or repaying accordingly, excluding capital provided to them for the formation of fixed assets. In general, it refers to all income received by rural households through redistribution.

Cash Income refers to income received by rural households and their members in the form of cash during the reference period. It is classified, by source of income, into income from wages and salaries, cash income from household operations, income from properties and income from transfers.

Net Income refers to the total income of rural households from all sources minus all corresponding expenses. The formula for calculation is as follows:

Net income = total income - taxes and fees paid - household operation expenses - taxes and fees depreciation of fixed assets for production - gifts to non-rural relatives

Net income is mainly used as input for reinvestment in production and as consumption expenditure of the year, and also used for savings and non-compulsory expenses of various forms. "Per capita net income of farmers" is the level of net income averaged by population, reflecting the average income level of rural households in a given area.

Total Expenditure refers to total expenses of rural households on production, consumption and redistribution, including expenditure on household operations,; purchase of productive fixed assets; depreciation of productive fixed assets; taxes and fees; expenses on household consumption; expenses on properties; and expenses on transfers.

Disposable Income（New Statistic Scope) refers to actual income at the disposal of member of the households which can be used for final consumption and savings. It includes both cash and income-in-kind. It includes five items: wage and salary; net business income; net income from properties; net income from transfers and net rent of private housing equivalent.

Disposable Income= wage and salary + net business income + net income from properties + net income from transfers + net rent of private housing equivalent.

10

城市建设

MUNICIPAL CONSTRUCTION

◆203/219

资料整理及英文翻译:　李家文

I 简要说明

一、主要内容

本篇反映江西省城市公用事业概况，主要包括：城市建设、供水、供气、市政设施、公共交通、城市绿化、环境卫生等资料。

二、统计范围

包括全省所有设市城市在建成区范围内所有的城市规划管理、投资、建设或经营管理相关设施的单位。

三、资料来源

设区市和县级市城市公用事业基本情况资料由省建设厅和省交通厅提供，由省统计局固定资产投资处编辑整理。

I Brief Introduction

I. Main Contents

Data in this chapter present the basic conditions of public facilities of urban construction of Jiangxi provincial cities, mainly include supply of water and gas; municipal infrastructure; public transportation; urban greenery; and environmental, sanitation.

II. Scope of Statistics

Data in this chapter cover all units under the jurisdiction of cities which are engaged in urban planning and management, investment, construction and operation of relevant facilities.

III. Sources of Data

Data on basic conditions and overall level of urban public facilities are collected by the Jiangxi Provincial Bureau of Housing and Urban-Rural Development and Provincial Bureau of Communications , provided by the Department of Investment & Construction Statistics of Jiangxi Provincial Bureau of Statistics.

10-1 城市公用事业和建设基本情况

Basic Statistics on City Public Utilities and Construction

指 标	Item	2000	2005	2010	2015	2017
用水普及率(%)	Rate of Population with Access to Tap Water (%)	93.3	92.6	97.4	97.6	98.1
供水管道长度(公里)	Length of Gas Supply Pipelines (km)	3968	6079	9527	15630	18621
公共车辆(汽、电车)运营数(辆)	Operating Public Buses (Buses and Trolley Buses) (unit)	4031	5818	7048	10385	12718
平均每万人拥有(标台)	Number of Public Transportation Vehicles Per 10000 Population (standardized)	3.0	8.0	9.3	12.1	13.9
排水管道长度(公里)	Length of Drainpipes (km)	2074	3564	7340	11983	14134
道路长度(公里)	Length of Roads (km)	3033	3916	5742	8185	10289
道路面积(万平方米)	Area of Roads (10000 sq.m)	3293	6667	11330	17436	20547
人工煤气供应量(万立方米)	Coal Gas Supply (10000 cu.m)	39463	31707	58208	25097	17972
#家庭用量	Used by Residential Households	12299	10906	18321	1225	1386
天然气供应量(万立方米)	Natural Gas Supply(10000 cu.m)			11263	73570	118153
#家庭用量	Used by Residential Households			3384	22196	38293
液化石油气供应量(吨)	Total Liquefied Petroleum Gas Supply (ton)	164698	174521	188847	228912	218325
#家庭用量	Used by Residential Households	162783	154998	151656	192294	172293
燃气普及率(%)	Rate of Population with Access to Gas (%)	69.2	80.6	92.4	94.8	97.4
绿化覆盖面积(公顷)	Coverage Area of Afforestation (hectare)	20044	27381	48924	58510	69027
公园数(个)	Number of Parks (unit)	109	125	238	356	468
公园面积(公顷)	Area of Parks and Zoos (hectare)	1820	2259	6442	8764	10601
污水处理率(%)	Rate of Sewage Disposal (%)		34.92	80.83	87.74	95.44
生活垃圾清运量(万吨)	Volume of Garbage Disposal (10000 tons)	197.00	264.00	284.00	329.27	451.51
生活垃圾无害化处理率(%)	Rate of Garbages innocuously Treated (%)		48.87	85.89	94.46	97.56
市政公用设施建设固定资产投资(万元)	Investment in Public Utilities and Municipal Construction (10000 yuan)	152077	794496	4233310	4917799	5723360
#供水	Water Supply	15535	41276	95408	104708	107248
燃气	Gas Supply	4972	25530	66967	39997	102206
轨道交通	Rail Transit			112894	491755	548458
道路桥梁	Roads & Bridges	60596	354638	2539040	3219824	2397570
排水	Drainage	11905	83160	177934	191042	558863
园林绿化	Parks, Gardens and Green Areas	11427	85816	948889	490477	743007
市容环境卫生	Environmental Sanitation	4921	13419	61536	100327	107805
其他	Others	17185	154707	33942	228938	1023633

10-2 城市人口和面积（2017年）

Basic Statistics on City Population and Area (2017)

单位：平方公里、万人 (sq.km,10000 persons)

城市	City	市区面积 City Area	城区面积 Urban Area	#工业用地人口 Population of Urban Area	建成区面积 Developed Area	城市建设用地面积 Area of Land for Urban Construction	#居住用地 Land for Residence
合计	Total	**41959.17**	**2421.59**	**1016.38**	**1454.10**	**1402.64**	**408.15**
南昌市	Nanchang	3095.36	358.90	246.19	327.35	313.55	95.00
景德镇市	Jingdezhen	580.00	198.50	42.59	86.00	80.44	20.44
乐平市	Leping	1974.00	49.20	16.99	25.13	25.11	6.29
萍乡市	Pingxiang	1065.00	85.70	42.81	51.22	51.07	15.93
九江市	Jiujiang	1572.00	175.51	72.28	127.09	121.53	39.25
瑞昌市	Ruichang	1423.11	23.67	20.58	21.13	21.56	9.03
共青城市	Gongqing	181.28	15.00	5.52	15.00	9.68	3.14
庐山市	Lushan	780.00	12.00	6.80	10.90	10.75	2.20
新余市	Xinyu	1789.00	230.00	47.35	79.00	71.56	23.02
鹰潭市	Yingtan	137.50	74.00	22.29	39.40	34.81	10.24
贵溪市	Guixi	2480.00	90.00	13.26	31.72	31.71	7.81
赣州市	Ganzhou	5366.24	328.24	122.63	174.96	172.52	48.21
瑞金市	Ruijin	2449.00	52.00	28.78	29.36	29.33	8.59
吉安市	Ji'an	1381.53	230.00	40.38	57.58	57.46	14.75
井冈山市	Jinggangshan	1297.50	8.90	2.95	8.90	8.57	2.20
宜春市	Yichun	2532.36	88.00	45.68	72.00	72.00	16.48
丰城市	Fengcheng	2845.00	62.60	37.33	52.00	51.10	10.28
樟树市	Zhangshu	1290.99	46.34	25.12	29.30	28.69	8.15
高安市	Gaoan	2439.00	52.00	25.60	33.12	33.12	7.19
抚州市	Fuzhou	3428.30	128.02	76.08	91.18	91.18	26.04
上饶市	Shangrao	1770.00	92.01	67.44	79.46	74.80	29.40
德兴市	Dexing	2082.00	21.00	7.73	12.30	12.10	4.51

10-2 续表 continued

单位：平方公里、万人 (sq.km,10000 persons)

城市	City	#公共管理与公共服务用地 Land for Public Management and Service	#商业服务业设施用地 Land for Commercial Management and Service	#工业用地 Land for Industry	#物流仓储用地 Land for logistics and warehousing	#道路和交通设施用地 Land for External Transportation and Roads	#公用设施用地 Land for Public Facilities	#绿地与广场用地 Land for Afforestation and Squares
合计	Total	**150.23**	**100.10**	**277.54**	**33.66**	**217.69**	**51.00**	**164.27**
南昌市	Nanchang	45.00	21.80	61.00	4.05	48.00	6.70	32.00
景德镇市	Jingdezhen	5.75	7.88	20.80	1.70	12.84	1.21	9.82
乐平市	Leping	3.20	3.28	5.57	0.98	2.02	0.92	2.85
萍乡市	Pingxiang	4.52	0.57	8.68	1.18	7.70	5.39	7.10
九江市	Jiujiang	8.53	8.04	26.98	2.33	16.68	5.60	14.12
瑞昌市	Ruichang	2.26	0.89	3.42	0.69	2.12	1.54	1.61
共青城市	Gongqing	1.11	1.32	0.40	0.27	1.55	0.14	1.75
庐山市	Lushan	0.90	0.80	2.30	0.20	2.50	0.35	1.50
新余市	Xinyu	5.90	3.21	16.15	0.84	11.76	1.27	9.41
鹰潭市	Yingtan	2.95	2.11	6.90	1.42	6.62	0.61	3.96
贵溪市	Guixi	2.19	1.77	11.01	0.58	4.58	1.22	2.55
赣州市	Ganzhou	20.23	12.45	32.08	5.76	25.30	7.96	20.53
瑞金市	Ruijin	2.40	4.50	1.69	1.32	5.96	2.11	2.76
吉安市	Ji'an	9.69	3.03	15.39	1.53	7.17	0.58	5.32
井冈山市	Jinggangshan	1.05	1.80	0.90	0.18	1.30	0.10	1.04
宜春市	Yichun	5.53	6.92	11.07	3.91	12.07	3.97	12.05
丰城市	Fengcheng	3.57	3.30	19.41	1.25	6.87	1.79	4.63
樟树市	Zhangshu	3.74	4.48	2.06	0.81	5.80	0.73	2.92
高安市	Gaoan	5.02	1.45	7.65	0.73	6.75	1.07	3.26
抚州市	Fuzhou	8.51	6.27	18.45	3.23	13.57	3.31	11.80
上饶市	Shangrao	6.88	3.13	4.43	0.39	15.21	4.08	11.28
德兴市	Dexing	1.30	1.10	1.20	0.31	1.32	0.35	2.01

10-3 市政公用设施建设固定资产投资（2017年）

Basic Statistics on Investment in Public Utilities and Municipal Construction (2017)

单位：万元 (10000 yuan)

城　市	City	本年完成投资合计 Total Investment this year	供　水 Water Supply	燃　气 Gas Supply	轨道交通 Rail Transit	道路桥梁 Roads & Bridges	排　水 Drain	#污水处理 Sewage Disposal
合　计	**Total**	**5723360**	**107248**	**102206**	**548458**	**2397570**	**558863**	**100848**
南 昌 市	Nanchang	1877522	16075	7757	548458	1033288	96265	
景德镇市	Jingdezhen	219401	6160	2139		70215	600	
乐 平 市	Leping	18947				16931	680	579
萍 乡 市	Pingxiang	172329	1401				169300	
九 江 市	Jiujiang	415263	12948	13395		83393	63710	
瑞 昌 市	Ruichang	19716		312		16768	587	
共青城市	Gongqing	8541	1200			3000	1250	
庐 山 市	Lushan	32158	1005	1200		21695	3700	2200
新 余 市	Xinyu	75309	1235	3054		34755	8969	
鹰 潭 市	Yingtan	13315	7122	291		2776	1532	1300
贵 溪 市	Guixi	2674				590	1830	
赣 州 市	Ganzhou	1103617	14489	40473		588533	42932	22236
瑞 金 市	Ruijin	88800	800	5500		19800	22400	21000
吉 安 市	Ji'an	261963	7600	5836		20999	14800	
井冈山市	Jinggangshan	698				624	74	
宜 春 市	Yichun	188458	3800	3532		81393	21265	19183
丰 城 市	Fengcheng	11189	386	757		8060	428	
樟 树 市	Zhangshu	30725	650	1800		23404	150	
高 安 市	Gaoan	73837		2200		15690	12680	9000
抚 州 市	Fuzhou	753878	14800	5180		148854	60747	25000
上 饶 市	Shangrao	287928	16277	8780		164602	32364	350
德 兴 市	Dexing	67092	1300			42200	2600	

10-3 续表 continued

单位：万元 (10000 yuan)

城　市	City	园林绿化 Parks, Gardens and Green Areas	市容环境卫生 Environmental Sanitation	#垃圾处理 Garbage Disposal	地下综合管廊 Utility Tunnel	其　他 Others	本年新增固定资产 Newly Increased Fixed Assets
合　计	**Total**	**743007**	**107805**	**71059**	**134570**	**1023633**	**5507933**
南 昌 市	Nanchang	79470	14530		73490	8189	2612811
景德镇市	Jingdezhen	62396	821			77070	166008
乐 平 市	Leping	336				1000	19418
萍 乡 市	Pingxiang	1580	48				2148
九 江 市	Jiujiang	65682	1625			174510	375886
瑞 昌 市	Ruichang	1929	120				19868
共青城市	Gongqing	300	41		2500	250	41
庐 山 市	Lushan	4500	58				34108
新 余 市	Xinyu	15442	784		10000	1070	60123
鹰 潭 市	Yingtan	1515	49			30	50015
贵 溪 市	Guixi					254	2600
赣 州 市	Ganzhou	231110	31763	25200	8188	146129	567014
瑞 金 市	Ruijin	39500	800				88800
吉 安 市	Ji'an	29255	4200	4200		179273	260245
井冈山市	Jinggangshan						74
宜 春 市	Yichun	34788	2920	1989	33510	7250	101398
丰 城 市	Fengcheng	650	168			740	11189
樟 树 市	Zhangshu	3814	300	300		607	88319
高 安 市	Gaoan	9080	30566	30000	2250	1371	73712
抚 州 市	Fuzhou	120284	9370	9370	4632	390011	753878
上 饶 市	Shangrao	30884	9642			25379	177986
德 兴 市	Dexing	10492				10500	42292

10-4 市政设施水平（2017年）
Basic Statistics on Municipal Infrastructure in Cities (2017)

城　市	City	人口密度（人/平方公里）Population Density (person/sq.km)	人均日生活用水量(升) Per Capita Daily Consumption of Tap Water for Residential Use (liter)	用水普及率(%) Rate of Population with Access to Tap Water (%)	燃气普及率(%) Rate of Population with Access to Gas (%)	人均城市道路面积(平方米) Per Capita Area of Roads (sq.m)	排水管道密度(公里/平方公里) Density of drainpipe (km/sq.km)
合　计	**Total**	**4740**	**170.33**	**98.11**	**97.38**	**17.90**	**8.84**
南昌市	Nanchang	7731	228.88	99.06	98.66	12.40	7.19
景德镇市	Jingdezhen	2660	250.02	98.69	95.40	24.31	0.61
乐平市	Leping	3502	149.50	97.27	91.29	12.81	2.31
萍乡市	Pingxiang	5296	153.65	100.00	99.18	16.14	0.61
九江市	Jiujiang	4321	164.05	98.77	98.50	22.01	10.80
瑞昌市	Ruichang	9028	151.45	100.00	100.00	21.79	10.95
共青城市	Gongqing	5087	139.66	94.50	89.52	22.8	0.34
庐山市	Lushan	6708	130.86	94.41	90.43	34.78	8.90
新余市	Xinyu	2101	186.83	100.00	99.50	24.12	11.31
鹰潭市	Yingtan	3107	198.78	97.00	99.83	16.60	6.68
贵溪市	Guixi	1573	166.98	90.96	87.92	16.97	6.48
赣州市	Ganzhou	5062	140.81	98.89	99.86	15.89	12.43
瑞金市	Ruijin	5787	108.73	95.05	91.63	12.55	8.90
吉安市	Ji'an	2040	131.99	94.78	95.42	20.65	10.76
井冈山市	Jinggangshan	5281	69.59	80.85	45.32	20.46	6.08
宜春市	Yichun	6689	160.21	98.50	96.13	15.72	10.47
丰城市	Fengcheng	5978	105.02	91.98	95.00	20.39	7.08
樟树市	Zhangshu	5432	106.27	95.55	99.17	23.03	14.01
高安市	Gaoan	5165	105.85	97.77	98.44	25.12	20.48
抚州市	Fuzhou	6222	112.76	99.21	99.21	21.12	12.97
上饶市	Shangrao	7899	172.33	99.63	95.54	22.96	9.39
德兴市	Dexing	3871	176.04	88.56	85.12	14.52	3.32

10-4 续表 continued

城　市	City	污水处理率(%) Treatment Rate of Polluted Water (%)	#污水处理厂集中处理率 Intensive Treatment Rate of Polluted Water by Sewage Factories	人均公园绿地面积(平方米) Per Capita Park Green Land (sq.m)	建成区绿化覆盖率(%) Rate of Afforestation Covered Area to Developed Area (%)	建成区绿地率(%) Rate of Green Area to Developed Area (%)	生活垃圾处理率(%) Treatment Rate of Garbage Disposal (%)	#生活垃圾无害化处理率 Innocent Treatment Rate
合　计	**Total**	**95.44**	**94.64**	**14.50**	**45.22**	**42.10**	**100.00**	**97.56**
南昌市	Nanchang	99.80	99.80	12.92	43.94	41.53	100.00	100.00
景德镇市	Jingdezhen	94.51	94.51	16.05	51.50	50.96	100.00	100.00
乐平市	Leping	96.36	96.36	18.11	40.31	38.38	100.00	100.00
萍乡市	Pingxiang	92.71	92.71	11.91	42.56	40.56	100.00	100.00
九江市	Jiujiang	89.92	89.92	13.93	46.29	42.29	100.00	100.00
瑞昌市	Ruichang	90.48	90.48	12.60	40.01	36.10	100.00	100.00
共青城市	Gongqing	90.71	90.71	19.40	44.53	43.87	100.00	100.00
庐山市	Lushan	90.11	90.11	13.91	44.40	39.17	100.00	100.00
新余市	Xinyu	97.31	97.31	18.31	50.25	48.17	100.00	100.00
鹰潭市	Yingtan	97.05	97.05	23.79	46.74	41.40	100.00	100.00
贵溪市	Guixi	92.06	92.06	13.74	36.96	33.89	100.00	100.00
赣州市	Ganzhou	91.94	84.36	13.89	47.03	42.39	100.00	100.00
瑞金市	Ruijin	90.35	90.35	10.54	40.53	38.18	100.00	100.00
吉安市	Ji'an	93.44	93.44	17.09	45.81	41.30	100.00	100.00
井冈山市	Jinggangshan	90.38	90.38	15.33	38.75	29.89	100.00	100.00
宜春市	Yichun	95.80	95.80	15.14	44.94	42.56	100.00	100.00
丰城市	Fengcheng	89.02	89.02	13.12	43.95	40.24	100.00	100.00
樟树市	Zhangshu	95.17	95.17	14.69	41.78	36.44	100.00	100.00
高安市	Gaoan	86.70	86.70	14.11	37.87	37.28	100.00	
抚州市	Fuzhou	97.61	97.61	16.17	45.96	42.16	100.00	100.00
上饶市	Shangrao	90.41	90.41	15.56	47.31	43.78	100.00	100.00
德兴市	Dexing	93.22	93.22	12.54	43.33	41.07	100.00	100.00

10-5 城市人工煤气生产、供应和使用情况（2017年）

Basic Statistics on Produce,Supply and Use of Gaswork Gas in Cities (2017)

城 市	City	生产能力（万立方米/日）Productive Capacity (10000 cu.m/day)	储气能力（万立方米）Capacity of Gas Storage (10000 cu.m)	供气管道长度(公里) Length of Gas Supply Pipelines (km)	自制气量（万立方米）Volume of Home-made Gas(10000 cu.m)	供气总量（万立方米）Volume of Gas Supply (10000 cu.m)
合 计	**Total**	**18.00**	**30.00**	**549.64**	**3798.00**	**17972.35**
景德镇市	Jingdezhen		16.00	278.45		15162.35
萍 乡 市	Pingxiang	6.00	3.00	14.00	1780.00	1780.00
新 余 市	Xinyu	12.00	11.00	257.19	2018.00	1030.00

10-5 续表 continued

城 市	City	销售气量 Volume of Gas Sale	#居民家庭 Households	燃气损失量 Volume of Gas Loss	用气户数（户）Households with Access to Gas (household)	#家庭用户 Residential Households	用气人口（万人）Population with Access to Gas(10000 persons)
合 计	**Total**	**17917.35**	**1385.86**	**55.00**	**41159**	**40713**	**10.11**
景德镇市	Jingdezhen	15162.35	400.86		23139	22713	6.81
萍 乡 市	Pingxiang	1770.00		10.00	20		
新 余 市	Xinyu	985.00	985.00	45.00	18000	18000	3.30

10-6 城市天然气供应和使用情况（2017年）

Basic Statistics on Supply and Use of Natural Gas in Cities (2017)

城市	City	储气能力（万立方米）Capacity of Gas Storage (10000 cu.m)	供气管道长度(公里) Length of Gas Supply Pipelines (km)	供气总量（万立方米）Volume of Gas Supply (10000 cu.m)	销售气量 Volume of Gas Sale
合　计	**Total**	**718.91**	**12552.92**	**118152.88**	**115755.42**
南昌市	Nanchang	98.20	3539.33	44651.96	43614.16
景德镇市	Jingdezhen	57.00	608.47	10920.07	10839.79
萍乡市	Pingxiang	53.00	796.00	11598.00	11598.00
九江市	Jiujiang	52.14	1332.93	10799.07	10787.44
瑞昌市	Ruichang	3.00	221.63	537.00	535.00
共青城市	Gongqing		18.45	23.40	23.40
庐山市	Lushan	0.01	19.90	348.20	348.00
新余市	Xinyu	11.00	658.57	5778.19	5492.54
鹰潭市	Yingtan	70.00	164.58	1257.00	1253.00
贵溪市	Guixi	36.92	96.70	1260.12	1260.12
赣州市	Ganzhou	63.40	1393.01	9068.24	8849.75
瑞金市	Ruijin	7.00	86.50	404.50	389.50
吉安市	Ji'an	37.00	772.00	2170.41	2086.12
井冈山市	Jinggangshan	0.20	4.30	12.06	11.90
宜春市	Yichun	20.00	942.20	8703.50	8272.19
丰城市	Fengcheng	3.00	324.89	257.19	244.89
樟树市	Zhangshu	20.00	193.46	693.00	679.00
高安市	Gaoan	75.61	155.67	2799.69	2756.75
抚州市	Fuzhou	63.00	586.35	3291.24	3231.45
上饶市	Shangrao	42.00	606.85	2996.31	2900.77
德兴市	Dexing	6.43	31.13	583.73	581.65

10-6 续表 continued

城市	City	#居民家庭 Households	燃气损失量 Volume of Gas Loss	用气户数（户）Households with Access to Gas (household)	#家庭用户 Residential Households	用气人口（万人）Population with Access to Gas(10000 persons)
合　计	**Total**	**38293.41**	**2397.46**	**2396660**	**2357302**	**684.51**
南昌市	Nanchang	11022.96	1037.80	948288	941463	236.48
景德镇市	Jingdezhen	767.04	80.28	83472	82856	30.26
萍乡市	Pingxiang	10160.00		120000	119800	40.50
九江市	Jiujiang	3134.66	11.63	195503	194693	57.20
瑞昌市	Ruichang	365.00	2.00	16996	16865	7.59
共青城市	Gongqing	5.30		695	671	0.20
庐山市	Lushan	11.50	0.20	750	680	0.38
新余市	Xinyu	2251.29	285.65	218789	218057	44.18
鹰潭市	Yingtan	1123.00	4.00	31782	31582	11.05
贵溪市	Guixi	210.70		11065	9850	2.85
赣州市	Ganzhou	2952.06	218.49	222353	218963	79.85
瑞金市	Ruijin	389.50	15.00	21618	21618	8.91
吉安市	Ji'an	1250.54	84.29	112215	111454	35.76
井冈山市	Jinggangshan	11.90	0.16	838	838	0.33
宜春市	Yichun	1624.36	431.31	121446	120367	31.41
丰城市	Fengcheng	244.89	12.30	40747	40747	21.80
樟树市	Zhangshu	499.00	14.00	36493	36260	13.30
高安市	Gaoan	363.29	42.94	26025	25850	4.04
抚州市	Fuzhou	971.53	59.79	98257	97848	35.12
上饶市	Shangrao	919.00	95.54	87228	64790	22.68
德兴市	Dexing	15.89	2.08	2100	2050	0.62

10-7 城市液化石油气供应和使用情况（2017年）
Basic Statistics on Supply and Use of Liquefied Petroleum Gas in Cities (2017)

城市	City	储气能力(吨) Capacity of Gas Storage (ton)	供气管道长度(公里) Length of Gas Supply Pipelines (km)	供气总量(吨) Volume of Gas Supply (ton)	销售气量 Volume of Gas Sale
合计	**Total**	**16877.96**	**121.31**	**218325.05**	**214607.80**
南昌市	Nanchang	1315.00	9.00	38869.00	37860.20
景德镇市	Jingdezhen	534.50		4735.00	4735.00
乐平市	Leping	337.00		1768.20	1766.20
萍乡市	Pingxiang	2000.00		21532.00	21520.00
九江市	Jiujiang	860.96	0.40	10010.80	9983.00
瑞昌市	Ruichang	560.00		5517.60	5509.00
共青城市	Gongqing	35.00		1146.35	1141.00
庐山市	Lushan	110.00		1580.00	1550.00
新余市	Xinyu	1230.00		914.00	900.00
鹰潭市	Yingtan	382.00	48.59	5060.00	5050.00
贵溪市	Guixi	112.00		4399.00	4320.00
赣州市	Ganzhou	2774.00		19106.40	18756.40
瑞金市	Ruijin	250.00		7212.00	7152.00
吉安市	Ji'an	888.40		12000.00	12000.00
井冈山市	Jinggangshan	85.00		400.00	400.00
宜春市	Yichun	338.00		17424.00	16566.00
丰城市	Fengcheng	1000.00		6416.10	6416.00
樟树市	Zhangshu	100.10		2320.00	2320.00
高安市	Gaoan	1200.00	44.32	8125.00	8069.00
抚州市	Fuzhou	1437.00	19.00	25949.60	25910.00
上饶市	Shangrao	929.00		19640.00	18484.00
德兴市	Dexing	400.00		4200.00	4200.00

10-7 续表 continued

城市	City	#居民家庭 Households	燃气损失量 Volume of Gas Loss	用气户数(户) Households with Access to Gas (household)	#家庭用户 Residential Households	用气人口(万人) Population with Access to Gas(10000 persons)
合计	**Total**	**172293.10**	**3717.25**	**1286399**	**1223641**	**423.23**
南昌市	Nanchang	20996.70	1008.80	214595	213375	37.28
景德镇市	Jingdezhen	4735.00		59000	59000	13.30
乐平市	Leping	1721.00	2.00	35938	33522	15.73
萍乡市	Pingxiang	17550.00	12.00	41891	41720	4.52
九江市	Jiujiang	4835.00	27.80	49059	49059	17.49
瑞昌市	Ruichang	5217.00	8.60	31893	31652	13.78
共青城市	Gongqing	1022.00	5.35	15612	13211	6.63
庐山市	Lushan	1520.00	30.00	13800	13600	6.90
新余市	Xinyu	900.00	14.00	3000	3000	0.60
鹰潭市	Yingtan	5050.00	10.00	33500	33500	11.90
贵溪市	Guixi	4120.00	79.00	26780	25110	9.60
赣州市	Ganzhou	18756.40	350.00	189902	189902	86.09
瑞金市	Ruijin	7152.00	60.00	50036	50036	18.66
吉安市	Ji'an	8000.00		29852	29000	9.00
井冈山市	Jinggangshan	400.00		2496	2496	1.80
宜春市	Yichun	10687.00	858.00	64720	62541	25.17
丰城市	Fengcheng	6146.00	0.10	52724	52724	13.75
樟树市	Zhangshu	1819.00		36498	19687	11.66
高安市	Gaoan	8069.00	56.00	75432	75432	22.40
抚州市	Fuzhou	25910.00	39.60	97706	97706	43.91
上饶市	Shangrao	13987.00	1156.00	141965	110488	46.76
德兴市	Dexing	3700.00		20000	16880	6.30

10-8 城市公共交通和出租车情况（2017年）
Basic Statistics on Public Transportation and Taxi in Cities (2017)

城市	City	公共交通 Public Transportation 运营车数（辆）Number of Public Vehicles Under Operation (unit)	标准运营车数（标台）Number of Standard Vehicles Under Operation (standardized)	营运里程（万公里）Operation Mileage (10000 kms)
合计	**Total**	**12718**	**14083.3**	**81518.4**
南昌市	Nanchang	3819	4507.6	32349.2
景德镇市	Jingdezhen	379	422.5	2431.3
乐平市	Leping	60	60.0	104.0
萍乡市	Pingxiang	448	485.2	2406.5
九江市	Jiujiang	1031	1120.4	5689.1
瑞昌市	Ruichang	53	50.0	181.7
共青城市	Gongqing	42	47.7	175.0
庐山市	Lushan	38	38.0	289.0
新余市	Xinyu	626	688.4	3171.2
鹰潭市	Yingtan	353	392.0	1303.1
贵溪市	Guixi	67	73.0	379.7
赣州市	Ganzhou	1367	1479.3	7431.2
瑞金市	Ruijin	61	55.9	430.0
吉安市	Ji'an	1372	1433.7	7734.7
井冈山市	Jinggangshan	27	31.5	46.0
宜春市	Yichun	1561	1703.1	8581.8
丰城市	Fengcheng	257	265.4	1431.5
樟树市	Zhangshu	156	162.0	1065.5
高安市	Gaoan	224	254.3	778.0
抚州市	Fuzhou	951	986.7	5443.1
上饶市	Shangrao	811	864.4	4977.2
德兴市	Dexing	74	74.6	419.0

10-8 续表 continued

城市	City	运营线路总长度（公里）Network Length (km)	客运总量（万人次）Number of Passengers Carried by Bus (10000 person-times)	出租车 Taxi 运营车数（辆）Number of Taxi under Operation (unit)	客运总量（万人次）Number of Passengers Carried by Taxi (10000 person-times)
合计	**Total**	**29864.9**	**130281.4**	**18363**	**61216.5**
南昌市	Nanchang	5144.5	40865.6	5647	19764.9
景德镇市	Jingdezhen	832.0	5323.2	872	3433.2
乐平市	Leping	79.9	163.0	110	320.0
萍乡市	Pingxiang	784.1	5389.0	755	4003.5
九江市	Jiujiang	1848.3	13455.9	2733	8646.9
瑞昌市	Ruichang	173.1	315.4	210	775.0
共青城市	Gongqing	93.0	155.0	62	79.6
庐山市	Lushan	86.0	269.0	98	246.8
新余市	Xinyu	1319.1	5689.0	636	3045.0
鹰潭市	Yingtan	345.5	3415.9	450	1652.8
贵溪市	Guixi	69.0	601.5	138	605.5
赣州市	Ganzhou	4348.0	12372.4	1771	6209.8
瑞金市	Ruijin	106.0	401.0	88	184.8
吉安市	Ji'an	4431.5	9949.9	1377	3271.1
井冈山市	Jinggangshan	101.7	185.0	27	39.6
宜春市	Yichun	7945.8	10049.1	1602	3581.1
丰城市	Fengcheng	1638.0	1887.1	260	1073.9
樟树市	Zhangshu	938.0	935.7	196	322.1
高安市	Gaoan	759.0	368.0	180	378.0
抚州市	Fuzhou	1470.8	12592.8	1028	3880.2
上饶市	Shangrao	1395.3	11178.6	1492	3728.0
德兴市	Dexing	114.0	982.0	100	352.0

10-9 城市道路和桥梁情况（2017年）
Basic Statistics on Urban Roads and Bridges (2017)

城 市	City	道路长度 (公里) Length of Roads(km)	道路面积 (万平方米) Area of Roads (10000 sq.m)	#人 行 道 Sidewalk
合 计	**Total**	**10288.84**	**20546.75**	**4570.64**
南 昌 市	Nanchang	1631.96	3439.63	716.56
景德镇市	Jingdezhen	793.71	1283.37	178.08
乐 平 市	Leping	202.10	220.80	58.60
萍 乡 市	Pingxiang	259.48	732.58	185.26
九 江 市	Jiujiang	1005.67	1669.22	306.58
瑞 昌 市	Ruichang	315.61	465.60	90.64
共青城市	Gongqing	93.20	173.95	47.81
庐 山 市	Lushan	141.80	279.97	66.30
新 余 市	Xinyu	488.70	1165.28	365.70
鹰 潭 市	Yingtan	181.05	381.72	92.76
贵 溪 市	Guixi	132.67	240.23	53.43
赣 州 市	Ganzhou	1432.24	2639.89	751.28
瑞 金 市	Ruijin	236.58	377.70	65.90
吉 安 市	Ji'an	453.63	968.77	243.86
井冈山市	Jinggangshan	56.32	96.14	38.68
宜 春 市	Yichun	403.28	925.28	156.89
丰 城 市	Fengcheng	346.99	763.03	162.25
樟 树 市	Zhangshu	247.00	579.76	161.28
高 安 市	Gaoan	311.01	674.77	156.34
抚 州 市	Fuzhou	716.28	1682.14	419.30
上 饶 市	Shangrao	770.06	1668.86	234.65
德 兴 市	Dexing	69.50	118.06	18.49

10-9 续表 continued

城 市	City	道路照明灯盏数 (盏) Number of Street Lights (units)	安装路灯的道路长度 (公里) Length of Roads with Lights (km)	桥梁数 (座) Number of Bridges(unit)	立交桥 Crossroads
合 计	**Total**	**706099**	**7530.10**	**918**	**79**
南 昌 市	Nanchang	151755	1606.22	307	33
景德镇市	Jingdezhen	63786	382.28	27	1
乐 平 市	Leping	7180	108.50	3	1
萍 乡 市	Pingxiang	40300	207.00	33	1
九 江 市	Jiujiang	40615	601.18	97	19
瑞 昌 市	Ruichang	9826	114.66	43	
共青城市	Gongqing	4684	43.15	2	1
庐 山 市	Lushan	10116	120.00	16	
新 余 市	Xinyu	19755	379.00	31	8
鹰 潭 市	Yingtan	18578	163.05	24	
贵 溪 市	Guixi	12198	132.50	14	
赣 州 市	Ganzhou	54600	977.63	88	5
瑞 金 市	Ruijin	13587	85.00	11	
吉 安 市	Ji'an	22975	309.75	15	
井冈山市	Jinggangshan	12834	29.80	18	
宜 春 市	Yichun	41529	403.28	28	2
丰 城 市	Fengcheng	12408	248.04	10	2
樟 树 市	Zhangshu	8798	163.60	26	
高 安 市	Gaoan	16503	222.20	17	3
抚 州 市	Fuzhou	81905	702.14	69	3
上 饶 市	Shangrao	51000	462.50	29	
德 兴 市	Dexing	11167	68.62	10	

10-10 城市排水和污水处理情况（2017年）
Basic Statistics on Urban Drainage and Sewage Disposal (2017)

城市	City	污水排放量（万立方米）Discharged Volume of Sewage (10000 cu.m)	排水管道长度（公里）Length of Drainpipes (km)	#污水管道 Sewage Pipes	污水处理厂 Sewage Treatment Plant 座数（座）Units (unit)	#二、三级 Second or Third Grade	日处理能力（万立方米）Daily Disposal Capacity (10000 cu.m)	#二、三级 Second or Third Grade
合　计	**Total**	**91989**	**15468.82**	**6241.25**	**47**	**44**	**274.50**	**270.50**
南昌市	Nanchang	32270	3421.41	1199.04	8	8	107.50	107.50
景德镇市	Jingdezhen	4354	827.48	480.25	2	2	12.00	12.00
乐平市	Leping	961	213.78	102.12	1	1	4.00	4.00
萍乡市	Pingxiang	2841	49.65	36.00	1	1	8.00	8.00
九江市	Jiujiang	7194	1437.34	530.24	3	3	17.00	17.00
瑞昌市	Ruichang	945	231.30	38.88	1	1	2.50	2.50
共青城市	Gongqing	452	101.68	22.38	1	1	1.00	1.00
庐山市	Lushan	455	98.00	45.00	1	1	1.00	1.00
新余市	Xinyu	4578	894.65	315.75	1	1	12.00	12.00
鹰潭市	Yingtan	1794	263.98	149.50	1	1	6.00	6.00
贵溪市	Guixi	1133	205.68	82.27	2	1	3.00	1.00
赣州市	Ganzhou	9777	2289.23	842.70	7	7	26.10	26.10
瑞金市	Ruijin	1067	261.20	142.20	1	1	4.00	4.00
吉安市	Ji'an	4620	619.40	407.64	2	2	9.10	9.10
井冈山市	Jinggangshan	104	54.15	48.15	1	1	0.30	0.30
宜春市	Yichun	4139	757.81	381.41	2	2	13.00	13.00
丰城市	Fengcheng	2013	368.11	178.11	2	2	5.00	5.00
樟树市	Zhangshu	1056	410.60	156.78	1	1	4.00	4.00
高安市	Gaoan	1752	678.77	255.54	3	1	6.00	4.00
抚州市	Fuzhou	5530	1182.45	393.92	3	3	16.50	16.50
上饶市	Shangrao	4556	1061.27	412.89	2	2	15.50	15.50
德兴市	Dexing	398	40.88	20.48	1	1	1.00	1.00

10-10 续表 continued

城市	City	处理量（万立方米）Treated Volume (10000 cu.m)	#二、三级 Second or Third Grade	污水处理厂干污泥产生量（吨）Output of Dewatered Sludge (ton)	污水处理厂干污泥处置量（吨）Treated Volume of Dewatered Sludge (ton)
合　计	**Total**	**87055**	**86008**	**85659**	**84667**
南昌市	Nanchang	32205	32205	20066	19170
景德镇市	Jingdezhen	4115	4115	3560	3560
乐平市	Leping	926	926	686	686
萍乡市	Pingxiang	2634	2634	2256	2256
九江市	Jiujiang	6469	6469	6978	6978
瑞昌市	Ruichang	855	855	1303	1303
共青城市	Gongqing	410	410	366	366
庐山市	Lushan	410	410	437	437
新余市	Xinyu	4455	4455	6874	6874
鹰潭市	Yingtan	1741	1741	1127	1127
贵溪市	Guixi	1043	332	2092	2092
赣州市	Ganzhou	8248	8248	9763	9667
瑞金市	Ruijin	964	964	1066	1066
吉安市	Ji'an	4317	4317	4317	4317
井冈山市	Jinggangshan	94	94	100	100
宜春市	Yichun	3965	3965	3840	3840
丰城市	Fengcheng	1792	1792	1817	1817
樟树市	Zhangshu	1005	1005	1270	1270
高安市	Gaoan	1519	1183	4231	4231
抚州市	Fuzhou	5398	5398	4625	4625
上饶市	Shangrao	4119	4119	8548	8548
德兴市	Dexing	371	371	337	337

10-11 城市园林绿化情况（2017年）
Basic Statistics on Urban Parks, Gardens and Green Areas (2017)

单位：公顷 (hectare)

城　市	City	绿化覆盖面积 Coverage Area of Afforestation	#建成区 Developed Area	园林绿地面积 Area of Green Areas	#建成区 Developed Area
合　计	**Total**	**69027.22**	**65754.05**	**63746.61**	**61224.40**
南昌市	Nanchang	14764.99	14383.89	13983.78	13595.78
景德镇市	Jingdezhen	4495.89	4429.42	4404.84	4382.84
乐平市	Leping	1030.00	1013.00	1023.00	964.55
萍乡市	Pingxiang	2179.98	2179.98	2077.42	2077.42
九江市	Jiujiang	5883.15	5883.15	5374.86	5374.86
瑞昌市	Ruichang	891.44	845.44	785.84	762.84
共青城市	Gongqing	697.00	668.00	679.00	658.00
庐山市	Lushan	508.00	484.00	473.00	427.00
新余市	Xinyu	4001.00	3970.00	3836.81	3805.81
鹰潭市	Yingtan	1841.58	1841.58	1631.01	1631.01
贵溪市	Guixi	1255.36	1172.34	1235.63	1074.90
赣州市	Ganzhou	9784.16	8228.16	8760.90	7417.37
瑞金市	Ruijin	1229.00	1190.00	1134.51	1121.11
吉安市	Ji'an	3403.83	2637.74	2551.65	2378.10
井冈山市	Jinggangshan	352.56	344.85	283.98	266.03
宜春市	Yichun	3235.75	3235.75	3064.22	3064.22
丰城市	Fengcheng	2285.27	2285.27	2092.31	2092.31
樟树市	Zhangshu	1335.29	1224.29	1162.67	1067.67
高安市	Gaoan	1284.09	1254.14	1271.84	1234.84
抚州市	Fuzhou	4191.47	4190.64	3849.75	3844.15
上饶市	Shangrao	3844.40	3759.40	3564.40	3478.40
德兴市	Dexing	533.01	533.01	505.19	505.19

10-11 续表 continued

单位：公顷 (hectare)

城　市	City	公园绿地面积 Area of Park Green Areas	公园个数（个） Number of Parks(unit)	公园面积 Area of Parks
合　计	**Total**	**16646.38**	**468**	**10601.36**
南昌市	Nanchang	3583.96	85	803.36
景德镇市	Jingdezhen	847.49	17	807.49
乐平市	Leping	312.00	9	179.00
萍乡市	Pingxiang	540.71	16	411.41
九江市	Jiujiang	1056.30	28	589.50
瑞昌市	Ruichang	269.24	8	98.35
共青城市	Gongqing	148.00	3	159.00
庐山市	Lushan	112.00	24	120.00
新余市	Xinyu	884.77	37	913.77
鹰潭市	Yingtan	546.87	19	546.87
贵溪市	Guixi	194.61	13	153.60
赣州市	Ganzhou	2308.12	51	1821.08
瑞金市	Ruijin	317.00	6	310.00
吉安市	Ji'an	801.69	10	618.93
井冈山市	Jinggangshan	72.07	1	72.07
宜春市	Yichun	891.23	17	430.39
丰城市	Fengcheng	490.88	23	378.88
樟树市	Zhangshu	369.70	16	185.70
高安市	Gaoan	378.88	4	91.78
抚州市	Fuzhou	1287.93	38	1154.25
上饶市	Shangrao	1131.00	32	654.00
德兴市	Dexing	101.93	11	101.93

10-12 城市市容环境卫生情况（2017年）
Basic Statistics on Urban Sanitation in Cities (2017)

城市	City	道路清扫保洁面积（万平方米）Area under Cleaning Program (10000 sq.m)	#机械化 Mechanisation	生活垃圾 Residential Garbage 清运量（万吨）Collection & Transport Volume (10 000 tons)	处理量（万吨）Disposal Volume (10 000 tons)	无害化处理厂(场)数（座）Number of Innocent Treatment Plants (unit)
合计	**Total**	**20042**	**11029**	**451.51**	**451.52**	**21**
南昌市	Nanchang	4415	2982	110.11	110.11	1
景德镇市	Jingdezhen	1087	520	19.19	19.19	2
乐平市	Leping	554		8.94	8.94	1
萍乡市	Pingxiang	648	258	25.52	25.52	1
九江市	Jiujiang	1655	907	28.08	28.08	1
瑞昌市	Ruichang	450	290	3.91	3.91	
共青城市	Gongqing	314	189	2.34	2.34	
庐山市	Lushan	130	54	3.01	3.01	
新余市	Xinyu	1000	495	16.72	16.72	1
鹰潭市	Yingtan	440	152	14.41	14.41	2
贵溪市	Guixi	310	122	5.11	5.11	
赣州市	Ganzhou	2520	1349	61.35	61.36	2
瑞金市	Ruijin	557	203	11.59	11.59	1
吉安市	Ji'an	470	450	18.25	18.25	1
井冈山市	Jinggangshan	134	71	3.49	3.49	1
宜春市	Yichun	896	637	20.49	20.49	1
丰城市	Fengcheng	732	402	11.24	11.24	1
樟树市	Zhangshu	350	210	12.78	12.78	1
高安市	Gaoan	372	238	11.03	11.03	
抚州市	Fuzhou	1686	681	30.18	30.18	2
上饶市	Shangrao	1176	773	30.28	30.28	1
德兴市	Dexing	146	46	3.49	3.49	1

10-12 续表 continued

城市	City	日无害化处理能力（吨）Daily Innocent Treatment Capacity (ton)	无害化处理量（万吨）Volume of Wastes Disposed (10000 tons)	公共厕所（座）Number of Public Lavatories (unit)	市容环卫专用车辆设备总数（辆）Number of Special Vehicles for Environmental Sanitation (unit)
合计	**Total**	**13008**	**440.49**	**2242**	**3838**
南昌市	Nanchang	2896	110.11	139	1821
景德镇市	Jingdezhen	900	19.19	278	223
乐平市	Leping	300	8.94	97	53
萍乡市	Pingxiang	528	25.52	146	87
九江市	Jiujiang	1500	28.08	281	282
瑞昌市	Ruichang		3.91	44	37
共青城市	Gongqing		2.34	13	34
庐山市	Lushan		3.01	23	20
新余市	Xinyu	640	16.72	85	82
鹰潭市	Yingtan	700	14.41	23	38
贵溪市	Guixi		5.11	20	24
赣州市	Ganzhou	1468	61.36	212	592
瑞金市	Ruijin	338	11.59	28	40
吉安市	Ji'an	445	18.25	121	33
井冈山市	Jinggangshan	180	3.49	2	17
宜春市	Yichun	350	20.49	111	102
丰城市	Fengcheng	273	11.24	47	53
樟树市	Zhangshu	350	12.78	67	43
高安市	Gaoan			27	51
抚州市	Fuzhou	950	30.18	297	105
上饶市	Shangrao	1040	30.28	146	89
德兴市	Dexing	150	3.49	35	12

主要统计指标解释

供水综合生产能力 指按供水设施取水、净化、送水、出厂输水干管等环节设计能力计算的综合生产能力。包括在原设计能力的基础上，经挖、革、改增加的生产能力。计算时，以四个环节中最薄弱的环节为主确定能力。

年末供水管道长度 指从送水泵至用户水表之间所有管道的长度。不包括新安装尚未使用、水厂内以及用户建筑物内的管道。

全年供水总量 指报告期供水企业(单位)供出的全部水量。包括有效供水量和漏损水量。

生活用水量 包括公共服务用水和居民家庭用水。公共服务用水指为城市社会公共生活服务的用水。包括行政事业单位、部队营区和公共设施服务、社会服务业、批发零售贸易业、旅馆饮食业以及其他公共服务业等单位的用水。居民家庭用水指城市范围内所有居民家庭的日常生活用水。包括城市居民、农民家庭、公共供水站用水。

用水普及率 指城市用水人口数与城市人口总数的比率。计算公式:

$$用水普及率=\frac{城市用水人口数}{城市人口总数}\times 100\%$$

人工煤气生产能力 指报告期末人工煤气生产厂制气、净化、输送等环节的综合生产能力，不包括备用设备能力。一般按设计能力计算，如果实际生产能力大于设计能力时，应按实际测定的生产能力计算。测定时应以制气、净化、输送三个环节中最薄弱的环节为主。

供气管道长度 指报告期末从气源厂压缩机的出口或门站出口至各类用户引入管之间的全部已经通气投入使用的管道长度。不包括煤气生产厂、输配站、液化气储存站、灌瓶站、储配站、气化站、混气站、供应站等厂(站)内的管道。

全年供气总量 指全年燃气企业(单位)向用户供应的燃气数量。包括销售量和损失量。

燃气普及率 指报告期末使用燃气的城市人口数与城市人口总数的比率。计算公式为:

$$燃气普及率=\frac{城市用气人口数}{城市人口总数}\times 100\%$$

年末道路长度 指年末道路长度和与道路相通的桥梁、隧道的长度，按车行道中心线计算。在统计时只统计路面宽度在3.5米(含3.5米)以上的各种铺装道路，包括开放型工业区和住宅区道路在内。

城市桥梁 指为跨越天然或人工障碍物而修建的构筑物。包括跨河桥、立交桥、人行天桥以及人行地下通道等。按使用年限分为永久性桥和半永久性桥。

城市排水管道长度 指所有排水总管、干管、支管、检查井及连接井进出口等长度之和。

城市污水日处理能力 指污水处理厂(或污水处理装置)每昼夜处理污水量的设计能力。

年末运营车数 指年末城市用于公共交通运营业务的全部车辆数。新购、新制和调入的运营车辆，自投入之日起开始计算；调出、报废和调作他用的运营车辆，自上级主管机关批准之日起不再计入。

城市绿地面积 指报告期末用作园林和绿化的各种绿地面积。包括公园绿地、生产绿地、防护绿地、附属绿地和其他绿地的面积。

公园绿地 城市中向公众开放的以游憩为主要功能，有一定的游憩设施和服务设施，同时兼有健全生态、美化景观，防灾减灾等综合作用的绿化用地。包括综合公园，社区公园、专类公园、带状公园和街旁绿地。其中综合公园、专类公园和带状公园面积之和为公园面积。

清扫保洁面积 指报告期末对城市道路和公共场所(主要包括城市行车道、人行道、车行隧道、人行过街地下通道、道路附属绿地、地铁站、高架路、人行过街天桥、立交桥、广场、停车场及其他设施等)进行清扫保洁的面积。一天清扫多次的，按清扫保洁面积最大的一次计算。

市容环卫专用车辆 指用于环境卫生作业、监察的专用车辆和设备，包括用于道路清扫、冲洗、洒水、除雪、垃圾粪便清运、市容监察以及与其配套使用的车辆和设备。

每万人拥有公共交通车辆 指报告期末城区内每万人平均拥有的公共交通车辆标台数。计算公式:

$$每万人拥有公共交通车辆=\frac{公共交通运营车标台数}{城市人口总数}$$

生活垃圾清运量 指报告期内收集和运送到垃圾处理厂(场)的生活垃圾数量。生活垃圾指城市日常生活或为城市日常生活提供服务的活动中产生的固体废物以及法律行政规定的视为城市生活垃圾的固体废物。包括：居民生活垃圾、商业垃圾、集市贸易市场垃圾、街道清扫垃圾、公共场所垃圾和机关、学校、厂矿等单位的生活垃圾。

Explanatory Notes on Main Statistical Indicators

Production Capacity of Water Supply refers to the designed overall production capacity of water facilities, covering the four segments of water collection, purification, conveyance, and outflow through trunk pipelines. Increased capacity through transformation and innovation projects is included as well. The capacity is determined mainly on the weakest of the above-mentioned four segments.

Length of Water Supply Pipelines at the Year-end refers to the total length of all the pipelines between the water pumps and the user water meters, excluding pipelines newly installed but not used yet, pipeline in the water factory,and pipeline in the user's buildings.

Annual Volume of Water Supply refers to the total volume of water supplied by water-works (units) during the reference period, including both the effective water supply and loss during the water supply.

Consumption of Water for Residential Use refers to water consumption of households for daily life and water consumption of public service facilities. The latter refers to water consumption for urban public services, including the consumption of government agencies and public institutions, military barracks, public facilities, wholesale and retail outlets, restaurants, hotels, and other units providing public services. Household water consumption refers to consumption of water for daily life of all households within the boundary of cities, including households of urban residents and farmers, and public water supply stations.

Coverage Rate of Urban Population with Access to Tap Water refers to the ratio of the urban population with access to tap water to the total urban population. The formula is:

$$\frac{\text{Coverage of urban population}}{\text{with access to tap water}} = \frac{\text{Urban population with access to tap water}}{\text{Urban population}} \times 100\%$$

Production Capacity of Gaswork Gas refers to the overall production capacity of the urban gasworks in gas generation, purification and delivery at the end of the reference period, excluding capacity of the reserved facilities. In general, it is determined by the designed capacity, and when actual production capacity is larger than the designed capacity, the capacity is determined by the actual measurement on the weakest segment in the production, purification and delivery.

Length of Gas Pipelines refers to the total length of pipelines in use between the outlet of the compressor of gas-work or outlet of gas stations and the leading pipe of users, excluding pipelines within gasworks, delivery stations, LPG storage stations, refilling stations, gas-mixing stations and supply stations.

Volume of Gas Supply refers to the total volume of gas provided to users by gas-producing enterprises (units) in a year, including the volume sold and the volume lost.

Coverage Rate of Urban Population with Access to Gas refers to the ratio of the urban population with access to gas to the total urban population at the end of the reference period. The formula is:

$$\frac{\text{Coverage rate of urban}}{\text{population with access to gas}} = \frac{\text{Urban population with access to gas}}{\text{Urban population}} \times 100\%$$

Length of Paved Roads at Year-end refers to the length of roads with paved surface including bridges and tunnels connected with roads by the end of the year. Length of the roads is measured by the central lines for vehicles for paved roads with a width of 3.5 meters and over, including roads in open-ended factory compounds and residential quarters.

Urban Bridges refer to bridges built to cross over natural or man-made barriers, including bridges over rivers, overpasses for traffic and for pedestrians, underpasses for pedestrians, etc. Both permanent and semi-permanent bridges are included.

Length of Urban Sewage Pipes refers to the total length of general drainage, trunks, branch and inspection wells, connection wells, inlets and outlets, etc.

Daily Disposal Capacity of Urban Sewage refers to the designed 24-hour capacity of sewage disposal by the sewage treatment works or facilities.

Number of Vehicles under Operation at Year-end refers to the total number of vehicles under operation by public transport enterprises (units) at the end of the year, based on the records of operational vehicles by the enterprises (units).

Area of Urban Green Areas refers to the total area occupied for green projects at the end of the reference period, including park green land, production green land, protection green land, green land attached to institutions, and other green areas.

Park Green Area refers to green areas open to the public for amusement and rest with the facilities of amusement, rest and services. Its function includes perfecting ecology, beautifying landscape, and preventing and reducing disaster. Park green areas include comprehensive park, community park, topic park, belt-shaped park and green area nearby street. Total areas of comprehensive park, topic park and belt-shaped is the area of park.

Area Cleaned refers to the area which are regularly cleaned, as at the end of the reference period, at urban roads and public places (mainly including urban roadways, pedestrian walkways, vehicular tunnels, pedestrian underpasses, underground railway stations, lifted roads, pedestrians walk bridges, overpasses, plazas, carparks and other facilities). If there are several times of cleaning in a day at a location, the area of that time of cleaning with the largest area cleaned will be taken.

Vehicles Dedicated to Urban Cleanliness and Environmental Sanitation refer to vehicles and facilities dedicated for use in the operation, management and monitoring of environmental hygiene work. They include vehicles for road cleaning, washing, showering, ice removal, disposal of garbage and human wastes, cleanliness monitoring and related activities.

Public Transportation Vehicles per 10000 Population refers to the number of public transportation vehicles, at the end of the reference period, per 10000 population in the city district. The formula for calculation is:

$$\frac{\text{Public Transportation Vehicles}}{\text{per 10000 Population}} = \frac{\text{Number of Public Transportation Vehicles}}{\text{City District Population}}$$

Consumption Wastes Transported refers to volume of consumption wastes collected and transported to disposal factories or sites. Consumption wastes are solid wastes produced from urban households or from service activities for urban households, and solid wastes regarded by laws and regulations as urban consumption wastes, including those from households, commercial activities, markets, cleaning of streets, public sites, offices, schools, factories, mining units and other sources。 **Production Capacity of Water Supply** refers to the designed overall production capacity of water facilities, covering the four segments of water collection, purification, conveyance, and outflow through trunk pipelines. Increased capacity through transformation and innovation projects is included as well. The capacity is determined mainly on the weakest of the above-mentioned four segments.

Length of Water Supply Pipelines at the Year-end refers to the total length of all the pipelines between the water pumps and the user water meters, excluding pipelines newly installed but not used yet, pipeline in the water factory,and pipeline in the user's buildings.

Annual Volume of Water Supply refers to the total volume of water supplied by water-works (units) during the reference period, including both the effective water supply and loss during the water supply.

Consumption of Water for Residential Use refers to water consumption of households for daily life and water consumption of public service facilities. The latter refers to water consumption for urban public services, including the consumption of government agencies and public institutions, military barracks, public facilities, wholesale and retail outlets, restaurants, hotels, and other units providing public services. Household water consumption refers to consumption of water for daily life of all households within the boundary of cities, including households of urban residents and farmers, and public water supply stations.

Coverage Rate of Urban Population with Access to Tap Water refers to the ratio of the urban population with access to tap water to the total urban population. The formula is:

$$\text{Coverage of urban population with access to tap water} = \frac{\text{Urban population with access to tap water}}{\text{Urban population}} \times 100\%$$

Production Capacity of Gaswork Gas refers to the overall production capacity of the urban gasworks in gas generation, purification and delivery at the end of the reference period, excluding capacity of the reserved facilities. In general, it is determined by the designed capacity, and when actual production capacity is larger than the designed capacity, the capacity is determined by the actual measurement on the weakest segment in the production, purification and delivery.

Length of Gas Pipelines refers to the total length of pipelines in use between the outlet of the compressor of gas-work or outlet of gas stations and the leading pipe of users, excluding pipelines within gasworks, delivery stations, LPG storage stations, refilling stations, gas-mixing stations and supply stations.

Volume of Gas Supply refers to the total volume of gas provided to users by gas-producing enterprises (units) in a year, including the volume sold and the volume lost.

Coverage Rate of Urban Population with Access to Gas refers to the ratio of the urban population with access to gas to the total urban population at the end of the reference period. The formula is:

$$\text{Coverage rate of urban population with access to gas} = \frac{\text{Urban population with access to gas}}{\text{Urban population}} \times 100\%$$

Length of Paved Roads at Year-end refers to the length of roads with paved surface including bridges and tunnels connected with roads by the end of the year. Length of the roads is measured by the central lines for vehicles for paved roads with a width of 3.5 meters and over, including roads in open-ended factory compounds and residential quarters.

Urban Bridges refer to bridges built to cross over natural or man-made barriers, including bridges over rivers, overpasses for traffic and for pedestrians, underpasses for pedestrians, etc. Both permanent and semi-permanent bridges are included.

Length of Urban Sewage Pipes refers to the total length of general drainage, trunks, branch and inspection wells, connection wells, inlets and outlets, etc.

Daily Disposal Capacity of Urban Sewage refers to the designed 24-hour capacity of sewage disposal by the sewage treatment works or facilities.

Number of Vehicles under Operation at Year-end refers to the total number of vehicles under operation by public transport enterprises (units) at the end of the year, based on the records of operational vehicles by the enterprises (units).

Area of Urban Green Areas refers to the total area occupied for green projects at the end of the reference period, including park green land, production green land, protection green land, green land attached to institutions, and other green areas.

Park Green Area refers to green areas open to the public for amusement and rest with the facilities of amusement, rest and services. Its function includes perfecting ecology, beautifying landscape, and preventing and reducing disaster. Park green areas include comprehensive park, community park, topic park, belt-shaped park and green area nearby street. Total areas of comprehensive park, topic park and belt-shaped is the area of park.

Area Cleaned refers to the area which are regularly cleaned, as at the end of the reference period, at urban roads and public places (mainly including urban roadways, pedestrian walkways, vehicular tunnels, pedestrian underpasses, underground railway stations, lifted roads, pedestrians walk bridges, overpasses, plazas, carparks and other facilities). If there are several times of cleaning in a day at a location, the area of that time of cleaning with the largest area cleaned will be taken.

Vehicles Dedicated to Urban Cleanliness and Environmental Sanitation refer to vehicles and facilities dedicated for use in the operation, management and monitoring of environmental hygiene work. They include vehicles for road cleaning, washing, showering, ice removal, disposal of garbage and human wastes, cleanliness monitoring and related activities.

Public Transportation Vehicles per 10000 Population refers to the number of public transportation vehicles, at the end of the reference period, per 10000 population in the city district. The formula for calculation is:

$$\text{Public Transportation Vehicles per 10000 Population} = \frac{\text{Number of Public Transportation Vehicles}}{\text{City District Population}}$$

Consumption Wastes Transported refers to volume of consumption wastes collected and transported to disposal factories or sites. Consumption wastes are solid wastes produced from urban households or from service activities for urban households, and solid wastes regarded by laws and regulations as urban consumption wastes, including those from households, commercial activities, markets, cleaning of streets, public sites, offices, schools, factories, mining units and other sources.

11

生态环境

Ecological Environment

资料整理及英文翻译: 詹志敏、张雪梅

简要说明

本篇资料由环境保护、水资源和气象三个部分组成。

环境保护统计资料包括工业废水、生活污水排放及治理情况；工业废气排放及处理情况；一般工业固体废物的产生、处理及利用情况；城镇生活污染情况；烟（粉）尘排放情况。资料来源于省环保厅，由省统计局能源处整理提供。

水资源资料主要包括水资源总量、供水量及用水量，资料来源于省水文局；气象资料主要包括各设区市平均气温、降水量、日照等方面的资料，资料来源于省气象局。由省统计局综合处整理提供。

Brief Introduction

This chapter includes three parts: environment protection; water resources and meteorology.

Data on environment protection include discharge and treatment of industrial and consumption waste water; emission treatment and utilization of general industrial waste gas;urban household pollution; industrial waste air and dust emitted. Data source from Bureau of Environmental Proctection. Data are provided by Energy Division of Jiangxi Statistics Bureau.

Data on water resources include total amount of water resources,supply and ues.Data source from Jiangxi Hydrological Bureau. Data on meteorological include annual average temperature,precipitation and sunshine hours by region.Data source from Jiangxi Meteorological Bureau. Data are provided by Comprehensive Division of Jiangxii Statistics Bureau.

11-1 工业“三废” 排放及处理利用情况
Discharge and Treatment of Industrial Waste Gas, Waste Water & Solid Wastes

指　　标	Item	2000	2010	2015	2016	2017
工业废水	**Industrial Waste Water**					
工业废水排放总量(万吨)	Industrial Waste Water Discharge (10000 tons)	42083	72526	76412	85527	41207
工业废气	**Industrial Waste Gas**					
工业废气排放总量(亿立方米)	Industrial Waste Air Emission (100 billion cu.m)	2220	9812	17055	15162	15065
工业二氧化硫排放量(万吨)	Industry Sulphur Dioxide Emission (10000 tons)	29	47	51.57	26.27	20.08
工业氮氧化物排放量(万吨)	Industry Sulphur Dioxide Emission (10000 tons)			27.94	20.87	19.52
工业烟(粉)尘排放量(万吨)	Volume of Industrial Dust Emission (10000 tons)			44.60	30.13	25.72
工业固体废物	**Industrial Solid Wastes**					
一般工业固体废物产生量(万吨)	General Industrial Solid Wastes Produced (10000 tons)	4814.97	9407.30	10776.68	12665.33	12340.92
#危险废物	Hazardous Wastes	1.71	8.98	71.34	63.93	84.50
一般工业固体废物综合利用量(万吨)	General Industrial Solid Wastes Utilized (10000 tons)	702.24	4379.14	6151.78	4909.48	4593.78
#危险废物	Hazardous Wastes	1.60	7.87	57.67	42.51	59.74
一般工业固体废物综合利用率(%)	Ratio of General Industrial Solid Wastes Utilized (%)	14.64	46.54	57.03	38.69	37.15
一般工业固体废物贮存量(万吨)	General Industrial Solid Wastes in Stocks (10000 tons)	3861.40	557.14	4363.06	6907.14	6939.52
#危险废物贮存量	Hazardous Wastes in Stocks	0.86	0.04	3.37	3.69	5.58
一般工业固体废物处置量(万吨)	General Industrial Solid Wastes Treated (10000 tons)	98.71	4486.55	271.76	865.52	838.82
#危险废物处置量	Hazardous Wastes Treated	0.01	1.25	12.53	20.44	26.13
一般工业固体废物倾倒丢弃量(万吨)	General Industrial Solid Wastes Discharged (10000 tons)	28.70	13.23	3.96	11.37	0.72

11-2 重点调查工业企业“三废”排放及处理利用情况（2017年）

行　　业	Sector	工业废水排放量（万吨）Industry Waste Water Discharge (10000tons)	废水治理设施数（套）Number of Facilities for Treatment of Waste Water (set)
总计	**Total**	**37267.45**	**3051**
煤炭开采和洗选业	Mining and Washing of Coal	669.54	70
黑色金属矿采选业	Mining and Processing of Ferrous Metal Ores	184.41	18
有色金属矿采选业	Mining and Processing of Non-Ferrous Metal Ores	6901.71	101
非金属矿采选业	Mining and Processing of Nonmetal Ores	229.57	49
开采辅助活动	Auxiliary mining activity	0.40	2
其他采矿业	Mining of Other Mineral	0.03	1
农副食品加工业	Processing of Food from Agricultural Products	1283.68	226
食品制造业	Manufacture of Foods	650.22	114
酒、饮料和精制茶制造业	Manufacture of Beverages	681.08	64
烟草制品业	Manufacture of Tobacco	21.72	4
纺织业	Manufacture of Textile	1184.39	66
纺织服装、服饰业	Manufacture of Textile Wearing Apparel, Footware, and Caps	113.58	26
皮革、毛皮、羽毛及其制品和制鞋业	Manufacture of Leather, Fur, Feather and Related Products	254.57	42
木材加工和木、竹、藤、棕、草制品业	Processing of Timber, Manufacture of Wood,Bamboo, Rattan,Palm,	167.26	31
家具制造业	Manufacture of Furniture	30.25	11
造纸和纸制品业	Manufacture of Paper and Paper Products	4912.89	123
印刷和记录媒介复制业	Printing, Reproduction of Recording Media	51.80	22
文教、工美、体育和娱乐用品制造业	Manufacture of Articles For Culture, Education and Sport Activity	34.53	23
石油、煤炭及其他燃料加工业	Processing of Oil, Coal, and Other Fuels	1703.82	11
化学原料和化学制品制造业	Manufacture of Raw Chemical Materials and Chemical Products	3285.21	408
医药制造业	Manufacture of Medicines	1605.46	280
化学纤维制造业	Manufacture of Chemical Fibers	2057.70	9
橡胶和塑料制品业	Manufacture of Rubber and Plastics	202.60	76
非金属矿物制品业	Manufacture of Non-metallic Mineral Products	936.30	354
黑色金属冶炼和压延加工业	Smelting and Pressing of Ferrous Metals	2321.00	69
有色金属冶炼和压延加工业	Smelting and Pressing of Non-ferrous Metals	2290.42	210
金属制品业	Manufacture of Metal Products	422.74	124
通用设备制造业	Manufacture of General Purpose Machinery	116.89	40
专用设备制造业	Manufacture of Special Purpose Machinery	73.43	28
汽车制造业	Manufacture of Automobiles	339.74	57
铁路、船舶、航空航天和其他运输设备制造业	Manufacture of Railway，Shipbuilding, Aerospace, and Other Transportation Equipment	252.28	21
电气机械和器材制造业	Manufacture of Electrical Machinery and Equipment	736.98	79
计算机、通信和其他电子设备制造业	Manufacture of Computers, Communication Equipment and Other Electronic Equipment	3004.21	151
仪器仪表制造业	Manufacture of Measuring Instruments	36.88	6
其他制造业	Other Manufactures	107.08	46
废弃资源综合利用业	Recycling and Disposal of Waste	92.31	40
金属制品、机械和设备修理业	Repair Services of Metals and Machinery	2.58	2
电力、热力生产和供应业	Production and Distribution of Electric Power and Heat Power	307.86	46
燃气生产和供应业	Gas production and supply	0.34	1

Discharge and Treatment of Industrial Waste Gas, Waste Water & Solid Wastes of Focused Investigated Industrial Enterprises (2017)

废水治理设施处理能力 (万吨/日) Waste Water Treatment Facilities Capacity (10000 tons/day)	化学需氧量排放量 (吨) Chemical Oxygen Demand Emission (ton)	氨氮排放量 (吨) Ammonia Nitrogen Emission (ton)	工业废气排放量 (亿立方米) Total Volume of Industrial Waste Gas Emission (100 billion cu.m)	废气治理设施数 (套) Facilities for Treatment of Waste Gas (set)	#脱硫设施数 (套) Desulfu-rization Facilities (set)
733.00	**31586**	**3288**	**15064.40**	**11700**	**1512**
4.68	369	19	0.11		
10.91	53	4	18.36	3	
154.03	2735	217	8.99	21	4
1.59	251	35	9.65	23	5
0.05	1	0			
0.00	0	0	3.00	1	
8.62	2833	374	114.45	249	64
4.20	1164	107	89.98	123	47
6.79	1286	112	11.06	47	19
0.22	20	2	19.27	32	1
9.71	1407	124	26.02	109	27
1.62	121	17	2.96	18	5
1.12	369	46	8.25	97	18
0.37	467	32	187.45	191	18
0.09	154	6	7.46	50	1
67.73	5805	465	126.04	163	69
0.31	64	6	3.20	27	10
0.34	61	10	6.12	49	2
4.56	491	39	141.65	33	12
20.50	2704	299	401.07	1107	244
10.58	2661	263	296.96	372	81
10.32	1187	64	65.62	26	6
1.04	365	42	34.90	143	39
97.02	920	137	4577.33	3893	507
238.89	1014	87	4424.64	301	26
33.69	1310	311	550.11	677	141
4.91	375	39	37.47	295	21
0.66	125	8	12.23	104	4
0.26	49	5	32.09	52	4
2.33	496	26	50.98	95	4
1.58	152	34	16.31	41	2
3.91	269	28	148.95	662	18
22.39	1942	296	260.97	503	9
0.76	26	3	0.50	11	1
0.81	148	12	14.74	134	17
0.87	108	13	122.61	121	27
0.00	5	1	0.60	6	
5.56	79	3	3232.27	1920	59
0.00	1	0	0.02	1	

12-1 续表

行　　业	Sector	废气治理设施处理能力(万立方米/时) Emission Control Facilities Treatment Capacity (10000 cu.m/hour)	废气治理设施运行费用(万元) Waste Gas Treatment Facilities Operating Cost (10000 yuan)
总　计	**Total**	**389304.22**	**460019.03**
煤炭开采和洗选业	Mining and Washing of Coal		
黑色金属矿采选业	Mining and Processing of Ferrous Metal Ores	22.68	7.82
有色金属矿采选业	Mining and Processing of Non-Ferrous Metal Ores	141.36	1260.75
非金属矿采选业	Mining and Processing of Nonmetal Ores	38.87	791.75
开采辅助活动	Auxiliary mining activity		
其他采矿业	Mining of Other Mineral	3.30	3.00
农副食品加工业	Processing of Food from Agricultural Products	895.46	7174.50
食品制造业	Manufacture of Foods	361.52	2469.20
酒、饮料和精制茶制造业	Manufacture of Beverages	114.09	752.00
烟草制品业	Manufacture of Tobacco	29.00	1220.00
纺织业	Manufacture of Textile	316.97	1415.30
纺织服装、服饰业	Manufacture of Textile Wearing Apparel, Footware, and Caps	764.32	256.70
皮革、毛皮、羽毛及其制品和制鞋业	Manufacture of Leather, Fur, Feather and Related Products	340.57	441.37
木材加工和木、竹、藤、棕、草制品业	Processing of Timber, Manufacture of Wood,Bamboo, Rattan,Palm,	881.42	2292.39
家具制造业	Manufacture of Furniture	49.01	335.70
造纸和纸制品业	Manufacture of Paper and Paper Products	1322.01	10417.74
印刷和记录媒介复制业	Printing, Reproduction of Recording Media	7.02	142.90
文教、工美、体育和娱乐用品制造业	Manufacture of Articles For Culture, Education and Sport Activity	55.40	352.40
石油加工、炼焦和核燃料加工业	Processing of Petroleum, Coking, Processing of Nuclear Fuel	164.52	21925.71
化学原料和化学制品制造业	Manufacture of Raw Chemical Materials and Chemical Products	1654.81	23495.79
医药制造业	Manufacture of Medicines	362.51	6157.89
化学纤维制造业	Manufacture of Chemical Fibers	183.17	4854.50
橡胶和塑料制品业	Manufacture of Rubber and Plastics	1387.20	2056.05
非金属矿物制品业	Manufacture of Non-metallic Mineral Products	63278.74	90043.65
黑色金属冶炼和压延加工业	Smelting and Pressing of Ferrous Metals	7889.80	89306.56
有色金属冶炼和压延加工业	Smelting and Pressing of Non-ferrous Metals	1957.68	64231.27
金属制品业	Manufacture of Metal Products	1592.67	1916.52
通用设备制造业	Manufacture of General Purpose Machinery	53.28	619.48
专用设备制造业	Manufacture of Special Purpose Machinery	83.90	732.53
汽车制造业	Manufacture of Automobiles	327.89	1031.24
铁路、船舶、航空航天和其他运输设备制造业	Manufacture of Railway,Ships,Aerospace and Other Delivery Equipment	212.40	357.80
电气机械和器材制造业	Manufacture of Electrical Machinery and Equipment	296765.43	7178.18
计算机、通信和其他电子设备制造业	Manufacture of Computers, Communication Equipment and Other Electronic Equipment	694.94	6884.72
仪器仪表制造业	Manufacture of Measuring Instruments	2.89	52.00
其他制造业	Other Manufactures	172.62	1642.65
废弃资源综合利用业	Recycling and Disposal of Waste	300.54	5332.54
金属制品、机械和设备修理业	Repair Services of Metals and Machinery	1.70	5.00
电力、热力生产和供应业	Production and Distribution of Electric Power and Heat Power	6874.52	102841.45
燃气生产和供应业	Gas production and supply	0.01	20.00

continued

二氧化硫排放量(吨) Sulphur Dioxide Emission (ton)	氮氧化物排放量(吨) Nitroger Oxide Emission (ton)	烟(粉)尘排放量(吨) Volume of Dust Emission (ton)	一般工业固体废物产生量(万吨) General Industrial Solid Wastes Produced (10000 tons)	一般工业固体废物综合利用量(万吨) General Industrial Solid Wastes Utilized (10000 tons)	一般工业固体废物处置量(万吨) General Industrial Solid Wastes Treated (10000 tons)	一般工业固体废物贮存量(万吨) General Industrial Solid Wastes in Stocks (10000 tons)	一般工业固体废物倾倒丢弃量(万吨) General Industrial Solid Wastes Discharged (10000 tons)
162743.79	**163518.38**	**219765.75**	**11783.03**	**4338.50**	**775.65**	**6698.09**	**0.61**
6	5	309	149.03	139.93	9.24	3.13	0.50
0	2	58	182.39	78.22	36.40	67.87	
67	31	435	8085.98	1334.75	319.33	6442.48	
116	62	960	79.65	52.24	27.21	0.67	0.01
			1.15	1.15			
119	73	631	0.30	0.30			
1310	453	1702	8.50	6.92	1.64	0.02	
2750	2392	3585	28.14	22.64	5.51	0.03	0.03
438	201	619	34.13	29.10	5.04	0.00	
19	28	13	0.26	0.14	0.12		
725	464	620	5.65	3.97	1.85	0.01	
70	21	576	0.22	0.08	0.14		
250	76	140	1.28	0.85	0.51	0.05	
751	274	7679	14.67	14.46	0.32	0.07	
4	13	382	0.85	0.82	0.03	0.00	
3521	2072	2425	60.18	51.02	8.67	0.50	
56	15	33	0.31	0.25	0.06		
169	10	26	0.50	0.14	0.36	0.00	
614	2259	478	12.20	10.00	2.19	0.00	
7118	4022	7886	256.28	214.27	42.15	0.41	
1307	873	1171	9.38	6.25	3.74	0.15	
607	672	224	16.63	14.92	1.71	0.02	
720	310	1254	4.44	4.18	0.42	0.01	
88665	98378	83664	355.74	336.86	10.86	16.73	
28695	25518	92297	1234.47	828.03	257.91	148.64	
8238	1294	3654	238.57	203.30	18.86	16.79	
297	106	422	2.41	1.32	1.08	0.01	
65	30	81	1.96	1.52	0.43	0.01	
39	41	65	0.83	0.50	0.35	0.00	
82	92	174	116.57	114.79	1.79	0.04	
31	24	45	0.34	0.18	0.16	0.00	
563	194	228	2.90	2.26	0.65	0.04	
198	180	378	6.86	2.51	4.93	0.04	
91	21	87	0.03	0.03			
316	321	382	1.87	1.68	0.19	0.00	
865	246	306	20.94	12.43	8.43	0.23	0.07
		20	0.78	0.57	0.16	0.05	
13862	22740	6757	845.67	845.92	3.22	0.10	
1	6		1.00				

11-3 各地区工业“三废”排放及处理情况(2017年)

指标	Item	全省 Total	南昌市 Nanchang
工业废水	**Industrial Waste Water**		
工业废水排放量(万吨)	Industrial Waste Water Discharge (10000 tons)	41207	3860.7
废水治理设施数(套)	Facilities for Treatment of Waste Water (set)	3058	320
废水治理设施处理能力(万吨/日)	Waste Water Treatment Facilities Capacity (10000 tons/day)	733.17	71.41
工业废气	**Industrial Waste Gas**		
工业废气排放总量(亿立方米)	Industrial Waste Air Emission (10 thousand cu.m)	15065	1876
废气治理设施数(套)	Facilities for Treatment of Waste Gas (set)	11709	991
#脱硫设施数(套)	Desulfurization Facilities (set)	1515	68
废气治理设施处理能力(万立方米/时)	Emission Control Facilities Treatment Capacity (10000 cu.m/hour)	389311.04	14103.77
工业二氧化硫排放量(吨)	Industrial Sulphur Dioxide Emission (ton)	200768	12128
工业氮氧化物排放量(吨)	Industrial Nitrogen Oxides Emission (ton)	195180	10605
工业烟(粉)尘排放量(吨)	Volume of Industrial Dust Emission (ton)	257163	23416
工业固体废物	**Industrial Solid Wastes**		
一般工业固体废物产生量(万吨)	Generation of General Industrial Solid Waste (10000 tons)	12340.92	170.88
#危险废物	Hazardous Wastes	84.50	18.10
一般工业固体废物综合利用量(万吨)	General Industrial Solid Wastes Utilized (10000 tons)	4593.78	156.33
#危险废物	Hazardous Wastes	59.74	16.08
一般工业固体废物综合利用率(%)	Ratio of General Industrial Solid Wastes Utilized (%)	37.15	91.47
一般工业固体废物贮存量(万吨)	General Industrial Solid Wastes in Stocks (10000 tons)	6939.52	0.56
一般工业固体废物处置量(万吨)	General Industrial Solid Wastes Treated (10000 tons)	838.82	14.24
一般工业固体废物倾倒丢弃量(万吨)	General Industrial Solid Wastes Discharged (10000 tons)	0.72	

Discharge and Treatment of Industrial Waste Gas, Waste Water & Solid Wastes(2017)

景德镇市 Jingdezhen	萍乡市 Pingxiang	九江市 Jiujiang	新余市 Xinyu	鹰潭市 Yingtan	赣州市 Ganzhou	吉安市 Ji'an	宜春市 Yichun	抚州市 Fuzhou	上饶市 Shangrao
3532.41	802.17	7903.86	2665.39	1470.85	5790.89	3351.26	3465.51	2045.63	6317.89
80	172	200	175	96	476	309	540	323	367
7.21	86.65	51.15	143.43	25.60	51.89	40.31	105.65	22.33	127.55
524	1841	2601	1409	567	1333	1132	1687	778	1317
277	549	979	774	226	1538	2911	1566	703	1195
56	69	119	63	50	253	157	354	141	185
1253.10	3471.87	39709.65	5354.43	1999.17	4108.58	4211.85	13499.79	2482.30	299116.53
9411	20808	15858	25148	5292	26416	18391	40599	8430	18286
9789	15464	25728	17620	2155	17858	10207	62938	5806	17010
6614	27440	35730	41886	2116	29064	10740	47918	7637	24603
132.91	384.59	1160.10	1034.56	368.41	912.50	242.36	553.16	315.40	7066.05
4.76	0.98	6.52	9.53	5.79	4.29	2.99	16.53	6.74	8.29
119.88	107.13	624.91	767.78	324.16	694.36	203.30	513.14	289.74	793.04
0.01	0.45	3.09	8.18	5.05	0.57	1.58	11.17	6.49	7.08
89.44	27.69	53.85	74.20	87.99	75.19	82.91	92.70	91.86	11.21
0.62	4.34	518.09	208.35	16.90	140.50	24.54	28.31	0.02	5997.31
14.17	277.81	17.50	59.24	27.49	88.86	19.54	12.94	25.70	281.32
0.50			0.02			0.02			0.17

11-4 各地区城镇生活污染情况（2017年）

Basic Statistics on Urban Consumption Waste by Region (2017)

地区	Region	城镇生活污水排放量（万吨）Urban Consumption Waste Water Discharge (10000 tons)	城镇生活污水中COD产生量（吨）COD Produced from Urban Consumption Waste Water(ton)	城镇生活污水中COD排放量（吨）COD Discharged from Urban Consumption Waste Water(ton)	城镇生活污水中氨氮产生量（吨）Ammonia Nitrogen Produced from Urban Consumption Waste Water(ton)
全　省	**Provincial Total**	**147723**	**607074**	**461138**	**69242**
南昌市	Nanchang	27891	99426	50848	11697
景德镇市	Jingdezhen	6192	31661	27749	3086
萍乡市	Pingxiang	5297	20075	16494	2620
九江市	Jiujiang	14112	52624	41606	6869
新余市	Xinyu	6458	20516	15546	2414
鹰潭市	Yingtan	4014	15610	12582	2029
赣州市	Ganzhou	25167	104423	84920	12285
吉安市	Ji'an	14609	63228	52314	6768
宜春市	Yichun	15287	66682	49725	7119
抚州市	Fuzhou	9445	49663	37818	5278
上饶市	Shangrao	19250	83166	71536	9076

11-4 续表 continued

地区	Region	城镇生活污水中氨氮排放量（吨）Ammonia Nitrogen Discharged from Urban Consumption Waste Water(ton)	SO2排放量（吨）Volume of Sulphur Dioxide Emission (ton)	氮氧化物排放量（吨）Nitrogen Oxide Emission (ton)	烟尘排放量（吨）Volume of Soot Emission (ton)
全　省	**Provincial Total**	**52638**	**14672**	**2049**	**7796**
南昌市	Nanchang	5939	245	222	599
景德镇市	Jingdezhen	2821	516	51	215
萍乡市	Pingxiang	2286	204	65	96
九江市	Jiujiang	5747	1346	79	317
新余市	Xinyu	1475	1411	187	125
鹰潭市	Yingtan	1695	24	6	1
赣州市	Ganzhou	9849	2045	249	875
吉安市	Ji'an	5695	665	89	266
宜春市	Yichun	5485	4396	540	2779
抚州市	Fuzhou	3965	774	101	455
上饶市	Shangrao	7680	3046	459	2067

11-5 水 资 源 总 量 (2017年)

Water Resources (2017)

地 区	Region	水资源总量(亿立方米) Total Amount of Water Resources (100 million cu.m)	年降水量 Annual Precipitation		地表水资源量 Surface Water Resources		地下水资源量(亿立方米) Groundwater Resources (100 million cu.m)
			年降水深(毫米) Annual Precipitation Depth (mm)	年降水量(亿立方米) Annual Precipitation (100 millioncu.m)	年径流深(毫米) Annual Flow Depth(mm)	年径流量(亿立方米) Annual Flow (100 million cu.m)	
全 省	**Province Total**	**1655.14**	**1658.9**	**2769.50**	**980.7**	**1637.20**	**379.47**
南 昌 市	Nanchang	81.34	1610.7	119.24	1051.7	77.86	15.14
景德镇市	Jingdezhen	58.95	2023.4	106.19	1123.3	58.95	11.41
萍 乡 市	Pingxiang	47.69	1777.1	68.01	1246.1	47.69	8.50
九 江 市	Jiujiang	217.35	1967.1	370.26	1130.4	212.78	41.19
新 余 市	Xinyu	30.73	1576.5	49.88	971.2	30.73	7.96
鹰 潭 市	Yingtan	43.70	1874.5	66.62	1225.9	43.57	10.10
赣 州 市	Ganzhou	275.38	1341.4	528.26	699.3	275.38	80.91
吉 安 市	Ji'an	219.44	1548.7	391.36	868.3	219.44	47.69
宜 春 市	Yichun	225.02	1822.6	340.28	1187.5	221.71	51.68
抚 州 市	Fuzhou	181.36	1616.4	304.16	963.7	181.34	47.06
上 饶 市	Shangrao	274.18	1865.8	425.24	1174.8	267.75	57.83

11-6 供 水 量 (2017年)

Water Supply (2017)

单位：亿立方米 (100 million cu.m)

地 区	Region	总供水量 Total Water Supply	地表水源 供水量 Surface Water				地下水源 供水量 Groundwater	其他水源 供水量 Others
				蓄 水 Storage	引 水 Diversion	提 水 Carry		
全 省	**Province Total**	**248.01**	**237.62**	**116.13**	**44.73**	**76.76**	**8.28**	**2.11**
南 昌 市	Nanchang	31.54	30.39	6.29	11.13	12.97	1.05	0.10
景德镇市	Jingdezhen	8.52	7.96	3.70	0.40	3.86	0.56	0.00
萍 乡 市	Pingxiang	7.86	7.34	2.46	3.75	1.13	0.41	0.11
九 江 市	Jiujiang	22.80	22.30	10.58	1.46	10.26	0.46	0.04
新 余 市	Xinyu	7.97	7.62	4.76	1.83	1.03	0.28	0.07
鹰 潭 市	Yingtan	7.62	7.27	2.89	1.05	3.33	0.29	0.06
赣 州 市	Ganzhou	34.39	31.59	16.33	6.49	8.77	1.71	1.09
吉 安 市	Ji'an	31.74	30.73	21.31	4.02	5.40	0.94	0.07
宜 春 市	Yichun	42.66	41.68	22.57	5.38	13.73	0.94	0.04
抚 州 市	Fuzhou	23.11	22.22	9.38	6.20	6.64	0.43	0.46
上 饶 市	Shangrao	29.80	28.52	15.86	3.02	9.64	1.21	0.07

11-7 用 水 量（2017年）

Water Use (2017)

单位：亿立方米 (100 million cu.m)

地区	Region	总用水量 Total	农田灌溉 Irrigated	林牧渔畜 Agricultural	工业 Industry 小计	火(核)电 Thermal (Nuclear) Power Generation	非(火)核电 Non-Thermal (Nuclear) Power Generation	城镇公共 Urban Publical	城镇居民生活 Urban Residential	农村居民生活 Rural Residential	生态环境 Ecological Protection
全省	**Province Total**	**248.01**	**147.53**	**8.75**	**60.53**	**16.76**	**43.77**	**6.45**	**15.01**	**7.45**	**2.29**
南昌市	Nanchang	31.54	16.19	0.65	9.28	0.13	9.15	1.79	2.48	0.51	0.64
景德镇市	Jingdezhen	8.52	4.45	0.12	2.63	0.10	2.53	0.26	0.68	0.21	0.17
萍乡市	Pingxiang	7.86	3.04	0.35	3.10	0.09	3.01	0.35	0.72	0.23	0.07
九江市	Jiujiang	22.80	10.98	0.31	8.48	3.26	5.22	0.53	1.51	0.80	0.19
新余市	Xinyu	7.97	3.71	0.24	3.05	0.30	2.75	0.24	0.51	0.13	0.09
鹰潭市	Yingtan	7.62	4.38	0.19	2.11	0.14	1.97	0.25	0.42	0.17	0.10
赣州市	Ganzhou	34.39	21.73	2.48	4.69	0.07	4.62	1.02	2.52	1.63	0.32
吉安市	Ji'an	31.74	22.24	0.98	5.77	2.34	3.43	0.31	1.42	0.85	0.17
宜春市	Yichun	42.66	23.47	1.13	14.61	10.04	4.57	0.61	1.64	1.03	0.17
抚州市	Fuzhou	23.11	16.63	1.47	2.58	0.16	2.42	0.42	1.11	0.74	0.16
上饶市	Shangrao	29.80	20.71	0.83	4.23	0.13	4.10	0.67	2.00	1.15	0.21

注：1.城镇公共用水指建筑业用水和服务业用水。
2.生态环境用水指城镇环境用水和农村环境用水。
a) Urban publical water use refer to water use of construction and services.
b) Ecological water use refers to water use of urban and rural areas.

11-8 耗 水 量（2017年）

Total Water Consumption(2017)

单位：亿立方米 (100 million cu.m)

地区	Region	总耗水量 Water Consumption	农田灌溉 Irrigated	林牧渔畜 Agricultural	工业 Industry 火(核)电 Thermal (Nuclear) Power Generation	工业 Industry 非火(核)电 Non-Thermal (Nuclear) Power Generation	城镇公共 Urban Publical	城镇居民生活 Urban Residential	农村居民生活 Rural Residential	生态环境 Ecological Protection
全省	**Province Total**	**114.36**	**76.06**	**8.11**	**1.74**	**14.69**	**2.67**	**3.79**	**5.43**	**1.87**
南昌市	Nanchang	14.51	8.30	0.60	0.12	3.20	0.79	0.62	0.37	0.51
景德镇市	Jingdezhen	3.90	2.34	0.10	0.05	0.89	0.08	0.17	0.13	0.14
萍乡市	Pingxiang	3.54	1.62	0.32	0.00	1.02	0.17	0.19	0.16	0.06
九江市	Jiujiang	9.74	6.24	0.29	0.21	1.68	0.15	0.38	0.64	0.15
新余市	Xinyu	3.49	1.76	0.23	0.15	0.96	0.11	0.13	0.08	0.07
鹰潭市	Yingtan	3.56	2.14	0.17	0.13	0.69	0.10	0.11	0.14	0.08
赣州市	Ganzhou	17.68	11.40	2.27	0.07	1.62	0.37	0.63	1.06	0.26
吉安市	Ji'an	14.87	11.32	0.95	0.22	1.08	0.16	0.38	0.60	0.16
宜春市	Yichun	16.45	11.86	1.05	0.51	1.46	0.28	0.41	0.73	0.15
抚州市	Fuzhou	12.00	8.53	1.37	0.16	0.78	0.17	0.27	0.60	0.12
上饶市	Shangrao	14.62	10.55	0.76	0.12	1.31	0.29	0.50	0.92	0.17

11-9 废污水排放量(2017年)
Discharge of Waste Water (2017)

单位：万吨/年 (10000 tons/year)

地 区	Region	合 计 Total	第二产业 Secondary Industry	工 业 Industry	建筑业 Construction	第三产业 Tertiary Industry	城镇居民生活 Urban Household Consumption
全 省	**Province Total**	**439075**	**293267**	**289602**	**3665**	**34060**	**111748**
南昌市	Nanchang	88145	60695	59475	1220	8850	18600
景德镇市	Jingdezhen	23791	16972	16916	56	1739	5080
萍乡市	Pingxiang	24597	18451	18218	233	1212	4934
九江市	Jiujiang	50500	35500	35400	100	3700	11300
新余市	Xinyu	22852	18062	17875	187	1104	3686
鹰潭市	Yingtan	17530	12925	12805	120	1425	3180
赣州市	Ganzhou	55400	30400	30000	400	6100	18900
吉安市	Ji'an	35550	23650	23500	150	1500	10400
宜春市	Yichun	46715	31592	31133	459	2855	12268
抚州市	Fuzhou	27300	16700	16400	300	2200	8400
上饶市	Shangrao	46695	28320	27880	440	3375	15000

11-10 各地区气象台站及主要技术装备情况（2017年）
Weather Stations and Machinery in Cities by Region (2017)

地　区	Region	国家基准气候站（个） National Reference Climatological Station (unit)	国家基本气象站（个） Basic Synoptic Station (unit)	国家一般气象站（个） General Synoptic (unit)	区域气象观测站（个） Number of Regional Observatory (unit)	农业气象观测站（个） Agrometeoro-logical Observatory (unit)
全　省	**Province Total**	**5**	**21**	**65**	**2452**	**18**
南昌市	Nanchang		1	4	109	1
景德镇市	Jingdezhen		1	2	57	1
萍乡市	Pingxiang		1	3	92	1
九江市	Jiujiang	1	2	9	289	2
新余市	Xinyu			2	53	1
鹰潭市	Yingtan		1	2	49	1
赣州市	Ganzhou		4	13	559	3
吉安市	Ji'an	1	3	8	369	2
宜春市	Yichun	1	3	6	256	2
抚州市	Fuzhou	1	2	8	235	1
上饶市	Shangrao	1	3	8	384	3

11-10 续表 continued

地　区	Region	生态气象观测站（个） Ecometeoro-logical Observatory (unit)	紫外线观测站（个） Ultraviolet Radiation Observatory (unit)	移动雷达（部） Mobile Radar (unit)	风廓线雷达（部） Wind Profile Radar (unit)	天气雷达（部） Weather Radar (unit)	闪电定位仪（个） Lightning Orientation (unit)
全　省	**Province Total**	**6**	**12**	**3**	**3**	**8**	**12**
南昌市	Nanchang	1	1			1	1
景德镇市	Jingdezhen		1		1	1	1
萍乡市	Pingxiang	1	1	1			
九江市	Jiujiang	1	2			1	2
新余市	Xinyu		1				
鹰潭市	Yingtan		1				1
赣州市	Ganzhou	1	1	1		1	2
吉安市	Ji'an	1	1	1		1	1
宜春市	Yichun		1		1	1	1
抚州市	Fuzhou		1			1	2
上饶市	Shangrao	1	1		1	1	1

11-11 各地区气候基本情况（2017年）

Climate by Region (2017)

地　区	Region	年平均气温 Annual Average Temperature (0.1℃)/△T	年降水量 Annual Precipitation (0.1mm)/△R	年日照时数 Annual Sunshine Hours (0.1h)/△S	年平均相对湿度 Annual Average Relative Humidity (%)/△U
全省平均	**Province Average**	**189/7**	**17387/781**	**16694/110**	**77/-1**
南昌市	Nanchang	192/12	16988/851	18535/182	73/-3
景德镇市	Jingdezhen	189/11	21485/3437	17106/-334	76/0
萍乡市	Pingxiang	188/12	17838/1591	14549/36	77/-4
九江市	Jiujiang	172/-4	17514/3052	16241/-435	81/6
新余市	Xinyu	186/3	15274/-759	16075/-253	75/-2
鹰潭市	Yingtan	192/6	21740/2969	17594/744	79/3
赣州市	Ganzhou	205/9	12163/-2300	19052/1534	77/2
吉安市	Ji'an	197/10	15852/190	15573/-320	76/-3
宜春市	Yichun	184/9	17577/1263	14832/-194	78/-2
抚州市	Fuzhou	188/7	16310/-1738	16784/655	79/-1
上饶市	Shangrao	187/8	18513/32	17291/-410	73/-5

注：△T、△R、△S、△U分别表示本年度平均气温、降水量、日照时数、平均相对湿度与1981-2010年三十年平均值比较的偏差值。

a) △T,△R,△S and △U indicate differences of annual average temperature, precipitation and sunshine hours at current year compared with nearly 30 years.Data of Yingtan are not available because it is newly established.

11-11 续表 continued

地　区	Region	重大灾害性天气(站次) Great calamity weather(time)					
		暴雨 Storm	大风 Gale	冰雹 Hail	大雾 Fog	大雪 Heavy snow	雷暴 Thunder-storm
合　计	**Total**	**498**	**317**	**5**	**4106**	**3**	**3283**
全省平均	**Province Average**	**45.27**	**28.82**	**0.45**	**373.27**	**0.27**	**298.45**
南昌市	Nanchang	26	10		91		193
景德镇市	Jingdezhen	18	9		165		79
萍乡市	Pingxiang	25	44		143		76
九江市	Jiujiang	94	171	1	659	2	395
新余市	Xinyu	5		2	110		88
鹰潭市	Yingtan	28	8		125		106
赣州市	Ganzhou	57	12		610		899
吉安市	Ji'an	55	15		551		445
宜春市	Yichun	70	4	2	464		182
抚州市	Fuzhou	46	22		538	1	362
上饶市	Shangrao	74	22		650		458

主要统计指标解释

林业产业总产值 指一定时期内（通常为1年）以货币表现的林业物质生产部门和非物质生产部门的生产总值，包括林业第一、第二、第三产业的生产总值。林业产业总产值的现行统计范围为：第一产业（农林牧渔业）中全社会的林业产值，种植业中全社会的花卉产值和茶、桑、果产值，畜牧业中全社会的狩猎业产值，林业系统的其他种植业产值、牧业产值和渔业产值；第二产业中采掘业之中全社会的木竹采运业产值，制造业之中全社会的木材加工及竹、藤、棕、草制品业产值和林产化学产品制造业产值，林业系统其他采掘业产值和制造业产值、电力煤气及水的生产供应业产值、建筑业产值；第三产业中全社会的森林旅游产值，林业系统的批发及零售贸易及餐饮业产值、交通运输仓储及邮电通讯业产值、房地产业产值、除森林旅游业外的其他社会服务业产值及其他第三产业产值。

工业废水排放量 指经过企业厂区所有排放口排到企业外部的工业废水量。包括生产废水、外排的直接冷却水、超标排放的矿井地下水和与工业废水混排的厂区生活污水，不包括外排的间接冷却水(清污不分流的间接冷却水应计算在内)。

工业废气排放量 指报告期内企业厂区内燃料燃烧和生产工艺过程中产生的各种排入大气的含有污染物的气体的总量，以标准状态(273K，101325Pa)计算。

工业烟（粉）尘排放量 指报告期内企业在燃料燃烧和生产工艺过程中排入大气的烟尘及工业粉尘的总质量之和。烟尘或工业粉尘排放量可以通过除尘系统的排风量和除尘设备出口烟尘浓度相乘求得。

一般工业固体废物综合利用量 指报告期内企业通过回收、加工、循环、交换等方式，从固体废物中提取或者使其转化为可以利用的资源、能源和其他原材料的固体废物量(包括当年利用往年的工业固体废物贮存量)，如用作农业肥料、生产建筑材料、筑路等。综合利用量由原产生固体废物的单位统计。

供水总量 指各种水源工程为用户提供的包括输水损失在内的毛供水量之和，不包括海水直接利用量。

地表水源供水量 指地表水体工程的取水量，按蓄、引、提、调四种形式统计。从水库、塘坝中引水或提水，均属蓄水工程供水量；从河道或湖泊中自流引水的，无论有闸或无闸，均属引水工程供水量；利用扬水站从河道或湖泊中直接取水的，属提水工程供水量；跨流域调水指水资源一级区或独立流域之间的跨流域调配水量，不包括在蓄、引、提水量中。

地下水源供水量 指水井工程的开采量，按浅层淡水、深层承压水和微咸水分别统计。城市地下水源供水量包括自来水厂的开采量和工矿企业自备井的开采量。

用水量 指各类用水户取用的包括输水损失在内的毛用水量，按农田灌溉、林牧渔畜、工业、城镇公共、居民生活、生态环境六大类统计。工业用水为取用的新水量，不包括企业内部的重复利用水。

耗水量 指在输、用水过程中，通过蒸腾、蒸发、土壤吸收、产品吸附、居民和牲畜饮用等多种途径与形式消耗，不能回归到地表水体或地下含水层的水量。

Explanatory Notes on Main Statistical Indicators

Gross output value of forestry Refer to the total value of products of productive departments and nonproductive departments during a given period of time (usually a year), including the primary Industry, the secondary Industry, and the tertiary Industry. The current Statistics of gross output value of Forestry include the output value of forestry in the whole country, the output value of flower, tea, mulberry and fruit in planting, the output value of hunting in animal husbandry, the output value of the other planting, animal husbandry and fishery of the forestry system; the output value of the bamboo and timber' s cutting and transport in extractive industry, the processing of timber, the products of bamboo, rattan, palm, grass and forestry chemical, the output value of the other extractive industry, manufacturing, the production and supply of electric power and heat power, the construction; the output value of the forestry tourist, wholesale and retail trades and catering, transport, storage and post, real estate, and the other social services except the forestry tourist.

Waste Water Discharged by Industry refers to the volume of waste water discharged by industrial enterprises through all their outlets, including waste water from production process, directly cooled water, groundwater from mining wells which does not meet discharge standards and sewage from households mixed with waste water produced by industrial activities, but excluding indirectly cooled water discharged (It should be included if the discharge is not separated from waste water).

Industrial Waste Air Emission refers to the discharge into atmosphere of waste air containing pollutants generated from fuel burning and production processes in enterprises within a given period of time. It is calculated at standard status (273K, 101325Pa)

Volume of Dust Emission refers to volume of smoke and industrial dust emitted by burning and production process of enterprises and suspended in the air.Volume of smoke and industrial dust is calculated by volume of air flow timing thickness of dust from dedusting equipment exits.

General Industrial Solid Wastes Utilized refers to volume of solid wastes from which useful materials can be extracted or which can be converted into usable resources, energy or other materials by means of reclamation, processing, recycling and exchange (including utilizing in the year the stocks of industrial solid wastes of the previous year). Examples of such utilizations include fertilizers, building materials and road materials. The information shall be collected by the producing units of the wastes.

Water Supply refers to gross water supply by supply systems from sources to consumers, including losses during distribution.

Surface Water Supply refers to withdrawals by surface water supply system, broken down with storage, flow, pumping and transfer. Supply from storage projects includes withdrawals from reservoirs; supply from flow includes withdrawals from rivers and lakes with natural flows no matter if there are locks or not; supply from pumping projects includes withdrawals from rivers or lakes with pumping stations; and supply from transfer refers to water supplies transferred from first-level regions of water resources or independent river drainage areas to others, and should not be covered under supplies of storage, flow and pumping.

Groundwater Supply refers to withdrawals from supplying wells, broken down with shallow layer freshwater, deep layer freshwater and slightly brackish water. Groundwater supply for urban areas includes water mining by both waterworks and own wells of enterprises.

Water Consumption refers to water used including lose during transportation. Water consumption is divided into farmland irrigation, forestry husbandry fishing and farming, industry, public affair, livelihoods, ecological environment. Industry water consumption refers to newly using, do not include reusing.

Water consumption is the amount of water consumed through evaporation, interception, adsorption, inhabitant and livestock drinking during water use and cannot recycled into surface waters and aquifers.

12

农　业

AGRICULTURE

◆239/277

资料整理及英文翻译：廖有伦、方建洲

Ⅰ 简要说明

一、本篇资料反映全省农业生产和农村经济的基本情况。主要包括农村基层组织、乡村劳动力、耕地、主要农产品面积和产量、农村基础设施以及农林牧渔综合计算等方面的统计资料。

二、本篇资料主要来源于江西省《农林牧渔业、农业产值综合、乡村社会经济统计报表制度》，其统计范围包括各市、县(区)各种经济类型的全部农林牧渔业以及各非农行业附属的农林牧渔业生产单位。

三、本篇资料中的农村基层组织、乡村劳动力、主要农产品面积和产量以及农林牧渔业总产值和增加值等由省统计局农业处提供；林业、渔业、农机和水利情况则分别根据省林业厅、省农业厅、省水利厅和省国土资源厅等部门资料整理提供。

四、部分指标依据2006年全国第二次农业普查资料进行了修正。

Ⅰ Brief Introduction

Ⅰ. The data in this chapter show the basic conditions of agricultural production and rural economy for the whole province, including mainly rural grassroots units, rural employed labors force, cultivated land, areas and output of major products, rural infrastructure, and Comprehensive Statistical of farming, forestry, animal husbandry and fishery.

Ⅱ. Data in this chapter mainly come from the Comprehensive Statistical Reporting on Farming, Forestry, Animal Husbandry and Fishery, the Comprehensive Statistical Reporting on Agricultural Output, and the Rural Social and Economic Survey of Jiangxi Province. Statistics on agriculture includes all productive units of farming, forestry, animal husbandry and fishery and units engaged in farming, forestry, animal husbandry and fishery in non-agricultural sectors with various types of ownership in cities, counties and districts of Jiangxi Province.

Ⅲ. Data on rural grassroots units, employed labor force, agricultural production and area, gross output value and value-added of farming, forestry, animal husbandry, and fishery are provided by Agriculture Division of Jiangxi Statistic Bureau. Data on forestry, fishery, agricultural machinery, and water conservancy are provided by Forestry, Agriculture, Water Conservancy Department of Jiangxi province, and Department of Land and Resources of Jiangxi province.

Ⅳ. Some Indicators have been adjusted according to the Second National Agricultural Census in 2006.

12-1 农村乡(镇)基本情况

Basic Conditions of Township and Town of Country

指　　标	Iterm	2016	2017
乡镇政府(个)	Number of Township and Town Governments(unit)	1403	1405
镇政府	Number of Town Governments(unit)	824	826
乡政府	Number of Township Governments(unit)	579	579
村民委员会(个)	Number of Villagers' Committees(unit)	17071	17085
村民小组(个)	Number of Villagers' Group(unit)	201583	201804
自来水受益村委会个数(个)	Number of Villages Benifited by Tap Water(unit)	11183	11862
占村委会总个数比重(%)	Rate to Total Number of Villages(%)	65.5	69.4
通有线电视的村委会个数(个)	Number of Villages with Wide-band(unit)	16285	16388
占村委会总个数比重(%)	Rate to Total Number of Villages (%)	95.4	95.9
通宽带的村委会个数(个)	Number of Villages withCable TV (unit)	16474	16684
占村委会总个数比重(%)	Rate to Total Number of Villages (%)	96.5	97.7

12-2 各地区乡(镇)组织情况（2017年）

Organizing Conditions of Township and Town by Region (2017)

地　区	Region	乡(镇)政府个数(个) Number of Township and Town Governments (unit)	#镇政府 Number of Town Governments	村民委员会(个) Number of Villagers' Committees (unit)	村民小组(个) Number of Villagers' Group (unit)
全　省	**Provincial Total**	**1405**	**826**	**17085**	**201804**
南 昌 市	Nanchang	80	52	1179	9555
景德镇市	Jingdezhen	39	28	473	5608
萍 乡 市	Pingxiang	47	28	640	9518
九 江 市	Jiujiang	182	102	1749	24071
新 余 市	Xinyu	26	17	407	3817
鹰 潭 市	Yingtan	34	24	342	4023
赣 州 市	Ganzhou	284	143	3463	49050
吉 安 市	Ji'an	214	120	2513	26557
宜 春 市	Yichun	159	115	2203	26235
抚 州 市	Fuzhou	153	94	1802	17517
上 饶 市	Shangrao	187	103	2314	25853

12-3 农、林、牧、渔业总产值和商品产值
Gross Output Value, and Commodity Output Value of Farming, Forestry, Animal Husbandry and Fishery

本表按当年价格计算

Data in this table are calculated at current prices.

单位：万元 (10000 yuan)

年份 Year	农林牧渔业总产值 Gross Output Value of Farming,Forestry, Animal Husbandry and Fishery	农业产值 Output Value of Farming	林业产值 Output Value of Forestry	牧业产值 Output Value of Animal Husbandry	渔业产值 Output Value of Fishery	服务业产值 Output Value of Services	农林牧渔业商品产值 Commodity Output Value of Farming, Forestry, Animal Husbandry and Fishery	农林牧渔业商品率(%) Commodity Rate of Farming, Forestry, Animal Husbandry and Fishery(%)
1978	492900	364752	58723	63025	6400		175842	35.7
1980	681508	482402	96038	95168	7900		279874	41.1
1985	1145040	740353	141190	228397	35100		566795	49.5
1990	2119055	1202955	195286	620351	100463		1372256	64.8
1990	2552437	1534586	239624	674764	103463		1372256	53.8
1991	2715836	1612274	288951	688523	126088		1483574	54.6
1992	2983528	1683513	315804	830611	153600		1735728	58.2
1993	3601064	1961358	314875	1095139	229692		2165316	60.1
1994	5278602	2762704	375230	1776561	364107		3368228	63.8
1995	6317137	3316376	414590	2095348	490823		4053816	64.2
1996	7334888	3863193	463328	2311829	696538		4751920	66.9
1997	7855119	3946088	468592	2558551	881888		5180617	66.0
1998	7348844	3615365	476187	2383146	874146		4824857	65.7
1999	7502895	3881699	495903	2239960	885333		4824974	64.3
2000	7602670	3872737	511086	2217976	1000871		4923589	64.8
2000	7413543	3446961	579735	2217976	1000871	168000	4497813	60.7
2001	7674396	3583299	605300	2261129	1042668	182000	4812927	62.7
2002	7918643	3664496	649332	2339367	1099548	165900	5093507	64.3
2003	8416300	3837127	704801	2540056	1185493	148823	5598337	66.5
2004	10549211	4910558	790778	3249823	1431346	166706	6836789	64.8
2005	11429925	5104715	873713	3650964	1625621	174912	7797125	68.2
2006	12252714	5571936	1046051	3440455	1643115	551157	8364442	68.3
2007	14232763	6230568	1253166	4310098	1819696	619236	9649814	67.8
2008	16707526	6983471	1480574	5444099	2110607	688776	11361117	68.0
2009	17197613	7360732	1574457	5246315	2303010	713098	12537060	72.9
2010	18801649	8106770	1801451	5599251	2542855	751322	13744005	73.1
2011	21751409	9311733	1969743	6966210	2704788	798935	15704518	72.2
2012	23599561	10207446	2167966	7065268	3305289	853591	17204080	72.9
2013	25296890	10947155	2371398	7397614	3668736	911986	18416136	72.8
2014	26701795	11708268	2550057	7489530	3966009	987930	19465609	72.9
2015	28083704	13618493	2706821	6546549	4152149	1059692	20535252	73.1
2016	30198718	14353075	2946136	7705092	4081116	1113299	21845218	72.3
2017	30690051	14892890	2964890	7096764	4530639	1204867	22288929	72.6
南昌市 Nanchang	3100446	1353821	45965	881885	691522	127253	2360449	76.1
景德镇市 Jingdezhen	945408	593564	96286	112622	55670	87265	719466	76.1
萍乡市 Pingxiang	939283	421426	84278	348536	70816	14227	587785	62.6
九江市 Jiujiang	2994013	1304625	273417	454684	795462	165825	2004911	67.0
新余市 Xinyu	933166	389356	181323	215678	85967	60842	642274	68.8
鹰潭市 Yingtan	873301	372118	128269	265955	83043	23915	657688	75.3
赣州市 Ganzhou	5355116	2806915	518331	1312156	531613	186100	3658150	68.3
吉安市 Ji'an	3861691	1835381	455714	1019107	393451	158036	3061215	79.3
宜春市 Yichun	4416592	2111038	495389	1146242	592304	71619	3084904	69.8
抚州市 Fuzhou	3349380	1976741	250091	678246	306153	138149	2589224	77.3
上饶市 Shangrao	3921655	1727903	435826	661653	924637	171636	2922860	74.5

注：1.1990年数为按老口径计算的数据，自2000年后按新的国民经济行业分类计算,后同。

2.2007年后的产值数据按照第三次全国农业普查数据修订。

a)The data of 1990 was calculated on old basis.The data since 2000 is calculated on the new classification standards for national economic. The same applies to the tables following.

b)The output value data since 2007 has been adjusted according to the third national agricutural census data.

12-4 农、林、牧、渔业总产值构成
Gross Output Value Composition of Farming, Forestry, Animal Husbandry and Fishery

本表按当年价格计算

Data in this table are calculated at current prices.

单位：% (%)

年份 Year	农林牧渔业总产值 Gross Output Value of Farming,Forestry, Animal Husbandry and Fishery	农业产值 Output Value of Farming	林业产值 Output Value of Forestry	牧业产值 Output Value of Animal Husbandry	渔业产值 Output Value of Fishery	服务业产值 Output Value of Services
1978	100.0	74.0	11.9	12.8	1.3	
1980	100.0	70.7	14.1	14.0	1.2	
1985	100.0	64.7	12.3	19.9	3.1	
1990	100.0	56.8	9.2	29.3	4.7	
1990	100.0	60.1	9.4	26.4	4.1	
1991	100.0	59.4	10.6	25.4	4.6	
1992	100.0	56.5	10.6	27.8	5.1	
1993	100.0	54.5	8.7	30.4	6.4	
1994	100.0	52.3	7.1	33.7	6.9	
1995	100.0	52.4	6.6	33.2	7.8	
1996	100.0	52.7	6.3	31.5	9.5	
1997	100.0	50.2	6.0	32.6	11.2	
1998	100.0	49.2	6.5	32.4	11.9	
1999	100.0	51.7	6.6	29.9	11.8	
2000	100.0	50.9	6.7	29.2	13.2	
2000	100.0	46.5	7.8	29.9	13.5	2.3
2001	100.0	46.7	7.9	29.5	13.6	2.3
2002	100.0	46.3	8.2	29.5	13.9	2.1
2003	100.0	45.6	8.4	30.2	14.1	1.7
2004	100.0	46.5	7.5	30.8	13.6	1.6
2005	100.0	44.7	7.7	31.9	14.2	1.5
2006	100.0	45.5	8.5	28.1	13.4	4.5
2007	100.0	43.8	8.8	30.3	12.8	4.4
2008	100.0	41.8	8.9	32.6	12.6	4.1
2009	100.0	42.8	9.2	30.5	13.4	4.1
2010	100.0	43.1	9.6	29.8	13.5	4.0
2011	100.0	42.8	9.1	32.0	12.4	3.7
2012	100.0	43.3	9.2	29.9	14.0	3.6
2013	100.0	43.3	9.4	29.2	14.5	3.6
2014	100.0	43.8	9.6	28.0	14.9	3.7
2015	100.0	48.5	9.6	23.3	14.8	3.8
2016	100.0	47.5	9.8	25.5	13.5	3.7
2017	100.0	48.5	9.7	23.1	14.8	3.9
南昌市 Nanchang	100.0	43.7	1.5	28.4	22.3	4.1
景德镇市 Jingdezhen	100.0	62.8	10.2	11.9	5.9	9.2
萍乡市 Pingxiang	100.0	44.9	9.0	37.1	7.5	1.5
九江市 Jiujiang	100.0	43.6	9.1	15.2	26.6	5.5
新余市 Xinyu	100.0	41.7	19.4	23.1	9.2	6.5
鹰潭市 Yingtan	100.0	42.6	14.7	30.5	9.5	2.7
赣州市 Ganzhou	100.0	52.4	9.7	24.5	9.9	3.5
吉安市 Ji'an	100.0	47.5	11.8	26.4	10.2	4.1
宜春市 Yichun	100.0	47.8	11.2	26.0	13.4	1.6
抚州市 Fuzhou	100.0	59.0	7.5	20.2	9.1	4.1
上饶市 Shangrao	100.0	44.1	11.1	16.9	23.6	4.4

12-5 农、林、牧、渔业总产值指数

Indices of Gross Output Value of Farming,Forestry,Animal Husbandry and Fishery

本表按可比价格计算。
Data in this table are calculated at constant pieces.

年份 Year	以1978年为100 (year of 1978=100) 农林牧渔业总产值 Gross Output Value of Farming, Forestry, Animal Husbandry and Fishery	农业产值 Output Value of Farming	林业产值 Output Value of Forestry	牧业产值 Output Value of Animal Husbandry	渔业产值 Output Value of Fishery	服务业产值 Output Value of Services	以上年为100 (preceding year=100) 农林牧渔业总产值 Gross Output Value of Farming, Forestry, Animal Husbandry and Fishery	农业产值 Output Value of Farming	林业产值 Output Value of Forestry	牧业产值 Output Value of Animal Husbandry	渔业产值 Output Value of Fishery	服务业产值 Output Value of Services
1978	100	100	100	100	100	100	102.8	101.6	105.7	107.2	98.9	
1979	114.8	115.0	112.4	116.5	113.6		114.8	115.0	112.4	116.5	113.6	
1980	111.2	109.3	108.7	120.6	127.4		96.9	95.1	96.8	103.6	112.2	
1981	115.6	111.2	127.3	122.6	150.7		103.9	101.7	117.1	101.8	118.3	
1982	127.4	122.4	124.8	148.7	170.0		110.2	110.1	98.0	121.1	112.8	
1983	129.4	122.7	128.2	152.7	213.2		101.5	100.2	102.7	102.7	125.4	
1984	143.3	135.4	144.5	169.0	240.9		110.8	110.3	112.7	110.7	112.9	
1985	153.6	140.4	153.7	200.8	291.5		107.2	103.7	106.4	118.8	121.0	
1986	157.7	138.0	154.9	232.9	337.4		102.6	98.3	100.8	116.0	115.7	
1987	171.6	150.8	169.3	247.9	387.9		108.8	109.3	109.3	106.4	115.0	
1988	176.3	147.5	176.9	282.1	445.1		102.7	97.8	104.5	113.8	114.8	
1989	185.8	156.8	177.6	296.5	485.3		105.4	106.3	100.4	105.1	109.0	
1990	198.0	167.7	184.0	315.5	532.0		106.5	106.9	103.6	106.4	109.6	
1991	210.0	176.0	199.4	337.6	584.6		106.1	105.0	108.3	107.0	109.9	
1992	223.8	181.4	212.9	378.7	712.1		106.6	103.0	106.8	112.2	121.8	
1993	240.1	185.2	194.2	456.3	972.1		107.3	102.1	91.2	120.5	136.5	
1994	264.7	193.4	209.7	537.7	1243.1		110.2	104.5	108.0	117.8	127.9	
1995	278.4	193.9	210.3	590.9	1562.5		105.2	100.2	100.3	109.9	125.7	
1996	301.8	208.4	221.5	609.2	2087.5		108.4	107.5	105.3	103.1	133.6	
1997	322.9	221.3	218.1	644.1	2510.9		107.0	106.2	98.5	105.7	120.3	
1998	310.2	203.8	220.4	623.6	2656.1		96.1	92.1	101.1	96.8	105.8	
1999	325.4	226.2	216.8	600.3	2847.3		104.9	111.0	98.4	96.3	107.2	
2000	334.5	230.3	234.4	599.1	3103.6	335.0	102.8	101.8	108.1	99.8	109.0	100.6
2001	344.5	238.1	237.2	608.7	3261.9	364.8	103.0	103.4	101.2	101.6	105.1	108.9
2002	358.3	244.5	251.2	628.8	3539.2	332.3	104.0	102.7	105.9	103.3	108.5	91.1
2003	368.1	243.3	268.7	651.4	3819.9	296.1	102.7	99.5	107.0	103.6	107.9	89.1
2004	397.6	269.3	280.8	685.9	4125.4	307.9	108.0	110.7	104.5	105.3	108.0	104.0
2005	424.6	278.5	293.2	770.3	4451.3	316.8	106.8	103.4	104.4	112.3	107.9	102.9
2006	450.5	293.5	346.8	794.2	4780.5	356.4	106.1	105.4	118.3	103.1	107.4	112.5
2007	469.4	303.5	377.0	818.0	5067.3	383.8	104.2	103.4	108.7	103.0	106.0	107.7
2008	491.9	315.3	406.8	859.7	5340.9	399.5	104.8	103.9	107.9	105.1	105.4	104.1
2009	514.5	323.5	430.8	909.6	5725.4	413.1	104.6	102.6	105.9	105.8	107.2	103.4
2010	535.1	327.1	458.8	962.4	6137.6	434.2	104.0	101.1	106.5	105.8	107.2	105.1
2011	557.6	346.7	484.0	985.5	6211.3	458.0	104.2	106.0	105.5	102.4	101.2	105.5
2012	583.2	356.0	515.0	1034.7	6726.8	485.5	104.6	102.7	106.4	105.0	108.3	106.0
2013	609.3	374.6	548.0	1070.0	6928.6	514.7	104.5	105.2	106.4	103.4	103.0	106.0
2014	638.6	388.9	583.6	1129.9	7247.3	546.6	104.8	103.8	106.5	105.6	104.6	106.2
2015	664.1	427.5	624.0	1106.0	7544.8	579.9	104.0	109.9	106.9	97.9	104.1	106.1
2016	691.3	448.2	671.1	1129.3	7740.4	607.8	104.1	104.8	107.6	102.1	102.6	104.8
2017	721.4	473.3	717.2	1141.9	8036.7	644.6	104.4	105.6	106.9	101.1	103.8	106.1

12-6　农、林、牧、渔业总产值

Gross Output Value of Farming,Forestry,Animal Husbandry and Fishery

单位：万元　　(10000 yuan)

行　　业	Sector	2016	2017	2017年比2016年增长（%） Increase Rate in 2017 over 2016(%)
农林牧渔业总产值	**Gross Output Value of Farming,Foretry, Animal Husbands and Fishery**	**30198718**	**30690051**	**4.4**
农业产值	**Output Value of Farming**	**14353075**	**14892890**	**5.6**
谷物及其他作物	Cereal and Other Cereal	7227411	7216900	-0.7
谷物	Cereal	5500894	5484962	-0.5
薯类	Tubers	112710	114609	0.7
油料	Oil-bearing Crops	677005	706950	2.5
豆类	Soybeans	158712	167496	4.2
棉花	Cotton	59516	67374	6.0
麻类	Fiber Crops	7750	7368	-8.1
糖料	Sugar Crops	221477	221415	-1.8
烟草	Tobacco	163171	141111	-13.0
其他农作物	Other Cereal	326177	305615	-6.4
蔬菜、食用菌及花卉、盆景园艺产品	Vegetable, Edible Fungi and Gardening Cereal	4558323	4787212	5.7
水果、坚果、茶、饮料和香料作物	Fruit, Nut, Tea, Drink and Spicery Cereal	2391501	2683410	8.5
中药材	Chinese Traditional Medicinal Materials	175840	205369	29.9
林业产值	**Output Value of Forestry**	**2946136**	**2964890**	**6.9**
林木的培育和种植	Forest Cultivated and Planted	926822	891442	2.1
竹木采运	Bamboo and timber's Cutting and Transport	710208	747690	5.6
林产品	Forestry Products	1309106	1325758	10.9
牧业产值	**Output Value of Animal Husbandry**	**7705092**	**7096764**	1.1
牲畜饲养	Livestock Raised	594305	581707	1.8
猪的饲养	Hogs Raised	4110384	3773827	3.1
家禽饲养	Poultry Raised	2754062	2512318	-2.6
狩猎和捕捉动物	Animal Hutted and Caught	29628	28756	5.3
其他畜牧业	Other Animal Husbandry	216713	200156	8.4
渔业产值	**Output Value of Fishery**	**4081116**	**4530639**	3.8
鱼类	Fish	3035542	3333233	2.6
甲壳类	Carapace	482289	575450	12.6
贝类	Shell-fish	75387	81645	-0.7
其他渔业	Other Fishery	487898	540311	3.3
农林牧渔服务业产值	**Services Output Value of Farming, Forestry, Animal Husbandry and Fishery**	**1113299**	**1204867**	6.1

注：增长速度由当年可比价格产值除以上年现行价格产值所得。

a) The growth is equal to the output value that caculated at current year's constant prices divided by the output value that caculated at last year's current prices.

12-7 各地区粮食作物和多种经营产值（2017年）

Output Value of Grain Crops and Multi deal by Region (2017)

本表按可比价格计算。
Data in this table are calculated at constant pieces.

地 区	Region	农林牧渔业总产值(万元) Gross Output Value of Farming, Forestry, Animal Husbandry and Fishery(10000yuan)	粮食作物 Grain Crops	多种经营 Multi-dealing	构成(%) Composition (%) 粮食作物 Grain Crops	多种经营 Multi-dealing
全 省	**Provincial Total**	**30690051**	**5767067**	**24922983**	**18.8**	**81.2**
南昌市	Nanchang	3100446	548675	2551771	17.7	82.3
景德镇市	Jingdezhen	945408	151501	793908	16.0	84.0
萍乡市	Pingxiang	939283	124268	815015	13.2	86.8
九江市	Jiujiang	2994013	405414	2588599	13.5	86.5
新余市	Xinyu	933166	233151	700015	25.0	75.0
鹰潭市	Yingtan	873301	171785	701516	19.7	80.3
赣州市	Ganzhou	5355116	672642	4682473	12.6	87.4
吉安市	Ji'an	3861691	958508	2903183	24.8	75.2
宜春市	Yichun	4416592	994222	3422370	22.5	77.5
抚州市	Fuzhou	3349380	693553	2655827	20.7	79.3
上饶市	Shangrao	3921655	813348	3108307	20.7	79.3

12-8 农林牧渔业商品产值和商品率

Commodity Output Value and Commdity Rate of Farming, Forestry, Animal Husbandry and Fishery

本表按可比价格计算。
Data in this table are calculated at constant pieces.

行 业	sector	农林牧渔业商品产值(万元) Commodity Output Value of Farming, Forestry, Animal Husbandry and Fishery (10000 yuan)		农林牧渔业商品率(%) Commdity Rate of Farming, Forestry, Animal Husbandry and Fishery (%)	
		2016	2017	2016	2017
合 计	**Total**	**21845218**	**22288929**	**72.3**	**72.6**
#粮食作物产值	Output Value of Grain Crops	3520314	3628219	61.0	62.9
多种经营产值	Output Value of Multi-dealing	18324905	18660709	75.0	74.9
农 业	Farming	9532138	10052644	66.4	67.5
林 业	Forestry	1819395	1839700	61.8	62.0
牧 业	Animal Husbandry	6416807	5971744	83.3	84.1
渔 业	Fishery	3368294	3698253	82.5	81.6
服务业	Services	708584	726588	63.6	60.3

12-9 农、林、牧、渔业中间消耗

Intermediate Consumption of Farming,Forestry,Animal Husbandry and Fishery

单位：万元 (10000 yuan)

行 业	Sector	2016	2017
农林牧渔业中间消耗总计	**Total Intermediate Consumption of Farming,Forestry, Animal Husbandry and Fishery**	**11679384**	**11705144**
农业中间消耗	**Intermediate Consumption of Farming**	**5130861**	**5287898**
物质消耗	Material Consumption	4517552	4617405
用种量	Quantity of Seeds Used	993144	1052482
役畜用饲料、饲草	Feedstuff for Service-lovestock	226995	224376
肥料	Fertilizer	1804340	1786343
燃料	Fuel	257153	275340
农药	Pesticide	375399	378169
农用塑料薄膜	Plastic Film for Farming	142444	146115
用电量	Consumption of Electricity	247634	278085
小农具购置	Small Dead Stock	174193	166126
办公用品购置	Office Stationary Purchased	34696	31726
其他	Others	261554	278642
生产服务支出	Production and Services Expenditure	613309	670493
林业中间消耗	**Intermediate Consumption of Forestry**	**906977**	**921760**
物质消耗	Material Consumption	711207	705221
用种量	Quantity of Seeds Used	252246	256052
肥料	Fertilizer	159464	158748
燃料	Fuel	53720	49339
农药	Pesticide	44360	42076
用电量	Consumption of Electricity	30485	28352
小农具购置	Small Dead Stock	50519	51597
办公用品购置	Office Stationary Purchased	21722	22837

12-9 续表 continued

单位：万元 (10000 yuan)

行　　业	Sector	2016	2016
其他物质消耗	Other Material Consumption	98692	96220
生产服务支出	Production and Services Expenditure	195770	216539
牧业中间消耗	**Intermediate Consumption of Animal Husbandry**	**3657578**	**3335260**
物质消耗	Material Consumption	3423094	3084488
用种量	Quantity of Seeds Used	596290	587192
饲料、饲草	Feedstuff,Forage Grass	2474662	2163902
燃料	Fuel	113335	101612
用电量	Consumption of Electricity	31453	34884
畜牧用药品	Leechdom for Livestock	114845	113467
其他	Others	92508	83431
生产服务支出	Production and Services Expenditure	234484	250772
渔业中间消耗	**Intermediate Consumption of Fishery**	**1448864**	**1587676**
物质消耗	Material Consumption	1208773	1302395
饲料	Feedstuff	839508	874776
燃料	Fuel	72401	79379
用电量	Consumption of Electricity	35166	41701
办公用品购置	Office Stationary Purchased	17816	21516
其他	Others	243882	285024
生产服务支出	Production and Services Expenditure	240091	285281
农林牧渔服务业中间消耗	**Intermediate Consumption of Services of Farming, Forestry, Animal Husbandry and Fishery**	**535105**	**572549**
物质消耗	Material Consumption	319903	342614
生产服务支出	Production and Services Expenditure	215202	229935

12-10 主要农业机械年末拥有量和机耕情况

Major Agricultural Machinery at the Year-end and Condition of Tractor-ploughing

指　标	Item	1990	2000	2010	2015	2017
农业机械总动力(万瓦特)	**Total Power of Agricultural Machinery(10000 watts)**	**667717**	**902307**	**3805000**	**2260816**	**2309599**
柴油发动机动力	Power of Diesel Motor	410637	620228	2978000	1763877	1790333
汽油发动机动力	Power of Pectol Motor	80651	63401	161000	100942	101952
电动机动力	Power of Electromotor	176429	211399	666000	395120	417271
其他机械动力	Power of Other Engine		7279		876	44
农业机械与设备	**Agricultural Machinery and Equiment**					
大中型拖拉机(台)	Large and Medium Agricultural Tractors(unit)	19324	22725	16700	19624	31890
(万瓦特)	(10000 watts)	49449	54001	38490	85114	146446
小型拖拉机(台)	Mini-Tractors(unit)	91682	78634	390300	331997	361787
(万瓦特)	(10000 watts)	76492	65329	469800	375940	414634
大中型配套农具(部)	Number of Large and Medium Agricultural Tractor Towing Farm Machinery(unit)	10190	3037	20500	27627	38406
小型配套农具(部)	Number of Mini-Tractor Towing Farm Machinery(unit)	67319	105813	286100	334155	348600
农用排灌动力机械(台)	Agricultural Irrigation and Drainage Engines(unit)	130713	253881	1164000	624995	643148
(万瓦特)	(10000 watts)	150864	213168	880000	406944	416860
#柴油机(台)	Diesel Engines(unit)	67476	144926	742000	352421	362374
(万瓦特)	(10000 watts)	68615	111667	510650	233634	238596
电动机(台)	Electromotors(unit)	60446	90423	401000	241049	248354
(万瓦特)	(10000 watts)	80923	103744	329480	164541	170946
农用水泵(台)	Agricultural Water Pumps(unit)	118122	223295	731000	446701	460044
节水灌溉机械(套)	Water-saving Irrigation Machine(set)	4816	7033	50900	132240	134203
机动脱粒机(台)	Motorized Thrashing Machine(unit)	42047	253864	931400	292381	287206
机动喷雾(粉)机(部)	Motorized Spraying Machine(unit)	6942	24589	158800	148270	149190
(万瓦特)	(10000 watts)	1155	3676	39520	32147	33461
农用运输车(辆)	Agricultural Transport Cars(unit)	22811	57489	203800	114033	
(万瓦特)	(10000 watts)	27037	92667	517000	271856	
农业机耕情况	**Condition of Agricultural Tractor-ploughing**					
当年实际机耕面积(千公顷)	Real Tractor-ploughing Areas in Current Year(1000 hectares)	640.6	1029.4	2898.8	4206	4306

12-11 农业电气化、化学化、水利化情况
Agricultural Electrization, Chamization, Adequate Irrigation

指　　标	Item	1990	2000	2010	2015	2017
农业电气化情况	**Agricultural Electrization**					
农村用电量(万千瓦小时)	Electricity Consumed in Rural Areas(10000 kwh)	159927	339255	715738	999196	1085023
通电的村民委员会个数(个)	Number of Villagers' Committees with Electricity(unit)	18957	20242	17245	17065	17088
通电的村委会占村委会总数比重(%)	Percentage of Villagers' Committees with Electricity in Total Villagers' Committees(%)	91.1	97.6	99.9	100.0	100.0
农业化学化情况	**Agricultural Chamization**					
农用化肥施用量(实物量)(万吨)	Quantity of Chemical Fertilizers Used for Farming (Material) (10000 tons)	285.6	343.4	415.1	431.5	411.7
氮　　肥	Nitrogenous Fertilizer	150.5	150.2	135.0	132.1	123.4
磷　　肥	Phosphorus Fertilizer	90.0	88.2	81.2	80.8	75.7
钾　　肥	Kalium Fertilizer	26.7	40.0	53.3	53.5	51.6
复 合 肥	Compound Fertilizer	18.4	65.0	145.6	165.1	161.0
农用化肥施用量(折纯量)(万吨)	Quantity of Chemical Fertilizers Used for Farming (net)(10000 tons)	83.6	106.9	137.6	143.6	135.0
氮　　肥	Nitrogenous Fertilizer	46.1	47.5	43.4	42.2	38.1
磷　　肥	Phosphorus Fertilizer	17.8	19.6	22.1	22.1	20.5
钾　　肥	Kalium Fertilizer	13.3	17.2	21.1	21.5	20.3
复 合 肥	Compound Fertilizer	6.4	22.7	50.9	57.7	56.0
农用塑料薄膜使用量(吨)	Quantity of Plastic Film for Farming Consumed(ton)	16428	28599	45491	53977	53509
农药使用量(吨)	Quantity of Pesticide Consumed(ton)	36482	51406	106530	93873	87737
农业水利化情况	**Agricultural Adequate Irrigation**					
有效灌溉面积(千公顷)	Irrigated Areas(1000 hectares)	1836.7	1903.4	1852.4	2027.7	2029.2

12-12　水利灌溉设施年末建成达到情况

Construction Condition of Water Conservancy for Irrigation at the End of Year

指　　标	Item	2011	2012	2013	2015	2017
工程座数	**Number of Projects**					
蓄水工程(座)	Water Storage Project(unit)	240511	240715	239758	240841	240868
大型水库	Large-scale Reservoir	27	28	28	28	30
中型水库	Medium-scale Reservoir	257	257	257	260	260
小(一)型水库	Small(1)-scale Reservoir	1491	1491	1499	1508	1497
小(二)型水库	Small(2)-scale Reservoir	9010	9010	9012	9019	9025
塘　坝	Embankment	229726	229929	228962	230026	230056
泵站(处)	Pump Station(set)	19562	19562	19566	19879	19970
大型	Large	3	3	3	3	3
中型	Medium	111	111	111	111	112
小型及规模以下	Small and below	19448	19448	19452	19765	19855
机电井(眼)	Mechanical and Electrical Well(unit)	1550394	1550395	1550127	1550022	1549386
规模以上机电井	above Designated Size	7617	7618	7350	7357	7357
规模以下机电井	below Designated Size	1542777	1542777	1542777	1542665	1542029
有效灌溉面积(千公顷)	Irrigated Areas(1000 hectares)	1915	2009	1996	2028	2039
灌区数量(处)	Irrigated Place(unit)					
50万亩以上	500000 mu and over	5	5	5	5	5
30-50万亩	300000-500000 mu	13	13	13	13	13
5-30万亩	50000-300000 mu	90	90	92	90	91
1-5万亩	10000-50000 mu	206	206	206	206	204
0.2-1万亩	2000-10000 mu	825	830	831	839	842

备注:2011年数据为全省水利普查数据(水利工程完工数),2012年和2013年的数据是以2011年水利普查数为基数进行增减变动的数据.

a) The data on 2011 came from the Water Resources Census. The data on 2012 and 2013 were adjusted according to the data on 2011.

12-13 各地区农业电气化、化学化、水利化情况（2017年）

指标	Item	全省 Provincial Total	南昌市 Nanchang
农业电气化情况	**Agricultural Electrization**		
农村用电量(万千瓦小时)	Electricity Consumed in Rural Areas(10000 kw per hour)	1085023	136642
通电的村民委员会个数(个)	Number of Villagers' Committees with Electricity(unit)	17085	1179
通电的村委会占村委会总数比重(%)	Percentage of Villagers' Committees with Electricity in Total Villagers'Committees(%)	100.0	100.0
农业化学化情况	**Agricultural Chamization**		
农用化肥施用量(实物量)(吨)	Quantity of Chemical Fertilizers Used for Farming (material) (ton)	4117424	370055
氮　　肥	Nitrogenous Fertilizer	1234236	102553
磷　　肥	Phosphorus Fertilizer	757330	77281
钾　　肥	Kalium Fertilizer	515805	53550
复 合 肥	Compound Fertilizer	1610053	136671
农用化肥施用量(折纯量)(吨)	Quantity of Chemical Fertilizers Used for Farming (net)(ton)	1349715	141395
氮　　肥	Nitrogenous Fertilizer	380961	33326
磷　　肥	Phosphorus Fertilizer	205138	22833
钾　　肥	Kalium Fertilizer	203219	23704
复 合 肥	Compound Fertilizer	560397	61532
农用塑料薄膜使用量(吨)	Quantity of Plastic Film for Farming Consumed(ton)	53509	2216
农药使用量(吨)	Quantity of Pesticide Consumed(ton)	87737	4899
农业水利化情况	**Agricultural Adequate Irrigation**		
有效灌溉面积(千公顷)	Irrigated Areas(1000 hectares)	2039	190

Agricultural Electrization,Chamization, Adequate Irrigation by Region (2017)

景德镇市 Jingdezheng	萍乡市 Pingxiang	九江市 Jiujiang	新余市 Xinyu	鹰潭市 Yingtan	赣州市 Ganzhou	吉安市 Ji'an	宜春市 Yichun	抚州市 Fuzhou	上饶市 Shangrao
34219	62033	135407	31440	24478	138052	85250	139671	63387	234444
473	640	1749	407	342	3463	2513	2203	1802	2314
100.0	100.0	100.0	100.0	100.0	100.0	100.0	100.0	100.0	100.0
91956	85439	398733	122288	124372	728029	544064	603387	498014	551087
24972	35656	141918	36978	33465	244732	135344	182382	138274	157962
12491	18535	72282	31507	26714	121628	88613	119984	102851	85444
9568	11323	53423	19112	13243	78379	60934	90486	60999	64788
44925	19925	131110	34691	50950	283290	259173	210535	195890	242893
34928	33741	151004	42923	32896	229977	184854	188826	165903	143268
9239	13064	51902	14242	8849	57704	43865	60224	46567	41979
3124	7712	25642	9326	6927	27318	26548	27542	27451	20715
4594	5181	22235	7066	3351	34338	23933	35101	25522	18194
17971	7784	51225	12289	13769	110617	90508	65959	66363	62380
1541	803	4007	1008	1608	14242	7070	8538	6886	5590
1483	1820	10783	1822	1510	14659	12148	9940	12228	16445
52	43	208	55	53	288	297	312	246	295

12-14 堤防、水闸、除涝、水土保持及解决饮水困难情况

Condition of Dike,Sluice,Waterlogging Control,Water and Soil Conversation and Easing the Shortage of Drinking Water

指标	Item	2011	2012	2013	2014	2015	2017
堤防长度(公里)	Dike Projects(km)	12606	12888	12980	13229	13438	13788
1级堤防	First-grade Dike	67	67	67	67	67	67
2级堤防	Second-grade Dike	282	286	293	293	293	293
3级堤防	Third-grade Dike	160	230	230	223	223	264
4、5级堤防	Fourth-grade and Fifth-grade Dike	6669	6877	6508	6578	6737	7337
5级以下堤防	Dike below Fifth-grade	5428	5428	5882	6068	6118	5827
达标堤防长度(公里)	Dike up to Standard(km)	3016	3348	3489	3642	3916	4278
水闸工程设施(座)	Sluice Projects(set)	11305	11309	11311	11317	11326	11335
大型水闸	Large-scale Sluice	25	25	25	25	25	25
中型水闸	Medium-scale Sluice	227	229	230	234	242	245
小型水闸及规模以下	Small-scale Sluice and below	11053	11055	11056	11058	11059	11065
除涝面积(千公顷)	Area of Waterlogging Control(1000 hectares)	378	383	385	393	405	422
除涝标准3-5年一遇的	Once 3-5 Years	182	185	185	190	196	204
除涝标准5年以上的	Once over 5 Years	196	198	200	202	209	218
水土流失综合治理面积(千公顷)	Area of Soil Erosion under Control(1000 hectares)	4711	4907	5129	5352	5578	5787
农村集中式供水工程(处)	Centralized Water Supply Project in Rural Areas(unit)						
千吨万人以上	above Kiloton 1000 persons	283	471	570	660	764	865

12-15 农作物播种面积和产量（2017年）

Total Sown Areas and Output of Farm Crops (2017)

类　　别	Type	播种面积（千公顷）Sown Area (1000 hectares)	单　产（千克/公顷）Yield per Unit (kg/hectare)	总产量(粮食:万吨；其他：吨) Total Output (Grain:10000 tons; Others:ton)	总产量比上年增长(%) Total Growth Over Last Year (%)
总　　计	**Total**	**5596.91**			
粮食作物	Grain Crops	3786.32	5800	2221.73	-0.6
谷　　物	Cereal	3561.07	6026	2145.94	-0.7
稻　　谷	Rice	3504.69	6067	2126.15	-0.7
早　　稻	Early Rice	1279.21	5606	717.07	-3.9
中稻及一季晚稻	Middle-season and Late Rice	858.65	6573	564.39	2.3
二季晚稻	Second season Late Rice	1366.83	6180	844.69	0.3
小　　麦	Wheat	14.51	2137	3.10	1.9
玉　　米	Corn	35.65	4319	15.40	0.8
大(米)麦	Barley	0.30	1667	0.05	
豆类合计	Total Legume	123.33	2294	28.29	4.2
大　　豆	Soybean	102.11	2468	25.20	3.9
杂　　豆	Mixed bean	21.23	1455	3.09	6.9
薯类(按折粮计算)	Tubers (converted into grain)	101.92	4661	47.50	0.7
油料合计	Total Oil-bearing	676.28	1719	1173202	1.7
#花　　生	Peanuts	162.46	2879	467719	2.6
油 菜 籽	Rape Seeds	486.35	1383	672628	1.1
芝　　麻	Sesame	27.47	1196	32855	2.0
棉　　花	Cotton	50.55	1537	77709	5.4
麻类合计	Total Fiber Crops	3.67	1573	5765	-8.1
黄红麻	Jute and Ambary Hemp	0.03	4758	157	-73.3
苎　　麻	Ramee	3.63	1544	5608	-1.3
甘　　蔗	Sugarcane	14.25	45967	655073	-2.1
烟叶合计	Tabacco Total	25.69	2170	55731	-13.0
烤　　烟	Flue-cured Tobacco	25.07	2159	54131	-12.7
晒　　烟	Sun-cured Tobacco	0.61	2623	1600	-24.1
中 药 材	Traditional Chinese Medicinal Materials	35.50			
蔬菜类及食用菌	Vegetables and Edible Mushrooms	619.30	24061	14900702	4.9
瓜果类	Melons and Fruits	80.93	26554	2148873	1.2
其他作物	Other Crops	304.43			
#莲　　子	Lotus Seeds	22.37	2096	46890	29.5
青 饲 料	Succulence	71.75			

注：本表粮食作物均为农产量抽样调查数，数据来自江西调查总队，后同。

a) Data of Grain Crops in this table are estimated from sample surveys of agricultural production. The data are prepared and provided by Investigation Unit of the National Bureau of Statistics in Jiangxi. The same applies to the tables following.

12-16 农作物播种面积

单位：千公顷

年 份 Year	合 计 Total	粮食作物 Grain Crops	#稻 谷 Cereal	#小 麦 Wheat	棉 花 Cotton	油 料 Oil-bearing	#花 生 Peanut
1978	5701.1	3820.8	3380.3	121.2	114.3	270.8	46.2
1979	5699.5	3844.0	3386.8	136.1	98.9	329.7	46.4
1980	5553.7	3775.3	3383.7	121.3	108.5	324.0	47.7
1981	5542.8	3758.3	3362.7	116.3	104.7	360.5	48.7
1982	5578.3	3743.9	3339.5	104.0	100.9	370.3	49.6
1983	5465.3	3714.1	3323.7	98.4	82.6	351.7	48.6
1984	5456.7	3714.1	3326.9	98.7	81.1	348.0	52.3
1985	5419.1	3650.9	3264.9	94.2	66.3	372.0	64.2
1986	5438.7	3629.8	3250.7	86.8	61.5	414.5	80.3
1987	5482.7	3647.9	3268.7	83.7	62.2	449.8	89.7
1988	5396.3	3588.7	3210.5	80.1	65.2	440.9	93.3
1989	5555.3	3693.9	3297.7	78.2	66.1	507.1	91.9
1990	5759.7	3700.9	3286.6	74.9	70.3	686.5	91.7
1991	5829.7	3589.7	3146.1	71.9	114.6	800.7	92.0
1992	5844.9	3446.2	2981.5	72.5	135.1	913.9	117.9
1993	5721.0	3360.1	2865.1	74.0	151.3	840.9	131.1
1994	5753.4	3434.4	2939.5	73.1	163.3	853.8	138.5
1995	5949.5	3510.0	3019.4	59.1	131.8	1057.0	130.3
1996	6105.3	3570.6	3055.4	72.3	107.4	1055.3	140.0
1997	6037.6	3586.5	3087.4	72.5	102.2	1003.3	142.6
1998	5804.0	3421.1	3034.6	63.3	108.4	947.7	151.8
1999	5871.0	3548.2	3050.0	61.5	69.2	900.4	163.5
2000	5650.8	3322.0	2832.0	51.4	69.0	858.1	179.9
2001	5534.7	3265.2	2808.3	38.3	70.5	778.7	183.4
2002	5355.1	3188.0	2786.7	28.5	55.0	704.2	176.7
2003	4997.4	3051.1	2685.3	20.6	65.5	632.7	166.8
2004	5258.1	3425.4	3095.9	19.1	62.5	566.2	134.5
2005	5328.9	3519.0	3187.7	15.9	63.9	577.0	135.1
2006	5255.6	3547.1	3271.1	12.4	65.7	585.8	132.6
2007	5215.0	3525.3	3196.3	11.2	68.3	583.5	132.1
2008	5330.9	3578.1	3255.5	10.2	66.6	658.8	142.0
2009	5376.4	3604.6	3282.1	9.9	75.5	716.4	146.4
2010	5457.7	3639.1	3318.4	10.4	79.7	731.7	152.4
2011	5486.8	3650.1	3359.6	10.9	82.0	732.4	157.9
2012	5525.9	3676.0	3328.3	11.9	85.0	744.2	160.7
2013	5553.0	3690.9	3338.0	11.8	84.7	743.1	163.7
2014	5570.6	3697.3	3339.5	12.0	84.9	741.5	162.6
2015	5579.1	3705.6	3342.4	12.2	81.1	739.9	164.2
2016	5602.1	3807.2	3527.1	14.4	49.3	682.4	160.4
2017	5596.9	3786.3	3504.7	14.5	50.5	676.3	162.5

Total Sown Areas of Farm Crops

(1000 hectares)

#油菜籽 Rape Seeds	#芝 麻 Sesame	黄红麻 Jute and Ambary Hemp	苎 麻 Ramee	甘 蔗 Sugarcane	烤 烟 Flue-cured Tobacco	晒 烟 Sun-cured Tobacco	蔬 菜 Vegetables
174.3	50.3	5.2	1.3	19.5	3.8	4.1	69.9
214.1	69.3	5.1	1.4	18.8	2.1	3.8	65.1
217.7	58.7	6.4	2.1	19.1	1.1	3.1	70.2
252.2	59.6	10.1	2.7	24.1	2.3	3.3	71.1
255.9	64.7	7.9	2.5	23.7	2.8	3.7	128.7
246.1	57.1	4.7	2.3	21.1	1.8	3.0	159.5
238.3	57.4	5.4	2.6	30.1	2.1	3.8	185.9
245.9	61.9	16.3	9.5	37.7	2.3	4.8	207.1
273.0	61.1	9.7	28.9	38.9	1.7	4.3	211.3
302.9	57.2	7.7	37.3	36.7	3.2	4.9	222.3
300.1	47.5	6.9	21.1	36.1	11.7	6.5	238.3
358.9	56.3	7.7	12.0	31.8	10.5	6.7	243.5
540.9	54.0	8.3	6.6	35.6	14.8	5.9	269.2
657.2	51.3	8.3	5.3	41.8	28.1	6.5	272.3
741.5	54.5	6.9	6.4	50.4	31.1	6.9	317.9
648.8	61.1	6.9	5.0	43.4	37.4	6.5	371.6
653.8	61.4	5.9	7.0	38.5	16.0	5.5	399.1
864.1	62.4	4.4	8.6	40.2	9.8	5.1	436.1
853.6	61.8	3.9	9.1	37.0	11.8	4.9	484.7
801.1	59.7	3.0	8.5	41.8	23.7	4.9	508.1
745.3	50.6	2.8	7.5	38.6	13.9	3.2	491.6
685.4	51.4	1.8	7.3	33.6	11.8	3.1	525.9
629.2	49.0	1.7	9.0	28.4	11.5	2.7	560.1
547.7	47.0	1.3	9.9	25.9	12.1	2.6	605.0
482.9	42.4	1.0	8.9	26.0	11.3	2.1	625.0
428.1	36.1	0.6	8.3	24.4	9.7	1.8	548.3
400.5	29.1	1.1	7.3	18.6	7.8	1.0	552.9
409.7	30.6	0.5	7.3	17.7	10.6	1.0	543.6
418.7	31.7	0.5	7.3	15.1	14.7	0.9	505.5
414.3	35.8	0.3	7.4	14.1	14.7	0.8	500.5
482.3	29.8	0.4	7.8	14.0	19.8	0.7	512.9
538.5	30.8	0.2	7.2	13.6	17.5	0.7	509.7
547.0	31.6	0.2	6.2	13.6	17.0	0.7	521.2
542.6	31.8	0.2	6.0	14.0	19.4	0.6	535.5
551.9	31.2	0.2	5.5	13.8	22.9	0.9	548.4
548.0	31.5	0.1	5.2	14.5	22.4	1.3	563.7
547.9	31.0	0.1	4.6	14.3	27.0	0.8	572.3
545.0	30.7	0.1	3.9	14.5	26.9	0.7	585.4
494.9	27.1	0.1	3.7	14.5	30.2	1.1	607.4
486.3	27.5	0.0	3.6	14.3	25.1	0.6	619.3

12-17 主要农产品产量

年份 Year	粮食 (万吨) Grain (10000ton)	棉花 (吨) Cotton (ton)	油料折油 (吨) Oil-bearing (ton)	油料合计 (吨) Total Oil-bearing (ton)	#花生 Peanuts	#油菜籽 Rape Seeds	#芝麻 Sesame	黄红麻 (吨) Jute and Ambary Hemp (ton)
1978	1125.74	34796	66271	134940	51686	68399	14855	4793
1979	1296.50	43542	103540	199216	60588	100639	37989	7529
1980	1240.04	43039	67804	137605	50502	71999	15104	10775
1981	1268.71	46909	104690	198344	56713	116275	25356	14993
1982	1408.74	65621	105360	259958	62974	159804	37180	11567
1983	1460.45	47932	93031	228752	62424	141353	24975	6427
1984	1549.18	69141	104260	245317	74155	144974	26188	8257
1985	1533.54	62199	122268	288842	103050	156691	29101	29875
1986	1453.77	54558	115323	315869	135578	156664	23627	18301
1987	1562.77	59187	135282	356974	157779	171632	27563	14080
1988	1535.43	32495	122547	328348	138059	174773	15516	10456
1989	1589.62	50050	148379	376519	150739	198755	27025	13423
1990	1658.20	56995	196114	548851	151909	371383	25559	18846
1991	1625.70	108998	226176	621726	149377	444558	27791	20472
1992	1566.00	148368	257389	741627	215142	490178	36307	17984
1993	1517.10	156222	260851	778140	257203	480746	40191	18327
1994	1603.50	174714	282747	836078	309554	483500	42966	17547
1995	1607.40	118547	346693	1035823	302510	690239	42971	13597
1996	1766.30	123071	339313	1010393	331169	634898	44277	9017
1997	1767.70	132390	365379	1056276	332669	681332	42244	7984
1998	1555.50	76092	282503	843455	334317	477853	31165	6555
1999	1732.70	63417	318638	943803	365179	546651	31907	4254
2000	1614.60	68025	325212	967297	403832	529998	33407	4437
2001	1600.00	80510	300390	905295	408616	463306	32333	4142
2002	1549.50	66891	277100	824182	407900	383506	30824	2882
2003	1450.30	76148	252998	759765	368282	364761	24603	1552
2004	1803.40	84812	257237	745278	317971	400887	23035	1793
2005	1853.86	87196	262238	761229	316617	416814	25318	909
2006	1896.52	95015	276246	779766	321554	428286	27094	898
2007	1904.21	107641	285360	841699	332692	429588	26885	1108
2008	1958.10	111915	317434	911919	367891	516281	26398	1404
2009	2002.56	125104	370794	1020240	381959	609619	27626	901
2010	1954.70	130773	364717	1075715	407959	638423	28434	1123
2011	2052.79	142853	444396	1149896	437498	666568	31723	988
2012	2084.84	152203	460395	1170753	448133	687541	34476	804
2013	2116.10	130860	458432	1192243	452003	703654	36547	720
2014	2143.50	133682	471713	1217081	456514	723497	37032	628
2015	2148.70	115221	475675	1239636	464130	739408	36047	610
2016	2234.40	73296	433513	1153338	455993	665140	32205	588
2017	2221.73	77709	461132	1173202	467718	672628	32856	157

注：本表1990年以后粮食产量为农产量抽样调查数，数据来自江西江西调查总队。2016年、2017年畜牧产品产量为第三次农业普查修正数，数据来自江西调查总队。后同。

Output of Major Farm Products

苎麻 (吨) Ramee (ton)	甘蔗 (吨) Sugarcane (ton)	烤烟 (吨) Flue-cured Tobacco (ton)	晒烟 (吨) Sun-cured Tobacco (ton)	水果 (吨) Fruits (ton)	肉类总产量 (吨) Output of Meat (ton)	生猪年末存栏 (万头) Hogs on Hand at the End of the Year (10000 heads)	水产品总产量 (万吨) Gross Output of Aquatic Products (10000 tons)
773	682908	2601	3540	29229	262704	944.3	5.93
1212	790784	1726	3266	60190	313749	1004.7	6.73
1252	857362	950	2758	56126	380490	1018.0	7.55
1627	1167281	2542	3265	70870	411140	1006.6	8.58
2050	1204245	3439	4184	73356	441368	1023.3	9.40
1732	1021939	2033	2777	89348	458122	1079.4	11.55
2495	1499874	2758	4046	89485	547967	1138.8	13.01
5106	1971006	2914	5880	107543	642514	1232.5	16.02
13211	1720310	1664	4287	161274	777126	1344.1	19.28
33475	1907887	3525	5928	172879	838692	1387.6	22.59
19212	1735822	7699	5890	146135	978268	1454.5	25.59
10581	1494895	9155	6173	229708	1040340	1486.5	28.12
6039	1942913	17175	5942	232983	1117438	1547.3	30.68
5166	2299461	31454	6686	334161	1239667	1589.6	33.93
6592	2561426	38246	7867	140914	1410488	1656.6	41.32
5727	2311395	46106	7980	208141	1676110	1781.0	55.49
8644	2041521	15186	6433	303658	1976564	1867.1	69.48
11141	2000272	10179	5730	427637	2193984	1951.0	84.04
12224	1857833	14870	6422	503928	2219302	1978.7	100.10
11288	2205930	31444	7527	676384	2275735	1979.8	115.08
9921	1863799	15906	3660	454628	2147125	1799.6	118.35
9692	1720059	14156	3304	703877	1982708	1554.3	122.12
11397	1368109	15092	3065	423403	1923111	1473.5	127.12
13034	1237046	16635	3095	577314	1931396	1406.5	132.26
12729	1308464	17232	2555	652276	1967198	1309.4	138.20
10165	1182490	15470	2434	777691	2013931	1362.7	146.06
10774	857182	15442	1387	1023742	2200265	1421.3	156.34
10944	783147	19761	1469	1302821	2448110	1485.4	168.66
10992	701340	29955	1321	1609336	2402215	1344.1	179.95
11149	660864	32751	1111	2181603	2473363	1420.1	196.06
11416	642066	46724	1070	2753566	2616319	1530.6	190.39
9837	622022	41411	1922	3270764	3009138	1680.1	205.30
9071	590981	36198	1393	2971285	3082029	1756.3	215.34
8938	628475	44497	1008	3876539	3167526	1827.5	222.81
8267	615764	50338	2134	3702788	3339124	1911.6	237.00
7429	646598	47563	2975	4413431	3445152	1967.6	242.65
6601	645242	57501	1388	4147641	3552418	1943.0	253.76
6044	658244	53402	1188	4503190	3550789	1892.8	264.25
5682	657504	61981	2108	4053727	3232491	1631.3	241.76
5608	655073	54131	1600	4552342	3259942	1621.3	250.55

a) The output of major farm product in this table have been calculated according to sample surveys since 1990. The output of livestock product of 2016. The same applies to the tables following.and 2017 have been adjusted according to the result of the Third Agricultural Census, sourcing from Investigation Unit of Jiangxi Statistical Bureau.The same applies to the tables following.

12-18　各地区经济作物播种面积（2017年）

单位：公顷

类　　别	Type	全　省 Provincial Total	南昌市 Nanchang	景德镇市 Jingdezheng
油料合计	Total Oil-bearing	676275	68361	25830
#花　生	Peanuts	162461	16561	2832
油菜籽	Rape Seeds	486346	47076	20605
芝　麻	Sesame	27468	4724	2393
棉　花	Cotton	50545	1245	1127
麻类合计	Total Fiber Crops	3666		
黄红麻	Jute and Ambary Hemp	33		
苎　麻	Ramee	3633		
甘　蔗	Sugarcane	14251	1054	1090
烟叶合计	Tabacco Total	25688		
烤　烟	Flue-cured Tobacco	25073		
晒　烟	Sun-cured Tobacco	615		
中药材	Traditional Chinese Medicinal Materials	35502	429	485
蔬菜类及食用菌	Vegetables and Edible Mushrooms	619290	40464	32911
#叶菜类	Leaf Vegetable	103212	7013	4605
白菜类	Chinese Cabbage Vegetable	107548	9004	5332
甘蓝类	Cole Vegetable	25935	2492	953
根茎类	Root Vegetable	105465	6764	5788
瓜菜类	Melons Vegetable	57874	3774	2748
豆类(菜用)	Legumes	41187	2214	3211
茄果菜类	Solanaceous Fruit Vegetable	76340	2955	4576
葱蒜类	Bulb Vegetable	35802	2398	1865
水生菜类	Aquatic Vegetable	13040	1228	539
其他蔬菜类	Others	52893	2622	3294
瓜果类	Melons and Fruits	80926	4041	3059
其他作物	Other Crops	304431	21315	7685
#莲　子	Lotus Seeds	22366	142	85

Total Sown Areas of Farm Crops by Region (2017)

(hectare)

萍乡市 Pingxiang	九江市 Jiujiang	新余市 Xinyu	鹰潭市 Yingtan	赣州市 Ganzhou	吉安市 Ji'an	宜春市 Yichun	抚州市 Fuzhou	上饶市 Shangrao
22103	116840	11217	11980	40796	117349	128636	23021	110143
1483	6599	3853	4286	34056	25036	42278	10111	15366
20572	106563	7074	7164	6436	90769	79472	12543	88072
48	3678	290	530	303	1544	6886	367	6705
1	31619	2113		6	154	8634	1829	3817
	458	1619	23	13	14	1443	2	94
			3	13	10			7
	458	1619	20		4	1443	2	87
36	658	47	884	205	1025	2430	3471	3351
63				10155	6338	1661	7358	113
				10126	6291	1349	7194	113
63				29	47	312	164	
1293	3755	173	118	1616	6235	12284	6690	2424
26337	54078	11720	14051	125151	100424	83766	67649	62739
5423	8658	2117	1685	21164	18205	15441	10128	8773
5008	9921	1131	2671	18621	17302	13165	14683	10710
805	1803	322	380	6556	3392	3254	2454	3524
3680	7974	1896	2294	18598	16741	15074	12457	14199
2777	4964	1337	887	13405	10351	6565	5429	5637
2282	3636	869	1050	8721	6364	5177	4148	3515
2166	7449	1864	2009	15174	14394	11006	8262	6485
1498	2039	1288	525	8039	6548	4883	3544	3175
495	1549	385	1210	1261	1470	1610	2072	1221
2203	6085	511	1340	13612	5657	7591	4478	5500
3320	5656	3610	2322	9892	9868	12981	19955	6222
11413	25082	4872	12391	77577	14962	60052	50687	18395
1676	526		5	9331	1899	213	8252	237

12-19 各地区主要经济作物单位播种面积产量（2017年）

单位：千克/公顷

类　　别	Type	全　省 Provincial Total	南昌市 Nanchang	景德镇市 Jingdezheng
油料合计	Total Oil-bearing	1719	1549	1505
#花　生	Peanuts	2879	3242	3568
油菜籽	Rape Seeds	1383	1128	1252
芝　麻	Sesame	1196	906	1314
棉　花	Cotton	1537	1375	1547
麻类合计	Total Fiber Crops	1573		
黄红麻	Jute and Ambary Hemp	4758		
苎　麻	Ramee	1544		
甘　蔗	Sugarcane	45967	43910	45549
烟叶合计	Tabacco Total	2170		
烤　烟	Flue-cured Tobacco	2159		
晒　烟	Sun-cured Tobacco	2602		
蔬菜类及食用菌	Vegetables and Edible Mushrooms	24061	31960	32039
#叶菜类	Leaf Vegetable	20315	25512	21280
白菜类	Chinese Cabbage Vegetable	27202	39908	40191
甘蓝类	Cole Vegetable	24849	24295	35860
根茎类	Root Vegetable	27386	44586	40391
瓜菜类	Melons Vegetable	26459	35240	35765
豆类(菜用)	Legumes	19331	16959	25640
茄果菜类	Solanaceous Fruit Vegetable	21308	23728	28762
葱蒜类	Bulb Vegetable	19437	21126	26457
水生菜类	Aquatic Vegetable	23001	29518	24878
其他蔬菜类	Others	24114	24701	27540
瓜果类	Melons and Fruits	26554	25603	24803
其他作物	Other Crops			
#莲　子	Lotus Seeds	2096	10866	1447

Output of Unit of Major Farm Crops Sown Area by Region (2017)

(kg/hectare)

萍乡市 Pingxiang	九江市 Jiujiang	新余市 Xinyu	鹰潭市 Yingtan	赣州市 Ganzhou	吉安市 Ji'an	宜春市 Yichun	抚州市 Fuzhou	上饶市 Shangrao
1525	1745	1825	2354	2547	1416	1681	2223	1796
2055	2187	2873	2998	2817	2623	2787	2843	3594
1494	1727	1265	1652	1172	1129	1197	1571	1550
1250	1402	1555	1403	1330	1130	1160	1404	1287
1000	1542	1609		2000	1669	1422	1418	1821
	2343	1175	2087	5692	3714	1597	7500	3149
			7667	5692	4300			2429
	2343	1175	1250		2250	1597	7500	3207
17611	24942	19745	37025	43273	49361	52998	55232	38340
1286				2115	2177	2268	2218	2611
				2058	2175	2496	2217	2611
1286				22000	2404	1282	2244	#DIV/0!
24178	19334	17506	20924	26283	22395	20819	22436	25049
25283	15918	12727	15393	22926	19595	18751	20472	17466
26384	23816	19647	19497	26563	21900	25145	23627	33403
19939	24163	18916	16179	27253	20483	21584	23775	28704
27969	24097	21033	27405	30515	26958	19729	24450	23545
25740	20236	20417	23617	31545	23879	25205	23639	20574
18307	14984	16662	14979	23650	16315	19057	19563	17057
20360	15380	17142	22351	26547	22167	17528	19730	17205
24270	14809	13201	15741	22293	18133	17130	18789	17601
24547	19134	21551	22837	21451	21865	23514	22626	23447
18006	17235	19499	21653	21137	23986	22702	20375	45363
19398	21222	19128	37852	23942	25619	25558	32723	24712
2166	4428		2000	1763	3272	26493	1213	3924

12-20 各地区主要经济作物总产量（2017年）

单位：吨

类别	Type	全省 Provincial Total	南昌市 Nanchang	景德镇市 Jingdezheng
油料合计	Total Oil-bearing	1173202	111070	39051
#花生	Peanuts	467718	53686	10105
油菜籽	Rape Seeds	672628	53103	25801
芝麻	Sesame	32856	4281	3146
棉花	Cotton	77709	1712	1744
麻类合计	Total Fiber Crops	5765		
黄红麻	Jute and Ambary Hemp	157		
苎麻	Ramee	5608		
甘蔗	Sugarcane	655073	46281	49648
烟叶合计	Tabacco Total	55731		
烤烟	Flue-cured Tobacco	54131		
晒烟	Sun-cured Tobacco	1600		
蔬菜类及食用菌	Vegetables and Edible Mushrooms	14900702	1293222	1054425
#叶菜类	Leaf Vegetable	2096748	178915	97995
白菜类	Chinese Cabbage Vegetable	2925570	359329	214296
甘蓝类	Cole Vegetable	644451	60543	34175
根茎类	Root Vegetable	2888296	301578	233782
瓜菜类	Melons Vegetable	1531275	132996	98282
豆类(菜用)	Legumes	796185	37548	82330
茄果菜类	Solanaceous Fruit Vegetable	1626644	70117	131615
葱蒜类	Bulb Vegetable	695882	50660	49343
水生菜类	Aquatic Vegetable	299937	36248	13409
其他蔬菜类	Others	1275472	64765	90717
瓜果类	Melons and Fruits	2148873	103463	75873
其他作物	Other Crops			
#莲子	Lotus Seeds	46890	1543	123

Total Output of Major Farm Crops by Region (2017)

(ton)

萍乡市 Pingxiang	九江市 Jiujiang	新余市 Xinyu	鹰潭市 Yingtan	赣州市 Ganzhou	吉安市 Ji'an	宜春市 Yichun	抚州市 Fuzhou	上饶市 Shangrao
33850	203645	20471	25425	103898	169921	220958	48961	200360
3047	14430	11068	12848	95950	65670	117839	28744	55226
30743	184060	8952	11834	7544	102506	95128	19702	136507
60	5156	451	744	404	1745	7991	515	8628
1	48765	3399		12	257	12277	2593	6949
	1073	1903	48	74	52	2304	15	296
			23	74	43			17
	1073	1903	25		9	2304	15	279
634	16412	928	32730	8871	50595	128785	191711	128478
81				21474	13797	3767	16317	295
				20836	13684	3367	15949	295
81				638	113	400	368	
636768	1045541	205169	294009	3289327	2249013	1743913	1517741	1571574
137108	137815	26943	25938	485197	356732	289536	207337	153232
132133	236275	22221	52077	494623	378913	331036	346916	357751
16051	43565	6091	6148	178670	69477	70234	58343	101154
102926	192149	39878	62868	567522	451310	297395	304579	334309
71479	100453	27298	20948	422864	247176	165468	128334	115977
41776	54481	14479	15728	206255	103831	98656	81146	59955
44099	114566	31952	44904	402822	319076	192911	163008	111574
36357	30195	17003	8264	179214	118733	83644	66587	55882
12151	29639	8297	27633	27050	32141	37858	46882	28629
39668	104872	9964	29015	287715	135691	172330	91240	249495
64402	120032	69053	87892	236838	252807	331764	652991	153758
3 631	2 329		10	16 454	6 214	5 643	10 013	930

12-21 茶叶、水果生产情况

Production Conditions of Tea,Fruits

指　　标	Item	2016	2017	2017年比2016年增长（%） Increase Rate in 2017 over 2016(%)
产　量(吨)	**Output(ton)**			
茶 叶	Tea	57528	61399	6.7
#红茶	Black Tea	5837	7162	22.7
绿茶	Green Tea	46988	49319	5.0
水 果	Fruits	4053727	4552342	12.3
柑桔类	Citrus	3601014	4042623	12.3
#柑	Hesperidium	357004	372444	
桔	Orange	2012809	2256482	12.1
橙	Orange	1140055	1293725	13.5
柚	Grapefruit	91146	119972	31.6
梨	Pear	161801	167795	3.7
桃	Peach	62826	61976	-1.4
其他水果	Other Fruits	228086	279948	22.7
面　积(公顷)	**Area(hectare)**			
年末茶园面积	Area of Tea Plantations at the End of Year	90074	98544	9.4
#当年采摘	Picked in Current Year	67834	73344	8.1
当年新增	Newly Added in Current Year	6539	7265	11.1
年末果园面积	Area of Orchard at the End of Year	410892	408947	-0.5
柑桔园	Orange Plantation	330651	323129	-2.3
梨园	Pear Plantation	24455	24484	0.1
桃园	Peach Plantation	10968	10872	-0.9
其他果园	Other Plantation	44818	50462	12.6
当年新增	Newly Added in Current Year	10717	13560	26.5

12-22 各地区茶叶、水果产量（2017年）

Output of Tea,Fruits by Region (2017)

单位：吨　　　　(ton)

地　区	Region	茶　叶 Tea	#红　茶 Black Tea	#绿　茶 Green Tea	水　果 Fruits	#柑　桔 Orange	#梨 Pear
全　省	**Provincial Total**	**61399**	**7162**	**49319**	**4552342**	**4042623**	**167795**
南 昌 市	Nanchang	1917	13	1892	40336	24901	2699
景德镇市	Jingdezhen	9174	2622	5164	20961	4850	2862
萍 乡 市	Pingxiang	350	1	316	16445	7341	995
九 江 市	Jiujiang	8710	2216	5207	140764	78734	29946
新 余 市	Xinyu	310		310	127794	103789	4119
鹰 潭 市	Yingtan	131	2	125	52731	33058	12288
赣 州 市	Ganzhou	5143	174	4802	1580957	1468019	14616
吉 安 市	Ji'an	6914	664	5865	573739	500109	18674
宜 春 市	Yichun	5785	283	4857	145259	87171	10335
抚 州 市	Fuzhou	2566	131	1827	1782661	1701120	54603
上 饶 市	Shangrao	20399	1056	18954	70695	33531	16658

12-23 各地区茶园、果园面积（2017年）
Area of Tea Plantations,Orchard by Region (2017)

单位：公顷 (hectare)

地区	Region	年末茶园面积 Area of Tea Plantations at the End of Year	年末果园面积 Area of Orchard at the End of Year	#柑桔 Orange	#当年新增面积 Areas Newly Added in Current Year
全省	**Provincial Total**	**98544**	**408947**	**323129**	**13560**
南昌市	Nanchang	1381	7189	4084	536
景德镇市	Jingdezhen	10867	4754	1428	73
萍乡市	Pingxiang	510	4298	2406	113
九江市	Jiujiang	16884	18188	8322	358
新余市	Xinyu	239	6677	5352	116
鹰潭市	Yingtan	504	6129	3049	79
赣州市	Ganzhou	13875	160128	135320	6499
吉安市	Ji'an	17871	59160	49102	1978
宜春市	Yichun	9801	16712	8320	550
抚州市	Fuzhou	4623	96114	88526	902
上饶市	Shangrao	21989	29598	17220	2356

12-24 牧 业 生 产 情 况
Production Condition of Animal Husbandry

指　　　　标	Item	2016	2017	2017年比2016年增长（%）Increase Rate in 2017 over 2016%)
当年出栏肉猪头数(头)	Number of Slaughtered Fattened Hogs in Current Year(head)	31303083	31804600	1.6
当年出售和自宰肉用牛(头)	Cattles for Sale and Butchering in Current Year(head)	1146349	1158640	1.1
当年出售和自宰肉用羊(只)	Sheep for Sale and Butchering in Current Year(head)	1150728	1234600	7.3
当年出售和自宰肉用兔(只)	Rabbits for Sale and Butchering in Current Year(head)	3296640	3218343	-2.4
当年出售和自宰肉用禽(万羽)	Poultry for Sale and Butchering in Current Year(10000 heads)	45386	43888	-3.3
肉类总产量(吨)	Total Output of Meat(ton)	3226376	3260533	1.1
#猪　肉	Pock	2450148	2494900	1.8
牛　肉	Beef	115280	120468	4.5
羊　肉	Mutton	18249	19698	7.9
兔　肉	Rabbit Meat	5375	5289	-1.6
禽　肉	Meat of Poultry	630935	608088	-3.6
牛奶产量(吨)	Output of Milk(ton)	99920	94942	-5.0
家禽产蛋量(吨)	Output of Eggs(ton)	463032	456581	-1.4
蜂蜜产量(吨)	Output of Honey(ton)	14792	14850	0.4
牛年末存栏头数(头)	Number of Cattle at the End of Year(head)	2042777	2413971	18.2
#奶牛	Number of Cow	33613	31771	-5.5
生猪年末存栏头数(头)	Number of Hogs at the End of Year(head)	16313266	16213428	-0.6
#能繁殖母猪	Number of Female Hogs with Fertility	1548207	1485600	-4.0
羊年末存栏只数(只)	Number of Sheep and goats at the End of Year(head)	886546	952800	7.5
兔年末存栏只数(只)	Number of Rabbits at the End of Year(head)	1295776	1272845	-1.8
家禽年末只数(万羽)	Number of Poultry at the End of Year(10000 heads)	20905	17978	-14.0
养蜂年末箱数(箱)	Number of Boxes for Beekeeping at the End of Year(box)	609776	616536	1.1
年末桑园面积(公顷)	Area of Mulberry Plantation at the End of Year(hectare)	9896	9651	-2.5
蚕　茧(吨)	Pods(ton)	6261	6274	0.2

注：本表2016年、2017年主要畜牧产品产量为第三次农业普查修正数，数据来自江西江西调查总队。

a) The output of livestock product of 2016 and 2017 have been adjusted according to the result of the Third Agricultural Census, sourcing from Investigation Unit of Jiangxi Statistical Bureau.

12-25 渔业生产情况

Production Condition of Fishery

指　　标	Item	2016	2017	2017年比2016年增长（%）Increase Rate in 2017 over 2016(%)
渔业乡(个)	Number of Fishery Townships(unit)	23	20	-13.0
渔业村(个)	Number of Fishery Villages(unit)	348	333	-4.3
渔业户(户)	Number of Fishery Households(household)	331389	323328	-2.4
渔业人口(万人)	Population of Fishery(10000 persons)	148.66	147.46	-0.8
渔业从业人员(万人)	Laborers of Fishery(10000 persons)	91.49	90.89	-0.7
专业从业人员	Professional Laborers	42.28	41.93	-0.8
捕捞专业从业人员	Laborers of Catch	5.93	5.79	-2.2
养殖专业从业人员	Laborers of Culture	30.68	30.36	-1.0
其他专业从业人员	Other Laborers	5.68	5.77	1.7
兼业从业人员	Sideline Laborers	37.99	37.86	-0.3
己养殖面积(千公顷)	Cultured Area(1000 hectares)	412.88	412.78	0.0
#池　　塘	Pond	160.97	161.03	0.0
水　　库	Reservoir	139.44	138.63	-0.6
湖　　泊	Lake	94.93	95.27	0.4
养殖亩产(千克/公顷)	Per Unit Area Yield of Culture(kg/hectare)	5314	5522	3.9
#池　　塘	Pond	8609	9022	4.8
水　　库	Reservoir	2725	2708	-0.6
湖　　泊	Lake	2691	2746	2.0
水产品总产量(吨)	Total Output of Aquatic Products(ton)	2417617	2505549	3.6
#养殖产量	Cultured Output	2194139	2279506	3.9
#池　　塘	Pond	1385805	1452759	4.8
水　　库	Reseroir	380046	375446	2.4
湖　　泊	Lake	255444	261599	-1.2
水产品总产量中：鱼　类	Fish	1984066	2048168	3.2
甲壳类	Carapace	103410	121385	17.4
贝　类	Shell-fish	42340	42227	-0.3
珍珠产量(千克)	Output of Pearls(kg)	861242	318147	-63.1
鱼苗产量(亿尾)	Output of Frys(100 millon fries)	366	379	3.7
鱼种产量(吨)	Output of Advanced Frys(ton)	300921	299486	-0.5

12-26 各地区渔业生产情况（2017年）
Production Condition of Fishery by Region (2017)

地 区	Region	渔业从业人员（万人）Laborers of Fishery (10000 person)	专业从业人员 Professional Laborers	捕捞从业人员 Laborers of Catch	养殖从业人员 Laborers of Culture	其他从业人员 Other Laborers	兼业从业人员 Sideline Laborers	养殖面积（公顷）Cultured Area (hectare)	养殖单产（千克/公顷）Per Unit Area Yield of Culture (kg/hectare)
全 省	**Provincial Total**	**90.89**	**41.93**	**5.79**	**30.36**	**5.77**	**37.86**	**412784**	**5522**
南昌市	Nanchang	7.78	4.19	0.75	2.95	0.49	2.42	53605	6328
景德镇市	Jingdezhen	0.34	0.23	0.04	0.15	0.04	0.09	6582	4299
萍乡市	Pingxiang	2.41	0.96	0.05	0.82	0.09	1.42	6345	5926
九江市	Jiujiang	7.31	4.34	1.57	2.33	0.44	2.39	78001	4836
新余市	Xinyu	1.63	0.68	0.11	0.45	0.12	0.80	11743	4024
鹰潭市	Yingtan	0.88	0.49	0.17	0.18	0.14	0.12	7812	5819
赣州市	Ganzhou	24.76	11.20	0.30	9.39	1.52	12.23	41885	6718
吉安市	Ji'an	9.87	3.11	0.25	2.48	0.38	5.64	43137	4812
宜春市	Yichun	11.95	5.07	0.60	3.93	0.53	3.58	46257	6701
抚州市	Fuzhou	6.12	1.84	0.10	1.51	0.24	3.50	37886	4269
上饶市	Shangrao	17.85	9.80	1.86	6.16	1.79	5.66	79530	5580

12-26 续表 continued

地 区	Region	水产品总产量(吨) Total Output of Aquatic Products (ton)	#养殖产量 Cultured Output	水产品产量中 Among Output of Aquatic Procducts: 鱼类 Fish	甲壳类 Carapace	贝类 Shell-fish	珍珠产量（千克）Output of Pearl (kg)	鱼苗产量（亿尾）Output of Fry (One hundred million)	鱼种产量（吨）Output of Advanced Fry (ton)
全 省	**Provincial Total**	**2505549**	**2279506**	**2045529**	**124612**	**39579**	**301000**	**375.07**	**299486**
南昌市	Nanchang	391858	339224	303003	22855	8491	15000	31.56	37179
景德镇市	Jingdezhen	31581	28293	25933	1633	440	7000	15.73	854
萍乡市	Pingxiang	39220	37600	34888	520	1429		10.46	5428
九江市	Jiujiang	429969	377236	323678	47631	3251	212000	52.80	29327
新余市	Xinyu	50453	47260	43951	1195	444		4.41	4437
鹰潭市	Yingtan	48129	45462	41565	2037	789		19.00	5911
赣州市	Ganzhou	292908	281368	260015	5253	5075		80.37	34969
吉安市	Ji'an	214815	207557	196463	3598	2111	10000	35.39	20713
宜春市	Yichun	344106	309967	279893	14477	6456	8000	45.26	61528
抚州市	Fuzhou	169927	161731	130087	3939	3036	1000	34.44	34098
上饶市	Shangrao	492584	443808	406053	21474	8057	48000	45.65	65042

12-27 各地区农村经济效益（2017年）

指标	Item	全省 Provincial Total	南昌市 Nanchang
每一农业劳动力创造农林牧渔业总产值(元)	Gross Output of Farming,Forestry,Animal Husbandry and Fishery Created by Per Rural Laborer(yuan)	35235	45767
每一农业劳动力创造农林牧渔业增加值(元)	Value-added of Farming,Forestry,Animal Husbandry and Fishery Created by Per Rural Laborer(yuan)	21796	27627
每一农业劳动力创造农林牧渔业商品产值(元)	Commodity Output of Farming,Forestry,Animal Husbandry and Fishery Created by Per Rural Laborer(yuan)	25589	34844
每一农业劳动力生产的主要农产品(千克)	Major Farm Products Producted by Per Rural Laborer(kg)		
粮食	Grain	2550.72	
棉花	Cotton	8.92	2.53
油料	Oil-bearing	134.69	163.96
糖料	Sugar	75.21	68.32
肉类总产量	Total Output of Meat	374.33	438.44
水产品产量	Output of Aquatic Products	287.66	578.44
农林牧渔业中间消耗占农林牧渔业总产值(%)	Percentage of Intermediate Consumption of Farming,Forestry,Animal Husbandry and Fishery in Gross Output of Farming,Forestry,Animal Husbandry and Fishery(%)	38.1	39.6
农林牧渔业商品率(%)	Commdity Rate of Farming, Forestry, Animal Husbandry and Fishery(%)	72.6	76.1

12-28 各地区按人口平均的主要农产品产量（2017年）

指标	Item	全省 Provincial Total	南昌市 Nanchang	景德镇市 Jingdezheng	萍乡市 Pingxiang
粮食(千克/人)	Grain(kg/person)	482.25			
棉花(千克/人)	Cotton(kg/person)	1.69	0.32	1.05	0.00
花生(千克/人)	Peanut(kg/person)	10.15	9.91	6.09	1.59
油菜籽(千克/人)	Rape Seeds(kg/person)	14.60	9.80	15.54	16.02
芝麻(千克/人)	Sesame(kg/person)	0.71	0.79	1.90	0.03
水产品产量(千克/人)	Output of Aquatic Products(kg/person)	54.38	72.33	19.03	20.43
水果产量(千克/人)	Output of Fruits(kg/person)	98.81	7.45	12.63	8.57
#柑桔	Oranges	87.75	4.60	2.92	3.82

Rural Economic Efficiency by Region (2017)

景德镇市 Jingdezheng	萍乡市 Pingxiang	九江市 Jiujiang	新余市 Xinyu	鹰潭市 Yingtan	赣州市 Ganzhou	吉安市 Ji'an	宜春市 Yichun	抚州市 Fuzhou	上饶市 Shangrao
45912	35823	33535	36198	47245	29536	38436	39268	37844	27979
29557	22748	21121	21586	30152	18921	22598	22926	23430	18233
34940	22417	22456	24914	35580	20176	30470	27428	29255	20853
8.47	0.00	54.62	13.18		0.01	0.26	10.92	2.93	4.96
189.65	129.10	228.10	79.41	137.55	57.30	169.13	196.45	55.32	142.95
241.11	2.42	18.38	3.60	177.07	4.89	50.36	114.50	216.61	91.66
281.35	513.58	204.74	365.80	631.55	358.93	523.28	504.59	359.46	224.67
153.37	149.58	481.59	195.71	260.37	161.55	213.81	305.94	192.00	351.44
35.6	36.5	37.0	40.4	36.2	35.9	41.2	41.6	38.1	34.8
76.1	62.6	67.0	68.8	75.3	68.3	79.3	69.8	77.3	74.5

Output of Major Rural Products per Person by Region (2017)

九江市 Jiujiang	新余市 Xinyu	鹰潭市 Yingtan	赣州市 Ganzhou	吉安市 Ji'an	宜春市 Yichun	抚州市 Fuzhou	上饶市 Shangrao
10.03	2.89		0.00	0.05	2.21	0.64	1.03
2.97	9.40	11.04	11.14	13.32	21.26	7.15	8.16
37.87	7.60	10.17	0.88	20.79	17.16	4.90	20.17
1.06	0.38	0.64	0.05	0.35	1.44	0.13	1.27
88.46	42.86	41.37	34.01	43.57	62.08	42.26	72.79
28.96	108.56	45.33	183.57	116.38	26.21	443.34	10.45
16.20	88.17	28.42	170.46	101.44	15.73	423.07	4.95

12-29 生猪调出奖励大县农村经济情况（2017年）
Conditions of Rural Economy of County Which are Rewarded for Lare Hog-contributed (2017)

地 区	Region	农作物总播种面积(公顷) Total Sown Areas of Farm Crops (hectare)	#粮 食 Grain	粮食总产量(吨) Total Output of Grain (ton)	棉花总产量(吨) Total Output of Cotton (ton)	油料总产量(吨) Total Output of Oil-bearing (ton)
15个生猪大县（市、区）	**Major Hog-raising Counties (County-level City, District)**	**1606190**	**1098371**	**6640413**	**11333**	**384339**
新建区	Xinjiang	130131	94198	694140	194	32006
南昌县	Nanchang	165829	139955	1011980		14092
进贤县	Jinxian	133826	86753	557381	99	51071
余江县	Yujiang	68790	47948	305293		21330
南康区	Nankang	57781	35595	210577		13944
信丰县	Xinfeng	76990	47645	270282		16667
定南县	Dingnan	17685	11881	59842		282
新干县	Xingan	86705	57260	379566	205	22549
袁州区	Yuanzhou	108949	74611	474326	125	18666
上高县	Shanggao	80921	48158	342561	872	17461
丰城市	Fengcheng	235236	164592	1070928	162	44782
樟树市	Zhangshu	142651	84686	591025	333	56085
高安市	Gao'an	172171	107783	75009	8888	58419
东乡县	Dongxiang	72619	55766	351061	31	8358
万年县	Wannian	55906	41540	246442	424	8627

12-29 续表 continued

地 区	Region	肉类总产量(吨) Total Output of Meat (ton)	农业机械总动力(万千瓦) Total Power of Agricultural Machinery (10000 kw)	有效灌溉面积(公顷) Irrigated Area (hectare)	化肥施用量(折纯量,吨) Consumption of Chemical Firtilizer (net,ton)	农村用电量(万千瓦小时) Electricity Consumed in Rural Area (10000 kwh)	农林牧渔总产值(当年价格)(万元) Gross Output Value of Farming, Forestry, Animal Husbandry and Fishery(at current prices)(10000 yuan)
15个生猪大县（市、区）	**Major Hog-raising Counties (County-level City, District)**	**1358687**	**678**	**568318**	**373227**	**243717**	**8732414**
新建区	Xinjiang	94421	71	48993	33975	18086	928698
南昌县	Nanchang	118569	103	86407	59451	45105	948899
进贤县	Jinxian	110731	62	52590	28827	27986	932669
余江县	Yujiang	80775	25	19677	13458	9887	459334
南康区	Nankang	70432	25	25693	14934	11609	390186
信丰县	Xinfeng	82421	32	22671	20934	11729	488396
定南县	Dingnan	52793	7	7360	4894	1165	180708
新干县	Xingan	80626	25	28960	19059	5457	355460
袁州区	Yuanzhou	95899	37	36690	14508	15294	557490
上高县	Shanggao	76949	42	22380	20063	13428	489845
丰城市	Fengcheng	102595	66	69220	51716	34587	1032341
樟树市	Zhangshu	93343	38	42420	33491	13977	616456
高安市	Gao'an	127397	97	54375	29295	19244	731869
东乡区	Dongxiang	92611	38	28626	20571	6408	385757
万年县	Wannian	79125	10	22256	8051	9755	234306

12-30 农村扶贫对象分布情况
Distribution of Aid-the-poor Object

单位：人 (person)

县(市、区)	County (County level City,District)	2016	2017	县(市、区)	County (County level City,District)	2016	2017
全　省	**Provincial Total**	**1129688**	**877451**	寻乌县	Xunwu	14439	11079
南昌市	**Nanchang City**	**24188**	**16986**	石城县	Shicheng	18027	18009
湾里区	Wanli	579	642	瑞金市	Ruijin	29157	5159
南昌县	Nanchang	5672	3739	南康区	Nankang	30006	18390
新建区	Xinjian	6871	3829	赣州开发区	Development Zone	8362	7567
安义县	Anyi	3343	3188	荣江新区	Rongjiang	2557	2991
进贤县	Jinxian	7723	5588	**吉安市**	**Ji'an City**	**82557**	**50708**
景德镇市	**Jingdezhen City**	**15930**	**13515**	吉州区	Jizhou	1040	1017
昌江区	Changjiang	1216	782	青原区	Qingyuan	2840	1940
珠山区	Zhushan	34	35	吉安县	Ji'an	4914	4382
浮梁县	Fuliang	5259	5029	吉水县	Jishui	6279	5237
乐平市	Leping	9421	7669	峡江县	Xiajiang	3334	2511
萍乡市	**Pingxiang City**	**32684**	**16935**	新干县	Xingan	151	609
湘东区	Xiangdong	2004	1452	永丰县	Yongfeng	6859	3665
莲花县	Lianhua	17215	6245	泰和县	Taihe	5891	3888
上栗县	Shangli	5226	3356	遂川县	Suichuan	27175	16627
芦溪县	Luxi	4121	2953	万安县	Wan'an	5974	2614
安源区	Anyauan	2762	1991	安福县	Anfu	6632	3555
武功山风景名胜区	Wugongshan	1356	938	永新县	Yongxin	10051	4110
九江市	**Jiujiang City**	**130150**	**111405**	井冈山市	Jinggangshan	1417	553
濂溪区	Lianxi	1584	1540	**宜春市**	**Yichun City**	**81266**	**62502**
共青城市	Gongqing	505	614	袁州区	Yuanzhou	9879	9717
九江县	Jiujiang	2445	1901	奉新县	Fengxin	3645	2641
武宁县	Wuning	10376	9983	万载县	Wanzai	15922	12600
修水县	Xiushui	53852	41217	上高县	Shanggao	5588	3747
永修县	Yongxiu	5341	4241	宜丰县	Yifeng	4590	3011
德安县	De'an	3041	1901	靖安县	Jing'an	2970	2071
庐山市	Lushan	2261	3181	铜鼓县	Tonggu	7050	5711
都昌县	Duchang	41105	35457	丰城市	Fengcheng	13280	8200
湖口县	Hukou	1224	2970	樟树市	Zhangshu	8544	6194
彭泽县	Pengze	6650	5900	高安市	Gaoan	9798	8610
瑞昌市	Ruichang	1505	2500	**抚州市**	**Fuzhou City**	**65200**	**43076**
新余市	**Xinyu City**	**8446**	**8896**	临川区	Linchuan	7618	6072
渝水区	Yushui	3499	4006	南城县	Nancheng	4543	3085
分宜县	Fenyi	3020	3220	黎川县	Lichuan	3484	2233
仙女湖区	Xiannvhu	922	720	南丰县	Nanfeng	4487	3726
新余开发区	Development Zone	1005	950	崇仁县	Chongren	2990	2289
鹰潭市	**Yingtan City**	**14215**	**11307**	乐安县	Le'an	18356	12347
月湖区	Yuehu	811	686	宜黄县	Yihuang	4238	2474
余江县	Yujiang	4408	3819	金溪县	Jinxi	4674	4057
贵溪市	Guixi	7768	5888	资溪县	Zixi	1248	928
鹰潭经济技术开发区	Development Zone	328	191	东乡县	Dongxiang	4188	4297
信江新区管委会	Xinjiang	214	183	广昌县	Guangchang	9374	1561
龙虎山管委会	Longhushan	686	540	抚州开发区	Development Zone		7
赣州市	**Ganzhou City**	**427410**	**350597**	**上饶市**	**Shangrao City**	**247642**	**191524**
章贡区	Zhanggong	2753	1493	信州区	Xinzhou	2862	2000
赣县区	Gan	37180	30676	上饶县	Shangrao	48773	7855
信丰县	Xinfeng	19089	17951	广丰区	Guangfeng	14038	14130
大余县	Dayu	13743	10824	玉山县	Yushan	15938	13829
上犹县	Shangyou	18115	13440	铅山县	Qianshan	7879	8711
崇义县	Chongyi	8672	7008	横峰县	Hengfeng	12109	1645
安远县	Anyuan	20086	10433	弋阳县	Yiyang	10680	10547
龙南县	Long'nan	11906	10263	余干县	Yugan	47704	46957
定南县	Ding'nan	8176	8887	鄱阳县	Poyang	68165	66439
全南县	Quannan	7883	5836	万年县	Wannian	9217	9212
宁都县	Ningdu	45564	52993	婺源县	Wuyuan	6633	5681
于都县	Yudu	55458	59760	德兴市	Dexing	3261	4213
兴国县	Xingguo	45702	40015	三清山管委会	Administrative Board of Sanqing Mountain	383	305
会昌县	Huichang	30535	17823				

主要统计指标解释

农林牧渔总产值 以货币表现的农林牧渔业的全部产品总量和对农林牧渔业生产活动进行的各种支持性服务活动的价值。它反映一定时期内农林牧渔业生产总规模和总成果，是观察农林牧渔业生产水平和发展速度的重要指标，同时也是计算农林牧渔业劳动生产率和农林牧渔业增加值的基础资料。

农林牧渔业总产值的计算，一般采用“产品法”，即凡有产品产量的，都按产品价格乘产量的办法求得每种产品产量的产值，然后相加求得各业的产值，最后各业相加求出农林牧渔业总产值。

农林牧渔业增加值 指农、林、牧、渔及农林牧渔服务业在一定时期内生产货物或提供服务活动而增加的价值。它反映了农业生产经营活动的最终成果和对社会的贡献。

农业增加值的计算方法有两种：(1)生产法，是从生产角度进行计算的一种方法。即用农业总产出减去农业中间消耗求得。(2)分配法，是从分配角度进行计算的一种方法。即通过农业生产单位在生产经营和劳务活动过程中形成的不含中间消耗的各种收入来计算。具体包括农业劳动者收入、福利基金、利税、固定资产折旧及大修理和其他。一般采用生产法计算。

农作物播种面积 指实际播种或移植有农作物的面积。凡是实际种植有农作物的面积，不论种植在耕地上还是种植在非耕地上，均包括在农作物播种面积中，在播种季节基本结束后，因遭灾而重新改种和补种的农作物面积，也包括在内。播种面积的大小，反映农作物的生产规模和耕地的利用程度。

农作物总产量 指在一定时期内(通常是一年)生产的各种农作物产品总产量。无论是种植在耕地上或非耕地上的农作物产量，都包括在内。有的农作物收割期较长，虽在当年冬季就开始收割，但需跨年延到来年春季才能收完的，仍计算为本年农作物总产量。它是衡量农业生产成果，统筹安排城乡人民生活，研究生产、积累和消费比例关系及编制国民经济计划的基本数据。

粮食产量 指全社会的产量。包括国有经济经营的、集体统一经营的和农民家庭经营的粮食产量，还包括工矿企业办的农场和其他生产单位的产量。粮食除包括稻谷、小麦、玉米、高粱、谷子及其他杂粮外，还包括薯类和豆类。

猪、牛、羊肉产量 指当年出栏并已屠宰、除去头蹄下水后带骨肉（即胴体重）的重量。

期初（末）畜禽存栏头（只）数 指报告期初（末）农村各种合作经济组织和国营农场、农民个人、机关、团体、学校、工矿企业、部队等单位以及城镇居民饲养的大牲畜、猪、羊、家禽等畜禽的存栏数。

农用化肥施用量 指本年内实际用于农业生产的化肥数量，包括氮肥、磷肥、钾肥和复合肥。化肥施用量要求按折纯量计算数量。折纯量是指指把氮肥、磷肥、钾肥分别按含氮、含五氧化二磷、含氧化钾的百分之一百成份进行折算后的数量。复合肥按其所含主要成分折算。

有效灌溉面积 指具有一定的水源，地块比较平整，灌溉工程或设备已经配套，在一般年景下当年能够进行正常灌溉的耕地面积。

农业机械总动力 指主要用于农、林、牧、渔业的各种动力机械的动力总和。包括耕作机械、排灌机械。收获机械、农用运输机械、植物保护机械、牧业机械、林业机械、渔业机械和其他农业机械〔内燃机按引擎马力折成瓦（特）计算、电动机按功率折成瓦（特）计算〕。不包括专门用于乡、镇、村、组办工业、基本建设、非农业运输、科学试验和教学等非农业生产方面用的动力机械与作业机械

Explanatory Notes on Main Statistical Indicators

Gross Out Value of Agriculture refer to the total volume of products of farming, forestry, animal husbandry and fishery and the value of various services supporting the production of farming, forestry, animal husbandry and fishery in monetary terms, which reflects the total scale and total results of farming, forestry, animal husbandry and fishery production during a given period of time. It is an important indicator to observe the production level and development speed of farming, forestry, animal husbandry and fishery. It is also the foundation for calculating the labor productivity and value-added of farming, forestry, animal husbandry and fishery.

Generally, the gross output value of farming, forestry, animal husbandry, and fishery is calculated with the production approach. Where applicable, the gross output value of each single product is obtained by multiplying the output of each product by its price. These values are then summed up to obtain the output value of each sector. The sum of output values of all sectors is the gross output value of farming, forestry, animal husbandry, and fishery.

Value-added of Farming, Forestry, Animal Husbandry and Fishery refers to the value-added of goods produced or services provided by farming, forestry, animal husbandry and fishery in a given period of time. It shows the final results of the activities of production and management of agriculture and its contributions to the society.

The value-added of agriculture is calculated with two approaches:

(1) Production of approach is a method from the production angle, i.e. total output of agriculture minus intermediate consumption of agriculture. The value-added of agriculture is usually calculated with the production approach as no complete accounting records of the rural households are available;

(2) Distribution approach is a method from the distribution angle, i.e. various incomes from the activities of production and management of the productive units of agriculture without intermediate consumption, including incomes of the rural laborers, welfare funds, profit and tax, depreciation of fixed assets and major overhaul and others.

Sown Area of Crops refers to area of land sown or transplanted with crops regardless of being in cultivated area or non cultivated area. Area of land re-sown due to natural disasters is also included. It refers the scale of crops and the use of cultivated area.

Total Output of Crops refers to the total output of farm crops of various kinds during a given period of time (usually a year). It covers the output of crops in both cultivated and uncultivated area. Crops with an extensive reaping period beginning in the winter of the current year are included in the total output of crops of the current year, even if harvest is extended until the spring of the following year. It is the basic figure to examine the production results of agriculture, make overall arrangements in the life of urban and rural households, study the proportionate relationships between production, accumulation and consumption and work out a plan of national economy.

Grain Yield refers to the yield in the whole country including grains produced by state farm, collective units, industrial enterprises and mines. Grain includes rice, wheat, corn, sorghum, millet and other miscellaneous grains as well as tubers and beans.

Output of Pork, Beef, and Mutton refers to the meat of slaughtered hogs, cattle, sheep and goats with head, feet, and offal taken away.

Number of Livestock or Poultry in Stock at Beginning (or End) refers to the total number of large animals, pigs, sheep, fowls, etc. raised by rural cooperative organizations, state farms, rural individuals, government agencies, schools, Industrial and mining enterprises, army, and urban residents at the beginning (or end) of the reference period.

Consumption of Chemical Fertilizers in Agriculture refers to the quantity of chemical fertilizers applied in agriculture in the year, including nitrogenous fertilizer, phosphate fertilizer, potash fertilizer, and compound fertilizer. The consumption of chemical fertilizers is required in calculation to convert the gross weight into weight containing 100% effective component (e.g.100% nitrogen content in nitrogenous fertilizer,100% phosphorous pentoxide contents in phosphate fertilizer,100% potassium oxide contents in potash fertilizer). Compound fertilizer is converted with its major component.

Irrigated Area refers to areas that are effectively irrigated, i.e. level land which has water source and complete sets of irrigation facilities to lift and move adequate water for irrigation purpose under normal conditions.

Total Power of Farm Machinery refers to total mechanical power of machinery used in farming, forestry, animal husbandry, and fishery, including ploughing, irrigation and drainage, harvesting, transport, plant protection, stock breeding, forestry and fishery. The power of internal combustion engines is required to convert horsepower into watts and the power of electric motors is required to be converted into watts. Machinery employed for non agricultural purposes, such as the machines used in township run and village-run Industry, construction, non agricultural transport, scientific experiments and teaching, is exclude.

13

工 业

INDUSTRY

◆279/324

资料整理及英文翻译：丁 亦、顾惟雨、殷亚庆

简要说明

一、本篇资料的主要内容

本篇资料反映全省规模以上工业经济方面的基本情况，包括11个设区市的主要工业经济统计数据:

1.规模以上工业企业单位数和总产值，以及按企业登记注册类型、轻重工业、企业规模、工业行业大类和按地区分组的主要经济指标和经济效益指标;

2.规模以上国有及国有控股、外商投资、港澳台商投资和私营工业企业主要经济指标和经济效益指标;

3.规模以上主要工业产品产量。

二、本篇资料的统计范围

工业统计调查范围为全省境内的全部工业企业。1997年以前，工业的统计范围按隶属关系划分，分为乡及乡以上独立核算工业企业和非独立核算生产单位、村办工业、城镇合作工业、农村合作工业、城镇个体工业、农村个体工业六大部分。（1984年以前村办工业不在工业统计范围内）。

1998年及以后年份，工业统计调查范围由按隶属关系划分，改变为按企业规模划分，分为全部国有及年主营业务收入在500万元以上非国有工业企业和年主营业务收入在500万元以下非国有工业企业两部分。2011年，规模以上工业划分标准提高到年主营业务收入2000万元及以上。本篇资料中的统计范围为年主营业务收入在2000万元以上工业企业。

本篇资料中工业行业分类按2011年《国民经济行业分类标准》划分；企业大中小微型划分按2011年《统计上大中小型企业划分办法（暂行）》标准执行。

三、本篇的资料来源和统计调查方法

本篇工业企业统计数据主要是根据工业统计月度报表中有关资料整理汇总的。

Brief Introduction

I. Main Contents

Data in this chapter reflect the basic conditions of the industrial sector, presenting main industrial economic indicators of 11 municipalities.

(1) The number and the gross industrial output value of all State-owned industrial enterprises and the non-State-owned enterprises that are above designated size; as well as their main economic indicators and efficiency indicators classified by type of registration, by light and heavy industries, by size of the enterprises, by branch of industry and by region.

(2) Main economic indicators and efficiency indicators of State-owned industrial enterprises and enterprises where the State holds the majority of shares; foreign-funded industrial enterprises and enterprises funded by entrepreneurs from Hong Kong, Macao and Taiwan; and private enterprises, classified by branch of industry.

(3) Output of Industrial products.

II. Scopes of Statistics

Industrial statistics cover all industrial enterprises within the province. Before 1997, industrial statistics were based on type of ownership, consisting of follwing six parts: corporate industrial enterprises above county level with independent accounting system and production units with dependent accounting system, village industrial enterprises; urban joint industrial enterprises, rural joint industrial enterprises, urban individual industrial enterprises, and rural industrial enterprises (village industrial enterprises were not included in the scope of industrial statistics before 1984).

Since 1998, scope of industrial statistics changed from the basis of type of ownership to the size of enterprises, they are: all state-owned industrial enterprises and those non-state industrial enterprises with revenue from principal business over 5 million yuan, and non-state industrial enterprises with revenue from principle business below 5 million yuan. Since 2011,the standard of industrial enterprises above designated size are raised, which the revenue from principle business were 20 million yuan and above.

Data by industries in this chapter are based on the 2011 National Industrial Classification of all Economic Activities, and data by size of enterprises are based on the Preliminary Standards of Enterprises by Size in 2011.

III. Sources of Data and Methods of Survey

The data on enterprises statistics in this chapter are collected from the relevant data in the monthly industrial statistics reporting forms.

13-1 规模以上工业企业增加值增速

Growth Rate of Value-added of Industrial Enterprises above Designated Size

类　　别	Type	2016年比2015年增长（%） Growth Rate of 2016 to 2015 (%)	2017年比2016年增长（%） Growth Rate of 2017 to 2016 (%)
总　　计	**Total**	**9.0**	**9.1**
按登记注册类型及隶属关系分	**By Registration Status and Jurisdiction of Management**		
国有企业	State-owned Enterprises	-5.1	10.1
中央企业	Central Enterprises	-6.9	-6.3
地方企业	Local Enterprises	-4.9	10.9
集体企业	Collective-owned Enterprises	1.6	-7.6
股份合作企业	Cooperative Enterprises	0.1	-21.6
联营企业	Joint Ownership Enterprises	7.1	19.2
有限责任公司	Limited Liability Corporations	8.7	9.6
股份有限公司	Share-holding Corporations Limited	8.8	8.6
私营企业	Private Enterprises	10.2	8.9
港、澳、台商投资企业	Enterprises with Funds from Hong Kong, Macao and Taiwan	11.2	9.3
外商投资企业	Foreign Funded Enterprises	8.3	7.4
其他经济类型	Other Economic Types	15.6	33.3
#国有控股企业	State-owned Holding Enterprises	2.3	9.6
按轻、重工业分	**Grouped by Light & Heavy Industries**		
轻工业	Light Industry	7.4	10.2
重工业	Heavy Industry	10.0	8.5
按企业规模分	**Grouped by Size of Enterprises**		
大型企业	Large Enterprises	8.0	9.7
中型企业	Medium-sized Enterprises	7.5	4.9
小型企业	Small Enterprises	12.2	11.6
微型企业	Miniature Enterprises	-46.8	17.7
按工业行业分	**Grouped by Sector**		
煤炭开采和洗选业	Mining and Washing of Coal	-18.9	-39.0
黑色金属矿采选业	Mining and Processing of Non-Ferrous Metal Ores	1.6	-5.3
有色金属矿采选业	Mining and Processing of Nonmetal Ores	13.8	9.8
非金属矿采选业	Mining and Processing of Nonmetal Ores	19.5	14.7
农副食品加工业	Processing of Food from Agricultural Products	10.1	9.4
食品制造业	Manufacture of Foods	10.0	8.7
酒、饮料和精制茶制造业	Manufacture of Wine, Beverages & refined tea	4.6	6.9
烟草制品业	Manufacture of Tobacco	-4.5	14.7
纺织业	Manufacture of Textile	4.7	8.4
纺织服装、服饰业	Manufacture of Textile Wearing Apparel,Clothing	5.9	6.6
皮革、毛皮、羽毛及其制品和制鞋业	Manufacture of Leather, Fur, Feather and Related Products, Footware	8.1	10.6

13-1 续表 continued

类 别	Type	2016年比2015年增长（%）Growth Rate of 2016 to 2015 (%)	2017年比2016年增长（%）Growth Rate of 2017 to 2016 (%)
木材加工和木、竹、藤、棕、草制品业	Processing of Timber, Manufacture of Wood, Bamboo, Rattan, Palm and Straw Products	7.0	11.5
家具制造业	Manufacture of Furniture	17.3	21.2
造纸和纸制品业	Manufacture of Paper and Paper Products	9.2	8.3
印刷和记录媒介复制业	Printing, Reproduction of Recording Media	-1.0	4.6
文教、工美、体育和娱乐用品制造业	Manufacture of Articles For Culture, Education Art, Sport & Entertainment Activities	13.7	5.1
石油、煤炭及其他燃料加工业	Processing of Oil, Coal, and Other Fuels	15.5	2.4
化学原料和化学制品制造业	Manufacture of Raw Chemical Materials and Chemical Products	9.3	3.3
医药制造业	Manufacture of Medicines	3.8	10.8
化学纤维制造业	Manufacture of Chemical Fibers	4.5	12.3
橡胶和塑料制品业	Manufacture of Rubber & Plastics	14.8	18.3
非金属矿物制品业	Manufacture of Non-metallic Mineral Products	7.4	8.7
黑色金属冶炼和压延加工业	Smelting and Pressing of Ferrous Metals	-4.5	-4.6
有色金属冶炼和压延加工业	Smelting and Pressing of Non-ferrous Metals	3.7	2.3
金属制品业	Manufacture of Metal Products	10.0	5.2
通用设备制造业	Manufacture of General Purpose Machinery	12.3	6.7
专用设备制造业	Manufacture of Special Purpose Machinery	12.3	9.6
汽车制造业	Manufacture of Automotive	17.0	16.6
铁路、船舶、航空航天和其他运输设备制造业	Manufacture of Railway，Shipbuilding, Aerospace, and Other Transportation Equipment	12.8	11.7
电气机械和器材制造业	Manufacture of Electrical Machinery and Equipment	13.2	14.2
计算机、通信和其他电子设备制造业	Manufacture of Communication Equipment, Computers and other Electronic Equipment	26.0	19.0
仪器仪表制造业	Manufacture of Measuring Instruments Apparatus	15.1	4.5
其他制造业	Other Manufacturing	11.0	31.4
废弃资源综合利用业	Recycling and Disposal of Waste	17.0	15.9
金属制品、机械和设备修理业	Repairment of Metal Products, Machinery & Equipment	48.1	-32.4
电力、热力生产和供应业	Production and Supply of Electric Power and Heat Power	7.4	17.9
燃气生产和供应业	Production and Supply of Gas	13.5	15.0
水的生产和供应业	Production and Supply of Water	14.4	11.2
按地区分	**By Region**		
南 昌 市	Nanchang	9.2	9.5
景德镇市	Jingdezhen	8.5	8.9
萍 乡 市	Pingxiang	8.5	8.8
九 江 市	Jiujiang	9.3	9.2
新 余 市	Xinyu	9.0	8.5
鹰 潭 市	Yingtan	8.4	9.0
赣 州 市	Ganzhou	9.2	9.1
吉 安 市	Jian	9.4	9.2
宜 春 市	Yichun	9.2	9.2
抚 州 市	Fuzhou	9.5	9.4
上 饶 市	Shangrao	9.3	9.1

13-2 各地区规模以上工业企业单位数（2017年）

单位：个

分类	Item	全省 Total	南昌市 Nanchang	景德镇市 Jingdezhen
总计	**Total**	**11734**	**1473**	**337**
按登记注册类型及隶属关系分	**By Registration Status and Jurisdiction of Management**			
国有企业	State-owned Enterprises	64	15	4
中央企业	Central Enterprises	3	1	
地方企业	Local Enterprises	61	14	4
集体企业	Collective-owned Enterprises	48	5	5
股份合作企业	Cooperative Enterprises	38	8	
联营企业	Joint Ownership Enterprises	2		1
有限责任公司	Limited Liability Corporations	4250	783	176
股份有限公司	Share-holding Corporations Limited	346	63	9
私营企业	Private Enterprises	6128	458	118
港、澳、台商投资企业	Enterprises with Funds from Hong Kong, Macao and Taiwan	524	63	10
外商投资企业	Foreign Funded Enterprises	316	77	13
其他经济类型	Other Economic Types	18	1	1
#国有控股企业	State-owned Holding Enterprises	455	96	27
按轻、重工业分	**Grouped by Light & Heavy Industries**			
轻工业	Light Industry	5367	732	128
重工业	Heavy Industry	6367	741	209
按企业规模分	**Grouped by Size of Enterprises**			
大型企业	Large Enterprises	220	47	8
中型企业	Medium-sized Enterprises	1868	263	54
小型企业	Small Enterprises	9402	1124	271
微型企业	Miniature Enterprises	244	39	4

Number of Industrial Enterprises above Designated Size by Region (2017)

(unit)

萍乡市 Pingxiang	九江市 Jiujiang	新余市 Xinyu	鹰潭市 Yingtan	赣州市 Ganzhou	吉安市 Ji'an	宜春市 Yichun	抚州市 Fuzhou	上饶市 Shangrao
707	**1607**	**452**	**305**	**1721**	**1318**	**1529**	**994**	**1291**
	6		2	10	7	9	4	7
	1				1			
	5		2	10	6	9	4	7
6	2	6		6	4	12		2
19	1					4	3	3
							1	
140	725	125	185	427	290	512	448	439
49	37	14	12	40	26	43	21	32
465	723	277	91	1000	892	865	469	770
22	68	18	7	170	60	52	31	23
5	42	10	8	68	35	31	16	11
1	3	2			4	1	1	4
11	51	17	13	93	38	42	23	44
201	815	120	106	818	652	736	511	548
506	792	332	199	903	666	793	483	743
13	22	12	8	29	27	37	4	13
172	278	48	49	238	243	256	95	172
520	1284	383	237	1394	1027	1215	871	1076
2	23	9	11	60	21	21	24	30

13-3 工 业 产 品 产 量（2017年）

Output of Industrial Products (2017)

品　　名	Item	2017年	2017年比2016年增长（%）Growth Rate of 2017 to 2016 (%)
硫铁矿生产量(折含硫 35%)(万吨)	Pyrite Ore (converted into 35% sulphur) (10000 tons)	332.71	0.8
钨精矿折含量（万吨）	Scheelite Presentation of Content (10000 tons)	6.49	17.8
原　盐（万吨）	Salt (10000 tons)	197.17	-1.9
配混合饲料（万吨）	Mixed Feed (10000 tons)	2016.64	13.9
乳 制 品（万吨）	Milk Products (10000 tons)	23.59	7.4
罐　头（万吨）	Canned Food (10000 tons)	16.53	6.2
软 饮 料（万吨）	Soft Drinks (10000 tons)	364.47	12.7
白　酒（万千升）	White Spirit (10000 kiloliter)	16.69	4.2
啤　酒（万千升）	Beer (10000 kiloliter)	130.30	4.3
精 制 茶（吨）	Refined Tea (ton)	70063.20	-14.2
卷　烟（亿支）	Cigarettes (100 million pieces)	658.27	1.9
纱（万吨）	Yarn (10000 tons)	170.42	14.4
布（万米）	Cloth (10000 m)	127379.30	-2.0
纯棉布	Cotton Cloth	42272.70	11.9
棉混纺交织布	Cotton Blended Cloth	73499.00	-8.9
纯化纤布	Chemical Fiber Cloth	11607.60	4.9
印 染 布（万米）	Printed Fabric (10000 m)	8040.30	-12.0
服　装（万件）	Garments (10000 pieces)	136993.60	8.4
皮　鞋（万双）	Shoes (10000 pairs)	33631.00	17.1
人 造 板（万立方米）	Manmade Plates (10000 cu.m)	623.93	4.2
机制纸及纸板（万吨）	Machine-made Paper and Paperboards (10000 tons)	211.04	8.5
家　具（万件）	Furniture (10000 pieces)	3760.79	28.8
硫　酸（万吨）	Sulfuric Acid (10000 tons)	272.60	-14.2
烧　碱（万吨）	Caustic Soda (10000 tons)	34.77	3.8
电石（折300升/千克)(万吨)	Calcium Carbide (convert to 300 L/kg) (10000 tons)	5.68	-19.8
化学肥料（折有效成份100%)(万吨)	Chemical Fertilizer (10000 tons)	22.66	-22.6
氮　肥	Nitrogen Fertilizer	4.00	-62.0
磷　肥	Phosphate Fertilizer	18.66	-0.6
化学农药（吨）	Chemical Pesticide (ton)	35399.40	-25.3
纯　苯（吨）	Benzene (ton)	46112	-42.5
涂　料（吨）	Paint (ton)	81539.20	-6.8
塑料树脂及共聚物（万吨）	Primary Plastic (10000 tons)	24.26	6.6
合成洗涤剂（吨）	Synthetic Detergents (ton)	8399.00	18.0
化学药品原药（吨）	Chemical Medicines (ton)	63936.20	-8.9
中 成 药（吨）	Traditional Chemical Medicine (ton)	124528.50	-20.0
化学纤维（万吨）	Chemical Fiber (10000 tons)	46.33	10.1
粘胶纤维	Viscose Fiber	38.69	11.8
合成纤维	Synthetic Fiber	7.64	1.9
轮胎外胎（万条）	Tires (10000 tires)	168.64	-12.6
塑料制品（吨）	Plastic Articles (ton)	1056748.2	16.8
水　泥（万吨）	Cement (10000 tons)	8934.13	-0.1
日用玻璃制品（万吨）	Glass Products for Daily Use (10000 tons)	4.97	19.1
玻璃保温容品（万个）	Glass Proof Container (10000 units)	1223.40	-8.3

13-3 续表 continued

品 名	Item	2017	2017年比2016年增长 (%) Growth Rate of 2017 to 2016 (%)
耐火材料制品（万吨）	Fire-resistant Products (10000 tons)	26.14	13.3
生 铁（万吨）	Pig Iron (10000 tons)	2143.19	2.9
粗钢（万吨）	Crude Steel (10000 tons)	2412.69	7.7
钢材（万吨）	Rolled Steel (10000 tons)	2524.44	
#中小型型材	Rolled Steel,Medium and Small	7.84	14.3
棒 材	Steel Bar	77.17	10.3
钢 筋	Corrugated Steel Bar	994.08	-2.6
线 材	Wire Rod	518.68	16.3
厚 钢 板	Thick Steel Plate	170.73	-6.5
中 板	Medium Steel Plate	176.17	8.5
冷轧窄钢带	Non Hot Roll Narrow Steel Belt	19.97	-45.6
电工钢板	Electrical Steel	100.17	1.3
无缝钢管	Seamless Steel Pipe	6.38	-31.3
焊接钢管	Welded Steel Pipe	0.15	-69.1
十种有色金属（万吨）	Ten Kinds of Non-ferrous Metals (10000 tons)	174.22	16.9
#精炼铜	Refined Copper	141.89	22.4
铁 合 金（万吨）	Ferroalloy (10000 tons)	3.09	-0.5
工业锅炉（蒸发量吨）	Industrial Boilers (evaporation ton)	2503.00	13.5
金属切削机床（台）	Metal Cutting Machine Tools (unit)	5470	-1.5
#数控机床	CNC Machine Tools (unit)	1549	0.4
泵（万台）	Pumps (10000 units)	30.73	20.6
风 机（万台）	Fans (10000 units)	19.59	10.6
气体压缩机（台）	Gas Compressor (unit)	52718817	10.4
轴 承（万套）	Rolling Bearings (10000 units)	98298.00	664.1
矿山设备（吨）	Mining Equipment (ton)	179856.80	-19.8
印 刷 机（吨）	Printing Presses (ton)	368.80	-20.3
小型拖拉机（万台）	Small Tractors (10000 units)	0.62	-9.8
汽 车（万辆）	Motor Vehicles (10000 units)	61.02	13.6
#载货汽车	Trucks	23.71	17.0
民用钢质船舶（万总吨）	Civil Steel Vessels (10000 tons)	4.72	-16.1
发电设备（万千瓦）	Power Generating Equipment (10000 kw)	28.39	-9.8
交流电动机（万千瓦）	AC Motors (10000 kw)	373.06	12.6
变压器（万千伏安）	Transformers (10000 KVA pm)	3424.82	7.0
通信及电子网络用电缆（对千米）	Cable for Communications and Electronic Network (couples·km)	687036.60	-65.3
家用电冰箱（万台）	Household Refrigerators (10000 units)	112.09	14.2
房间空气调节调器（万台）	Air Conditioners (10000 units)	452.48	55.5
电风扇（万台）	Fans (10000 units)	158.80	4.6
电光源（万只）	Electric Light (10000 units)	225184.80	9.8
电话单机（万部）	Telephone Sets (10000 units)	127.63	7.1
彩色电视机（万台）	Color Television Sets (10000 units)	30.30	51.1
照 相 机（万台）	Cameras (10000 units)	130.98	3.3

13-4 主要工业产品产量

年 份 地 区 Year Region	化学纤维 (万吨) Chemical Fiber (10000 tons)	纱 (吨) Yarn (ton)	布 (万米) Cloth (10000 m)	机制纸及纸板 (万吨) Machine-made Paper and Paperboards (10000 tons)	日用瓷 (万件) Ceramics for Daily Use (10000 units)
1978	0.42	42373	20173	9.26	32095
1980	1.33	61791	30011	12.69	33087
1985	1.30	72161	26009	22.17	35041
1990	2.00	80749	30566	25.59	44969
1991	2.37	86729	27897	26.36	53083
1992	2.54	96433	29194	31.03	55837
1993	4.13	90595	29670	36.54	53063
1994	5.33	101349	34041	36.29	54702
1995	5.11	109652	35784	41.07	48652
1996	4.80	105556	33256	38.24	60053
1997	6.33	110362	36086	35.49	57016
1998	6.42	107994	25088	23.39	38213
1999	7.65	109102	26315	27.96	52391
2000	7.08	99512	21710	24.02	57470
2001	7.74	79652	17948	26.04	55737
2002	8.59	112105	20491	28.18	56791
2003	10.02	148731	22095	24.66	44588
2004	14.59	186303	32187	35.51	58966
2005	18.07	204424	28057	67.00	61893
2006	20.76	255128	34137	91.35	54902
2007	27.63	390421	46424	106.21	116774
2008	16.87	445644	47026	113.73	160380
2009	13.50	620191	67651	139.64	259118
2010	17.92	746779	80517	186.59	406806
2011	31.47	968465	80754	219.39	296558
2012	37.89	1372942	92650	161.39	
2013	42.00	1607922	77615	181.90	
2014	45.94	1574045	96761	154.52	
2015	46.88	1669100	114447	173.60	
2016	45.82	1627002	134572	200.34	
2017	46.33	1704184	127379	211.04	
南昌市 Nanchang		43351	4923	64.39	
景德镇市 Jingdezhen					
萍乡市 Pingxiang				8.74	
九江市 Jiujiang	38.69	688735	17545	48.60	
新余市 Xinyu		42652	1392	0.59	
鹰潭市 Yingtan		4326	578		
赣州市 Ganzhou		46370	4632	23.29	
吉安市 Ji'an		41978	7064	22.92	
宜春市 Yichun	3.93	689952	69725	12.43	
抚州市 Fuzhou		117209	20164	17.50	
上饶市 Shangrao	3.71	29611	1356	12.57	

Output of Major Industrial Products

合成洗涤剂 (吨) Synthetic Detergents (ton)	卷烟 (万箱) Cigarettes (10000 boxes)	粗钢 (万吨) Crude Stell (10000 tons)	生铁 (万吨) Pig Iron (10000 tons)	钢材 (万吨) Rolled Steel (10000 tons)
5098	19.14	25.64	35.84	24.50
6298	22.32	38.76	31.45	46.65
12778	32.11	77.42	57.43	60.98
17083	47.02	112.09	89.03	92.32
21700	49.58	109.68	84.05	95.27
25100	49.49	133.06	97.83	109.76
29984	50.09	148.68	120.72	119.61
34600	46.42	150.94	150.16	129.84
45194	43.76	149.73	136.63	126.36
42063	38.63	173.02	133.86	139.87
38626	35.54	173.80	149.48	154.79
38267	38.31	222.94	192.43	179.23
24696	41.20	267.03	248.24	228.60
34257	50.99	319.86	304.69	282.90
24400	54.57	399.83	338.26	375.63
14563	55.95	548.21	453.04	531.64
17141	60.44	599.53	496.40	655.37
6377	64.46	748.00	638.16	774.90
11210	81.81	963.20	819.84	1017.82
20453	89.80	1162.97	949.60	1235.77
18385	95.80	1306.15	1045.30	1349.50
20130	100.80	1240.94	1036.30	1277.21
24123	105.80	1620.88	1446.96	1647.40
24449	111.80	1834.03	1673.94	1951.55
7372	116.80	2067.41	1917.07	2247.36
5726	119.80	2140.85	2027.05	2368.89
5287	127.80	2156.63	2012.17	2463.82
5013	135.30	2235.28	2075.31	2611.06
5998	135.60	2210.95	2083.25	2577.57
7117	129.22	2241.53	2081.97	2584.99
8399	131.65	2412.69	2143.19	2524.44
	131.65	364.56	306.91	381.93
		546.45	462.16	551.34
		601.15	505.26	570.93
		900.53	868.87	905.44
				30.50
				72.65
8399				
				11.66

13-4 续表

年 份 地 区 Year Region	硫 酸 (万吨) Sulfuric (10000 tons)	烧 碱 (万吨) Caustic (10000 tons)	化学肥料 (万吨) Chemical Fertilizer (10000 tons)	化学农药 (吨) Chemical Pesticide (ton)
1978	2.68	2.32	15.97	13539
1980	4.00	3.07	25.73	17405
1985	3.81	3.74	19.41	2753
1990	43.59	5.88	31.07	5146
1991	46.93	6.12	32.49	5819
1992	47.49	6.59	33.04	5151
1993	49.40	7.24	29.44	4100
1994	52.00	8.53	31.78	4589
1995	57.10	9.97	38.44	5997
1996	54.27	9.74	37.86	5793
1997	59.72	9.57	44.73	6257
1998	61.43	10.51	52.22	7495
1999	62.77	12.76	54.55	12810
2000	79.92	16.24	43.43	13796
2001	87.75	18.65	46.88	14428
2002	78.95	18.87	55.96	12710
2003	103.29	19.91	47.90	9657
2004	110.13	25.60	50.67	15177
2005	113.19	24.62	47.61	14425
2006	134.53	30.03	55.80	17173
2007	139.97	33.36	53.80	16126
2008	185.15	34.03	54.20	21212
2009	213.56	24.49	48.71	21612
2010	227.00	27.28	113.42	21213
2011	239.97	27.80	29.46	34210
2012	289.81	44.70	93.71	38866
2013	323.31	52.57	106.29	42057
2014	333.74	41.67	134.72	46452
2015	334.09	32.35	140.81	50881
2016	323.18	33.50	148.18	55743
2017	272.60	34.77	22.66	35399
南昌市 Nanchang				
景德镇市 Jingdezhen		18.32		13669
萍乡市 Pingxiang				
九江市 Jiujiang	54.58	4.80		
新余市 Xinyu				
鹰潭市 Yingtan	191.15		19.40	9660
赣州市 Ganzhou	26.87			
吉安市 Ji'an				2513
宜春市 Yichun		11.65		6865
抚州市 Fuzhou			3.25	2692
上饶市 Shangrao				

continued

化学原料药 (吨) Chemical Medicines (ton)	交流电动机 (万千瓦) AC Motors (10000 kw)	金属切削机 床 (台) Metal-cutting Machine Tools (unit)	汽 车 (辆) Motor Vehicles (unit)	电 视 机 (万台) Television Sets (10000 units)	照 相 机 (万台) Cameras (10000 units)	水 泥 (万吨) Cement (10000 tons)
847	52.74	2619	991	0.25	1.00	155.56
860	36.02	4012	1463	2.51	1.40	201.00
8472	81.20	4365	7060	31.40	10.55	354.19
10140	88.45	4727	9711	43.88	9.00	469.13
12750	97.48	4686	14443	48.90	16.17	566.91
15442	118.09	6055	25301	61.90	14.20	689.25
13910	136.07	7043	38678	59.16	13.15	811.63
14799	127.51	4905	45321	63.64	17.97	905.80
24318	106.33	5646	52479	52.56	21.75	1005.59
7697	78.79	4014	63166	32.16	21.78	1062.16
5487	64.31	3073	90943	17.31	17.32	1105.39
4389	46.35	2163	121987	6.50	29.34	1133.38
1631	48.51	2693	119915	31.27	18.87	1315.02
1842	61.73	3559	133562	19.80	17.84	1382.00
1182	70.52	3047	159407	30.16	28.81	1574.00
2327	93.06	3281	207453	44.86	34.87	1966.00
2457	119.82	4023	185199	64.10	41.47	2172.00
1832	160.72	5087	183962	72.62	15.49	2976.00
5801	157.81	4272	207112	89.11	6.73	3477.01
8009	205.84	5020	233893	64.22	4.38	4206.31
13133	274.75	3774	221832	39.06	1.99	4956.97
16108	301.81	1548	211942	44.62	1.93	5271.59
28306	343.99	959	284659	90.97	2.69	6153.20
42822	447.50	3103	372776	67.66	0.58	6220.54
31238	457.30	3829	343457	102.56	1.02	6782.24
41593	377.40	4812	343615	132.87	1505.22	7420.94
51597	434.16	5452	368086	46.75	374.38	9204.20
49099	380.31	5775	461529	19.57	244.50	9803.57
55570	358.83	6091	421470	23.56	337.39	9438.01
73138	331.27	6346	537361	20.05	126.76	9513.03
63936	373.06	5470	610193	30.30	130.98	8934.13
10914	48.17	1469	440072	23.58		762.03
1539			101194			320.28
		530				646.95
2781	5.31	3252			130.98	1542.10
147	20.72			6.72		319.31
524						147.67
0			1414			1906.85
9055		117				542.59
4117	298.87	18	2422			855.13
27764		84				195.36
7096			65091			1695.86

13-5　规模以上工业企业经济指标

指　　标	Item	2000	2005	2006	2007
企业单位数(个)	Number of Enterprises (unit)	3548	4403	5333	6028
#亏损企业（个）	Deficit Enterprises (unit)	1250	859	888	748
资产总计(万元)	Total Assets (10000 yuan)	18358562	30583375	36714081	46887884
流动资产合计(万元)	Total Working Capitals (10000 yuan)	7302030	12656554	16213919	20587012
负债总计(万元)	Total Liabilities (10000 yuan)	12538729	19322205	22388278	27793878
所有者权益(万元)	Owners' Equity (10000 yuan)	5749725	10961595	14036300	19092849
主营业务收入(万元)	Revenue from Principal Business (10000 yuan)	8970030	29091272	41737387	62411363
销售费用（万元）	Selling Expenses(10000 yuan)	348333	860647	1091098	1296073
利润总额(万元)	Total Profits (10000 yuan)	125262	1124119	1941917	3077476
全部从业人员年平均人数(人)	Annual Average Empolyed Persons (person)	1088214	1121126	1257972	1407253
总资产贡献率(%)	Ratio of Total Assets to Output Value (%)	6.19	10.43	12.81	14.18
资本保值增值率(%)	Changing Rate of Net Assets (%)	108.93	119.55	128.05	136.02
资产负债率(%)	Assets-Liability Ratio (%)	68.30	63.18	60.98	59.28
流动资产周转率(次)	Ratio of Turnover Working Capitals (time)	1.27	2.36	2.79	3.36
成本费用利润率(%)	Ratio of Profits to Cost (%)	1.44	4.14	5.04	5.40
全员劳动生产率(元／人)	Overall Labor Productivity (yuan/person)	24794	78698	102394	129489
产品销售率(%)	Proportion of Products Sold (%)	97.27	98.48	98.46	98.58

Economic Indicators of Industrial Enterprises above Designated Size

2008	2009	2010	2011	2012	2013	2014	2015	2016	2017
6226	7329	7976	6251	6773	7601	8271	9226	10106	11734
667	522	378	294	403	429	448	632	563	841
52936108	67355232	84248635	99640588	114741203	136401179	155356630	189715620	214326626	229092933
23706799	27942172	35674934	46148463	54079089	62332378	69060974	79390445	89690889	105346324
30671736	38348158	47004353	55512183	64032206	74021408	80419911	94007411	103660746	114721288
22264371	29007074	37244282	44128405	50708997	62379770	74936719	95708209	110665880	114371646
82819433	98141565	141966804	184668214	222676403	267002175	305971151	324594081	355186535	355851135
1520240	1887424	2511101	2738042	3436269	4211075	5057432	5513344	6040173	6889145
3155831	4967457	8568128	11138553	12851090	17566628	20439279	21279702	23994185	24756903
1481676	1698449	1971755	1922534	2090307	2201132	2448000	2563214	2675341	2634854
15.72	16.97	20.36	21.54	21.42	24.38	24.91	21.99	20.00	18.30
121.44	123.86	125.74	123.17	113.25	119.40	118.66	121.67	114.42	108.04
57.94	56.93	55.79	55.71	55.81	54.27	51.76	49.55	48.37	50.08
3.71	3.78	4.51	4.53	4.45	4.60	4.77	4.44	4.28	3.81
4.12	5.59	6.69	6.65	6.33	7.19	7.23	7.07	7.31	7.54
162992	168029	206437	231445	247387	278594	292275	298393	291684	303326
98.55	98.82	98.98	98.94	99.25	99.07	98.86	99.00	98.80	99.36

13-6 规模以上工业企业主要经济指标（2017年）

单位：万元

项　　　目	Item	企业单位数（个） Number of Enterprises (unit)	#亏损企业 Deficit Enterprises	主营业务收入 Revenue from Principal Business
总　　　计	**Total**	**11734**	**841**	**355851135**
按登记注册类型及隶属关系分	**By Registration Status and Jurisdiction of Management**			
国有企业	State-owned Enterprises	64	16	31349117
中央企业	Central Enterprises	3	1	282181
地方企业	Local Enterprises	61	15	31066936
集体企业	Collective-owned Enterprises	48	4	397945
股份合作企业	Cooperative Enterprises	38	7	327146
联营企业	Joint Ownership Enterprises	2		44532
有限责任公司	Limited Liability Corporations	4250	355	116023984
股份有限公司	Share-holding Corporations Limited	346	36	28111148
私营企业	Private Enterprises	6128	340	133950600
港、澳、台商投资企业	Enterprises with Funds from Hong Kong,Macao and Taiwan	524	45	28862944
外商投资企业	Foreign Funded Enterprises	316	38	16656507
其他经济类型	Other Economy Types	18		127211
#国有控股企业	State-owned Holding Enterprises	455	78	68492547
按轻、重工业分	**Grouped by Light & Heavy Industries**			
轻工业	Light Industry	5367	307	116887205
重工业	Heavy Industry	6367	534	238963930
按企业规模分	**Grouped by Size of Enterprises**			
大型企业	Large Enterprises	220	16	104646602
中型企业	Medium-sized Enterprises	1868	155	100437554
小型企业	Small Enterprises	9402	643	149056276
微型企业	Miniature Enterprises	244	27	1710702
按工业行业分	**Grouped by Sector**			
煤炭开采和洗选业	Mining and Washing of Coal	127	14	726175
黑色金属矿采选业	Mining and Processing of Ferrous Metal Ores	78	12	915299
有色金属矿采选业	Mining and Processing of Non-Ferrous Metal Ores	162	19	3990781
非金属矿采选业	Mining and Processing of Nonmetal Ores	207	6	3500309
农副食品加工业	Processing of Food from Agricultural Products	552	31	20137413
食品制造业	Manufacture of Foods	213	13	5329515
酒、饮料和精制茶制造业	Manufacture of Wine, Beverages & Refined Tea	130	14	3116237
烟草制品业	Manufacture of Tobacco	4		1970711
纺织业	Manufacture of Textile	661	49	11265553
纺织服装、服饰业	Manufacture of Textile Wearing Apparel,Clothing	999	54	11730106
皮革、毛皮、羽毛及其制品和制鞋业	Manufacture of Leather, Fur, Feather and Related Products, Footware	307	9	6071648
木材加工和木、竹、藤、棕、草制品业	Processing of Timber, Manufacture of Wood, Bamboo, Rattan, Palm and Straw Products	271	17	4230270
家具制造业	Manufacture of Furniture	332	2	4461974

Main Economic Indicators of Industrial Enterprises above Designated Size (2017)

(10 000 yuan)

主营业务成本 Cost of Principal Business	销售费用 Selling Expenses	资产合计 Total Assets	流动资产 Total Working Capitals	#产成品 Finished Products	负债合计 Total Liabilities	所有者权益合计 Total Owners' Equities
309472283	**6889145**	**229092933**	**105346324**	**9369884**	**114721288**	**114371646**
29257881	551309	23470684	15125001	607606	14582832	8887852
288987	643	564512	124553	14535	431202	133310
28968895	550666	22906172	15000448	593071	14151631	8754542
338816	9694	174614	75509	15558	70645	103969
283052	6158	164262	54475	3628	49512	114750
37164	1590	29862	10822	2229	7613	22249
100718442	2288283	82002569	35785629	3354188	43352094	38650475
22984887	566385	23682392	10522333	966996	10685786	12996607
116810623	2626274	66147349	29011471	3139715	28568018	37579331
24788616	534476	17576580	8151849	768425	8898582	8677997
14144996	300779	15779471	6576637	510239	8474214	7305257
107807	4197	65150	32598	1300	31992	33158
60363331	1164790	66328592	30595932	1811305	40246779	26081813
98395471	3280064	66967067	29295143	3001082	27779343	39187724
211076812	3609081	162125866	76051181	6368802	86941945	75183921
89969625	2138837	86311375	43559089	2737500	51336417	34974958
86532120	2045240	60302811	23586316	2702269	25475977	34826834
131418576	2684112	81024155	37471329	3865503	37061996	43962159
1551961	20957	1454592	729590	64611	846898	607695
603585	15817	1571695	588661	16672	1190273	381422
798199	15749	724420	284586	12842	317820	406600
3465457	42060	2989009	1201577	198705	1435658	1553352
3005265	84917	2104623	767972	65779	731047	1373576
17647541	429677	9373809	4751870	520875	4389081	4984728
4483218	181137	2910017	1034949	119968	1081419	1828599
2356713	157274	2776459	1062142	169623	1356596	1419863
703645	31436	2141613	1671830	55496	621594	1520020
9981022	156949	5936219	2018624	246075	2889963	3046256
10194013	202164	5018175	2036133	249978	1892464	3125711
5204081	116845	2745136	1135760	96216	905379	1839757
3690890	85490	2424029	974419	128655	842891	1581139
3825436	122546	2167673	1133988	100134	823696	1343977

13-6 续表1

单位：万元

项 目	Item	企业单位数（个）Number of Enterprises (unit)	#亏损企业 Deficit Enterprises	主营业务收入 Revenue from Principal Business
造纸和纸制品业	Manufacture of Paper and Paper Products	178	15	3827452
印刷和记录媒介复制业	Printing, Reproduction of Recording Media	154	11	3019514
文教、工美、体育和娱乐用品制造业	Manufacture of Articles For Culture, Education Art , Sport &	267	12	5763014
石油、煤炭及其他燃料加工业	Processing of Oil, Coal, and Other Fuels	28	4	5937943
化学原料和化学制品制造业	Manufacture of Raw Chemical Materials and Chemical Products	963	48	23070211
医药制造业	Manufacture of Medicines	391	22	13121615
化学纤维制造业	Manufacture of Chemical Fibers	16	2	949400
橡胶和塑料制品业	Manufacture of Rubber & Plastics	385	25	7624548
非金属矿物制品业	Manufacture of Non-metallic Mineral Products	1392	117	27851465
黑色金属冶炼和压延加工业	Smelting and Pressing of Ferrous Metals	131	14	14520676
有色金属冶炼和压延加工业	Smelting and Pressing of Non-ferrous Metals	654	67	63269310
金属制品业	Manufacture of Metal Products	380	36	8159326
通用设备制造业	Manufacture of General Purpose Machinery	361	18	8281197
专用设备制造业	Manufacture of Special Purpose Machinery	277	18	5403600
汽车制造业	Manufacture of Automotive	307	25	16252295
铁路、船舶、航空航天和其他运输设备制造业	Manufacture of Railway，Shipbuilding, Aerospace, and Other Transportation Equipment	58	5	1191366
电气机械和器材制造业	Manufacture of Electrical Machinery and Equipment	693	56	31083897
计算机、通信和其他电子设备制造业	Manufacture of Communication Equipment, Computers and Other	537	52	21067359
仪器仪表制造业	Manufacture of Measuring Instruments Apparatus	104	11	1564092
其他制造业	Other Manufacturing	82	7	1033719
废弃资源综合利用业	Recycling and Disposal of Waste	98	12	2956976
金属制品、机械和设备修理业	Repairment of Metal Products, Machinery & Equipment	3	2	10224
电力、热力生产和供应业	Production and Supply of Electric Power and Heat Power	122	14	10356200
燃气生产和供应业	Production and Supply of Gas	47	3	1196233
水的生产和供应业	Production and Supply of Water	63	5	893512
按地区分	**By Region**			
南 昌 市	Nanchang	1473	204	62238498
景德镇市	Jingdezhen	337	24	11172269
萍 乡 市	Pingxiang	707	110	12036230
九 江 市	Jiujiang	1607	47	56033642
新 余 市	Xinyu	452	55	15081124
鹰 潭 市	Yingtan	305	35	37367529
赣 州 市	Ganzhou	1721	106	36702708
吉 安 市	Ji'an	1318	51	31445498
宜 春 市	Yichun	1529	57	44147767
抚 州 市	Fuzhou	994	67	14489789
上 饶 市	Shangrao	1291	85	35136079

continued

(10000 yuan)

主营业务成本 Cost of Principal Business	销售费用 Selling Expenses	资产合计 Total Assets	流动资产 Total Working Capitals	#产成品 Finished Products	负债合计 Total Liabilities	所有者权益合计 Total Owners' Equities
3309930	66791	2663371	923322	108936	1243223	1420149
2561854	53069	2064094	924432	51780	663619	1400475
4983020	97825	2814447	1190699	150938	1026078	1788369
4480115	46719	4056308	1718088	179496	2816532	1239776
19483413	494777	17603055	6444634	566937	8409076	9193979
10014009	1079726	9589776	4086872	385308	3332643	6257133
849001	10926	1111359	450171	17889	492014	619345
6688636	121545	3639172	1579475	188158	1169269	2469904
23540968	677980	19103142	7600827	856521	8300364	10802778
12340080	103333	7598158	3769238	257656	3766568	3831590
59297944	326018	29776453	16473379	1620146	15487725	14288728
7105521	158083	3866285	1775529	231695	1337463	2528822
7089275	164124	5032144	2787738	308382	2487595	2544549
4618906	144835	3170585	1546497	175975	1408493	1762092
13866220	682605	15369170	9498099	572630	9799821	5569349
1068184	16874	1177310	451086	24776	465594	711716
27058385	553782	18431191	9523769	911431	9652624	8778567
18674391	266128	16761344	10823210	627752	9827014	6934330
1311706	42771	1496937	811957	50197	609287	887650
896653	28077	527561	306819	22683	228650	298911
2758815	36447	1091716	564128	50631	573475	518241
8442	82	10159	6540	271	5885	4275
9772334	11363	15560455	2224268	5634	11055085	4505370
1038360	34045	1109183	285384	11808	617281	491902
697060	29163	2586681	917654	11235	1468030	1118651
52997905	1735970	57852476	30406520	1790428	31449097	26403379
9514766	351119	9857301	3536018	326695	4726052	5131250
9772084	293201	8168396	2327312	187774	3403487	4764909
47598531	927834	25948660	9124107	1247796	11088265	14860395
13294877	197665	14742080	6896345	471745	8742017	6000062
35711468	204895	20067450	11025504	556742	9650953	10416498
32346688	684130	20839226	10811224	1386633	10754451	10084775
27010359	695369	16352089	5587191	592669	6534440	9817649
37742099	871522	25877268	10802185	1334594	12907900	12969368
12762479	424182	9291803	3924397	550922	4534765	4757038
30721027	503257	20096184	10905522	923888	10929861	9166323

13-6 续表2

单位：万元

项　　目	Item	利润总额 Total Profits	#盈利企业的利润额 Profits of Profit-making Enterprises	#亏损企业的亏损额 Losses of Deficit Enterprises
总　　计	**Total**	**24756903**	**25332878**	**575975**
按登记注册类型及隶属关系分	**By Registration Status and Jurisdiction of Management**			
国有企业	State-owned Enterprises	875028	902098	27070
中央企业	Central Enterprises	-22489	1168	23657
地方企业	Local Enterprises	897518	900932	3414
集体企业	Collective-owned Enterprises	22388	23007	619
股份合作企业	Cooperative Enterprises	27869	28445	576
联营企业	Joint Ownership Enterprises	3523	3523	
有限责任公司	Limited Liability Corporations	7795010	8118125	323115
股份有限公司	Share-holding Corporations Limited	2503598	2546301	42703
私营企业	Private Enterprises	9777458	9873188	95730
港、澳、台商投资企业	Enterprises with Funds from Hong Kong,Macao and Taiwan	2426629	2451372	24743
外商投资企业	Foreign Funded Enterprises	1318051	1379469	61418
其他经济类型	Other economy types	7349	7349	
#国有控股企业	State-owned Holding Enterprises	2783185	3044352	261167
按轻、重工业分	**Grouped by Light & Heavy Industries**			
轻工业	Light Industry	9507750	9611959	104209
重工业	Heavy Industry	15249154	15720920	471766
按企业规模分	**Grouped by Size of Enterprises**			
大型企业	Large Enterprises	6609172	6775160	165988
中型企业	Medium-sized Enterprises	8000322	8198227	197905
小型企业	Small Enterprises	10058493	10257208	198715
微型企业	Miniature Enterprises	88917	102284	13367
按工业行业分	**Grouped by Sector**			
煤炭开采和洗选业	Mining and Washing of Coal	93626	100872	7246
黑色金属矿采选业	Mining and Processing of Ferrous Metal Ores	49947	54003	4056
有色金属矿采选业	Mining and Processing of Non-Ferrous Metal Ores	290216	304237	14021
非金属矿采选业	Mining and Processing of Nonmetal Ores	312205	313625	1420
农副食品加工业	Processing of Food from Agricultural Products	1422848	1428494	5646
食品制造业	Manufacture of Foods	443867	448719	4852
酒、饮料和精制茶制造业	Manufacture of Wine, Beverages & Refined Tea	391639	411697	20058
烟草制品业	Manufacture of Tobacco	178010	178010	
纺织业	Manufacture of Textile	843635	850524	6889
纺织服装、服饰业	Manufacture of Textile Wearing Apparel,Clothing	857827	861537	3710
皮革、毛皮、羽毛及其制品和制鞋业	Manufacture of Leather, Fur, Feather and Related Products, Footware	536797	537562	765
木材加工和木、竹、藤、棕、草制品业	Processing of Timber, Manufacture of Wood, Bamboo, Rattan, Palm and Straw Products	308215	310723	2508
家具制造业	Manufacture of Furniture	325851	326184	333

continued

企业亏损面 (%) Ratio to Deficit Enterprises	资产负债率 (%) Assets-Liability Ratio	产品销售率 (%) Proportion of Products Sold (%)	全部从业人员年平均人数 (人) Annual Average Empolyed Persons (person)	人均实现利润 (元) Profits Per Capita (yuan)
7.2	**50.1**	**99.4**	**2634854**	**93959**
25.0	62.1	99.3	81453	107427
33.3	76.4	100.4	2634	-85381
24.6	61.8	99.3	78819	113871
8.3	40.5	98.9	6759	33124
18.4	30.1	100.0	3793	73475
	25.5	99.7	188	187404
8.4	52.9	99.5	896720	86928
10.4	45.1	99.8	155365	161143
5.5	43.2	98.9	1047587	93333
8.6	50.6	100.4	286587	84673
12.0	53.7	99.5	154120	85521
	49.1	99.3	2282	32205
17.1	60.7	99.5	319609	87081
5.7	41.5	99.2	1182604	80397
8.4	53.6	99.4	1452250	105004
7.3	59.5	99.8	671067	98488
8.3	42.2	98.9	866685	92309
6.8	45.7	99.5	1088732	92387
11.1	58.2	95.4	8370	106232
11.0	75.7	98.9	38524	24303
15.4	43.9	99.8	10537	47402
11.7	48.0	99.9	32584	89067
2.9	34.7	98.9	21547	144895
5.6	46.8	99.7	95777	148558
6.1	37.2	98.5	49916	88923
10.8	48.9	105.7	28260	138584
	29.0	97.1	5957	298824
7.4	48.7	99.7	111328	75779
5.4	37.7	98.9	192832	44486
2.9	33.0	99.9	126223	42528
6.3	34.8	98.8	44256	69644
0.6	38.0	99.0	58042	56141

13-6 续表3

单位：万元

项目	Item	利润总额 Total Profits	#盈利企业的利润额 Profits of Profit-making Enterprises	#亏损企业的亏损额 Losses of Deficit Enterprises
造纸和纸制品业	Manufacture of Paper and Paper Products	288130	291310	3180
印刷和记录媒介复制业	Printing, Reproduction of Recording Media	252803	256710	3907
文教、工美、体育和娱乐用品制造业	Manufacture of Articles For Culture, Education Art , Sport & Entertainment Activities	489690	493607	3917
石油、煤炭及其他燃料加工业	Processing of Oil, Coal, and Other Fuels	261822	291613	29791
化学原料和化学制品制造业	Manufacture of Raw Chemical Materials and Chemical Products	1955997	1985466	29469
医药制造业	Manufacture of Medicines	1301835	1310791	8956
化学纤维制造业	Manufacture of Chemical Fibers	68449	69670	1221
橡胶和塑料制品业	Manufacture of Rubber & Plastics	578551	584187	5636
非金属矿物制品业	Manufacture of Non-metallic Mineral Products	2458756	2492324	33568
黑色金属冶炼和压延加工业	Smelting and Pressing of Ferrous Metals	1617052	1623150	6098
有色金属冶炼和压延加工业	Smelting and Pressing of Non-ferrous Metals	2715676	2774285	58609
金属制品业	Manufacture of Metal Products	573087	579909	6822
通用设备制造业	Manufacture of General Purpose Machinery	618208	624944	6736
专用设备制造业	Manufacture of Special Purpose Machinery	403277	414248	10971
汽车制造业	Manufacture of Automotive	864532	967433	102901
铁路、船舶、航空航天和其他运输设备制造业	Manufacture of Railway，Shipbuilding, Aerospace, and Other Transportation Equipment	58653	61927	3274
电气机械和器材制造业	Manufacture of Electrical Machinery and Equipment	2184952	2238341	53389
计算机、通信和其他电子设备制造业	Manufacture of Communication Equipment, Computers and Other Electronic Equipment	1278537	1311707	33170
仪器仪表制造业	Manufacture of Measuring Instruments Apparatus	145729	149667	3938
其他制造业	Other Manufacturing	63791	64408	617
废弃资源综合利用业	Recycling and Disposal of Waste	104064	112388	8324
金属制品、机械和设备修理业	Repairment of Metal Products, Machinery & Equipment	-76	5	81
电力、热力生产和供应业	Production and Supply of Electric Power and Heat Power	189979	276980	87001
燃气生产和供应业	Production and Supply of Gas	93260	94980	1720
水的生产和供应业	Production and Supply of Water	135467	136646	1179
按地区分	**By Region**			
南昌市	Nanchang	3758497	3867243	108746
景德镇市	Jingdezhen	546331	649134	102803
萍乡市	Pingxiang	1351153	1406569	55416
九江市	Jiujiang	4742550	4788618	46068
新余市	Xinyu	1005514	1061672	56158
鹰潭市	Yingtan	1040161	1081750	41589
赣州市	Ganzhou	2390171	2443565	53394
吉安市	Ji'an	2393194	2410409	17215
宜春市	Yichun	4069249	4103943	34694
抚州市	Fuzhou	854667	887559	32892
上饶市	Shangrao	2605418	2632418	27000

continued

企业亏损面 (%) Ratio to Deficit Enterprises (%)	资产负债率 (%) Assets-Liability Ratio (%)	产品销售率 (%) Proportion of Products Sold (%)	全部从业人员年平均人数 (人) Annual Average Empolyed Persons (person)	人均实现利 润 (元) Profits Per Capita (yuan)
8.4	46.7	99.0	32150	89620
7.1	32.2	98.0	27246	92785
4.5	36.5	100.3	66527	73608
14.3	69.4	99.6	17465	149912
5.0	47.8	99.0	170009	115053
5.6	34.8	98.1	105367	123552
12.5	44.3	99.1	5164	132551
6.5	32.1	98.7	59770	96796
8.4	43.5	98.8	244252	100665
10.7	49.6	100.2	57693	280286
10.2	52.0	99.2	144248	188264
9.5	34.6	101.2	59423	96442
5.0	49.4	100.1	70431	87775
6.5	44.4	98.7	53769	75002
8.1	63.8	98.2	104155	83004
8.6	39.5	100.2	15069	38923
8.1	52.4	100.3	230483	94799
9.7	58.6	99.0	233585	54735
10.6	40.7	99.7	22829	63835
8.5	43.3	99.7	9760	65359
12.2	52.5	100.4	9918	104924
66.7	57.9	97.4	347	-2182
11.5	71.0	99.9	59134	32127
6.4	55.7	93.0	7163	130196
7.9	56.8	98.4	13114	103300
13.8	54.4	98.9	458430	81986
7.1	47.9	98.9	80859	67566
15.6	41.7	99.7	155705	86776
2.9	42.7	99.8	321106	147694
12.2	59.3	99.8	110923	90650
11.5	48.1	100.0	84750	122733
6.2	51.6	99.2	324766	73597
3.9	40.0	98.3	335998	71226
3.7	49.9	98.5	371495	109537
6.7	48.8	100.4	145564	58714
6.6	54.4	100.7	245258	106232

13-7 规模以上国有控股工业企业经济指标

指标	Item	2000	2005	2006	2007
企业单位数(个)	Number of Enterprises (unit)	2506	804	706	563
#亏损企业（个）	Deficit Enterprises (unit)	1053	275	211	132
资产总计(万元)	Total Assets (10000 yuan)	16329797	19449500	22034893	25536051
流动资产合计(万元)	Total Working Capitals (10000 yuan)	6429562	7746481	9484535	10740181
负债总计(万元)	Total Liabilities (10000 yuan)	11278672	13494055	14642855	16628458
所有者权益(万元)	Owners' Equity (10000 yuan)	4981017	5655984	7106514	8907593
主营业务收入(万元)	Revenue from Principal Business (10000 yuan)	7221113	15262090	19498190	24560686
销售费用(万元)	Selling Expenses (10000 yuan)	221515	340005	395913	456021
利润总额(万元)	Total Profits (10000 yuan)	84322	571611	1066988	1267392
全部从业人员年平均人数(人)	Annual Average Empolyed Persons (person)	889644	470614	461026	423776
总资产贡献率(%)	Ratio of Total Assets to Output value (%)	5.94	9.74	12.39	12.00
资本保值增值率(%)	Changing Rate of Net Assets (%)	106.21	100.54	97.20	125.34
资产负债率(%)	Assets-Liability Ratio (%)	69.07	69.38	66.45	65.12
流动资产周转率(次)	Ratio of Turnover Working Capitals (time)	1.15	2.01	2.24	2.51
成本费用利润率(%)	Ratio of Profits to Cost (%)	1.20	4.00	5.98	5.60
全员劳动生产率(元／人)	Overall Labor Productivity (yuan/person)	24146	88551	115532	147089
产品销售率(%)	Proportion of Products Sold (%)	97.67	99.49	99.10	98.69

Economic Indicators of State-holding Industrial Enterprises above Designated Size

2008	2009	2010	2011	2012	2013	2014	2015	2016	2017
558	543	533	416	448	475	466	486	421	455
167	113	90	74	77	86	80	101	87	78
27779963	30315254	35482546	42925158	46411368	51624131	51602447	57037997	59738603	66328592
11648204	11717577	16005336	21066012	22800469	25208417	24000489	25757038	26049692	30595932
17686025	18992890	22320360	27614627	30047050	33301256	32519237	35403893	36367168	40246779
10093937	11322364	13162186	15310531	16364318	18322875	19083210	21634104	23371435	26081813
27229935	26985648	37613661	47141803	53286792	59896645	61989296	60080696	61202948	68492547
481064	551091	651394	690800	740713	774010	920967	878485	991333	1164790
376295	829164	1456208	1898016	1731126	2290144	2406749	2123168	2068162	2783185
407662	397412	404799	388639	379236	366618	360816	352047	344294	319609
9.07	10.91	12.16	12.39	11.42	12.51	12.94	12.00	11.67	12.26
114.57	113.81	114.85	108.81	106.93	111.59	108.16	112.56	108.81	110.73
63.66	62.65	62.91	64.33	64.74	64.51	63.02	62.07	60.88	60.68
2.32	2.24	2.56	2.48	2.43	2.48	2.62	2.43	5.89	2.45
1.43	3.29	4.14	4.29	3.44	4.09	4.14	3.76	3.62	4.34
186782	185579	247567	267481	277280	312980	317575	317016	316550	393133
99.24	98.73	99.05	98.61	99.18	98.35	98.39	99.49	99.20	99.54

13-8 国有控股工业企业主要经济指标（2017年）

单位：万元

项　　目	Item	企业单位数（个）Number of Enterprises (unit)	#亏损企业 Deficit Enterprises
总　　计	**Total**	**455**	**78**
按登记注册类型及隶属关系分	**By Registration Status and Jurisdiction of Management**		
国有企业	State-owned Enterprises	64	16
中央企业	Central Enterprises	3	1
地方企业	Local Enterprises	61	15
有限责任公司	Limited Liability Corporations	324	52
股份有限公司	Share-holding Corporations Limited	42	7
港、澳、台商投资企业	Enterprises with Funds from Hong Kong, Macao and Taiwan	9	2
外商投资企业	Foreign Funded Enterprises	15	1
其他经济类型	Other economy types	1	
按轻、重工业分	**Grouped by Light & Heavy Industries**		
轻工业	Light Industry	105	20
重工业	Heavy Industry	350	58
按企业规模分	**Grouped by Size of Enterprises**		
大型企业	Large Enterprises	34	4
中型企业	Medium-sized Enterprises	133	20
小型企业	Small Enterprises	272	51
微型企业	Miniature Enterprises	16	3
按工业行业分	**Grouped by Sector**		
煤炭开采和洗选业	Mining and Washing of Coal	14	4
黑色金属矿采选业	Mining and Processing of Ferrous Metal Ores	2	1
有色金属矿采选业	Mining and Processing of Non-Ferrous Metal Ores	21	4
非金属矿采选业	Mining and Processing of Nonmetal Ores	14	
农副食品加工业	Processing of Food from Agricultural Products	15	3
食品制造业	Manufacture of Foods	6	1
酒、饮料和精制茶制造业	Manufacture of Wine, Beverages & Refined Tea	6	2
烟草制品业	Manufacture of Tobacco	2	
纺织业	Manufacture of Textile	3	
纺织服装、服饰业	Manufacture of Textile Wearing Apparel,Clothing	9	1
木材加工和木、竹、藤、棕、草制品业	Processing of Timber, Manufacture of Wood, Bamboo, Rattan, Palm and Straw Products	2	1

Main Indicators of State-holding Industrial Enterprises (2017)

(10 000 yuan)

主营业务收 入 Revenue from Principal Business	主营业务成 本 Cost of Principal Business	销售费用 Selling Expenses	资产合计 Total Assets	流动资产 Total Working Capitals	#产成品 Finished Products
68492547	**60363331**	**1164790**	**66328592**	**30595932**	**1811305**
31349117	29257881	551309	23470684	15125001	607606
282181	288987	643	564512	124553	14535
31066936	28968895	550666	22906172	15000448	593071
27085337	23171267	455860	30839439	10362602	783688
7695898	5786116	141238	9162119	4274116	382705
676255	622710	10838	604472	318729	12684
1678692	1519088	5477	2247663	514584	24536
7248	6269	68	4216	900	87
4487633	2585765	224411	8043579	3850732	171169
64004915	57777566	940380	58285013	26745200	1640136
53500962	47478952	841034	48214436	24599602	1339351
9478650	8226871	200732	10898017	3565605	247439
5391666	4560205	122297	6875838	2362392	223816
121270	97303	728	340301	68333	699
274480	227038	3255	1204275	448855	7542
15159	10891	630	16674	9246	382
841297	643206	13505	1323877	403753	86721
735935	650936	14535	849417	266143	7089
302743	275108	3152	140410	49310	5626
77312	54692	8134	88797	34986	3295
84359	65396	4978	136418	36313	3010
1807721	663978	30696	1885834	1427867	50236
19199	11651	8089	431411	11418	6872
124495	67532	396	136471	124755	3242
43463	38162	2377	28909	18295	514

13-8 续表1

单位：万元

项　　　目	Item	企业单位数(个) Number of Enterprises (unit)	#亏损企业 Deficit Enterprises
家具制造业	Manufacture of Furniture	1	
造纸和纸制品业	Manufacture of Paper and Paper Products	2	
印刷和记录媒介复制业	Printing, Reproduction of Recording Media	9	4
文教、工美、体育和娱乐用品制造业	Manufacture of Articles For Culture, Education Art , Sport & Entertainment Activities	2	
石油、煤炭及其他燃料加工业	Processing of Oil, Coal, and Other Fuels	4	1
化学原料和化学制品制造业	Manufacture of Raw Chemical Materials and Chemical Products	28	5
医药制造业	Manufacture of Medicines	8	1
橡胶和塑料制品业	Manufacture of Rubber & Plastics	8	2
非金属矿物制品业	Manufacture of Non-metallic Mineral Products	94	10
黑色金属冶炼和压延加工业	Smelting and Pressing of Ferrous Metals	7	1
有色金属冶炼和压延加工业	Smelting and Pressing of Non-ferrous Metals	37	5
金属制品业	Manufacture of Metal Products	7	3
通用设备制造业	Manufacture of General Purpose Machinery	9	
专用设备制造业	Manufacture of Special Purpose Machinery	8	2
汽车制造业	Manufacture of Automotive	16	4
铁路、船舶、航空航天和其他运输设备制造业	Manufacture of Railway，Shipbuilding, Aerospace, and Other Transportation Equipment	6	1
电气机械和器材制造业	Manufacture of Electrical Machinery and Equipment	7	
计算机、通信和其他电子设备制造业	Manufacture of Communication Equipment, Computers and Other	6	2
仪器仪表制造业	Manufacture of Measuring Instruments Apparatus	1	1
其他制造业	Other Manufacturing	1	1
废弃资源综合利用业	Recycling and Disposal of Waste	4	1
电力、热力生产和供应业	Production and Supply of Electric Power and Heat Power	49	12
燃气生产和供应业	Production and Supply of Gas	14	1
水的生产和供应业	Production and Supply of Water	33	4
按地区分	**By Region**		
南 昌 市	Nanchang	96	17
景德镇市	Jingdezhen	27	3
萍 乡 市	Pingxiang	11	3
九 江 市	Jiujiang	51	6
新 余 市	Xinyu	17	3
鹰 潭 市	Yingtan	13	5
赣 州 市	Ganzhou	93	9
吉 安 市	Ji'an	38	9
宜 春 市	Yichun	42	12
抚 州 市	Fuzhou	23	5
上 饶 市	Shangrao	44	6

continued

(10000 yuan)

主营业务收入 Revenue from Principal Business	主营业务成本 Cost of Principal Business	销售费用 Selling Expenses	资产合计 Total Assets	流动资产 Total Working Capitals	#产成品 Finished Products
2000	1495	73	2277	614	128
58368	52003	223	30726	15787	385
320561	249133	4528	487793	261677	10678
82406	62848	4448	54686	24134	1424
4810219	3506311	32264	3615578	1557896	124675
1064538	879585	35181	1587354	592540	31844
959405	553222	134812	2627437	1018721	66023
157791	141105	4491	89700	28559	4747
3087245	2445239	126989	3589577	1588869	74020
5068058	4551141	32973	3601814	2022365	169194
26681186	25673029	71889	14842943	9560801	480933
133276	115892	3298	168126	107826	13974
1447615	1244054	23623	1677595	1226780	167746
94630	60542	11413	134186	75406	12892
8909407	7531385	526969	10169448	6777883	363343
122428	112297	1521	316332	166174	2376
711220	602457	21633	1102819	712483	93799
36597	31057	1072	30300	17395	3603
552	386	69	1584	1580	5
5540	3861	329	1176	756	26
53479	38130	277	187050	67859	3008
9329017	8934558	4982	13419821	1155355	68
521534	458682	13078	573067	118755	1884
509314	406330	18911	1774711	664777	10003
20896835	17210660	711760	26434754	11570321	667646
3014242	2690528	107768	4732391	2363185	225205
583399	486499	13906	1171792	382096	13758
6178598	4663163	53313	4557546	1503643	95133
5464435	4916404	44062	4234316	2193486	176771
23626736	22954833	69941	13482647	8747512	303627
3790566	3229468	41472	3485101	1431555	220211
940269	803019	24458	1746279	293722	17804
1198935	997771	37336	2742935	757788	18738
855001	735212	26356	1371403	376856	33167
1943532	1675775	34420	2369427	975768	39246

13-8 续表2

项　　目	Item	负债合计 Total Liabilities	所有者权益合计 Total Owners' Equities	利润总额 Total Profits
总　　计	**Total**	**40246779**	**26081813**	**2783185**
按登记注册类型及隶属关系分	**By Registration Status and Jurisdiction of Management**			
国有企业	State-owned Enterprises	14582832	8887852	875028
中央企业	Central Enterprises	431202	133310	-22489
地方企业	Local Enterprises	14151631	8754542	897518
有限责任公司	Limited Liability Corporations	19235973	11603466	1353050
股份有限公司	Share-holding Corporations Limited	4494623	4667495	470415
港、澳、台商投资企业	Enterprises with Funds from Hong Kong, Macao and Taiwan	387332	217139	20700
外商投资企业	Foreign Funded Enterprises	1544318	703346	63500
其他经济类型	Other economy types	1700	2515	492
按轻、重工业分	**Grouped by Light & Heavy Industries**			
轻工业	Light Industry	3067248	4976331	364458
重工业	Heavy Industry	37179531	21105482	2418727
按企业规模分	**Grouped by Size of Enterprises**			
大型企业	Large Enterprises	29863372	18351064	1761660
中型企业	Medium-sized Enterprises	5969878	4928138	622453
小型企业	Small Enterprises	4175588	2700250	389016
微型企业	Miniature Enterprises	237940	102361	10056
按工业行业分	**Grouped by Sector**			
煤炭开采和洗选业	Mining and Washing of Coal	1047901	156374	61435
黑色金属矿采选业	Mining and Processing of Ferrous Metal Ores	6359	10315	-305
有色金属矿采选业	Mining and Processing of Non-Ferrous Metal Ores	642506	681371	83034
非金属矿采选业	Mining and Processing of Nonmetal Ores	266166	583251	91253
农副食品加工业	Processing of Food from Agricultural Products	62137	78274	17232
食品制造业	Manufacture of Foods	52907	35891	4049
酒、饮料和精制茶制造业	Manufacture of Wine, Beverages & Refined Tea	70188	66230	4395
烟草制品业	Manufacture of Tobacco	578415	1307419	54235
纺织业	Manufacture of Textile	223936	207475	883
纺织服装、服饰业	Manufacture of Textile Wearing Apparel,Clothing	81643	54828	5628
木材加工和木、竹、藤、棕、草制品业	Processing of Timber, Manufacture of Wood, Bamboo, Rattan, Palm and Straw Products	15576	13333	-85

continued

#盈利企业的利润额 Profits of Profit-making Enterprises	#亏损企业的亏损额 Losses of Deficit Enterprises	企业亏损面 (%) Ratio to Deficit Enterprises (%)	资产负债率 (%) Assets-Liability Ratio	产品销售率 (%) Proportion of Products Sold (%)	全部从业人员年平均人数（人） Annual Average Empolyed Persons (person)	人均实现利润（元） Profits Per Capita (yuan)
3044352	**261167**	**17.1**	**60.7**	**99.5**	**319609**	**87081**
902098	27070	25.0	62.1	99.3	81453	107427
1168	23657	33.3	76.4	100.4	2634	-85381
900932	3414	24.6	61.8	99.3	78819	113871
1555556	202506	16.0	62.4	99.6	195139	69338
495544	25129	16.7	49.1	99.7	34330	137027
22721	2021	22.2	64.1	101.0	2721	76073
67941	4441	6.7	68.7	100.2	5798	109521
492			40.3	99.8	168	29268
371581	7123	19.0	38.1	98.2	51181	71210
2672772	254045	16.6	63.8	99.7	268428	90107
1906482	144822	11.8	61.9	99.5	208747	84392
701569	79116	15.0	54.8	99.8	77475	80342
417448	28432	18.8	60.7	99.5	32599	119334
18854	8798	18.8	69.9	99.9	788	127615
67399	5964	28.6	87.0	97.3	26659	23045
966	1271	50.0	38.1	99.6	322	-9484
90279	7245	19.0	48.5	104.3	12934	64198
91253			31.3	99.9	3198	285343
17888	656	20.0	44.3	100.3	1950	88371
4208	159	16.7	59.6	101.5	1466	27621
4999	604	33.3	51.5	99.6	1771	24816
54235			30.7	97.2	5822	93156
883			51.9	100.4	663	13324
5660	32	11.1	59.8	99.4	8260	6814
396	481	50.0	53.9	99.7	403	-2117

13-8 续表3

项目	Item	负债合计（万元）Total Liabilities	所有者权益合计（万元）Total Owners' Equities	利润总额（万元）Total Profits
家具制造业	Manufacture of Furniture	488	1790	195
造纸和纸制品业	Manufacture of Paper and Paper Products	8826	21901	3235
印刷和记录媒介复制业	Printing, Reproduction of Recording Media	125762	362031	37205
文教、工美、体育和娱乐用品制造业	Manufacture of Articles For Culture, Education Art , Sport & Entertainment Activities	9866	44819	10496
石油、煤炭及其他燃料加工业	Processing of Oil, Coal, and Other Fuels	2565755	1049823	179311
化学原料和化学制品制造业	Manufacture of Raw Chemical Materials and Chemical Products	1039408	547946	53005
医药制造业	Manufacture of Medicines	649489	1977948	163385
橡胶和塑料制品业	Manufacture of Rubber & Plastics	19577	70123	5694
非金属矿物制品业	Manufacture of Non-metallic Mineral Products	1790224	1799353	357110
黑色金属冶炼和压延加工业	Smelting and Pressing of Ferrous Metals	2155969	1445845	406790
有色金属冶炼和压延加工业	Smelting and Pressing of Non-ferrous Metals	8828980	6013963	579806
金属制品业	Manufacture of Metal Products	83529	84597	1850
通用设备制造业	Manufacture of General Purpose Machinery	1047706	629890	62603
专用设备制造业	Manufacture of Special Purpose Machinery	56114	78072	9482
汽车制造业	Manufacture of Automotive	7065129	3104319	346423
铁路、船舶、航空航天和其他运输设备制造业	Manufacture of Railway，Shipbuilding, Aerospace, and Other Transportation Equipment	91668	224664	3337
电气机械和器材制造业	Manufacture of Electrical Machinery and Equipment	687585	415234	37746
计算机、通信和其他电子设备制造业	Manufacture of Communication Equipment, Computers and	10686	19614	1148
仪器仪表制造业	Manufacture of Measuring Instruments Apparatus	18	1567	-26
其他制造业		672	504	-134
废弃资源综合利用业	Recycling and Disposal of Waste	72742	114309	4434
电力、热力生产和供应业	Production and Supply of Electric Power and Heat Power	9513628	3906193	92765
燃气生产和供应业	Production and Supply of Gas	362864	210203	41746
水的生产和供应业	Production and Supply of Water	1012363	762348	63824
按地区分	**By Region**			
南 昌 市	Nanchang	15490266	10944488	970153
景德镇市	Jingdezhen	3397523	1334868	38099
萍 乡 市	Pingxiang	949656	222135	-4665
九 江 市	Jiujiang	3244959	1312587	324480
新 余 市	Xinyu	2428155	1806161	413092
鹰 潭 市	Yingtan	7821491	5661156	343343
赣 州 市	Ganzhou	2045638	1439464	348519
吉 安 市	Ji'an	958465	787814	40191
宜 春 市	Yichun	2044789	698147	113430
抚 州 市	Fuzhou	835159	536244	41533
上 饶 市	Shangrao	1030678	1338749	155011

continued

#盈利企业的利润额 Profits of Profit-making Enterprises	#亏损企业的亏损额 Losses of Deficit Enterprises	企业亏损面 (%) Ratio to Deficit Enterprises (%)	资产负债率 (%) Assets-Liability Ratio	产品销售率 (%) Proportion of Products Sold (%)	全部从业人员年平均人数 (人) Annual Average Empolyed Persons (person)	人均实现利润 (元) Profits Per Capita (yuan)
195			21.4	100.0	312	6253
3235			28.7	95.7	395	81889
39478	2273	44.4	25.8	96.1	3785	98296
10496			18.0	98.9	520	201854
208399	29088	25.0	71.0	99.7	14498	123680
64902	11897	17.9	65.5	101.7	10460	50674
164788	1403	12.5	24.7	99.0	12458	131149
5971	277	25.0	21.8	100.4	1363	41774
360375	3265	10.6	49.9	99.0	20104	177632
407212	422	14.3	59.9	101.0	24066	169031
594337	14531	13.5	59.5	99.3	35761	162134
3157	1307	42.9	49.7	104.8	1875	9866
62603			62.5	98.6	12342	50723
10075	593	25.0	41.8	101.3	1728	54875
440463	94040	25.0	69.5	99.0	44189	78396
3671	334	16.7	29.0	104.7	1426	23403
37746			62.3	100.3	4279	88212
1300	152	33.3	35.3	98.3	553	20767
	26	100.0	1.1	100.3	45	-5733
	134	100.0	57.2	100.0	73	-18370
4987	553	25.0	38.9	88.4	866	51197
176070	83305	24.5	70.9	100.0	53316	17399
42097	351	7.1	63.3	97.6	2827	147669
64629	805	12.1	57.0	97.7	8920	71551
979143	8990	17.7	58.6	98.6	128723	75367
129719	91620	11.1	71.8	99.5	28468	13383
25387	30052	27.3	81.0	97.4	15186	-3072
353161	28681	11.8	71.2	100.0	17227	188355
440683	27591	17.6	57.3	101.0	30332	136190
370271	26928	38.5	58.0	99.5	29821	115135
359598	11079	9.7	58.7	100.4	19792	176091
46810	6619	23.7	54.9	100.4	8254	48693
123993	10563	28.6	74.5	99.8	21199	53507
58517	16984	21.7	60.9	99.2	5815	71423
157071	2060	13.6	43.5	99.1	14792	104794

13-9 规模以上集体企业经济指标

Economic Indicators of Collective-owned Industrial Enterprises above Designated Size

指　　标	Item	2010	2014	2015	2016	2017
企业单位数(个)	Number of Enterprises (unit)	117	68	62	58	48
#亏损企业(个)	Deficit Enterprises (unit)	5	1	2	1	4
资产总计(万元)	Total Assets (10000 yuan)	348716	263922	239682	254707	174614
流动资产合计(万元)	Total Working Capitals (10000 yuan)	144706	81058	98619	84895	75509
负债总计(万元)	Total Liabilities (10000 yuan)	188307	86013	96097	95294	70645
所有者权益(万元)	Owners' Equity (10000 yuan)	160408	177909	143585	159413	103969
主营业务收入(万元)	Revenue from Principal Business (10000 yuan)	987192	800134	653238	635015	397945
销售费用（万元）	Selling Expenses (10000 yuan)	13666	14137	11570	9480	9694
利润总额(万元)	Total Profits (10000 yuan)	70683	57977	50481	54149	22388
全部从业人员年平均人数(人)	Annual Average Empolyed Persons (person)	20572	11798	10885	9476	6759
总资产贡献率(%)	Ratio of Total Assets to Output Value (%)	35.01	33.46	44.73	39.12	22.15
资本保值增值率(%)	Changing Rate of Net Assets (%)	118.10	114.78	81.74	115.07	86.26
资产负债率(%)	Assets-Liability Ratio (%)	54.00	32.59	40.09	37.41	40.46
流动资产周转率(次)	Ratio of Turnover Working Capitals (time)	7.55	7.47	7.77	2.68	5.23
成本费用利润率(%)	Ratio of Profits to Cost (%)	8.30	7.93	8.48	9.42	6.39
全员劳动生产率(元／人)	Overall Labor Productivity (yuan/person)	145987	170353	153357	188651	150837
产品销售率(%)	Proportion of Products Sold (%)	97.80	99.40	99.17	99.30	98.88

13-10 规模以上外商及港、澳、台投资工业企业经济指标

Economic Indicators of Industrial Enterprises with Funds From Foreign, Hong Kong,Macao and Taiwan above Designated Size

指　　标	Item	2010	2014	2015	2016	2017
企业单位数(个)	Number of Enterprises (unit)	865	852	863	822	840
#亏损企业(个)	Deficit Enterprises (unit)	76	67	90	75	83
资产总计(万元)	Total Assets (10000 yuan)	18824976	25253775	30189699	34033119	33356051
流动资产合计(万元)	Total Working Capitals (10000 yuan)	8015663	10813734	12092042	14003112	14728486
负债总计(万元)	Total Liabilities (10000 yuan)	10166105	13334866	15257048	17470497	17372796
所有者权益(万元)	Owners' Equity (10000 yuan)	8658871	11918909	14932651	16562622	15983255
主营业务收入(万元)	Revenue from Principal Business (10000 yuan)	23685256	43239554	46132507	48494841	45519451
销售费用（万元）	Selling Expenses (10000 yuan)	491534	737806	857341	924528	835255
利润总额(万元)	Total Profits (10000 yuan)	1729082	3150367	3328445	3754584	3744680
全部从业人员年平均人数(人)	Annual Average Empolyed Persons (person)	443757	487428	501615	492720	440707
总资产贡献率(%)	Ratio of Total Assets to Output Value (%)	15.46	20.60	18.79	18.06	15.83
资本保值增值率(%)	Changing Rate of Net Assets (%)	137.21	111.07	116.03	112.34	105.86
资产负债率(%)	Assets-Liability Ratio (%)	54.00	52.80	50.54	51.33	52.08
流动资产周转率(次)	Ratio of Turnover Working Capitals (time)	3.38	4.32	4.11	3.20	3.31
成本费用利润率(%)	Ratio of Profits to Cost (%)	8.09	7.90	7.79	8.41	9.03
全员劳动生产率(元／人)	Overall Labor Productivity (yuan/person)	155849	218147	224221	236867	247069
产品销售率(%)	Proportion of Products Sold (%)	98.34	98.91	98.89	98.67	100.02

13-11 规模以上股份制工业企业经济指标
Economic Indicators of Share-holding Industrial Enterprises above Designated Size

指　　标	Item	2010	2014	2015	2016	2017
企业单位数(个)	Number of Enterprises (unit)	5283	6921	7876	8790	10416
#亏损企业(个)	Deficit Enterprises (unit)	226	358	515	457	717
资产总计(万元)	Total Assets (10000 yuan)	46765828	109188754	136865248	156606094	170433558
流动资产合计(万元)	Total Working Capitals (10000 yuan)	18614138	46364903	54178292	62198701	74833168
负债总计(万元)	Total Liabilities (10000 yuan)	27478751	55566864	66048669	72846434	82143352
所有者权益(万元)	Owners' Equity (10000 yuan)	19287077	53621890	70816579	83759659	88290206
主营业务收入(万元)	Revenue from Principal Business (10000 yuan)	89001186	228550676	245092265	272056007	275397003
销售费用（万元）	Selling Expenses (10000 yuan)	1540124	3884624	4212668	4619656	5436321
利润总额(万元)	Total Profits (10000 yuan)	4694573	15659074	16667116	19008131	19866908
全部从业人员年平均人数(人)	Annual Average Empolyed Persons (person)	1109565	1781057	1890660	2014193	2065808
总资产贡献率(%)	Ratio of Total Assets to Output Value (%)	18.86	29.91	24.65	23.13	20.34
资本保值增值率(%)	Changing Rate of Net Assets (%)	118.46	121.85	125.16	116.21	108.45
资产负债率(%)	Assets-Liability Ratio (%)	58.76	50.89	48.26	46.52	48.20
流动资产周转率(次)	Ratio of Turnover Working Capitals (time)	4.78	5.73	4.96	4.86	4.21
成本费用利润率(%)	Ratio of Profits to Cost (%)	5.81	7.46	7.38	7.59	7.86
全员劳动生产率(元／人)	Overall Labor Productivity (yuan/person)	172084	296934	301678	271061	315899
产品销售率(%)	Proportion of Products Sold (%)	99.15	99.00	98.99	98.90	99.26

13-12 规模以上私营工业企业经济指标
Economic Indicators of Private Industrial Enterprises above Designated Size

指　　标	Item	2010	2014	2015	2016	2017
企业单位数(个)	Number of Enterprises (unit)	4349	4318	4751	5163	6128
#亏损企业(个)	Loss Enterprises(unit)	109	159	226	190	340
资产总计(万元)	Total Assets (10000 yuan)	19097127	43278476	54963359	63881003	66147349
流动资产合计(万元)	Total Working Capitals (10000 yuan)	7601357	17778090	20559860	24052851	29011471
负债总计(万元)	Total Liabilities (10000 yuan)	8834351	17892432	21950995	24911800	28568018
所有者权益(万元)	Owners' Equity (10000 yuan)	10262776	25386044	33012364	38969203	37579331
主营业务收入(万元)	Revenue from Principal Business (10000 yuan)	53384652	120190173	128893398	141558836	133950600
销售费用（万元）	Selling Expenses (10000 yuan)	1030121	2008968	2154706	2320571	2626274
利润总额(万元)	Total Profits (10000 yuan)	3624354	9162492	9796112	10761466	9777458
全部从业人员年平均人数(人)	Annual Average Empolyed Persons (person)	757930	955581	990348	1028441	1047587
总资产贡献率(%)	Ratio of Total Assets to Output Value (%)	36.38	39.66	33.74	30.00	23.41
资本保值增值率(%)	Changing Rate of Net Assets (%)	126.25	126.22	126.78	118.27	106.56
资产负债率(%)	Assets-Liability Ratio (%)	46.26	41.28	39.94	39.00	43.19
流动资产周转率(次)	Ratio of Turnover Working Capitals (time)	8.34	7.66	7.05	4.09	5.33
成本费用利润率(%)	Ratio of Profits to Cost (%)	7.67	8.30	8.28	8.28	7.91
全员劳动生产率(元／人)	Overall Labor Productivity (yuan/person)	207636	311352	323638	311909	299971
产品销售率(%)	Proportion of Products Sold (%)	99.12	99.01	99.01	98.70	98.91

13-13 工业园区主要经济指标（2017年）

项　　目	Item	本年实际累计开发面积(平方公里) Actually Total Area Developed This Year (sq.km)	投产工业企业数(个) Number of Industrial Enterprises Completed and Put into Use (unit)	招商实际到位资金(亿元) Actually Introduced Funds (100 million yuan)	
				绝对数 Value	比上年增长(%) Rate of Increase over Preceding Year
全省总计	**Provincical Total**	628.17	11423	5951.32	36.0
国家级园区	**National Park**				
南昌小蓝经济技术开发区	Nanchang Xiaolan Economic-Technological Development Zone	6.60	370	105.42	58.2
南昌经济技术开发区	Nanchang Economic-Technological Devolopment Zone	22.80	376	275.37	47.4
南昌高新技术产业开发区	Nanchang High-tech Industry Development Zone	11.70	346	209.62	45.9
景德镇高新技术产业开发区	Jingdezhen High-tech Industry Development Zone	4.62	122	85.10	19.5
萍乡经济技术开发区	Pingxiang Economic-Technological Devolopment Zone	5.60	167	93.58	15.1
九江经济技术开发区	Jiujiang Economic-Technological Devolopment Zone	14.50	201	207.88	24.4
新余高新技术产业开发区	Xinyu High-tech Industry Development Zone	4.90	232	111.75	2.1
鹰潭高新技术产业开发区	Yingtan High-tech Industry Development Zone	9.60	125	53.46	11.0
赣州高新技术产业开发区	Ganzhou High-tech Industry Development Zone	8.50	121	47.97	58.5
龙南经济技术开发区	Longnan Economic-Technological Devolopment Zone	9.31	147	66.68	29.9
瑞金经济技术开发区	Ruijin Economic-Technological Devolopment Zone	6.60	95	17.86	59.3
赣州经济技术开发区	Ganzhou Economic-Technological Devolopment Zone	10.10	257	150.18	27.7
井冈山经济技术开发区	Jinggangshan Economic-Technological Devolopment Zone	5.10	131	185.45	75.9
吉安高新技术产业开发区	Ji'an High-tech Industry Development Zone	7.00	131	129.69	99.3
宜春经济技术开发区	Yichun Economic-Technological Development Zone	7.34	336	113.17	22.1
抚州高新技术产业开发区	Fuzhou High-tech Industry Development Zone	11.50	192	89.53	40.2
上饶经济技术开发区	Shangrao Economic-Technological Devolopment Zone	15.40	286	212.48	77.3
省级重点园区	**Provincical Main Park**				
南昌昌东工业园区	Nanchang Changdong Industrial Park	9.58	270	55.04	23.6
江西新建长堎工业园区	Jiangxi Xinjian Changleng Industrial Park	3.50	170	41.22	67.6
江西乐平工业园区	Jiangxi Leping Industrial Park	5.59	74	38.81	189.3
江西芦溪工业园区	Jiangxi Luxi Industrial Park	2.00	66	43.59	18.8
江西永修云山经济开发区	Jiangxi Yongxiu Yunshan Economic Devolopment Zone	12.80	141	226.01	29.6
江西德安高新技术产业园区	Jiangxi Dean High-tech Industry Park	11.00	139	148.25	97.2
江西分宜工业园区	Jiangxi Fenyi Industrial Park	3.50	67	33.82	8.2
江西余江工业园区	Jiangxi Yujiang Industrial Park	4.60	143	71.54	39.5
江西贵溪工业园区	Jiangxi Guixi Industrial Park	6.20	126	69.57	69.2
江西赣州章贡经济开发区	Jiangxi Ganzhou Zhanggong Economic Devolopment Zone	6.10	153	73.58	266.6
江西泰和工业园区	Jiangxi Taihe Industrial Park	6.00	140	93.97	87.4
江西上高工业园区	Jiangxi Shanggao Industrial Park	7.24	200	114.43	47.8
江西丰城高新技术产业园区	Jiangxi Fengcheng High-tech Industry Park	18.10	176	149.50	69.5
江西樟树工业园区	Jiangxi Zhangshu Industrial Park	6.10	176	153.36	42.4
江西崇仁工业园区	Jiangxi Chongren Industrial Park	5.50	110	20.39	20.3
江西东乡经济开发区	Jiangxi Dongxiang Economic Devolopment Zone	6.50	115	48.10	19.4
江西上饶高新技术产业园区	Jiangxi Shangrao High-tech Industry Park	11.00	164	55.92	5.5
江西玉山经济开发区	Jiangxi Yushan Economic Devolopment Zone	9.80	215	44.15	86.0
江西横峰经济开发区	Jiangxi Hengfeng Economic Devolopment Zone	5.10	72	25.49	6.5

Main Economic Indicators of Industrial parks (2017)

工业增加值 Value-added of Industry	出口交货值 (亿元) Delivery Value of Industry Export (100 million yuan)		主营业务收入 (亿元) Revenue from Principal Business (100 million yuan)		利润总额 (亿元) Total Profits (100 million yuan)		从业人员 (人) Number of Employed Persons (person)	
比上年增长(%) Rate of Increase over Preceding Year	绝对数 Value	比上年增长(%) Rate of Increase over Preceding Year	绝对数 Value	比上年增长(%) Rate of Increase over Preceding Year	绝对数 Value	比上年增长(%) Rate of Increase over Preceding Year	绝对数 Value	比上年增长(%) Rate of Increase over Preceding Year
9.3	2188.77	14.6	28749.39	11.4	2155.70	18.2	2295549	0.3
12.7	115.23	28.5	1135.97	4.8	81.82	14.7	83098	-3.1
11.6	83.30	22.3	1227.54	12.0	91.20	35.5	101755	1.4
11.2	103.02	-6.8	2141.46	11.0	143.11	33.3	116029	
5.8	42.67	19.2	564.75	10.2	24.58	20.9	38636	-5.9
9.3	77.07	11.4	645.11	3.4	77.29	48.0	69332	-4.6
8.1	85.32	39.5	1142.20	11.8	68.52	9.9	56675	-6.4
6.1	70.43	30.0	566.73	8.6	37.68	29.9	52917	2.4
9.6	12.32	-36.1	620.25	9.8	35.98	25.7	25271	-9.4
7.1	45.36	7.2	323.20	7.9	16.50	15.8	17268	-14.4
9.7	83.16	40.7	269.14	16.0	18.99	23.3	37413	4.6
9.9	33.59	11.6	197.70	26.2	10.16	55.6	15215	5.1
7.2	64.84	-21.0	696.56	8.2	43.66	21.4	48254	4.0
12.1	41.49	66.9	595.01	18.1	38.81	9.7	55862	23.5
9.9	69.45	14.7	384.04	15.2	28.71	18.2	40423	4.7
10.2	18.78	18.3	420.94	15.4	32.47	41.6	55391	6.2
12.5	31.18	33.0	453.11	10.7	31.71	15.8	36950	12.5
7.9	104.03	-11.8	932.60	9.2	58.13	-1.8	67279	5.5
-15.9	24.21	52.5	127.59	-17.5	7.27	-66.7	28974	-28.5
12.5	11.74	65.8	574.97	10.9	29.32	33.1	39962	3.7
11.3	20.54	26.3	368.92	16.8	26.81	4.2	19922	14.0
4.6	0.13	-58.7	63.53	-11.6	4.40	-55.0	9619	-21.3
12.7	6.66	120.5	452.77	13.6	47.58	88.2	23763	1.1
11.6	20.77	-28.8	426.33	12.1	24.55	6.0	26929	-6.5
23.1	5.58	-23.4	124.79	10.7	7.40	35.4	8981	-15.6
2.5	13.56	16.3	240.95	2.5	14.52	-24.9	18761	-2.5
7.1	8.86	-24.8	570.31	7.6	17.61	1.1	17455	-1.7
9.4	17.00	33.5	344.73	13.5	20.83	41.7	23457	3.3
9.6	41.73	58.4	268.31	13.1	19.50	11.5	39518	2.2
9.6	86.85	13.0	572.81	14.3	66.53	26.6	60521	2.0
9.3	12.24	13.9	604.11	15.1	58.07	13.1	30528	5.5
9.5	9.33	242.6	587.70	14.2	63.19	30.2	38495	0.6
12.4	3.20	-17.0	160.87	2.3	10.02	-10.6	17901	4.4
8.2	5.05	50.0	200.94	10.6	9.24	17.7	14666	-16.9
5.4	70.32	-11.6	592.51	11.1	55.62	8.7	27045	-6.2
12.8	33.95	5.8	365.92	21.4	29.81	16.3	21447	2.0
6.4	2.56	-7.2	195.87	10.8	14.06	-16.3	12017	-3.4

主要统计指标解释

工业 指从事自然资源的开采，对采掘品和农产品进行加工和再加工的物质生产部门。具体包括：(1)对自然资源的开采，如采矿、晒盐等(但不包括禽兽捕猎和水产捕捞)；(2)对农副产品的加工、再加工，如粮油加工、食品加工、缫丝、纺织、制革等；(3)对采掘品的加工、再加工，如炼铁、炼钢、化工生产、石油加工、机器制造、木材加工等，以及电力、自来水、煤气的生产和供应等；(4)对工业品的修理、翻新，如机器设备的修理、交通运输工具(如汽车)的修理等。

工业统计调查单位为独立核算法人工业企业。

独立核算法人工业企业指从事工业生产经营活动的单位。独立核算法人工业企业应同时具备以下条件：①依法成立，有自己的名称、组织机构和场所，能够承担民事责任；②独立拥有和使用资产，承担负债，有权与其他单位签订合同；③独立核算盈亏，并能够编制资产负债表。

本年鉴中涉及的企业登记注册类型：

国有及国有控股企业 指国有企业加上国有控股企业。国有企业(即原全民所有制工业或国营工业)指企业全部资产归国家所有，并按《中华人民共和国企业法人登记管理条例》规定登记注册的非公司制的经济组织。包括国有企业、国有独资公司和国有联营企业。1957 年以前的公私合营和私营工业，后均改造为国营工业，1992 年改为国有工业，这部分工业的资料不单独分列时，均包括在国有企业内。国有控股企业是对混合所有制经济的企业进行的“国有控股”分类。它是指这些企业的全部资产中国有资产(股份)相对其他所有者中的任何一个所有者占资(股)最多的企业。该分组反映了国有经济控股情况。

集体企业 指企业资产归集体所有，并按《中华人民共和国企业法人登记管理条例》规定登记注册的经济组织。是社会主义公有制经济的组成部分。包括城乡所有使用集体投资举办的企业，以及部分个人通过集资自愿放弃所有权并依法经工商行政管理机关认定为集体所有制的企业。

股份合作企业 指以合作制为基础，由企业职工共同出资入股，吸收一定比例的社会资产投资组建，实行自主经营，自负盈亏，共同劳动，民主管理，按劳分配与按股分红相结合的一种集体经济组织。

联营企业 指两个及两个以上相同或不同所有制性质的企业法人或事业单位法人，按自愿、平等、互利的原则，共同投资组成的经济组织。联营企业包括：

国有联营企业指国有企业与国有企业间的联营；

集体联营企业指集体企业与集体企业间的联营；

国有与集体联营企业指国有企业与集体企业间的联营。

有限责任公司 指根据《中华人民共和国公司登记管理条例》规定登记注册，由两个以上，五十个以下的股东共同出资，每个股东以其所认缴的出资额对公司承担有限责任，公司以其全部资产对其债务承担责任的经济组织。

有限责任公司包括国有独资公司以及其他有限责任公司。

股份有限公司 指根据《中华人民共和国企业法人登记管理条例》规定登记注册，其全部注册资本由等额股份构成并通过发行股票筹集资本，股东以其认购的股份对公司承担有限责任，公司以其全部资产对其债务承担责任的经济组织。

私营企业 指由自然人投资设立或由自然人控股，以雇佣劳动为基础的营利性经济组织。包括按照《公司法》、《合伙企业法》、《私营企业暂行条例》规定登记注册的私营有限责任公司、私营股份有限公司、私营合伙企业和私营独资企业。

港、澳、台商投资企业 指企业注册登记类型中的港、澳、台资合资、合作、独资经营企业和股份有限公司之和。

外商投资企业 指企业注册登记类型中的中外合资、合作经营企业、外资企业和外商投资股份有限公司之和。

“三资”企业系指港、澳、台商投资企业和外资企业的简称。

轻工业 指主要提供生活消费品和制作手工工具的工业。按其所使用的原料不同，可分为两大类：(1)以农产品为原料的轻工业，是指直接或间接以农产品为基本原料的轻工业。主要包括食品制造、饮料制造、烟草加工、纺织、缝纫、皮革和毛皮制作、造纸以及印刷等工业；(2)以非农产品为原料的轻工业，是指以工业品为原料的轻工业。主要包括文教体育用品、化学药品制造、合成纤维制造、日用化学制品、日用玻璃制品、日用金属制品、手工工具制造、医疗器械制造、文化和办公用机械制造等工业。

重工业 指为国民经济各部门提供物质技术基础的主要生产资料的工业。按其生产性质和产品用途，可以分为下列三类：(1)采掘(伐)工业，是指对自然资源的开采，包括石油开采、煤炭开采、金属矿开采、非金属矿开采等工业；(2)原材料工业，指向国民经济各部门提供基本材料、动力和燃料的工业。包括金属冶炼及加工、炼焦及焦炭、化学、化工原料、水泥、人造板以及电力、石油和煤炭加工等工业；(3)加工工业，是指对工业原材料进行再加工制造的工业。包括装备国民经济各部门的机械设备制造工业、金属结构、水泥制品等工业，以及为农业提供的生产资料如化肥、农药等工业。

根据上述划分原则，修理业中以重工业产品为修理作业对象的划为重工业，反之划为轻工业。

工业总产值

(1)定义:

工业总产值是以货币形式表现的，工业企业在一定时期内生产的工业最终产品或提供工业性劳务活动的总价值量。它反映一定时间内工业生产的总规模和总水平。

(2)计算原则:

工业生产的原则，即凡是企业在报告期生产的经检验合格的产品，不管是否在报告期销售，均包括在内。

最终产品的原则，即凡是计入工业总产值的产品，必须是本企业生产的经检验合格的，不需要再进行任何加工的最终产品。如果企业有中间产品(半成品)对外销售，则对外销售的中间产品应视为企业的最终产品。

工厂法原则，即工业总产值是以工业企业作为基本计算(核算)单位，即按企业的最终产品计算工业总产值。按这种方法计算的工业总产值，不允许同一产品价值在企业内部重复计算，不能把企业内部各个车间(分厂)生产的成果相加，但允许企业间的重复计算。

(3)内容及计算方法:

1995 年全国工业普查对工业总产值(原规定)的内容及计算原则和方法做了某些修订，修订后的工业总产值(新规定)包括三项内容：即本期生产成品价值、对外加工费收入、在制品半成品期末期初差额价值三部分。

本期生产成品价值：指企业本期生产，并在报告期内不再进行加工，经检验、包装入库的全部工业成品(半成品)价值合计，包括企业生产的自制设备及提供给本企业在建工程、其他非工业部门和福利部门等单位使用的成品价值。本期生产成品价值为按自备原材料生产的产品的数量乘以本期不含增值税(销项税额)的产品实际销售平均单价计算；会计核算中按成本价格转帐的自制设备和自产自用的成品，按成本价格计算生产成品价值。生产成品价值中不包括用定货者来料加工的成品(半成品)价值。

对外加工费收入：指企业在报告期内完成的对外承接的工业品加工(包括用定货者来料加工产品)的加工费收入和对外工业修理作业所取得的加工费收入。对外加工费收入按不含增值税(销项税额)的价格计算，可根据会计“产品销售收入”科目的有关资料取得。

对于本企业对内非工业部门提供的加工修理、设备安装的劳务收入，如果企业会计核算基础较好，能取得这部分资料，而且这部分价值所占比重较大，应包括在对外加工费收入中。

自制半成品在制品期末期初差额价值：指企业报告期在制品期末减期初的差额价值，本指标一般可以从会计核算资料中取得。如果会计产品成本核算中不计算半成品、在制品的成本，则总产值中也不包括这部分价值，反之则包括。

(4)工业总产值统计范围变化和计算方法修订情况:

1984 年以前工业总产值不包括村办工业，村办工业总产值划归农业。1984 年以后工业总产值包括村办工业。

1995 年工业普查对工业总产值计算方法做了修订，即从 1995 年始按新修订(新规定)方法计算工业总产值。新规定与原规定的区别如下:

全价与加工费的计算原则不同：新规定为凡自备原材料，不论其生产繁简程度如何，一律按全价计算工业总产值；凡来料加工，允许按加工费计算工业总产值。原规定则视生产加工的繁简程度不同，规定哪些行业按全价，哪些行业按加工费计算工业总产值。

自制半成品、在产品期末期初差额价值的计算原则不同：新规定要求，凡会计产品成本核算时计算了成本的差额价值，总产值中就应包括，否则可不包括；原规定则按生产周期六个月的界限区分，凡生产周期六个月以上的企业，总产值计算中应包括这部分差额价值，否则可不包括。

计算价格不同：新规定按不含增值税(销项税额)的价格计算；原规定则按含增值税(销项税额)的价格计算。

工业增加值　指工业企业在报告期内以货币表现的工业生产活动的最终成果。

工业增加值有两种计算方法：一是生产法，即工业总产出减去工业中间投入加上应交增值税；二是收入法，即从收入的角度出发，根据生产要素在生产过程中应得到的收入份额计算，具体构成项目有固定资产折旧、劳动者报酬、生产税净额、营业盈余，这种方法也称要素分配法。本年鉴中的工业增加值是以生产法计算的。

生产法工业增加值的计算方法为:

工业增加值=工业总产出-工业中间投入+应交增值税

(1)工业总产出：指工业企业在一定时期内工业生产活动的总成果。工业总产出包括：成品生产价值，对外加工费收入，自制半成品、在产品期末期初差额价值。1995 年后用新规定计算的工业总产值代替。

(2)工业中间投入：指工业企业在工业生产活动中消耗的外购物质产品和对外支付的服务费用。服务费用包括支付给物质生产部门(工业、农业、批发零售贸易业、建筑业、运输邮电业)的服务费用和支付给非物质生产部门(如保险、金融、文化教育、科学研究、医疗卫生、行政管理等)的服务费用。工业中间投入的确定须遵循以下原则：必须从外部购入的，并已计入工业总产出的产品和服务价值；必须是本期投入生产，并一次性消耗掉(包括本期摊销的低值易耗品等)的产品和服务价值。

工业中间投入包括直接材料费用、制造费用中的工业中间投入、管理费用中的工业中间投入、销售费用中的工业中间投入和利息支出五部分。

资产总计　指企业拥有或控制的能以货币计量的经济资源，包括各种财产、债权和其他权利。资产按流动性分为流动资产、长期投资、固定资产、无形资产、递延资产和其他资产。该指标根据企业会计“资产负债表”中“资产总计”项目的期末数增列。

流动资产 指企业可以在一年内或者超过一年的一个生产周期内变现或者耗用的资产，包括现金及各种存款、短期投资，应收及预付款项、存货等。

流动资产平均余额 指企业在报告期内全部流动资产的平均余额。

固定资产原价 指企业在建造、购置、安装、改建、扩建、技术改造某项固定资产时所支出的全部货币总额。它一般包括买价、包装费、运杂费和安装费等。

固定资产净值年平均余额 指固定资产净值在报告期内余额的平均数。计算公式为：

$$\text{固定资产净值年平均余额}=\frac{\text{1至12月各月月初、月末固定资产净值之和}}{24}$$

该指标根据“资产负债表”中“固定资产原价”、“累计折旧”指标的期初、期末数计算填列。

固定资产净值指固定资产原价减去历年已提折旧额后的净额。计算公式为：

固定资产净值=固定资产原价-累计折旧

负债合计 指企业所承担的能以货币计量，将以资产或劳务偿付的债务，偿还形式包括货币、资产或提供劳务。负债一般按偿还期长短分为流动负债和长期负债。根据会计“资产负债表”中“负债合计”的年末数填列。

所有者权益 指企业投资人对企业净资产的所有权。企业净资产等于企业全部资产减去全部负债后的余额，包括企业投资人对企业的最初投入的实际到位的资产及资本公积金、盈余公积金和未分配利润。所有者权益合计数小于零，表示企业资不抵债。

主营业务收入 指企业销售产品和提供劳务等主要经营业务取得的收入。

主营业务成本 指企业销售产品和提供劳务等主要经营业务过程中的实际成本。

主营业务税金及附加 指企业销售产品和提供劳务等主要经营业务应负担的城市维护建设税、消费税、资源税和教育费附加。

利润总额 指企业生产经营活动的最终成果，是企业在一定时期内实现的盈亏相抵后的利润总额(亏损以“-”号表示)，它等于营业利润加上补贴收入加上投资收益加上营业外净收入再加上以前年度损益调整。

本年应交增值税 指企业在报告期内应交纳的增值税额。它等于本年销项税额加上出口退税加上进项税额转出数减去本年进项税额。小规模纳税企业直接按全年计税销售额乘以征收率计算取得。

从业人员平均人数 是指报告期内每天拥有的从业人员人数。其计算公式为：

$$\text{季平均人数}=\frac{\text{季内各月平均人数之和}}{3}$$

$$\text{月平均人数}=\frac{\text{报告月内每天实有人数之和}}{\text{报告月日历日数}}$$

$$\text{年平均人数}=\frac{\text{年内各月平均人数之和}}{12}$$

工业增加值率 指在一定时期内工业增加值占同期工业总产值的比重，反映降低中间消耗的经济效益。计算公式为：

工业增加值率（%）＝工业增加值（现价）/工业总产值（现价）×100%

总资产贡献率 反映企业全部资产的获利能力，是企业经营业绩和管理水平的集中体现，是评价和考核企业盈利能力的核心指标。计算公式为：

$$\text{总资产贡献率(\%)}=\frac{\text{利润总额+税金总额+利息支出}}{\text{平均资金总额}}\times100\%$$

公式中：税金总额为产品销售税金及附加与应交增值税之和；平均资产总额为期初期末资产之和的算术平均值。

资产负债率 该指标既反映企业经营风险的大小，也反映企业利用债权人提供的资金从事经营活动的能力。计算公式为：

$$\text{资产负债率(\%)}=\frac{\text{负债总额}}{\text{资产总额}}\times100\%$$

资产与负债均为报告期期末数。

流动资产周转次数 指一定时期内流动资产完成的周转次数，反映投入工业企业流动资金的周转速度。计算公式为：

$$\text{流动资产周转次数}=\frac{\text{产品销售收入}}{\text{全部流动资产平均余额}}$$

公式中：全部流动资产平均余额为期初和期末的流动资产之和的算术平均值。

成本费用利润率 反映企业投入的生产成本及费用的经济效益，同时也反映企业降低成本所取得的经济效益。计算公式为：

$$\text{成本费用利润率(\%)}=\frac{\text{利润总额}}{\text{成本费用总额}}\times100\%$$

公式中：成本费用总额为产品销售成本、销售费用、管理费用、财务费用之和。

产品销售率 该指标反映工业产品已实现销售的程度，是分析工业产销衔接情况，研究工业产品满足社会需求的指标。计算公式为：

$$\text{产品销售率(\%)}=\frac{\text{工业销售产值}}{\text{工业总产值(现价)}}\times100\%$$

全员劳动生产率 指根据产品的价值量指标计算的平均每一就业人员在单位时间内的产品生产量。是考核企业经济活动的重要指标，是企业生产技术水平、经营管理水平、职工技术熟练程度和劳动积极性的综合表现。目前，我国的全员劳动生产率是将工业企业的增加值除以同一时期全部就业人员的平均人数来计算的。计算公式为：

$$全员劳动生产率=\frac{工业增加值}{全部从业人员平均人数}$$

资本保值增值率 该指标反映企业净资产的变动状况，是企业发展能力的集中体现。计算公式为：

$$资本保值增值率（\%）=\frac{报告期期末所有者权益}{上年同期期末所有者权益}\times 100\%$$

工业经济效益综合指数 是综合衡量地区工业经济效益总体水平的一种特殊相对数，是反映一定时期工业经济运行质量的主要指标。工业经济效益综合指数由总资产贡献率、资本保值增值率、资产负债率、流动资产周转率、成本费用利润率、全员劳动生产率和产品销售率的实际数值分别除以该项指标的全国标准值，并乘以各自的权数，加总后除以总权数求得。该指标可从静态水平和动态趋势上较为全面地反映各地区工业经济效益的变化情况，并可在一定程度上消除地区对比的不可比因素。

Explanatory Notes on Main Statistical Indicators

Industry refers to the material production sector which is engaged in the extraction of natural resources and processing and reprocessing of minerals and agricultural products, including (1) extraction of natural resources, such as mining, salt production (but not including hunting and fishing); (2) processing and reprocessing of farm and sideline produces, such as rice husking, flour milling, wine making, oil pressing, silk reeling, spinning and weaving, and leather making; (3) manufacture of industrial products, such as steel making, iron smelting, chemicals manufacturing, petroleum processing, machine building, timber processing; water and gas production and electricity generation and supply; (4)repairing of industrial products such as the repairing of machinery and means of transport (including cars).

In industrial statistics surveys, the units of enquiry are corporate industrial enterprises with independent accounting systems.

Corporate industrial enterprises with independent accounting systems refer to enterprises engaging in industrial production activities, which meet the following requirements: (1) They are established legally, having their own names, organizations, location and able to take civil liability; (2) They possess and use their assets independently, assume liabilities and are entitled to sign contracts with other units; (3) They are financially independent and compile their own balance sheets.

Enterprises covered in the industrial statistics in the Yearbook include the following categories by their registration:

State-owned and State-holding Enterprises refer to state-owned enterprises plus State-holding enterprises. State-owned enterprises (originally known as State-run enterprises with ownership by the whole society) are non-corporate economic entities registered in accordance with the Regulation of the People's Republic of China on the Management of Registration of Legal Enterprises, where all assets are owned by the State. Included in this category are State-owned enterprises, State-funded corporations and State-owned joint-operation enterprises. Joint State-private industries and private industries, which existed before 1957, were transformed into state-run industries since 1957, and into State-owned industries after 1992. Statistics on those enterprises are included in the State-owned industries instead of being grouped them separately. State-holding enterprises are a sub-classification of enterprises with mixed ownership, referring to enterprises where the percentage of State assets (or shares by the State) is larger than any other single share holder of the same enterprise. This sub-classification illustrates the control of the State over a particular industry.

Collective-owned Enterprises refer to economic entities registered in accordance with the Regulation of the People's Republic of China on the Management of Registration of Legal Enterprises, where assets are owned collectively. Collective enterprises constitute an integral part of the socialist economy with public ownership. They include urban and rural enterprises invested collectively, and some enterprises registered in industrial and commercial administration agency as collective units where funds are pooled together by individuals who voluntarily give up their right of ownership.

Share-holding Cooperative Enterprises refer to economic units set up on a cooperative basis, with funding partly from employees of the enterprise and partly from outside investment, where the operation and management is decided by all the members who also participate in the production, and the distribution of income is based both on work (labour input) and on shares (capital input).

Joint-operation Enterprises refer to economic units that are established by joint investment by two or more corporate enterprises or institutions of the same or different types of ownership on voluntary, equal and mutual-beneficial basis. They include:

a) State-owned joint-operation enterprises (joint operation between State-owned enterprises);

b) Collective joint-operation enterprises (joint operation between collective enterprises; and

c) State-collective joint-operation enterprises (joint operation between state and collective enterprises).

Limited Liability Corporations refer to economic units registered in accordance with the Regulation of the People's Republic of China on the Management of Registration of Corporations, with capital from 2 to 49 investors, each investor bears limited liability to the corporation depending on his/her holding of shares, and the corporation bears liability to its debt to the maximum of its total assets.

Share-holding Corporations Ltd. refer to economic units registered in accordance with the Regulation of the People's Republic of China on the Management of Registration of Corporate Enterprises, with total registered capital divided into equal shares and raised through issuing stocks. Each investor bears limited liability to the corporation depending on the holding of shares, and the corporation bears liability to its debt to the maximum of its total assets.

Private Enterprises refer to economic units invested or controlled (by holding the majority of the shares) by natural persons who hire labours for profit-making activities. Included in this category are private limited liability corporations, private share-holding corporations Ltd., private partnership enterprises and private sole investment enterprises registered in accordance with the Corporation Law, Partnership Enterprise Law and Tentative Regulation on Private Enterprises.

Enterprises with Funds from Hong Kong, Macao and Taiwan refers to all industrial enterprises registered as the joint-venture, cooperative, sole (exclusive) investment industrial enterprises and limited liability corporations with funds from Hong Kong, Macao and Taiwan.

Foreign Funded Enterprises refer to all industrial enterprises registered as the joint-venture, cooperative, sole (exclusive) investment industrial enterprises and limited liability corporations with foreign funds.

Enterprises with Hong Kong, Macao, Taiwan and Foreign Fund refer to all the enterprises with funds from Hong Kong, Macao, Taiwan and foreign funded enterprises.

Light Industry refers to the industry that produces consumer goods and hand tools. It consists of two categories, depending on the materials used:

(1) Industries using farm products as raw materials. These are the branches of light industry which directly or indirectly use farm products as basic raw materials, including the manufacture of food and beverages, tobacco processing, textile, clothing, fur and leather manufacturing, paper making, printing, etc.

(2) Industries using non-farm products as raw materials. These are the branches of light industry which use manufactured goods as raw materials, including the manufacture of cultural, educational articles and sports goods, chemicals, synthetic fibre, chemical products for daily use, glass products for daily use, metal products for daily use, hand tools, medical apparatus and instruments, and the manufacture of cultural and office machinery.

Heavy Industry refers to the industry which produces capital goods, and provides various sectors of the national economy with necessary material and technical basis for production. It consists of the following three branches according to the purpose of production or the use of products:

(1) Mining, quarrying and logging industry, which refers to the industry that extracts natural resources, including extraction of petroleum, coal, metal and non-metal ores.

(2) Raw materials industry refers to the industry that provides various sectors of the national economy with raw materials, fuels and power. It includes smelting and processing of metals, coking and coke chemistry, chemical materials and building materials such as cement, plywood, and power, petroleum refining and coal dressing.

(3) Manufacturing industry which refers to the industry that processes raw materials. It includes machine-building industries which equip sectors of the national economy; industries producing metal structure and cement products; and industries producing means of agricultural production, such as chemical fertilizers and pesticides.

In accordance with the above principles of classification, the repairing trades, which are engaged primarily in repairing products of heavy industry, are classified as heavy industry while those which are engaged in repairing products of light industry are classified as light industry.

Gross Industrial Output Value

(1) Definition: Gross industrial output value is the total volume of final industrial products produced and industrial services provided during a given period. It reflects the total achievements and overall scale of industrial production during a given period.

(2) Principles for calculation:

Statistics on industrial production follow the principle that all products produced by the enterprises and accepted through quality check during the reference period are to be included no matter whether they are sold or not during the reference period.

Determination of final products follows the principle that all products that are included in the calculation of gross industrial output value are the final products of the enterprise which have been accepted through quality check and require no further processing. If an enterprise has intermediate (semi-finished) products to sell, these intermediate products are considered as the final products of the enterprise.

Gross industrial output value is calculated following the principle of factory approach, i.e. industrial enterprise is used as the basic accounting unit in calculating the gross industrial output value. By this approach, value of the same product is not to be double-counted, and the output value of different workshops (branch factories) within the enterprise should not be added. However, this approach allows the possibility of double counting between enterprises.

(3) Content and method of calculation: The old definition of gross industrial output value was modified during the 1995 National Industrial Census. The revised (new) definition of gross industrial output value consists of 3 components: value of the finished products during the reference period, income from processing for external parties, and value of change in semi-finished products between the end and the beginning of the reference period.

Value of finished products during the reference period: refers to the value of all finished (semi-finished) industrial products that are produced during the reference period without the need for further processing, checked for acceptance, packed and put into the warehouse of the enterprise, including the value of own-produced equipment and the value of products provided to the projects under construction of the enterprise, and to other non-industrial or welfare units. Value of finished products during the reference period is calculated by the quantity of products produced using own materials multiplied by the average unit prices at which products are sold (excluding value-added tax). Own-produced equipment and products produced for own use are valued at cost prices as in the case of enterprise accounting. Value of finished products does not include the value of finished products (semi-finished products) that are produced using the materials from the clients who place the orders.

Income from external processing: refers to income from contracted external processing of industrial products (including processing of industrial products using materials from the clients), and the income from industrial repairing work provided to other parties. Income from external processing is calculated using information from the item "products sales income" in the enterprise accounting at the prices with value-added tax excluded.

For income from services such as processing, repairing and installation of equipment provided to non-industrial units within the enterprise, if the accounting work of the enterprise is good enough to separate it from other records, and the share of such services is significant, it should also be included in the income from external processing.

Value of change in semi-finished products between the end and the beginning of the reference period: refers to the value of change in semi-finished products between the end and the beginning of the reference period, which generally can be obtained from accounting records of enterprises. If the enterprise accounting excludes the cost of semi-finished products, then it should not be included in the gross industrial output value, and the reverse if otherwise.

(4) Changes in the scope and method of calculation of the gross industrial output value

Prior to 1984, the value of rural industry run by villages was classified into agriculture instead of industry. Since 1984, it has been included in the gross industrial output value. Method of calculation for the gross industrial output value was modified in the industrial census in 1995. The difference in the new method as compared with the old one is outlined below:

Principle in using full value vs. processing fee: The new

method stipulates that all products produced using own materials are to be calculated with full value in reporting the gross industrial output value irrespective of the complexity of production, and for external processing, it allows calculation using processing fee. In the old method, however, the use of full value or processing fee was determined by the degree of complexity of production in different branches of industries.

Principle in determining the value of change in semi-finished products: The new method requires that value of change in semi-finished products should be included in the gross industrial output value if it is included in the accounting record of the enterprise, otherwise it should not be included. In the old method, it is determined by the type of enterprises in terms of production cycle. If the production cycle is over 6 months, the value of change in semi-finished products is included in the gross industrial output value, otherwise it is not.

Difference in prices: The new method uses prices excluding value-added tax in the calculation of gross industrial output value, while the old method used prices including value-added tax.

Value-added of Industry refers to the final results of industrial production of industrial enterprises in money terms during the reference period.

Industrial value-added can be calculated by two approaches: the production approach, i.e. gross industrial output value minus intermediate input plus value-added tax, and the income approach, i.e. income for various factors used in the course of production, including depreciation of fixed assets, remuneration of labourers, net of production tax, and operating surplus. Value-added of industry in the Yearbook is calculated by the production approach as follows:

Value-added of industry = gross industrial output - industrial intermediate input + value-added tax

(1) Gross industrial output: refers to the total achievements of industrial production activities during a given period. Gross industrial output includes value of finished products, income from external processing, and value of change in semi-finished products between the end and the beginning of the reference period. Since 1995, the gross industrial output value obtained by the new method is used in the calculation.

(2) Industrial intermediate input: refers to purchased goods and paid services consumed during the industrial production of enterprises. Fees paid for services include fees paid for the services provided by material production sectors (industry, agriculture, wholesale and retail trade, construction, transport, post and telecommunications) and by non-material production sectors (insurance, banking, culture, education, scientific research, health and medical care, public administration, etc.). The determination of industrial intermediate input follows the principle that the goods and services must be purchased from outside and included in the gross industrial output, and that the goods and services are inputted into production and consumed (include low-value consumables) during the reference period.

Industrial intermediate input includes 5 components, namely direct consumption of materials, industrial intermediate input in manufacturing cost, industrial intermediate input in management cost, industrial intermediate input in marketing cost and expenditure on interest.

Total Assets refer to all economic resources, in monetary term, these are owned or controlled by enterprises, including properties, creditor's equity and other economic rights of all forms. Classified by the degree of liquidity, total assets include working capitals, long-term investment, fixed assets, intangible assets, deferred assets and other assets. Data on this indicator can be obtained by the year-end figures of total assets in the Assets and Liability Table of accounting records of enterprises.

Working Capital refers to capital that an enterprise can cash or use during one year or one production cycle that may exceed one year, including cash and savings deposits of various forms, short-term investment, money receivable and prepaid money, inventories, etc.

Annual Average Value of Working Capital refers to the average value of all working capital of the enterprise during the reference period.

Original Value of Fixed Assets refers to the total value, in monetary terms, that an enterprise spent on fixed assets, through construction, purchase, installation, transformation, expansion or technical upgrading. Generally, it covers cost of purchase, packing, transportation and installation, etc.

Annual Average of Net Value of Fixed Assets refers to the average of the net value of fixed assets during the reference period, calculated with the following formula:

$$\text{Annual Average of Net Value of Fixed Assets} = \frac{\text{sum of net value of fixed assets at the beginning and at the end of each month from January to December}}{24}$$

Information on this indicator can be obtained from the beginning and ending figures of the original value of fixed assets and cumulative depreciation from the Assets and Liability Table of enterprises.

Net value of fixed assets refers to the original value of fixed assets minus depreciation over the years, i.e.:

Net value of fixed assets = original value of fixed assets - cumulative depreciation

Total Liabilities refer to payable liabilities of enterprises that have to be repaid in terms of money, assets or labour services. In terms of payment, it can be divided into liquid liabilities and long-term liabilities. Data on this item is obtained from the ending figures on total liabilities from the Assets and Liability Table from the enterprises.

Owner's Equity refers to the ownership of net assets of enterprise by its investors. Net assets equal total assets minus total liabilities of the enterprise, including the actual assets invested into the enterprise by investors, accumulation of capital and operating surplus and non-distributed profits. The enterprise's assets are less than its liabilities if the sum of owner's equity is smaller than zero.

Revenue from Principal Business is obtained by deducting depreciation over years from the original value of fixed assets.

Cost of Principal Business refers to the revenue from the sales of products by industrial enterprises and the revenue from services provided and etc.

Tax and Extra Charges from Principal Business refers to the actual cost of products of industrial enterprises and industrial services provided, etc.

Total Profits refer to the final achievement of production and operation activities of the enterprises, represented by total profits after deducting losses (loss is expressed by the negative figure). It is the sum of profits from operation, income from subsidies, investment earnings, net income from activities other than operation, and adjustment of profits and losses of previous years.

Value-added Tax Payable in the Current Year refers to the amount of the value-added tax which should be paid by the enterprises during the reference period. It is the sum of tax on sales, export rebate, and transferred tax on purchases of the current year, minus the tax on purchases of the current year. Value-added tax payable of small-size enterprises is determined by the taxable sales of the year multiplied by the tax rate.

Average Annual Number of Employed Persons Employed persons refer to all those who are employed in enterprises and receive remunerations there from, including currently working employees, retirees who are re-employed, teachers of local-run schools, as well as foreigners, staff from Hong Kong, Macao and Taiwan, part-time employees and persons with second job who are employed by the enterprise, and employees of other units temporarily working in the enterprises, but excluding former employees who left the enterprise with their employment records still being kept by the enterprises.

Average number of employed persons refers to the number of employee everyday during the reference period, calculated with the following formula:

$$\text{Monthly average number} = \frac{\text{sum of actual employees everyday in reference month}}{\text{number of calendar dates in reference month}}$$

$$\text{Quarterly average number} = \frac{\text{sum of monthly average number in reference quarter}}{3}$$

$$\text{Annual average number} = \frac{\text{sum of monthly average number in reference year}}{12}$$

Ratio of Value-added to Gross Industrial Output Value refers to the ratio of value added of industry in a given period to the gross output value in the same period, which reflects the economic efficiency of cutting down the intermediate input. It is calculated as follows:

Ratio of Value-added to Gross Industrial Output Value (%) =Value Added of Industry (at Current Prices)/Gross Output Value (at Current Prices) ×100%

Ratio of Profits, Taxes and Interests to Average Assets reflects the profit-making capability of all assets of the enterprise and is a key indicator manifesting the performance and management and evaluating the profit-making potential of the enterprise. It is calculated as follows:

$$\text{Ratio of Profits, Taxes and Interests to Average Assets (\%)} = \frac{\text{total profits + total taxes + interest payment}}{\text{average assets}} \times 100\%$$

In the above formula, total taxes is the sum of tax and extra charges on the sales of products and value-added tax payable; and average assets is the arithmetic mean of the sum of beginning assets and ending assets.

Ratio of Debts to Assets reflects both the operation risk and the capability of the enterprise in making use of the capital from the creditors. It is calculated as follows:

$$\text{Ratio of Debts to Assets (\%)} = \frac{\text{total debts}}{\text{total assets}} \times 100\%$$

Both assets and debts are figures at the end of the reference period.

Turnover of Working Capital refers to the number of times of turnover of working capital in a given period of time, which reflects the speed of the turnover of working capital of industrial enterprises, and is calculated as follows:

$$\text{Turnover of Working Capital} = \frac{\text{sales revenue of products}}{\text{average balance of total working capital}}$$

In the above formula, average balance of total working capital refers to the arithmetic mean of the sum of working capital at the beginning and at the end of the reference period.

Ratio of Profits to Total Industrial Costs refers to the ratio of profits realized in a given period to the total costs in the same period, which reflects the economic efficiency of input cost and is calculated as follows:

$$\text{Ratio of Profits to Total Industrial Cost (\%)} = \frac{\text{total profits}}{\text{total costs}} \times 100\%$$

Total costs in the above formula are the sum of cost of products sold, marketing cost, management cost and financial cost.

Sales Ratio of Products is an indicator reflecting the actual sale of industrial products, analyzing the production-selling and supply-demand relations. It is calculated as:

$$\text{Sales Ratio of Products (\%)} = \frac{\text{value of industrial sales}}{\text{gross industrial output value (current prices)}} \times 100\%$$

Overall Labor Productivity refers to the average output per employed person in industrial enterprises in value terms. At present, the value added and the average number of staff and workers of an industrial enterprises in a given period are used to calculate the overall labor productivity. It is calculated as:

$$\text{Overall Labor Productivity} = \frac{\text{Value Added of Industry}}{\text{Average Number of Staff and Workers}}$$

Changing Rate of Net Assets refers to the changes of an enterprise's net assets. It epitomizes the growth capability of an enterprise .Its calculating formula is:

$$\text{Changing Rate of Net Assets} = \frac{\text{Ownership equity at the end of the reporting period}}{\text{Ownership equity at same period of the previous year}} \times 100\%$$

Aggregate Index of Industrial Economic Efficiency is a special kind of relative figure to comprehensively measure overall economic efficiency of regional industry, showing the quality of industrial economic efficiency of the reference period. Industrial comprehensive index of economic efficiency is calculated with 7 items of ratio of total assets to industrial output value, ratio of creditors' equity of current year to that of previous year, ratio of liabilities to assets, turnover ratio of output value, circulating funds, ratio of profits to cost, overall labor productivity, ratio of sales to products. The actual figure of every indicator above is divided by responding national standard numerical value, and the results multiply correlative weight coefficients, then the total number is divided by general weight coefficient. The index comprehensively reflects the changes of regional industrial economic efficiency in static and dynamic status, eliminating the incomparable factors at a certain extent.

14

建筑业

CONSTRUCTION

◆325/344

资料整理及英文翻译：焦　毅

简要说明

一、本篇资料的主要内容

本篇资料反映全省建筑业概况和发展情况。包括建筑业企业基本情况和生产经营情况。主要指标有企业个数、从业人员数、建筑业总产值、房屋建筑面积、自有机械设备、资产负债、损益及分配、劳动生产率等。

二、本篇的统计范围

具有建筑业资质的独立核算建筑业企业。

三、本篇的资料来源

本篇建筑业企业统计数据是根据国家统计局制定的《建筑业统计报表制度》搜集资料，整理汇总的。

四、本篇的统计调查方法

由各级统计部门采取全面调查的方法布置、收集。

Brief Introduction

I. Main Contents

Data in this chapter show the general situation and the development of the construction industry for the whole province. They cover the situation of production and management of the construction enterprises, including the number of enterprises; number of employed persons; gross output value and value added of the construction industry; floor space of buildings under construction; profits and taxes; and labor productivity, etc. They also cover main indicators on the situation of prospecting and designing institutions and personnel.

II. Scope of Statistics

The data in this chapter cover the construction enterprises with qualification and independent accounting system.

III. Sources of Data

Data on construction enterprises are collected in accordance with the Statistical Reporting System of Construction stipulated by the National Bureau of Statistics.

IV. Methods of Survey

The construction statistical reports are deployed and collected through comprehensive survey by statistical bureaus of each municipality and conveyance level by level upwards.

14-1 建筑业主要经济指标

Main Economic Indicators on Construction

指 标	Item	2016	2017
企业个数(个)	**Number of Enterprises(unit)**	**1891**	**2393**
建筑业合同情况(万元)	**Construction Contract(10000 yuan)**		
签订的合同额	Contract Value Signed	92395410	117100107
上年结转合同额	Contract Value on Hand last Year	39906209	48984992
本年新签合同额	Contract Value Newly Signed this Year	52489201	68115115
承包工程完成情况(万元)	**Conditions Finished of Contracted Projects(10000 yuan)**		
直接从建设单位承揽工程完成的产值	Completed Output Value of Projects Constracted Directly from Investors	50441606	59816635
自行完成施工产值	Own-completed output Value	49694443	59089334
分包出去工程的产值	Output Value of out-sourced Projects	747163	727302
从建设单位以外承揽工程完成的产值	Completed Output Value of Projects Constracted from Non-investors	2095841	2578793
建筑业总产值(万元)	**Gross Output Value(10000 yuan)**	**51829988**	**61727046**
#装饰装修产值	Building Decoration	2467047	3058566
在外省完成的产值	Output in Other Provinces	18531365	22206004
建筑工程产值	Construction	45229149	53494224
安装工程产值	Installation	3823301	4591239
其他产值	Others	2777538	3641583
竣工产值(万元)	**Buildings Completed Output Value of Construction(10000yuan)**	**30280426**	**34290753**
房屋建筑施工及竣工面积(万平方米)	**Floor Space of Buildings Under Construction and Completed(10000 sq.m)**		
房屋建筑施工面积	Floor Space of Buildings Under Construction	28446.16	30726.83
#本年新开工面积	Floor Space Started this Year	14257.12	14824.29
房屋建筑竣工面积	Floor Space of Buildings Completed	14835.79	15042.24
住宅房屋	Residential Buildings	9734.00	9821.26
商业及服务用房屋	Buildings for Business and Service	1150.94	1097.55
商厦房屋(批发和零售用房)	Building for Wholesale and Retail	520.94	448.32
宾馆用房屋(住宿用房)	Accommodation Buildings	69.07	89.21
餐饮用房屋(餐饮用房)	Dinning Buildings	53.57	32.75
商务会展用房屋	Business Exhibition Building	25.68	43.27
其他商业及服务用房屋(居民服务业用房)	Other Buildings for Business and Service	481.68	484.00
办公用房屋	Office Buildings	801.80	865.71
科研、教育、医疗用房屋	Buildings for Scientific Research,Education and Medical Sevice	736.02	856.95
科学研究用房屋	Buildings for Scientific Research	53.71	78.38
教育用房屋	Education Building	553.12	643.75
医疗用房屋(卫生医疗用房)	Medical Buildings	129.19	134.82
文化、体育、娱乐用房屋	Buildings for Culture,Sports and Entertainment	244.23	211.51
厂房及建筑物	Factory Buildings	1731.93	1749.09
厂房	Factories	1121.94	1165.20
仓库	Warehouses	136.39	115.30
其他未列明的房屋建筑物	Other Buildings	300.47	324.86

注：建筑业统计范围为具有建筑业资质等级的独立核算建筑业企业。

a) Statistics of Construction cover enterprises with qualification and with independent accounting.

14-1 续表1 continued

指 标	Item	2016	2017
竣工房屋价值(万元)	**Value of Floor Space (10000 yuan)**	**20946054**	**21609680**
住宅房屋	Residential Buildings	13484596	13821156
商业及服务用房屋	Buildings for Business and Service	1672933	1636222
商厦房屋(批发和零售用房)	Building for Wholesale and Retail	679579	643951
宾馆用房屋(住宿用房)	Accommodation Buildings	119225	174418
餐饮用房屋(餐饮用房)	Dinning Buildings	114458	40320
商务会展用房屋	Business Exhibition Building	35157	59911
其他商业及服务用房屋(居民服务业用房)	Other Buildings for Business and Service	724513	717621
办公用房屋	Office Buildings	1116851	1701078
科研、教育、医疗用房屋	Buildings for Scientific Research,Education and Medical Sevice	1157890	1177595
科学研究用房屋	Buildings for Scientific Research	73509	138123
教育用房屋	Education Building	875075	827214
医疗用房屋(卫生医疗用房)	Medical Buildings	209307	212259
文化、体育、娱乐用房屋	Buildings for Culture, Sports and Entertainment	338393	298510
厂房及建筑物	Factory Buildings	2567396	2437582
厂房	Factories	1674060	1539954
仓库	Warehouses	210920	175216
其他未列明的房屋建筑物	Other Buildings	397075	362320
年末自有机械设备	**Year-end Self-own Machinery and Equipment**		
净 值(万元)	Net Value of Machinery and Equipment Owned (10000 yuan)	1207296	1448911
总台数(台)	Number of Machinery and Equipment Owned (set)	226671	246212
总功率(万千瓦)	Total Power of Machinery and Equipment Owned (10000 kw)	531.61	661.45
劳动人员情况(万人)	**Labourers (10000 persons)**		
计算劳动生产率的平均人数	Staff and Workers Annual Average	168.49	228.75
期末从业人数	Number of Persons Engaged	152.64	160.89
#工程技术人员	Technologist in Employed Persons at the Year-end	18.41	22.19
年末资产负债(万元)	**Year-end Assets and Liabilities (10000 yuan)**		
流动资产合计	Total Circulating Funds	26639812	31704546
#存 货	Stock	5160641	7942257
固定资产合计	Total Fixed Assets	3295070	3592052
固定资产原值	Original Value of Fixed Assets	3989900	4286035
累计折旧	Total Depreciation	1407491	1568463
#本年折旧	Depreciation This Year	227262	250326
在建工程	Under Construction Project	375709	469028
资产合计	Total Assets	34489399	40800954
流动负债合计	Liquid Liabilities	16628080	20200300
#应付账款	Payable Accounts	5733239	7268255
非流动负债合计	Non-current Liabilities	1432212	1600835
负债合计	Total Liabilities	19194720	23209343
所有者权益合计	Total Creditors Equity	15289442	17572680
#实收资本	Capitals Hold	9687363	10147438
国家资本	State-owned	1171845	1145803
集体资本	Collective-owned	399806	357912
法人资本	Institutional Units	2736481	3391799
个人资本	Individuals	5345105	5205353
港澳台资本	Funds from Hong Kong, Macao and Taiwan	6366	25711
外商资本	Foreign Funds	27760	20860
损益及分配(万元)	**Loss-profit and Allocation (10000 yuan)**		
营业收入	Operational Revenue	48884767	53461236
工程结算收入	Revenue of Project Settlement Accounts	46348127	52282335

14-1 续表2 continued

指　　标	Item	2016	2017
营业成本	Operational Cost	43981777	48461007
工程结算成本	Costs of Project Settlement Accounts	40628577	46797611
营业税金及附加	Operational Tax and Additional Expense	1424684	1181972
工程结算税金及附加	Taxes and Extra Charges on Project Settle Accounts	1378764	1109414
其他业务利润	Other Profit from Business	21334	24057
销售费用	Selling Expenses	230017	218410
管理费用	Management Fee	1221123	1379838
财务费用	Financial Expenses	221460	269911
#利息收入	Interest of Revenue	22386	20925
#利息支出	Expenses of Interest	158593	171937
营业利润	Profits of Business	1893653	1993240
营业外收入	Nonoperating Income	27368	36232
营业外支出	Nonoperating Expense	46699	31210
利润总额	Total Profits	1876967	1981328
#应交所得税	Income Tax Payable	446516	461913
工资、福利费(万元)	**Wages,Welfare (10000 yuan)**		
应付职工薪酬	Payable Total Wages	4465504	5079909
其他	**Others**		
劳动生产率(按总产值计算)(元/人)	Overall Labor Productivity (In Terms of Gross Output Value)(yuan/person)	307622	269846
利税总额(万元)	Total Pre-Tax Profits (10000 yuan)	3361129	3552654
产值利润率(%)	Ratio of Profit to Gross Output Vaiue (%)	3.6	3.2
产值利税率(%)	Ratio of Pre-tax Profit to Gross Output Value (%)	6.5	5.8
资产负债率(%)	Assets-Liability Ratio (%)	55.7	56.9
房屋建筑面积竣工率(%)	Rate of Floor Space of Buildings Completed (%)	52.2	49.0

14-2 按登记注册类型分的建筑业企业主要经济指标（2017年）

指　　　标	Item	合 计 Total	内资企业 Domestic Funded
企业个数(个)	**Number of Enterprises (unit)**	**2393**	**2381**
建筑业合同情况(万元)	**Construction Contract (10000 yuan)**		
签订的合同额	Contract Value Signed	117100107	112448967
上年结转合同额	Contract Value on Hand last Year	48984992	45702337
本年新签合同额	Contract Value Newly Signed this Year	68115115	66746630
承包工程完成情况(万元)	**Conditions Finished of Contracted Projects (10000 yuan)**		
直接从建设单位承揽工程完成的产值	Contracted Directly from Fabricative Units Output Value Finished of Projects	59816635	58666553
自行完成施工产值	Output Value Self-Finished of Buildings Under Construction	59089334	57939251
分包出去工程的产值	Output Value of Projects Subcontracted	727302	727302
从建设单位以外承揽工程完成的产值	Contracted Directly Exceptant Fabricative Units Output Value Finished of Projects	2578793	2578497
建筑业总产值(万元)	**Gross Output Value (10000 yuan)**	**61727046**	**60576667**
#装饰装修产值	Building Decoration	3058566	3054126
在外省完成的产值	Output in Other Provinces	22206004	21867853
建筑工程产值	Construction	53494224	52486011
安装工程产值	Installation	4591239	4449084
其他产值	Others	3641583	3641573
竣工产值(万元)	**Buildings Completed Output Value of Construction (10000 yuan)**	**34290753**	**33799110**
房屋建筑施工及竣工面积(万平方米)	**Floor Space of Buildings Under Construction and Completed (10000 sq.m)**		
房屋建筑施工面积	Floor Space of Buildings Under Construction	30726.83	29512.82
#本年新开工面积	Floor Space Started this Year	14824.29	14589.22
房屋建筑竣工面积	Floor Space of Buildings Completed	15042.24	14731.46
住宅房屋	Residential Buildings	9821.26	9657.03
商业及服务用房屋	Buildings for Business and Service	1097.55	1063.73
商厦房屋(批发和零售用房)	Building for Wholesale and Retail	448.32	424.13
宾馆用房屋(住宿用房)	Accommodation Buildings	89.21	79.58
餐饮用房屋(餐饮用房)	Dinning Buildings	32.75	32.75
商务会展用房屋	Business Exhibition Building	43.27	43.27
其他商业及服务用房屋(居民服务业用房)	Other Buildings for Business and Service	484.00	484.00
办公用房屋	Office Buildings	865.71	862.02
科研、教育、医疗用房屋	Buildings for Scientific Research,Education and Medical Sevice	856.95	763.37
科学研究用房屋	Buildings for Scientific Research	78.38	75.57
教育用房屋	Education Building	643.75	552.97
医疗用房屋(卫生医疗用房)	Medical Buildings	134.82	134.82
文化、体育、娱乐用房屋	Buildings for Culture,Sports and Entertainment	211.51	205.47
厂房及建筑物	Factory Buildings	1749.09	1739.68
厂房	Factories	1165.20	1155.79
仓库	Warehouses	115.30	115.30
其他未列明的房屋建筑物	Other Buildings	324.86	324.86

Main Economic Indicators on Construction Enterprises by Registrtion Status (2017)

国有企业 State-owned	集体企业 Collective-owned	股份合作企业 Cooperative	联营企业 Joint Ownership Units	有限责任公司 Limited liability Enterprises	股份有限公司 Share-holding Corporations Ltd	私营企业 Private Enterprise	其他企业 Others	港澳台商投资企业 Funded from Hong Kong, Macao and Taiwan	外商投资企业 Foreign Funded
78	**148**	**9**		**961**	**119**	**1049**	**17**	**9**	**2**
8713198	5010994	103667		59308681	11792167	27316241	204019	4634303	4465
3868937	1612501	16549		25507813	5575651	9070470	50416	3279511	3058
4844261	3398493	87118		33800868	6216516	18245771	153603	1354792	1407
3283059	3046051	87972		26948691	5986402	19181494	132885	1132660	5261
3280630	3007182	87872		26756813	5970603	18704931	131220	1132660	5261
2429	38869	100		191878	15799	476562	1665		
23799	49656	14764		903057	65970	1510809	10443	296	
3304428	**3057515**	**102636**		**27693158**	**6036572**	**20240694**	**141664**	**1132956**	**5261**
152790	55920	931		1436018	148623	1255382	4462	4440	
1113665	244187			11070846	3279774	6129054	30327	338151	
2721573	2771394	93983		24246317	5502538	17026994	123211	996053	
514408	235700	6969		1865759	155972	1662383	7893	136894	5261
68448	50421	1684		1581082	378062	1551317	10559	10	
1808475	**2015025**	**81583**		**15130242**	**2581044**	**12087719**	**95022**	**479492**	
1290.48	2208.26	87.15		14317.66	2045.97	9512.78	50.52	1204.65	
569.48	1389.64	37.06		6198.67	895.81	5468.03	30.53	226.86	
452.33	1277.19	54.79		6330.32	1014.48	5576.51	25.84	301.63	
363.99	906.54	32.47		4035.32	731.52	3578.61	8.60	155.08	
8.39	115.87	1.20		525.96	52.66	355.60	4.05	33.82	
0.30	37.53			254.88	11.87	119.55		24.19	
0.12	3.26			48.70	6.17	21.22	0.11	9.63	
0.02	0.31			19.72	0.99	11.72			
	0.22			36.90	0.06	6.09			
7.95	74.56	1.20		165.76	33.57	197.02	3.94		
8.05	41.64	4.47		337.21	34.61	432.76	3.29	3.69	
3.66	58.89			343.75	53.37	303.69		93.58	
0.82	7.44			50.97	3.96	12.37		2.81	
2.25	44.11			222.33	32.43	251.86		90.77	
0.59	7.34			70.45	16.98	39.46			
	4.75			65.14	18.24	117.00	0.34	6.04	
61.71	115.82	16.66		884.18	111.62	544.26	5.43	9.41	
60.22	72.58	9.09		574.37	93.71	340.89	4.93	9.41	
0.68	11.01			44.80	1.75	56.96	0.10		
5.85	22.66			93.97	10.72	187.63	4.04		

14-2 续表1

指　　标	Item	合　计 Total	内资企业 Domestic Funded
竣工房屋价值(万元)	**Value of Floor Space (10000 yuan)**	**21609680**	**21278011**
住宅房屋	Residential Buildings	13821156	13601765
商业及服务用房屋	Buildings for Business and Service	1636222	1593649
商厦房屋(批发和零售用房)	Building for Wholesale and Retail	643951	615123
宾馆用房屋(住宿用房)	Accommodation Buildings	174418	160673
餐饮用房屋(餐饮用房)	Dinning Buildings	40320	40320
商务会展用房屋	Business Exhibition Building	59911	59911
其他商业及服务用房屋(居民服务业用房)	Other Buildings for Business and Service	717621	717621
办公用房屋	Office Buildings	1701078	1694406
科研、教育、医疗用房屋	Buildings for Scientific Research, Education and Medical Sevice	1177595	1156830
科学研究用房屋	Buildings for Scientific Research	138123	129151
教育用房屋	Education Building	827214	815420
医疗用房屋(卫生医疗用房)	Medical Buildings	212259	212259
文化、体育、娱乐用房屋	Buildings for Culture,Sports and Entertainment	298510	289010
厂房及建筑物	Factory Buildings	2437582	2404814
厂房	Factories	1539954	1507186
仓库	Warehouses	175216	175216
其他未列明的房屋建筑物	Other Buildings	362320	362320
年末自有机械设备	**Year-end Self-own Machinery and Equipment**		
净　值(万元)	Net Value of Machinery and Equipment Owned (10000 yuan)	1448911	1447280
总台数(台)	Number of Machinery and Equipment Owned (set)	246212	246087
总功率(万千瓦)	Total Power of Machinery and Equipment Owned (10000 kw)	661.45	661.40
劳动人员情况(万人)	**Labourers (10000 persons)**		
计算劳动生产率的平均人数	Staff and Workers Annual Average	228.75	223.74
期末从业人数	Number of Persons Engaged at the Year-end	160.89	155.91
#工程技术人员	Technologist in Employed Persons at the Year-end	22.19	22.05
年末资产负债(万元)	**Year-end Assets and Liabilities (10000 yuan)**		
流动资产合计	Total Circulating Funds	31704546	30061859
#存　货	Stock	7942257	7372157
固定资产合计	Total Fixed Assets	3592052	3574452
固定资产原值	Original Value of Fixed Assets	4286035	4264459
累计折旧	Total Depreciation	1568463	1563490
#本年折旧	Depreciation this Year	250326	249223
在建工程	Under Construction Project	469028	468788
资产合计	Total Assets	40800954	38794574
流动负债合计	Liquid Liabilities	20200300	18628667
#应付账款	Payable Accounts	7268255	6561345
非流动负债合计	Non-current Liabilities	1600835	1444835
负债合计	Total Liabilities	23209343	21476938

continued

国有企业 State-owned	集体企业 Collective-owned	股份合作企业 Cooperative	联营企业 Joint Ownership Units	有限责任公司 Limited liability Enterprises	股份有限公司 Share-holding Corporations Ltd	私营企业 Private Enterprise	其他企业 Others	港澳台商投资企业 Funded from Hong Kong, Macao and Taiwan	外商投资企业 Foreign Funded
753099	**1696667**	**73159**		**9467210**	**1667908**	**7564962**	**55006**	**319518**	
587855	1274551	48346		5955098	1245171	4478546	12199	207240	
20971	144561	786		788780	73689	552970	11893	42573	
500	39141			363022	14945	197516		28828	
126	1136			119682	6570	33044	114	13745	
29	198			19630	1095	19369			
	220			50023	117	9551			
20316	103866	786		236423	50962	293489	11779		
9036	48867	5679		517827	52405	1060413	181	6672	
6301	60341			601237	67686	421266		20766	
1520	8147			96204	5766	17515		8971	
4089	46126			383092	43720	338393		11794	
692	6068			121941	18200	65358			
	5966			79919	48757	153363	1006	9500	
121341	125965	18348		1314607	166208	640905	17441	32768	
119414	77013	10766		738382	147882	403289	10441	32768	
1048	10081			80654	2174	80260	1000		
6548	26335			129091	11819	177241	11287		
82700	75748	1613		679920	109658	493753	3888	1629	1
14040	14087	506		90531	14314	112355	254	113	12
27.94	22.60	0.21		321.47	35.98	252.35	0.85	0.05	
7.64	8.96	0.42		104.35	9.70	92.56	0.11	4.93	0.03
7.89	8.41	0.41		64.29	9.42	65.37	0.12	4.90	0.03
0.71	1.35	0.06		8.96	1.39	9.57	0.02	0.12	
2462353	1021357	58608		16203507	2651309	7623993	40732	1636842	5846
442897	231959	33570		4405168	449546	1807141	1876	569850	250
258119	216766	11063		1590812	213606	1281653	2433	16552	1048
321178	223384	11391		1949276	325657	1430366	3205	19969	1607
105126	72678	3485		744789	156499	479933	981	4414	559
19484	10084	485		119128	20713	79307	21	1027	77
17724	35712	45		202357	9803	203148		240	
3631785	1360666	74154		20300577	3359958	10021198	46238	1999459	6921
2088496	613096	54543		10457174	2452996	2950591	11770	1569839	1795
454098	132883	3278		3574549	1574961	819522	2055	705522	1388
321552	22458	135		974267	28086	80837	17500	156000	
2529018	760121	55079		11910347	2501134	3691969	29270	1730610	1795

14-2 续表2

指　　标	Item	合计 Total	内资企业 Domestic Funded
所有者权益合计	Total Creditors Equity	17572680	17298705
#实收资本	Capitals Hold	10147438	9993243
国家资本	State-owned	1145803	1082983
集体资本	Collective-owned	357912	357912
法人资本	Institutional Units	3391799	3379855
个人资本	Individuals	5205353	5172093
港澳台资本	Funds from Hong Kong,Macao and Taiwan	25711	200
外商资本	Foreign Funds	20860	200
损益及分配(万元)	**Loss-profit and Allocation (10000 yuan)**		
营业收入	Operational Revenue	53461236	52379642
工程结算收入	Revenue of Project Settlement Accounts	52282335	51287028
营业成本	Operational Cost	48461007	47483264
工程结算成本	Costs of Project Settlement Accounts	46797611	45905808
营业税金及附加	Operational Tax and Additional Expense	1181972	1177532
工程结算税金及附加	Taxes and Extra Charges on Project Settle Accounts	1109414	1108326
其他业务利润	Other Profit from Business	24057	24046
销售费用	Selling Expenses	218410	217899
管理费用	Management Fee	1379838	1360236
财务费用	Financial Expenses	269911	249040
#利息收入	Interest of Revenue	20925	12306
#利息支出	Expenses of Interest	171937	145605
营业利润	Profits of Business	1993240	1916929
营业外收入	Nonoperating Income	36232	35572
营业外支出	Nonoperating Expense	31210	30075
利润总额	Total Profits	1981328	1905493
#应交所得税	Income Tax Payable	461913	448680
工资、福利费(万元)	**Wages,Welfare (10000 yuan)**		
应付职工薪酬	Payable Total Wages	5079909	4854158
其他	**Others**		
劳动生产率(按总产值计算)(元/人)	Overall Labor Productivity (In Terms of Gross Output Value)(yuan/person)	269846	270751
利税总额(万元)	Total Pre-Tax Profits (10000 yuan)	3552654	3462499
产值利润率(%)	Ratio of Profit to Gross Output Value (%)	3.2	3.1
产值利税率(%)	Ratio of Pre-tax Profit to Gross Output Value (%)	5.8	5.7
资产负债率(%)	Assets-Liability Ratio (%)	56.9	55.4
房屋建筑面积竣工率(%)	Rate of Floor Space of Buildings Completed (%)	49.0	49.9

continued

国有企业 State-owned	集体企业 Collective-owned	股份合作企业 Cooperative	联营企业 Joint Ownership Units	有限责任公司 Limited liability Enterprises	股份有限公司 Share-holding Corporations Ltd	私营企业 Private Enterprise	其他企业 Others	港澳台商投资企业 Funded from Hong Kong, Macao and Taiwan	外商投资企业 Foreign Funded
1102767	600444	19075		8378301	858824	6322326	16968	268849	5126
401394	311622	11869		5349151	573813	3333686	11709	151751	2444
322165	30792	3356		537609	180341	6695	2026	62820	
5035	246653	3953		81580	11474	9217			
70767	22126	648		2380045	118585	787685		9500	2444
3427	12052	3912		2349718	263413	2529889	9683	33260	
				100		100		25511	
				100		100		20660	
3001536	2486510	62104		24364220	4372671	18057855	34746	1053685	27909
2828864	2454883	57567		23928707	4292690	17689572	34746	967460	27846
2796181	2219853	51900		22208349	4073911	16106233	26836	957239	20504
2634846	2130697	48373		21622053	3923843	15531129	14866	871352	20452
56379	91557	2732		478605	52656	495184	418	4307	133
45593	87615	2512		454472	48269	469447	418	955	133
1398	711			17684	-1105	5358			11
4593	7525	662		85199	7717	112191	14	108	403
82931	68350	2342		652915	98075	451412	4211	11647	7955
30349	8656	155		126525	12652	70410	295	18955	1916
1657	192	1		7196	651	2263	347	8616	4
22846	6033	76		71867	8282	35887	615	26332	
24269	94909	4073		823737	127708	839262	2972	79312	-3001
1695	2635			21975	1996	7271		271	389
1337	2294	41		13604	2638	10162		1134	1
26201	95185	4272		831891	125490	819484	2972	78448	-2613
16737	24812	1089		197410	25056	183014	562	12198	1034
306125	336839	7635		2258119	269047	1670992	5400	223627	2125
432647	341115	246959		265379	622212	218685	1315353	229590	164922
88531	207612	7873		1483773	198814	1471945	3952	91601	-1446
0.8	3.1	4.2		3.0	2.1	4.0	2.1	6.9	-49.7
2.7	6.8	7.7		5.4	3.3	7.3	2.8	8.1	-27.5
69.6	55.9	74.3		58.7	74.4	36.8	63.3	86.6	25.9
35.1	57.8	62.9		44.2	49.6	58.6	51.1	25.0	

14-3 各地区建筑业企业主要经济指标（2017年）

指标	Item	全省 Total	南昌市 Nanchang
企业个数(个)	**Number of Enterprises (unit)**	**2393**	**725**
建筑业合同情况(万元)	**Construction Contract (10000 yuan)**		
签订的合同额	Contract Value Signed	117100107	69897316
上年结转合同额	Contract Value on Hand last Year	48984992	31816485
本年新签合同额	Contract Value Newly Signed this Year	68115115	38080830
承包工程完成情况(万元)	**Conditions Finished of Contracted Projects (10000 yuan)**		
直接从建设单位承揽工程完成的产值	Contracted Directly from Fabricative Units Output Value Finished of Projects	59816635	31280189
自行完成施工产值	Output Value Self-Finished of Buildings Under Construction	59089334	31067865
分包出去工程的产值	Output Value of Projects Subcontracted	727302	212324
从建设单位以外承揽工程完成的产值	Contracted Directly Exceptant Fabricative Units Output Value Finished of Projects	2578793	771150
建筑业总产值(万元)	**Gross Output Value (10000 yuan)**	**61727046**	**31848539**
#装饰装修产值	Building Decoration	3058566	1701948
在外省完成的产值	Output in Other Provinces	22206004	11912672
建筑工程产值	Construction	53494224	27225029
安装工程产值	Installation	4591239	2647005
其他产值	Others	3641583	1976505
竣工产值(万元)	**Buildings Completed Output Value of Construction (10000 yuan)**	**34290753**	**15269657**
房屋建筑施工及竣工面积(万平方米)	**Floor Space of Buildings Under Construction and Completed (10000 sq.m)**		
房屋建筑施工面积	Floor Space of Buildings Under Construction	30726.83	16309.70
#本年新开工面积	Floor Space Started this Year	14824.29	6070.80
房屋建筑竣工面积	Floor Space of Buildings Completed	15042.24	6344.63
住宅房屋	Residential Buildings	9821.26	4227.68
商业及服务用房屋	Buildings for Business and Service	1097.55	411.10
商厦房屋(批发和零售用房)	Building for Wholesale and Retail	448.32	162.54
宾馆用房屋(住宿用房)	Accommodation Buildings	89.21	32.27
餐饮用房屋(餐饮用房)	Dinning Buildings	32.75	8.07
商务会展用房屋	Business Exhibition Building	43.27	33.67
其他商业及服务用房屋(居民服务业用房)	Other Buildings for Business and Service	484.00	174.55
办公用房屋	Office Buildings	865.71	385.02
科研、教育、医疗用房屋	Buildings for Scientific Research,Education and Medical Sevice	856.95	473.38
科学研究用房屋	Buildings for Scientific Research	78.38	50.40
教育用房屋	Education Building	643.75	339.45
医疗用房屋(卫生医疗用房)	Medical Buildings	134.82	83.52
文化、体育、娱乐用房屋	Buildings for Culture,Sports and Entertainment	211.51	77.40
厂房及建筑物	Factory Buildings	1749.09	608.92
厂房	Factories	1165.20	463.13
仓库	Warehouses	115.30	33.03
其他未列明的房屋建筑物	Other Buildings	324.86	128.11

Main Economic Indicators on Construction by Region (2017)

景德镇市 Jingdezhen	萍乡市 Pingxiang	九江市 Jiujiang	新余市 Xinyu	鹰潭市 Yingtan	赣州市 Ganzhou	吉安市 Ji'an	宜春市 Yichun	抚州市 Fuzhou	上饶市 Shangrao
38	**85**	**190**	**102**	**43**	**350**	**168**	**251**	**136**	**305**
368048	1643025	6387156	2615034	5670914	4587129	3294615	4243903	6330112	12062857
122323	562481	2733547	752330	4026045	1655142	901917	901674	1977917	3535129
245724	1080544	3653609	1862703	1644869	2931988	2392698	3342229	4352194	8527728
267611	1308366	4450794	1643509	1011368	3535782	2886234	3114958	4037152	6280673
258327	1305887	4415333	1628495	1009527	3494731	2813666	3083094	4028618	5983794
9284	2480	35462	15014	1842	41051	72568	31864	8534	296879
18893	6439	95014	41733	2305	117740	80235	75898	35006	1334380
277220	**1312326**	**4542496**	**1670227**	**1011832**	**3612470**	**2893901**	**3174788**	**4065039**	**7318209**
8160	95372	107331	70899	6728	142262	92037	187235	198283	448313
17138	224895	1936979	581775	609934	407157	860947	783142	1882692	2988674
235576	1216565	4258426	1476588	923341	3153668	2340903	2813588	3725688	6124854
25157	88742	165766	70993	76181	232218	394389	211060	206330	473397
16487	7018	118304	122647	12310	226585	158609	150140	133021	719958
218583	**958057**	**1771329**	**781899**	**422264**	**2179038**	**2223365**	**2121294**	**3136684**	**5208584**
212.63	746.21	1536.11	818.53	204.40	1928.07	1418.85	2026.20	2491.35	3034.78
133.52	535.50	913.90	396.36	120.40	991.57	843.30	1379.83	1535.07	1904.04
142.40	453.68	845.81	381.13	118.64	984.57	849.84	1291.20	1464.96	2165.38
105.03	276.21	610.72	266.50	59.63	573.86	467.53	887.80	1063.35	1282.95
22.53	12.44	57.07	25.62	22.12	67.09	76.79	77.21	111.53	214.05
2.21	7.80	16.96	15.65	21.97	23.94	33.98	39.56	78.59	45.12
		5.98			4.53	2.23	7.77	21.61	14.83
		5.32			5.96	2.57	1.69	0.79	8.35
		0.13			0.07	2.23	0.55	0.01	6.61
20.32	4.64	28.67	9.97	0.15	32.59	35.78	27.64	10.54	139.14
1.87	29.55	27.45	12.84	0.67	76.40	92.40	54.06	62.19	123.27
	3.84	29.78	43.16	1.16	57.92	58.20	21.18	51.54	116.80
	1.21	2.69	1.83		2.54	2.15		3.69	13.89
	2.58	24.39	40.67	0.61	53.15	46.69	18.29	38.36	79.55
	0.06	2.71	0.66	0.55	2.23	9.36	2.89	9.49	23.36
0.76	0.09	0.36	0.78		37.21	13.09	40.08	1.13	40.62
5.12	127.71	112.60	30.51	34.86	146.22	111.62	162.79	132.57	276.18
3.50	102.77	89.45	26.87	33.99	98.57	65.84	90.69	101.48	88.93
0.50	0.64	2.24		0.20	2.71	3.10	9.54	8.25	55.10
6.57	3.21	5.60	1.72		23.16	27.11	38.55	34.41	56.42

14-3 续表1

指　　标	Item	全　省 Total	南昌市 Nanchang
竣工房屋价值(万元)	**Value of Hoor Space (10000 yuan)**	**21609680**	**9492069**
住宅房屋	Residential Buildings	13821156	6461233
商业及服务用房屋	Buildings for Business and Service	1636222	631622
商厦房屋(批发和零售用房)	Building for Wholesale and Retail	643951	238848
宾馆用房屋(住宿用房)	Accommodation Buildings	174418	48445
餐饮用房屋(餐饮用房)	Dinning Buildings	40320	11265
商务会展用房屋	Business Exhibition Building	59911	48286
其他商业及服务用房屋(居民服务业用房)	Other Buildings for Business and Service	717621	284779
办公用房屋	Office Buildings	1701078	555696
科研、教育、医疗用房屋	Buildings for Scientific Research,Education and Medical Sevice	1177595	632726
科学研究用房屋	Buildings for Scientific Research	138123	104300
教育用房屋	Education Building	827214	397705
医疗用房屋(卫生医疗用房)	Medical Buildings	212259	130721
文化、体育、娱乐用房屋	Buildings for Culture,Sports and Entertainment	298510	141016
厂房及建筑物	Factory Buildings	2437582	860814
厂房	Factories	1539954	678589
仓库	Warehouses	175216	53867
其他未列明的房屋建筑物	Other Buildings	362320	155095
年末自有机械设备	**Year-end Self-own Machinery and Equipment**		
净　值(万元)	Net Value of Machinery and Equipment Owned (10000 yuan)	1448911	489373
总台数(台)	Number of Machinery and Equipment Owned (set)	246212	108701
总功率(万千瓦)	Total Power of Machinery and Equipment Owned (10000 kw)	661.45	360.04
劳动人员情况(万人)	**Labourers (10000 persons)**		
计算劳动生产率的平均人数	Staff and Workers Annual Average	228.75	131.49
期末从业人数	Number of Persons Engaged at the Year-end	160.89	72.65
#工程技术人员	Technologist in Employed Persons at the Year-end	22.19	9.52
年末资产负债(万元)	**Year-end Assets and Liabilities (10000 yuan)**		
流动资产合计	Total Circulating Funds	31704546	18659880
#存　货	Stock	7942257	4512307
固定资产合计	Total Fixed Assets	3592052	1258580
固定资产原值	Original Value of Fixed Assets	4286035	1602834
累计折旧	Total Depreciation	1568463	655759
#本年折旧	Depreciation this Year	250326	107107
在建工程	Under Construction Project	469028	209540
资产合计	Total Assets	40800954	23157852
流动负债合计	Liquid Liabilities	20200300	13409749
#应付账款	Payable Accounts	7268255	5105457
非流动负债合计	Non-current Liabilities	1600835	1089720
负债合计	Total Liabilities	23209343	15145705

continued

景德镇市 Jingdezhen	萍乡市 Pingxiang	九江市 Jiujiang	新余市 Xinyu	鹰潭市 Yingtan	赣州市 Ganzhou	吉安市 Ji'an	宜春市 Yichun	抚州市 Fuzhou	上饶市 Shangrao
153755	**603699**	**956570**	**472889**	**286843**	**1252834**	**1605036**	**1606265**	**2176087**	**3003635**
115452	378608	670620	327093	146788	690672	633024	1090789	1587642	1719236
20452	12254	65763	35466	46284	98047	98966	131183	192049	304135
1990	8230	16989	23132	46148	32666	35638	74806	88667	76836
		8231			5440	2281	8064	84534	17424
		5810			3555	2585	1513	1359	14234
		192			74	1999	500	16	8844
18462	4024	34542	12334	136	56312	56464	46300	17473	186797
1900	32203	35591	19265	672	121792	614018	62376	113228	144337
	6123	31120	63787	2966	79742	72510	24715	86044	177862
	2696	2557	1904	1	3123	2485	3	3025	18029
	3371	25544	60896	2197	73396	57974	21878	65682	118571
	55	3020	987	769	3223	12050	2834	17337	41262
700	115	406	604	1	56769	19280	34719	1458	43443
6183	168422	144290	25050	89946	171894	131219	223871	147397	468497
4407	118307	115996	20167	88468	119321	76695	112888	98590	106528
442	1591	1993		185	4370	4984	12423	7167	88194
8627	4384	6786	1624	1	29546	31034	26188	41103	57931
12982	67949	103722	53483	21770	124079	74414	100832	205958	194348
2048	7930	23745	9679	1077	15823	13202	19374	20692	23941
2.94	22.99	55.59	11.28	3.13	41.04	23.08	53.28	42.42	45.66
1.34	4.24	10.00	4.37	4.17	13.50	8.99	9.90	14.60	26.15
1.16	4.18	9.41	4.15	4.41	11.42	7.20	9.55	13.94	22.83
0.24	0.39	1.50	0.94	0.44	1.57	1.49	1.62	1.90	2.58
169129	402663	3181448	1163649	771445	1516426	871281	1550967	1372440	2045218
25007	147250	1309154	177088	157850	250490	210844	398500	245574	508194
60015	110751	263993	124430	107472	264048	171658	301211	265152	664741
75392	157554	335603	141539	147976	305235	194321	320549	302097	702935
22733	68560	143922	42530	56419	115585	68419	87148	80393	226995
2685	12671	18075	4556	14897	16204	8538	12455	16591	36547
1069	1479	35735	2191	5457	34926	18983	30248	11862	117539
258832	592123	3831877	1613044	958767	2002165	1212929	2180752	1862899	3129715
127807	188413	1499490	774461	616466	722179	456143	736313	863692	805588
20740	69329	759784	203779	245269	202268	70074	159917	144362	287276
4300	7570	155824	108526	82418	25132	7337	7313	73815	38878
143727	237035	1794459	925837	713774	859323	527685	868123	967544	1026131

14-3 续表2

指　　　　标	Item	全　省 Total	南昌市 Nanchang
所有者权益合计	Total Creditors Equity	17572680	8005272
#实收资本	Capitals Hold	10147438	3863854
国家资本	State-owned	1145803	526565
集体资本	Collective-owned	357912	153958
法人资本	Institutional Units	3391799	1033775
个人资本	Individuals	5205353	2103608
港澳台资本	Funds from Hong Kong,Macao and Taiwan	25711	25288
外商资本	Foreign Funds	20860	20660
损益及分配(万元)	**Loss-profit and Allocation (10000 yuan)**		
营业收入	Operational Revenue	53461236	27981809
工程结算收入	Revenue of Project Settlement Accounts	52282335	27181450
营业成本	Operational Cost	48461007	25744158
工程结算成本	Costs of Project Settlement Accounts	46797611	24925343
营业税金及附加	Operational Tax and Additional Expense	1181972	404266
工程结算税金及附加	Taxes and Extra Charges on Project Settle Accounts	1109414	371223
其他业务利润	Other Profit from Business	24057	15213
销售费用	Selling Expenses	218410	74229
管理费用	Management Fee	1379838	700588
财务费用	Financial Expenses	269911	169935
#利息收入	Interest of Revenue	20925	15679
#利息支出	Expenses of Interest	171937	114449
营业利润	Profits of Business	1993240	919509
营业外收入	Nonoperating Income	36232	18215
营业外支出	Nonoperating Expense	31210	8303
利润总额	Total Profits	1981328	914575
#应交所得税	Income Tax Payable	461913	223074
工资、福利费(万元)	**Wages,Welfare (10000 yuan)**		
应付职工薪酬	Payable Total Wages	5079909	2518942
其他	**Others**		
劳动生产率(按总产值计算)(元/人)	Overall Labor Productivity (In Terms of Gross Output Value)	269846	242220
利税总额(万元)	Total Pre-Tax Profits(10000 yuan)	3552654	1508872
产值利润率(%)	Ratio of Profit to Gross Output Value(%)	3.2	2.9
产值利税率(%)	Ratio of Pre-tax Profit to Gross Output Value(%)	5.8	4.7
资产负债率(%)	Assets-Liability Ratio(%)	56.9	65.4
房屋建筑面积竣工率(%)	Rate of Floor Space of Buildings Completed(%)	49.0	38.9

continued

景德镇市 Jingdezhen	萍乡市 Pingxiang	九江市 Jiujiang	新余市 Xinyu	鹰潭市 Yingtan	赣州市 Ganzhou	吉安市 Ji'an	宜春市 Yichun	抚州市 Fuzhou	上饶市 Shangrao
115105	355088	2027367	687207	244993	1142842	685344	1312079	894355	2103029
63956	164801	1768008	423276	194269	709583	428942	897123	607846	1025781
20132	6410	218153	65758	80213	52100	53155	10722	55592	57004
16960	20732	48743	12456	5532	4751	31060	19272	32536	11913
13647	35199	1262701	78482	18229	168044	88679	315835	114736	262471
13218	102460	238410	266581	90095	484464	256048	551294	404982	694193
				100	223				100
				100					100
268648	1130183	3840602	1544904	1135641	2759166	2180155	2793925	3636384	6189820
267493	1119301	3817804	1532308	1117640	2680915	2164952	2776945	3592977	6030551
231205	982975	3502617	1357161	1055284	2387800	1889732	2461364	3385717	5462994
230744	926540	3411630	1342570	1038976	2233905	1855273	2391230	3332174	5109228
12420	33662	95127	47769	17665	90924	92077	100779	89802	197483
12150	33112	86515	46860	17550	79618	87447	97145	87725	190069
446	1467	-779	51	1392	558	935	938	280	3557
1036	6816	8117	8998	3172	33076	27005	17941	2478	35542
9732	25867	112292	44875	19549	106874	75229	86973	63560	134301
157	8819	14470	5314	4199	13647	6596	12224	12175	22376
-34	164	381	-37	1121	245	227	429	330	2421
68	4981	4219	4156	4974	9631	3330	6882	8734	10515
14338	72306	111266	81245	27933	127333	90727	128071	83405	337107
247	1780	1431	1128	842	3917	310	1307	2338	4717
672	1326	2274	219	815	5050	910	1341	318	9983
13766	72760	109745	82154	27543	125923	90082	127947	85426	331408
3765	16011	19911	20604	6766	32653	26695	27454	20029	64951
55739	146188	345051	134122	47788	264112	175864	321691	532439	537975
207205	309474	454104	382019	242622	267525	321960	320708	278471	279851
29681	121883	216171	149617	51859	238194	204224	252545	193180	586428
5.0	5.5	2.4	4.9	2.7	3.5	3.1	4.0	2.1	4.5
10.7	9.3	4.8	9.0	5.1	6.6	7.1	8.0	4.8	8.0
55.5	40.0	46.8	57.4	74.4	42.9	43.5	39.8	51.9	32.8
67.0	60.8	55.1	46.6	58.0	51.1	59.9	63.7	58.8	71.4

14-4 劳务分包建筑业企业主要指标

Main Indicators of Labour Subcontractors in Construction Industry

指　　标	Item	2016	2017
企业个数(个)	Number of Construction Enterprises (unit)	18	21
建筑业总产值(万元)	Gross Output Value of Construction (10000 yuan)	39703	58919
#装饰装修产值	Output Value of Fitment	147	85
计算劳动生产率的平均人数(人)	Staff and Workers Annual Average (person)	672	2302
年末从业人员(人)	Number of Employed Persons at the Year-end (person)	700	2133
工程技术人员	Technologist in Employed Persons at the Year-end	98	204
现场施工工人(人)	Builder in Employed Persons at the Year-end (person)	566	1730
固定资产原值(万元)	Original Value of Fixed Assets (10000 yuan)	2181	3059
#本年折旧	Draw Depreciation this Year	211	285
资产总计(万元)	Total Assets (10000 yuan)	10745	32520
负债合计(万元)	Total Liabilities (10000 yuan)	5508	13489
实收资本(万元)	Capitals Hold (10000 yuan)	3130	4295
营业收入(万元)	Total Revenue (10000 yuan)	38402	91443
#工程结算收入	Revenue of Project Settlement Accounts	38402	91443
营业成本(万元)	Operating Costs (10000 yuan)	34538	86100
#工程结算成本	Costs of Project Settlement Accounts	34505	85817
营业税金及附加(万元)	Business Tax and Extra (10000 yuan)	1778	2054
#工程结算税金及附加	Taxes and Extra Charges on Project Settle Accounts	1742	2054
费用合计(万元)	Total Charges (10000 yuan)	951	1399
营业利润(万元)	Profits of Business (10000 yuan)	1140	1914
利润总额(万元)	Total Profits (10000 yuan)	1138	2031
从业人员劳动报酬(万元)	Labour Reward of Employed Persons (10000 yuan)	4369	27146

主要统计指标解释

建筑业统计单位 指从事房屋、构筑物建造和设备安装活动的法人企业。建筑业法人企业应同时具备的条件是：① 依法成立，有自己的名称、组织机构和场所，能够承担民事责任；②独立拥有和使用资产，承担负债，有权与其他单位 签订合同；③独立核算盈亏，能够编制资产负债表。

建筑业总产值 是以货币形式表现的建筑业企业在一定时期内生产的建筑业产品和提供的服务的总和。建筑业总产值包括：

⑴建筑工程产值：指列入建筑工程预算内的各种工程价值。

⑵安装工程产值：指设备安装工程价值，不包括被安装设备本身的价值。

⑶其他产值：建筑业总产值中除建筑工程、安装工程以外的产值。包括房屋构筑物修理产值、非标准设备制造产值、总包企业向分包企业收取的管理费以及不能明确划分的施工活动所完成的产值。

a.房屋构筑物修理产值：指房屋和构筑物修理所完成的产值，但不包括被修理房屋、构筑物本身价值和生产设备的修理产值。

b.非标准设备制造产值：指加工制造没有定型的非标准生产设备的加工费和原材料价值(如化工厂、炼油厂用的各种罐、槽，矿井生产统一使用的各种漏斗、三角槽、阀门等)以及附属加工厂为本企业承建工程制作的非标准设备的价值。

房屋建筑施工面积 指在报告期内施工的全部房屋建筑面积，包括本期新开工的房屋面积、上期施工跨入本期继续施工的房屋面积、上期停缓建在本期恢复施工的房屋面积、本期竣工的房屋面积及本期施工后又停缓建的房屋面积。

房屋建筑竣工面积 指在报告期内房屋建筑按照设计要求全部完工，达到了住人和使用条件，经验收鉴定合格，正式移交使用单位的房屋建筑面积。

自有机械设备年末总台数 指归本企业所有，属于本企业固定资产的生产性机械设备年末总台数。包括施工机械、生产设备、运输设备以及其他设备。

自有机械设备年末总功率 指本企业自有施工机械、生产设备、运输设备以及其他设备等列为在册固定资产的生产性机械设备年末总功率，按设定能力或查定能力计算。包括机械本身的动力和为该机械服务的单独动力设备，如电动机等。计算单位用千瓦，动力换算可按 1 马力＝0.735 千瓦折合成千瓦数。电焊机、变压器、锅炉不计算动力。

工程结算收入 指企业承包工程实现的工程价款结算收入，以及向发包单位收取的除工程价款以外的按规定列作营业收入的各种款项，如临时设施费、劳动保险费、施工机械调迁费等以及向发包单位收取的各种索赔款。

工程结算利润 指已结算工程实现的利润，如亏损以“－”号表示。计算公式为：

工程结算利润＝工程结算收入－工程结算成本－工程结算税金及附加

Explanatory Notes on Main Statistical Indicators

Statistical Unit in Construction refers to corporate enterprise engaged in the construction of buildings and structures and in the installation of equipment. A corporate construction enterprise should meet the following 3 requirements:①being set up in line with relevant legal basis, having its full name, organization and location, and capable of taking civil liabilities;②independently possessing and using its assets and assuming its liabilities, and entitled to sign contracts with other institutions; and ③ making independent accounts of its profits and losses, and capable of compiling its own balance sheet

Gross Output Value of Construction refers to total of construction products and services, expressed in money terms, produced or rendered by construction and installation enterprises during a given period of time. It includes:

(1) Output value of construction projects: the value of projects covered by the project budgets;

(2) Output value of installation projects: the value of the installation of equipment, (excluding the value of the equipment to be installed);

(3) Other output values: the output value of construction industry apart from that of construction projects and installation

projects. It includes: output value of repair of buildings and structures; output value of non-standard equipment manufacturing; overhead expenses received by contracted enterprises from the sub-contracted enterprises and the completed output value of construction activities for which there is no clear definition.

a. Output value of repair of buildings and structures: the value created through the repairs of buildings or structures. It does not include the value of buildings or structures being repaired and the value of the repair of production equipment;

b. Output value of manufactured non-standard equipment: the value of non-standard production equipment, including raw materials and manufacturing cost, made for the construction project (i.e., chemical plant; kettles or tanks used by refineries; various fillers, triangle tanks, valves used by mines). It also includes the output value of equipment manufactured by subsidiary workshops.

Floor Space of Buildings Under Construction refers to floor space of buildings under construction during the reference period, including newly started buildings, buildings started earlier and continued during the reference period, and buildings suspended earlier but restarted during the reference period, buildings completed during the reference period, and buildings under construction and then suspended during the reference period.

Floor Space of Buildings Completed refers to the floor space of buildings that are completed in the reference period in accordance with the requirements of the design, up to the standard for putting them into use, and have been checked and accepted by concerned departments as qualified ones.

Total Number of Machinery and Equipment Owned by the End of Year refers to the number of machines and equipment owned by the enterprises, and listed as the fixed assets of the enterprises by the end of the year, including machinery and equipment for construction, production and transportation.

Total Power of Machinery and Equipment Owned by the End of Year refers to the total power of machinery and equipment owned by the enterprises, and listed as the fixed assets of the enterprises by the end of the year, including machinery and equipment for construction, production and transportation. The power of the machinery is calculated on basis of the designed or verified capacity, covering the power of the machinery/equipment and the separate power equipment serving the machinery/equipment (such as electric motors), but excluding welders, transformers and boilers. The unit used for the calculation of power is kilowatt, with horsepower converted to kilowatt by 1 horsepower=0.735 kilowatt.

Income from Settlement of Projects refers to the income received by the construction enterprise from the contracted project through settlement procedures, and other charges to the contractee as operational costs in addition to the value of the project, such as temporary facility fee, labour insurance premium, moving cost of construction equipment, as well as various types of claims to the contractee.

Profit from Settlement of Projects refers to profit realized through settled projects. It is calculated with the following formula:

Profit from Settlement of Projects = Income from Settlement of Projects − Settled Cost − Settled Taxes and Other Cost.

15

交通运输、邮电通讯和规上服务业

Transportation,Postal Telecommunications And Above Designated Size In Services

◆345/358

资料整理及英文翻译：雷海清、敬 洋

I 简要说明

一、本篇资料的主要内容

本篇资料反映全省规模以上服务业经营情况及主要财务状况，交通运输业和邮电通讯业发展的基本状况。

二、本篇资料的来源

全省境内全部规模以上服务业企业，交通运输业和邮电通讯业。

规模以上服务业企业划分标准为：年营业收入1000万元及以上，或年末从业人员50人及以上服务业法人单位，包括：交通运输、仓储和邮政业，信息传输、软件和信息技术服务业，租赁和商务服务业，科学研究和技术服务业，水利、环境和公共设施管理业，教育，卫生和社会工作；以及物业管理、房地产中介服务、自有房地产经营活动和其他房地产业等行业。年营业收入500万元及以上，或年末从业人员50人及以上服务业法人单位，包括：居民服务、修理和其他服务业，文化、体育和娱乐业。

三、本篇的资料来源和统计调查方法

本篇资料中规模以上服务业企业统计数据主要是根据规模以上服务业统计年度报表中有关资料整理汇总的；交通运输资料分别来源于南昌铁路局、省交通厅、东方航空公司江西分公司、省公安厅交警总队，邮电通信业资料来源于省通信管理局和省邮政管理局。

I Brief Introduction

Ⅰ.Main Contents

Data in this chapter present management and financial situation of all enterprises above designated size in services, development of,transportation, post and telecommunication in Jiangxi province.

Ⅱ.Scopes of Statistics

Statistics cover all enterprises above designated size in services and transportation, post and telecommunication within the province.

Criteria for enterprises in services above designated size are as follows: annual business revenue over 10 million yuan or average employed persons over 50 persons in transport, storage and post, information transmission, software and information technology, real estate, leasing and business services, scientific research and technical services, management of water conservancy, environment and public facilities, education, health and social services. Annual business revenue over 5 million yuan or average employed persons over 50 persons in services to households, repair and other services, culture, sports and entertainment.

III.Sources of Data and Methods of Survey

The data on enterprises statistics in this chapter are collected mainly based on the relevant data in the annual services statistics reporting forms. Data on transportation are from Nanchang Railway Bureau, Jiangxi Provincial Communications Department, China Eastern Airlines Jiangxi Branch, and Jiangxi Provincial Department of Public Security Traffic Administrative Bureau. Data on post and telecommunication services come from Jiangxi Communication Administration, and Provincial Postal Administration.

15-1 运输线路长度

Length of Transportation Routes

单位：公里 (km)

指 标	Item	1978	1980	1990	2000	2010	2015	2016	2017
铁路营业里程	Length of Railways in Operation	1184	1335	1581	2197	2734	3909	3909	4137
公路通车里程	Length of Highways	30245	29651	33203	60292	140597	156625	161909	162285
等级公路	Expressway and Class I to IV Highways		12096	18561	34999	101455	129948	134025	134862
#高速公路	Expressway				421	3088	5058	5894	5916
一级公路	First Class Highways			15	314	1386	1952	2618	2917
二级公路	Second Class Highways		169	1105	6471	9340	10148	10643	10837
三级公路	Third Class Highways		521	2156	5581	6670	11586	12723	13165
等外公路	Highways Below Class IV		17559	14642	25293	39142	26676	27883	27422
内河通航里程	Length of Navigable Inland Waterways	6630	4937	4937	5537	5638	5638	5638	5638
等级航道	Standard Waterways				2343	2349	2349	2349	2349
等外航道	Substandard Waterways				3194	3289	3289	3289	3289

注：1.2000年的公路通车里程根据公路普查作了调整。
2.公路通车里程从2006年开始包括村道。
a) The total Length of highways is adjusted according to the Highways Census in 2000.
b) The total length of highways have included the village road since 2006.

15-2 交通运输工具年末实有数

Actual Number of Transportation Facilities at Year-end

指 标	Item	1990	2000	2010	2015	2016	2017
民用汽车合计(辆)	Total Civil Motor Vehicles (unit)	110432	247000	1476011	3468363	4073587	4733337
#载货汽车	Trucks	74424	131147	401679	599587	603327	651280
载客汽车	Passenger Vehicles	29473	100794	956480	2764815	3363902	3981039
其他汽车	Other Vehicles	6535	15059	117852	103961	106358	101018
摩托车(辆)	Motorcycles(unit)	51630	891179	4172862	2578825	2289407	2283359
汽车挂车(辆)	Trailers (unit)	5209	1190	39684	67957	78732	98763
运输船舶(艘)	Transport Vessels (unit)	8687	4856	4221	3508	3293	3062
机动船(艘)	Motor Vessels (unit)	8051	4511	4184	3499	3284	3060
(净载重量吨)	(Dead Weight Cargo Tonnage)	333989	356441	1962783	2374915	2227266	2371268
(客位)	(Number of Seats)	13362	16172	11811	10697	12276	11982
驳 船(艘)	Barges (unit)	636	345	37	9	9	2
(净载重量吨)	(Dead Weight Cargo Tonnage)	76267	74504	17560	5541	5541	1730
补充资料:	Supplementary Information:						
汽车驾驶员(人)	Drivers (person)	168842	791545	3911886	11373941	12384569	13105742

注：其他汽车从2006年起，将农业运输车放入民用汽车中其他汽车。
a) Since 2006,Other vehicles inclued farm vehicles.

15-3 公路里程年底到达数（2017年）
Length of Highways at Year-end (2017)

单位：公里 (km)

地区	Region	合计 Total	等级公路 Expressway and Class I to IV Highway	高速公路 Expressway	一级 First Class
全省	**Provincial Total**	**162285**	**134863**	**5916**	**2917**
南昌市	Nanchang	11388	9700	417	216
景德镇市	Jingdezhen	4817	4234	199	57
萍乡市	Pingxiang	7114	5736	118	64
九江市	Jiujiang	20285	15384	683	357
新余市	Xinyu	4446	3607	128	137
鹰潭市	Yingtan	4192	3329	101	88
赣州市	Ganzhou	31029	26438	1444	470
吉安市	Ji'an	23024	21470	652	354
宜春市	Yichun	19976	15712	783	460
抚州市	Fuzhou	14916	12627	708	254
上饶市	Shangrao	21099	16625	684	459

15-3 续表 continued

单位：公里 (km)

地区	Region	二级 Second Class	三级 Third Class	四级 Fourth Class	等外公路 Highway Below Class IV
全省	**Provincial Total**	**10837**	**13165**	**102027**	**27422**
南昌市	Nanchang	685	479	7903	1687
景德镇市	Jingdezhen	347	580	3051	583
萍乡市	Pingxiang	536	572	4445	1378
九江市	Jiujiang	1258	1496	11590	4900
新余市	Xinyu	298	330	2715	839
鹰潭市	Yingtan	154	521	2465	863
赣州市	Ganzhou	2061	2441	20022	4591
吉安市	Ji'an	1653	1654	17157	1554
宜春市	Yichun	1520	1746	11204	4264
抚州市	Fuzhou	865	1246	9555	2289
上饶市	Shangrao	1460	2101	11921	4473

15-4 全社会运输量
Total Freight Traffic and Passenger Traffic

指标	Item	2011	2012	2013	2014	2015	2016	2017
货物运输量(万吨)	**Freight Traffic(10000 tons)**	**111576**	**127020**	**135036**	**151773**	**130279**	**138068**	**154359**
民航	Civil Aviation	1.4	1.5	4.0	5.7	6.3	6.3	6.4
铁路	Railways	5769	5384	5077	4821	3943	4296	4787
公路	Highways	98358	113703	121279	137784	115436	122877	138074
水运	Waterways	7447	7931	8676	9162	10894	10889	11492
内河	Inland Waterways	6947	7426	8152	8655	10417	10498	11132
沿海	Coastal	481	490	508	498	477	391	360
远洋	Ocean	19	15	17	10			
旅客运输量(万人)	**Passenger Traffic(10000 persons)**	**79138**	**84459**	**65747**	**68728**	**63404**	**63924**	**64413**
民航	Civil Aviation	208.3	219	681.1	930	985	1050	1415
铁路	Railways	6152.2	6335	6944.8	7839.6	8458.3	9249	10224
公路	Highways	72527	77650	57915	59676	53687	53364	52506
水运	Waterways	251	255	206.6	282	274	261	267.5
内河	Inland Waterways	251	255	206.6	282	274	261	267.5

注：2015年交通运输部开展全国公路、水路运输小样本抽样调查，对公路、水路运输统计口径进行了调整，与往年数据不可比。(下表同)
a) The sample survey on highway and water transport was carried out by The Ministry of Transports in 2015.Statistical caliber was adjusted according to the survey.Therefore,data of 2015 are not comparable to previous years. The same applies to the following table.

15-5 全社会运输周转量
Total Freight Ton-kilometers and Passenger-kilometers

指标	Item	2011	2012	2013	2014	2015	2016	2017
货物周转量(万吨公里)	**Freight Ton-kilometers (10000 ton-km)**	**30040231**	**34489670**	**36460456**	**38299712**	**37532370**	**38975513**	**42170685**
铁路	Railways	7337700	6817500	6186600	5412900	4969574	5147759	5322426
公路	Highways	20668297	25597786	28290235	30733082	30227179	31474970	34329546
水运	Waterways	2032684	2072641	1983621	2153730	2335617	2352784	2518713
内河	Inland Waterways	1267603	1329992	1430470	1518022	1825577	1839798	1950843
沿海	Coastal	694858	586569	485999	601710	510040	512986	567870
远洋	Ocean	70223	56080	67153	33998			
旅客周转量(万人公里)	**Passenger-kilometers (10000 passenger-km)**	**9625564**	**9798488**	**9306886**	**9713303**	**9538100**	**9706448**	**10002942**
铁路	Railways	6001800	5840600	6226300	6545000	6687232	6879899	7226626
公路	Highways	3409013	3718895	3076941	3164601	2847402	2823139	2772918
水运	Waterways	2985	3169	3645	3702	3466	3410	3398
内河	Inland Waterways	2985	3169	3645	3702	3466	3410	3398

15-6 铁路、港口主要指标
Main Indicators of Railways and Ports

指　　标	Item	2000	2005	2010	2015	2016	2017
铁　　路	**Railway Transport**						
货车周转时间(天)	Turning Around Time of Freight Cars Locomotives(day)	1.9	2.6	2.6	2.6	2.6	2.5
平均每日装车数(辆)	Average Daily Loading Coaches (coach)	1456	2155	4112	3030	3442	3797
货车平均静载重(吨)	Average Static Load of Freight Cars Locomotives (ton)	58.9		61.8	61.5	57.5	57.7
货物列车旅行速度(公里/小时)	Running Speed of Freight Trains (km/hour)	38.9	28.0	30.7	35.4	35.6	38.2
货运机车平均日产量(万吨公里)	Average Daily Ton-kilometers of Freight Locomotives (10000 ton-km)	107.0	106.0	109.7	104.5	104.4	110.2
内燃机车每万吨公里耗油(公斤)	Oil Consumption of Diesel Locomotives per 10000 ton-km(kg)	22.8	22.9	30.0	35.5	37.0	36.8
南昌直属站	**Nanchang Station**						
货物发送量(万吨)	Volume of Freight Dispatched (10000 tons)	1.3	0.4	12.4	0.3	0.2	0.5
旅客发送量(万人)	Number of Passenger Dispatched(10000 persons)	867.7	1217.7	1860.7	2817.5	2975.5	3362.4
平均每日装车数(车)	Daily Loading Coach (coach)	0.7	0.4	5.2	0.1	0.1	0.4
平均每日卸车数(车)	Daily Unloading Coach (coach)	8.5	8.9	34.8	6.3	3.9	3.7
向塘直属站	**Xiangtang Station**						
货物发送量(万吨)	Volume of Freight Dispatched (10000 tons)	7.5	19.9	21.2	23.7	29.1	32.4
旅客发送量(万人)	Number of Passenger Dispatched(10000 persons)	82.4	82.4	63.4	52.2	60.7	53.0
平均每日装车数(车)	Daily Loading Coach (coach)	3.6	9.3	10.9	12.4	33.3	33.5
平均每日卸车数(车)	Daily Unloading Coach (coach)	18.0	19.7	21.9	21.6	24.2	35.2
#向塘西站平均每日办理车数(车)	Daily Transaction Coach (coach)	11769	14644	12495	12851	14160	14955
鹰潭直属站	**Yingtan Station**						
货物发送量(万吨)	Volume of Freight Dispatched (10000 tons)	222.5	300.4	397.5	377.6	341.1	354.5
旅客发送量(万人)	Number of Passenger Dispatched(10000 persons)	364.0	376.6	459.9	516.1	511.8	523.9
平均每日装车数(车)	Daily Loading Coach (coach)	109.6	140.0	188.9	171.8	160.1	166.4
平均每日卸车数(车)	Daily Unloading Coach (coach)	174.0	283.3	240.4	305.6	286.8	295.0
#鹰潭站平均每日办理车数(车)	Daily Transaction Coach (coach)	10473	10527	8773	9264	10325	10220
长航九江港务局	**Jiujiang Port Authority**						
旅客吞吐量(万人)	Volume of Passenger Traffic(10000 persons)	92.0	2.2	88.4	16.7	24.3	21.8
货物吞吐量(万吨)	Volume of Freight Handled(10000 tons)	623	928	3291	10425	11328	11717

15-7 邮政电信业务主要指标

Principal Indicators of Postal and Telecommunications Services

指 标	Item	1995	2000	2010	2015	2016	2017
邮政业务总量(亿元)	Business Volume of Postal Services(100Billion yuan)		5.45	36.85	69.70	100.32	129.65
电信业务总量(亿元)	Business Volume of Telecommunications(100Billion yuan)		75.9	661.2	549.4	386.5	661.1
邮路总长度(公里)	Length of Postal Routes(km)	46182	119905	98020	56291	94041	90254
农村投递路线总长度(公里)	Length of Rural Delivery Routes(km)	120365	118555	97950	90019	89872	90373
邮政汽车(辆)	Postal Cars(unit)	498	1098	2060	1295	1659	5156
函　　件(万件)	Number of Letters(10000 pcs)	23254	14010	17971	3632	3244	2997
包　　裹(万件)	Package(10000 pcs)		247	121	83	57	50
报刊累计数(万份)	Total Number of Newspapers and Magazines Subscribed(10000 copies)	56016	48881	54433	57351	57344	55572
快递业务量(万件)	Pieces of Express Mail Services(10000 pcs)	157	283	2351	23472	38305	43754
固定电话用户(万户)	Fixed Telephone Subscribers(10000 Subscribers)	74.1	354.1	709.6	568.4	517.5	477.0
#城市电话用户	Urban Fixed Telephone Subscribers	63.1	234.3	439.7	363.8	337.4	317.4
#住宅电话	Household Fixed Telephone Subscribers	45.7	191.4	235.6	165.8	167.6	157.9
农村电话用户	Rural Fixed Telephone Subscribers	11.0	119.8	269.8	204.6	180.1	159.6
#住宅电话	Household Fixed Telephone Subscribers		108.9	233.9	171.1	161.8	143.5
移动电话用户(万户)	Number of Mobile Telephone Subscribers (10000 Subscribers)		140	1811	3056	3141	3449
互联网宽带用户数(万户)	Number of DSL Services Subscribers (10000 Subscribers)		27.0	253.4	442.0	822.5	997.1
长途光缆线路长度(公里)	Length of Long-distance Optical Cable Lines(km)			21201	21115	21496	25397
本地中继线光缆线路长度(公里)	Length of Local Optical Cable Lines(km)			247494	454666	544604	607933
长途电话交换机容量(路端)	Capacity of Long Distance Telephone Exchanges (circuit)	118311	190330	554829	208000	208000	206700
移动电话交换机容量(万门)	Capacity of Mobile Telephone Exchanges (10000 line)			3333	4086	4184	6125

注：1.2003年以后“固定电话用户”包括小灵通用户。

2.2016年起“电信业务总量”按2015年不变单价计算；“邮路总长度”包含了邮政速递物流的数据；“互联网宽带用户数”包含了中国移动的数据。

a) The fixed telephone subscribers includes PHS subscribers since 2003.

b) Since 2016,calulation of business volume of telecommunications based on the conscunt price of 2015;is included in length of postal routes length of EMS's routes;number of CMCC Subscribers are included in number of DSL services subscribers.

15-8 各设区市交通运输工具年末实有数（2017年）

Actual Number of Transportation Facilities at Year-end (2017)

地区	Region	民用汽车合计(辆) Total Civil Motor Vehicles (unit)	载货汽车 Trucks	载客汽车 Passenger Vehicles	其他汽车 Other Vehicles	摩托车(辆) Motorcycles (unit)	汽车挂车(辆) Trailers (unit)	运输船舶(艘) Transport Vessels (unit)
全省	**Provincial Total**	**4733337**	**651280**	**3981039**	**101018**	**2283359**	**98763**	**3062**
南昌市	Nanchang	965591	60546	899841	5204	5996	3125	170
景德镇市	Jingdezhen	195853	18488	175750	1615	27259	2950	25
萍乡市	Pingxiang	194705	21725	168426	4554	108766	3278	
九江市	Jiujiang	495026	56594	425127	13305	184417	3500	405
新余市	Xinyu	159901	28058	128989	2854	103465	11420	67
鹰潭市	Yingtan	121944	21672	98601	1671	51041	11194	201
赣州市	Ganzhou	798620	128480	657240	12900	1206476	2727	389
吉安市	Ji'an	390495	58130	314418	17947	162915	8878	464
宜春市	Yichun	596390	135596	447746	13048	172206	32577	865
抚州市	Fuzhou	296885	55512	229576	11797	113198	11467	102
上饶市	Shangrao	508816	65691	427362	15763	145579	7647	374

15-9 邮政电信业务主要指标（2017年）

Principal Indicators of Postal and Telecommunications Services (2017)

地区	Region	年末邮政局(所)数 Number of Postal Offices at Year-end (unit)	邮政业务总量(亿元) Business Volume of Postal Services (100Billion yuan)	电信业务总量(亿元) Business Volume of Telecommunications (100Billion yuan)	固定电话年末用户数(万户) Fixed Telephone Subscribers (10000 Subscribers)	移动电话年末用户数(万户) Number of Mobile Telephone Subscribers (10000 Subscribers)	互联网宽带接入用户数(万户) Number of DSL Services Subscribers (10000 Subscribers)
全省	**Provincial Total**	**1897**	**129.6**	**661.2**	**477.0**	**3449.2**	**997.1**
南昌市	Nanchang	162	43.0	168.2	93.4	613.4	184.9
景德镇市	Jingdezhen	58	7.3	25.0	15.8	130.8	43.8
萍乡市	Pingxiang	58	4.2	22.3	24.2	147.1	46.1
九江市	Jiujiang	240	11.7	66.2	66.9	366.2	114.2
新余市	Xinyu	48	2.4	20.7	11.8	105.3	33.9
鹰潭市	Yingtan	45	4.4	15.0	13.3	85.5	27.6
赣州市	Ganzhou	375	18.0	120.0	88.4	654.2	166.7
吉安市	Ji'an	259	10.6	52.8	36.3	321.6	88.0
宜春市	Yichun	200	9.0	63.4	47.7	379.4	107.1
抚州市	Fuzhou	206	7.4	39.4	18.4	241.0	71.9
上饶市	Shangrao	246	11.9	68.1	60.7	404.7	113.0

15-10 规模以上服务业单位数及营业收入(2017年)
Number and Gross of Enterprises above Designated Size in Services (2017)

类别	Type	企业单位数(个) Number of Enterprises (unit)	营业收入(万元) Business Revenue (10000yuan)
总计	**Total**	**4292**	**24020686**
按登记注册类型及隶属关系分组	**By Registration Status and Jurisdiction of Management**		
国有企业	State-owned Enterprises	213	3051260
中央企业	Central enterprises	25	940947
地方企业	Local enterprises	188	2110313
集体企业	Collective-owned Enterprises	27	171252
股份合作企业	Cooperative Enterprises	12	37236
联营企业	Joint Ownership Enterprises	4	20851
有限责任公司	Limited Liability Corporations	1708	10338199
股份有限公司	Share-holding Corporations Limited	179	2323147
私营企业	Private Enterprises	1854	6532913
港、澳、台商投资企业	Enterprises with Funds from Hong Kong,Macao and Taiwan	29	641473
外商投资企业	Foreign Funded Enterprises	8	295267
其他经济类型	Other Economic Types	258	609088
#国有控股企业	State-owned Holding Enterprises	561	8864861
按行业分组	**Grouped by Sector**		
铁路运输业	Railway Transport	5	109020
道路运输业	Road Transport	1317	8325433
水上运输业	Water Transport	67	733521
航空运输业	Air Transport	4	142175
管道运输业	Transport Via Pipelines		
装卸搬运和运输代理业	Loading, Unloading and Other Transport Services	44	156623
仓储业	Storage	105	1280464
邮政业	Post	42	671500
电信、广播电视和卫星传输服务	Telecommunications, Broadcasting Television and Satellite Transmission	48	3381328
互联网和相关服务	Internet and Related Services	43	132641
软件和信息技术服务业	Software and Information Technology Services	204	1343892
物业管理业	Property Management	192	214940
房地产中介服务业	Real Estate Intermediary Services	19	62630
自有房地产经营活动	Own Real Estate Business Activities	11	24022
其他房地产业	Other Real Estate		
租赁业	Leasing	84	281853
商务服务业	Business Services	660	2258454
研究和试验发展	Research and Experimental Development	15	31488
专业技术服务业	Professional Technical Services	246	940576
科技推广和应用服务业	Services of Science and Technology Promotion and Application	46	129555
水利管理业	Management of Water Conservancy	3	15175
生态保护和环境治理业	Ecological Protection and Environmental Management	13	102793
公共设施管理业	Management of Public Facilities	138	744114
居民服务业	Services to Households	104	191383
机动车、电子产品和日用产品修理业	Repair to Motor,Electronic Products and Householе Products	97	135448
其他服务业	Other Services	34	53874
教育	Education	254	439876
卫生	Health	207	1261521
社会工作	Social Services	16	12327
新闻和出版业	Journalism and Publishing Activities	20	444447
广播、电视、电影和影视录音制作业	Broadcasting, Movies, Television and Video Reccording	96	124232
文化艺术业	Cultural and Art Activities	45	96950
体育	Sports Activities	21	38516
娱乐业	Entertainment	92	139916
按地区分组	**By Region**		
南昌市	Nanchang	794	6916049
景德镇市	Jingdezhen	156	1418116
萍乡市	Pingxiang	131	522208
九江市	Jiujiang	374	2190588
新余市	Xinyu	107	396677
鹰潭市	Yingtan	166	857220
赣州市	Ganzhou	549	2544907
吉安市	Ji'an	550	2713573
宜春市	Yichun	491	2268848
抚州市	Fuzhou	348	1581113
上饶市	Shangrao	624	2601753

15-11 规模以上服务业企业主要财务指标（2017年）

单位：万元

类　别	Type	资产总计 Total Assets	流动资产合计 Working Capitals
总　计	**Total**	**93777363**	**29395648**
按登记注册类型及隶属关系分组	By Registration Status and Jurisdiction of Management		
国有企业	State-owned Enterprises	12093307	5986286
中央企业	Central enterprises	3361610	2569739
地方企业	Local enterprises	8731698	3416547
集体企业	Collective-owned Enterprises	102620	28243
股份合作企业	Cooperative Enterprises	47462	26190
联营企业	Joint Ownership Enterprises	26834	13524
有限责任公司	Limited Liability Corporations	63451618	18168459
股份有限公司	Share-holding Corporations Limited	11450637	1948473
私营企业	Private Enterprises	4851808	2823934
港、澳、台商投资企业	Enterprises with Funds from Hong Kong,Macao and Taiwan	774467	103795
外商投资企业	Foreign Funded Enterprises	89315	-25040
其他经济类型	Other Economic Types	889295	321784
#国有控股企业	State-owned Holding Enterprises	79999794	22286840
按行业分组	**Grouped by Sector**		
铁路运输业	Railway Transport	4543651	475641
道路运输业	Road Transport	38503475	5105674
水上运输业	Water Transport	462622	188772
航空运输业	Air Transport	751803	213516
管道运输业	Transport Via Pipelines		
装卸搬运和运输代理业	Loading, Unloading and Other Transport Services	182179	69282
仓储业	Storage	3655805	3132785
邮政业	Post	402752	229015
电信、广播电视和卫星传输服务	Telecommunications, Broadcasting Television and Satellite Transmission	5188611	596927
互联网和相关服务	Internet and Related Services	99096	68334
软件和信息技术服务业	Software and Information Technology Services	1184744	864112
物业管理业	Property Management	1434343	866041
房地产中介服务业	Real Estate Intermediary Services	45878	34470
自有房地产经营活动	Own Real Estate Business Activities	427247	160410
其他房地产业	Other Real Estate		
租赁业	Leasing	157885	82910
商务服务业	Business Services	21952596	11953016
研究和试验发展	Research and Experimental Development	140060	74586
专业技术服务业	Professional Technical Services	1163056	848707
科技推广和应用服务业	Services of Science and Technology Promotion and Application	193417	106980
水利管理业	Management of Water Conservancy	96875	85041
生态保护和环境治理业	Ecological Protection and Environmental Management	96786	44602
公共设施管理业	Management of Public Facilities	9005007	2244951
居民服务业	Services to Households	197925	84226
机动车、电子产品和日用产品修理业	Repair to Motor,Electronic Products and Househole Products	62479	28283
其他服务业	Other Services	57461	46345
教育	Education	803037	278296
卫生	Health	1610966	817148
社会工作	Social Services	68905	9233
新闻和出版业	Journalism and Publishing Activities	518854	384779
广播、电视、电影和影视录音制作业	Broadcasting, Movies, Television and Video Reccording	160125	71446
文化艺术业	Cultural and Art Activities	221531	81397
体育	Sports Activities	86785	29610
娱乐业	Entertainment	301408	119114

Main Financial Indicators of Enterprises above Designated Size in Services (2017)

固定资产原价 Original Value of Fixed Assets	负债合计 Total Liabilities	所有者权益合计 Total Owners Equity	主营业务收入 Revenue from Principal Business	主营业务成本 Cost of Principal Business	主营业务税金及附加 Taxes and Other Charges on Principal Business	营业利润 Profits	利润总额 Total Profits	本年应交增值税 Valued Added Payable
46651019	**51752230**	**42025133**	**23574289**	**17998430**	**220393**	**1720088**	**2061623**	**755778**
5686002	7729682	4363625	2987243	2580693	9146	42444	96904	33357
826953	2634820	726789	918250	876586	1859	-14981	13560	7594
4859050	5094862	3636835	2068993	1704107	7288	57425	83344	25763
44641	60452	42168	166936	123252	2222	25392	24904	5937
25953	31071	16391	37144	31553	122	326	330	486
9876	16959	9875	20712	19640		-1228	-807	142
29673881	34781947	28669671	10100245	7490927	106411	629035	820705	338504
6784328	4838662	6611975	2271414	1518550	14555	254957	309094	76670
2016228	2978713	1873095	6469720	5233703	82984	528433	568652	256754
1376238	597576	176890	627053	431627	1907	99154	100381	16744
433562	228168	-138853	293739	155271	851	89359	88944	18424
600311	488999	400296	600083	413213	2194	52216	52515	8760
38985510	43136307	36863487	8626433	6241322	66654	578467	827835	219576
1252453	1083701	3459950	94257	52442	61	22547	22020	535
29406833	23468847	15034628	8229151	6711842	91058	398639	600712	351073
389905	186483	276139	688413	538244	5671	85678	92503	38109
615848	254385	497417	141326	132030	648	-11416	-7324	5286
106222	78269	103910	153068	128958	1534	8728	9386	4041
518627	3302702	353103	1246324	1205407	1615	-14674	17608	5955
329771	210790	191962	659618	572241	2878	7509	7510	8127
8650968	3501797	1686814	3334715	2259043	8244	299101	310969	136523
9283	30679	68417	132507	101833	578	13248	13814	3481
246408	535343	649401	1324355	871189	9785	110922	116458	28899
175835	565164	869180	204005	143596	3277	-6364	15221	6922
3985	15231	30647	62424	27221	514	13445	13450	3197
61059	181098	246149	22937	14959	667	1995	1838	1125
86621	109491	48393	280567	225991	3371	28911	29695	14206
1676223	10705542	11247054	2206860	1679108	42120	158837	179510	50790
24976	85264	54796	29528	20678	192	513	2228	653
226514	530327	632729	935978	641204	6895	104293	107870	30623
55424	98446	94972	127051	89779	1397	18070	18543	1699
8970	16707	80168	15173	8214	168	6736	6565	1292
19747	41856	54931	102793	81819	1020	15072	16261	2399
776787	4594520	4410487	712077	369952	20553	253079	260014	22287
49000	114849	83076	177033	119677	2260	22887	23822	7233
33400	23853	38626	133802	104067	1812	16109	16169	3676
9161	42159	15302	53802	41477	477	2894	2907	2446
496625	393746	409291	431482	259141	3122	40738	46724	5483
925004	935927	675039	1248531	977000	2845	52984	55299	3346
65465	18401	50504	12273	7853	18	-106	129	41
94536	144297	374557	441558	348175	1111	41701	46888	6525
66211	94360	65766	117450	80648	2865	9729	10436	4204
98133	145181	76350	95468	78722	1145	-1461	3199	2313
25041	65030	21755	37241	24778	1031	2036	2481	490
145986	177786	123623	122526	81142	1465	17708	18715	2802

15-12 各地区规模以上服务业企业主要财务指标（2017年）
Main Financial Indicators of Enterprises above Designated Size in Services by Region (2017)

单位：万元

类 别	Type	资产总计 Total Assets	流动资产合计 Working Capitals	固定资产原价 Original Value of Fixed Assets	负债合计 Total Liabilities	所有者权益合计 Total Owners Equity	主营业务收入 Revenue from Principal Business
全 省	**Provincial Total**	**93777363**	**29395648**	**46651019**	**51752230**	**42025133**	**23574289**
南 昌 市	Nanchang	60790804	12776741	31298471	32600635	28190169	6774250
景德镇市	Jingdezhen	797910	185048	655497	531581	266329	1408994
萍 乡 市	Pingxiang	1445641	515192	979942	715029	730612	507633
九 江 市	Jiujiang	6893641	4766811	2045507	3644218	3249422	2115632
新 余 市	Xinyu	746057	325329	497483	343699	402358	391585
鹰 潭 市	Yingtan	1080269	577182	526164	738232	342038	845958
赣 州 市	Ganzhou	6922561	2475977	4545019	4406261	2516299	2494455
吉 安 市	Ji'an	3777026	1730610	1393601	1936383	1840643	2671641
宜 春 市	Yichun	6352530	3536059	1795987	3231826	3120704	2246462
抚 州 市	Fuzhou	2007323	1162371	1000756	1433674	573649	1565710
上 饶 市	Shangrao	2724657	1279819	1696188	1695671	1028986	2542334

15-12 续表 continued

单位：万元

类 别	Type	主营业务成本 Cost of Principal Business	主营业务税金及附加 Taxes and Other Charges on Principal Business	营业利润 Profits	利润总额 Total Profits	本年应交增值税 Valued Added Payable
全 省	**Provincial Total**	**17998430**	**220393**	**1720088**	**2061623**	**755778**
南 昌 市	Nanchang	4835025	41885	336473	542796	155126
景德镇市	Jingdezhen	1092007	24957	141667	142419	74769
萍 乡 市	Pingxiang	401645	3026	31869	32504	13046
九 江 市	Jiujiang	1521626	25865	300231	305858	63313
新 余 市	Xinyu	307822	4802	28257	30775	11679
鹰 潭 市	Yingtan	702977	8662	26617	36792	36481
赣 州 市	Ganzhou	1866692	11389	222916	237857	49158
吉 安 市	Ji'an	2173959	32594	243006	255211	109167
宜 春 市	Yichun	1788730	27021	198519	229664	73306
抚 州 市	Fuzhou	1347540	14044	83875	113620	92467
上 饶 市	Shangrao	1908753	25880	194621	216477	77266

主要统计指标解释

铁路营业里程 指办理客货运输业务的铁路正线总长度。凡是全线或部分建成双线及以上的线路，以第一线的实际长度计算；复线、站线、段管线、岔线和特别用途线以及不计算运费的联络线都不计算营业里程。铁路营业里程是反映铁路运输业基础设施发展水平的重要指标，也是计算客货周转量、运输密度和机车车辆运用效率指标的基础资料。

公路里程 也称“公路通车里程”，是指实际达到《公路工程[WTB2]技术标准 JTJ01-88》规定的等级公路，并经主管部门的正式验收支付使用的公路里程数。它包括大中城市的郊区公路以及通过小城镇街道的公路里程，也包括桥梁、渡口的长度，但不包括城市的街道以及厂矿、林区和农业生产用道的里程。两条或多条公路共同经由同一路段，只计算一次，不重复计算里程长度。公路里程是反映公路建设发展规模的重要指标，也是计算运输网密度等指标的基础资料。

内河航道里程 也称“内河通航里程”，是指在枯水季节水深在０.３米及以上，能通航运输船舶及排筏的天然河流、湖泊水库、运河及通航渠道的长度。包括全年季节性通航累计三个月以上的航道，但不包括仅供零散流放竹木排的河道。内河航道里程是反映内河水运网规模、水平和发展情况的主要指标。

货（客）运量 指运输业实际运送的货物（旅客）数量。货运按吨计算，客运按人计算。货物不论运输距离长短，货物类别，均按实际重量统计；旅客不论行程远近或票价多少，均按一人一次作为客运量统计。半票价、小孩票，也按一人统计。货（客）运量是反映运输业为国民经济和人民生活服务的数量指标，也是制定和检查运输生产计划、研究运输展规模和速度的重要指标。

货物（旅客）周转量 指运输业运送的货物（旅客）数量与其相应运输距离的乘积之总和，通常以吨公里和人公里为计算单位。计算货物周转量通常按发出站与到达站之间的最短距离，也就是计费距离计算。它是反映运输业生产总成果的重要指标，也是编制和检查运输生产计划、计算运输效率、劳动生产率以及核算运输单位成本的主要基础资料。

铁路货运机车平均日产量 指平均每台货运机车在一昼夜内所完成的总重吨公里数。它既包括载运货物的重量，也包括车辆本身的自重，它是从时间和牵引能力两方面反映了机车运用效率的综合性指标。计算公式为：

$$\text{货运机车平均日产量}=\frac{\text{货运总重吨公里数}}{\text{货运机车台日数}}$$

邮电业务总量 指以货币表现的邮电部门为用户传递信息和提供其他邮电服务的总量。它用各种邮电分类业务量，如函件件数、电报份数、长话张数、市内电话和农村电话的年均户数、订销报刊累计份数等，分别乘以相应的不变单价加总后再加上出租电路和设备的收入、代用户维护电话交换机和线路等设备的收入、其他业务收入求得。邮电业务总量综合反映了一定时期邮电工作的总成果，是研究邮电业务量构成和发展趋势的重要指标。

Explanatory Notes on Main Statistical Indicators

Length of Railways in Operation refers to the total length of the trunk line for passenger and freight transportation (including both full operation and temporary operation). The calculation is based on the actual length of the first line if this line has a full or partial double (or more). Not included are double tracks, station sidings, tracks under the charge of stations, branch lines, special-purpose lines and non-payable connecting lines. The length of railways in operation is an important indicator to show the development of the infrastructure of railway transport. It is also essential data to calculate volume of passenger freight transport, traffic density and utilization efficiency of locomotives and carriages.

Length of Highways refers to the length of highways which are built in conformity with the grades specified by the highway engineering standard [Highways WTBZ-Technical Standard JTJ01-88]formulated by the Ministry of Communications, and have been formally checked and accepted by the departments of highways and put into use. The length of highways includes that of the suburb highways at large and medium-sized cities, highways passing through streets at small cities and towns, and also the length of bridges and ferry piers. It does not include the length of streets in big and medium-sized cities and highways built for the production purpose at factories, mines, forest areas and agricultural areas. If two or more highways go the same section of the way, the length of the section is only calculated for once and no duplication is allowed. The length of highways is an indicator to show the development of the scale of highway construction and to provide essential information to calculate the transport network density.

Length of Navigable Inland Waterways is an indicator reflecting the size and development of inland water network. It refers to the length of the natural rivers, lakes, reservoirs, canals, and ditches open to navigation during a given period, which enables transportation by ships and rafts. It includes the channels open to navigation for over an accumulated period of 3 months in a year, yet this does not include the river courses which are only used to float odd logs and bamboo rafts. This indicator can reflect the scale, level and development situation of the inland waterway network.

Freight (Passenger) Traffic refers to the volume of freight (passenger) transported with various means within a specific period of time. This indicator reflects the service of the transport industry towards the national economy and people's living conditions, as well as an important indicator used in formulating and monitoring transport production plans and research into the scale and pace of transport development. Freight transport is calculated in tons and passenger traffic is calculated in terms of number of persons. Freight transport is calculated in terms of the actual weight of the goods and takes no account of the type of freight and distance of travel. Passenger traffic is calculated by the principle that one person can be counted only once in one trip and takes no account of the travelling distance and ticket price. The passengers who travel with a half price ticket or a child's ticket is also calculated as one person.

Freight Ton-kilometres (Passenger-kilometres) refers to the sum of the product of the volume of transported cargo (passengers) multiplied by the transport distance. It is an important indicator to reflect the achievement of the transportation industry. This is an important indicator to show the total results of the transport industry; to prepare and examine the transport plan; and to serve as the main basic data for calculating the efficiency, labour productivity and unit cost of transport. Normally, the shortest distance between the departure station and the destination station (i.e., the payable distance) is the basis in calculating the freight ton-kilometres.

Average Daily Haul of Freight Locomotives refers to the average total ton-kilometres accomplished by each freight transport locomotive over one day and night during a given period of time. It includes both the weight of the goods carried and the dead weight of the train itself. It is a comprehensive indicator reflecting the locomotive efficiency in terms of both time and the pulling force.

$$\begin{array}{c}\text{Average daily haul of}\\ \text{freight transport locomotive}\\ \text{(ton-kilometre)}\end{array} = \frac{\begin{array}{c}\text{Total ton-kilometres}\\ \text{of freight}\end{array}}{\begin{array}{c}\text{Daily number of freight}\\ \text{transport locomotive}\end{array}}$$

Business Volume of Post and Telecommunications refers to the total amount of postal and telecommunication services, expressed in value terms, provided by the post and telecommunications departments for society. Postal and telecommunication services can be classified as letters, parcels, remittance, issue of newspapers and magazines, fast mail service, express mail service, savings deposits, stamps for collection, facsimiles, long-distance telephone service, leasing of telephone lines, mobile telephone service, data transmission, income from leasing, maintenance, etc. The accounting approach is to multiply the service products of all types with their average unit price (constant price) to get the total business value, and to add to it income from other services such as leasing of telephone lines and equipment and maintenance of telephone switchboards and lines on behalf of customers. This indicator reflects the overall results of postal and telecommunication services during a given period, and is important for studying the composition of business service and the trend of development of postal and telecommunication services.

16

国内贸易和旅游

DOMESTIC TRADE AND TOURISM

◆359/392

资料整理及英文翻译：王杨帆、尹琼楠、刘 兴

简要说明

一、本篇资料的主要内容

本篇资料主要反映全省国内贸易基本情况、零售市场的发展和批发和零售业商品流转情况、住宿和餐饮业经营情况以及主要财务状况；旅游的历年概况等。主要内容包括：社会消费品零售总额及其分组指标；城乡个体私营批发零售贸易、住宿餐饮业基本情况；限额以上批发和零售业、住宿和餐饮业基本情况、商品流转和经营情况、财务状况；亿元商品交易市场成交情况；旅游统计资料等。

二、本篇资料的统计范围

从事批发和零售业、住宿和餐饮业的法人企业、产业活动单位和个体户，以及年成交额在亿元以上的商品交易市场。

根据国家统计局对社会消费品零售总额指标调整的要求，我们对社会消费品零售总额进行了调整，即：1993年以后社会消费品零售总额指标不包括农业生产资料；1997年以后社会消费品零售总额指标不包括居民购买住房；2003年以后社会消费品零售总额指标不包括有各种经济类型的制造业法人企业、产业活动单位和个体工业，直接售给城乡居民（包括本企业职工）和社会集团的商品以及农民在田间地头出售的农产品。

限额以上批发和零售业、住宿和餐饮业统计限额标准：批发业，年主营业务收入2000万元及以上；零售业，年主营业务收入500万元及以上；住宿业、餐饮业，年主营业务收入200万元及以上。

国际旅游和国内旅游资料。

三、本篇的资料来源

本篇资料国内贸易部分是江西省统计局贸易外经处根据国家统计局制定的《批发和零售业、住宿和餐饮业统计报表制度》进行搜集和加工整理而得；城乡个体私营批发零售贸易、住宿餐饮业基本情况资料由省工商局提供；旅游资料来自省旅游局。

四、本篇的统计调查方法

本篇资料中限额以上批发和零售业、住宿和餐饮业法人企业资料和限额以下批发和零售业、住宿和餐饮企业及个体户的资料采用全面调查和抽样调查的方法取得；国际、国内旅游收入和旅游人数等指标采取抽样调查方法取得。

Brief Introduction

I. Main Contents

Data in this chapter reflect the development for the whole province of domestic market, development of retail trade, and circulation of commodities through wholesale and retail trades, and the operation, management and financial situation of hotels catering services and annual tourism. Main contents include total retail sales of consumer goods and its indicators by group; the basic conditions of private enterprises in wholesale and retail trades and catering services in urban and rural areas; the basic statistics of the wholesale and retail trades, hotels and catering services above designated size; circulation of commodities (in operation and financial terms); turnover of large commodity transaction markets with transaction over 100 million yuan; statistical information of tourism.

II. Scope of Statistics

This chapter Included corporation enterprises, economic active establishments and self-employed individuals of wholesale and retail trades; hotels and catering services and large commodity markets with transaction value over 100 million yuan.

Based on requests from national bureau of statistics, we adjusted datas of total retail sales of consumer goods. since 1993, this indicator does not include means of agricultural production; since 1997, this indicator does not include purchase of houses by residents. Since 2003, this indicator does not include commodities sold to urban and rural households (including their own employees) and institutions directly by manufacturing corporations, establishments and individual manufacturers, nor farm products sold by farmers in the fields.

Criteria for wholesale and retail sale trades, hotels and catering services above designated size are as follows: wholesale trade, wholesale trade with annual principal business sales over 20 million yuan; retail trade, with annual principal business sales over 5 million yuan. The statistical unit of enterprises of hotel and catering services above the designated size is the annual income of main business at and over 2 million yuan.

Statistical information of home and aboard tourism.

III. Sources of Data

Data on domestic trade in this chapter are collected and processed in accordance with The Statistical Reporting Form System on Wholesale and Retail Trades, Hotels and Catering Services of the National Bureau of Statistics by the Department of Trade and External Economic Relations of Jiangxi Provincial Bureau of Statistics. Data on private enterprises in wholesale and retail trades and catering services in urban and rural areas are provided by Industry and Commerce Bureau of Jiangxi Province. Data on tourism are provided by Tourism Bureau of Jiangxi Province.

IV. Methods of Survey

Data on basic conditions for all corporate enterprises of wholesale and retail trades, hotels and catering services above designated size and enterprises and individual enterprises below the designated size are collected through comprehensive reporting form system and sample surveys. Data are reported to their next higher level. Data on private enterprises in wholesale and retail trades and catering services in urban and rural areas are offered by Jiangxi Administration for Industry and Commerce. Data on revenue and population of home and aboard tourism are collected from sample surveys.

16-1 社会消费品零售总额
Total Retail Sales of Consumer Goods

单位：万元 (10000 yuan)

年 份 Year	社会消费品零售总额 Total Retail Sales of Consumer Goods	按行业分 Gruped by Sector				按所在地分 Grouped by Location		
		批发零售贸易业 Wholesale and Retail Trades	住宿餐饮业 Hotels and Catering Services	制造业 Manufacturing Industry	其他行业 Others	市 City	县 County	县以下 Below County Level
1980	454837	394464	14716	11925	33732	136117	124878	193842
1985	857101	624672	29833	67896	134700	284121	241686	331294
1990	1519351	992798	67288	123838	335427	565455	416650	537246
1991	1691914	1104809	76691	124733	385681	652942	452991	585981
1992	1976150	1252247	95006	140292	488605	773815	552926	649409
1993	2436197	1558161	133924	182450	561662	993276	647603	795318
1994	3309488	2170230	190318	225022	723918	1417590	842239	1049659
1995	4108625	2621800	240923	339499	906403	1754824	1032896	1320905
1996	4904426	3097082	324083	415364	1067896	2136075	1160310	1608041
1997	5585484	3393320	434171	422694	1335299	2509674	1328683	1747127
1998	6050877	3663941	487089	455056	1444791	2783772	1416479	1850626
1999	6504678	3976504	529461	472388	1526325	3024481	1504438	1975759
2000	7048677	4332119	601080	482100	1633378	3336519	1597858	2114300
2001	7633414	4719534	668622	505988	1739270	3689149	1712064	2232201
2002	8327099	5208415	750374	533849	1834461	4062171	1867732	2397196
2003	9232088	8120182	852549		259357	4553077	2066072	2612939
2004	10744928	9516427	1064138		164363	5545548	2358081	2841299
2005	12448931	11020953	1270375		157603	6449814	2737685	3261432
2006	14481923	12805426	1512142		164355	7594410	3170514	3716999
2007	17189295	15175878	1834720		178697	9097512	3736589	4355194
2008	21417862	18879278	2335508		203076	11464236	4583190	5370436
2009	24844266	21855608	2785850		202808	13305829	5317196	6221240

16-1 续表 continued

单位：万元 (10000 yuan)

年 份 Year	社会消费品零售总额 Total Retail Sales of Consumer Goods	按行业分 Gruped by Sector 批发业 Wholesale Trades	零售业 Retail Trades	住宿业 Hotels Services	餐饮业 Catering Services	按所在地分 Grouped by Location 城镇 City and Town	城区 County Proper	乡村 Below County Level
2010	29562073	4740892	21340866	358522	3121793	24659839	14614792	4902234
2011	35599147	7671238	22858294	530335	4539280	29531016	17705183	6068131
2012	41230342	9033701	26283758	586522	5326360	34214590	20861469	7015752
2013	46960018	10402336	29923465	651355	5982862	39100476	25350871	7859542
2014	52926290	11610565	34370161	717601	6227963	44222325	28362972	8703965
2015	59255007	11842974	39908894	790023	6713116	49150612	31187097	10104395
2016	66346275	9870910	48260448	783248	7431670	54918204	35366168	11428071
2017	74480901	10859854	54646655	916558	8057834	61673143	40282065	12807758
南昌市 Nanchang	20969616	3322537	16214989	202878	1229212	19601666	15009268	1367950
景德镇市 Jingdezhen	3359346	1555797	1378253	26168	399128	2928185	2179865	431161
萍乡市 Pingxiang	3791542	525697	2745878	34467	485500	3126316	1649757	665227
九江市 Jiujiang	7392073	1085916	5198217	174693	933247	5706283	3760518	1685790
新余市 Xinyu	2695849	418504	1639129	23154	615062	2369724	1554175	326125
鹰潭市 Yingtan	2177302	720905	1133286	55086	268026	1946445	1707974	230857
赣州市 Ganzhou	8870487	2104324	5961322	96984	707857	7440937	3690517	1429550
吉安市 Ji'an	5049690	1363416	3383292	156540	146442	4041662	3317405	1008028
宜春市 Yichun	6674972	1447638	4463724	34430	729180	5280643	3184353	1394329
抚州市 Fuzhou	5376602	1770887	3187119	38096	380500	4325463	2235367	1051139
上饶市 Shangrao	8123422	2896812	4618978	243053	364579	6482490	4148794	1640931

注：2010年国家统计制度作了修订，社会消费品零售总额统计分组发生变化。

a) The classification of Total Rotal Retail Sales of Consumer God has been adjusted due to the modification of the national statistical system in 2010.

16-2 限额以上批发零售贸易法人企业商品购进、销售、库存总额(2017年)

单位：万元

指　　标	Item	法人企业(个) Number of Corporation(unit)	购进总额 Total Purchases	#进口 Imports
总　计	**Total**	**4047**	**38233358**	**367143**
批发业	**wholesale Trade**	**1137**	**22682621**	**111955**
按登记注册类型分	**By Types of Registration**			
内资企业	Domestic Funded Enterprises	1128	22240080	103285
国有企业	State-owned Enterprises	50	2941590	8611
集体企业	Collective-owned Enterprises	8	37523	
有限责任公司	Limited Liability Corporations	559	13681706	55122
国有独资公司	State Sole Funded Corporations	9	309562	
其他有限责任公司	Other Limited Liability Corporations	550	13372144	55122
股份有限公司	Share-holding Corporations Ltd.	47	1453450	
私营企业	Private Enterprises	459	4109023	39552
#私营有限责任公司	Private Limited Liability Corporations	422	3894903	39552
私营股份有限公司	Private Share-holding Corporations Ltd.	30	169501	
其他企业	Other Enterprises	4	12681	
港澳台商投资企业	Enterprises with Funds from Hong Kong, Macao and Taiwan	6	121448	
与港澳台商合资经营企业	Joint-venture Enterprises	1	10724	
港澳台商独资企业	Enterprises with Sole Funds	3	106825	
港澳台商投资股份有限公司	Share-holding Corporations Ltd. with Funds	1	3399	
外商投资企业	Foreign Funded Enterprises	3	321093	8671
#中外合资经营企业	Joint-venture Enterprises	1	250048	8671
外资企业	Enterprises with Sole Foreign Funds	1	45611	
按国民经济行业分	**By Sector**			
农、林、牧产品批发业	Wholesale of Farm Produce and Livestock Products	61	344583	
食品、饮料及烟草制品批发业	Wholesale of Food, Beverages and Tobaccos	170	4034357	5467
#米、面制品及食用油批发业	Wholesale of Rice, Flour and Edible Oil	31	211486	
烟草制品批发业	Whole of Tobaccos	11	2750562	41
纺织、服装及家庭用品批发业	Wholesale of Textiles, Garments and Daily Consumer Articles	89	1144797	10099
#服装批发业	Wholesale of Garments	22	229242	
家用电器批发业	Wholesale of Household Electrical Appliances	27	679828	
文化、体育用品及器材批发业	Wholesale of Culture, Sports Appliances and Equipments	16	243482	
医药及医疗器材批发业	Wholesale of Medicines and Medical Appliances	238	4679391	29132
矿产品、建材及化工产品批发业	Wholesale of Mineral Products, Building Materials and Chemical Products	342	7268911	36496
#煤炭及制品批发业	Wholesale of Coal and Related Products	37	707572	
石油及制品批发业	Wholesale of Petrolem and Related Products	40	1705996	
金属及金属矿批发业	Wholesale of Metal Materials	105	3554431	27418
建材批发业	Wholesale of Building Materials	77	753464	15
化肥批发业	Wholesale of Chemical Fertilizer	32	187847	531
机械设备、五金交电及电子产品批发业	Wholesale of Machinery, Hardware and Electronic Equipment	144	4062596	19689
#汽车批发业	Wholesale of Motor Vehicles	27	2612185	8925
计算机、软件及辅助设备批发业	Wholesale of Computer, Software and Assistant Appliances	14	73879	
贸易经纪与代理	Trade Broker and Agency	22	435924	11062
其他批发业	Other Wholesale not Classified Elsewhere	52	447103	11

Total Purchases,Sales and Inventory of Enterprise above Designated Size in Wholesale and Retail Sale Trades (2017)

(10000 yuan)

销售总额 Total Sales	批发 Wholesale Trade	#出口 Exports	零售 Retail Trade	年末库存总额 Inventory (year-end)
48600673	**27290064**	**679000**	**21310609**	**4219899**
30778899	**25475289**	**657323**	**5303610**	**1956589**
30304638	25038005	414322	5266632	1944367
4741218	4551081	13049	190137	415309
38857	30201		8656	3982
15277938	14131377	245833	1146561	935164
350491	178723		171768	22932
14927447	13952654	245833	974793	912232
4738083	1398643		3339440	227074
5488382	4907905	155439	580476	361266
5247162	4701338	151132	545824	343939
195769	162164	4307	33606	15887
16771	15574		1197	221
125479	95979	10178	29501	12037
15358	11751		3608	4357
106159	80900	10178	25259	7615
3407	2784		623	63
348782	341305	232823	7477	185
259720	259720	232823		134
60681	53204		7477	50
435869	388751	25619	47119	204928
6020584	5702617	64769	317967	576298
216454	183229		33225	128963
4337732	4304830		32902	230174
1205439	1107901	111957	97538	90160
223957	181296	47634	42661	23314
724635	697387		27248	54850
260096	252783	158	7313	7027
6366990	6013832	51801	353159	399133
11079411	6968075	54699	4111337	475973
766801	731540		35261	19732
5107827	1270772		3837055	209575
3743970	3636420	4579	107551	150413
852782	778047	4900	74735	38375
199254	178617		20637	28266
4360676	4067948	254700	292728	163066
2705337	2572500	232823	132837	74106
86863	75823		11040	7341
439236	435202	54512	4035	5024
583201	512345	39108	70856	34304

16-2 续表

单位：万元

指　标	Item	法人企业(个) Number of Corporation(unit)	购进总额 Total Purchases	#进口 Imports
零售业	**Retail Trade**	**2910**	**15550737**	**255188**
按登记注册类型分	**By Types of Registration**			
内资企业	Domestic Funded Enterprises	2876	14561171	179526
国有企业	State-owned Enterprises	20	63653	
股份合作企业	Cooperative Enterprises	4	19889	
有限责任公司	Limited Liability Corporations	1151	7577189	113004
国有独资公司	State Sole Funded Corporations	8	65205	
其他有限责任公司	Other Limited Liability Corporations	1143	7511983	113004
股份有限公司	Share-holding Corporations Ltd.	75	1215926	
私营企业	Private Enterprises	1602	5631668	66522
私营独资企业	Private-funded Enterprises	44	54058	
私营合伙企业	Private Share-holding Corporations Ltd.	14	15380	
私营有限责任公司	Private Limited Liability Corporations	1467	5219320	66522
私营股份有限公司	Private Share-holding Corporations Ltd.	77	342910	
其他企业	Other Enterprises	17	15190	
港澳台商投资企业	Enterprises with Funds from Hong Kong, Macao and Taiwan	22	570840	75662
#与港澳台商合资经营企业	Joint-venture Enterprises	5	19474	
港澳台商独资企业	Enterprises with Sole Funds	15	539793	75662
外商投资企业	Foreign Funded Enterprises	12	418726	
中外合资经营企业	Joint-venture Enterprises	5	151123	
外资企业	Enterprises with Sole Foreign Funds	6	266669	
按国民经济行业分	**By Sector**			
综合零售业	Integrated Retail	314	2574574	1084
#百货零售业	Retail of General Merchandise	127	1488806	75
超级市场零售业	Retail of Supermarkets	163	1039447	697
食品、饮料及烟草制品专门零售业	Retail of Food, Beverages and Tobaccos	326	777322	1444
纺织、服装及日用品专门零售业	Special Retail of Textiles, Garments and Daily Consumer Articles	145	365681	491
#服装零售业	Retail of Garments	69	178313	
文化、体育用品及器材专门零售业	Retail of Culture, Sports Appliances and Equipments	64	994418	225
#图书、报刊零售业	Wholesale of Books, Newspapers and Periodicald	4	721021	
医药及医疗器材专门零售业	Retail of Medicines and Medical Appliances	117	562928	226
#药品零售业	Retail of Medicines	92	479138	226
汽车、摩托车、燃料及零配件专门零售业	Retail of Motor Vehicles, Motorcycles, Fuel and Parts	1074	7776802	240374
#汽车零售业	Retail of Motor Vehicles	973	7254671	240374
机动车燃料零售业	Retail of Fuel of Motor Vehicles	52	436088	
家用电器及电子产品专门零售业	Special Retail of Household Electric Appliances and Electronic Products	382	1356761	100
#家用电器零售业	Retail of Household Electric Appliances	223	958013	100
计算机、软件及辅助设备零售业	Retail of Computer, Software and Assistant Appliances	88	152495	
通讯设备零售业	Retail of Communication Equipments	46	128392	
五金、家具及室内装修材料专门零售业	Special Retail of Hardware, Furniture and Decoration Materials	191	412182	3020
货摊、无店铺及其他零售业	Non-shop and Other Retails	296	729106	8225

continued

(10000 yuan)

销售总额 Total Sales	批发 Wholesale Trade	#出口 Exports	零售 Retail Trade	年末库存总额 Inventory (year-end)
17821774	**1814775**	**21677**	**16006999**	**2263310**
16670384	1646833	20787	15023551	2136025
77250	26505	4351	50745	11946
19982	1588		18394	732
8680891	986037	3573	7694854	904547
70260	4693		65567	5215
8610631	981344	3573	7629287	899332
1341033	139747		1201286	501593
6489880	489275	12863	6000605	707991
59009	920		58089	5495
16630	922		15708	2130
6037787	467769	12863	5570018	647675
376453	19663		356790	52692
19855	802		19053	1533
635687	17159		618529	73671
23568	6711		16857	5028
596242	7637		588604	49586
515702	150783	890	364919	53614
159923	10121		149802	22851
354890	139772		215118	30719
3139118	109035	3	3030083	400668
1938557	89112	3	1849445	224263
1139506	16166		1123340	153395
1002501	267459	985	735042	90296
550909	32441	7434	518468	62690
265145	14955	7429	250190	41977
999537	368802	350	630734	139280
717384	280370		437014	41489
608833	115111		493723	295989
517305	60980		456325	285996
8554063	306156		8247907	824786
7967301	230585		7736716	797089
474114	57072		417042	16117
1520967	419480		1101487	132662
1077593	335150		742443	81085
197915	44607		153308	14507
129745	34982		94763	24698
499685	61359		438327	40826
944787	134807	12905	809980	276038

16-3 限额以上批发零售贸易法人企业主要财务指标（2017年）

单位：万元

类　　别	Type	流动资产合计 Total Current Assets
总　　计	**Total**	**18605670**
批发业	**Wholesale Trade**	**11659031**
按登记注册类型分	**By Types of Registration**	
内资企业	Domestic Funded Enterprises	11448158
国有企业	State-owned Enterprises	1507561
集体企业	Collective-owned Enterprises	8262
有限责任公司	Limited Liability Corporations	6134325
国有独资公司	State Sole Funded Corporations	135483
其他有限责任公司	Other Limited Liability Corporations	5998842
股份有限公司	Share-holding Corporations Ltd.	1881212
私营企业	Private Enterprises	1912332
#私营独资企业	Private-funded Enterprises	2924
私营有限责任公司	Private Limited Liability Corporations	1834710
港澳台商投资企业	Enterprises with Funds from Hong Kong, Macao and Taiwan	58470
#港澳台商独资企业	Enterprises with Sole Funds	51009
外商投资企业	Foreign Funded Enterprises	152403
#中外合资经营企业	Joint-venture Enterprises	123979
外资企业	Enterprises with Sole Foreign Funds	17770
按国民经济行业分	**By Sector**	
农、林、牧产品批发业	Wholesale of Farm Produce and Livestock Products	186578
食品、饮料及烟草制品批发业	Wholesale of Food, Beverages and Tobaccos	2160548
#米、面制品及食用油批发业	Wholesale of Rice, Flour and Edible Oil	80384
烟草制品批发业	Wholesale of Tobaccos	1316394
纺织、服装及家庭用品批发业	Wholesale of Textiles, Garments and Daily Consumer Articles	681633
#服装批发业	Wholesale of Garments	103067
家用电器批发业	Wholesale of Household Electrical Appliances	463138
文化、体育用品及器材批发业	Wholesale of Culture, Sports Appliances and Equipments	79359
医药及医疗器材批发业	Wholesale of Medicines and Medical Appliances	2835159
矿产品、建材及化工产品批发业	Wholesale of Mineral Products, Building Materials and Chemical Products	4128221
#煤炭及制品批发业	Wholesale of Coal and Related Products	579973
石油及制品批发业	Wholesale of Petrolem and Related Products	1758646
金属及金属矿批发业	Wholesale of Metal Materials	1227243
建材批发业	Wholesale of Building Materials	368625
化肥批发业	Wholesale of Chemical Fertilizer	59633
机械设备、五金交电及电子产品批发业	Wholesale of Machinery, Hardware and Electronic Equipment	1384893
#汽车批发业	Wholesale of Motor Vehicle	688528
计算机、软件及辅助设备批发业	Wholesale of Computer, Software and Assistant Appliances	46908
贸易经纪与代理	Trade Broker and Agency	65096
其他批发业	Other Wholesale not Classified Elsewhere	132557

Size in Wholesale and Retail Trade (2017)

(10000 yuan)

固定资产合计 Total Fixed Assets	固定资产原价 Original Value of Fixed Assets	资产总计 Total Assets	负债合计 Total Liabilities	所有者权益合计 Total Owners' Equities
3214455	**4289202**	**24952601**	**16890473**	**8062128**
1797154	**2403067**	**14883005**	**10533604**	**4349401**
1775674	2374733	14640408	10354390	4286017
300622	497711	1919201	549762	1369439
1206	1479	9657	5915	3742
729141	1015494	7366554	5906079	1460475
23249	44116	189868	128254	61614
705892	971378	7176686	5777825	1398861
581468	660367	3055530	2253817	801714
162185	198343	2283948	1634593	649355
1595	1812	4749	2709	2041
154618	188229	2188021	1562149	625872
9482	12583	68946	36984	31962
8803	10832	60758	30117	30640
11998	15751	173651	142229	31422
11960	15623	145082	129345	15737
38	128	17808	4013	13796
100513	148225	336097	220566	115531
377114	564347	2714823	1058883	1655940
27957	45453	128602	69770	58831
191044	341308	1586897	300320	1286577
18077	22113	720841	595804	125037
3366	5051	114705	83299	31406
1193	2136	471088	440264	30824
859	1451	81107	35993	45114
150156	201951	3300938	2544378	756561
1078081	1365228	5994661	4507351	1487310
387261	548507	994631	767397	227234
611629	719322	2989615	2178630	810985
35046	43887	1305562	1096343	209220
17332	22346	468796	309394	159403
9936	11660	72736	52868	19869
51180	73259	1492096	1423034	69062
15067	24462	715322	771259	-55936
791	1252	54954	44794	10161
2178	3138	74469	51607	22861
15881	20167	156100	90787	65312

16-3　续表1

单位：万元

类　　　　别	Type	流动资产合计 Total Current Assets
零售业	**Retail Trade**	**6946640**
按登记注册类型分	**By Types of Registration**	
内资企业	Domestic Funded Enterprises	6689004
国有企业	State-owned Enterprises	25176
股份合作企业	Cooperative Enterprises	3973
有限责任公司	Limited Liability Corporations	3425746
国有独资公司	State Sole Funded Corporations	26617
其他有限责任公司	Other Limited Liability Corporations	3399129
股份有限公司	Share-holding Corporations Ltd.	737581
私营企业	Private Enterprises	2482986
私营独资企业	Private-funded Enterprises	8934
私营合伙企业	Private Partnership Enterprises	7853
私营有限责任公司	Private Limited Liability Corporations	2225084
私营股份有限公司	Private Share-holding Corporations Ltd.	241115
其他企业	Other Enterprises	6349
港澳台商投资企业	Enterprises with Funds from Hong Kong, Macao and Taiwan	133206
#与港澳台商合资经营企业	Joint-venture Enterprises	8670
港澳台商独资企业	Enterprises with Sole Funds	115075
外商投资企业	Foreign Funded Enterprises	124429
中外合资经营企业	Joint-venture Enterprises	26342
外资企业	Enterprises with Sole Foreign Funds	94521
按国民经济行业分	**By Sector**	
综合零售业	Integrated Retail	1278770
#百货零售业	Retail of General Merchandise	916716
超级市场零售业	Retail of Supermarkets	345999
食品、饮料及烟草制品专门零售业	Retail of Food, Beverages and Tobaccos	412689
纺织、服装及日用品专门零售业	Special Retail of Textiles, Garments and Daily Consumer Articles	213062
#服装零售业	Retail of Garments	126342
文化、体育用品及器材专门零售业	Retail of Culture, Sports Appliances and Equipments	900464
#图书、报刊零售业	Wholesale of Books, Newspapers and Periodicald	609480
医药及医疗器材专门零售业	Retail of Medicines and Medical Appliances	282630
药品零售业	Retail of Medicines	253992
汽车、摩托车、燃料及零配件专门零售业	Retail of Motor Vehicles, Motorcycles, Fuel and Parts	2798205
#汽车零售业	Retail of Motor Vehicles	2637582
机动车燃料零售业	Retail of Fuel of Motor Vehicles	116877
家用电器及电子产品专门零售业	Special Retail of Household Electric Appliances and Electronic Products	550413
#家用电器零售业	Retail of Household Electric Appliances	347584
计算机、软件及辅助设备零售业	Retail of Computer, Software and Assistant Appliances	95062
通讯设备零售业	Retail of Communication Equipments	46920
五金、家具及室内装修材料专门零售业	Special Retail of Hardware, Furniture and Decoration Materials	177034
货摊、无店铺及其他零售业	Non-shop and Other Retails	333253

continued

(10000 yuan)

固定资产合计 Total Fixed Assets	固定资产原价 Original Value of Fixed Assets	资产总计 Total Assets	负债合计 Total Liabilities	所有者权益合计 Total Owners' Equities
1417301	**1886135**	**10069596**	**6356870**	**3712726**
1335062	1746377	9617655	5967233	3650422
8053	12283	44459	32845	11614
1296	1644	5269	2507	2762
550894	701906	4925106	2883590	2041516
932	2085	27899	13557	14342
549962	699822	4897207	2870033	2027174
214426	326886	1184716	712748	471968
556043	697706	3438355	2327487	1110868
3597	4171	17107	11126	5981
4148	5075	12021	3136	8885
484368	610107	3071907	2082159	989748
63930	78352	337320	231065	106255
3108	4218	10097	1521	8577
62297	88296	305255	253360	51894
919	1339	10808	4893	5915
58548	82474	276577	234699	41878
19942	51461	146686	136276	10410
3141	17628	30355	39261	-8906
16762	33756	112411	94150	18261
516909	727198	2174400	1653960	520440
315624	431980	1535384	1165313	370071
188594	278395	602546	465215	137331
128598	154325	659856	246824	413032
27158	34555	359051	149589	209462
11929	14733	158821	88414	70406
126969	168489	1504068	520682	983386
82027	111590	858439	282987	575452
32111	45954	363758	281615	82144
28802	42646	331061	261093	69968
438762	580354	3644700	2645656	999044
381378	502194	3360741	2485620	875121
42549	59768	220750	116295	104454
32042	47862	649330	450071	199259
24218	34708	416491	302958	113533
3664	5966	112043	57530	54513
1800	2836	52767	33404	19363
34212	37531	247929	135891	112038
80491	89807	466335	272486	193849

16-3 续表2

单位：万元

类别	Type	营业收入 Revenue from Business
总计	**Total**	**44878664**
批发业	**Wholesale Trade**	**28364132**
按登记注册类型分	**By Types of Registration**	
内资企业	Domestic Funded Enterprises	27915101
国有企业	State-owned Enterprises	4310029
集体企业	Collective-owned Enterprises	38641
有限责任公司	Limited Liability Corporations	14115603
国有独资公司	State Sole Funded Corporations	324898
其他有限责任公司	Other Limited Liability Corporations	13790705
股份有限公司	Share-holding Corporations Ltd.	4203964
私营企业	Private Enterprises	5227284
#私营独资企业	Private-funded Enterprises	9854
私营有限责任公司	Private Limited Liability Corporations	4999371
港澳台商投资企业	Enterprises with Funds from Hong Kong, Macao and Taiwan	107823
#港澳台商独资企业	Enterprises with Sole Funds	90734
外商投资企业	Foreign Funded Enterprises	341208
#中外合资经营企业	Joint-venture Enterprises	261148
外资企业	Enterprises with Sole Foreign Funds	51839
按国民经济行业分	**By Sector**	
农、林、牧产品批发业	Wholesale of Farm Produce and Livestock Products	406485
食品、饮料及烟草制品批发业	Wholesale of Food, Beverages and Tobaccos	5586535
#米、面制品及食用油批发业	Wholesale of Rice, Flour and Edible Oil	199928
烟草制品批发业	Wholesale of Tobaccos	3945011
纺织、服装及家庭用品批发业	Wholesale of Textiles, Garments and Daily Consumer Articles	1084113
#服装批发业	Wholesale of Garments	211073
家用电器批发业	Wholesale of Household Electrical Appliances	629086
文化、体育用品及器材批发业	Wholesale of Culture, Sports Appliances and Equipments	236305
医药及医疗器材批发业	Wholesale of Medicines and Medical Appliances	6040707
矿产品、建材及化工产品批发业	Wholesale of Mineral Products, Building Materials and Chemical Products	10136352
#煤炭及制品批发业	Wholesale of Coal and Related Products	842540
石油及制品批发业	Wholesale of Petrolem and Related Products	4518270
金属及金属矿批发业	Wholesale of Metal Materials	3415188
建材批发业	Wholesale of Building Materials	797836
化肥批发业	Wholesale of Chemical Fertilizer	196112
机械设备、五金交电及电子产品批发业	Wholesale of Machinery, Hardware and Electronic Equipment	3908040
#汽车批发业	Wholesale of Motor Vehicles	2420113
计算机、软件及辅助设备批发业	Wholesale of Computer, Software and Assistant Appliances	82816
贸易经纪与代理	Trade Broker and Agency	392200
其他批发业	Other Wholesale not Classified Elsewhere	545653

continued

(10000 yuan)

营业成本 Cost of Business	营业税金及附加 Taxes and Other Charges on Business	营业利润 Profits	利润总额 Total Profits	本年应交增值税 Valued Added Payable
39267379	**706747**	**1457905**	**1559436**	**835602**
24766568	**606548**	**1005340**	**1106325**	**624760**
24359682	605582	993363	1093268	619393
3106518	521189	447654	512171	189681
34567	387	480	511	170
12747250	52360	302635	337110	273798
296231	2726	9169	11600	27443
12451019	49634	293467	325511	246355
3874523	6890	107140	97537	50373
4578774	24573	134706	145150	105371
8861	17	398	399	90
4371739	22484	129538	140708	102813
95729	267	9380	9849	1976
81716	232	8492	8959	1641
311157	698	2598	3208	3392
246753	447	2393	2797	1451
38970	244	104	311	1941
384459	1027	-12926	6604	775
4055812	528112	613563	672472	209266
185033	474	2767	5576	355
2771117	519944	460386	507260	184493
1006916	2209	28988	29404	8673
193764	512	9359	8411	2060
595888	890	5425	6482	4216
217858	270	8574	8075	204
5009130	26597	167014	179908	197085
9483431	39474	187143	190681	181339
766334	8335	-5734	-4250	19555
4153630	10376	115707	104595	105975
3348386	7713	17184	29248	43831
691821	10950	50753	52476	9166
183693	1548	2761	2581	156
3689808	5116	-6718	3259	18366
2329266	1567	-1891	6329	3940
73904	91	894	890	892
384710	120	1410	1649	1014
509420	3568	17808	13758	8035

16-3 续表3

单位：万元

类 别	Type	营业收入 Revenue from Business
零售业	**Retail Trade**	**16514533**
按登记注册类型分	**By Types of Registration**	
内资企业	Domestic Funded Enterprises	15461358
国有企业	State-owned Enterprises	72370
股份合作企业	Cooperative Enterprises	17305
有限责任公司	Limited Liability Corporations	7909111
国有独资公司	State Sole Funded Corporations	72945
其他有限责任公司	Other Limited Liability Corporations	7836166
股份有限公司	Share-holding Corporations Ltd.	1254385
私营企业	Private Enterprises	6148120
私营独资企业	Private-funded Enterprises	56306
私营合伙企业	Private Partnership Enterprises	16586
私营有限责任公司	Private Limited Liability Corporations	5712356
私营股份有限公司	Private Share-holding Corporations Ltd.	362872
其他企业	Other Enterprises	19762
港澳台商投资企业	Enterprises with Funds from Hong Kong, Macao and Taiwan	591152
#与港澳台商合资经营企业	Joint-venture Enterprises	20471
港澳台商独资企业	Enterprises with Sole Funds	556195
外商投资企业	Foreign Funded Enterprises	462023
中外合资经营企业	Joint-venture Enterprises	149098
外资企业	Enterprises with Sole Foreign Funds	312035
按国民经济行业分	**By Sector**	
综合零售业	Integrated Retail	2932534
#百货零售业	Retail of General Merchandise	1805495
超级市场零售业	Retail of Supermarkets	1067799
食品、饮料及烟草制品专门零售业	Retail of Food, Beverages and Tobaccos	894376
纺织、服装及日用品专门零售业	Special Retail of Textiles, Garments and Daily Consumer Articles	509557
#服装零售业	Retail of Garments	255522
文化、体育用品及器材专门零售业	Retail of Culture, Sports Appliances and Equipments	978319
#图书、报刊零售业	Wholesale of Books, Newspapers and Periodicald	721633
医药及医疗器材专门零售业	Retail of Medicines and Medical Appliances	567435
#药品零售业	Retail of Medicines	493494
汽车、摩托车、燃料及零配件专门零售业	Retail of Motor Vehicles, Motorcycles, Fuel and Parts	7975723
#汽车零售业	Retail of Motor Vehicles	7415590
机动车燃料零售业	Retail of Fuel of Motor Vehicles	458781
家用电器及电子产品专门零售业	Special Retail of Household Electric Appliances and Electronic Products	1407925
#家用电器零售业	Retail of Household Electric Appliances	998915
计算机、软件及辅助设备零售业	Retail of Computer, Software and Assistant Appliances	183807
通讯设备零售业	Retail of Communication Equipments	119607
五金、家具及室内装修材料专门零售业	Special Retail of Hardware, Furniture and Decoration Materials	449373
货摊、无店铺及其他零售业	Non-shop and Other Retails	797943

continued

(10000 yuan)

营业成本 Cost of Business	营业税金及附加 Taxes and Other Charges on Business	营业利润 Profits	利润总额 Total Profits	本年应交增值税 Valued Added Payable
14500811	**100199**	**452565**	**453112**	**210842**
13591069	97404	441166	439557	199404
64710	100	811	2527	638
16075	115	548	528	350
6981254	39223	199841	208024	104484
64944	148	2901	2939	483
6916310	39075	196939	205086	104001
1041614	9102	42962	42404	16368
5435514	48124	193078	182569	75691
47650	1497	3513	3208	552
13753	178	1278	1059	117
5053751	42977	180418	172033	71498
320360	3472	7870	6268	3523
14649	153	2959	2565	409
504136	1633	10453	14928	4778
15050	210	1346	1026	544
479025	1346	9001	14534	4200
405607	1162	946	-1373	6659
128366	302	1422	2136	1117
276656	859	-514	-3546	5542
2466349	26798	39664	45531	36833
1524430	12873	26209	26297	21029
894663	12655	12355	17116	14368
716175	9115	65135	61535	9055
402718	6053	12780	21943	12580
206727	2282	-275	8668	5147
791112	4954	68812	61835	20751
566354	1508	67793	60791	15313
456695	3024	12959	12571	9553
392057	2494	8406	8021	8835
7356070	30435	157318	159824	88261
6845314	28460	144878	147464	78184
419921	1190	9229	9842	8177
1280767	6938	18060	15529	15760
920584	4380	4102	2916	9787
163073	1709	6262	5646	3159
110348	361	1203	1066	1156
375713	5549	31429	29879	6116
654104	7329	46367	44424	11840

16-4 限额以上餐饮法人企业主要财务指标（2017年）

单位：万元

类　　别	Type	流动资产合计 Total Current Assets	固定资产合计 Total Fixed Assets	固定资产原价 Original Value of Fixed Assets
总　　计	**Total**	**272711**	**226066**	**289570**
按登记注册类型分组	**By Types of Registration**			
内资企业	Domestic Funded Enterprises	248205	188940	238866
国有企业	State-owned Enterprises	4263	6422	9704
股份合作企业	Cooperative Enterprises	3594	6	752
有限责任公司	Limited Liability Corporations	138560	100440	114397
其他有限责任公司	Other Limited Liability Corporations	120140	100316	114185
股份有限公司	Share-holding Corporations Ltd.	6306	5578	7952
私营企业	Private Enterprises	92691	76194	104626
私营独资企业	Privat-funded Enterprises	3074	6269	7105
私营合伙企业	Private Partnership Enterprises	1749	2036	2365
私营有限责任公司	Private Limited Liability Corporations	77097	63114	88959
私营股份有限公司	Private Share-holding Corporations Ltd.	10771	4774	6197
其他企业	Other Enterprises	2792	300	1436
港澳台商投资企业	Enterprises with Funds from Hong Kong, Macao and Taiwan	23817	30153	36416
#与港澳台商合资经营企业	Joint-venture Enterprises	20550	560	2535
港澳台商独资企业	Enterprises with Sole Funds	2990	29355	33616
外商投资企业	Foreign Funded Enterprises	689	6973	14288
中外合资经营企业	Joint-venture Enterprises	27	41	190
外资企业	Enterprises with Sole Foreign Funds	662	6932	14098
按国民经济行业分组	**By Sector**			
正餐服务业	Dinner	269135	216952	272527
快餐服务业	Snack	3205	8395	16221

Main Financial Indicators of Enterprises above Designated Size in Catering Services (2017)

(10000 yuan)

资产总计 Total Assets	负债合计 Total Liabilities	所有者权益合计 Total Owners' Equities	营业收入 Revenue from Business	营业成本 Cost of Business	营业税金及附加 Taxes and Other Charges on Business	营业利润 Profits	利润总额 Total Profits	本年应交增值税 Valued Added Payable
692024	**440206**	**251818**	**434914**	**247509**	**6979**	**32156**	**30280**	**78872**
607977	368978	238999	354900	208761	6865	24010	21808	78671
20533	10594	9939	14319	7237	139	34	110	270
3599	4503	-904	1065	469	5	-30	-32	
320176	189800	130376	158464	89704	2829	7937	7772	2059
301626	173640	127986	156412	88747	2794	7168	7205	2000
12816	6727	6089	13713	8887	447	1605	736	72190
247671	156941	90730	165092	101477	3408	14176	12934	3917
9823	2687	7136	10804	7365	271	1769	1500	302
5448	1174	4274	5748	3847	97	764	764	78
215861	148591	67270	134461	80445	2595	10237	9337	3517
16539	4489	12050	14079	9820	446	1407	1332	20
3182	413	2769	2246	987	36	288	289	235
62196	60292	1905	9079	4226	76	-777	-746	201
21396	23636	-2241	4686	3072	28	-794	-785	182
40284	36246	4038	3975	934	46	-44	-21	11
21851	10937	10914	70935	34523	39	8923	9218	
68	1	67	232	166	1	-24	-24	
21784	10936	10848	70703	34357	38	8947	9242	
664557	427059	237498	355467	207863	6786	22565	20376	78782
26376	12866	13510	78024	38710	174	9427	9765	81

16-5 限额以上住宿法人企业主要财务指标（2017年）

单位：万元

类　　别	Type	流动资产合计 Total Current Assets	固定资产合计 Total Fixed Assets	固定资产原价 Original Value of Fixed Assets
总　　计	**Total**	**906673**	**991167**	**1307860**
按登记注册类型分组	**By Types of Registration**			
内资企业	Domestic Funded Enterprises	891180	933437	1242148
国有企业	State-owned Enterprises	49420	108203	150796
股份合作企业	Cooperative Enterprises	490	2648	3052
有限责任公司	Limited Liability Corporations	540192	433403	571426
其他有限责任公司	Other Limited Liability Corporations	487703	395869	523296
股份有限公司	Share-holding Corporations Ltd.	31130	72178	107317
私营企业	Private Enterprises	268666	314215	405842
私营独资企业	Private-funded Enterprises	1660	2137	3326
私营合伙企业	Private Partnership Enterprises	7269	3783	7171
私营有限责任公司	Private Limited Liability Corporations	257096	302159	388661
私营股份有限公司	Private Share-holding Corporations Ltd.	2641	6136	6685
其他企业	Other Enterprises	1282	2791	3715
港澳台商投资企业	Enterprises with Funds from Hong Kong, Macao and Taiwan	9008	48170	49238
与港澳台商合资经营企业	Joint-venture Enterprises	1846	12131	15533
与港澳台商合作经营企业	Cooperation Enterprises	2515	7607	13294
港澳台商独资企业	Enterprises with Sole Funds	4646	28431	20411
外商投资企业	Foreign Funded Enterprises	6485	9560	16475
中外合资经营企业	Joint-venture Enterprises	5858	6209	10273
外资企业	Enterprises with Sole Foreign Funds	568	2950	5703
按国民经济行业分组	**By Sector**			
旅游饭店	Tourism Hotel	737296	825697	1094816
一般旅馆	General Hotel	153929	148238	194953
其他住宿服务	Other Residential Services	15449	17232	18091

Main Financial Indicators of Enterprises above Designated Size of Hotels (2017)

(10000 yuan)

资产总计 Total Assets	负债合计 Total Liabilities	所有者权益合计 Total Owners' Equities	营业收入 Revenue from Business	营业成本 Cost of Business	营业税金及附加 Taxes and Other Charges on Business	营业利润 Profits	利润总额 Total Profits	本年应交增值税 Valued Added Payable
2507203	**1705998**	**801205**	**690180**	**312266**	**16215**	**-3832**	**-703**	**15076**
2411033	1634375	776658	665650	302676	15968	-3422	306	14985
203638	80353	123285	69380	37289	1944	-4186	-2601	1068
3140	2959	181	4359	1554	72	762		
1386709	1010644	376064	340760	138113	6806	-12775	-7675	9318
1225065	918617	306448	317783	129060	6334	-11675	-6687	8752
115574	83265	32309	34134	17893	1136	1092	494	509
694194	452210	241984	210757	103985	5807	11054	9504	4058
4182	2067	2115	3471	2426	97	259	122	104
11121	1113	10008	4530	2329	75	933	986	76
666497	446228	220268	192361	93780	5237	7320	5938	3865
12395	2802	9593	10395	5450	398	2542	2457	13
7778	4944	2835	6260	3842	203	631	585	32
78867	53679	25188	16972	6951	157	-232	-851	73
16611	14362	2249	1185	521	5	-51	-674	41
16972	7433	9539	5981	1474	18	-113	-113	101
45284	31884	13400	9806	4956	134	-68	-64	-69
17303	17944	-641	7558	2639	90	-179	-158	18
13309	12620	689	3768	1229	62	-281	-260	9
3534	5216	-1682	2682	461	17	22	22	9
2109371	1485652	623719	540085	233924	11921	-12749	-7491	11739
351870	200713	151157	136903	71413	4062	8702	7335	2893
45962	19633	26329	13192	6929	232	215	-547	443

16-6 限额以上住宿业经营情况（2017年）

Basic Conditions of Enterprises above Designated Size of Hotels (2017)

单位：万元 (10000 yuan)

类别	Type	法人企业（个）Number of Corporation (unit)	从业人数（人）Persons Employed (person)	营业额 Business Revenue	#客房收入 Revenue from Hotel Rooms	#餐费收入 Revenue from Meals	#商品销售收入 Revenue from Commodities
总计	**Total**	**529**	**41632**	**697811**	**359448**	**282735**	**16774**
按登记注册类型分	**By Types of Registration**						
内资企业	Domestic Funded Enterprises	513	40023	671779	345041	273144	16121
国有企业	State-owned Enterprises	52	4576	70310	34967	31133	1717
股份合作企业	Cooperative Enterprises	1	28	4359	1870	2171	290
有限责任公司	Limited Liability Corporations	205	19092	340513	170483	138160	6931
其他有限责任公司	Other Limited Liability Corporations	195	17646	317181	159645	127199	6365
股份有限公司	Share-holding Corporations Ltd.	27	1772	34415	16730	15744	1503
私营企业	Private Enterprises	218	14041	215908	117356	83532	5445
私营独资企业	Private-funded Enterprises	9	281	3511	2142	1250	111
私营合伙企业	Private Partnership Enterprises	7	397	4574	2240	2039	176
私营有限责任公司	Private Limited Liability Corporations	191	12805	197383	107465	75722	4845
私营股份有限公司	Private Share-holding Corporations Ltd.	11	558	10441	5509	4521	314
其他企业	Other Enterprises	10	514	6275	3635	2404	235
港澳台商投资企业	Enterprises with Funds from Hong Kong, Macao and Taiwan	11	1224	18112	9178	7500	260
与港澳台商合资经营企业	Joint-venture Enterprises	3	160	1185	520	604	
与港澳台商合作经营	Cooperation Enterprises	2	442	6256	2292	2910	148
港澳台商独资企业	Enterprises with Sole Funds	6	622	10671	6366	3986	112
外商投资企业	Foreign Funded Enterprises	5	385	7920	5230	2091	394
中外合资经营企业	Joint-venture Enterprises	3	207	3969	2306	1064	394
外资企业	Enterprises with Sole Foreign Funds	1	62	2843	2249	594	
按国民经济行业分	**By Sector**						
旅游饭店	Tourism Hotel	322	30567	544846	258993	236270	13539
一般旅馆	General Hotel	181	10071	139713	91697	42181	3095
其他住宿服务	Other Residential Hotel	26	994	13251	8758	4284	140

16-7 限额以上餐饮法人企业经营情况（2017年）

Basic Conditions of Enterprises above Designated Size of Catering Services (2017)

单位：万元 (10000 yuan)

类别	Type	法人企业（个） Number of Corporation (unit)	从业人数（人） Persons Employed (person)	营业额 Business Revenue	#客房收入 Revenue from Hotel Rooms	#餐费收入 Revenue from Meals	#商品销售收入 Revenue from Commodities
总计	**Total**	**448**	**24878**	**444868**	**59870**	**362743**	**18867**
按登记注册类型分	**By Types of Registration**						
内资企业	Domestic Funded Enterprises	436	22456	363199	57251	284465	18095
国有企业	State-owned Enterprises	9	724	14262	3625	10548	88
股份合作企业	Cooperative Enterprises	1	98	1112		890	223
有限责任公司	Limited Liability Corporations	154	10350	162327	28356	125891	5906
其他有限责任公司	Other Limited Liability Corporations	151	10191	160302	27616	124623	5906
股份有限公司	Share-holding Corporations Ltd.	12	905	13913	2459	10311	1057
私营企业	Private Enterprises	256	10189	169340	22279	135152	10785
私营独资企业	Private-funded Enterprises	28	611	10887	1451	9014	273
私营合伙企业	Private Partnership Enterprises	14	372	5846	534	5136	166
私营有限责任公司	Private Limited Liability Corporations	199	8517	138661	19203	109727	8772
私营股份有限公司	Private Share-holding Corporations Ltd.	15	689	13946	1092	11276	1575
其他企业	Other Enterprises	4	190	2246	533	1674	36
港澳台商投资企业	Enterprises with Funds from Hong Kong, Macao and Taiwan	8	789	10642	2619	7344	679
与港澳台商合资经营企业	Joint-venture Enterprises	3	412	5057		4378	679
港澳台商独资企业	Enterprises with Sole Funds	4	351	5147	2529	2618	
外商投资企业	Foreign Funded Enterprises	4	1633	71027		70934	93
中外合资经营企业	Joint-venture Enterprises	1	16	232		139	93
外资企业	Enterprises with Sole Foreign Funds	3	1617	70795		70795	
按国民经济行业分组	**By Sector**						
正餐服务业	Dinner	426	22592	365268	59685	283443	18754
快餐服务业	Snack	16	2142	78142		78028	112

16-8 各地区限额以上批发零售贸易法人企业主要指标（2017年）

Main Indicators of Enterprises above Designated Size of Wholesale and Retail Trades by Region (2017)

地 区	Region	法人企业(个) Number of Corporation Unit	批发企业 Wholesale Trade	零售企业 Retail Trade	产业活动单位(个) Number of Economic Active Units (unit)	年末从业人数(人) Persons Employed (person)	销售合计(万元) Total Purchase Value (10000 yuan)
全 省	**Provincial Total**	**4047**	**1137**	**2910**	**8031**	**243068**	**48600673**
南昌市	Nanchang	926	381	545	2315	86294	21176467
景德镇市	Jingdezhen	104	20	84	237	5733	925426
萍乡市	Pingxiang	148	37	111	431	7069	1036221
九江市	Jiujiang	365	71	294	675	20128	3349187
新余市	Xinyu	102	28	74	170	5245	1057759
鹰潭市	Yingtan	179	52	127	250	6020	1897684
赣州市	Ganzhou	519	86	433	1045	26163	4365817
吉安市	Ji'an	436	65	371	905	18174	2554586
宜春市	Yichun	475	194	281	749	34121	6014731
抚州市	Fuzhou	247	74	173	469	11882	1896524
上饶市	Shangrao	546	129	417	785	22239	4326270

16-8 续表 continued

单位：万元 (10000 yuan)

地 区	Region	批发额 Wholesale Value	#出口 Exports	零售额 Retail Value	营业收入 Revenue from Business	营业成本 Cost of Business	营业税金及附加 Taxes and Other Charges on Business	营业利润 Profits
全 省	**Provincial Total**	**27290064**	**679000**	**21310609**	**44878664**	**39267379**	**706747**	**1457905**
南昌市	Nanchang	13479967	479975	7696500	19124591	17136206	134990	327516
景德镇市	Jingdezhen	317724	5	607702	943440	823235	29248	26410
萍乡市	Pingxiang	442778	25946	593443	915232	785533	30333	40009
九江市	Jiujiang	1230475	2869	2118713	3102745	2701074	81306	115188
新余市	Xinyu	531353		526406	989485	867134	22654	39659
鹰潭市	Yingtan	1360178	608	537506	1720217	1583332	23582	34407
赣州市	Ganzhou	1515537	26884	2850281	4107362	3560337	89624	159321
吉安市	Ji'an	1101855	3	1452732	2486166	2126125	60343	117080
宜春市	Yichun	4060594	57453	1954138	5670118	4582157	86049	372247
抚州市	Fuzhou	1046459	85027	850065	1813843	1583392	43094	67686
上饶市	Shangrao	2203146	230	2123125	4005464	3518854	105525	158382

16-9 各地区限额以上住宿餐饮法人企业主要指标（2017年）

Main Indicators of Enterprises above Designated Size of Hotels and Catering Services (2017)

地　　区	Region	法人企业(个) Number of Corporation Units (unit)	住宿企业 Hotels	餐饮企业 Catering Sevices	产业活动单位(个) Number of Economic Active Units (unit)	年末从业人数(人) Persons Employed (person)	营业额(万元) Business Revenue (10000 yuan)	#客房收入 Revenue from Hotel Rooms
全　　省	**Provincial Total**	**977**	**529**	**448**	**1112**	**66510**	**1142678**	**419319**
南昌市	Nanchang	180	110	70	293	16548	332014	105670
景德镇市	Jingdezhen	39	31	8	46	2942	36014	16949
萍乡市	Pingxiang	43	14	29	43	1752	22186	6721
九江市	Jiujiang	107	54	53	108	7316	173117	62112
新余市	Xinyu	28	10	18	29	2890	39853	8605
鹰潭市	Yingtan	45	25	20	46	2763	36513	14819
赣州市	Ganzhou	127	61	66	130	9562	136570	49362
吉安市	Ji'an	148	67	81	154	6209	92736	36015
宜春市	Yichun	101	48	53	103	6102	80757	31091
抚州市	Fuzhou	41	24	17	41	2894	30011	13738
上饶市	Shangrao	118	85	33	119	7532	162910	74237

16-9 续表 continued

单位：万元 (10000 yuan)

地　　区	Region	餐费收入 Revenue from Meals	商品销售收入 Revenue from Commodities	营业收入 Revenue from Business	营业成本 Cost of Business	营业税金及附加 Taxes and Other Charges on Business	营业利润 Profits
全　　省	**Provincial Total**	**645478**	**35641**	**1125094**	**559775**	**23194**	**28323**
南昌市	Nanchang	199998	14902	326953	140086	4358	-2762
景德镇市	Jingdezhen	18553	101	35669	12314	342	-1819
萍乡市	Pingxiang	11399	3993	21355	11657	359	-189
九江市	Jiujiang	95479	3851	167594	101746	4367	10736
新余市	Xinyu	30818	62	38316	20126	905	1399
鹰潭市	Yingtan	19202	1814	35356	17771.6	328	-3004
赣州市	Ganzhou	83104	1607	133268	61462	2333	4469
吉安市	Ji'an	51644	1345	91296	51181	2073	4898
宜春市	Yichun	39673	1333	78613	38838	1401	3522
抚州市	Fuzhou	15201	333	29571	15511	792	1072
上饶市	Shangrao	80407	6303	167104	89083	5937	10002

16-10 亿元以上商品交易市场摊位成交额情况（2017年）

Turnover of Commodity Exchange Markets of Transaction Value over 100 Million Yuan (2017)

类　　别	Classification	年末出租摊位数（个） Number of Rented Booths at Year-end(unit)	成交额（万元） Turnover (10000yuan)
全　省	**Total**	**89465**	**19794625**
食品、饮料、烟酒类	Food,Beverages,Tobacco and Liquor	23728	8298167
#食品类	Food	1750	803384
#粮油类	Grain and Oil	2946	1459795
肉禽蛋类	Meat,Poultry and Eggs	1805	802893
水产品类	Aquatic Products	6926	1748634
蔬菜类	Vegetables	3463	2308515
干鲜果品类	Dried and Fresh Melons and Fruits	1211	236076
饮料类	Beverages	1421	478093
烟酒类	Tobacco and Liquor	18768	3299911
服装、鞋帽、针纺织品类	Clothing,shoes,Hats and Textiles	10270	2087650
#服装类	Clothing	4311	453017
鞋帽类	Footwear and Hats	4187	759244
针纺织品类	Knitwear and Textiles	615	122707
化妆品类	Cosmetics	118	50208
金银珠宝类	Gold silver and Jeweller	5271	408120
日用品类	Articles for Daily Use	675	244011
#儿童玩具类	Children Toys	1503	435425
五金、电料类	Hardware & Electrical Materials	158	15207
体育、娱乐用品类	Sports & Recreational Articles	6	918
书报杂志类	Newspapers and Magazines	118	8762
电子出版物及音像制品类	E-journal and Video Products	174	27460
家用电器和音像器材类	Household Appliances and Video Equipments	1701	407377
中西药品类	Traditional Chinese and Western Medicine	501	988339
#西药类	Western Medicine	30	13482
中草药及中成药类	Traditional Chinese	400	958574
文化办公用品类	Cultural and official Goods	784	191266
家俱类	Furniture	25	2392
通讯器材类	Communication Appliances	12011	1700800
煤炭及制品类	Coal and Coal Products	85	16436
木材及制品类	Wood and Wooden Products	455	43143
化工材料及制品类	Raw Chemical Materials and Related Products	374	48105
#化肥类	Fertilizer	26	9510
金属材料类	Metal Materials	991	69337
建筑及装潢材料类	Building and Decoration Materials	12582	1521076
机电产品及设备类	Mechanical & Electrical Products	566	387067
#农机类	Agricultural Machinery	165	148730
汽车类	Automobile	2134	811903
种子饲料类	Seed and Feedstuff	152	23005
棉麻类	Cotton and Hemp	86	4795
其他类	Others	3958	201840

16-11 各地区亿元以上商品交易市场基本情况（2017年）

Basic Statistics on Commodity Exchange Markets of Transaction Value over 100 Million Yuan by Region (2017)

地区	Region	市场数量（个）Number of Markets (unit)	总摊位数（个）Number of Booths (unit)	年末出租摊位数（个）Number of Rented Booths at Year-end(unit)	营业面积（平方米）Operating Area (sq.m)	成交额（万元）Turnover (10000 yuan)
全　省	**Provincial Total**	**97**	**96707**	**89465**	**6581872**	**19794625**
南昌市	Nanchang	30	34895	32504	2308061	8305179
景德镇市	Jingdezhen	5	6617	6434	435058	532490
萍乡市	Pingxiang	3	2801	2791	36900	312694
九江市	Jiujiang	9	5986	5116	745134	1540800
鹰潭市	Yingtan	3	2100	2100	32399	372524
赣州市	Ganzhou	15	15253	15055	1878161	4051950
吉安市	Ji'an	4	5966	5732	249388	643692
宜春市	Yichun	7	5691	5348	188644	2040383
抚州市	Fuzhou	4	3740	2423	58402	139452
上饶市	Shangrao	17	13658	11962	649725	1855461

16-12 旅游业发展情况

Development of Tourism

年份 Year	旅游总收入（亿元）Total Tourism Earnings (100 million yuan)	为全省地区生产总值（%）As Percentage of the Province's GDP (%)	为全省地区生产总值中第三产业（%）As Percentage of Tertiary Industry in the Province's GDP(%)
1991	4.30	0.90	3.04
1992	4.81	0.84	2.79
1993	5.31	0.73	2.47
1994	6.33	0.67	2.14
1995	8.39	0.72	2.14
1996	50.15	3.56	10.27
1997	79.35	4.94	13.64
1998	81.64	4.75	12.35
1999	111.29	6.00	15.03
2000	134.60	6.72	16.47
2001	161.40	7.42	18.27
2002	191.10	7.80	19.65
2003	197.47	7.03	18.93
2004	240.81	6.94	19.75
2005	320.02	7.86	22.61
2006	390.89	8.07	24.14
2007	463.67	7.96	24.09
2008	559.38	7.99	23.67
2009	675.61	8.77	25.53
2010	818.32	8.63	26.13
2011	1105.93	9.42	28.11
2012	1402.59	10.80	31.17
2013	1896.06	13.12	36.98
2014	2649.70	16.81	45.66
2015	3637.65	21.68	55.46
2016	4993.29	27.15	64.31
2017	6435.09	32.17	75.33

16-13 国际旅游收入情况
Income from International Turism

单位：万美元

指　　标	Item	2005	2010	2015	2016	2017
合　　计	**Total**	**10395**	**34630**	**56700**	**58454**	**62992**
长途交通	Long Distance Transportation	3618	11324	20374	21043	20661
民　航	Civil Aviation	1653	7792	11657	11749	11401
铁　路	Railway	676	1420	3121	3273	3213
汽　车	Highway	468	1281	1938	2046	2142
轮　船	Waterway	821	831	3659	3975	3905
游　览	Sightseeing	322	1281	2204	2280	2646
住　宿	Accommodation	1279	3498	5617	6138	7244
餐　饮	Food and Beverage	1092	3047	3938	4326	5102
娱　乐	Entertainment	665	2009	2025	2104	2079
购　物	Shopping	1715	9281	16272	15841	18268
邮电通讯	Post and Communication Services	374	623	1191	1169	1134
市内交通	Local Transportation	187	693	1235	1344	1323
其　他	Others	1143	2874	3844	4209	4535

16-14 入境旅游情况
Condition of Oversea Visitor Arrivals

指　　标	Item	2005	2010	2015	2016	2017
旅游人数(人次)	**Number of Oversea Visitor Arrivals (person-time)**	**372513**	**1140792**	**1552833**	**1648342**	**1889316**
外 国 人	Foreigners	136270	399449	448810	498020	570542
#印度尼西亚	Indonesia	1982	12251	11954	12572	17006
日　　本	Japan	23945	34956	25124	32655	46708
马来西亚	Malaysia	3639	12113	15124	17493	20955
菲 律 宾	Philippines	1794	8320	7156	8129	13317
新 加 坡	Singapore	8271	20249	22060	21585	30132
韩　　国	Korea Rep.	10809	36240	49150	58627	45548
泰　　国	Thailand	1716	4271	22337	20323	24217
英　　国	United Kingdom	11543	21613	23449	30086	40208
德　　国	Germany	5943	21689	18913	21320	24664
法　　国	France	6488	15299	21765	25679	29643
意 大 利	Italy	3320	9132	11883	13265	15469
西 班 牙	Spain	3757	5551	5219	7279	7467
瑞　　典	Sweden	1131	6705	6704	7664	7304
瑞　　士	Switzerland	364	6748	7505	8717	9408
俄 罗 斯	Russia	2329	16502	17110	15337	14579
加 拿 大	Canada	4380	10886	20105	20643	21547
美　　国	United States	27235	52339	43509	42835	49174
澳大利亚	Australia	4622	11888	15616	15965	17815
新 西 兰	New Zealand	1486	2911	8428	10331	10382
港澳同胞	Chinese Compatriots from Hong Kong and Macao	154885	534537	825395	850539	855234
台湾同胞	Chinese Compatriots fromTaiwan Province	81358	206806	278628	299783	321095
旅游外汇收入(万美元)	**Foreign Exchange Earnings from International Tourism (USD 10000)**	**10395**	**34630**	**56700**	**58454**	**62992**

注：外国人包括了华侨人数。2015年后入境旅游者人数为入境过夜游客人数，不包括一日游人数。

a) Overseas Chinese are included in oversea vistors.Since 2015, the number of oversea visitors refers to overnight visitors, excluding one-day-tour visitors.

16-15 各地区旅游情况（2017年）
Condition of Tourism by Region (2017)

地区	Region	入境游客（万人次）Number of Oversea Visitor Arrivals (10000 Person-times)	国际旅游外汇收入（万美元）Foreign Exchange Earnings from International Tourism (USD 10000)	国内游客（万人次）Number of Domestic Visitors (10000 Person-times)	国内旅游收入（亿元）Earnings from Domestic Tourism (100 million yuan)	星级饭店数（个）Number of Star-rated Hotel (unit)
全　省	**Provincial Total**	**174.69**	**62991.66**	**57064.59**	**6392.56**	**395**
南昌市	Nanchang	26.50	9971.16	7192.30	881.35	55
景德镇市	Jingdezhen	27.43	9707.64	4145.92	486.17	16
萍乡市	Pingxiang	7.38	2515.60	4457.11	470.51	9
九江市	Jiujiang	30.20	11755.84	6692.93	825.94	60
新余市	Xinyu	3.27	1079.61	3000.11	278.63	9
鹰潭市	Yingtan	2.69	903.34	3819.97	354.39	16
赣州市	Ganzhou	17.67	6136.90	5571.87	655.59	76
吉安市	Ji'an	18.29	6174.39	5846.49	651.68	38
宜春市	Yichun	12.19	4134.20	5864.27	607.26	39
抚州市	Fuzhou	5.67	2043.67	3893.87	361.28	30
上饶市	Shangrao	23.38	8569.31	6579.75	819.76	47

16-16 全省“春节、五一、十一”旅游情况（2017年）
Condition of Tourism by Region in Spring Festival, May Day or National Day Holidays (2017)

年份	旅游人数（万人次）Number of Visitors (10000 person-times)			旅游收入（万元）Tourism Earnings (1000yuan)		
	春节 Spring Festival	五一 Labor Day	十一 National Day	春节 Spring Festival	五一 Labor Day	十一 National Day
2005	196.10	519.40	580.30	67754	205469	175259
2006	249.52	632.60	699.70	81259	247132	219200
2007	300.40	762.80	826.60	95121	310087	271900
2008	210.75	377.40	996.27	58049	138669	334200
2009	274.90	447.00	1226.60	72517	171901	419537
2010	321.90	539.20	1398.40	104459	211204	512439
2011	443.40	700.30	1777.40	143631	293357	701800
2012	550.94	912.30	2405.70	196974	429481	1018597
2013	685.00	1092.70	2469.90	262467	515316	1150264
2014	877.78	1411.29	3232.21	354596	684200	1603200
2015	1182.99	1858.95	3937.01	526292	970100	2036600
2016	1639.87	2473.83	5360.34	761814	1340700	2925800
2017	2210.65	3005.90	6087.21	1093209	1722600	3685600

主要统计指标解释

批发业 指批发商向批发、零售单位及其他企事业、机关单位批量销售生活用品和生产资料的活动，以及从事进出口贸易和贸易经纪与代理的活动。批发商可以对所批发的货物拥有所有权，并以本单位、公司的名义进行交易活动；也可以不拥有货物的所有权，而以中介身份做代理销售商。还包括各类商品批发市场中固定摊位的批发活动。

零售业 指百货商店、超级市场、专门零售商店、品牌专卖店、售货摊等主要面向最终消费者（如居民等）的销售活动。包括以互联网、邮政、电话、售货机等方式的销售活动，还包括在同一地点，后面加工生产，前面销售的店铺（如前店后厂的面包房）。不包括：谷物、种子、饲料、牲畜、矿产品、生产用原料、化工原料、农用化工产品、机械设备（乘用车、计算机及通信设备等除外）等生产资料的销售（列入批发业）；非零售单位附带的零售活动，如汽车修理单位销售汽车零件（列入单位主业所对应的行业类别中）；商业零售单位所在商厦的物业管理（列入物业管理）；商业零售单位所在的商品市场、商业大厦的市场管理活动（列入市场管理）。

批发和零售业商品购进、销售、库存额 指各种登记注册类型的批发和零售业企业(单位)以本企业(单位)为总体的，从国内、国外市场购进的商品总量，销售和出口的商品总量，库存的商品总量等情况。该指标可以反映商品流转过程中商品的购进、销售、库存之间的比例关系和存在的问题。

商品购进额 指从本企业以外的单位和个人购进（包括从国外直接进口）作为转卖或加工后转卖的商品金额（含增值税）。商品购进包括：（1）从工农业生产者、批发和零售业企业、住宿和餐饮业企业、出版社或报社的出版发行部门和其他服务业企业购进的商品；（2）从机关团体、事业单位购进的商品；（3）从海关、市场管理部门购进的缉私和没收的商品；（4）从居民收购的废旧商品等。不包括：（1）企业为本单位自身经营用，不是作为转卖而购进的商品，如材料物资、包装物、低值易耗品、办公用品等；（2）未通过买卖行为而收入的商品，如接受其他部门移交的商品、借入的商品、收入代其他单位保管的商品、其他单位赠送的样品、加工回收的成品等；（3）经本单位介绍，由买卖双方直接结算，本单位只收取手续费的业务；（4）销售退回和买方拒付货款的商品；（5）商品溢余。

商品销售额 指对本单位以外的单位和个人出售的商品金额（包括售给本单位消费用的商品，含增值税）。商品销售包括（1）售给城乡居民和社会集团消费用的商品；（2）售给农业、工业、建筑业、运输邮电业、服务业、公用事业等国民经济各行业用于生产、经营用的商品，包括售予批发和零售业作为转卖或加工后转卖的商品；（3）对国（境）外直接出口的商品。不包括：（1）未通过买卖行为付出的商品，如随机构变动移交给其他企业单位的商品、借出的商品、归还受其他单位委托代保管的商品、付出的加工原料和赠送给其他单位的样品等；（2）经本单位介绍，由买卖双方直接结算，本单位只收取手续费的业务；（3）购货退回的商品；（4）商品损耗和损失；（5）出售本单位自用的废旧物资。

商品库存额 指报告期末各种登记注册类型的批发和零售业企业(单位)已取得所有权的商品。它反映批发和零售业企业(单位)的商品库存情况和对市场商品供应的保证程度。商品库存包括：(1)存放在批发和零售业经营单位(如门市部、批发站、采购站、经营处)的仓库、货场、货柜和货架中的商品；(2)挑选、整理、包装中的商品；(3)已记入购进而尚未运到本单位的商品，即发货单或银行承兑凭证已到而货未到的商品；(4)寄放他处的商品，如因购货方拒绝付款而暂时存在购货方的商品；(5)委托其他单位代销(未作销售或调出)尚未售出的商品；(6)代其他单位购进尚未交付的商品。不包括：所有权不属于本单位的商品；委托外单位加工的商品；外贸企业代理其他单位从国外进口尚未付给订货单位的商品；代国家物资储备部门保管的商品等。

连锁总店（总部） 指负责连锁企业资源（商号、商誉、经营模式、服务标准、管理模式等等）的开发、配置、控制或使用等功能的企业核心管理机构。连锁经营是指经营同类商品或服务，使用统一商号的若干店铺，在同一总店（总部）的管理下，采取统一采购或特许经营等方式，实现规模效益的组织形式，包括直营连锁、特许连锁和自愿连锁三种形式。其中，直营连锁是指连锁店铺由连锁公司全资或控股开设，在总部的直接控制下，开展统一经营的连锁经营形式；特许连锁是指拥有注册商标、企业标志、专利、专有技术等经营资源的企业（特许人），以合同形式将其拥有的经营资源许可其他经营者（被特许人）使用，被特许人按合同约定在统一的经营模式下开展经营，并向特许人支付特许经营费用的连锁经营形式；自愿连锁是指若干个店铺或企业自愿组合起来，在不改变各自资产所有权关系的情况下，以同一个品牌形象面对消费者，以共同进货为纽带开展的连锁经营形式。

亿元以上商品交易市场 指年成交额在亿元及以上的商品交易市场。商品交易市场是指经有关部门和组织批准设立，有固定场所、设施，有经营管理部门和监管人员，若干市场经营者入内，常年或实际开业三个月以上，集中、公开、独立地进行生活消费品、生产资料等现货商品交易以及提供相关服务的交易场所，包括各类消费品市场、生产资料市场等。

住宿业 指有偿为顾客提供临时住宿的服务活动。不包括提供长期住宿场所的活动，如出租房屋、公寓等（列入房地产开发经营）。

餐饮业 指在一定场所，对食物进行现场烹饪、调制，并出售给顾客主要供现场消费的服务活动。

营业额 指住宿和餐饮业单位在经营活动中因提供服务或销售商品等取得的收入。包括：客房收入、餐费收入、商品销售额和其他收入。其中，客房收入指住宿和餐饮业单位在经营活动中因提供住宿服务取得的收入。餐费收入指住宿和餐饮业单位因为顾客提供就餐服务取得的收入，包括经烹饪、调制加工后出售的各种食品，如主食、炒菜、凉拌菜等的收入。

社会消费品零售总额 指企业（单位、个体户）通过交易直接售给个人、社会集团非生产、非经营用的实物商品金额，以及提供餐饮服务所取得的收入金额。个人包括城乡居民和入境人员，社会集团包括机关、社会团体、部队、学校、企事业单位、居委会或村委会等。

旅游人数

(1)入境游客 指报告期内来中国（大陆）观光、度假、探亲访友、就医疗养、购物、参加会议或从事经济、文化、体育、宗教活动的外国人、港澳台同胞等游客(即入境旅游人数)。统计时，入境游客按每入境一次统计 1 人次。入境旅游人数包括入境过夜游客和入境一日游游客。

(2)国内游客 指在报告期内在中国（大陆）观光游览、度假、探亲访友、就医疗养、购物、参加会议或从事经济、文化、体育、宗教活动的中国（大陆）居民人数，其出游的目的不是通过所从事的活动谋取报酬。统计时，国内游客按每出游一次统计 1 人次。

国际旅游(外汇)收入 指入境游客在中国（大陆）境内旅行、游览过程中用于交通、参观游览、住宿、餐饮、购物、娱乐等全部花费。

国内旅游收入 指国内游客在国内旅行、游览过程中用于交通、参观游览、住宿、餐饮、购物、娱乐等全部花费。

星级饭店 指设备、设施、服务符合《旅游饭店星级的划分与评定》(GB/T14308-2003)，通过相关旅游管理部门评定，并取得星级饭店称号的饭店（含预备星级饭店）。

Explanatory Notes on Main Statistical Indicators

Wholesale Trade refers to the activities of wholesaler selling at wholesale commodities for daily use and capital goods to enterprises of wholesale and retail trades and other enterprises, institutions and government offices, including the activities of wholesaler engaged in import and export and acting as a trade agent. The wholesaler may have the right of ownership over the commodities of wholesale and trade in the name of its owns or a company, the wholesaler may not have the right of ownership, only acts an agent. The wholesale trade also include the activities of wholesaler at the fixed stalls of the wholesale market of different commodities.

Retail Trade refers to the activities of department store, supermarket, franchised store, brand store, retail stall and on-the-spot-making-selling store selling commodities to the final consumers (citizens) by any means including internet, post, telephone, sales machine. Retail trade excludes the activities of sales of capital goods such a grain, seed, feed, livestock, mineral products, raw material for production, industrial chemicals, chemical products for farm, machine and equipment (vehicle, computer and communication equipment), and the activities of supplementary sales of non-retailer such as the sales of spare parts of car repair business (listed as branch in correspondence with principle business), property management of buildings of retail units (listed as property management); market management of commercial markets and buildings of retail units (listed as market management) .

Purchase, Sales and Stock of Commodities by Wholesale and Retail Trades refer to the total volume of commodities purchased, total volume of sales and exports, and the stock of commodities by wholesale and retail enterprises (establishments) of different status of registration from domestic and overseas markets. This indicator reflects the relationship among purchase, sales and stock of commodities in the circulation of goods and reveals the existing problems.

Total Purchases of Commodities refer to the total value of purchases of commodities by enterprises (establishments) from other establishments or individuals (including direct import from abroad) for the purpose of re-selling, either with or without further processing of the commodities purchased. The commodities include: (1) commodities purchased from agricultural and industrial producer, wholesaler, retailer, publishing house and other service business; (2) commodities purchased from institutions and government departments; (3) confiscated goods purchased from the customs authorities or market management agencies; (4) second-hand goods and wastes purchased from residents; The commodities exclude 1. commodities purchased by enterprises (establishments) for use in their own business operation, commodities obtained without buying or selling procedures such as materials, consumable goods of low value, office appliance, etc. 2. received goods without trading, such as goods handed over from others, borrowed goods, preserved goods for others, donated goods from others, processed and retrieved goods, etc. 3. goods of direct settlement between buyer and seller with handling fees introduced by others, 4. goods returned or refused to pay by the buyer, 5. excessive goods.

Total Sales of Commodities refer to value of commodities sold by the establishments to other establishments and individuals (including goods sold for self consumption, including the value-added tax). The commodities include: (1) commodities sold to urban and rural residents and social groups for their consumption; (2) commodities sold to establishments in all industries for their production and operation, including agriculture, industry, construction, transportation, post and telecommunications, catering services, and public utility including commodities sold to wholesale and retail establishments for re-selling, with or without further processing; and (3) commodities for direct export to abroad. Excluded are (1) extended commodities without trading, such as goods handed over to other enterprises and institutions because of the change of organizations, lent goods, returned goods preserved for others, extended processing materials and samples donated to others, (2) goods of direct settlement between buyer and seller with handling fees introduced by others, 3. goods returned after purchase, (4) damaged and spoiled goods, (5) waste and used goods of self use,

Total Stock of Commodities refers to total commodities possessed by wholesaler and retailer of various types of registration status at the end of the reference period, reflecting the commodity stock level of various wholesaler and retailer and the potential for market supply. It includes: (1) commodities located in storage, garages, counters, and shelves of operating places of wholesale and retail trades (such as sale stores, wholesale centers, procurement stations and operating offices); (2) commodities in the process of being selected, sorted, and packed; (3) commodities not arrived but recorded as purchase in the account, i.e. commodities not arrived but payment receipts for the commodities from the sellers or the banks arrived; (4) commodities deposited in other places rather than places mentioned above, for instance: commodities in the hold of purchasers temporarily due to the refusal of payment; (5) commodities entrusted to other units to sell but not sold yet; (6) commodities purchased for other units but not delivered yet. Commodities not included as stock are those not owned by the enterprises (units), commodities on commission for processing, imported commodities of agency of foreign trade enterprise but not yet delivered to ordering units and finally those put in stock on behalf of the state material reserves units.

Chain Head Stores (headquarter) refer to the core leading stores responsible for development, allocation, administration and utilization of resources (name of stores, brand of stores, operation model, service standard, management way, etc.) of chain stores. Chain stores refers to the stores engaged in providing homogeneous commodities or services, with the central leadership of head store (headquarters) and guided by common policies, conduct centralized purchase and distributed selling of commodities, in order to gain better efficiency through standardized operation. The chain stores include regular chain stores, franchise chain stores and voluntary chain stores.

Regular Chain store refers to chain stores that are invested or controlled by the headquarters. They operate under direct and unified management from the headquarters.

Franchise chain store refers to the chain stores (franchisees) which are franchised with operation resources such as trade marks, names, patent and operation know-how by the franchisors in form of contract and pay the operation fees to the franchisors.

Voluntary chain store refers to the stores operate jointly on the voluntary bases while maintaining their status of independent legal entities with full ownership of their assets. They sell goods of same brand from same channel of resource to the consumers.

Large Commodity Markets with Transaction Value over 100 Million Yuan refers to the commodity markets with an annual transaction at and above 100 million. The commodity market refers to the markets approved and managed by related departments, where there are fixed sites, facilities, managers and administration offices, where there are a certain number of traders to operate for three month and above or all the year, where the commodities including the articles for daily consumption and capital goods and services are traded in a centralized, independent and open way. Such market includes markets of daily goods and market of capital goods, etc.

Hotel Services refer to the charged accommodation services provided to customers, excluding the long term accommodation service activities such as rental housing and apartments(it is under real estate development and management).

Catering Services refer to the activities of enterprises providing on-the-spot services of selling food cooked and prepared to the customer in certain sites

Business Revenue refers to revenue of hotels and catering services received from providing services or selling commodities through business activities, including income from hotels, from catering services, from selling of commodities and from other services. Income from hotels refers to income of hotels and catering services by providing lodging services through business activities. Income from catering services refers to income of hotels and catering services by providing catering services, including selling of cooked or prepared foods, such as staple food, cooked dishes, or cold dishes.

Total Retail Sales of Consumer Goods refer to the amount obtained by enterprises (units, self-employed individuals) through direct sales of non-production and non-business physical commodity to individuals, social institutions, and revenue from providing catering services. Individuals include rural and urban households, population from abroad, social institutions include government agencies, social organizations, military units, schools, institutions, neighborhood (village) committees.

Number of Tourists

(1) **Visitor arrivals** refer to the number of tourists of foreigners, Chinese compatriots from Hong Kong, Macao and Taiwan who come to China (mainland) within the reference period for sight-seeing, vacation, visiting relatives, medical treatment, shopping, attending conference, or to engage in economic, cultural, sports and religious activities. Each entry of one visitor counts as one person-time. Visitor arrivals include both overnight-trippers and day-trippers.

(2) **Number of domestic tourists** refers to the number of Chinese (mainland) residents who travel within China (mainland) for sight-seeing, vacation, visiting relatives, medical treatment, shopping, attending conference, or to engage in economic, cultural, sports and religious activities. In compiling statistics, each time of travelling is counted as one person-time.

Foreign Exchange Earnings from International Tourism refer to the total expenditure of foreigners, overseas Chinese, Chinese compatriots from Hong Kong, Macao and Taiwan during their stay in the mainland of China on transportation, sighting, accommodation, food, shopping and entertainment.

Income from Domestic Tourism refer to expenditure of domestic tourists on transportation, sighting, accommodation, food, shopping and entertainment while they travel.

Star-rated Hotels refer to hotels rated with stars as assessed by the relevant tourism authorities according to GB/T14308-2003 standard with reference to their infrastructure, facilities and service levels.

17

金融业

FINANCIAL INDUSTRY

◆393/402

资料整理及英文翻译：雷海清、黄　晨

I 简要说明

本篇资料主要反映全省金融、保险、证券等方面的基本情况。

金融资料由中国人民银行南昌中心支行提供。

保险业务资料由江西省保险学会提供。

证券资料由江西省证监局提供。

I Brief Introduction

The data in this chapter show the basic conditions of local government banking，insurance and stocks of the whole province.

The data on banking are provided by Nanchang Branch of the People's Bank of China.

The data on insurance are provided by Insurance Institute of Jiangxi Province.

The data on stocks are provided by Securities Regulatory Bureau of Jiangxi Province.

17-1 金融机构本外币信贷资金平衡表年末余额(2017年)
Balance Sheet of Credit Funds of RMB and Foreign Currency of Financial Institutions at Year-end (2017)

单位：万元 (10000 yuan)

指 标	Item	年末余额 Balance	比年初增减 Over Beginning of Year	比年初增长(%) Growth Rate (%)
各项存款	**Total Deposits**	**325356877**	**34304615**	**11.8**
境内存款	Domestic Deposits	325198601	34306566	11.8
住户存款	Resident Deposits	155803297	15138856	10.8
活期存款	Current Deposits	65206979	5425670	9.1
定期及其他存款	Fixed and Other Deposits	90596318	9713186	12.0
非金融企业存款	Deposits of Non-financial Enterprises	99633289	15001123	17.7
活期存款	Current Deposits	59080562	11970374	25.4
定期及其他存款	Fixed and Other Deposits	40552727	3030750	8.1
广义政府存款	Generalized Government Deposits	61579002	6401396	11.6
财政性存款	Budgetary Deposits	12208133	-560282	-4.4
机关团体存款	Deposits of Non-profit Institutions	49370868	6961679	16.4
非银行业金融机构存款	Deposits of Non-banking Financial Institutions	8183013	-2234810	-21.5
境外存款	Overseas Deposits	158276	-1951	-1.2
各项贷款	**Total Loans**	**259004434**	**40530097**	**18.6**
境内贷款	Demestic Loans	258457327	40406402	18.5
住户贷款	Resident Loans	102418786	19311654	23.2
短期贷款	Short-term Loans	32029055	3388800	11.8
中长期贷款	Medium and long-term Loans	70389732	15922854	29.2
非金融机构及机关团体贷款	Loans of Non-financial Institutions and Non-Profit Institutions	155986611	21044749	15.6
短期贷款	Short-term Loans	50137647	3162300	6.7
中长期贷款	Medium and long-term Loans	96131700	19318200	25.1
票据融资	Bill financing	8442369	-1651126	-16.4
融资租赁	Financial Lease	983017	285623	41.0
各项垫款	Money Advanced	291878	-70249	-19.4
非银行业金融机构贷款	Loans of Non-banking Financial Institutions	51929	49999	2590.6
境外贷款	Overseas Loans	547108	123694	29.2

注：本表统计口径包括中国人民银行、政策性银行、国有独资商业银行、邮政信汇局、其他商业银行、农村合作银行、城市信用社、农村信用社、信托投资公司、财务公司等金融机构。后同。

a) The statistical scope in the table include the People's Bank of China,policy banks,state-owned commercial banks,postal savings bureau,other commercial banks,rural cooperative banks,urban credit cooperatives,rural credit cooperatives,financial trust and investment companies,finance companies. The same applies to the following tables.

17-2 金融机构人民币信贷资金平衡表年末余额(2017年)
Balance Sheet of Credit Funds of Financial Institutions at Year-end (2017)

单位：万元 (10000 yuan)

指　标	Item	年末余额 Balance	比年初增减 Over Beginning of Year	比年初增长(%) Growth Rate (%)
各项存款	**Total Deposits**	**323249113**	**34318061**	**11.9**
境内存款	Domestic Deposits	323104505	34279802	11.9
住户存款	Resident Deposits	155033864	15216638	10.9
活期存款	Current Deposits	64836263	5483930	9.2
定期及其他存款	Fixed and Other Deposits	90197601	9732708	12.1
非金融企业存款	Deposits of Non-financial Enterprises	98332220	14795338	17.7
活期存款	Current Deposits	58232597	11803213	25.4
定期及其他存款	Fixed and Other Deposits	40099623	2992125	8.1
广义政府存款	Generalized Government Deposits	61562554	6421700	11.6
财政性存款	Budgetary Deposits	12208133	-560282	-4.4
机关团体存款	Deposits of Non-profit Institutions	49354420	6981983	16.5
非银行业金融机构存款	Deposits of Non-banking Financial Institutions	8175867	-2153875	-20.9
境外存款	Overseas Deposits	144608	38259	36.0
各项贷款	**Total Loans**	**257125558**	**39907903**	**18.4**
境内贷款	Demestic Loans	257035800	39852844	18.3
住户贷款	Resident Loans	102416412	19312032	23.2
短期贷款	Short-term Loans	32026777	3389123	11.8
中长期贷款	Medium and long-term Loans	70389634	15922909	29.2
非金融机构及机关团体贷款	Loans of Non-financial Institutions and Non-Profit Institutions	154567459	20490812	15.3
短期贷款	Short-term Loans	49075836	2643462	5.7
中长期贷款	Medium and long-term Loans	95775723	19282588	25.2
票据融资	Bill financing	8442369	-1651126	-16.4
融资租赁	Financial Lease	983017	285623	41.0
各项垫款	Money Advanced	290515	-69735	-19.4
非银行业金融机构贷款	Loans of Non-banking Financial Institutions	51929	49999	2590.6
境外贷款	Overseas Loans	89758	55059	158.7

17-3 各地区金融机构(含外资)本外币信贷主要指标 (2017年)

Main Indicators on RMB and Foreign Currency Trust of Financial Institutions (Foreign Capital Included) by Region(2017)

单位：亿元 (100 million yuan)

地　区	Region	各项存款 Savings Deposits in Various Forms			各项贷款 Loans in Various Forms		
		年末余额 Balance	比年初增减 Over Beginning of Year	增长(%) Growth Rate (%)	年末余额 Balance	比年初增减 Over Beginning of Year	增长(%) Growth Rate (%)
全　省	**Provincial Total**	**32535.69**	**3430.46**	**11.8**	**25900.44**	**4053.01**	**18.6**
南昌市	Nanchang	10137.34	509.78	5.3	10364.58	1657.34	19.0
景德镇市	Jingdezhen	1086.37	137.37	14.5	689.14	114.82	20.0
萍乡市	Pingxiang	1121.37	175.57	18.6	724.13	98.95	15.8
九江市	Jiujiang	2926.65	316.41	12.1	2080.13	322.27	18.3
新余市	Xinyu	1082.72	113.86	11.8	768.18	53.49	7.5
鹰潭市	Yingtan	727.33	42.55	6.2	597.47	65.73	12.4
赣州市	Ganzhou	4765.20	611.11	14.7	3424.60	577.00	20.3
吉安市	Ji'an	2628.51	328.71	14.3	1567.44	291.51	22.8
宜春市	Yichun	2888.23	449.49	18.4	1913.04	346.45	22.1
抚州市	Fuzhou	1904.90	259.26	15.8	1368.88	237.06	20.9
上饶市	Shangrao	3227.25	498.73	18.3	2210.39	464.94	26.6

17-4 财产保险公司主要指标

Main Indicators of Property Insurance Companies

单位：万元 (10000 yuan)

指　标	Item	保费收入 Premium Income		赔款支出 Indemnity Expenditure	
		2016	2017	2016	2017
合　计	**Total**	**1951744**	**2353417**	**1014073**	**1201238**
企业财产保险	Enterprise Property Insurance	43707	47472	26873	28238
机动车辆保险	Motor Vehicle Insurance	1587159	1813874	815344	916002
货物运输保险	Freight Transport Insurance	7095	9006	2969	3938
责任保险	Liability Insurance	60668	79175	25889	36304
信用保证保险	Credit Insurance	33168	61000	11987	15816
农业保险	Agriculture Insurance	81105	103038	55123	56025
其它财产保险	Other Insurance	138842	239852	75888	144915

17-5 人寿保险公司主要指标

Main Indicators of Life Insurance Companies

单位：万元 (10000 yuan)

指 标	Item	2011	2012	2013	2014	2015	2016	2017
原保险保费收入	**Original Premium Incomes**	**1637678**	**1701491**	**1965029**	**2544629**	**3372161**	**4135346**	**4922223**
寿险小计	Life Insurance in Total	1334640	1339074	1442034	1533897	1489765	1712066	2315342
普通寿险	Ordinary Life Insurance	133679	134956	175409	708121	711855	822691	1432132
分红寿险	Participating Life Insurance	1193419	1196501	1258087	816392	767550	877721	870399
投资连结保险	Investment-linked Life Insurance	190	162	158	155	153	114	112
万能寿险	Universal Life Insurance	7353	7456	8381	9229	10207	11540	12698
年金保险	Annuities Insurance	185220	213346	333204	692137	1460478	1767520	1840503
意外伤害险	Accident Insurance	38599	44064	53236	63162	63815	73158	82401
健康险	Health Insurance	79219	105007	136555	255434	358102	582602	683979
赔付支出	**Compensation Expenses**	**317214**	**349065**	**580825**	**658874**	**922922**	**1055501**	**966602**
赔款支出	Lose Payment	32220	32341	39511	68799	124142	183381	187894
死伤医疗给付	Medical Care Payment	27448	33160	41649	48762	56595	66687	85197
满期给付	Expire Payment	221574	224051	441822	483762	643882	689364	548255
年金给付	Annuities Payment	35972	59513	57844	57551	98303	116068	145255

17-6 各地区保险业务情况（2017年）
Insurance Business Conditions by Region (2017)

单位：万元 (10000 yuan)

地区	Region	全部业务 Insurance Total Business 保费收入 Premium Income	全部业务 比上年增长(%) Growth Rate over Preceding year (%)	财产保险公司业务 Property Insurance Business 保费收入 Premium Income	财产保险公司业务 比上年增长(%) Growth Rate over Preceding year (%)	人身保险公司业务 Life Insurance Business 保费收入 Premium Income	人身保险公司业务 比上年增长(%) Growth Rate over Preceding year (%)
全　省	**Provincial Total**	**7275641**	**19.50**	**2353417**	**20.58**	**4922223**	**19.03**
南昌市	Nanchang	1912701	25.25	569567	17.20	1343134	29.00
景德镇市	Jingdezhen	191025	11.66	71618	16.55	119407	8.91
萍乡市	Pingxiang	247726	9.50	88270	17.09	159456	5.71
九江市	Jiujiang	585607	6.47	201147	14.26	384460	2.79
新余市	Xinyu	224496	7.64	69431	11.17	155065	6.12
鹰潭市	Yingtan	163802	11.25	56598	17.98	107204	8.00
赣州市	Ganzhou	1244734	32.72	422256	33.63	822478	32.26
吉安市	Ji'an	704055	20.36	184831	19.15	519224	20.80
宜春市	Yichun	897210	22.70	305460	17.75	591750	25.42
抚州市	Fuzhou	393206	-1.79	140668	23.64	252538	-11.89
上饶市	Shangrao	708919	18.08	242793	23.24	466126	15.56

17-6 续表 continued

单位：万元 (10000 yuan)

地区	Region	保险密度(元) Density of Insurance (yuan) 全部业务 Total Insurance Business	保险密度 财产险 Property Insurance	保险密度 人身险 Life Insurance	保险深度(%) Deep of Insurance (%) 全部业务 Total Insurance Business	保险深度 财产险 Property Insurance	保险深度 人身险 Life Insurance
全　省	**Provincial Total**	**1574.11**	**509.17**	**1064.94**	**3.49**	**1.13**	**2.36**
南昌市	Nanchang	3500.85	1042.49	2458.36	3.82	1.14	2.68
景德镇市	Jingdezhen	1147.37	430.16	717.20	2.18	0.82	1.36
萍乡市	Pingxiang	1286.89	458.55	828.34	2.31	0.82	1.49
九江市	Jiujiang	1201.67	412.75	788.92	2.43	0.83	1.59
新余市	Xinyu	1901.38	588.05	1313.33	2.03	0.63	1.40
鹰潭市	Yingtan	1403.01	484.77	918.24	2.05	0.71	1.34
赣州市	Ganzhou	1441.40	488.97	952.43	4.93	1.67	3.26
吉安市	Ji'an	1424.65	374.01	1050.65	4.31	1.13	3.18
宜春市	Yichun	1615.50	550.01	1065.50	4.44	1.51	2.93
抚州市	Fuzhou	975.45	348.96	626.48	2.90	1.04	1.86
上饶市	Shangrao	1045.08	357.92	687.16	3.45	1.18	2.27

注：保险密度=年保费收入/国民年平均人口；保险深度=年保费收入/年国内生产总值。

a) Density of insurance=The annualy premium income/The National annual owerage population.
Deep of insurance=The annualy premium income/The annual Gross Domestic Product.

17-7 江西省上市公司数量

Jangxi Summary for Number of Listed Companies

单位：个 (unit)

地　区	Region	2012	2013	2014	2015	2016	2017
全　省	**Total**	**33**	**33**	**32**	**35**	**37**	**39**
南昌市	Nanchang	17	16	16	17	19	19
景德镇市	Jingdezhen	3	3	2	4	4	4
萍乡市	Pingxiang	1	1	1	1	1	1
九江市	Jiujiang						
新余市	Xinyu	2	2	2	2	2	3
鹰潭市	Yingtan	2	2	2	2	2	2
赣州市	Ganzhou	2	3	3	3	3	3
吉安市	Ji'an						
宜春市	Yichun	2	2	2	2	2	3
抚州市	Fuzhou	1	1	1	1	1	1
上饶市	Shangrao	3	3	3	3	3	3

17-8 股票发行量和筹资额

Issued Share and Raised Capital

年份 Year	股票发行量 (亿股) Issued Share (100million shares)	A股 A Shares	H股 H Shares	B股 B shares	股票筹资额 (亿元) Raised Capital (100milln shares)	A股 A Shares	配股 Rights Issued	B股 B Shares
2012	7.98	4.90	3.08		65.35	60.48		4.87
2013	4.03	4.03			33.63	33.63		
2014	5.60	5.60			37.27	37.27	5.66	
2015	7.31	7.31			81.46	81.46	5.90	
2016	17.03	17.03			191.56	191.56		
2017	10.68	10.68			68.72	68.72	6.4	

17-9 江西省证券市场基本情况

Jiangxi General Statistics on Securities Markets

指　标	Item	2012	2013	2015	2016	2017
证券法人公司(个)	Securities Company corporation(unit)	2	2	2	2	2
证券营业部(个)	Security Exchange(unit)	126	133	275	317	319
证券投资者开户数(万户)	Security Accounts Established (10000 units)	231.31	241.81	351.09	468.72	573.22
A股成交金额(亿元)	Stock A Turnover Value(100 million yuan)	11076.06	13722.46	76940.00	39988.21	32415.27
B股成交金额(亿元)	Stock B Turnover Value(100 million yuan)	33.24	12.62	47.46	17.89	9.96
上市公司总股本(亿股)	Total Share Capital of Listed Company(100 million shares)	212.35	226.21	251.67	323.34	337.22
A股	Stock A	195.03	208.89	234.36	306.03	319.90
B股	Stock B	3.44	3.44	3.44	3.44	3.44
流通股本(亿股)	Share Capital in Circulation(100 million shares)	166.15	203.91	235.42	265.14	294.94
股票市价总值(亿元)	Total Market Capitalization(100 million yuan)	2287.44	2366.95	4004.31	4159.46	4131.87
A股	Stock A	2008.87	2136.06	3819.70	3968.03	3951.30
B股	Stock B	49.06	78.16	77.79	59.14	36.75
股票流通市值(亿元)	Negotiable Market Capitalization(100 million yuan)	1877.95	2002.92	3552.27	3440.3	3476.22
A股	Stock A	1599.38	1772.04	3367.66	3254.81	3295.65
B股	Stock B	49.06	78.16	77.79	59.14	36.75
期货投资者开户数(万户)	Future Accounts Established (10000 units)	2.62	2.89	3.80	3.85	4.66
期货总成交量(万手)	Trading Volume of Future(10000 transactions)	2267.51	3256.26	4484.15	4151.16	2840.34
期货总成交额(亿元)	Trading Turnover of Future(100 million yuan)	24234.81	34783.37	91327.34	19871.43	18271.84

主要统计指标解释

信贷资金　国家银行用于发放贷款的资金叫信贷资金。中国人民银行信贷资金的来源有各项存款、对国际金融机构负债、流通中货币、银行自有资金及当年结益等。信贷资金的运用有各项贷款、黄金占款、外汇占款、财政借款及在国际金融机构中的资产等。

存款　企业、机关、团体或居民根据可以收回的原则，把货币资金存入银行或其他信用机构保管并取得一定利息的一种信用活动形式。根据存款对象的不同可划分：企业存款、财政存款、机关团体存款、对外贸易存款、城乡居民储蓄存款和农村存款等科目，它是银行信贷资金的主要来源。

贷款　银行或其他信用机构根据必须归还的原则，按一定利率，为企业、个人等提供资金的一种信用活动形式。我国银行贷款，分流动资金贷款、固定资产贷款、城乡个体工商户贷款以及农业贷款等科目。

保险金额　指保险人承担赔偿或者给付保险金责任的最高限额。

保费　指投保人为取得保险人在约定范围内所承担赔偿责任而支付给保险人的费用。

赔偿　指保险人根据保险合同的规定，向被保险人支付的赔偿保险责任损失的金额。

Explanatory Notes on Main Statistical Indicators

Credit Funds　refer to the monetary funds accumulated and distributed in the means of credit by the financial institutions. The sources of credit funds include various deposits, financial bonds, liabilities to international financial institutions, currency in circulation, other items. The uses of credit funds include loans, securities and investment, position for bullion and silver purchase, position for foreign exchange purchase, advances to treasury, and assets with international financial institutions.

Deposit　is a form of credit by which enterprises, institutions, organizations or households can put money into banks and other credit institutions for safekeeping and interest earning under the principle of free withdrawal. According to different depositors, deposits are divided into enterprise deposits, fiscal deposits, deposits of government agencies and organizations, savings deposits of rural and urban households, agricultural savings deposits, entrusted deposits and other deposits. Deposits are major sources of the credit funds of banks.

Loan　is a form of credit by which banks and other credit institutions provide funds at certain interest rate to enterprises and individuals in the light of the principle of unconditional repayment. Loans from Chinese banks include short-term loan, medium- term and long-term loans, entrusted loans, and other loans.

Amount Insured　refers to the maximum that the insurant will get for the claim of the case insured.

Premium　is the fee paid by the insurant to the insurer to obtain the obligation of compensation from the insurance within the agreed terms.

Settled Claim　is the compensation paid by the insurer to the insurant in accordance with the insurance contract.

18

房地产开发

REAL ESTATE DEVELOPMENT

◆403/416

资料整理及英文翻译：熊　谦

Ⅰ 简要说明

房地产开发统计资料的主要内容包括：全省房地产开发建设方面的基本情况，包括11个设区市的主要房地产统计数据。如：房地产开发投资额、房屋施工面积、房屋竣工面积、商品房销售面积、商品房销售额、房地产开发投资资金来源等。

统计范围：房地产开发投资统计的统计范围为各种登记注册类型的房地产开发公司、商品房建设公司及其他房地产开发单位统一开发的包括统代建、拆迁还建的住宅、厂房、仓库、饭店、宾馆、度假村、写字楼、办公楼等房屋建筑物和配套的服务设施、土地开发工程，如道路、给水、排水、供电、供热、通讯、平整场地等基础设施工程。包括实际从事房地产开发或经营活动的附营房地产开发单位。

资料来源：根据国家统计局制定的《房地产开发投资统计报表制度》搜集资料，由省统计局固定资产投资处整理汇总。

统计调查方法：由各级统计部门采取全面调查方法，执行企业一套表，由企业网上直报。

Ⅰ Brief Introduction

Main Contents of Real Estate Statistic: Data in this chapter show the general situation and the development of real estate. They cover the situation of real estate of the 11 municipalities in the whole Jiangxi Province. The data include the value of real estate development, floor space under construction, floor space completed, floor space sold, value of house sold, the source of funds for the development of construction.

Scope of Statistics: The scope of the development of real estate statistics covers the investment by the real estate development companies, commercial buildings construction companies and other real estate development units of various types of ownership in the construction of house buildings, such as residential buildings, factory buildings, warehouses, hotels, guesthouses, holiday villages, office buildings, and the complementary service facilities and land development projects, such as roads, water supply, water drainage, power supply, heating, telecommunications, land leveling and other projects of infrastructure. It includes practical in the real estate development or business activities of the business of real estate development unit.

Sources of Data: Data on Real Estate Statistic are collected in accordance with the Reporting Form System of the Development of Real Estate Statistics stipulated by the National Bureau of Statistics and provided by Fixed Assets Investment Division of Jiangxi Provincial Bureau of Statistics.

Methods of Survey: Comprehensive survey methodology is adopted by statistical department at all levels. Data are reported by enterprises through the online data-report system.

18-1 房地产开发与经营主要指标

Main Indicators of Enterprises for Real Estate Development

指　　标	Item	2000	2010	2015	2016	2017
企业个数(个)	**Number of Enterprises (unit)**	**539**	**2141**	**2187**	**2297**	**2452**
房地产开发投资(万元)	**Total Investment in Real Estate Development (10000 yuan)**	**423705**	**7068222**	**15200985**	**17709442**	**20139823**
按登记注册类型分	Grouped by Registration Status					
内　资	Domestic Funded	319440	6355494	14579617	17165326	19398248
#国　有	State-owned Units	143139	378676	270560	252653	357369
集　体	Collective-owned Units	39137	20283			10000
股份合作	Cooperative Units	16395	31746	21623	43241	18390
联　营	Joint Ownership Units	627	10683			
有限责任公司	Limited liability Corporations	29918	3037481	8750866	10192351	11156992
股份有限公司	Share-holding Corporations Ltd.	16114	779993	585573	647579	797446
私　营	Private Enterprises	73810	2033226	4927575	5981084	7014441
其　他	Others	300	63406	23420	48418	43610
港澳台商投资	Funds from Hong Kong, Macao and Taiwan	63317	552561	545447	499059	641651
外商投资	Foreign Funded	40948	160167	75921	45057	96424
按构成分	Grouped by Use of Funds					
建筑工程	Construction	294410	4920441	10448626	12288376	13872536
安装工程	Installation	10658	422486	1821665	2426421	2816905
设备工器具购置	Purchase of Equipment and Instruments	2704	135226	231538	292854	457588
其他费用	Others	115933	1590069	2699156	2701791	2992794
#土地购置费	Land Purchase	66281	1098952	2105429	2007356	2241742
按工程用途分	Grouped by Use of Projects					
住　宅	Residential Buildings	264555	5447742	11130924	12475828	13917925
#别墅、高档公寓	Villas, High-grade Apartments	14316	181581	333958	522598	434930

18-1 续表 continued

指　　标	Item	2000	2010	2015	2016	2017
办公楼	Office Buildings	14324	110064	521100	738706	934968
商业营业用房	Houses for Bussiness Use	67984	781411	2393860	3158058	3848712
其　他	Others	76842	729005	1155101	1336850	1438218
本年新增固定资产	**Newly Increased Fixed Assets this Year**	**294124**	**3898732**	**6676396**	**5519484**	**5916121**
土地开发(万平方米)	**Land Space Developed (10000 sq.m)**					
本年购置土地面积	Land Space Purchased this Year	287.81	777.15	542.89	443.13	576.17
资金来源(万元)	**Sources of Funds (10000 yuan)**					
本年资金来源小计	Sources of Funds This Year	444086	10081606	21013298	25179462	29233439
国内贷款	Domestic Loans	71414	1464036	2308154	2917282	4198149
#银行贷款	Bank Loans		1412902	2063823	2604808	3483953
非银行金融机构贷款	Non-banking Financial Institutions Loans		51134	244331	312474	714196
利用外资	Foreign Investment	33925	28979	61412	6977	
自筹资金	Self-raising Funds	134697	3912925	7307833	7907118	7602623
其他资金来源	Others	202730	4675666	11335899	14348085	17432667
#定金及预收款	Deposit and Advance Payment	164019	2542706	5852983	7036917	8467288
个人按揭贷款	Individual Credit		1460827	4479961	5806930	7264407
房屋施工、竣工和销售、出租情况(万平方米)	**Floor Space of Buildings Under Construction and Completed, On Sale and for Rent (10000 sq.m)**					
房屋施工面积	Floor Space under Construction	896.62	7229.94	15293.60	16427.25	18806.79
#新开工面积	Started this Year	490.92	2344.98	3704.87	3875.01	4954.33
房屋竣工面积	Floor Space Completed	402.80	1817.74	1907.89	1635.61	1854.40
商品房销售面积	Floor Space of Commercialized Buildings Sold	286.69	2469.73	3478.23	4691.84	5841.93
商品房销售额(万元)	Total Sales of Commercialized Buildings(10000 yuan)	272008	7764058	18636712	26783684	35925237
商品房出租面积	Floor Space of Commercialized Buildings for Rent	4.67	23.66	5.96	7.23	8.77
商品房待售面积	Eloor Space of Commercialized Bulidings Lying Idle	102.90	357.99	1496.06	1434.56	1129.94

18-2 房地产开发房屋施工、竣工、销售与出租情况（2017年）

Residential Buildings under Construction, Completed, Sale and for Rent of Real Estate Development (2017)

指标	Item	合计 Total	住宅 Residential Budildings	#90平方米及以下住房 Housing of 90 Squre Metres and Below
房屋施工面积(平方米)	Floor Space under Construction (sq.m)	188067881	136591444	23498785
#新开工面积	Started This Year	49543310	37120815	4537058
房屋竣工面积(平方米)	Floor Space Completed (sq.m)	18543973	13658618	2660230
房屋竣工价值(万元)	Value of Buildings Completed (10000 yuan)	4412176	3277484	694938
商品房销售面积(平方米)	Floor Space of Commercialized Buildings Sold (sq.m)	58419302	49649702	6697396
#现房销售面积	Floor Space of Marketable Housing Sold	11387133	9219458	1242472
期房销售面积	Floor Space of Future Marketable Housing Sold	47032169	40430244	5454924
出租房屋面积(平方米)	Floor Space for Rent (sq.m)	87672		
不可销售面积(平方米)	Floor Space Unsalable (sq.m)	657291	278974	36186
待售面积(平方米)	Floor Space Lying Idle (sq.m)	11299417	5997220	1109946
商品房销售额(万元)	Total Sales of Commarcialized Buildings (10000 yuan)	35925237	28796563	4278582
#现房销售额	Sale of Marketable Housing	5983504	4481999	640490
期房销售额	Sale of Futures Marketable Housing	29941733	24314564	3638092

18-2 续表 continued

指标	Item	#别墅、高档公寓 Villas, High-grade Apartments	办公楼 Office Buildings	商业营业用房 Houses for Bussiness Use	其他 Others
房屋施工面积(平方米)	Floor Space under Construction (sq.m)	4132975	6161502	27753479	17561456
#新开工面积	Started This Year	948739	1107323	7046884	4268288
房屋竣工面积(平方米)	Floor Space Completed (sq.m)	683225	566903	2878778	1439674
房屋竣工价值(万元)	Value of Buildings Completed(10000 yuan)	185793	141429	718045	275218
商品房销售面积(平方米)	Floor Space of Commercialized Buildings Sold (sq.m)	1080812	1406920	5736656	1626024
#现房销售面积	Floor Space of Marketable Housing Sold	235078	368908	1151216	647551
期房销售面积	Floor Space of Future Marketable Housing Sold	845734	1038012	4585440	978473
出租房屋面积(平方米)	Floor Space for Rent (sq.m)			86604	1068
不可销售面积(平方米)	Floor Space Unsalable (sq.m)	61909	15511	56899	305907
待售面积(平方米)	Floor Space Lying Idle (sq.m)	409515	520225	3881181	900791
商品房销售额(万元)	Total Sales of Commarcialized Buildings (10000 yuan)	840084	1207436	5052976	868262
#现房销售额	Sale of Marketable Housing	152661	285734	941358	274413
期房销售额	Sale of Futures Marketable Housing	687423	921702	4111618	593849

18-3 按登记注册类型分的房地产开发投资（2017年）

单位:万元

指　标	Item	合　计 Total	内　资 Domestic Funds	国　有 State-owned Units
投资总额	**Total Investment**	**20139823**	**19401748**	**357369**
按构成分	Grouped by Use of Funds			
建筑工程	Construction	13872536	13383170	307553
安装工程	Installation	2816905	2715047	27980
设备工器具购置	Purchase of Equipment and Instruments	457588	423056	500
其他费用	Others	2992794	2880475	21336
按工程用途分	Grouped by Use of Projects			
住　宅	Residential Buildings	13917925	13500945	326419
#90平方米及以下住房	Housing of 90 Square Metres and below	2733794	2590105	53274
别墅、高档公寓	Villas, High-grade Apartments	434930	410493	4578
办公楼	Office Buildings	934968	889154	2345
商业营业用房	Houses for Bussiness Use	3848712	3644255	17870
其　他	Others	1438218	1367394	10735
本年资金来源合计	**Total Sources of Funds**	**38764464**	**36872945**	**451396**
上年末结余资金	Surplus Funds last Year	9531025	8910065	151093
本年资金来源小计	Sources of Funds This Year	29233439	27962880	300303
国内贷款	Domestic Loans	4198149	3990720	45300
#银行贷款	Bank Loans	3483953	3316524	45300
非银行金融机构贷款	Non-banking Financial Institutions Loans	714196	674196	
利用外资	Foreign Investment			
自筹资金	Self-raising Funds	7602623	7443519	177857
其他资金来源	Others	17432667	16528641	77146
#定金及预收款	Deposit and Advance Payment	8467288	7957177	57464
个人按揭贷款	Individual Credit	7264407	6927451	14632

Investment in Real Estate Development by Registration Status (2017)

(10 000 yuan)

集 体 Collective-owned Units	联 营 Joint Ownership Units	股份有限公司 Share-holding Corporations Ltd.	私营 Private & Self-employed	其他内资 Others	港澳台商投资 Funds from Hong Kong, Macao and Taiwan	外商投资 Foreign Funds
10000		**797446**	**7014441**	**43610**	**641651**	**96424**
5500		648780	4828772	25210	416260	73106
4300		56701	941975	5000	96464	5394
200		8260	186562	600	28343	6189
		83705	1057132	12800	100584	11735
9000		498642	4859525	32750	358264	58716
5000		102517	938220	7170	117678	26011
		10343	134711		24427	10
		40951	211333		45809	5
1000		190682	1337016	10860	172265	32192
		67171	606567		65313	5511
45002		**1473645**	**13550035**	**49686**	**1441907**	**449612**
2		514886	3329596	2300	473121	147839
45000		958759	10220439	47386	968786	301773
25000		80769	1088467	4000	59500	147929
25000		77953	1005503	4000	59500	107929
		2816	82964			40000
4000		327719	2976146	29100	129515	29589
16000		550271	6155826	14286	779771	124255
16000		260427	2865232	8186	440572	69539
		227988	2676135	6100	282240	54716

18-4 各地区房地产开发和经营指标（2017年）

指标	Item	全省 Total	南昌市 Nanchang	景德镇市 Jingdezhen
企业个数(个)	**Number of Enterprises (unit)**	**2452**	**515**	**92**
投资额和新增固定资产(万元)	**Investment And Newly Increased Fixed Assets (10 000 yuan)**			
投资额	**Investment**	**20139823**	**7906914**	**458948**
按登记注册类型分	Grouped by Registration Status			
内资	Domestic Funds	19398248	7326853	458928
#国有	State-owned Units	357369	120642	
集体	Collective-owned Units	10000	10000	
联营	Joint Ownership Units			
股份有限公司	Share-holding Corporations Ltd.	797446	234175	35566
私营	Individuals	7014441	1777198	108772
其他内资	Others	43610	29100	
港澳台商投资	Funded by Entrepreneurs from Hong Kong, Macao and Taiwa	645151	519099	
外商投资	Enterprises with Foreign Investment	96424	60962	20
按构成分	Grouped by Use of Funds			
建筑工程	Construction	13872536	5103000	370839
安装工程	Installation	2816905	1220704	51988
设备工器具购置	Purchase of Equipment and Instruments	457588	247134	7253
其他费用	Others	2992794	1336076	28868
#土地购置费	Land Purchase	2241742	1068949	13575
按工程用途分	Grouped by Use of Projects			
住宅	Residential Buildings	13917925	4863799	377619
#90平方米及以下住房	Housing of 90 Square Metres and Below	2733794	1351960	46738
别墅、高档公寓	Villas, High-grade Apartments	434930	165439	6495
办公楼	Office Buildings	934968	660303	22533
商业营业用房	Houses for Bussiness Use	3848712	1679663	52280
其他	Others	1438218	703149	6516
本年新增固定资产(万元)	**Newly Increased Fixed Assets this Year (10 000 yuan)**	**5916121**	**2111979**	**216116**
土地开发情况(平方米)	**Land Space Developed (sq.m)**			
本年购置土地面积	Land Space Purchased this Year	5761678	1484582	80981
资金来源(万元)	**Source of Funds (10 000 yuan)**			
本年资金来源小计	**Source of Funds this Year (10 000 yuan)**	**29233439**	**12095243**	**702596**
国内贷款	Domestic Loans	4198149	2845130	68065
#银行贷款	Bank Loans	3483953	2338866	33760
非银行金融机构贷款	Non-banking Financial Institutions Loans	714196	506264	34305
利用外资	Foreign Investment			
自筹资金	Self-raising Funds	7602623	2785839	152503
其他资金来源	Others	17432667	6464274	482028
#定金及预付款	Deposit and Advance Payment	8467288	3164956	270367
个人按揭贷款	Individual Credit	7264407	2380318	200398
房屋施工、竣工和销售、出租情况(平方米)	**Floor Space of Buildings Under Construction and Completed, on Sale and for Rent**			
房屋施工面积	**Floor Space of Buildings under Construction (sq.m)**	**188067881**	**59488109**	**4865991**
住宅	Residential Buildings	136591444	42024294	3811423
#90平方米及以下住房	Housing of 90 Square Metres and Below	23498785	11639023	709608
别墅、高档公寓	Villas, High-grade Apartments	4132975	1242495	60017
办公楼	Office Buildings	6161502	4238354	61509
商业营业用房	Houses for Bussiness Use	27753479	7059718	626247
其他	Others	17561456	6165743	366812

Development and Operating Indicators for Real Estate by Region (2017)

萍乡市 Pingxiang	九江市 Jiujiang	新余市 Xinyu	鹰潭市 Yingtan	赣州市 Ganzhou	吉安市 Ji'an	宜春市 Yichun	抚州市 Fuzhou	上饶市 Shangrao
92	**276**	**96**	**77**	**396**	**164**	**266**	**187**	**291**
523863	**1514648**	**239658**	**664436**	**3091625**	**1053571**	**2050163**	**1191047**	**1444950**
523863	1478865	239658	664436	3021025	1042451	2037385	1189547	1415237
17300		1300		60927	104892	44288	20	8000
95040	21570	1236	95941	40461	48637	77449	90564	56807
134785	492822	149703	214027	1533014	510838	1132685	434122	526475
				10510	4000			
	35783			68296	11120	9353	1500	
				2304		3425		29713
336410	1204960	183672	489352	1991381	803804	1492759	920813	975546
81251	149232	37698	113183	349643	134569	355040	142840	180757
6893	32167	1178	9414	67385	12176	14639	24544	34805
99309	128289	17110	52487	683216	103022	187725	102850	253842
82203	95909	12852	35828	456809	81096	136866	76540	181115
342465	1113802	182509	474240	2225744	783324	1591647	950360	1012416
67680	250701	23765	104807	254531	129956	257005	92765	153886
5873	4702	2160	10180	63336	18903	70612	37796	49434
46887	30848	856	4416	71125	11178	36172	8947	41703
83261	303223	30240	130865	554805	219117	327743	179799	287716
51250	66775	26053	54915	239951	39952	94601	51941	103115
164798	**528602**	**147241**	**221251**	**367646**	**749260**	**574297**	**437992**	**396939**
261232	336898		254304	1572001	428118	544998	291194	507370
885661	**2191062**	**532826**	**821455**	**4458156**	**1567905**	**2558490**	**1645488**	**1774557**
134230	260761	37700	98367	258078	110018	106472	101396	177932
127130	191954	37200	98017	191178	102618	95397	97446	170387
7 100	68807	500	350	66900	7400	11075	3950	7545
247233	723511	58245	313433	1064924	581626	646110	511302	517897
504198	1206790	436881	409655	3135154	876261	1805908	1032790	1078728
177328	674013	224491	225035	1380212	429766	873785	515146	532189
258014	456513	195099	139690	1502383	393938	796611	453391	488052
6055127	**16809755**	**7773236**	**6533054**	**31505366**	**11751654**	**16483458**	**13303974**	**13498157**
4304638	12439243	5691515	4750194	20990017	9105528	12843690	10625668	10005234
365151	1854357	602879	636847	2275677	1262055	1507687	1444568	1200933
80328	214922	92500	176070	789749	125721	723535	97050	530588
43444	304414	71697	108537	631119	82476	304956	113569	201427
1192422	2930404	1086017	768281	5813158	1833555	2297985	1887321	2258371
514623	1135694	924007	906042	4071072	730095	1036827	677416	1033125

18-4 续表

指 标	Item	全 省 Total	南昌市 Nanchang	景德镇市 Jingdezhen
房屋新开工面积(平方米)	**Floor Space Started this Year (sq.m)**	**49543310**	**16391440**	**1526023**
住 宅	Residential Buildings	37120815	11889313	1274647
#90平方米及以下住房	Housing of 90 Square Metres and Below	4537058	2203859	132257
别墅、高档公寓	Villas, High-grade Apartments	948739	381304	43231
办公楼	Office Buildings	1107323	779333	7171
商业营业用房	Houses for Bussiness Use	7046884	2062030	151502
其 他	Others	4268288	1660764	92703
房屋竣工面积(平方米)	**Floor Space Completed (sq.m)**	**18543973**	**5589681**	**832732**
住 宅	Residential Buildings	13658618	3894055	667988
#90平方米及以下住房	Housing of 90 Square Metres and Below	2660230	1174163	149740
别墅、高档公寓	Villas、High-grade Apartments	683225	317635	25044
办公楼	Office Buildings	566903	369190	15872
商业营业用房	Houses for Bussiness Use	2878778	756684	88595
其 他	Others	1439674	569752	60277
竣工房屋价值(万元)	**Value of Buildings Completed (10 000 yuan)**	**4412176**	**1541329**	**186947**
住 宅	Residential Buildings	3277484	1053264	149453
#90平方米及以下住房	Housing of 90 Square Metres and Below	694938	330106	36138
别墅、高档公寓	Villas, High-grade Apartments	185793	93780	6500
办公楼	Office Buildings	141429	95797	2853
商业营业用房	Houses for Bussiness Use	718045	286051	23119
其 他	Others	275218	106217	11522
商品房销售面积(平方米)	**Floor Space Sold of Commercialized Buildings (sq.m)**	**58419302**	**16104283**	**1332476**
住 宅	Residential Buildings	49649702	12897947	1228122
#90平方米及以下住房	Housing of 90 Squre Metres and Below	6697396	3175859	235431
别墅、高档公寓	Villas, High-grade Apartments	1080812	285516	56656
办公楼	Office Buildings	1406920	1077993	9682
商业营业用房	Houses for Bussiness Use	5736656	1636994	85547
其 他	Others	1626024	491349	9125
商品房销售额(万元)	**Floor Space Sales (10 000 yuan)**	**35925237**	**13731626**	**649253**
住 宅	Residential Buildings	28796563	10455643	569933
#90平方米及以下住房	Housing of 90 Square Metres and Below	4278582	2464494	102463
别墅、高档公寓	Villas、High-grade Apartments	840084	334575	28771
办公楼	Office Buildings	1207436	999192	5891
商业营业用房	Houses for Bussiness Use	5052976	1968387	68701
其 他	Others	868262	308404	4728
商品房出租面积(平方米)	**Floor Space for Rent (sq.m)**	**87672**	**43451**	**432**
住 宅	Residential Buildings			
#90平方米及以下住房	Housing of 90 Squre Metres and Below			
别墅、高档公寓	Villas, High-grade Apartments			
办公楼	Office Buildings			
商业营业用房	Houses for Bussiness Use	86604	43451	432
其 他	Others	1068		
商品房待售面积(平方米)	**Floor Space Lying Idle (sq.m)**	**11299417**	**2443089**	**387776**
住 宅	Residential Buildings	5997220	1371107	288278
#90平方米及以下住房	Housing of 90 Square Metres and Below	1109946	264937	128066
别墅、高档公寓	Villas, High-grade Apartments	409515	118041	10 044
办公楼	Office Buildings	520225	356474	2525
商业营业用房	Houses for Bussiness Use	3881181	568604	81318
其 他	Others	900791	146904	15655

continued

萍乡市 Pingxiang	九江市 Jiujiang	新余市 Xinyu	鹰潭市 Yingtan	赣州市 Ganzhou	吉安市 Ji'an	宜春市 Yichun	抚州市 Fuzhou	上饶市 Shangrao
1577590	**5067245**	**1389931**	**1112491**	**8008391**	**3010967**	**3665236**	**3409203**	**4384793**
987726	4142675	1095794	827199	5750236	2346585	2903105	2515999	3387536
69181	501157	76283	72368	215788	113713	396845	428092	327515
343	1589		59452	63008	61980	88038	58 110	191684
41000	49482	2000	2149	75331	53963	69648	23566	3680
337337	548858	55315	149962	1429884	382488	569889	662482	697137
211527	326230	236822	133181	752940	227931	122594	207156	296440
646714	**1479334**	**654489**	**859412**	**1698158**	**2415556**	**1694140**	**1287622**	**1386135**
585202	979851	370736	695317	1122919	1737809	1460465	960301	1183975
41762	157164	1928	78017	182468	331391	269768	141564	132265
458	75586	5502	2 350	44869	15290	113621	33 676	49194
1000	46016	32820	9 572	565	52549	26559		12760
48904	373391	143619	63689	392318	469638	145754	262494	133692
11608	80076	107314	90834	182356	155560	61362	64827	55708
136819	**324077**	**124200**	**156255**	**237813**	**640918**	**449627**	**282551**	**331640**
125689	203604	85585	116501	159898	484746	392091	224848	281805
6921	35430	470	17404	25935	88656	93416	26816	33646
128	16152	550	588	10902	4705	33836	8 635	10017
280	13693	5023	2 728	119	10179	7420		3337
8855	92149	21164	19893	51828	97107	37364	46190	34325
1995	14631	12428	17133	25968	48886	12752	11513	12173
1513574	**5981523**	**1965535**	**1812848**	**10454984**	**3396512**	**5687630**	**5544218**	**4625719**
1316631	5425771	1860112	1575071	8435685	2895768	5224250	4844724	3945621
120040	560018	159278	290052	491552	396388	435850	486531	346397
35285	34323	6543	7213	228407	102115	125833	41 282	157639
24 038	50049		10919	128608	644	39149	18002	47836
142326	394800	93467	214125	1370532	399616	287824	568129	543296
30579	110903	11956	12733	520159	100484	136407	113363	88966
740511	**3003092**	**784008**	**856851**	**6491635**	**1629542**	**2706899**	**2857404**	**2474416**
603748	2556825	710420	662383	5074108	1349080	2442277	2321477	2050669
64192	333865	60943	130956	312152	189059	234782	230279	155397
20603	19197	6172	4240	165740	41701	101117	19 926	98042
20 001	20680		4239	92257	254	18872	13440	32610
101552	364006	69988	182813	1097067	222015	180872	435219	362356
15210	61581	3600	7416	228203	58193	64878	87268	28781
15148	**10000**	**465**		**5501**	**11607**		**1 068**	
15148	10000	465		5501	11607			
							1 068	
619313	**1237187**	**707405**	**305223**	**1507534**	**739063**	**1381556**	**511898**	**1459373**
380838	659812	361032	171599	522950	415482	725075	252968	848079
109913	156919	10753	108081	56249	10695	157422	39440	67471
22025	15 684	17132		36517	26911	106640	769	55752
	69919			18767	13772	5412	1 020	52336
207905	460734	263219	125467	658449	244786	571750	234541	464408
30570	46722	83154	8 157	307368	65023	79319	23369	94550

主要统计指标解释

房地产业 是指从事房地产开发、建设、经营、租赁及维修等活动的经济部门。按照国民经济行业划分的规定，房地产业包括房地产开发与经营、房地产管理和房地产经纪与代理业三部分内容。

房地产开发业 是房地产业的一个重要组成部分，是指进行商品房屋建设和土地开发及经营活动的企业和单位。

房地产开发投资额 是以货币形式表现的房地产开发企业（单位）在一定时期内进行房屋建设及土地开发所完成的工作量及有关费用的总称。

建筑工程 指各种房屋、建筑物的建造工程，又称建筑工作量。这部分投资额必须兴工动料，通过施工活动才能实现。

安装工程 指各种设备、装置的安装工程，又称安装工作量。

设备、工器具购置 指工业企业生产的产品转化为固定资产的购置活动，包括建设单位或企、事业单位购置或自制的，达到固定资产标准的设备、工具、器具的价值。

商品住宅 指房地产开发企业(单位)建设并出售、出租给使用者，仅供居住用的房屋。

别墅、高档公寓 指建筑造价和销售价格明显高于一般商品住宅的商品住宅。别墅一般指地处郊区，独立成栋的商品住宅；高档公寓一般指地处市内高尚社区，高层或多层的商品住宅。别墅、高档公寓的确定标准：一是经有房地产投资计划审批权的主管部门审批建设的别墅、高档公寓开发项目；二是销售价格高于当地同等地段商品住宅平均销售价格一倍以上的别墅、公寓开发项目。该指标可以分析房地产投资结构，反映高收入家庭商品住宅的供求平衡情况。

办公楼 指企业、事业、机关、团体、学校、医院等单位使用的各类办公用房(又称写字楼)。

本年新增固定资产 指在报告期已经完成建造和开发过程并交付使用的房屋和土地开发面积的价值。指房地产开发公司进行开发经营活动的最终成果，即为社会提供的固定资产，而且是在报告期内新增加的。不是反映房地产开发企业本身固定资产的增加。

本年资金来源合计 指房地产开发企业(单位)在本年内收到的可用于房地产开发和经营的各种资金来源数之和，包括上年末结余资金、本年度内拨入、借入或以各种方式筹集的资金。

上年末结余资金 指上年资金来源中没有形成投资额而结余的资金。包括尚未用到工程上去的材料价值、未开始安装的需要安装设备价值及结存的现金和银行存款等。可根据有关财务数字填报。上年末结余资金不能出现负数，即不能把上年应付工程、材料款作为上年末结余资金的负数来处理。

本年资金来源小计 指房地产开发企业(单位)实际拨入的，用于房地产开发的各种货币资金。包括国内贷款、利用外资、自筹资金和其他资金。

国内贷款 指报告期房地产开发企业(单位)向银行及非银行金融机构借入的用于房地产开发与经营的各种国内借款，包括银行利用自有资金及吸收的存款发放的贷款、上级主管部门拨入的国内贷款、国家专项贷款(包括煤代油贷款、劳改煤矿专项贷款等)，地方财政专项资金安排的贷款、国内储备贷款、周转贷款等。

银行贷款 指向各商业银行、政策性银行借入的用于房地产开发与经营的各项贷款。

利用外资 指报告期收到的用于房地产开发与经营的境外资金(包括外国及港澳台地区)，包括外商直接投资、对外借款(外国政府贷款、国际金融组织贷款、出口信贷、外国银行商业贷款、对外发行债券和股票)及外商其他投资(包括补偿贸易和加工装配由外商提供的设备价款、国际租赁)。不包括我国自有外汇资金(包括国家外汇、地方外汇、留成外汇、调剂外汇和中国银行自有资金发行的外汇贷款等)。各类外资按报告期的外汇牌价(中间价)折成人民币“万元”计算。

自筹资金 指各地区、各部门及企事业单位筹集用于房地产开发与经营的预算外资金。

其他资金来源 指在报告期收到的除以上各种资金之外其他用于房地产开发与经营的资金。包括国家预算内资金、债券、社会集资、个人资金、无偿捐赠的资金及用征地迁移补偿费、移民费等进行房地产开发的资金。

房屋施工面积 指报告期内施工的全部房屋建筑面积。包括本期新开工的面积和上年开工跨入本期继续施工的房屋面积，以及上期已停建在本期恢复施工的房屋面积。本期竣工和本期施工后又停建缓建的房屋面积仍包括在施工面积中，多层建筑应填各层建筑面积之和。

房屋竣工面积 指报告期内房屋建筑按照设计要求已全部完工，达到住人和使用条件，经验收鉴定合格或达到竣工验收标准，可正式移交使用的各栋房屋建筑面积的总和。

竣工房屋价值 指在报告期内竣工房屋本身的建造价值。

竣工房屋的价值一般按房屋设计和预算规定的内容计算。包括竣工房屋本身的基础、结构、屋面、装修以及水、电、卫等附属工程的建筑价值，也包括作为房屋建筑组成部分而列入房屋建筑工程预算内的设备(如电梯、通风设备等)的购置和安装费用；不包括厂房内的工艺设备、工艺管线的购置和安装，工艺设备基础的建造；办公和生活用家具的购置等费用；购置土地的费用；迁移补偿费和场地平整的费用及城市建设配套投资。竣工房屋价值一般按结算价格计算。

出租房屋面积 指在报告期期末房屋开发单位出租的商品房屋的全部面积。

商品房销售面积 指报告期内出售商品房屋的合同总面积(即双方签署的正式买卖合同中所确定的建筑面积)。由现房销售建筑面积和期房销售建筑面积两部分组成。

商品房销售额 指报告期内出售商品房屋的合同总价款(即双方签署的正式买卖合同中所确定的合同总价)。该指标与商品房销售面积同口径，由现房销售额和期房销售额两部分组成。

待售面积 指报告期末已竣工的可供销售或出租的商品房屋建筑面积中，尚未销售或出租的商品房屋建筑面积，包括以前年度竣工和本期竣工的房屋面积，但不包括报告期已竣工的拆迁还建、统建代建、公共配套建筑、房地产公司自用及周转房等不可销售或出租的房屋面积。

本年购置土地面积 指在本年内通过各种方式获得土地使用权的土地面积。

Explanatory Notes on Main Statistical Indicators

Real Estate Industry refers to those engaged in real estate development,construction,management,leasin and maintenance activities in the sectors of the economy. In accordance with the provisions of the national economy sectors, the real estate industry including real estate development and management, property management and real estate brokers and agents part of the contents of the three.

Real Estate Development Industry is an important component of real estate industry ,refers to enterprises and units engaged in housing construction and land development and management.

Value of Real Estate Development Investment is in the form of money in real estate development enterprises (units) in a certain period for housing construction and land development by the workload and related costs.

Construction refers to the construction of houses and buildings,also called work volume of construction.This part of investment can only be realized under construction.

Installation refers to the installation of various kinds of equipment and instruments,also called work volume of installation.

Purchase of Equipment and Instruments Purchase of equipment and instruments refers to the total value of equipment, tools, and instruments purchased or self-produced which come up to the cut-off point for fixed assets by the construction units or investing enterprises or institutions.

Residential Buildings refers to buildings built and sod, least to users, only used for living .

Villas、High-grade Apartments refers to commercial houses whose construction costs and marketing prices are significantly higher than ordinary housing.Villas are independent structures generally located in the suburbs;high-grade apartments are multi-story buildings located in elegant urban neighborhoods.Criteria for villas and high-grade apartments include:1）projects for the construction of villas or high-grade apartments have to be approved by comprtent departments in charge of real estate development and investment plans,and 2)prices for projects on villas or high-grade apartments are higher by over 100% compared with the average prices of ordinary commercial housing projects in similar location.This indicator helps to analyze the investment structure of the real estate industry and the demand and supply of housing for high-income households.

Office Buildings refers to office space for enterprise, business, institutions, organizations, schools, hospitals and other units .

Newly Increased Fixed Assets This year refer to the newly increased value of fixed assets,constructed or purchased,that have been transferred to the investors.This is an indicator that demonstrates the results of investment in fixed assets in monetary terms,and an important indicator to reflect the speed of construction and to calculate the efficiency of investement.

Total source of funds refers to the various funds received by real estate enterprises in this year for the purpose of construction and purchase of investment in real estate. It includes balance of funds brought forward from the previous year, funds appropriated and brought in this year, and funds collected by various ways.

Surplus Funds Last Year refers to the surplus funds which didn't form the investment in fixed assets in the sources of funds in previous year. It includes material values that will be used in the projects, facilities values that must be and will be installed, and surplus cashes and deposits in bank.

Sources of Funds This Year refers to the monetary funds received by investing enterprises during the reference period for the purpose of investment in fixed assets. It includes funds from domestic loans, foreign investment, self-raised funds, and others.

Domestic Loans refer to loans of various forms borrowed by investing units from banks and non-bank financial institutions during the reference period, including loans issued by banks from their self-owned funds and deposit, loans appropriated by higher responsible authorities, special loans by government (including loan for substituting petroleum with coal, special loan for reform-through-labour coal mines), loans arranged by local government from special funds, domestic reserve loan, and working loan, etc.

Bank Loans refers to loans for real estate development and management brought from commercial banks and policy banks.

Foreign Investment refers to foreign funds received during the reference period for investment in fixed assets (covering equipment, materials and technology), including foreign direct investment, foreign borrowings (loans from foreign governments and international financial institutions, export credit, commercial loans from foreign banks, issuance of bonds and stocks overseas), and other foreign investment (covering facilities' funds provided by foreign investment by compensation trade and processing & assembly, as well as international lease).

Self-raising Funds refer to extra-budgetary funds for investment in fixed assets received by investing units from central government ministries, local governments, enterprises and institutions during the reference period.

Others Sources of Funds refer to funds for investment in fixed assets received from the sources other than those listed above, including funds raised from social and individuals, through donations, and funds transferred from other units.

Floor Space under Construction refers to total floor space of all buildings under construction during the reference period, including floor space of newly started buildings during the reference period, floor space of construction extended from the previous period to the current period, and floor space of construction suspended during the previous period and resumed in the current period. Floor space of construction completed in the current period, and floor space of construction started and then suspended in the current period are also included in the floor space under construction of the current year.

Floor Space Completed refers to the floor space of all buildings completed in the reference period, which have been appraised and accepted (or come up to the designed standards) and have been transferred to owner units.

Value of Buildings Completed refers to the intrinsic construction value of buildings completed in the reference period. It is figured by the rules of buildings design and budget, which not only includes the construction value of foundations, structure, furnishings, subsidiary projects such as water, electricity, toilet, etc. but also includes purchase and installation expenditures of facilities (such as lift, ventilation, etc.) listed into buildings budget as component of building construction. It excludes the purchase and installation of technical facilities, leads and lines in factories, construction of technical facilities' basis, expenditures of environment projects such as water, eructate, electricity, toilet, road projects, wall fended to earth outside, purchase of furniture in office or house, purchase of lands, as well as expenditures of move compensation and land leveling etc.

Floor Space of Buildings for rent refers to the total area for rent in the end of the reference period.

Floor Space of Commercialized Buildings Sold refers to total contracted area of commercialized housing (i.e. area of floor space as designated in the formal contracts signed by both sides) during the reference time. It constitutes floor space of completed housing and floor space of future housing.

Total Sales of Commercialized Buildings Sold refers to the total contracted value (i.e. value of sales/purchase for selling/purchase of commercialized housing as designated in the contract signed by both sides) during the reference time. This indicator has the same coverage as the area of commercialized housing sold, which constitutes floor space of completed housing and floor space of housing yet to be completed.

Floor Space Lying Idle refers he area has not yet sold or rent, including the housing area completed in the current period the previous year, but does not include demolition re-construction,united construction and the building of agents, public supporting the construction, real estate companies, such as swing space for personal use and not for sale or rental of housing area. has been completed in the reporting period.

Land Space Purchased This Year refers to the land area accessible by various means in current year.

19

科技、教育、文化

SCI-TECH,EDUCATION AND CULTURE

◆417/454

资料整理及英文翻译：社会科技和文化产业统计处组织整理

简要说明

本篇资料主要分为科技、教育、文化、新闻出版、广播电视四部分。

科技统计资料主要内容包括：地方企事业单位专业技术人员情况；独立核算的科研机构、高校及各类企事业单位的科技活动人员、研究与试验发展（R&D）活动、科技成果及奖励等情况；专利申请和授权情况；技术市场技术合同成交情况；科协系统科技活动情况等。

科技统计范围：包括全社会有科技活动的企事业单位，具体为：规模限额以上企业、独立核算的科研机构、普通高等学校以及国民经济其他行业中有研发活动的企业（单位）等。资料来源于全省科技综合资料、各类企业科技资料由省统计局调查提供；独立核算的科研机构资料、技术市场资料由省科技厅调查提供；高校科技活动资料由省教育厅调查提供；国防科研机构资料由省工信委调查提供；专业技术人员资料由省人力资源保障厅调查提供；科协系统科技活动资料由省科协调查提供；专利由省知识产权局调查提供。统计调查方法：规模限额以上企业、独立核算的科研机构、高校的科技活动资料采用全数调查取得，国民经济其他行业中有研发活动的企业（单位）数据为第二次R&D资源清查资料。

教育统计资料包括研究生教育、高等教育(普通教育本专科、成人教育本专科)、中等教育(高中阶段教育和初中阶段教育)、初等教育(小学)、学前教育、特殊教育(盲聋哑和弱智儿童学校)等资料。主要指标包括学校数、在校学生数、招生数、毕业生数、教职工数和专任教师数等。资料来源于省教育厅，技工学校资料来源于省人力资源和社会保障厅。

文化统计资料主要包括艺术表演团体、艺术表演场所、公共图书馆、博物馆、文化馆、文化站、文物、文化产业、新闻出版、广播电视等资料，资料来源于省文化厅、省新闻出版广电局、省统计局。

新闻出版.广播电视资料主要包括各类报纸杂志、图书出版数量，全省广播电台、电视台数量，广播电视人口覆盖率，有线电视人口覆盖等资料。资料来源于省新闻出版广电局。

Brief Introduction

This chapter covers four parts: technology, education culture, radio, film and television.

Data on technology mainly include: condition of professional scientific and technological personnel of local state-owned enterprises and institutions; scientific and technological institutions with independent accounting system, scientific and technological personnel in universities and colleges and various enterprises or institutions, activities of R&D and scientific and technological achievements and prizes; condition on applied and certified patent applications domestically and overseas; the situation of signed technological contracts on technological market; scientific and technological activities within scientific and technological system.

Statistical scope of science and technology: enterprises and institutions with scientific and technological activities, including industrial enterprises above designed size, scientific and technological institutions with independent accounting system, universities and colleges enterprises with scientific and technological activities in other national economic industries. Sources of data are listed as follows. Scientific and technological data on provincial level and various enterprises are prepared and provided by Jiangxi Bureau of Statistics. Data on scientific and technologic research institutions, technological markets and high and new-tech industrial zones are prepared and provided by Jiangxi Bureau of Science and Technology; Data on scientific and technological activities in universities and colleges are prepared and provided by Jiangxi Provincial Department of Education; Data on scientific research institutions for defense are prepared and provided by Jiangxi Department of Industry and Information Technology; Data on the number of scientific and technological personnel are prepared and provided by Jiangxi Department of Human Resources and Social Security; Data on the scientific and technological activities are prepared and provided by Jiangxi Science Association; Data on supervision and checking of the products quality and patents are prepared and provided by Jiangxi Intellectual Property Office. Statistical methodology: data on industrial enterprises above designed size, scientific and technological institutions with independent accounting system and scientific and technological activities of universities and colleges are collected through comprehensive reporting system. Data on enterprises with scientific and technological activities in other national economic industries are collected through the 2rd R&D survey.

The data on education cover the situations on postgraduates, higher education (universities and colleges), secondary education (senior and junior high schools), elementary education (primary schools), preschool education, special education (schools for the blind, deaf-mutes, and the retarded) on education. The main indicators cover the number of schools, the number of students enrolled, the number of new students enrolled, the number of graduates, the number of staff and workers, the number of full-time teachers, sources and outlay of education fund, education expenditure from the state budget. The data are mainly provided by Bureau of Education. Data on the technical training schools are provided by the Bureau of Labor and Social Security.

Data on culture industry include show groups, art places, public libratories, museums, culture centers, culture satiations, relics, publishing and broadcasting. Data source from Jiangxi Bureau of Culture, Press Publication and Broadcasting Bureau, Bureau of Statistics.

Data on press and publication, radio and television mainly include publication of newspapers, magazines and books, number of radio and television stations, wire-TV coverage, and so on. Data source from Jiangxi Press and Publication Bureau of Radio and Television.

19-1 R&D 经费内部支出
R&D Internal Expenditure

年份 Year	R&D经费内部支出(万元) R&D Internal Expenditure (10000 yuan)	企 业 Enterprises	#规模以上工业企业 Industrial Enterprises above Designated Size	科研机构 Science Institutions	高等院校 High Educations	其 他 Others	R&D经费内部支出与GDP比值 Proportion of R&D Internal Expenditure in GDP (%)
2005	288244	219157	210844	34437	32253	2397	
2010	860691	671849	659161	93819	74108	20915	0.91
2011	967529	783482	769834	82488	79950	21609	0.82
2012	1136552	939633	925985	90599	85676	20644	0.88
2013	1354972	1115772	1106443	122711	95126	21363	0.94
2014	1531114	1295464	1284642	114192	100738	20720	0.97
2015	1731820	1484984	1474968	122029	103843	20964	1.03
2016	2073091	1813485	1797561	130051	103038	26517	1.13
2017	2558030	2244897	2216865	152315	135412	25406	1.28

19-2 研究与试验发展(R&D)情况(2017年)
Basic Statistics on Research and Experimental Development (2017)

项 目	Item	总 计 Total	企 业 Enterprises	#规模以上工业企业 Industrial Enterprises above Designated Size	科研机构 Science Institutions	高等院校 High Educations	其 他 Others
有R&D活动单位(个)	R&D Institutions(unit)	2850	2558	2506	81	134	77
R&D人员(人)	R&D Personnel (person)	99643	70546	68877	6242	16472	6383
#研究人员	Research Personnel	44459	22802	22107	4468	14000	3189
全时人员	Full-time	65851	51017	49875	5250	5981	3603
非全时人员	Non Full-time	33792	19529	19002	992	10491	2780
R&D人员折合全时当量(人年)	Full-time Equivalent of R&D Personnels (person-year)	61897	46289	45082	5643	6675	3290
R&D经费内部支出(万元)	R&D Interal Expenditure(10000 yuan)	2558030	2244897	2216865	152315	135412	25406
日常性支出	Routine	2246086	2006261	1979810	125554	97309	16962
#人员劳务费	Labour	623133	525056	516468	56193	27452	14432
资产性支出	Asset	311945	238636	237056	26761	38103	8445
#仪器和设备	Instruments and Facilities	286542	235552	233999	14155	28740	8095
政府资金	Government Funded	297427	62451	61247	138207	77349	19420
企业资金	Enterprises Funded	2208766	2163977	2137368	7490	34878	2421
境外资金	Overseas Fund	768	694	694	30		44
其他资金	Other Funds	51069	17775	17555	6588	23184	3522
R&D经费外部支出(万元)	R&D External Expenditure(10000yuan)	105713	75787	75324	24848	4951	127

19-3 研究与试验发展(R＆D)项目(课题)情况(2017年)
R&D Projects (2017)

指　标	Item	项目(课题)数（项）Number of Projects (item)	项目(课题)参加人员折合全时当量(人年) Full-time Equivalent of Project Personnel (person-year)	研究人员 Research Personel	项目(课题)经费内部支出(万元) Expenditure (10000 yuan)
总　计	**Total**	**31994**	**56489**	**21410**	**2468657**
企　业	Enterprises	7648	43020	11971	2240129
#规模以上工业企业	Enterprises Industrial above Designated Size	7504	42028	11657	2213809
科研机构	Science Institutions	875	4715	3552	104058
高等院校	High Educations	22796	6657	5606	110449
其　他	Others	675	2097	281	14021

19-4 研究机构情况(2017年)
Scientific Research Institutions (2017)

指　标	Item	机构数(个) Number of Institutions (unit)	R&D人员(人) R&D Personnel (person)	#博士毕业 Doctor Graduates	#硕士毕业 Master Graduates	R&D经费支出(万元) Expenditure on R&D Activities (10000 yuan)	科研用仪器设备原价(万元) Prime Cost of Research Instruments (10000 yuan)
总　计	**Total**	**2502**	**43670**	**2371**	**5992**	**1274324**	**3910555**
企　业	Enterprises	1934	33151	493	3173	1058911	3584821
#规模以上工业企业	Enterprises Industrial above Designated Size	1880	32527	473	3120	1046640	3566056
科研机构	Science Institutions	114	6242	341	1593	152315	111215
高等院校	High Educations	407	3371	1517	1043	58270	201904
其　他	Others	47	906	20	183	4828	12615

19-5 规模以上工业企业研究与试验发展情况

R&D Activities of Industrial Enterprises above Designated Size

指 标	Item	2016	2017
企业数(个)	Number of Industrial Enterprises above Designated Size (unit)	10938	10896
#有R&D活动企业数	Enterprises with R&D Activties	2214	2506
#有研发机构企业数	Enterprises with Reserach Institutions	1112	1698
R&D活动人员情况	**R&D Personnel**		
R&D人员合计(人)	R&D Personnel (person)	66534	68877
#参加项目人员	Project Participated	62463	64512
管理和服务人员	Management and Service Personnel	4071	4365
#女性	Female	14166	15217
#研究人员	Researchers	22256	22107
#全时人员	Full-time	48000	49875
非全时人员	Non Full-time	18534	19002
R&D人员折合全时当量合计(人年)	Full-time Equivalent of R&D Personnels (person-year)	46565	45082
#研究人员	Researchers	15765	14668
#基础研究人员	Basic Research		11
应用研究人员	Applied Research	852	645
试验发展人员	Experimental Research	45713	44426
R&D活动经费支出情况	**R&D Expenditure**		
R&D经费内部支出合计(万元)	R&D Interal Expenditure(10000 yuan)	1797561	2216865
#经常费支出	Routine	1575863	1979810
#人员劳务费	Labour	386517	516468
资产性支出	Asset	221698	237056
土建工程	Building Projects	3216	3056
仪器和设备	Instruments and Facilities	218482	233999
#基础研究支出	Basic Research		300
应用研究支出	Applied Research	30158	57246
试验发展支出	Experimental Research	1767403	2159319
#政府资金	Government Funded	30178	61247
企业资金	Enterprises Funded	1740935	2137368
境外资金	Overseas Fund	1038	694
其他资金	Other funds	25410	17555
R&D经费外部支出合计(万元)	R&D External Expenditure (10000 yuan)	59144	75324
#对境内研究机构支出	to Domestic Research Institutions	31496	30379
对境内高等学校支出	to Domestic Higher Education	11021	12378
对境内企业支出	to Domestic Enterprises	14622	29322
对境外支出	to Foreign Institutions	2005	3246
全部R&D项目情况	**R&D Projects**		
项目数(个)	R&D Projects (unit)	6351	7504
项目人员折合全时当量(人年)	Participants (person-year)	43035	42028
项目经费内部支出(万元)	Expenditure (10000 yuan)	1794439	2213809
企业办研发机构情况	**Scientific Research Institutions**		
期末机构数（个）	Institutions (unit)	1269	1880

19-5 续表 continued

指 标	Item	2016	2017
机构人员合计(人)	Personnel (person)	42710	60902
#博士毕业	Doctors	906	1020
硕士毕业	Masters	4871	6094
机构经费支出(万元)	Expenditure on S&T Institutions (10000 yuan)	1150754	1779356
期末仪器和设备原价(万元)	Equipment (10000 yuan)	900241	3566056
#进口	Exports	70457	94729
自主知识产权情况	**Proprietary Intellectual Property Rights**		
专利申请数(件)	Numbers of Patent Applications (unit)	12594	19383
#发明专利	Inventions	3290	3949
期末有效发明专利数(件)	Numbers of Patent Applications Granted (unit)	7083	10806
#境外授权	Authorized Abroad	204	121
#已被实施	Implemented	4478	6236
专利所有权转让及许可数(件)	Ownership Transfer of Patent and License (unit)	359	499
专利所有权转让与许可收入(万元)	Revenue from Ownership Transfer of Patent and License (10000 yuan)	1822	10393
新产品开发、生产及销售情况	**New Products Development, Production and Sale**		
新产品开发项目数(个)	New Products (unit)	8371	11689
新产品开发经费支出(万元)	Expenditure on New Products Development (10000 yuan)	2227932	2949584
新产品产值(万元)	New Products Output (10000 yuan)	31476284	38760188
新产品销售收入(万元)	Sale Revenue of New Products (10000 yuan)	31368046	38571746
#出口	Exports	3032030	3330683
发表科技论文(件)	Number of S&T Paper Published (piece)	1866	1520
期末拥有注册商标(件)	Registered Trademarks Owned at Year-end (unit)	6018	6437
#境外注册	Registered Abroad	367	406
形成国家或行业标准(个)	National and Industrial Standards (item)	353	328
其他情况	**Others**		
使用来自政府部门的科技活动资金(万元)	S&T Funds from Government (10000 yuan)	53709	71979
研究开发费用加计扣除减免税(万元)	Tax Reliefs of R&D Expenditure Additional Deduction (10000 yuan)	99150	118619
高新技术企业减免税(万元)	Tax Reliefs of High-tech Enterprises (10000 yuan)	134210	219347
引进境外技术经费支出(万元)	Expenditure for Acquisition of Foreign Technology (10000 yuan)	48799	48914
引进技术的消化吸收经费支出(万元)	Expenditure for Assimilation of Technology (10000 yuan)	3661	1350
购买境内技术经费支出(万元)	Expenditure for Purchase of Domestic Technology (10000 yuan)	47604	66635
技术改造经费支出(万元)	Expenditure for Technical Renovation (10000 yuan)	586184	537309

19-6 各地区规模以上工业企业研发情况（2017年）

Main Statistics on R&D of Industrial Enterprises above Designated Size by Region (2017)

地 区	Region	有R&D活动单位数（个） Enterprises with R&D Activties (unit)	R&D人员（人） R&D Personnel (person)	R&D内部经费支出（万元） R&D Interal Expenditure (10000 yuan)	R&D 项目数（项） R&D Projects (items)	研发机构数（个） R&D Institutions (unit)
全 省	**Provincial Total**	**2506**	**68877**	**2216865**	**7504**	**1880**
南 昌 市	Nanchang	202	16933	567827	1264	159
景德镇市	Jingdezhen	82	4331	146210	383	33
萍 乡 市	Pingxiang	158	2485	75398	288	56
九 江 市	Jiujiang	320	6569	168603	935	353
新 余 市	Xinyu	95	4996	147189	572	75
鹰 潭 市	Yingtan	122	4496	325672	454	35
赣 州 市	Ganzhou	396	6590	246383	760	312
吉 安 市	Ji'an	260	6815	101401	725	190
宜 春 市	Yichun	378	8381	213989	1099	278
抚 州 市	Fuzhou	291	3248	86030	556	262
上 饶 市	Shangrao	202	4033	138163	468	127

19-7 地方企事业单位专业技术人员(一)

Professional Technical Personnel in Local Institutions and Enterprises (I)

单位：人 (person)

类 别	Type	2000	2005	2010	2015	2016	2017
总 计	**Total**	**693530**	**693932**	**695946**	**729989**	**725211**	**742119**
工程技术人员	Engineering	91360	74607	67728	77911	77917	79024
农业技术人员	Agriculture	19470	19733	20391	18337	16908	16410
卫生技术人员	Health Care	99631	110834	119861	127305	127376	125981
科学研究人员	Scientific Research	2333	3840	2840	2719	3163	3544
教学人员	Teaching	360818	399404	414664	441951	433476	449171
其他人员	Others	119918	85514	70462	61766	66371	67989

注：本表中事业单位专业技术人员不包含聘用人员。表19-8同。

a) Personnel contracts are not included in institution personnel in this table.The same applies to table 19-8.

19-8 地方企事业单位专业技术人员(二)

Professional Technical Personnel in Local Institutions and Enterprises (II)

类别 Type		人数(人) Personnel (person)		比重(%) Percentage (%)		平均每万人口专业技术人员(人) Professional Technical Staff per 10000 Population (person)		平均每万在岗职工专业技术人员(人) Professional Technical Staff per 10000 Staff and Workers (person)	
		2016	2017	2016	2017	2016	2017	2016	2017
总计	**Total**	**725211**	**742119**	**100.0**	**100.0**	**158**	**161**	**1680**	**1736**
工程技术人员	Engineering	77917	79024	10.7	10.6	17	17	180	185
农业技术人员	Agriculture	16908	16410	2.3	2.2	4	4	39	38
卫生技术人员	Health Care	127376	125981	17.6	17.0	28	27	295	295
科学研究人员	Scientific Research	3163	3544	0.4	0.5	1	1	7	8
教学人员	Teaching	433476	449171	59.8	60.5	94	97	1004	1051
其他人员	Others	66371	67989	9.2	9.2	14	15	154	159

19-9 地方企事业单位分行业专业技术人员（2017年）

Professional Technical Personnel in Local Institutions and Enterprises by Sector (2017)

单位：人 (person)

行业	Sector	合计 Total	事业单位 Institutions	企业单位 Enterprises
总计	**Total**	**756948**	**680635**	**76313**
农林牧渔业	Agriculture,Forestry,Animal Husbandry and Fishery	26324	23661	2663
采矿业	Mining	13850	19	13831
制造业	Manufacturing	18776	9	18767
电力、热力、燃气及水生产和供应业	Production and Supply of Electric Power,Gas and Water	3621	13	3608
建筑业	Construction	8246	223	8023
批发和零售业	Wholesale and Retail Trade	1568	153	1415
交通运输、仓储和邮政业	Transport,Storage and Post	16846	8263	8583
住宿和餐饮业	Hotel and Catering	242	131	111
信息传输、软件和信息技术服务业	Information Transmission,Computer Services and Software	614	600	14
金融业	Financial Intermediation	13117	8	13109
房地产业	Real Estate	2471	1713	758
租赁和商务服务业	Leasing and Business Services	1419	133	1286
科学研究和技术服务业	Scientific Research,Technical Service and Geologic Prospecting	18980	18046	934
水利、环境和公共设施管理业	Management of Water Conservancy,Environment and Public Facilities	10547	9939	608
居民服务、修理和其他服务业	Services to Households and Other Services	1567	564	1003
教育	Education	454236	454236	
卫生和社会工作	Health and Social Work	131976	131976	
文化、体育和娱乐业	Culture, Sports and Entertainment	13100	11527	1573
公共管理、社会保障和社会组织	Public Management, Social Welfare and Social Organization	19448	19421	27
国际组织	International Organization			

注：本表中事业单位专业技术人员包含聘用人员。表19-12同。
a)Personnel contract are included in institution personnel in this table.The same applies to table 19-12.

19-10 地方企业单位单位技术人员(一)(2017年)

Professional Technical Personnel in Local Enterprises(I) (2017)

单位：人 (person)

类别	Type	合 计 Total	高级职务 Senior	#正高级职务 High Senior	中级职务 Middle	初级职务 Junior	未聘任专业技术职务 Un-titled
合 计	**Total**	**76313**	**6471**	**343**	**20873**	**33663**	**15306**
按学历分	**by Schooling**						
研究生	Postgraduate	3738	760	76	1337	532	1109
大学本科	Undergraduate	37383	4662	254	10924	14095	7702
大学专科	Junior College	23210	846	11	6548	11940	3876
中 专	Junior Secondary School	7212	108	2	1624	4294	1186
高中及以下	Senior Secondary School and below	4770	95		440	2802	1433
按年龄分	**by Age**						
35岁及以下	35 and below	30027	316		5456	14433	9822
36岁至40岁	36-40	12096	795	4	4103	5678	1520
41岁至45岁	41-45	12393	1328	47	4127	5366	1572
46岁至50岁	46-50	10940	1783	105	3640	4217	1300
51岁至54岁	51-54	6969	1498	125	2378	2463	630
55岁及以上	55 and over	3888	751	62	1169	1506	462

19-11 地方企业单位单位技术人员(二)(2017年)

Professional Technical Personnel in Local Enterprises(II) (2017)

单位：人 (person)

类别	Type	合 计 Total	工程技术人 员 Engineering	农业技术人 员 Agriculture	卫生技术人 员 Health Care	科学研究人 员 Scientific Research	教学人员 Teaching	其 他 Others
合 计	**Total**	**76313**	**37632**	**505**	**3397**	**277**	**508**	**33994**
按学历分	**by Schooling**							
研究生	Postgraduate	3738	1871	3	47	64	30	1723
大学本科	Undergraduate	37383	18799	69	1329	155	274	16757
大学专科	Junior College	23210	11571	156	1248	30	161	10044
中 专	Junior Secondary School	7212	3674	146	681	28	38	2645
高中及以下	Senior Secondary School and below	4770	1717	131	92		5	2825
按年龄分	**by Age**							
35岁及以下	35 and below	30027	17558	65	1436	95	106	10767
36岁至40岁	36-40	12096	5975	112	544	18	55	5392
41岁至45岁	41-45	12393	5091	130	466	35	92	6579
46岁至50岁	46-50	10940	4565	86	412	55	110	5712
51岁至54岁	51-54	6969	3026	61	457	47	107	3271
55岁及以上	55 and over	3888	1417	51	82	27	38	2273

19-12 地方事业单位单位技术人员(2017年)
Professional Technical Personnel in Local Institutions (2017)

单位：人 (person)

类 别	Type	合 计 Total	工程技术人员 Engineering	农业技术人员 Agriculture	卫生技术人员 Health Care	科学研究人员 Scientific Research	教学人员 Teaching	其 他 Others
合 计	**Total**	**665806**	**41392**	**15905**	**122584**	**3267**	**448663**	**33995**
按学历分	**by Schooling**							
研究生	Postgraduate	35389	2114	340	6939	1256	23944	796
大学本科	Undergraduate	311813	21780	4560	48822	1411	219420	15820
大学专科	Junior College	224095	12802	5798	38007	474	155110	11904
中 专	Junior Secondary School	83724	3840	4352	25593	97	46065	3777
高中及以下	Senior Secondary School and below	10785	856	855	3223	29	4124	1698
按年龄分	**by Age**							
35岁及以下	35 and below	249651	15535	4011	44891	1018	174037	10159
36岁至40岁	36-40	119359	7743	3665	23610	584	76866	6891
41岁至45岁	41-45	98425	6407	2893	18611	496	63491	6527
46岁至50岁	46-50	94001	5724	2625	16313	493	63534	5312
51岁至54岁	51-54	64352	4068	1745	13470	448	41217	3404
55岁及以上	55 and over	40018	1915	966	5689	228	29518	1702

19-13 政府部门属科技机构情况（2017年）

Government Administratied Science Institutions (2017)

类别	Type	机构数（个）Number of Institutions (unit)	从业人员 总数（人）Total Number of Employees (person)	#单位在职科技活动人员 Personnel Engaged in S&T Activities	经费收入 总额（千元）Total Income (1000yuan)	经费支出 总额（千元）Total Expenditures (1000yuan)	#科技经费支出 On Science and Technology
总计	**Total**	**111**	**8615**	**6018**	**2050303**	**1980338**	**1287786**
按隶属关系分	**Grouped by Jurisdiction of Management**						
中央部门属	Central Department Administratied	1	239	95	114706	81435	52558
地方部门属	Local Department Administratied	110	8376	5923	1935597	1898903	1235228
省级部门属	Provincial Department Administratied	55	5901	4326	1622164	1581565	1015482
地市级部门属	Municipal Departments Administratied	55	2475	1597	313433	317338	219746
按国民经济行业分	**Group by Sector**						
农、林、牧、渔业	Agriculture,Forestry,Animal Husbandry and Fishery	44	3880	2258	749269	679331	485008
采矿业	Mining	1	47	40	8842	8908	7339
制造业	Manufacturing	16	961	730	201633	199171	114837
建筑业	Construction	2	133	82	58407	56067	2109
交通运输、仓储和邮政业	Transport,Storage and Post	1	262	147	124815	117482	13643
信息传输、软件和信息技术服务业	Information Transmission, Software and Information Technical Service	1	77	71	20562	19729	19729
科学研究和技术服务业	Scientific Research and Technical Service	36	2373	1951	598830	626655	494149
水利、环境和公共设施管理业	Management of Water Conservancy, Environment and Public Facilities	5	506	443	195440	192958	112737
卫生、社会工作	Health and Social Affairs	4	359	283	85458	72948	34035
文化、体育和娱乐业	Culture,Sports and Entertainment	1	17	13	7047	7089	4200
按学科领域分	**Grouped by Field of Study**						
自然科学领域	Natural Science	5	272	224	105204	122585	101699
农业科学领域	Agriculture Science	47	4169	2427	823323	747421	521322
医学科学领域	Medical Science	8	618	514	161413	142475	81166
工程科学与技术领域	Engineering Science and Technology	37	3100	2463	841126	836056	461611
社会、人文科学领域	Social and Human Science	14	456	390	119237	131801	121988
按地区分	**Grouped by Region**						
南昌市	Nanchang	55	5644	4328	1614857	1573831	1016505
景德镇市	Jingdezhen	6	262	164	25614	26522	13161
萍乡市	Pingxiang	7	159	122	27025	26831	24975
九江市	Jiujiang	10	926	329	74180	73606	53064
新余市	Xinyu	3	272	125	122766	88999	57255
鹰潭市	Yingtan	2	20	13	1337	3389	3079
赣州市	Ganzhou	10	731	470	104883	106381	53473
吉安市	Ji'an	5	182	142	17991	16385	11133
宜春市	Yichun	4	157	130	24096	25542	22771
抚州市	Fuzhou	6	178	115	23217	23382	17512
上饶市	Shangrao	3	84	80	14337	15470	14858

19-14 县以上政府部门属自然科学研究与开发机构情况（2017年）

County and above Departments Administratied Natural Science Research and Development Institutions (2017)

类别	Type	机构数（个）Number of Institutions (unit)	从业人员总数（人）Total Number of Employees (person)	#单位在职科技活动人员 Personnel Engaged in S&T Activities	经费收入总额（千元）Total Income (1000yuan)	经费支出总额（千元）Total Expenditures (1000yuan)	#科技经费支出 On Science and Technology
总计	**Total**	**96**	**8126**	**5600**	**1925563**	**1842000**	**1160061**
按隶属关系分	**Grouped by Jurisdiction of Management**						
中央部门属	Central Department Administratied	1	239	95	114706	81435	52558
地方部门属	Local Department Administratied	95	7887	5505	1810857	1760565	1107503
省级部门属	Provincial Department Administratied	51	5595	4065	1521133	1472790	912798
地市级部门属	Municipal Departments Administratied	44	2292	1440	289724	287775	194705
按国民经济行业分	**Group by Sector**						
农、林、牧、渔业	Agriculture,Forestry,Animal Husbandry and Fishery	44	3880	2258	749269	679331	485008
采矿业	Mining	1	47	40	8842	8908	7339
制造业	Manufacturing	16	961	730	201633	199171	114837
建筑业	Construction	2	133	82	58407	56067	2109
交通运输、仓储和邮政业	Transport,Storage and Post	1	262	147	124815	117482	13643
信息传输、软件和信息技术服务业	Information Transmission, Software and Information Technical Service	1	77	71	20562	19729	19729
科学研究和技术服务业	Scientific Research and Technical Service	22	1901	1546	481137	495406	370624
水利、环境和公共设施管理业	Management of Water Conservancy, Environment and Public Facilities	5	506	443	195440	192958	112737
卫生、社会工作	Health and Social Affairs	4	359	283	85458	72948	34035
按学科领域分	**Grouped by Field of Study**						
自然科学领域	Natural Science	4	239	196	99701	116048	95962
农业科学领域	Agriculture Science	47	4169	2427	823323	747421	521322
医学科学领域	Medical Science	8	618	514	161413	142475	81166
工程科学与技术领域	Engineering Science and Technology	37	3100	2463	841126	836056	461611
按地区分	**Grouped by Region**						
南昌市	Nanchang	50	5305	4039	1508323	1458519	908084
景德镇市	Jingdezhen	5	247	149	24041	24949	11620
萍乡市	Pingxiang	6	150	113	25257	24794	23295
九江市	Jiujiang	9	904	311	71552	70978	51540
新余市	Xinyu	1	18	16	119984	86713	55026
鹰潭市	Yingtan	1	11	7	257	1334	1334
赣州市	Ganzhou	9	709	448	104648	104178	51942
吉安市	Ji'an	4	172	132	16508	14679	9954
宜春市	Yichun	3	137	119	21218	20873	18657
抚州市	Fuzhou	5	163	104	21102	20819	14961
上饶市	Shangrao	2	71	67	12673	14164	13648

19-15 高等学校科技人力资源情况（2017年）

Basic Statistics on Higher Education for Human Resource (2017)

单位：人 (person)

类别	Type	总计 Total	高级 Senior	中级 Medium	初级 Junior	技术员 Technician	辅助人员 Assistant
合计	**Total**	**28050**	**10869**	**10526**	**6225**	**212**	**218**
按学科分	**Grouped by Field of Study**						
自然科学	Natural Science	5170	2205	2182	756	12	15
工程与技术	Engineering and Technology	12321	4299	5518	2321	94	89
医药科学	Medical Science	8852	3825	2163	2717	69	78
农业科学	Agricultural Science	791	353	327	110	1	
其他	Others	916	187	336	321	36	36
按学历分	**Grouped by Schooling**						
博士研究生	Doctor-graduate	4749	2588	1879	280	2	
硕士研究生	Post-graduate	9675	2529	4431	2673	42	
大学本科	Undergraduate	10885	4711	3655	2351	168	
大学专科	Junior College	2449	1012	489	782		166
中专及以下	Secondary Technical School and below	292	29	72	139		52

注：本表数据为高校理工院校。表19-17同。

a) The data refers to polytechnic colleges in this table.The same applies to table 19-17.

19-16 高等学校科技项目情况（2017年）

Statistics on Scientific Projects in Schools of Higher Education (2017)

类别	Type	课题数（项） Number of Project (item)	当年投入（万元） Input This Year (10000 yuan)	当年支出经费(万元) Expenditures This Year (10000 yuan)	当年投入人员（人年） Staff Input This Year (person-year)	高级职务 Senior Title	中级职务 Middle Title	初级职务 Junior Title	其他 Others
总计	**Total**	**11043**	**139971**	**107941**	**5293.6**	**2005.5**	**2411.8**	**839.8**	**36.5**
基础研究	Basic Research	5904	70864	56554	2702.5	1005.6	1255.4	423.5	18.0
应用研究	Applied Research	3843	44942	36350	1931.5	748.9	881.8	291.4	9.4
试验发展	Experimental Development	631	10737	5451	322.6	112.4	122.5	82.3	5.4
R&D成果应用	R&D Production Application	228	2293	1479	100.9	28.8	48.2	22.9	1.0
其他科技服务	Other Scientific Services	437	11134	8107	236.1	109.8	103.9	19.7	2.7

19-17 科协系统科技活动情况（2017年）

Basic Statistics on S&T Activities of S&T Associations (2017)

指标	Item	科协合计 Total Number of Associations	省科协 Provincial Associations	市科协 Prefectural Associations	县科协 County Associations	省学会合计 Total Number of Learned Societies
机构与人员	**Number of Associations or Academic Societies and Personnel**					
机构数(个)	Number of Associations (unit)	109	1	11	97	114
人员数(人)	Number of Personnel (person)	611	32	120	459	826
举办学术交流活动	**Academic Exchange**					
次数(次)	Number of Academic Meetings (time)	52	4	32	16	270
参加人数(人次)	Number of Participants (person-time)	9923	1090	8253	580	40953
科普活动	**S&T Popularization Activities**					
科普宣讲活动(次)	Number of S&T Popularization Lectures (time)	773	127	102	544	386
受众人次(万人次)	Number of Participants (10 thousand person-time)	100.7	2.6	16.0	82.1	80.0
科普展览次数(次)	Number of S&T Popularization Exhibitions (time)	392		69	323	51
参观人次(万人次)	Number of Participants (10 thousand person-time)	48.7		5.6	43.1	1.5
出版	**S&T Media**					
科技期刊种数(种)	Number of S&T Journals (kind)	19	2	2	15	39
科技期刊年发行总数(万册)	Printed Copies (copy)	4.1	0.2	1.3	2.6	81.3

19-18 技术市场基本情况

Basic Statistics on Technology Market

类别	Type	项数（项） Item (item)			成交额（万元） Transation Value (10000yuan)		
		2015	2016	2017	2015	2016	2017
总计	**Total**	**1136**	**1985**	**2404**	**648282**	**790077**	**961896**
按签订的技术合同类别分	**Grouped by Signed Technological Contracts**						
技术开发合同	Technological Development Contract	737	990	1172	199664	341334	413709
技术转让合同	Technological Transfer Contract	174	330	211	238071	195128	159809
技术咨询合同	Technological Consultation Contract	61	380	277	85897	99624	59194
技术服务合同	Technological Service Contract	164	285	744	124650	153992	329183

19-19 专利申请受理量和授权量

Patents Application Accepted and Granted

单位：项 (unit)

类别	Type	受理量 Number of Patent Applications Examined					授权量 Number of Patent Applications Granted				
		2005	2010	2015	2016	2017	2005	2010	2015	2016	2017
总计	**Total**	**2815**	**6307**	**36936**	**60494**	**70591**	**1361**	**4351**	**24161**	**31472**	**33029**
按种类分	**Grouped by Types**										
发明	Inventions	713	1968	5721	8202	11507	142	411	1639	1914	2238
实用新型	Utility Models	1280	2947	18621	32631	39496	717	2588	13408	17939	17613
外观设计	Designs	822	1392	12594	19661	19588	502	1352	9114	11619	13178
按申请者分	**Grouped by Applicants**										
个人	Individuals	2180	2960	13938	22370	24095	1089	2313	8615	9989	11073
大专院校	Universities and Colleges	62	855	4072	6903	7911	12	428	2558	3296	3741
科研单位	Research Institutions	19	90	494	766	742	11	58	250	319	291
工矿企业	Industrial and Mining Enterprises	546	2375	18197	30119	37185	247	1539	12671	17805	17833
机关团体	Government Agencies and Organizations	8	27	235	336	658	2	13	67	63	91

19-20 获国家级、省级科技奖项数

National-level and Provincial-level S&T Awards

单位：项 (unit)

类别	Type	2005	2010	2015	2016	2017
国家级科学技术奖	National-level S&T Advancement Award	4	8	12	12	2
省级奖项合计	Total Provincial-level Awards	79	102	108	106	106
特别贡献奖	Special Contribution Award			1		
国际合作奖	International Cooperation Award					2
自然科学奖	Natural Science Award	8	11	14	17	20
一等奖	First Prize	1	2		2	1
二等奖	Second Prize	3	3	6	6	9
三等奖	Third Prize	4	6	8	9	10
技术发明奖	Technology Invention Award	2	5	14	16	7
一等奖	First Prize	1	1	1	1	1
二等奖	Second Prize		1	6	5	2
三等奖	Third Prize	1	3	7	10	4
科技进步奖	S&T Advancement Award	69	86	79	73	77
一等奖	First Prize	4	5	7	7	14
二等奖	Second Prize	17	19	31	25	20
三等奖	Third Prize	48	62	41	41	43

19-21 各类全日制学校基本情况（2017年）

Total Enrollment of Full-time Schools by Type of School (2017)

单位：人 (person)

类别	Type	学校数（所）Number of Schools (unit)	在校学生数 Total Enrollment	招生数 New Enrollment	毕业生数 Graduates	教职工数 Teachers and Staff	#专任教师 Full-time Teachers
研究生	Post-graduates	16	34530	13477	9132		5256
普通高等学校	Regular Institutions of Higher Education	100	1048289	312743	295985	80113	56519
普通中专学校	Regular Specialized Secondary Schools	73	203941	61604	67684	6467	4502
普通中学	Regular Secondary Schools	2615	2877398	1020691	868515	210049	176295
高　中	Senior Secondary Schools	475	966977	334383	301912	86681	55727
初　中	Junior Secondary Schools	2140	1910421	686308	566603	123368	120568
职业高中	Secondary Vocational Schools	206	131714	48455	34732	8454	6403
技工学校	Technical Schools	85	134949	52346	33536	10084	7767
小　学	Primary Schools	7760	4228966	676913	678400	205167	226990
幼儿园	Kindergartens	14952	1609422	680354	597919	125150	81868
特殊教育学校	Special Education Schools	89	30330	5966	4206	1527	1428
工读学校	Schools for Juvenile Delinquents	2	350	210	208	52	47

19-22 各类全日制学校在校学生数

Total Enrollment of Full-time Schools by Type of School

类别	Type	1980	1990	2000	2010	2016	2017
研究生(人)	Post-graduates (person)	58	479	2118	21313	30344	34530
普通高等学校(人)	Regular Institutions of Higher Education (person)	35623	56608	144293	816484	1038951	1048289
普通中专学校(人)	Regular Specialized Secondary Schools (person)	40800	61675	160022	238744	219960	203941
普通中学(万人)	Regular Secondary Schools (10000 persons)	154.86	181.06	259.22	273.96	274.57	287.74
高　中	Senior Secondary Schools	28.01	26.23	38.53	73.96	94.29	96.7
初　中	Junior Secondary Schools	126.85	154.83	220.69	199.99	180.28	191.04
职业中学(万人)	Secondary Vocational Schools (10000 persons)	0.51	11.69	12.71	36.69	13.19	13.17
高　中	Senior Secondary Schools	0.15	9.17	10.72	36.64	13.19	13.17
初　中	Junior Secondary Vocational Schools	0.36	2.52	1.99	0.05		
技工学校(人)	Technical Schools (person)	13370	34237	34617	169564	126665	134949
小　学(万人)	Primary Schools (10000 persons)	529.30	450.44	422.68	426.02	422.76	422.9
幼儿园(万人)	Kindergartens (10000 persons)	30.61	36.26	62.06	123.51	159.04	160.94
特殊教育学校(人)	Special Education Schools (person)	485	1195	13142	23741	28006	30330

19-23 各类全日制学校毕业生数
Graduates in Full-time Schools by Type of School

类 别	Type	1980	1990	2000	2010	2016	2017
研 究 生(人)	Post-graduates (person)		215	409	4568	9008	9132
普通高等学校(人)	Regular Institutions of Higher Education (person)	3363	13616	24449	225943	256369	295985
普通中专学校(人)	Regular Specialized Secondary School (person)	11296	21040	45776	70542	71120	67684
普 通 中 学(万人)	Regular Secondary Schools (10000 persons)	34.82	49.02	73.79	79.92	87.65	86.85
高 中	Senior Secondary Schools	15.83	8.39	9.19	26.25	30.20	30.19
初 中	Junior Secondary Schools	18.99	40.63	64.60	53.68	57.45	56.66
职 业 中 学(万人)	Secondary Vocational Schools (10000 persons)	0.12	3.03	4.62	11.30	4.47	3.47
高 中	Senior Secondary Vocational Schools	0.08	2.39	3.88	11.27	4.47	3.47
初 中	Junior Secondary Vocational Schools	0.04	0.64	0.74	0.03		
技 工 学 校(人)	Technical Schools (person)	297	9457	14740	51359	31499	33536
小 学(万人)	Primary Schools (10000 persons)	60.89	86.02	85.61	67.85	63.27	67.84
特 殊 教 育(人)	Special Education Schools (person)	65	98	1073	2476	2717	4206

19-24 普通高等学校分学科学生情况（2017年）

Basic Statistics on Students in Regular Institutions of Higher Education by Field of Study (2017)

单位：人 (person)

类　　别	Type	在校学生数 Total Enrollment	招 生 数 New Enrollment	毕业生数 Graduates
总　　计	**Total**	**1048289**	**312743**	**295985**
#女	**Female**	**512550**	**155685**	**143102**
本　科	Undergraduate course	530546	136657	122575
#女	Female	266165	69507	59610
哲　　学	Philosophy	251	51	49
经 济 学	Economics	29096	7074	6442
法　　学	Law	15650	4476	3491
教 育 学	Education	21033	6318	4382
文　　学	Literature	48822	13562	11879
#外　　语	Foreign Language	28688	7994	7250
历 史 学	History	2558	640	453
理　　学	Science	28461	7806	6462
工　　学	Engineering	167537	42727	40625
农　　学	Agriculture	6826	1750	1581
医　　学	Medicine	43539	9585	8928
管 理 学	Management	101484	25367	24215
艺术学	Art	65289	17301	14068
专　科	Specialized Undergraduate Courses	517743	176086	173410
#女	Female	246385	86178	83492
农林牧渔大类	Farming,Forestry,Husbandry and Fishing	6204	2057	1994
交通运输大类	Communication and Transportation	5053	1464	2170
生化与药品大类	Biochemistry and Medicine	7438	1713	2774
资源开发与测绘大类	Resources Exploration,Surveying & Mapping	46276	13579	24131
材料与能源大类	Material and Energy	2115	686	596
土建大类	Civil Engineering	53122	16501	18010
水利大类	Water Conservancy	1484	569	437
制造大类	Manufactures	2498	818	1110
电子信息大类	Electronic Information	2914	894	1057
环保、气象与安全大类	Environmental Protection,Meteorology & Safety	20804	7745	6626
轻纺食品大类	Industrial Textiles and Food	63609	24635	14040
财经大类	Financial Economics	56807	21549	18482
医药卫生大类	Medicine and Health	114534	33180	38880
旅游大类	Tourism	9670	3300	3302
公共事业大类	Public Affairs	29121	9466	9820
文化教育大类	Cultural Education	3955	1238	1419
艺术设计传媒大类	Art Design and Media	80859	32893	24277
公安大类	Public Security	8225	2826	2967
法律大类	Law	3055	973	1318

注：本表中学生数不含在成人高校接受普通高等教育的学生数。
a) Students taking regular higher education in adult higher educaton are not included in students of regular institutions of higher education.

19-25 普通中专学校分科学生数（2017年）
Number of Students in Regular Specialized Secondary School by Field of Study (2017)

单位：人 (person)

类 别	Type	毕业生数 Graduates	招生数 New Enrollment	#招收应届毕业生数 This Year's Graduates	#招收初中毕业生数 Junior Middle School Graduates	在校学生数 Total Enrollment
总 计	**Total**	**67684**	**61604**	**57897**	**57640**	**203941**
#女	Female	41654	34805	32592	32487	117788
农林牧渔类	Farming,Forestry,Husbandry and Fishing	1122	708	686	658	3634
资源与环境类	Resources and Environment	165	125	125	125	404
能源与新能源类	Energy and New Energy	84	3	2	2	130
土木水利类	Civil and Hydraulic Engineering	3822	1690	1663	1644	6053
加工制造类	Manufacturing	6856	5244	5122	5120	18253
石油化工类	Petrochemical Industry	212	229	229	229	833
轻纺食品类	Textile and Food	508	53	53	53	760
交通运输类	Communication & Transportation	3784	5069	4660	4660	15441
信息技术类	Information Technologies	7563	9171	8824	8705	27718
医药卫生类	Medicine and Health	19263	14082	12263	12222	47505
休闲保健类	Recreation and Health Care	175	278	275	275	674
财经商贸类	Finance Economics and Trade	7067	6338	6066	6060	22949
旅游服务类	Tourism and Service	1522	1878	1852	1848	6222
文化艺术类	Culture and Arts	1784	1904	1704	1671	5804
体育与健身	Physical Fitness	254	388	381	379	1095
教育类	Education	12885	13528	13083	13081	43440
司法服务类	Legal Service	303	375	375	375	1249
公共管理与服务类	Public Affairs and Services	242	366	360	359	1454
其他	Others	73	175	174	174	323

注：普通中等专业学校在校学生数含在普通高校接受普通中专教育的学生数。

a) Number of students in regular specialized secondary school includes regular specialized secondary education in regular institutions of higher education.

19-26 各地区普通中专教育基本情况（2017年）
Basic Statistics on Regular Specialized Secondary School by Region (2017)

单位：人 (person)

地 区	Region	学校数(所) Number of Schools(unit)	毕业生数 Graduates	招生数 New Enrollment	在校学生数 Total Enrollment	教职工数 Teachers and Staff	#专任教师 Full-time Teachers
全 省	**Provincial Total**	**73**	**67684**	**61604**	**203941**	**6467**	**4502**
南 昌 市	Nanchang	33	27999	21624	76417	2734	1842
景德镇市	Jingdezhen	4	2163	1712	5341	410	290
萍 乡 市	Pingxiang	2	3500	3992	11012	421	310
九 江 市	Jiujiang	5	4375	5046	13290	574	471
新 余 市	Xinyu	3	1217	1948	5852	327	223
鹰 潭 市	Yingtan	2	1786	1493	5326	230	95
赣 州 市	Ganzhou	6	8744	8186	26177	617	419
吉 安 市	Ji'an	9	4975	6317	17584	577	466
宜 春 市	Yichun	2	3625	4433	12418	176	99
抚 州 市	Fuzhou		4699	1472	10879		
上 饶 市	Shangrao	7	4601	5381	19645	401	287

19-27 各地区普通中学基本情况（2017年）
Basic Statistics on Regular Secondary Schools (2017)

单位：人 (person)

类别	Type	学校数（所）Number of Schools (unit)	在校学生数 Total Enrollment	初中 Junior Secondary Schools	高中 Senior Secondary School	招生数 New Enrollment	初中 Junior Secondary Schools
全省	**Provincial Total**	**2615**	**2877398**	**1910421**	**966977**	**1020691**	**686308**
#女	Female		**1276824**	**844779**	**432045**	455151	306021
南昌市	Nanchang	292	**296739**	190919	105820	101496	65634
景德镇市	Jingdezhen	98	**97864**	63088	34776	35140	23283
萍乡市	Pingxiang	104	**104250**	69354	34896	35802	24334
九江市	Jiujiang	281	**288817**	184559	104258	102909	67227
新余市	Xinyu	40	**70258**	44955	25303	25232	16669
鹰潭市	Yingtan	87	**70016**	49128	20888	26059	18549
赣州市	Ganzhou	472	**636900**	426596	210304	223866	151120
吉安市	Ji'an	314	**285150**	191446	93704	101869	70247
宜春市	Yichun	248	**339990**	224789	115201	118993	79044
抚州市	Fuzhou	222	**236970**	159560	77410	84411	57918
上饶市	Shangrao	457	**450444**	306027	144417	164914	112283

注：初中各项指标中均含职业初中数据。
a) Data on junior secondary vocational schools are included in junior secondary vocational schools.

19-27 续表 continued

单位：人 (person)

类别	Type	高中 Senior Secondary Schools	毕业学生数 Graduates	初中 Junior Secondary Schools	高中 Senior Secondary Schools	教职工数 Teachers and Staff	#专任教师 Full-time Teachers
全省	**Provincial Total**	**334383**	**868515**	**566603**	**301912**	**210049**	**176295**
#女	Female	**149130**	**383607**	**251535**	**132072**	97906	76223
南昌市	Nanchang	35862	**96512**	63477	33035	27021	19546
景德镇市	Jingdezhen	11857	**27659**	17863	9796	7915	6366
萍乡市	Pingxiang	11468	**31773**	20656	11117	9355	7253
九江市	Jiujiang	35682	**85879**	51808	34071	20545	17467
新余市	Xinyu	8563	**21145**	12673	8472	4737	4169
鹰潭市	Yingtan	7510	**18952**	12959	5993	5813	4601
赣州市	Ganzhou	72746	**192398**	130342	62056	41617	37212
吉安市	Ji'an	31622	**85091**	54329	30762	22044	18599
宜春市	Yichun	39949	**103701**	68091	35610	22916	20312
抚州市	Fuzhou	26493	**74957**	47395	27562	16318	14615
上饶市	Shangrao	52631	**130448**	87010	43438	31768	26155

19-28 中等职业学校基本情况（2017年）

Basic Statistics on Schools, Students and Full-time Teacher in Vocational Secondary Education by Type of School(2017)

单位：人 (person)

类别	Type	毕业生数 Graduates	招生数 New Enrollment	在校学生数 Total Enrollment	教职工数 Teachers and Staff	#专任教师 Full-time Teachers
总计	**Total**	**105 534**	**112030**	**344343**	**17235**	**12514**
#女	Female	58637	56649	179313	7728	5699
全日制	Full-time	103703	111822	340677		
非全日制	Part-time	1831	208	3666		
按办学类型分:	Grouped by School Types					
普通中等专业学校	Regular Specialized Secondary School	42423	49349	144892	6467	4502
成人中等专业学校	Adult Specialized Secondary School	1120	1763	4200	2314	1609
职业高中学校	Vocational Junior Secondary School	34738	46035	127876	8454	6403
其他机构	Others					
附设中职班	Sceondary vocationar school attached	27253	14883	67375		
按举办部门分:	Grouped by Administrative Department					
中央部门	Central Department	109	58	181	32	13
地方部门	Regional Department	91992	87798	278043	13481	10400
教育部门	Educational Department	52263	58161	172989	9617	7868
其他部门	Other departmeise	39686	29499	104652	3864	2532
地方企业	Local Enterprise	43	138	402		
民办	Privately-run	13433	24174	66119	3722	2101

19-29 各地区职业高中基本情况（2017年）

Basic Statistics on Vocational Secondary Schools by Region (2017)

单位：人 (person)

地区	Region	学校数（所） Number of Schools (unit)	毕业生数 Graduates	招生数 New Enrollment	在校学生数 Total Enrollment	教职工数 Teachers and Staff	#专任教师 Full-time Teachers
全省	**Provincial Total**	**206**	**34732**	**48455**	**131714**	**8454**	**6403**
#女	Female		15351	21289	57752	3515	2668
南昌市	Nanchang	18	2542	5093	11554	739	438
景德镇市	Jingdezhen	7	485	822	2197	137	116
萍乡市	Pingxiang	14	2653	2269	7173	388	311
九江市	Jiujiang	18	3192	4310	11951	798	573
新余市	Xinyu	6	2611	2763	7821	616	523
鹰潭市	Yingtan	8	452	807	1534	177	135
赣州市	Ganzhou	47	12173	16870	50620	2860	2043
吉安市	Ji'an	22	2602	2280	8120	566	475
宜春市	Yichun	23	3543	4135	9928	859	755
抚州市	Fuzhou	18	2284	2398	5573	602	522
上饶市	Shangrao	25	2195	6708	15243	712	512

19-30 职业高中分科学生情况（2017年）

Students of Senior Secondary Vocational School by Field of Study(2017)

单位：人 (person)

类别	Type	毕业生数 Graduates	招生数 New Enrollment	在校学生数 Total Enrollment
总计	**Total**	**34732**	**48455**	**131714**
#女	Female	15351	21289	57752
农林牧渔类	Farming,Forestry,Husbandry and Fishing	1819	996	2819
土木水利类	Civil and Hydraulic Engineering	731	861	2471
加工制造类	Manufacturing	4954	3100	11699
石油化工类	Petrochemical Industry		27	54
轻纺食品类	Textile and Food	214	87	220
交通运输类	Communication & Transportation	4745	7309	18270
信息技术类	Information Technologies	11401	14846	43717
医药卫生类	Medicine and Health	41	62	114
休闲保健类	Recreation and Health Care	11	80	116
财经商贸类	Finance Economics and Trade	997	4192	10266
旅游服务类	Tourism and Service	1715	2111	4689
文化艺术类	Culture, Arts and Physical Education	964	1432	3639
体育与健身类	Physical Fitness	177	247	646
教育类	Education	4559	8366	21126
司法服务类	Legal Service	1534	2855	7557
管理与服务类	Public Affairs and Services	822	1733	3849
其他	Others	48	151	462

19-31 小学、特殊教育基本情况（2017年）

Basic Statistics on Primary Schools, Special Education (2017)

单位：人 (person)

类别	Type	学校数(所) Number of Schools (unit)	毕业生数 Graduates	招生数 New Enrollment	在校学生数 Total Enrollment	教职工数 Teachers and Staff	专任教师 Full-time Teachers Teachers
小学	**Primary Schools**	**7760**	**678400**	**676913**	**4228966**	**205167**	**226990**
#女	Female		303279	307290	1908676	129794	146190
民办	Non-public	57	32190	19556	148170	1959	1570
按城乡分	**Grouped by Residence**						
城区	Cities	755	160030	171313	1021802	40896	49376
区镇	Counties and Towns	1999	340873	299589	1960562	86893	95351
乡村	Rural Areas	5006	177497	206011	1246602	77378	82263
按地区分	**Grouped by Region**						
南昌市	Nanchang	525	65228	70366	419619	17942	23740
景德镇市	Jingdezhen	328	23347	24741	155242	6695	7870
萍乡市	Pingxiang	364	24306	25097	151191	7878	8707
九江市	Jiujiang	607	65957	63856	403274	20219	22425
新余市	Xinyu	94	16611	17841	104303	4909	5333
鹰潭市	Yingtan	254	18130	17655	113940	5566	6322
赣州市	Ganzhou	1651	150046	139896	899808	44842	47100
吉安市	Ji'an	696	69598	79440	480248	20596	22880
宜春市	Yichun	864	78360	81802	500351	24202	25892
抚州市	Fuzhou	708	57221	56592	351386	19448	20576
上饶市	Shangrao	1669	109596	99627	649604	32870	36145
特殊教育	**Special Education**	**89**	**4206**	**5966**	**30330**	**1527**	**1428**
#女	Female		1558	1930	10389	1128	1059

19-32 平均每万人口在校学生数

Number of Students Per 10000 Population by Level

指标	Item	1980	1990	2000	2010	2016	2017
各类学校在校学生占全省人口比重(%)	Schools of All Types of Students in the Proportion of the Population of the Province (%)	21.21	17.28	17.57	22.34	22.31	22.46
平均每万人口在校学生数	Number of Students Per 10000 population by Level						
普通高等学校(人)	Regular Institutions of Higher Education (person)	10.91	14.98	35.29	187.98	234.19	235.81
中等学校(人)	Secondary Education (person)	491.67	530.97	702.41	788.66	708.18	730.80
中等专业学校	Specialized Secondary Schools	12.48	16.18	38.57	53.57	50.34	46.31
普通中学	Regular Secondary Schools	473.55	475.13	624.84	614.71	601.38	626.61
职业中学	Vocational Secondary Schools	1.55	30.68	30.65	82.33	28.88	28.68
技工学校	Technical Schools	4.09	8.98	8.35	38.05	27.58	29.20
小学(人)	Primary Schools (person)	1618.56	1182.05	1018.85	955.90	925.96	920.94

注：普通高等学校包括研究生。后同。

a) The number of regular institutions of higher education includes the number of post-graduates. The same applies to the tables following.

19-33 初中毕业生、小学毕业生升学率

Proportion of Students Entering into Junior and Senior Secondary Schools

年份 Year	初中 Junior Secondary School			小学 Primary School		
	毕业生数(万人) Graduates (10000 persons)	高级中等学校招生人数(万人) New Enrollment of Senior Secondary Schools (10000 persons)	升学率(%) Rate of Entering the Higher School (%)	毕业生数(万人) Graduates (10000 persons)	初级中等学校招生数(万人) New Enrollment of Junior Secondary Schools (10000 persons)	升学率(%) Rate of Entering the Higher School (%)
1978	41.77	20.69	49.53	72.03	56.36	78.25
1979	39.55	21.36	54.01	61.41	45.49	74.08
1980	19.03	10.78	56.65	60.89	41.23	67.71
1981	33.88	15.22	44.92	64.86	41.13	63.41
1982	31.71	12.40	39.10	67.30	39.89	59.27
1983	29.99	12.64	42.15	69.90	41.20	58.94
1984	28.75	14.26	49.60	67.85	42.58	62.76
1985	30.04	13.42	44.67	71.75	45.50	63.41
1986	34.07	14.68	43.09	76.41	50.10	65.57
1987	37.32	15.14	40.57	83.68	52.55	62.80
1988	40.35	15.46	38.31	88.94	54.07	60.79
1989	41.18	14.88	36.13	86.96	53.83	61.90
1990	41.27	15.88	38.48	86.02	56.65	65.86
1991	43.41	16.38	37.73	85.44	57.66	67.49
1992	45.83	17.10	37.31	79.45	57.18	71.97
1993	47.51	18.36	38.64	71.50	57.87	80.94
1994	48.44	19.26	39.76	67.99	58.23	85.64
1995	46.99	20.57	43.78	70.05	63.08	90.04
1996	51.27	20.96	40.88	73.70	68.44	92.86
1997	55.51	21.38	38.52	77.20	72.88	94.39
1998	59.55	21.99	36.92	80.35	75.70	94.21
1999	62.28	25.53	40.99	83.90	78.57	93.65
2000	65.34	26.57	40.67	85.61	81.23	94.89
2001	65.49	30.53	46.62	85.47	81.00	94.77
2002	67.15	38.81	57.80	82.15	81.25	98.91
2003	68.66	43.30	63.06	75.74	75.96	100.29
2004	72.42	48.69	67.23	67.68	67.72	100.06
2005	74.32	57.88	77.88	64.88	64.53	99.46
2006	69.48	57.63	82.94	53.84	53.54	99.44
2007	62.06	54.81	88.32	54.28	54.73	100.82
2008	60.09	55.90	93.03	65.48	66.83	102.06
2009	51.90	51.67	99.56	69.48	69.69	100.30
2010	53.68	49.05	91.37	67.85	68.39	100.80
2011	63.12	57.52	91.13	66.79	67.56	101.15
2012	65.18	56.26	87.08	67.01	65.59	97.88
2013	62.60	52.11	83.24	65.59	61.06	93.09
2014	55.11	45.41	82.40	59.65	59.47	99.70
2015	55.65	52.55	94.43	59.39	60.07	101.14
2016	57.45	51.65	89.90	63.27	64.58	102.07
2017	56.66	49.87	88.02	67.84	68.63	101.16

注：高级中等学校招生人数包括中等职业教育学校、技工学校和高中招生数。

a) The number of new enrollment of senior secondary schools includes the number of secondary vocational educations, technician training schools and senior secondary schools.

19-34 小学学龄儿童数和入学率

Number of School-age Children and Rate of Entering the Primary Schools

单位：万人 (10000 persons)

年 份 Year	学龄儿童数 School-age Children	#农 村 Rural	已入学学龄儿童数 School-age Children Enrollment	#农 村 Rural	入学率（%） Rate of School Enrollment Primary Schools(%)	#农 村 Rural
1978	436.66	391.79	411.10	366.48	94.15	93.54
1979	441.58	398.05	410.82	367.76	93.03	92.39
1980	443.15	397.47	415.07	369.60	93.66	92.99
1981	445.81	398.40	416.46	368.27	93.42	92.44
1982	456.45	406.80	426.33	376.98	93.40	92.67
1983	462.17	413.08	437.56	388.56	94.67	94.06
1984	458.27	409.40	440.82	392.12	96.19	95.78
1985	464.66	412.84	450.19	398.32	96.89	96.48
1986	459.05	409.02	445.54	395.65	97.06	96.73
1987	435.42	385.39	423.66	373.92	97.30	97.02
1988	403.31	355.63	392.06	344.68	97.21	96.92
1989	378.45	328.56	370.01	320.33	97.77	97.50
1990	358.31	318.24	351.99	312.00	98.24	98.04
1991	349.80	264.94	343.78	260.00	98.28	98.14
1992	351.62	261.22	347.18	257.64	98.74	98.63
1993	363.71	258.84	359.45	255.31	98.83	98.64
1994	370.48	255.01	367.15	252.49	99.10	99.01
1995	389.04	257.54	386.78	255.89	99.42	99.36
1996	404.23	252.15	402.80	251.07	99.65	99.57
1997	413.80	244.25	411.99	243.08	99.56	99.52
1998	416.12	238.82	414.31	237.74	99.57	99.55
1999	405.52	223.09	403.96	222.11	99.61	99.56
2000	390.24	206.64	388.58	205.57	99.58	99.49
2001	370.61	208.59	359.15	204.23	96.91	96.41
2002	355.09	186.25	349.84	183.33	98.53	98.44
2003	350.83	205.58	347.34	203.57	99.01	99.00
2004	349.19	202.63	345.84	200.59	99.04	98.99
2005	348.46	233.24	345.02	230.92	99.01	99.00
2006	364.24	256.56	362.93	255.61	99.64	99.63
2007	378.85	246.15	378.22	245.69	99.83	99.81
2008	390.71	248.94	390.42	248.74	99.93	99.92
2009	396.68	267.64	396.26	267.35	99.89	99.89
2010	403.69	273.26	403.40	273.08	99.93	99.93
2011	416.09	195.83	415.11	191.17	99.76	97.62
2012	417.58	179.22	417.58	179.22	99.85	99.85
2013	389.14	149.94	389.14	149.94	99.99	99.88
2014	398.35	142.73	397.68	142.73	99.83	99.89
2015	409.34	136.77	409.01	136.06	99.92	99.48
2016	406.43	127.36	405.13	125.62	99.68	98.63
2017			407.61	119.06	103.75	

注：1978-2016年入学率为教育部门推算数据，从2017年起为小学毛入学率。

a) The rate of rural school enrollment is estimated by Provincial Department of Education. Since 2017, the rate of rural school enrollment refers to the rate of rural school enrollment of primary schools.

19-35 幼儿园基本情况

Basic Statstics on Kindergartens

单位：人 (person)

年份 Year	幼儿园数（所） Number of Kindergartens(unit)	入园幼儿数 New Enrollment	在园幼儿数 Total Enrollment	教职工数 Teachers and Staff	#教师 Teachers
1978	2104		105914	6278	4159
1979	3854		172476	8304	6509
1980	7204		306055	13565	11184
1981	6364		300231	14366	11853
1982	5488		300630	15638	12693
1983	1857		296400	16000	12923
1984	4987		310300	15257	13454
1985	5208		323021	14778	12998
1986	5866	190318	318347	17744	14147
1987	5406	194370	329718	18229	14259
1988	4547	182034	327540	18471	14579
1989	4520	187932	330680	18953	14574
1990	4827	208294	362621	19798	15492
1991	4141	283249	394487	20013	15780
1992	4490	294967	450005	21050	16983
1993	3856	337689	491055	21365	17271
1994	4123		505530	21058	17755
1995	4600	419190	525330	22284	18976
1996	5084	462715	584601	23757	19822
1997	5986	496134	609026	26124	21764
1998	6626	518683	619048	26879	22321
1999	7602	514200	626009	29179	24124
2000	6573	500453	620624	26472	21154
2001	2894	428073	488380	18519	12335
2002	3469	475561	574756	21526	14275
2003	4478	504672	633073	26515	17612
2004	4370	507222	658093	28406	18228
2005	4870	526960	716760	32367	20742
2006	5848	594627	806287	37453	24235
2007	6245	648555	881690	41853	27093
2008	6620	649104	924488	47920	30447
2009	8326	728337	1123138	60102	39541
2010	8518	812046	1235056	69186	43349
2011	9431	894446	1455048	86222	52895
2012	10560	902810	1521149	94067	57338
2013	11485	944893	1563241	102917	61588
2014	11448	946767	1593532	111715	67360
2015	11870	946900	1662501	123459	73221
2016	14071	568461	1590431	116440	75438
2017	14952	680354	1609422	125150	81868

19-36 按城乡、按地区分幼儿园基本情况（2017年）

Basic Statstics on Kindergartens by Residence and Region (2017)

单位：人 (person)

类　别	Type	园数(所) Number of Kindergarten	入园幼儿数 New Enrollment	在园幼儿数 Total Enrollment	离园幼儿数 Dropout	教职工数 Teachers and Staff	#教　师 Teachers
全　省	**Provincial Total**	**14952**	**680354**	**1609422**	**597919**	**125150**	**81868**
#女	Female		310036	727934	270371	118657	80717
民　办	Non-public	10582	460682	1154462	381644	100471	64061
按城乡分	**Grouped by Residence**						
城　区	City area	2798	160000	424150	137356	43522	27896
镇　区	Town area	5821	319036	771473	281965	58818	39546
乡　村	Village	6333	201318	413799	178598	22810	14426
按地区分	**Grouped by Region**						
南昌市	Nanchang	904	61286	143775	47574	15841	9739
景德镇市	Jingdezhen	556	22646	53854	19760	4962	3339
萍乡市	Pingxiang	740	30232	72193	26669	6532	3607
九江市	Jiujiang	1402	61924	159188	55309	13531	7630
新余市	Xinyu	352	17920	48298	17138	4716	2910
鹰潭市	Yingtan	354	16134	37077	15784	3670	2152
赣州市	Ganzhou	3327	159771	366580	138121	25716	18543
吉安市	Ji'an	2216	78382	181741	69138	12279	8081
宜春市	Yichun	1623	95262	214871	84067	14623	9622
抚州市	Fuzhou	825	38677	109624	42451	8560	5941
上饶市	Shangrao	2653	98120	222221	81908	14720	10304

19-37 成人教育基本情况

Basic Statistics on Adult Educations

单位：人 (person)

类　别	Type	1990	2000	2010	2016	2017
成人高等教育	**Adult Institutions of Higher Education**					
成人高校数(所)	Number of Schools(unit)	28	18	9	8	8
在校学生数	Total Enrollment	37525	85953	120348	162660	140082
招生数	New Enrollment	14191	39761	47336	41660	34125
毕业生数	Graduates	11156	20461	37056	57443	58525
教职工数	Teachers and Staff	4732	4015	2302	825	882
#专任教师	Full-time Teachers	2165	1875	1445	617	632
成人中等专业学校	**Adult Specialized Secondary School**					
在校学生数	Total Enrollment	28215	27552	12907	9865	8688
招生数	New Enrollment	11318	7839	5422	4259	1971
毕业生数	Graduates	6822	12946	5214	2207	3118

注：成人高等教育在校学生数、招生数、毕业生数包括普通高等学校举办的成人教育学生数。

a)The number of total enrollment,new enrollment,graduates of adult institutions of higher education in 2009 did not include the number of institutions of higher education.

19-38 文化事业机构与人员数

Number of Institutions and Staff Personnel for Cultural Undertakings

指　　标	Item	1980	1990	2000	2010	2016	2017
机构数(个)	**Number of Institutions (unit)**					**10587**	**12773**
艺术表演团体	Art Performance Troupes	118	86	79	103	304	425
#公有制艺术表演团体	Public Ownership					84	83
艺术表演场所	Art Performance Places	59	77	62	55	57	61
#公有制艺术表演场馆	Public Ownership					47	46
公共图书馆	Libraries	49	104	104	108	113	113
文 化 馆	Cultural Centers	102	101	101	103	118	118
文 化 站	Cultural Stations	637	1983	1887	1719	1751	1755
#乡镇综合文化站	Village and Town					1620	1622
艺术展览创作机构	Art Exhibition and Creation Institutions					33	39
#美术馆	Gallery					29	36
艺术教育业	Art Education Institutions					3	2
文化科研机构	Art Research Institutions					14	14
文化市场经营机构(不包括非公有制院团和场馆)	Cultural Market Management Institutions					7790	9841
文化行政主管部门	Cultural Administrative Departments					115	115
其他文化机构	Other Culture Institutions					50	50
#文化市场执法机构	Enforcing Authorities of Art Market					3	3
博 物 馆	Museums	52	82	81	102	138	139
文物保护管理所	Agencies of Historical Relics Preservation	10	33	44	65	67	67
文物科研机构	Scientific and Research Historical Relics Agencies				2	2	2
文物商店	Cultural Relic Shops	3	4	4	4	4	4
其他文物机构	Other Historical Relics Agencies		1	2	2	28	28
人员数(人)	**Number of Staff (person)**					**62433**	**71895**
艺术表演团体	Art Performance Troupes	7747	4384	3949	4082	8164	9701
#公有制艺术表演团体	Public Ownership					2584	2583
艺术表演场所	Art Performance Places	107	874	919	604	846	1020
#公有制艺术表演场馆	Public Ownership					656	607
公共图书馆	Libraries					1379	1420
文 化 馆	Cultural Centers	1434	1484	1486	1664	1973	1929
文 化 站	Cultural Stations	862	3635	2594	2296	4031	4252
#乡镇综合文化站	Village and Town					3679	3853
艺术展览创作机构	Art Exhibition and Creation Institutions					256	304
#美术馆	Gallery					219	281
艺术教育业	Art Education Institutions					275	281
文化科研机构	Art Research Institutions					327	319
文化市场经营机构(不包括非公有制院团和场馆)	Cultural Market Management Institutions					36527	45004
文化行政主管部门	Cultural Administrative Departments					2588	2540
其他文化机构	Other Culture Institutions					1876	1093
#文化市场执法机构	Enforcing Authorities of Art Market					48	46
博 物 馆	Museums	764	1134	1324	1917	3007	3101
文物保护管理所	Agencies of Historical Relics Preservation	292	510	242	217	499	417
文物科研机构	Scientific and Research Historical Relics Agencies				44	55	62
文物商店	Cultural Relic Shops	47	136	126	69	54	55
其他文物机构	Other Historical Relics Agencies		280	292	316	576	397

注：1.从2013年起艺术馆表演团体包括市场艺术团体。
2.从2014年起，文化馆包含群众艺术馆。

a) Mass Art Centers are included in Cultural Centers since 2013.

b) Market art performance troupes have been included in art performance troupes since 2014.

19-39 各地区文化事业单位数（2017年）

Number of Institutions for Cultural undertakings by Region (2017)

单位：个 (unit)

地 区	Region	艺术表演团体 Art Performance Troupes	艺术表演场所 Art Performance Places	群众艺术馆文化馆 Cultural Centers and Mass Art Centers	公共图书馆 Public Libraries	#总藏量（万册） Total Collections (10000 copies)	博物馆 Museums	文物保护管理所 Agencies of Historical Relics Preservation
全 省	**Provincial Total**	**83**	**46**	**118**	**113**	**2428.77**	**139**	**67**
省 级	Provincial	6	6	1	1	379.77	5	
南昌市	Nanchang	6	3	10	10	216.19	17	4
景德镇市	Jingdezhen	2	1	6	5	116.70	15	3
萍乡市	Pingxiang	5	3	6	6	100.75	3	4
九江市	Jiujiang	5	6	15	15	329.94	18	11
新余市	Xinyu	1	1	4	3	82.31	3	1
鹰潭市	Yingtan		2	4	4	48.90	5	5
赣州市	Ganzhou	19	7	19	19	422.45	17	11
吉安市	Ji'an	12	3	15	15	260.97	14	5
宜春市	Yichun	15	5	11	10	151.97	12	9
抚州市	Fuzhou	2	5	14	12	158.27	10	8
上饶市	Shangrao	10	4	13	13	160.55	20	6

注：文物保护管理所包括其它文物机构。

a) Data on agency of historical relics preservations include data on other historical relics institutions.

19-40 文化产业机构基本情况（2017年）

Basic Statistics on Cultural Industry Institutions (2017)

单位：个 (unit)

指 标	Item	合计 Total	文化部门 Culture Department	其他部门 Other Departments
总 计	**Total**	**12773**	**2536**	**10237**
文化合计	Cultural Industry	12533	2314	10219
艺术业	Art Industry	486	112	374
图书馆业	Museum Industry	113	113	
群众文化业	Mass Art Industry	1873	1873	
艺术展览创作机构	Art Exhibition and Creation Institutions	39	39	
艺术教育业	Art Education Industry	2	2	
文艺科研	Art Research	14	14	
文化市场经营业	The Cultural Market	9841		9841
文化行政主管部门	Cultural Administrative Departments	115	115	
其他文化机构	Other Cultural Institutions	50	46	4
文物合计	Cultural Relic Industry	240	222	18

注：有关文化产业的指标仅含文化厅本系统的数据。后同。

a) Data on indicators of cultural industry include only data from culture system.The same applies to the tables following.

19-41 文化产业从业人员基本情况（2017年）

Basic Statistics on Employed Persons of Cultural Industry (2017)

单位：人 (person)

指　标	Item	总　计 Total	#正高级职称 Senior Title	#副高级职称 Sub-senior Title	中级职称 Middle Title	文化部门合　计 Cultural Department	#正高级职称 Senior Title	#副高级职称 Sub-senior Title	中级职称 Middle Title
总　计	**Total**	**71895**	**159**	**691**	**2689**	**18726**	**131**	**648**	**2526**
文化合计	Cultural Industry	67863	95	551	2146	14855	83	517	2001
艺术业	Art Industry	10721	31	188	829	2783	19	154	684
图书馆业	Museum Industry	1420	11	87	389	1420	11	87	389
群众文化业	Mass Art Industry	6181	18	125	536	6181	18	125	536
艺术展览创作机构	Art Exhibition and Creation Institutions	304	8	28	64	304	8	28	64
艺术教育业	Art Education Industry	281	11	58	86	281	11	58	86
文艺科研	Art Research	319	10	44	151	319	10	44	151
文化市场经营业	The Cultural Market	45004							
文化行政主管部门	Cultural Administrative Departments	2540				2540			
其他文化机构	Other Cultural Institutions	1093	6	21	91	1027	6	21	91
文物合计	Cultural Relic Industry	4032	64	140	543	3871	48	131	525

19-41 续表 continued

单位：人 (person)

指　标	Item	#其他部门合　计 Others	#正高级职称 Senior Title	#副高级职称 Sub-senior Title	中级职称 Middle Title
总　计	**Total**	**53169**	**28**	**43**	**163**
文化合计	Cultural Industry	53008	12	34	145
艺术业	Art Industry	7938	12	34	145
图书馆业	Museum Industry				
群众文化业	Mass Art Industry				
艺术展览创作机构	Art Exhibition and Creation Institutions				
艺术教育业	Art Education Industry				
文艺科研	Art Research				
文化市场经营业	The Cultural Market	45004			
文化行政主管部门	Cultural Administrative Departments				
其他文化机构	Other Cultural Institutions	66			
文物合计	Cultural Relic Industry	161	16	9	18

19-42 文化产业机构人员情况（2017年）

Basic Statistics on Personnel of Cultural Industry Institutions (2017)

单位：人 (person)

指　　标	Item	合　计 Total	文化部门 Culture Department	其他部门 Other Departments
总　计	**Total**	**71895**	**18726**	**53169**
文化合计	Cultural Industry	67863	14855	53008
艺术业	Art Industry	10721	2783	7938
图书馆业	Museum Industry	1420	1420	
群众文化业	Mass Art Industry	6181	6181	
艺术展览创作机构	Art Exhibition and Creation Institutions	304	304	
艺术教育业	Art Education Industry	281	281	
文艺科研	Art Research	319	319	
文化市场经营业	The Cultural Market	45004		45004
文化行政主管部门	Cultural Administrative Departments	2540	2540	
其他文化机构	Other Cultural Institutions	1093	1027	66
文物合计	Cultural Relic Industry	4032	3871	161

19-43 报纸、杂志、图书出版种数

Publication of Newspapers, Magazines and Books

单位：种 (item)

指　　标	Item	1980	1990	2000	2005	2010	2016	2017
报　　纸	Newspapers Published	6	28	65	65	63	74	69
综 合 报	General Newspapers	2	18	28	31	29	28	28
专 业 报	Special Newspapers	4	10	37	34	34	46	41
期　　刊	Magazines Published	84	141	167	163	163	164	165
综　　合	General Magazines	6	1	1	1	5	5	5
哲学、社会科学	Philosophy and General Social Sciences	10	33	52	42	39	43	44
自然科学、技术	Natural Sciences and Technology	47	63	78	73	71	71	70
文化、教育	Culture and Education	9	27	21	28	29	28	29
少年儿童读物	Children's Books	2	3	7	8	7	6	6
文学、艺术	Literature and Art	10	13	8	9	10	9	9
画　　刊	Picture Books		1		2	2	2	2
图　　书	Books	362	1264	2158	3011	3869	7491	7982
#课　　本	Textbooks	134	329	583	839	689	289	327

19-44 报纸、杂志、图书出版数量

Pieces of Newspapers, Magazines and Books Published

单位：万份 (10000 copies)

指　　标	Item	1980	1990	2000	2005	2010	2016	2017
报　　纸	Newspapers Published	17048	58930	39929	62263	70449	107365	90694
综合报	General Newspapers	16506	38936	33273	56059	60771	55698	45554
专业报	Special Newspapers	542	19994	6657	6204	9678	51667	45140
期　　刊	Magazines Published	584	2714	9060	5623	7060	7291	7385
综　　合	General Magazines	23	54	2	48	46	92	32
哲学社会科学	Philosophy and General Social Sciences	18	933	3239	755	577	781	983
自然科学技术	Natural Sciences and Technology	119	241	830	506	576	281	274
文化、教育	Culture and Education	210	679	2401	1143	1696	1394	4839
少年儿童读物	Children's Books	30	417	1850	2416	3715	4503	1020
文学艺术	Literature and Art	184	384	738	667	420	214	196
画　　刊	Picture Books		6		89	30	26	41
图　　书	Books	8474	19216	20300	16907	16039	21423	22657
#课　　本	Textbooks	4861	10935	10490	9953	6945	6944	7007

注：统计口径的变化，小学生之友、初中生之友不再归为少年儿童读物类了，而是计入文化、教育类了，此二者数量合计3564万册。

a) Due to changes in statistical standard, *Friends of Pupils* and *Friends of Junior Highs* have been categorized as cultural and educational books, rather than children's books. The total of these two magazines sums up to 35.64 million copies.

19-45 广播、电视事业基本情况

Basic Statistics on Radio and Television Stations

指　　标	Item	1980	2000	2005	2010	2016	2017
广播台(站)	All Number of Broadcasting Stations (station)						
广播电台(座)	Number of Stations (set)	3	10	12	12	5	1
节目套数(套)	Number of Programs (set)	3	72	109	103	108	108
中短波转播发射台(座)	FM&AM Radio Broadcasting Stations (set)	17	15	15	16	19	22
广播人口覆盖率(%)	Radio Coverage of Population (%)	38.50	89.49	93.22	96.78	98.04	98.35
#农村广播人口覆盖率(%)	Radio Coverage of Rural Population (%)				96.23		97.87
电视台(座)	Television Stations (set)	1	12	12	12	5	1
节目套数(套)	Number of Programs (set)		42	122	113	117	122
全年电视剧播出部数(部)	Pieces of TV Series Broadcast (piece)			10495	9318	8933	9266
全年电视剧播出集数(集)	Episodes of TV Series Broadcast (episode)			217656	247239	267667	265626
电视转播发射机台数(座)	TV Transmission Facilities (set)	58	493	349	301		223
电视人口覆盖率(%)	TV Coverage of Household (%)	50.50	92.67	95.44	97.96	98.83	98.89
#农村电视人口覆盖率	TV Coverage of Rural Household				97.55		98.43
广播电视卫星收转站(座)	TV Transmission Stations and Relaying Stations (set)		8315	9668	329759		
有线电视入户率(%)	CATV Coverage of Household (%)			26.90	34.00	52.31	

注：1.1995年以前中短波广播发射台数是指广播发射台及转播台数。
2.2000年以前电视台是指无线电视台，2001年无线电视台与有线电视台合并。
3.2017年起“电视转播发射机台数”指标改为“调频电视转播发射机台数”。

a) Before 1995, the number of FM&AM Radio Broadcasting Stations refered to the number of both radio broadcasting stations and transmission stations.

b) Before 2000, the number of TV Stations refered to the number of Wireless TV. Wirless TV and CATV Merged in 2001.

c) Since 2017, TV Transmission Facilities refer to FM TV Transmission Facilities.

19-46 各地区广播电视主要统计指标（2017年）

Basic Statistics on Radio and Television by Region (2017)

地　区	Region	广播电视台（座）Number of Broadcasting and TV Stations (set)	中、短波转播发射台 Medium and short wave broadcast transmitters(set)	广播电视人口覆盖率(%) Radio &TV Coverage of Population (%)	电视综合人口覆盖率(%) General TV Coverage of Household (%)
全　省	**Provincial Total**	**100**	**22**	**98.35**	**98.89**
省本级	Provincial Lerel	2	1	—	—
南昌市	Nanchang	5	2	98.03	99.05
景德镇市	Jingdezhen	3	2	100.00	100.00
萍乡市	Pingxiang	6	1	99.33	99.90
九江市	Jiujiang	13	1	97.65	98.72
新余市	Xinyu	3	1	99.91	99.91
鹰潭市	Yingtan	3	1	96.96	97.58
赣州市	Ganzhou	19	9	95.95	97.81
吉安市	Ji'an	12	1	100.00	100.00
宜春市	Yichun	10	1	99.16	98.39
抚州市	Fuzhou	12	1	99.24	99.61
上饶市	Shangrao	12	1	99.03	98.89

19-47 各部门、各地区广播电视主要经济指标（2017年）

Basic Statistics on Radio and Television by Region and Department (2017)

地　区	Region	从业人员（人）Number of Employees (person)	总收入（万元）Total Income (10000 yuan)	实际创收收入（万元）Actual Income (10000 yuan)	广告收入（万元）Advertisement (10000 yuan)	广播广告收入（万元）Broadcasting Advertisement (10000 yuan)	电视广告收入（万元）TV Advertisement (10000 yuan)
全　省	**Provincial Total**	**21756**	**752787**	**536617**	**180549**	**61851**	**111766**
江西广播电视台	Jiangxi Broadcasting and TV Station	9761	433460	411662	94985	8834	82918
江西省新闻出版	Jiangxi Press Publication and	387	17795	-	-	-	-
江西省系统外	Outside of the System	219	53753	53731	46435	46435	
南昌市	Nanchang	1726	49043	27711	9837	2423	6839
景德镇市	Jingdezhen	485	4865	4355	1311	358	953
萍乡市	Pingxiang	578	13533	895	895	431	464
九江市	Jiujiang	1618	25496	4994	3415	1034	2379
新余市	Xinyu	408	9017	2009	1893	285	1046
鹰潭市	Yingtan	332	7879	1517	1516	270	1185
赣州市	Ganzhou	1543	35479	4567	4200	283	2095
吉安市	Ji'an	1198	20688	3303	2464	23	1820
宜春市	Yichun	1393	25612	2512	2276	290	1930
抚州市	Fuzhou	793	17115	2916	653	10	643
上饶市	Shangrao	1315	39052	16445	10669	1175	9494

19-48 测绘生产完成情况

Statistics on Projects Completed by Surveying and Mapping Departments

年 份 Year	大地测量 Geodesy GPS测量(点) Global Positioning System Survey (point)	水准测量(公里) Leveling (kilometer)	测图合计(幅) Mapping (unit)	地图数字化(幅) Digital Map (unit)	地图编制 Cartography 地形图(幅) Topographic Map (unit)	专题地图(幅/册) Special Map (unit/Volume)	地图集(册) Atlas (Volume)
2001	528	336	1941	1416	440	61	2
2002	500	481	2219	1091		372	
2003	189	100	2068	1887		23	1
2004	796	5031	3051	2754		44	
2005	576	800	2509			36	
2006	1840	200	6418	999		35	
2007	1940	286	6127	288	10	30	1
2008	2150	400	13360	286	41	33	1
2009	632	1978	5114		25	607	2
2010	1009	2022	6971	4579	58	66	1
2011	62	943	3104	2078	194		
2012	462	1281	19767		16	210	1
2013	658	327	6469		5	42	
2014	60	3500	31722		3	35	
2015	100	7000	1046		1	21	2
2016	280	4600	1762		3	40	2
2017	180	1500	1810		3	44	1

19-49 测绘资料提供情况

Statistics on Output of Surveying and Mapping Materials

年 份 Year	地形图合计(张) Topographic Map (unit)	1:10000 (scale)	1:50000 (scale)	大地成果(点) Geodetic Results (point)	航摄成果(片) Aerial Photograph (piece)	挂 图(张) Wall Map (unit)	地图集(册) Atlas (volume)
2000	8904	7266	1638	377	281		
2001	10704	8785	1919	1611		66	217
2002	8294	7287	1007	173	120	40	48
2003	10048	8656	1392	47372	8411		
2004	5868	3959	1909	563	29000		
2005	5815	4231	1584	1327	48126	5	
2006	7926	5058	2868	17010	15865	112	20
2007	15035	12754	2281	24221	22631		
2008	17352	15336	2016	7929	12355		
2009	5523	4909	614	5554	22803		
2010	5469	4441	1028	31121	5329	628	731
2011	8153	7498	655	3687	7994	12	15
2012	10444	9162	1282	8992	52354	1035	79
2013	2886	2440	446	4880	133567	951	1500
2014	2940	2648	244	2598	120734	1700	2648
2015	6408	5328	1080	2641	364834	10	540
2016	3531	3078	410	2395	107643	600	1240
2017	2222	1910	275	1995	132718	700	500

注：航摄成果这个指标从2014年起以平方千米作计量单位。

a)The unit of measurement of aerial photograph has been adjusted to sq.km since 2014.

19-50 各地区产品质量监督检查情况（2017年）

Results of Supervision and Sampling Check on the Quality of Products by Region (2017)

地　区	Region	抽查产品 (种) Production Supervised (kinds)	抽查企业 (家) Number of Enterprises Supervised (units)	抽查产品 (批) Production Supervised(times)	不合格产品 (批) Production Unqualified (times)
全　省	**Provincial Total**	**135**	**5806**	**6823**	**523**
省本级	Provincial class	88	2507	2812	264
南昌市	Nanchang	40	856	982	76
景德镇市	Jingdezhen	29	169	242	1
萍乡市	Pingxiang	19	121	142	25
九江市	Jiujiang	34	264	466	12
新余市	Xinyu	15	127	173	7
鹰潭市	Yingtan	14	73	110	3
赣州市	Ganzhou	27	657	687	49
吉安市	Ji'an	18	217	219	10
宜春市	Yichun	25	353	400	51
抚州市	Fuzhou	29	233	230	9
上饶市	Shangrao	43	229	360	16

注：抽查产品合计相加不等于总数。

a) The subtotal of production supervised is not equal to the gross total.

主要统计指标解释

研究与试验发展(R&D)　指在科学技术领域，为增加知识总量，以及运用这些知识去创造新的应用进行的系统的创造性的活动，包括基础研究、应用研究、试验发展三类活动。国际上通常采用R&D活动的规模和强度指标反映一国的科技实力和核心竞争力。

基础研究　指为了获得关于现象和可观察事实的基本原理的新知识(揭示客观事物的本质、运动规律，获得新发现、新学说)而进行的实验性或理论性研究，它不以任何专门或特定的应用或使用为目的。其成果以科学论文和科学著作为主要形式。用来反映知识的原始创新能力。

应用研究　指为获得新知识而进行的创造性研究，主要针对某一特定的目的或目标。应用研究是为了确定基础研究成果可能的用途，或是为达到预定的目标探索应采取的新方法(原理性)或新途径。其成果形式以科学论文、专著、原理性模型或发明专利为主。用来反映对基础研究成果应用途径的探索。

试验发展　指利用从基础研究、应用研究和实际经验所获得的现有知识，为产生新的产品、材料和装置，建立新的工艺、系统和服务，以及对已产生和建立的上述各项作实质性的改进而进行的系统性工作。其成果形式主要是专利、专有技术、具有新产品基本特征的产品原型或具有新装置基本特征的原始样机等。在社会科学领域，试验发展是指把通过基础研究、应用研究获得的知识转变成可以实施的计划(包括为进行检验和评估实施示范项目)的过程。人文科学领域没有对应的试验发展活动。主要反映将科研成果转化为技术和产品的能力，是科技推动经济社会发展的物化成果。

专业技术人员　指从事专业技术工作和专业技术管理工作的人员，即企事业单位中已经聘任专业技术职务从事专业技术工作和专业技术管理工作的人员，以及未聘任专业技术职务，现在专业技术岗位上工作的人员。包括工程技术人员，农业技术人员，科学研究人员，卫生技术人员，教学人员，经济人员，会计人员，统计人员，翻译人员，图书资料、档案、文博人员，新闻出版人员，律师、公证人员，广播电视播音人员，工艺美术人员，体育人员，艺术人员及企业政治思想工作人员，共十七个专业技术职务类别。用来反映科技人力资源情况。

专利　是专利权的简称，是对发明人的发明创造经审查合格后，由专利局依据专利法授予发明人和设计人对该项发明创造享有的专有权。包括发明、实用新型和外观设计。反映拥有自主知识产权的科技和设计成果情况。

普通高等学校　指按照国家规定的设置标准和审批程序批准举办的，通过全国普通高等学校统一招生考试，招收高中毕业生为主要培养对象，实施高等教育的全日制大学、独立设置的学院和高等专科学校、高等职业学校和其他机构。

成人高等学校　指按照国家规定的设置标准和审批程序批准举办的，通过全国成人高等学校统一招生考试，招收具有高中毕业或同等学历的在职从业人员为主要培养对象，利用函授、业余、脱产等多种形式对其实施高等学历教育的学校。包括职工高等学校、农民高等学校、管理干部学院、教育学院、独立函授学院、广播电视大学、其他机构等。其他机构是承担国家成人招生计划任务不计校数的机构。

小学学龄儿童净入学率　指调查范围内已入小学学习的学龄儿童占校内外学龄儿童总数(包括弱智儿童，不包括盲聋哑儿童)的比重。计算公式为:

$$\text{小学净入学率}=\frac{\text{已入学的小学学龄儿童数}}{\text{校内外小学学龄儿童总数}}\times 100\%$$

文化事业机构　指从事专业文化工作和为专业文化工作服务的独立建制的单位。不包括这些单位另外举办独立核算的其他机构和各部门的业余文化组织。该指标主要反映文化事业机构发展规模水平。

艺术表演团体　指从事戏曲、音乐、舞蹈、杂技等专业艺术表演，有独立帐户的单位，不包括半工半艺、半农半艺和民间职业剧团。该指标主要反映全国专业艺术表演团体发展规模水平。

艺术表演观众人数　指售票、包场演出或民族地区免费演出的艺术表演观众人次数，不包括彩排审查和内部观摩演出的观看人次数。该指标主要反映全国观看专业艺术表演团体演出的效益规模。

Explanatory Notes on Main Statistical Indicators

Research and Development (R&D) refers to systematic and creative activities in the field of science and technology aiming at increasing the knowledge and using the knowledge for new application. R&D includes 3 categories of activities: basic research, applied research and experimentation for development. The scale and intensity of R&D are widely used internationally to reflect the strength of S&T and the core competitiveness of a country in the world.

Basic Research refers to empirical or theoretical research aiming at obtaining new knowledge on the fundamental principles regarding phenomena or observable facts to reveal the intrinsic nature and underlying laws and to acquire new discoveries or new theories. Basic research takes no specific or designated application as the aim of the research. Results of basic research are mainly released or disseminated in the form of scientific papers or monographs. This indicator reflects the innovation capacity for original knowledge.

Applied Research refers to creative research aiming at obtaining new knowledge on a specific objective or target. Purpose of the applied research is to identify the possible uses of results from basic research, or to explore new (fundamental) methods or new approaches. Results of applied research are expressed in the form of scientific papers, monographs, fundamental models or invention patents. This indicator reflects the exploration of ways to apply the results of basic research.

Experiments and Development refer to systematic activities aiming at using the knowledge from basic and applied researches or from practical experience to develop new products, materials and equipment, to establish new production process, systems and services, or to make substantial improvement on the existing products, process or services. Results of experiment and development activities are embodied in patents, exclusive technology, and monotype of new products or equipment. In social sciences, experiment and development activities refer to the process of converting the knowledge from basic or applied researches into feasible programmes (including conduct of demonstration projects for assessment and evaluation). There are no experiment and development activities in the science of humanities. This indicator reflects the capability of transferring the results of S&T into technique and products, and measures the realization of S&T in spearheading the economic and social development.

Professional and Technical Personnel refer to persons engaged in professional and technical work or in the management of professional and technical activities, i.e., people with professional or technical positions who are engaged in professional and technical work or in the management of professional and technical activities, and people without professional or technical positions but are working on professional or technical posts. They include professionals and technicians working in 17 categories of technical occupations including engineering, agriculture, scientific researches, medical service, teaching, economic research and application, accounting, statistics, translation, libraries, archives, cultural and museum service, journalism and publication, lawyers, notarization service, radio and television broadcasting, handicraft and fine arts, sports, performing art, and political workers in enterprises. This indicator reflects the condition of human resources in S&T.

Patent is an abbreviation for the patent right and refers to the exclusive right of ownership by the inventors or designers for the creation or inventions, given from the patent offices after due process of assessment and approval in accordance with the Patent Law. Patents are granted for inventions, utility models and designs. This indicator reflects the achievements of S&T and design with independent intellectual property.

Regular Institutions of Higher Learning refer to educational establishments set up according to the government evaluation and approval procedures, enrolling graduates from senior secondary schools and providing higher education courses and training for senior professionals. They include full-time universities, colleges, institutions of higher professional education, institutions of higher vocational education and others.

Institutions of Higher Learning for Adults refer to educational establishments, set up in line with relevant rules approved by the government, enrolling staff and workers with senior secondary school or equivalent education, and providing higher education courses in many forms of correspondence, spare time, or full time for adults. Professionals thus trained receive a qualification equivalent to graduates studying regular courses at regular universities, colleges and professional colleges. Institutions of higher learning for adults include schools of higher education for staff and workers, schools of higher education for peasants, colleges for management cadres, pedagogical colleges, independent correspondence colleges, Radio and TV universities and other educational establishments. Other educational establishments have undertakings to enrol adult students but not enumerated in the schools under the State Plan.

Enrolment Rate of Primary School Age Children refers to the proportion of school age children enrolled at schools to the total number of school age children both in and outside schools (including retarded children, but excluding blind, deaf and mute children). The formula is:

$$\begin{matrix}\text{Enrolment Rate}\\ \text{of Primary}\\ \text{School-age Children}\end{matrix} = \frac{\begin{matrix}\text{Total Primary School-age}\\ \text{Children at Schools}\end{matrix}}{\begin{matrix}\text{Total Primary School-age}\\ \text{Children Whether or}\\ \text{Not Attending School}\end{matrix}} \times 100\%$$

Cultural Institutions refer to units which have their own organizational system and independent accounting system and specialize in cultural work or service cultural work. They do not include other establishments run by these units with separate accounting system and amateur cultural groups established by various departments. The statistics reflect the scale and level of development of institutions engaged in cultural undertakings.

Art Troupes refer to the troupes which are engaged in drama, opera, music, dance, acrobatics or other art performance, have independent accounts with banks and have self-supporting accounting system. Troupes which are engaged partly in industrial or agricultural activities, partly in art performance and the professional troupes organized by the mass are not included. The statistics reflect the scale and level of development of professional art troupes nationally.

Number of Audience at Art Performance refers to the number of spectators at commercial shows, privately organized shows or free shows given in ethnic minority areas, and does not include the number of spectators at rehearsals and internal viewings. This indicator mainly reflects the scale and effects of viewing of performances given by professional art troupes across the country.

20

卫生、体育、社会福利和其他

PUBLIC HEALTH,SPORTS,SOCIAL WELFARE AND OTHERS

资料整理及英文翻译：黄韶华、黄小平(女)
冯晓晖、柯欣雨

Ⅰ 简要说明

本篇资料主要分为卫生、计划生育、体育、社会福利及其他四部分。

卫生统计资料主要包括卫生机构、人员、床位数、医院门诊诊疗人次及入院人数、医院住院治疗情况、医院病床使用、计划生育及育龄妇女节育、晚婚情况等，资料由省卫生和计划生育委员会整理提供。

体育统计资料包括举办运动会次数；全民健身活动人数；健身设施和俱乐部；国际国内比赛中获奖情况；少年儿童业余体校情况等，资料由省体育局整理提供。

社会福利及其他统计资料主要包括社会福利企事业机构、人员情况、优抚、福利类收养情况、社会救济、城镇社区服务、社会捐赠、福利彩票发行、婚姻登记情况等，由省民政厅整理提供。社会活动参与（包括全省人大代表和政协委员情况，工会组织情况，共青团组织情况，妇联系统组织情况），资料分别由省人大、省政协、省总工会、团省委、省妇联整理提供。

公检法司（包括律师、公证、调解工作情况，各类事故伤亡情况），资料分别由省司法厅、省安全生产监督管理局整理提供。

Ⅰ Brief Introduction

Data in this chapter show statistics on four sectors: public health, birth control, sports, social welfare, and other statistic data.

The indicators of this chapter include the number of institutions, personnel, hospital beds, number of patients treated and in-patients, hospital inpatient treatment; use of hospital beds, Data on family planning and reproductive, later marriage, etc. The data are prepared and provided by the Heath and Family Planning Commission of Jiangxi Province.

Data on sports cover the number of games held, mass sports, the number of fitness facilities and clubs; domestic and international competition prizes; amateur sports schools, etc. The data are prepared and provided by Jiangxi Sport Bureau.

Data on social welfare and other statistic data include: condition of institutions and personnel, budget, social welfare relief, urban welfare facilities, social donations, lottery, marriage registration, etc. Data are prepared and provided by the Civil Administration Office in Jiangxi Province. Data on participation (cover mainly information on representatives to Provincial People's Congress, CPPCC Provincial Committee, and Trade Unions Communist Youth League, Women's Federations) are prepared and provided by the Provincial People's Congress, CPPCC Provincial Committee, the Provincial Federation of Trade Unions, Provincial Party Committee and Provincial Women's Federation.

Data on public security (mainly cover statistics on lawyers, notarization and mediation, various accidents casualties) are prepared and provided by the Department of Justice of Jiangxi Province and the Administration of Work Safety of Jiangxi Province.

20-1 卫生机构、床位及人员数
Number of Health Institutions, Beds and Personnels

年 份 Year	机构数(个) Number of Institutions (unit)	#医院卫生院 Hospitals and Health Centers	床位数(张) Number of Beds (unit)	#医院卫生院 Hospitals and Health Centers	人员数(人) Number of Personnels (person)	#卫生技术人员 Medical Technical Personnel	#医生 Doctor
1978	5178	2107	72289	65237	87018	70247	30430
1979	5268	2157	74314	67398	92090	73868	31054
1980	5373	2189	76924	69716	97831	79014	32675
1981	5474	2195	78630	70876	111364	90812	37021
1982	5615	2199	81011	72471	115000	93392	38578
1983	5624	2205	82098	72963	119748	97661	40628
1984	5587	2217	82623	73510	126059	100673	40865
1985	5538	2206	84134	75203	127679	102209	43322
1986	5597	2221	86431	76779	131342	105401	45012
1987	5614	2234	89227	79304	134846	108065	46109
1988	5583	2253	90151	80342	138238	111765	48801
1989	5613	2283	92194	82059	141587	114402	50525
1990	5632	2305	92274	82601	144583	116786	51994
1991	5632	2308	92745	83190	146418	117903	51893
1992	5620	2321	93291	83619	147375	118708	52304
1993	5389	2276	93315	82625	147217	118318	52619
1994	5432	2304	94372	83911	149247	120503	54212
1995	5423	2313	93669	83625	151246	122649	55095
1996	7966	2302	88509	81323	147057	118700	50876
1997	8056	2310	90251	82489	148605	120072	51864
1998	7972	2305	91641	83349	149356	121119	52498
1999	7953	2298	91230	82326	152264	122321	53147
2000	8048	2282	90930	83300	151985	123192	54437
2001	7594	2266	91091	83484	151518	122858	53717
2002	11286	2146	90019	83817	139076	114513	46756
2003	11401	2083	85537	79790	141287	117755	49289
2004	12080	2047	84036	78211	141244	118196	46468
2005	10664	2007	85086	79292	138697	115986	46093
2006	10210	2032	88260	81585	142682	119761	51436
2007	9456	2028	94862	85502	153238	126598	51828
2008	8229	2036	105156	93890	168472	139764	55187
2009	7102	2077	123086	104700	176720	146990	56325
2010	7172	2092	127915	103075	184139	154733	59264
2011	7121	2131	136512	132319	196317	166069	62888
2012	7137	2134	157660	142436	210887	179797	67168
2013	7250	2140	174299	158096	269848	190234	70276
2014	38873	2158	186857	170042	280681	201327	74605
2015	38557	2201	197873	184120	291571	210946	76814
2016	38266	2349	209085	195277	301698	220979	79183
2017	37791	2259	233513	214206	317816	235773	83652

注：1.从1996年起卫生年报统计口径变动，机构数中包括个体机构。
2.2002年卫生年报统计口径调整，数据变化较大。后同。
3.2007年卫生年报统计口径变动。后同。
4.从2013起卫生技术人员数据不包括乡村医生和卫生员。后同。
5.从2014年起机构合计中包括村卫生室。

a) Statistical standards in health report have changed since 1996. Individual institutions have been included in total number of institutions.
b) Statistical standards in health report have changed since 2002, there have been great amount of changes in data. The same applies to the following tables.
c) Statistical standards in health report have changed since 2007. The same applies to the following tables.
d) Village doctors and assistant nurses are not included in technical personnel in health institutions since 2013 The same applies to the following tables
e) Village clinics are included in health institutions since 2014.

20-2 各类卫生机构、床位、人员数（2017年）
Number of Health Institutions, Beds and Personnels by Type (2017)

类别	Type	机构数（个）Total (unit)	#国有 State-owned	床位数（张）Beds (unit)	#国有 State-owned	人员数（人）Personnel (person)	#卫生技术人员 Medical Technical Personnel
全省	**Provincial Total**	**37791**	**3395**	**233513**	**193571**	**317816**	**235773**
医院	Hospital	669	335	160065	126553	170269	145569
#综合医院	General Hospital	427	215	109497	87243	122073	105200
中医医院	Hospital Specialized in Traditional	104	83	28044	25564	28834	25213
中西医结合医院	Combined Chinese and Western Medicine Hospital	11	6	1404	1184	2044	1701
专科医院	Specialized Hospital	125	31	21040	12562	17256	13412
护理院	Nursing Hospital	2		80		62	43
疗养院	Sanatoriums	3	3	1910	1910	536	363
社区卫生服务中心(站)	Community Health Service Center	573	275	4407	2963	8275	7279
卫生院	Township Hospital	1590	1469	54141	49622	47620	41510
村卫生室	Village Clinic	29734	306			50839	7417
门诊部	Outpatient Department	238	15	240	73	1986	1622
诊所、卫生所、医务室、护理站	Clinic, Medical Center, Nursing Station	4176	197			7112	6903
急救中心(站)	Emergency Center	9	9			505	367
采供血机构	Institution for Blood Collection and Supplyment	13	12			860	645
妇幼保健院(所、站)	MCH Center	112	110	9635	9335	16818	14391
专科疾病防治院(所、站)	Specialized Disease Prevention &Treatment Institute	108	107	3115	3115	3133	2552
疾病预防控制中心(防疫站)	Disease Prevention & Control Center	149	148			5159	4044
卫生监督所	Health Supervision Institution	111	111			2069	1544
医学科学研究机构	Research Institution of Medical Science	5	5			392	257
医学在职培训机构	Medical-service Training Institution	3	3			19	3
健康教育所(站、中心)	Health Education Center	5	5			70	21
计划生育技术服务机构	Birth Control Service Institution	237	237			1206	638
临床检验中心	Clinical Laboratory Institution	3				301	156
其他	Other Health Institutions	53	48			647	492

注：1.本表人员合计中包括乡村医生和卫生员。
2.不含乡镇卫生院在村卫生室工作的执业(助理)医师、注册护士数。
a) Village doctors and assistant nurses are included in personnels.
b) Licensed (assistant) physicians and nurses of country health stations working in village health stations are not included in personels.

20-3 卫生机构人员数
Number of Employed Persons in Health Institutions

单位：人 (person)

类别	Type	1990	1995	2000	2005	2010	2016	2017
全省	**Provincial Total**	**144583**	**151246**	**151985**	**138697**	**184139**	**301698**	**317816**
卫生技术人员	Medical Technical Personnel	116786	122649	123192	115986	154733	220979	235773
执业医师	Certified Doctors	51994	55095	54437	39522	50737	66010	70081
执业助理医师	Certified Assistant Doctors				10179	8527	13173	13571
注册护士	Registerd Nurses	1774	1227	1764	35679	57703	95531	104128
药剂师(士)	Pharmacists	1237	1057	611	11379	12223	14244	14552
技师(士)	Technical Personnel					10584	15095	15959
#检验师	Chemist	891	677	444	6254	7229	10400	11064
其他	Others	5921	5914	4351	12973	14959	16926	17482
其他技术人员	Other Technical Personnel	1229	2329	4340	5787	6523	8555	9162
管理人员	Managerial Personnel		4464	5004	6233	7644	8417	9445
工勤技能人员	Ground Skilled Staff	10498	10812	12903	10691	15239	18675	20010
乡村医生和卫生员	Village Doctors and Health Workers						45072	43422
平均每千人中有卫生技术人员	Number of Medical Technical Personnel Per 1000 Population	3.06	3.02	2.97	2.69	3.47	4.83	5.10
#医生	Doctors	1.36	1.36	1.31	1.15	1.33	1.73	1.81

注：1.本表总数中不包含村卫生室人员，乡村医生和卫生人员，2007年卫生统计口径改变,故指标有所变化。
2.2015年起本表总数中包括了村卫生室人员、乡村医生和卫生人员。
a) Village clinic staff, rural doctors and health workers are not included in total. The statistical standard has changed since 2007 and the indicators has changed accordingly.
b) Staff of village clinics, village doctors and health workers have been included in provincial total since 2015.

20-4 各地区卫生事业基本情况（2017年）

Basic Statistics on Health Institutions by Region (2017)

地 区	Region	机构数（个）Total (unit)	#医院、卫生院 Hospitals and Health Centers	床位数（张）Number of Beds (unit)	#医院、卫生院 Hospitals and Health Centers	人员数（人）Number of Personnel (person)
全 省	**Provincial Total**	**37791**	**2259**	**233513**	**214206**	**317816**
南 昌 市	Nanchang	2222	210	32492	30415	50246
景德镇市	Jingdezhen	1080	74	8590	7951	12445
萍 乡 市	Pingxiang	1394	80	12210	11051	17069
九 江 市	Jiujiang	2661	259	24582	20756	36485
新 余 市	Xinyu	1194	46	6035	5423	8728
鹰 潭 市	Yingtan	898	70	7244	6493	7969
赣 州 市	Ganzhou	8846	408	44965	41613	55094
吉 安 市	Ji'an	4744	288	24263	22958	29597
宜 春 市	Yichun	4380	220	26185	23134	33169
抚 州 市	Fuzhou	2280	223	13389	12959	22030
上 饶 市	Shangrao	8092	381	33558	31453	44984

注：1. 人员数包括乡村医生和卫生员。
2. 医院卫生院机构数不包括村卫生室和门诊部机构数。
a) Village doctors and assistant nurses are included in personnel.
b) Hospital institutes number does not include the number of institutes of the street.

20-5 各地区卫生技术人员数（2017年）

Technical Personnel in Health Institutions by Region (2017)

单位：人 (person)

地 区	Region	合 计 Total	医 生 Doctors	执业医师 Certified Doctors	执业助理医师 Certified Assistant Doctors	注册护士 Registerd Nurses	其 他 Others
全 省	**Provincial Total**	**235773**	**83652**	**70081**	**13571**	**104128**	**47993**
南 昌 市	Nanchang	39419	14143	13069	1074	18393	6883
景德镇市	Jingdezhen	9512	3147	2707	440	4284	2081
萍 乡 市	Pingxiang	12987	4433	3758	675	6136	2418
九 江 市	Jiujiang	26924	10027	8336	1691	11517	5380
新 余 市	Xinyu	6835	2509	2179	330	3186	1140
鹰 潭 市	Yingtan	6343	2586	2182	404	2492	1265
赣 州 市	Ganzhou	41709	14048	11260	2788	18669	8992
吉 安 市	Ji'an	21650	8028	6575	1453	9222	4400
宜 春 市	Yichun	24059	8102	6822	1280	10503	5454
抚 州 市	Fuzhou	15243	5528	4607	921	6587	3128
上 饶 市	Shangrao	31092	11101	8586	2515	13139	6852

注：其他卫生技术人员包括药师(士)、技师(士)和见习医师等。
a) Pharmacists, technical personnel, and interns are included.

20-6 各类医院机构、床位及人员数（2017年）
Beds and Personnel in Health Institutions by Specializtions (2017)

类别	Type	机构数 (个) Number of Institutions (unit)	床位数 (张) Number of Beds (unit)	人员数 (人) Number of Personnel (person)	#卫生技术人员 Medical Technical Personnel	执业医师 Certified Doctors	执业助理医师 Certified Assistant Doctors
全省	**Provincial Total**	**669**	**160065**	**170269**	**145569**	**43406**	**2690**
综合医院	General Hospital	427	109497	122073	105200	30882	1843
中医医院	Hospital Specialized in Traditional Chinese Medicine	104	28044	28834	25213	8297	586
中西医结合医院	Combined Chinese and Western Medicine Hospital	11	1404	2044	1701	564	27
护理院	Nursing Hospital	2	80	62	43	6	4
专科医院	Specialized Hospital	125	21040	17256	13412	3657	230
口腔医院	Stomatological Hospital	6	68	467	374	162	7
眼科医院	Ophtalmology Hospital	12	724	1174	734	201	16
耳鼻喉科医院	Otolaryngology Hospital	1	90	132	84	13	2
肿瘤医院	Tumor Hospital	3	2241	2378	2007	561	6
妇产(科)医院	Obstetrics and Gynecology Hospital	8	405	596	444	113	17
儿童医院	Children's Hospital	1	1319	1734	1507	470	1
精神病医院	Psychiatry Hospital	31	11077	4696	3554	823	68
传染病医院	Hospital for Infectious Diseases	4	785	1064	849	237	1
皮肤病医院	Dermatology Hospital	5	272	751	601	166	3
结核病医院	Tuberculosis Hospital	2	844	856	712	194	3
骨科医院	Orthopedics Hospital	11	757	802	649	180	42
康复医院	Rehabilitation Hospital	3	160	98	67	22	8
美容医院	Plastic Surgery Hospital	8	123	426	246	78	12
其他专科医院	Other Specialized Hospitals	30	2175	2082	1584	437	44

20-7 各类医疗机构病床使用情况（2017年）
Bed Utilization of Medical Institutions (2017)

类别	Type	实际占用总床日数(日) Actual Number of Bed-opening Days (day)	病床周转次数(次) Hospital Bed Turnover (time)	病床工作日 (日) Hospital Bed Using Days (day)	病床使用率 (%) Utiliza-tion Rate (%)	出院者平均住院日(日) Average Staying Days in Hospital (day)	出院者占用总床日数(日) Total Number of Bed-occupying Days (day)
全省	**Provincial Total**	**65193053**	**37.0**	**294.2**	**80.61**	**7.6**	**62260152**
医院	Hospital	48050763	34.0	313.6	85.93	8.9	46236536
综合医院	General Hospital	32963511	37.5	314.7	86.23	8.2	32026559
中医医院	Hospital Specialized in Traditional Chinese Medicine	8454188	32.9	311.3	85.28	9.3	8290975
中西医结合医院	Combined Chinese and Western Medicine Hospital	429688	27.0	312.7	85.67	11.5	427867
护理院	Nursing Hospital	14040	5.2	233.6	63.99	22.7	7140
专科医院	Specialized Hospital	6189336	17.8	311.4	85.31	15.5	5483995
口腔医院	Stomatological Hospital	9218	20.7	156.8	42.95	7.3	8944
眼科医院	Ophtalmology Hospital	133128	44.6	184.1	50.44	3.9	125147
耳鼻喉科医院	Otolaryngology Hospital	29236	62.6	324.8	89.00	5.2	29236
肿瘤医院	Tumor Hospital	745028	27.0	332.9	91.21	11.4	685816
妇产(科)医院	Obstetrics and Gynecology Hospital	48100	21.8	133.3	36.53	5.5	43095
儿童医院	Children's Hospital	530948	65.8	402.5	110.28	6.0	523443
精神病医院	Psychiatry Hospital	3587926	5.0	332.8	91.18	55.4	2996059
传染病医院	Hospital for Infectious Diseases	207695	16.7	264.6	72.49	15.7	205669
皮肤病医院	Dermatology Hospital	58097	31.2	270.9	74.22	8.7	58301
结核病医院	Tuberculosis Hospital	260719	24.4	308.9	84.63	12.6	260096
骨科医院	Orthopedics Hospital	198295	24.0	266.3	72.96	10.7	190730
康复医院	Rehabilitation Hospital	40623	25.6	292.7	80.20	8.3	29483
美容医院	Plastic Surgery Hospital	2833	2.8	44.8	12.28	16.1	2825
其他专科医院	Other Specialized Hospitals	337490	29.3	222.6	60.98	7.3	325151
疗养院	Sanitarium	406347	19.3	237.7	65.14	4.1	134332
社区卫生服务中心(站)	Health Service Center for Community	571002	21.3	181.3	49.67	6.7	446120
卫生院	Township Hospital	12972768	46.0	253.4	69.41	5.3	12380202
#中心卫生院	Center Township Hospital	6040382	46.6	265.9	72.85	5.5	5829852
乡卫生院	Rural Township Hospital	6917698	45.0	243.6	66.74	5.1	6537248
妇幼保健院(所、站)	Maternity and Child Care Center (Station)	2495985	49.8	266.9	73.12	5.3	2475093
#妇幼保健院	Maternity and Child Care Center	2289275	52.6	281.0	76.98	5.3	2292405
专科疾病防治院(所、站)	Specialized Disease Prevention & Treatment Institute	696188	20.6	235.9	64.62	9.7	587869

20-8 各类医疗机构门诊诊疗情况（2017年）

Out-patient Clinics in Hospitals in Medical Institutions (2017)

类 别	Type	诊疗人次 (人次) Visits (person-time)	#门、急诊 Clinics	预约诊疗人次占总诊疗人次百分比 (%) Percentage in Appointment in Total Treatment	观察室留观病人 (人) Patients in Observation Room (person)	健康检查 (人) Health Examine (person)
全 省	**Provincial Total**	**216116608**	**206478260**	**2.06**	**1418014**	**15012533**
医 院	Hospital	67900804	65982220	5.31	744962	2989646
综合医院	General Hospital	49118725	47745834	5.36	537551	2137941
中医医院	Hospital Specialized in Traditional Chinese Medicine	13068291	12684177	1.99	161151	584234
中西医结合医院	Combined Chinese and Western Medicine Hospital	938075	859108	23.58	10375	41662
护理院	Nursing Hospital	625	575			
专科医院	Specialized Hospital	4775088	4692526	10.28	35885	225809
口腔医院	Stomatological Hospital	320581	320581		100	
眼科医院	Ophtalmology Hospital	316958	314831	0.88	300	34529
耳鼻喉科医院	Otolaryngology Hospital	35724	35724			
肿瘤医院	Tumor Hospital	247834	233821			14013
妇产(科)医院	Obstetrics and Gynecology Hospital	137753	133059	24.70	279	8500
儿童医院	Children's Hospital	1358049	1358049	21.07	25502	70148
精神病医院	Psychiatry Hospital	605742	601191	8.85	187	6089
传染病医院	Hospital for Infectious Diseases	291286	281126	17.16	29	38856
皮肤病医院	Dermatology Hospital	505129	503782		9203	368
结核病医院	Tuberculosis Hospital	173260	173260	1.64		15992
骨科医院	Orthopedics Hospital	282541	272005	11.64	187	35469
康复医院	Rehabilitation Hospital	18219	15490			286
美容医院	Plastic Sergury Hospittal	38800	38700		1	500
其他专科医院	Other Specialized Hospitals	443212	410907	6.46	97	1059
疗养院	Sanitarium	42633	13061	0.14		412
社区卫生服务中心(站)	Health Service Center for Community	6724034	6402026		192869	1559080
卫生院	Township Hospital	29589814	27848234		413271	7248048
门诊部	Clinic	1148710	1101815			74076
诊所、卫生所、医务室	Clinic, Medical Center, Nursing Station	11378090	11180125			
妇幼保健院(所、站)	Maternity and Child Care Center (Station)	9910529	9674423	8.36	62163	594574
#妇幼保健院	Maternity and Child Care Center	8877632	8681611	9.33	60848	463422
专科疾病防治院(所、站)	Specialized Disease Prevention & Treatment Institute	972401	931185	1.53	4749	30242

20-9 各类医疗机构住院治疗情况（2017年）

Basic Statistics on Inpatients Treatments in Medical Institutions (2017)

类　别	Type	入院人数 (人) Inpatients (person)	出院人数 (人) Out-patients (person)	住院病人手术人次 (人次) Inpatients Operation (person-time)	每百门急诊的入院人数 (人) Number of Admissions Per 100 Outpatient Emergency Treatment (person)
全　省	**Provincial Total**	**8273028**	**8201805**	**1422285**	**7.46**
医　院	Hospital	5238800	5213380	1269694	7.94
综合医院	General Hospital	3948835	3928788	994348	8.27
中医医院	Hospital Specialized in Traditional Chinese Medicine	895151	892505	159532	7.06
中西医结合医院	Combined Chinese and Western Medicine Hospital	37305	37128	9569	4.34
护理院	Nursing Hospital	365	315		63.48
专科医院	Specialized Hospital	357144	354644	106245	7.61
口腔医院	Stomatological Hospital	1219	1220		0.38
眼科医院	Ophtalmology Hospital	32575	32228	18151	10.35
耳鼻喉医院	Otolaryngology Hospital	5655	5632	4410	15.83
肿瘤医院	Tumor Hospital	60698	60418	13022	25.96
妇产(科)医院	Obstetrics and Gynecology Hospital	7666	7882	2331	5.76
儿童医院	Children's Hospital	87023	86800	32654	6.41
精神病医院	Psychiatry Hospital	55229	54073	4114	9.19
传染病医院	Hospital for Infectious Diseases	13234	13139	5801	4.71
皮肤病医院	Dermatology Hospital	6686	6685	130	1.33
结核病医院	Tuberculosis Hospital	20622	20582	928	11.90
骨科医院	Orthopedics Hospital	17913	17877	6619	6.59
康复医院	Rehabilitation Hospital	3538	3550	99	22.84
美容医院	Plastic Sergury Hospital	667	176	165	1.72
其他专科医院	Other Specialized Hospitals	44419	44382	17821	10.81
疗养院	Sanitarium	33003	32964		252.68
社区卫生服务中心	Health Service Center for Community	60536	60160		1.81
卫生院	Township Hospital	2356043	2355093		8.46
#街道卫生院	Institutes of Health, Subdistrict	19115	19098		31.00
乡镇卫生院	Institutes of Health, Rural	2336928	2335995		8.41
门诊部	Clinic	6253	6253		
妇幼保健院(所、站)	Maternity and Child Care Center (Station)	509731	466158	150634	5.27
#妇幼保健院	Maternity and Child Care Center	472307	428813	144185	5.44
专科疾病防治院(所、站)	Specialized Disease Prevention & Treatment Institute	61624	60900	1957	6.62

20-10 各地区医院门诊诊疗情况（2017年）

Out-patient Clinics in Hospitals by Region (2017)

地区	Region	诊疗人次 (人次) Visits (person-time)	#门、急诊 Clinics	门急诊人次占总人次 (%) Percentages of Out-patients in Total Number (%)	观察室留观病人 (人) Patients in Observation Room (person)	观察室病死率 (%) Observation Room Mortality (%)	健康检查 (人) Health Examine (person)
全省	**Provincial Total**	**67900804**	**65982220**	**97.17**	**744962**	**0.04**	**2989646**
南昌市	Nanchang	15898890	15612763	98.20	69537		590395
景德镇市	Jingdezhen	2029433	1985380	97.83	112014	0.01	111306
萍乡市	Pingxiang	3075185	2933439	95.39	85088	0.01	140329
九江市	Jiujiang	6407749	6096226	95.14	19622	0.01	425686
新余市	Xinyu	2148034	1983864	92.36	14799		161552
鹰潭市	Yingtan	1359228	1263179	92.93	19282		88758
赣州市	Ganzhou	12806540	12592947	98.33	126416	0.12	462104
吉安市	Ji'an	6225991	6065068	97.42	51452	0.03	369949
宜春市	Yichun	5444055	5332512	97.95	206083	0.02	206487
抚州市	Fuzhou	4964608	4879293	98.28	23575	0.10	157022
上饶市	Shangrao	7541091	7237549	95.97	17094	0.19	276058

注：本表数据包含村级卫生医疗情况。
a) Data on village health service are included.

20-11 各地区医院病床使用情况（2017年）

Utilization of Hospital Beds by Region (2017)

地区	Region	医院 Total			#政府办医院 Government-conducted Hospital		
		病床周转次数 (次) Hospital Bed Utilization (day)	病床使用率 (%) Utilization Rate (%)	出院者平均住院日 (日) Average Staying Days in Hospital (day)	病床工作日 (日) Hospital Bed Utilization (day)	病床使用率 (%) Utilization Rate (%)	出院者平均住院日 (日) Average Staying Days in Hospital (day)
全省	**Provincial Total**	**34.0**	**85.93**	**8.9**	**330.1**	**90.45**	**9.0**
南昌市	Nanchang	35.3	94.77	9.7	369.4	101.21	9.9
景德镇市	Jingdezhen	31.0	82.04	9.0	318.0	87.12	9.0
萍乡市	Pingxiang	32.2	85.57	9.3	335.5	91.92	9.3
九江市	Jiujiang	33.2	89.73	9.6	339.4	93.00	9.6
新余市	Xinyu	29.2	86.97	9.6	338.2	92.65	9.7
鹰潭市	Yingtan	25.6	76.10	9.6	295.1	80.84	9.5
赣州市	Ganzhou	33.2	82.72	8.9	319.2	87.45	8.9
吉安市	Ji'an	34.3	85.55	8.7	317.4	86.95	8.9
宜春市	Yichun	34.4	85.23	9.1	318.4	87.24	9.1
抚州市	Fuzhou	35.9	78.12	7.4	296.8	81.33	7.4
上饶市	Shangrao	37.3	84.05	7.7	324.1	88.80	8.2

20-12 各地区育龄妇女节育、晚婚情况（2017年）

Birth-Control and Later-Marriage of Childbearing-age Women by Region (2017)

地 区	Region	已婚育龄妇女人数（人）Married Childbearing-age Women (person)	采取各种避孕节育措施人数（人）Number of Women Taking Birth-Control (person)	综合避孕节育率（%）General Birth-Control Rate (%)	晚婚人数（人）Number of Later-Marriage (person)
全 省	**Provincial Total**	**9738992**	**8120529**	**83.38**	**155683**
南昌市	Nanchang	1036813	871201	84.03	16081
景德镇市	Jingdezhen	342093	280174	81.90	4903
萍乡市	Pingxiang	378706	314885	83.15	5662
九江市	Jiujiang	1046097	848291	81.09	19014
新余市	Xinyu	230064	189969	82.57	3530
鹰潭市	Yingtan	250828	210747	84.02	3708
赣州市	Ganzhou	1852492	1561068	84.27	30127
吉安市	Ji'an	1026421	860018	83.79	18883
宜春市	Yichun	1139530	940685	82.55	17027
抚州市	Fuzhou	875431	735150	83.98	11512
上饶市	Shangrao	1560517	1308341	83.84	25191

20-13 各地区计划生育情况（2017年）

Basic Statistics on Family Planning by Region (2017)

地 区	Region	现有一孩育龄妇女人数（人）Married Childbearing-age Women with One Child (person)	现有一孩育龄妇女占已婚育龄妇女比重(%) Percentage of Married Childbearing-age Women with One Child in Total Married Women (%)	累计领取独生子女证人数（人）Number of Women Receiving Single-child Permit (person)	领取独生子女证人数占一孩育龄妇女比重(%) Percentage of Women Receiving Single-child Permit in Married Childbearing-age Women with One Child (%)	出生政策符合率(%) Birth-plan Rate (%)
全 省	**Provincial Total**	**3179841**	**32.65**	**1079233**	**33.94**	**91.65**
南昌市	Nanchang	418694	40.38	160034	38.22	93.29
景德镇市	Jingdezhen	136254	39.91	62941	46.19	93.75
萍乡市	Pingxiang	150007	39.61	55984	37.32	93.71
九江市	Jiujiang	376119	35.95	116032	30.85	93.64
新余市	Xinyu	97020	42.17	48706	50.20	95.42
鹰潭市	Yingtan	82536	32.91	29220	35.40	91.32
赣州市	Ganzhou	518643	28.00	184048	35.49	89.38
吉安市	Ji'an	315800	30.77	119937	37.98	90.66
宜春市	Yichun	335289	29.42	106566	31.78	91.16
抚州市	Fuzhou	291472	33.29	106021	36.37	91.27
上饶市	Shangrao	458007	29.35	89744	19.59	92.02

20-14 体育事业基本情况

Basic Statistics on Sports

指　　标	Item	1990	1995	2000	2005	2010	2016	2017
村级农民体育健身工程(个)	Village-Level Mass Sports Project (unit)						246	290
乡镇农民体育健身工程(个)	Township Mass Sports Project (unit)						35	11
城市社区多功能运动场(个)	Urban Community Multifunctional Playground (unit)						25	3
青少年俱乐部(个)	Youth Club (unit)				64	108	159	174
等级裁判员发展人数(人)	Ranked Referees Developed (person)	2008	1523	2223	1465	567	1609	659
等级运动员发展人数(人)	Ranked Athletes Developed (person)	1517	1222	1624	785	195	830	1282
在国际国内比赛中获奖牌数(枚)	Medals Won in National and International Competitions (piece)	90	88	71	80	95	144	205
金　　牌	Gold	28	24	25	44	36	45	74
银　　牌	Silver	33	40	27	21	26	55	75
铜　　牌	Bronze	29	24	19	15	33	44	56

注：村级农民体育健身工程、乡镇农民体育健身工程、城市社区多功能运动场为当年新增数量。
a) The numbers of village-level mass sports projects,township mass sports proiects and urban community multifuctional play grounds are those of new-added projects and play grounds.

20-15 少年儿童业余体育学校基本情况

Basic Statistics on Amateur Sports School for Children and Adolescents

指　　标	Item	1990	1995	2000	2005	2010	2016	2017
学　校　数(所)	Number of Schools (unit)	133	99	105	92	89	95	103
在校学生数(人)	Total School Enrollments (person)	7122	5174	7417	8955	10113	16373	13362
专职教练员人数(人)	Full-time Coaches (person)	400	398	439	436	462	612	584
#专科以上	Above Specialized Courses			238	330	410	592	562

20-16 历届全省人民代表大会的代表人数
Number of Deputies to All the Previous Provincial People's Congresses

届 别	Congress	年 份 Year	代表总数 (人) Total Number of Deputies (person)	#女代表 Female Deputies	占代表总数(%) As Percentage to Total Deputies (%)	#少数民族代表 Ethnic Minority Deputies	占代表总数(%) As Percentage to Total Deputies (%)
一 届	First Congress	1954	404				
二 届	Second Congress	1958	500	76	15.2		
三 届	Third Congress	1963	613	129	21.0	7	1.1
五 届	Fifth Congress	1978	1200	261	21.8	9	0.8
六 届	Sixth Congress	1983	958	184	19.2	17	1.8
七 届	Seventh Congress	1988	583	99	17.0	15	2.6
八 届	Eighth Congress	1993	615	108	17.6	12	2.0
九 届	Ninth Congress	1998	603	136	22.6	11	1.8
十 届	Tenth Congress	2003	604	146	24.2	14	2.3
十一届	Eleventh Congress	2008	608	148	24.3	16	2.6
十二届	Twelfth Congress	2013	609	148	24.3	21	3.4
十三届	Thirteenth Congress	2018	607	161	26.5	23	3.8

注：1968年1月成立的江西省革命委员会作为江西省第四届人民代表大会的届次计算。
a) Revolutionary Committee of Jiangxi Province which was founded in Jun.1968 is complied as 4th Provincial People's Congresses.

20-17 历届全省政治协商会议的委员人数
Number of Deputies to All the Previous Provincical People's Political Consultative Conferences

届 别	Congress	年 份 Year	委员总数 (人) Total Number of Deputies (person)	#中国共产党委员 Deputies from the Communist Party of China	占委员总数(%) As Percentage to Total Deputies (%)	#少数民族委员 Ethnic Minority Deputies	占委员总数(%) As Percentage to Total Deputies (%)
一 届	First Congress	1955	159	50	31.5	6	3.8
二 届	Second Congress	1959	571	227	39.8	11	1.9
三 届	Third Congress	1964	601	266	44.3	10	1.7
四 届	Fourth Congress	1978	752	340	45.3	12	1.6
五 届	Fifth Congress	1983	760	259	34.1	17	2.2
六 届	Sixth Congress	1988	755	258	36.0	22	2.9
七 届	Seventh Congress	1993	704	281	39.9	17	2.4
八 届	Eighth Congress	1998	649	274	42.2	19	2.9
九 届	Ninth Congress	2003	683	273	40.0	16	2.4
十 届	Tenth Congress	2008	690	276	40.0	13	1.9
十一届	Eleventh Congress	2013	691	275	39.8	11	1.6
十二届	Twelfth Congress	2018	591	235	39.8	9	1.5

20-18 工会组织情况

Basic Statistics on Trade Unions

年份 Year	工会基层组织数（万个）Number of Grassroots Trade Unions (10000 units)	全省已建工会组织的基层单位的职工和会员人数（万人）Membership and Staff and Workers in Grassroot Trade Unions (10000 persons)				工会专职工作人员人数（万人）Full-time Staff (10000 persons)
		职工人数 Staff and Workers	#女职工 Female	会员人数 Membership	#女会员 Female	
1980	1.28	193.33	57.67	162.17		0.70
1985	1.78	260.16	90.84	229.87	77.46	1.55
1986	1.87	265.37	90.04	234.39	79.74	1.28
1987	1.95	274.43	96.85	243.38	84.88	1.29
1988	2.01	283.54	101.39	250.24	89.69	1.29
1989	2.10	293.33	102.66	260.64	93.71	1.45
1990	2.14	299.93	107.36	271.76	97.41	1.56
1991	2.16	305.12	111.02	278.47	100.88	1.60
1992	2.19	311.86	115.47	282.70	102.99	1.66
1993	2.14	300.12	111.29	272.28	99.72	1.58
1994	2.14	312.54	116.58	289.86	102.84	1.61
1995	2.01	306.17	112.10	281.77	100.15	0.91
1996	2.14	318.51	120.94	286.57	107.94	1.37
1997	1.76	243.00	91.08	222.57	81.72	1.40
1998	1.70	251.32	94.22	232.77	86.34	1.18
1999	1.56	242.01	88.92	230.59	80.78	1.16
2000	1.82	267.12	82.61	237.31	74.71	1.79
2001	3.84	288.89		273.76		1.79
2002	2.21	513.82	152.96	363.01	116.65	1.44
2003	2.24	288.55	100.68	260.36	92.68	1.04
2004	3.08	373.30	116.26	347.41	109.06	0.97
2005	3.77	391.00	139.14	375.89	131.48	1.11
2006	4.11	459.93	157.68	438.81	149.97	1.32
2007	4.60	517.76	158.07	495.92	151.9	1.55
2008	5.17	572.04	203.97	551.60	199.17	1.80
2009	5.54	600.01	218.20	581.00	212.82	2.60
2010	5.92	647.36	242.81	611.04	231.69	3.80
2011	6.48	673.36	250.61	646.86	240.67	5.42
2012	7.37	736.82	274.40	714.60	266.37	5.93
2013	7.73	750.77	276.69	730.94	270.54	4.49
2014	7.92	777.48	288.63	755.33	283.07	5.13
2015	8.23	821.84	306.30	788.59	298.61	4.69
2016	8.37	853.88	316.80	820.01	309.50	4.85
2017	8.64	891.91	324.71	861.72	320.37	5.18

注：2001年为工会四季度报表数据，空白指标数据未作统计。
a) Partial statistics were missing in the year 2001.

20-19 共青团组织情况
Basic Statistics on the Communist Youth League

年份 Year	基层团支部 (万个) Grassroot CYL Branch (10000 units)	共青团员 (万人) CYL Members (10000 persons)	#女团员 Female	团干部 (人) League Cadre (person)
1978	11.10	133.22	49.87	4342
1981	8.75	123.62	46.22	5323
1982	6.47	124.05	45.27	5713
1983	6.26	126.96	46.66	5839
1984	6.12	131.67	46.23	5903
1985	6.48	152.69	53.00	6473
1986	6.64	169.37	56.83	6729
1987	6.75	183.48	60.62	6542
1988	6.78	181.34	58.23	6337
1989	6.88	161.66	50.39	6074
1990	6.75	162.03	53.60	6725
1991	6.77	160.19	55.06	7156
1992	6.39	157.53	52.54	6821
1993	6.55	156.32	53.66	6801
1994	10.31	238.38	83.32	10339
1995	10.40	248.42	85.93	8752
1996	12.00	219.78	81.46	7855
1997	11.13	222.37	78.98	9759
1998	8.52	212.80	72.73	7909
1999	6.98	187.68	68.39	7362
2000	6.80	187.98	68.53	7015
2001	6.83	182.30	68.27	6627
2002	7.49	191.29	79.50	7444
2003	3.83	194.10	42.81	7444
2004	6.15	213.63	68.73	15680
2005	6.41	246.62	71.42	10370
2006	6.42	248.61	72.41	10370
2007	6.42	248.71	72.41	10370
2008	6.42	248.79	72.42	10470
2009	6.53	250.75	83.57	11812
2010	6.51	240.12	81.76	11756
2011	5.81	440.17	181.54	12888
2012	9.38	247.90	82.10	10146
2013	9.71	245.86	81.42	9714
2014	9.75	245.93	81.54	188736
2015	10.22	244.36	81.44	195307
2016	9.71	238.00	80.26	90736
2017	8.90	227.88	79.86	85712

注：1.2011年共青团员数含驻赣部队团员及省外流动团员。
2.从2014年起不统计专职团干部。只统计团干部数。2014年以前的数是专职团干部。

a) CYL in the PLA Garrison Force and migrating CYL has been in cluded in the number of CYL since 2011.

b) Statistical system of league cadre has been adjusted to full-time cadres since 2014.

20-20 妇联系统组织情况
Basic Statistics on Women's Federations

单位：个 (unit)

年份 Year	省、市县妇联组织 Provincial,City and Counity Women's Federation	乡镇妇联 Township Women's Federation	街道妇联 Subdistrict Women's Federation	村级妇联 Village Women's Federation	社区妇联 Community Women's Federation
2015	112	1455	190	17975	2984
2016	100	1422	188	17913	1993
2017	121	1422	153	16261	3074

20-21 各地区城镇社区服务情况（2017年）
Basic Statistics on Urban Community Service by Region (2017)

单位：个 (unit)

地区	Region	城镇社区服务设施 Urban Community Service Facilities	社区服务志愿者组织数 Voluntary Organizations for Community Services
全　省	**Provincial Total**	**3745**	**136**
南昌市	Nanchang	327	
景德镇市	Jingdezhen	131	
萍乡市	Pingxiang	117	
九江市	Jiujiang	480	3
新余市	Xinyu	51	
鹰潭市	Yingtan	446	129
赣州市	Ganzhou	439	1
吉安市	Ji'an	311	
宜春市	Yichun	668	
抚州市	Fuzhou	503	3
上饶市	Shangrao	272	

20-22 社会福利事业基本情况(2017年)
Basic Statistics on Social Welfare(2017)

指　　标	Item	2016	2017
提供住宿的社会服务机构(个)	**Residental Institutions of Social Service (unit)**	**1631**	**1467**
#老年人与残疾人服务机构(个)	Service Institutions for The Elderly and The Disabled (unit)	1497	1352
#社会福利院	Social Welfare Homes	100	94
光荣院	Homes for Disabled Veterans	174	135
养老服务机构	Residental Institutions for Aging Population	1204	1105
#农村	Rural	1048	893
智障与精神疾病服务机构(个)	Service Institutions for Mental Retardation and Mental Illness (unit)	4	3
儿童收养救助服务机构(个)	Service Institutions for Adoption and Salvation of Children (unit)	17	11
其他提供住宿的社会服务机构(个)	Other Residental Institutions of Social Service (unit)	109	101
年末在院人数(人)	**Number of Persons Housed at Year-end (person)**		
老年人与残疾人服务机构人数	Service Institutions for The Elderly and The Disabled	130338	120417
#社会福利院人数	Social Welfare Homes	12310	12302
光荣院人数	Homes for Disabled Veterans	13747	10659
养老服务机构人数	Residental Institutions for Aging Population	101571	94662
#农村	Rural	89800	81291
智障与精神疾病服务机构(个)	Service Institutions for Mental Retardation and Mental Illness	360	372
儿童收养救助服务机构(个)	Service Institutions for Adoption and Salvation of Children	612	546
城市居民最低生活保障人数(人)	Number of Persons Receiving Minimum Living Allowance in Urban Areas (person)	895682	832633
农村最低生活保障人数(人)	Number of Persons Receiving Minimum Living Allowance in Rural Areas (person)	1800571	1757029
民政部门资助参保人数(人)	Number of Insurance Paticipation Funded by Civil Affairs Departments (person)	2091712	1707036
民政部门直接救助人次数(人次)	Number of Persons Directly Receiving Medical Salvation from Civil Affairs Departments(person-time)	1816576	2011794
临时救助(户次)	Number of Poor Persons Receiving Temporary Relief (household-time)	128881	162794

20-23 各地区社会捐赠情况（2017年）

Basic Statistics on Social Donations by Region (2017)

地　区	Region	直接接收捐赠 Directly accepting donations		间接接收捐赠 Indirectly accepting donations		受益人次数（人次）Beneficiaries (person-time)	社会捐赠接收工作站、点(个) Social Donations Receiving Centers (stations) (unit)
		社会捐赠款数（万元）Social Donations (10000 yuan)	捐赠衣被（万件）Donated Clothing (10000 pieces)	其他部门转入的社会捐赠款数（万元）Donations from Other Department (10000 yuan)	其他部门转入的捐赠衣被总数(万件) Donated Clothing from Other Department (10000 pieces)		
全　省	**Provincial Total**	**21356.7**	**20568.0**	**4.9**	**553.6**	**115291**	**219**
省本级	Provincial	16682.0	9100.0	4.6		30000	
南昌市	Nanchang	2677.8	8200.9		20.0	30810	34
景德镇市	Jingdezhen	74.0	20.0			200	8
萍乡市	Pingxiang	206.2	310.0			26635	20
九江市	Jiujiang	280.0	254.0		24.8	445	32
新余市	Xinyu	354.3	354.3			2725	
鹰潭市	Yingtan	208.6	302.6			1442	41
赣州市	Ganzhou	88.5	418.1			819	24
吉安市	Ji'an	164.1	88.1			2570	22
宜春市	Yichun	276.0	334.5	0.3	75.2	4254	21
抚州市	Fuzhou	344.3	460.5		433.6	5391	16
上饶市	Shangrao	0.9	725.0			10000.0	1

20-24 各地区福利彩票发行情况（2017年）

Statistics on Welfare Lottery by Region (2017)

地　区	Reigon	机构数（个）Number of Institutions (unit)	年末职工人数(人) Number of Staff and Workers at Year-end (person)	增加值（万元）Value Added (10000 yuan)	收　入（万元）Revenues (10000 yuan)	支　出（万元）Expenditures (10000 yuan)
全　省	**Provincial Total**	**13**	**89**	**3406**	**16860**	**19776**
省本级	Provincial	1	10	2583	14050	16925
南昌市	Nanchang	1	11	359	884	1047
景德镇市	Jingdezhen	1	1	1	80	80
萍乡市	Pingxiang	2	15	24	505	485
九江市	Jiujiang	1	7	168	610	528
新余市	Xinyu	1	3	14	36	33
鹰潭市	Yingtan	1	10	72	135	135
赣州市	Ganzhou	1	8	117	475	457
吉安市	Ji'an					
宜春市	Yichun	1	12	53	52	52
抚州市	Fuzhou	1	5	13	28	28
上饶市	Shangrao	2	7	3	6	6

20-25 社会保障情况

Situations of Social Security

单位：万人 (10000 persons)

年份 Year	养老保险 Pension Insurance		失业保险 Unemployment Insurance		职工基本医疗保险参保人数 Number of Joining Medical Care Insurance of staff and workers
	职工人数 Number of Staff and Workers	离退休、退职人数 Number of Retired Persons	参加失业保险人数 Number of Joining Unemployment Insurance	领取失业保险金人数 Number of Beneficiaries of Unemployment Insurance	
1990	178.70	36.42	153.96		
1991	188.77	37.07	158.29	0.01	
1992	193.28	40.71	167.15	0.08	
1993	198.29	43.61	166.60	0.16	
1994	197.73	45.17	170.92	0.43	
1995	193.26	45.57	183.44	0.14	
1996	197.29	47.00	183.03	0.56	
1997	197.16	48.94	152.24	0.39	
1998	235.67	64.06	182.76	0.80	
1999	246.50	66.72	209.60	0.96	
2000	254.85	71.58	231.59	0.81	61.44
2001	256.60	77.26	234.53	2.52	71.62
2002	257.13	82.65	226.67	5.16	125.77
2003	262.51	88.44	215.54	5.91	188.21
2004	271.83	99.92	226.56	10.18	250.42
2005	281.96	105.47	230.74	10.61	276.74
2006	303.34	111.63	241.05	9.98	313.34
2007	356.53	118.50	251.46	8.73	403.42
2008	421.87	128.46	266.29	6.79	503.16
2009	446.02	135.91	275.47	6.41	515.12
2010	462.08	145.52	265.33	10.69	532.13
2011	484.31	168.72	263.48	8.83	535.85
2012	518.26	189.12	267.44	7.86	546.76
2013	547.14	207.05	271.06	3.74	569.94
2014	562.81	221.08	271.75	2.43	579.21
2015	587.86	235.24	281.49	2.84	584.97
2016	672.74	284.56	282.64	3.14	591.62
2017	697.57	307.67	286.25	3.33	558.70
南昌市 Nanchang	134.22	56.44	62.25	0.62	117.21
景德镇市 Jingdezhen	26.72	14.94	14.21	0.29	32.23
萍乡市 Pingxiang	33.81	16.10	16.01	0.60	41.95
九江市 Jiujiang	76.64	28.66	35.20	0.16	69.32
新余市 Xinyu	21.48	9.41	11.32	0.12	19.03
鹰潭市 Yingtan	16.84	7.20	9.15	0.16	13.25
赣州市 Ganzhou	84.58	34.58	37.00	0.41	65.08
吉安市 Ji'an	53.90	21.55	23.04	0.22	37.45
宜春市 Yichun	69.59	30.66	27.00	0.24	43.39
抚州市 Fuzhou	51.05	20.92	21.00	0.21	37.72
上饶市 Shangrao	73.97	37.29	30.07	0.30	48.65

20-26 劳动人事争议仲裁基本情况(2017年)

Basic Situations of Arbitration of Labor Disputes(2017)

指 标	Item	合 计 Total	#国有企业 State-owned Enterprises	集体企业 Collective-owned Enterprises	港澳台及外资企业 Enterprises with Funds from Hong Kong, Macao&Taiwan and Foreign Funded Enterprises	私营企业 Private Enterprises
案件受理情况	**Cases Accepted**					
案件数(件)	Number of Cases (case)	8358	382	165	199	7394
#劳动者申诉案件数	Number of Cases Appealed by Laborers	7816	365	165	178	6906
劳动者当事人人数(人)	Number of Laborers Involved (person)	11037	383	165	199	10026
争议原因(件)	**Reasons of Disputes (case)**					
#劳动报酬	Labor Remunerations	2663	172	75	88	2293
社会保险	Social Insurance	2638	106	66	52	2350
解除、中止劳动合同	Termination of Labor Contracts	1882	62	13	34	1706
案件处理情况(件)	**Case Settled (case)**					
结案案件数	Number of Cases Settled	8339	386	165	207	7355
用人单位胜诉	Lawsuits Won by Units	844	140	6	39	622
劳动者胜诉	Lawsuits Won by Laborers	4284	133	129	80	3841
双方部分胜诉	Lawsuits Won by Both Parties	2650	95	30	88	2367
其他	Others	561	18			525
期末累计未结案数	Accumulated Cases Unsettled at the End of Period	298	8	3	6	266

20-27 律师、公证及调解工作基本情况

Basic Statistics on Lawyers, Notarization and Mediation

指 标	Item	1990	2000	2005	2010	2016	2017
律师工作	**Lawyers**						
律师事务所(个)	Number of Law Offices (unit)	118	272	282	332	443	469
律 师(人)	Number of Lawyers (person)	1820	2830	1963	3247	4935	5585
#专职律师	Full-time Lawyers	792	1618	1869	2800	4340	4894
担任法律顾问(家)	Legal Adivisors (unit)	4124	8218	6184	7536	15874	19002
民事案件诉讼代理(件)	Agent of Civil Cases (case)	11688	11197	17857	26618	20929	62921
行政案件诉讼代理(件)	Agent of Administrative Action (case)		513	970	1574	1042	2596
刑事诉讼辩护及代理(件)	Defender and Agent of Criminal Cases (case)	7952	8202	8434	14125	14878	14189
非诉讼法律事务(件)	Agent of Non-Litigious Legal Affairs (case)	32652	28850	14844	14108	15119	16255
解答法律咨询(万人次)	Legal Advisory Services (10000 person-cases)	9.20	6.10	12.10	8.91	14.45	7.08
代写法律事务文书(万件)	Agent of Legal Doucuments Written on Behalf of Chients (10000 cases)	2.00	2.10	3.46	1.49	1.66	
公证工作	**Notarization**						
公证处(个)	Number of Notary Offices (unit)	104	111	111	111	112	119
#涉外公证处	Number of Foreign-related Notary Offices	12	27	45	55	59	67
公证人员(人)	Notarial Personnel (person)	537	603	557	559	713	740
#公证员	Nortaries	331	382	351	319	339	325
公证员助理(人)	Assistant Nortaries (person)	74	43	52	87	227	290
办理公证文书(件)	Number of Notarized Documents (case)	221620	222407	257375	164764	190037	255240
国内公证文书	Number of Domestic Notarization	218416	193717	216375	123881	147687	213956
涉外公证文书	Number of Foreign-related Notarization	3204	25053	36572	35091	38233	36439
港台澳公证文书	Number of Hong Kong,Macao, Taiwan Notarization		3637	4428	5792	4117	4845
基层工作	**People's Mediation**						
法律服务所(个)	Agent of Legal Affairs (unit)		1178	686	666	602	568
法律工作者(人)	Personnel of Legal Affairs (person)		3126	2153	1789	1892	2124
法律服务所调解民间纠纷(件)	Number of Civil Disputes Mediated (case)		38004	28263	23995	33855	10606
司法所(个)	Number of Judicial Offices (unit)		1188	1629	1630	1709	1709
司法人员(人)	Judicial Personnel (person)		3113	3888	3139	3469	3533
#专职司法助理员	Number of Full-time Judicial Assistants	1461	1604	1831	2042	2445	2470
协助基层政府处理民间纠纷(件)	Help Grass-roots Government's Handling of Civil Disputes (case)		28256	17319	24124	40207	37127
#处理成功率(%)	Success Rate (%)			94.61	96.7	96.1	96.88
人民调解委员会(万个)	Number of People's Mediation Committees (10000 units)	2.70	2.70	2.27	2.3	2.46	2.47
调解人员(万人)	Number of Mediators (10000 persons)	20.90	24.50	11.86	14.35	11.34	11.12
司法所调解民间纠纷(万件)	Number of Civil Disputes Mediated (10000 case)		13.17	11.44	13.83	17.97	11.15
#调解成功率(%)	Success Rate (%)	96.50	93.00	97.69	97.71	97.96	98.16

20-28 婚姻登记情况(2017年)

Numbers of Marriages and Divorces (2017)

年份 Year	准予登记结婚 (对) Total Number of Registered Marriage (couple)	初婚 (人) First Marriage (person)	再婚 (人) Re-marriage (person)	离婚 (对) Divorces (couple)
1978	159661	150186		7387
1979	127242	239747	14737	6844
1980	148365	284253	12477	10200
1981	210132	402171	18093	5717
1982	213296			6487
1983	174610			4791
1984	223765			5666
1985	232469	453632	11306	11113
1986	231917	453021	10813	11241
1987	258275	504338	12212	12473
1988	250353	488228	12478	14063
1989	283406	551914	13075	16391
1990	334773	652052	17494	17637
1991	261054	508724	13384	17376
1992	255777	496201	15353	17682
1993	236384	458275	14493	19291
1994	249091	483833	14349	18979
1995	260573	502791	18355	19751
1996	271049	526016	16082	20037
1997	272364	525087	19641	21087
1998	278088	539122	17054	21502
1999	289370	558788	17454	26935
2000	295766	570202	18296	24229
2001	293852	548757	35569	26090
2002	283391	540779	21617	31762
2003	269708	507607	27805	29700
2004	296058	560260	28418	39897
2005	295282	553628	36936	39441
2006	315513	594219	36807	45291
2007	356154	665248	47060	51240
2008	391221	719684	62758	56030
2009	408061	738330	77792	45495
2010	361099	695884	26134	48891
2011	373001	703739	42263	54360
2012	421144	781537	60751	60006
2013	393733	713805	73661	70247
2014	371233	658658	83808	72909
2015	306158	527676	84640	79099
2016	302014	508278	95750	86405
2017	358601	593777	123425	102568

注：1.1978、1979年和1981年至1984年离婚对数中未包括法院离婚数。

2.1999年以后华侨、港澳台居民登记结婚中未分初婚、再婚人数。后同。

a) Number of divorced Couples in 1978,1979,and from 1981 to 1984 did not include number of court divorces.

b) Since 1999,Number of registered marriage of overseas Chinese, Hong Kong, Macao residents do not distinct first-marriage and re-marriage.The same applies to the tables following.

20-29 各地区婚姻登记情况（2017年）

Number of Marriages and Divorces by Region (2017)

地区	Region	登记结婚件数(对) Total Number of Registered Marriage (couple)	#内地居民 Registered Marriages of Mainland	登记结婚人数(人) Total Number of Registered Marriage (person)	初婚 First Marriage	再婚 Re-marriage	#恢复结婚件数(对) Resumption of Marriage(couple)	离婚登记(对) Divorces (couple)
全　省	**Provincial Total**	**358625**	**358625**	**717202**	**593777**	**123425**	**34776**	**102568**
南昌市	Nanchang	41038	41038	82052	64584	17468	6658	14761
景德镇市	Jingdezhen	12140	12140	24280	18726	5554	1800	5070
萍乡市	Pingxiang	12132	12132	24260	18789	5471	860	4250
九江市	Jiujiang	38751	38751	77502	62012	15490	4394	13366
新余市	Xinyu	7286	7286	14572	10803	3769	1118	2737
鹰潭市	Yingtan	9109	9109	18216	14582	3634	1002	2829
赣州市	Ganzhou	64935	64935	129868	108798	21070	5516	17956
吉安市	Ji'an	33557	33557	67112	56094	11018	2854	8075
宜春市	Yichun	39639	39639	79278	66394	12884	3496	10578
抚州市	Fuzhou	32350	32350	64 700	55387	9313	2276	8258
上饶市	Shangrao	67 688	67 688	135 362	117 608	17 754	4 802	14 688

注：各设区加总不等于合计数，因为总数中没有包括省本级。

a) Since the number of marriages and divorces in the provincial level is not included in the number of provincial total, the number by regions does not add up to the total.

20-30 各类事故伤亡情况

Basic Statistics on Accidents

指标	Item	1990	2000	2005	2010	2016	2017
事故死亡总人数(人)	**Total (person)**		**4543**	**3321**	**1924**	**1649**	**1630**
#工矿商贸企业事故死亡人数	Mortality of Industry, Mining, Commerce and Trade Enterprises	396	531	365	233	315	292
铁路运输业事故死亡人数	Mortality of Railway Traffic Accident		695	438	58	38	30
水上运输业事故死亡人数	Mortality of Water Traffic Accident		20	17	9	5	
道路运输业事故情况	**Traffic Accidents**						
起　数(起)	Traffic Accidents (case)	5326	17591	8585	4126	2316	2369
死亡人数(人)	Mortalities (person)	1387	3222	2428	1603	1261	1256
受伤人数(人)	Injures (person)	3343	13988	8370	4938	1325	2290
经济损失(万元)	Losses Converted into Cash (10000 yuan)	573	7225	7698	4184	2138	2623
火灾情况	**Fire Accidents**						
起　数(起)	Fire Accidents (case)	896	5354	6105	4721	8883	8811
死亡人数(人)	Mortalities (person)	63	93	42	21	46	66
受伤人数(人)	Injures (person)	87	137	51	11	45	26
经济损失(万元)	Losses Converted into Cash (10000 yuan)	1139	4039	3355	8074	18805	16488

20-31 各地区工矿商贸企业事故、火灾、道路交通事故情况（2017年）

Industry, Mining, Commerce and Trade Enterprises Accidents, Fire Accidents and Traffic Accidents by Region (2017)

地 区	Region	工矿商贸企业事故死亡人数（人）Mortality of Industry, Mining,Commerce (person per 100 million) Accidents (person)	火 灾 Fire Accidents				道路运输业事故 Traffic Accidents of Production and Operation Activities			
			起 数（起）Fire Accidents (case)	死 亡 人 数（人）Mortality (person)	受 伤 人 数（人）Injures (person)	经 济 损 失（万元）Losses Converted into Cash (10000 yuan)	起 数（起）Fire Accidents (case)	死 亡 人 数（人）Mortality (person)	受 伤 人 数（人）Injures (person)	经 济 损 失（万元）Losses Converted into Cash (10000 yuan)
全 省	**Provincial Total**	**346**	**8811**	**66**	**26**	**16488**	**2369**	**1256**	**2290**	**2623**
南 昌 市	Nanchang	45	1562	24	16	1676	135	114	73	38
景德镇市	Jingdezhen	6	189	5	2	1491	66	30	55	3
萍 乡 市	Pingxiang	13	366			408	72	32	102	67
九 江 市	Jiujiang	48	842	3	1	2109	373	132	376	284
新 余 市	Xinyu	18	469	1		395	36	26	20	53
鹰 潭 市	Yingtan	3	505	3	1	418	36	41	68	33
赣 州 市	Ganzhou	78	1282	12	3	2660	382	215	336	86
吉 安 市	Ji'an	51	622	6		1365	318	135	361	218
宜 春 市	Yichun	35	1125	10		1937	147	129	43	129
抚 州 市	Fuzhou	14	414		2	862	203	94	205	102
上 饶 市	Shangrao	35	1435	2	1	3167	433	175	443	246
高速公路	Expressway						168	133	208	1364

注：各地区工矿商贸企业事故死亡人数不包括省煤炭集团，故小于总计。

a) Number of mortality of mining and trading enterprise by region does not include the number of mortality of Provincial Coal Cooperation.

20-32 各地区安全生产四项相对控制指标情况（2017年）

Four Safe Production Relatively Control Targets by Region (2017)

地 区	Region	亿元GDP生产安全事故死亡率（人/亿元）100Million GDP Production Safety Accidents Mortality Rate (person per 100 million)	工矿商贸企业从业人员10万人生产安全事故死亡率(人/10万) Production Safety Accidents Mortality Rate in Per Hundred Thousand Industry, Mining, Commerce and Trade Enterprises Employees (person per 100 thousand)	道路交通万车死亡率(人/万车) Traffic Accident Mortality Rate Per 10 Thousand Vehicles (person per 10 thousand units)	煤矿百万吨死亡率（人/百万吨）Coal Mining Mortality Rate Per Million Tons (person per million tons)
全 省	**Provincial Total**	**0.08**	**1.54**	**2.98**	**1.53**
南 昌 市	Nanchang	0.06	1.27	2.73	
景德镇市	Jingdezhen	0.04	0.57	1.46	
萍 乡 市	Pingxiang	0.05	2.20	0.02	0.07
九 江 市	Jiujiang	0.08	2.20	1.36	
新 余 市	Xinyu	0.04	2.53	1.69	1.25
鹰 潭 市	Yingtan	0.05	0.54	2.40	
赣 州 市	Ganzhou	3.09	1.26	1.47	20.00
吉 安 市	Ji'an	0.07	2.75	1.10	
宜 春 市	Yichun	0.03	1.03	1.67	1.88
抚 州 市	Fuzhou	0.08	0.79	2.15	
上 饶 市	Shangrao	0.05	0.70	2.17	

20-33 社会发展与妇女儿童基本情况

Basic Statistics on Social Development, Women and Children

指　　标	Item	2016	2017
卫生保健	**Health Care**		
出生人口性别比(以女孩为100)	Sex Ratio of Born Population (female=100)	113.57	113.11
婴儿死亡率(‰)	Infant Mortality Rate (‰)	5.99	5.60
#城市	Urban	4.21	5.33
农村	Rural	6.46	5.67
5岁以下儿童死亡率(‰)	Mortality Rate Under 5 (‰)	9.43	8.68
#城市	Urban	5.40	6.61
农村	Rural	10.50	9.23
孕产妇死亡率(1/10万)	Maternal Mortality Rate (per 100000 persons)	11.03	8.06
#城市	Urban	10.19	4.35
农村	Rural	11.44	9.99
当年报告艾滋病病毒感染例数(例)	HIV Infections Reported at Current Year (case)	2423	2948
#女性	Female	487	611
教育	**Education**		
学前三年毛入园率(%)	Enrollment of 3 years in Pre-primary Education (%)	75.24	79.25
初中阶段毛入学率(%)	Secondary School Gross Enrollment (%)	100.31	107.92
九年义务教育在校学生数(万人)	Enrollment of 9-year Compulsory Education (person)	6030413	6139387
高中阶段毛入学率(%)	High School Gross Enrollment (%)	88.50	89.50
地区国家财政性教育经费(万元)	Regional State Financial Education Funds (10000 yuan)	8839374	9880908
地区公共财政教育支出(万元)	Regional Public Financial Expenditure on Education (10000 yuan)	8488828	9405702
地区国家财政性教育经费占地区生产总值比例(%)	Proportion of Regional State Financial Education Funds in GDP (%)	4.81	4.75
地区公共财政教育经费占地区公共财政支出比例(%)	Proportion of Education in Regional Public Financial Expenditure (%)	18.38	18.40
就业与社会保障	**Employment and Social Insurance**		
女性就业人员(万人)	Female Employments (10000 person)	1163.2	1166.8
城镇新增就业人员(万人)	Urban New Employments (10000 person)	55.2	55.8
安全与法律保护	**Security and Legal Protection**		
火灾事故	Fire Accidents	-	
发生数(起)	Cases (case)	8883.0	8811.0
死亡人数(人)	Mortalities (person)	46	66
受伤人数(人)	Injures (person)	45	26
直接经济损失(万元)	Direct Losses Converted into Cash (10000 yuan)	18805	16488
人口火灾发生率(1/10万)	Fire Accidents per 100 thousand person (case per 100 thousand person)	19.34	19.06

20-33 续表 continued

指 标	Item	2016	2017
破获强奸案件数(起)	Rape Cases Solved (case)	613	410
破获拐卖妇女案件数(起)	Abducting Women Cases Solved (case)	27	18
破获拐卖儿童案件数(起)	Abducting Children Cases Solved (case)	47	7
破获组织、强迫、引诱、容留、介绍妇女卖淫案件数(起)	Prostitution-involved Cases Solved (case)	309	279
治安案件查处数(起)	Public Security Cases Investigated (case)	368433	345092
妇女参政议政	Women Empowerment		
省级政府领导班子配有女干部的班子比例(%)	Rate of Women Cadres in Provincial Government Organs (%)	100.00	100.00
市级政府领导班子配有女干部的班子比例(%)	Rate of Women Cadres in Prefecture Government Organs (%)	100.00	100.00
县级政府领导班子配有女干部的班子比例(%)	Rate of Women Cadres in County Government Organs (%)	100.00	98.00
省级政府工作部门领导班子配有女干部的班子比例(%)	Rate of Women Cadres in Provincial Government Services (%)	43.90	45.00
市级政府工作部门领导班子配有女干部的班子比例(%)	Rate of Women Cadres in Prefecture Government Services (%)	46.79	47.56
市级政府领导班子正职中女干部比例(%)	Rate of Principal Women Cadres in Prefecture Government Organs (%)	18.18	10.00
县级政府领导班子正职中女干部比例(%)	Rate of Principal Women Cadres in County Government Organs (%)	10.00	10.00
省级政府工作部门领导班子配有正职女干部的班子比例(%)	Rate of Principal Women Cadres in Provincial Government Services (%)	9.76	10.00
市级政府工作部门领导班子配有正职女干部的班子比例(%)	Rate of Principal Women Cadres in Prefecture Government Services (%)	10.80	11.05
县级政府工作部门领导班子配有正职女干部的班子比例(%)	Rate of Principal Women Cadres in County Government Services (%)	8.97	9.36
		12.14	10.80

主要统计指标解释

卫生机构 包括医疗机构、疾病预防控制中心(防疫站)、采供血机构、卫生监督及监测(检验)机构、医学科研和在职培训机构、健康教育所等。

医疗机构 包括医院、社区卫生服务中心(站)、疗养院、卫生院、门诊部、诊所(卫生所、医务室)、妇幼保健院(所、站)、专科疾病防治院(所、站)、急救中心(站)和临床检验中心。医疗机构分为非赢利性医疗机构和赢利性医疗机构。

医院 包括综合医院、中医医院、中西医结合医院、民族医院、各类专科医院和护理院。

卫生技术人员 指卫生机构中医生、护理人员 、药剂人员、检验人员等卫生技术人员。

医生 指在医疗、预防保健机构工作且取得《执业医师证书》的执业医师和执业助理医师。

社会福利事业单位 指集中收养社会孤老、残、幼的机构，包括由民政部门管理的社会福利院、儿童福利院、精神病人福利院和城镇集体举办的福利院及农村集体举办的敬老院以及优抚医院和具有收养能力的社区服务中心等。

社会福利事业单位收养人数 包括民政部门管理和城镇、农村集体举办的社会福利事业单位中收养的老人、少年儿童、缺乏生活自理能力的残疾人员和精神病人。

社会福利企业单位 指以安置城镇有一定劳动能力的盲、聋、哑和肢体残疾人员就业为目的，享受国家减免税待遇的国有或集体企业。包括福利工厂、福利商业和服务业、假肢厂和安置农场等单位。

行政事业单位离退休费和企业单位养老金平均水平 行政、事业和企业单位离休、退休、退职人员在一定时期内平均每人所得离休金、退休金、退职生活费用和养老金。

$$\text{行政事业单位离退休费和企业单位养老金平均水平} = \frac{\text{报告期行政、事业和企业单位实际支付的离休金、退休金、退职生活费用和养老金总额}}{\text{报告期行政、事业和企业单位离退休人员平均人数}}$$

律师 指依法取得律师执业证书，担任法律顾问，民事(刑事、行政)案件代理人、刑事案件辩护人、办理非诉讼业务，解答法律询问，代写法律事务文书等，为社会提供法律服务的人员。

公证人员 指在公证处工作的人员总称，包括公证处主任、副主任、公证员、公证员助理(助理公证员)和其他从事辅助性工作的人员。

公证文书 指公证处根据当事人申请，依照事实和法律，按照法定程序制作的，具有法律效力的司法证明文书。根据公证书用途和使用地，公证书分为国内公证书、国内经济公证书、涉外民事公证书、涉外经济公证书四类。

调解员 指在人民调解委员会担负调解民间纠纷工作的人员，包括调解委员会的委员和调解小组的调解员。

调解民间纠纷 指调解委员会按照法律规定，根据自愿原则，用说服教育的方法调解民间发生的有关民事权利和义务争执的件数，包括调解成功数和调解未成功数。

Explanatory Notes on Main Statistical Indicators

Health Care Institutions include: medical institutions, disease prevention and control centres (epidemic prevention stations), blood gathering and supplying institutions, health supervision and inspection (check up) institutions, medicinal scientific research and on-job training institutions, health education centres and so on.

Medical Organizations include: hospitals, health service centres (stations) in communities, sanatoria, health centres, out-patient clinics, clinics (health stations and infirmaries), maternity and child care agencies (centres and stations), special disease prevention and curing agencies (centres and stations), first aid centres (stations) and clinical inspection centres. Medical organizations are grouped by two types: profit-making and non-profit-making medical organizations.

Hospitals include: polyclinics, traditional Chinese medical hospitals, hospitals integrating traditional Chinese therapeutics and western therapeutics, ethnic hospitals, various specialist hospitals and nursing homes.

Medical Technical Personnel refers to doctors, nurses, pharmacists and laboratory technicians working in medical institutions.

Doctors refer to certified physicians and certified assistant physicians with certifications working in medical and health care and prevention agencies.

Social Welfare Institutions refer to institutions taking care of old people without children, handicapped people and orphans. They include social welfare institutions run by civil affairs departments, children welfare institutions, social welfare institutions for mental patients, collective-owned old people's homes in rural areas, convalescent homes and community service centers with the capacity of receiving those people.

Number of People Accommodated by Social Welfare Institutions refers to the number of old people, children, totally dependent handicapped people and mental patients Accommodated by social welfare institutions run by civil affairs departments and those run by collective units in urban and rural areas.

Social Welfare Enterprises are collective-owned enterprises which employ the blind, deaf-mute, and physically disabled people who are able to work in cities and towns and enjoy exemption from State taxes. They include welfare plants, welfare commercial services, artificial limb plants and farms, etc.

Average Expenditure for Retired Persons in Administrative Department and Average Pension of Enterprise refers to average level of retirement pension, expenditures for living consumption after retirement and pension in money terms per person in the administrative department, institution and enterprise during a certain time of period.

$$\text{Average Expenditure for Retired Persons in Administrative Department and Average Pension of Enterprise} = \frac{\text{Total Expenditure for Retired Persons and Pension in Administrative Department Institution and Enterprise at Reference Period}}{\text{Average Number of Retirees in Administrative Department, Institution and Enterprise at Reference Period}}$$

Lawyers are certified legal workers according to law, and who are employed by legal counselling firms to act as legal advisers; agents in criminal or civil lawsuits; and defenders in criminal lawsuits; or to handle non-litigious legal affairs, to advise on matters of law or to write legal papers for others and provide service to the public.

Notary Personnel refers to people working for notary offices including: directors, deputy directors, notaries, assistant notaries and other people providing assistance.

Notary Documents refer to the judicial notary documents drawn up at the request of the interested party and are in accordance with facts and the law and following certain legal proceedings. According to usage and locality, notary documents are divided into the following 4 types: domestic notary documents, domestic economic notary documents, foreign-related civil notary documents and foreign-related economic notary documents.

Mediators refer to workers on people's mediation committees responsible for mediating in civil disputes and cases of slight infraction of the law. They include members of the mediation committees and mediators of mediation groups.

Mediation of Civil Disputes refers to number of cases made by mediation committees in mediating in civil disputes concerning civil rights and duties through persuasion and education in accordance with the provisions of law on a voluntary basis, so as to solve disputes by helping the parties involved come to an agreement and understanding, including those unsuccessful ones.

21

各省、市、自治区主要经济指标

MAIN ECONOMIC INDICATORS OF PROVICES, AUTONOMOUS REGIONS AND MUNICIPALITIES DIRECTLY UNDER THE CENTRAL GOVERNMENT

◆483/500

资料整理及英文翻译：张雪梅、林 红

21-1 各省(市、区)年末总人口
Total Population at Year-end of Provinces, Autonomous Regions and Municipalities

单位：万人 (10000 persons)

地区	Region	2011	2012	2013	2014	2015	2016	2017
全国	**National Total**	**134735**	**135404**	**136072**	**136782**	**137462**	**138271**	**139008**
北京	Beijing	2019	2069	2115	2152	2171	2173	2171
天津	Tianjin	1355	1413	1472	1517	1547	1562	1557
河北	Hebei	7241	7288	7333	7384	7425	7470	7520
山西	Shanxi	3593	3611	3630	3648	3664	3682	3702
内蒙古	Inner Mongolia	2482	2490	2498	2505	2511	2520	2529
辽宁	Liaoning	4383	4389	4390	4391	4382	4378	4369
吉林	Jilin	2749	2750	2751	2752	2753	2733	2717
黑龙江	Heilongjiang	3834	3834	3835	3833	3812	3799	3789
上海	Shanghai	2347	2380	2415	2426	2415	2420	2418
江苏	Jiangsu	7899	7920	7939	7960	7976	7999	8029
浙江	Zhejiang	5463	5477	5498	5508	5539	5590	5657
安徽	Anhui	5968	5988	6030	6083	6144	6196	6255
福建	Fujian	3720	3748	3774	3806	3839	3874	3911
江西	**Jiangxi**	**4488**	**4504**	**4522**	**4542**	**4566**	**4592**	**4622**
山东	Shandong	9637	9685	9733	9789	9847	9947	10006
河南	Henan	9388	9406	9413	9436	9480	9532	9559
湖北	Hubei	5758	5779	5799	5816	5852	5885	5902
湖南	Hunan	6596	6639	6691	6737	6783	6822	6860
广东	Guangdong	10505	10594	10644	10724	10849	10999	11169
广西	Guangxi	4645	4682	4719	4754	4796	4838	4885
海南	Hainan	877	887	895	903	911	917	926
重庆	Chongqing	2919	2945	2970	2991	3017	3048	3075
四川	Sichuan	8050	8076	8107	8140	8204	8262	8302
贵州	Guizhou	3469	3484	3502	3508	3530	3555	3580
云南	Yunnan	4631	4659	4687	4714	4742	4771	4801
西藏	Tibet	303	308	312	318	324	331	337
陕西	Shanxi	3743	3753	3764	3775	3793	3813	3835
甘肃	Gansu	2564	2578	2582	2591	2600	2610	2626
青海	Qinghai	568	573	578	583	588	593	598
宁夏	Ningxia	639	647	654	662	668	675	682
新疆	Xinjiang	2209	2233	2264	2298	2360	2398	2445

注：本表数据根据年度人口抽样调查推算。全国数据包括中国人民解放军现役军人数，但不包括香港、澳门特别行政区和台湾地区数据；分省数据中未包括中国人民解放军现役军人数。

a) The data in this table are estimated on the basis of the annual national sample surveys of population. The national data include the number of soldiers in active service in the people's liberation army and excludes the data of Hong Kong, Macao and Taiwan. The data on provincial level do not includes the number of soldiers in active service in the people's liberation army.

21-2 各省(市、区)年末城镇人口比重

Urban Population Percentage of Provinces, Autonomous Regions and Municipalities

单位：%　　(%)

地　区	Region	2011	2012	2013	2014	2015	2016	2017
全　国	**National Total**	**51.27**	**52.57**	**53.73**	**54.77**	**56.10**	**57.35**	**58.52**
北　京	Beijing	86.20	86.20	86.30	86.35	86.50	86.50	86.50
天　津	Tianjin	80.50	81.55	82.01	82.27	82.64	82.93	82.93
河　北	Hebei	45.60	46.80	48.12	49.33	51.33	53.32	55.01
山　西	Shanxi	49.68	51.26	52.56	53.79	55.03	56.21	57.34
内蒙古	Inner Mongolia	56.62	57.74	58.71	59.51	60.30	61.19	62.02
辽　宁	Liaoning	64.05	65.65	66.45	67.05	67.35	67.37	67.49
吉　林	Jilin	53.40	53.70	54.20	54.81	55.31	55.97	56.65
黑龙江	Heilongjiang	56.50	56.90	57.40	58.01	58.80	59.20	59.40
上　海	Shanghai	89.30	89.30	89.60	89.60	87.60	87.90	87.70
江　苏	Jiangsu	61.90	63.00	64.11	65.21	66.52	67.72	68.76
浙　江	Zhejiang	62.30	63.20	64.00	64.87	65.80	67.00	68.00
安　徽	Anhui	44.80	46.50	47.86	49.15	50.50	51.99	53.49
福　建	Fujian	58.10	59.60	60.77	61.80	62.60	63.60	64.80
江　西	**Jiangxi**	**45.70**	**47.51**	**48.87**	**50.22**	**51.62**	**53.10**	**54.60**
山　东	Shandong	50.95	52.43	53.75	55.01	57.01	59.02	60.58
河　南	Henan	40.57	42.43	43.80	45.20	46.85	48.50	50.16
湖　北	Hubei	51.83	53.50	54.51	55.67	56.85	58.10	59.30
湖　南	Hunan	45.10	46.65	47.96	49.28	50.89	52.75	54.62
广　东	Guangdong	66.50	67.40	67.76	68.00	68.71	69.20	69.85
广　西	Guangxi	41.80	43.53	44.81	46.01	47.06	48.08	49.21
海　南	Hainan	50.50	51.60	52.74	53.76	55.12	56.78	58.04
重　庆	Chongqing	55.02	56.98	58.34	59.60	60.94	62.60	64.08
四　川	Sichuan	41.83	43.53	44.90	46.30	47.69	49.21	50.79
贵　州	Guizhou	34.96	36.41	37.83	40.01	42.01	44.15	46.02
云　南	Yunnan	36.80	39.31	40.48	41.73	43.33	45.03	46.69
西　藏	Tibet	22.71	22.75	23.71	25.75	27.74	29.56	30.89
陕　西	Shanxi	47.30	50.02	51.31	52.57	53.92	55.34	56.79
甘　肃	Gansu	37.15	38.75	40.13	41.68	43.19	44.69	46.39
青　海	Qinghai	46.22	47.44	48.51	49.78	50.30	51.63	53.07
宁　夏	Ningxia	49.82	50.67	52.01	53.61	55.23	56.29	57.98
新　疆	Xinjiang	43.54	43.98	44.47	46.07	47.23	48.35	49.38

注：本表数据根据年度人口抽样调查推算。

a) The data in this table are estimated on the basis of the annual national sample surveys of population.

21-3 各省(市、区)生产总值(2017年)

GDP of Provinces,Autonomous Regions and Municipalities(2017)

地区	Region	地区生产总值(亿元)	第一产业	第二产业	第三产业	地区生产总值指数(上年=100)	人均地区生产总值(元)	人均地区生产总值指数(上年=100)
全国	**National Total**							
北京	Beijing	28000	120	5311	22569	107	128927	107
天津	Tianjin	18595	218	7590	10787	104	119238	103
河北	Hebei	35964	3508	17416	15040	107	47985	106
山西	Shanxi	14974	778	6182	8014	107	40557	106
内蒙古	Inner Mongolia	16103	1647	6409	8047	104	63786	104
辽宁	Liaoning	23942	2182	9398	12362	104	54745	104
吉林	Jilin	15289	1429	7013	6847	105	56102	106
黑龙江	Heilongjiang	16200	2969	4290	8941	106	42699	107
上海	Shanghai	30134	99	9251	20783	107	124571	107
江苏	Jiangsu	85901	4077	38655	43169	107	107189	107
浙江	Zhejiang	51768	2017	22472	27279	108	92057	107
安徽	Anhui	27519	2612	13487	11420	109	44206	108
福建	Fujian	32298	2442	15770	14086	108	82976	107
江西	**Jiangxi**	**20819**	**1954**	**9972**	**8893**	**109**	**45187**	**108**
山东	Shandong	72678	4877	32925	34876	107	72851	107
河南	Henan	44988	4339	21450	19199	108	47130	107
湖北	Hubei	36523	3760	16260	16503	108	61972	107
湖南	Hunan	34591	3690	14145	16755	108	50563	107
广东	Guangdong	89879	3792	38599	47488	108	81089	106
广西	Guangxi	20396	2907	9298	8192	107	41955	106
海南	Hainan	4463	979	997	2486	107	48430	106
重庆	Chongqing	19500	1340	8597	9564	109	63689	108
四川	Sichuan	36980	4283	14294	18403	108	44651	108
贵州	Guizhou	13541	2021	5440	6080	110	37956	109
云南	Yunnan	16531	2311	6388	7833	110	34545	109
西藏	Tibet	1311	123	515	673	110	39259	108
陕西	Shanxi	21899	1739	10895	9264	108	57266	107
甘肃	Gansu	7677	1064	2563	4051	104	29326	103
青海	Qinghai	2643	238	1180	1224	107	44348	106
宁夏	Ningxia	3454	261	1581	1612	108	50917	107
新疆	Xinjiang	10920	1692	4292	4937	108	45099	106

注：1.本表绝对量按当年价格计算。
2.三次产业划分执行《三次产业划分规定》(2012)。
3.指数按不变价格计算。

a) Data in value terms in this table are calculated at current prices.
b) The classification applies the "Regulation on Classification of Three Sectors "promulgated by NBS in 2012.
c) The indices in this table are calculated at comparable prices.

21-4 各省(市、区)公共财政预算收入

Public Financial Revenue of the Local Government of Provinces, Autonomous Regions and Municipalities

单位：亿元 (100 million yuan)

地区	Region	2012	2013	2014	2015	2016	2017
地方合计	**National Total**	**61078**	**69011**	**75877**	**83002**	**87239**	**91448**
北京	Beijing	3315	3661	4027	4724	5081	5431
天津	Tianjin	1760	2079	2390	2667	2724	2310
河北	Hebei	2084	2296	2447	2649	2850	3233
山西	Shanxi	1516	1702	1821	1642	1557	1867
内蒙古	Inner Mongolia	1553	1721	1844	1964	2016	1703
辽宁	Liaoning	3105	3344	3193	2127	2200	2390
吉林	Jilin	1041	1157	1203	1229	1264	1211
黑龙江	Heilongjiang	1163	1277	1301	1166	1148	1243
上海	Shanghai	3744	4110	4586	5520	6406	6642
江苏	Jiangsu	5861	6568	7233	8029	8121	8172
浙江	Zhejiang	3441	3797	4122	4810	5302	5803
安徽	Anhui	1793	2075	2218	2454	2673	2812
福建	Fujian	1776	2119	2362	2544	2655	2809
江西	**Jiangxi**	**1372**	**1621**	**1882**	**2166**	**2151**	**2247**
山东	Shandong	4059	4560	5027	5529	5860	6099
河南	Henan	2040	2415	2739	3016	3153	3397
湖北	Hubei	1823	2191	2567	3006	3102	3248
湖南	Hunan	1782	2031	2263	2515	2698	2757
广东	Guangdong	6229	7081	8065	9367	10390	11315
广西	Guangxi	1166	1318	1422	1515	1556	1615
海南	Hainan	409	481	555	628	638	674
重庆	Chongqing	1703	1693	1922	2155	2228	2252
四川	Sichuan	2421	2784	3061	3355	3389	3580
贵州	Guizhou	1014	1206	1367	1503	1561	1614
云南	Yunnan	1338	1611	1698	1808	1812	1886
西藏	Tibet	87	95	124	137	156	186
陕西	Shanxi	1601	1748	1890	2060	1834	2006
甘肃	Gansu	520	607	673	744	787	816
青海	Qinghai	186	224	252	267	239	246
宁夏	Ningxia	264	308	340	373	388	417
新疆	Xinjiang	909	1128	1282	1331	1299	1466

注：本表数据为地方财政本级收入。

a) The revenue in this table refer to local level government.

21-5 各省(市、区)全社会固定资产投资

Investment in Fixed Assets of Provinces, Autonomous Regions and Municipalities

单位：亿元 (100 million yuan)

地区	Region	2011	2012	2013	2014	2015	2016	2017
全国	**National Total**	**311485**	**374695**	**446294**	**512021**	**562000**	**606466**	**641238**
北京	Beijing	5579	6112	6847	6924	7496	7944	8370
天津	Tianjin	7068	7935	9130	10518	11832	12779	11289
河北	Hebei	16389	19661	23194	26672	29448	31750	33407
山西	Shanxi	7073	8863	11032	12355	14074	14198	6041
内蒙古	Inner Mongolia	10365	11876	14217	17592	13702	15080	14013
辽宁	Liaoning	17726	21836	25108	24731	17918	6692	6677
吉林	Jilin	7442	9512	9979	11340	12705	13923	13284
黑龙江	Heilongjiang	7475	9695	11453	9829	10183	10648	11292
上海	Shanghai	4962	5118	5648	6016	6353	6756	7247
江苏	Jiangsu	26693	30854	36373	41939	46247	49663	53277
浙江	Zhejiang	14185	17649	20782	24263	27323	30276	31696
安徽	Anhui	12456	15426	18622	21876	24386	27033	29275
福建	Fujian	9911	12440	15327	18178	21301	23237	26416
江西	**Jiangxi**	**9088**	**10774**	**12850**	**15079**	**17388**	**19694**	**22085**
山东	Shandong	26750	31256	36789	42496	48312	53323	55203
河南	Henan	17769	21450	26087	30782	35660	40415	44497
湖北	Hubei	12557	15578	19307	22915	26564	30012	32282
湖南	Hunan	11881	14523	17841	21243	25045	28353	31959
广东	Guangdong	17069	18752	22308	26294	30343	33304	37762
广西	Guangxi	7991	9809	11908	13843	16228	18237	20499
海南	Hainan	1657	2145	2698	3112	3451	3890	4244
重庆	Chongqing	7473	8736	10435	12285	14353	16048	17537
四川	Sichuan	14222	17040	20326	23319	25526	28812	31902
贵州	Guizhou	4236	5718	7374	9026	10946	13204	15504
云南	Yunnan	6191	7831	9968	11499	13501	16119	18936
西藏	Tibet	516	671	876	1069	1296	1596	1976
陕西	Shanxi	9431	12045	14884	17192	18582	20825	23819
甘肃	Gansu	3966	5145	6528	7884	8754	9664	5828
青海	Qinghai	1436	1883	2361	2861	3211	3528	3884
宁夏	Ningxia	1645	2097	2651	3174	3505	3794	3728
新疆	Xinjiang	4632	6159	7732	9448	10813	10288	12089
不分地区	Not Classified by Region	5651	6106	5655	6268	5552	5378	5220

21-6 各省(市、区)固定资产投资

Investment in Fixed Assets of Provinces, Autonomous Regions and Municipalities

单位：亿元　　(100 million yuan)

地　区	Region	2011	2012	2013	2014	2015	2016	2017
全　国	**National Total**	**302396**	**364854**	**435747**	**501265**	**551590**	**596501**	**631684**
北　京	Beijing	5520	6065	6798	6873	7446	7889	8307
天　津	Tianjin	7041	7913	9103	10490	11815	12756	11275
河　北	Hebei	15780	19105	22630	26147	28906	31340	33012
山　西	Shanxi	6838	8585	10745	12035	13745	13859	5722
内蒙古	Inner Mongolia	10253	11750	14072	17438	13529	14894	13828
辽　宁	Liaoning	17431	21535	24791	24427	17640	6436	6445
吉　林	Jilin	7227	9262	9726	11108	12509	13773	13131
黑龙江	Heilongjiang	7158	9375	11121	9538	9884	10433	11080
上　海	Shanghai	4960	5115	5644	6013	6349	6752	7241
江　苏	Jiangsu	26313	30474	35983	41553	45905	49371	53000
浙　江	Zhejiang	13652	17096	20194	23555	26665	29571	31126
安　徽	Anhui	12008	14944	18091	21256	23804	26577	28816
福　建	Fujian	9677	12183	15046	17870	20974	22928	26110
江　西	**Jiangxi**	**8754**	**10378**	**12435**	**14646**	**16994**	**19379**	**21770**
山　东	Shandong	25907	30320	35876	41599	47381	52364	54236
河　南	Henan	16934	20559	25188	30012	34951	39754	43890
湖　北	Hubei	12195	15149	18797	22442	26086	29504	31873
湖　南	Hunan	11408	13966	17225	20549	24324	27688	31328
广　东	Guangdong	16599	18250	21796	25843	29950	32947	37404
广　西	Guangxi	7581	9345	11384	13288	15655	17653	19908
海　南	Hainan	1599	2064	2626	3039	3355	3747	4125
重　庆	Chongqing	7367	8610	10291	12141	14208	15932	17441
四　川	Sichuan	13688	16530	19755	22662	24966	28230	31236
贵　州	Guizhou	4026	5505	7103	8778	10677	12929	15288
云　南	Yunnan	5933	7554	9622	11074	13069	15662	18475
西　藏	Tibet	516	671	876	1069	1296	1596	1976
陕　西	Shanxi	9109	11706	14534	16840	18231	20475	23468
甘　肃	Gansu	3870	5040	6407	7760	8627	9534	5696
青　海	Qinghai	1366	1809	2285	2789	3144	3456	3820
宁　夏	Ningxia	1589	2033	2578	3094	3426	3709	3640
新　疆	Xinjiang	4445	5858	7371	9068	10525	9984	11796
不分地区	Not Classified by Region	5651	6106	5655	6268	5552	5378	5220

21-7 各省(市、区)居民消费价格指数

Consumer Price Index of Provinces,Autonomous Regions and Municipalities

(上年=100) (preceding year=100)

地　区	Region	2011	2012	2013	2014	2015	2016	2017
全　国	**National Total**	**105.4**	**102.6**	**102.6**	**102.0**	**101.4**	**102.0**	**101.6**
北　京	Beijing	105.6	103.3	103.3	101.6	101.8	101.4	101.9
天　津	Tianjin	104.9	102.7	103.1	101.9	101.7	102.1	102.1
河　北	Hebei	105.7	102.6	103.0	101.7	100.9	101.5	101.7
山　西	Shanxi	105.2	102.5	103.1	101.7	100.6	101.1	101.1
内蒙古	Inner Mongolia	105.6	103.1	103.2	101.6	101.1	101.2	101.7
辽　宁	Liaoning	105.2	102.8	102.4	101.7	101.4	101.6	101.4
吉　林	Jilin	105.2	102.5	102.9	102.0	101.7	101.6	101.6
黑龙江	Heilongjiang	105.8	103.2	102.2	101.5	101.1	101.5	101.3
上　海	Shanghai	105.2	102.8	102.3	102.7	102.4	103.2	101.7
江　苏	Jiangsu	105.3	102.6	102.3	102.2	101.7	102.3	101.7
浙　江	Zhejiang	105.4	102.2	102.3	102.1	101.4	101.9	102.1
安　徽	Anhui	105.6	102.3	102.4	101.6	101.3	101.8	101.2
福　建	Fujian	105.3	102.4	102.5	102.0	101.7	101.7	101.2
江　西	**Jiangxi**	**105.2**	**102.7**	**102.5**	**102.3**	**101.5**	**102.0**	**102.0**
山　东	Shandong	105.0	102.1	102.2	101.9	101.2	102.1	101.5
河　南	Henan	105.6	102.5	102.9	101.9	101.3	101.9	101.4
湖　北	Hubei	105.8	102.9	102.8	102.0	101.5	102.2	101.5
湖　南	Hunan	105.5	102.0	102.5	101.9	101.4	101.9	101.4
广　东	Guangdong	105.3	102.8	102.5	102.3	101.5	102.3	101.5
广　西	Guangxi	105.9	103.2	102.2	102.1	101.5	101.6	101.6
海　南	Hainan	106.1	103.2	102.8	102.4	101.0	102.8	102.8
重　庆	Chongqing	105.3	102.6	102.7	101.8	101.3	101.8	101.0
四　川	Sichuan	105.3	102.5	102.8	101.6	101.5	101.9	101.4
贵　州	Guizhou	105.1	102.7	102.5	102.4	101.8	101.4	100.9
云　南	Yunnan	104.9	102.7	103.1	102.4	101.9	101.5	100.9
西　藏	Tibet	105.0	103.5	103.6	102.9	102.0	102.5	101.6
陕　西	Shanxi	105.7	102.8	103.0	101.6	101.0	101.3	101.6
甘　肃	Gansu	105.9	102.7	103.2	102.1	101.6	101.3	101.4
青　海	Qinghai	106.1	103.1	103.9	102.8	102.6	101.8	101.5
宁　夏	Ningxia	106.3	102.0	103.4	101.9	101.1	101.5	101.6
新　疆	Xinjiang	105.9	103.8	103.9	102.1	100.6	101.4	102.2

21-8 各省(市、区)全体居民人均可支配收入
Per Capita Disposable Income of Households by Provinces, Autonomous Regions

单位：元 (yuan)

地 区	Region	2013	2014	2015	2016	2017
全国总计	**National Total**	**18311**	**20167**	**21966**	**23821**	**25974**
北 京	Beijing	40830	44489	48458	52530	57230
天 津	Tianjin	26359	28832	31291	34074	37022
河 北	Hebei	15190	16647	18118	19725	21484
山 西	Shanxi	15120	16538	17854	19049	20420
内蒙古	Inner Mongolia	18693	20559	22310	24127	26212
辽 宁	Liaoning	20818	22820	24576	26040	27835
吉 林	Jilin	15998	17520	18684	19967	21368
黑龙江	Heilongjiang	15903	17404	18593	19838	21206
上 海	Shanghai	42174	45966	49867	54305	58988
江 苏	Jiangsu	24776	27173	29539	32070	35024
浙 江	Zhejiang	29775	32658	35537	38529	42046
安 徽	Anhui	15154	16796	18363	19998	21863
福 建	Fujian	21218	23331	25404	27608	30048
江 西	**Jiangxi**	**15100**	**16734**	**18437**	**20110**	**22031**
山 东	Shandong	19008	20864	22703	24685	26930
河 南	Henan	14204	15695	17125	18443	20170
湖 北	Hubei	16472	18283	20026	21787	23757
湖 南	Hunan	16005	17622	19317	21115	23103
广 东	Guangdong	23421	25685	27859	30296	33003
广 西	Guangxi	14082	15557	16873	18305	19905
海 南	Hainan	15733	17476	18979	20653	22553
重 庆	Chongqing	16569	18352	20110	22034	24153
四 川	Sichuan	14231	15749	17221	18808	20580
贵 州	Guizhou	11083	12371	13697	15121	16704
云 南	Yunnan	12578	13772	15223	16720	18348
西 藏	Tibet	9740	10730	12254	13639	15457
陕 西	Shanxi	14372	15837	17395	18874	20635
甘 肃	Gansu	10954	12185	13467	14670	16011
青 海	Qinghai	12948	14374	15813	17302	19001
宁 夏	Ningxia	14566	15907	17329	18832	20562
新 疆	Xinjiang	13670	15097	16859	18355	19975

21-9 各省(市、区)全体居民人均消费支出

Per Capita Consumption Expenditure of Households by Provinces, Autonomous Regions

单位：元 (yuan)

地　区	Region	2013	2014	2015	2016	2017
全国总计	**National Total**	**13220**	**14491**	**15712**	**17111**	**18322**
北　京	Beijing	29176	31103	33803	35416	37425
天　津	Tianjin	20419	22343	24162	26129	27841
河　北	Hebei	10872	11932	13031	14247	15437
山　西	Shanxi	10118	10864	11729	12683	13664
内蒙古	Inner Mongolia	14878	16258	17179	18072	18946
辽　宁	Liaoning	14950	16068	17200	19853	20463
吉　林	Jilin	12054	13026	13764	14773	15632
黑龙江	Heilongjiang	12037	12769	13403	14446	15577
上　海	Shanghai	30400	33065	34784	37458	39792
江　苏	Jiangsu	17926	19164	20556	22130	23469
浙　江	Zhejiang	20610	22552	24117	25527	27079
安　徽	Anhui	10544	11727	12840	14712	15752
福　建	Fujian	16177	17644	18850	20167	21249
江　西	**Jiangxi**	**10053**	**11089**	**12403**	**13259**	**14459**
山　东	Shandong	11897	13329	14578	15926	17281
河　南	Henan	10002	11000	11835	12712	13730
湖　北	Hubei	11761	12928	14316	15889	16938
湖　南	Hunan	11946	13289	14267	15750	17160
广　东	Guangdong	17421	19205	20976	23448	24820
广　西	Guangxi	9596	10274	11401	12295	13424
海　南	Hainan	11193	12471	13575	14275	15403
重　庆	Chongqing	12600	13811	15140	16385	17898
四　川	Sichuan	11055	12368	13632	14839	16180
贵　州	Guizhou	8288	9303	10414	11932	12970
云　南	Yunnan	8824	9870	11005	11769	12658
西　藏	Tibet	6307	7317	8246	9319	10320
陕　西	Shanxi	11217	12204	13087	13943	14900
甘　肃	Gansu	8943	9875	10951	12254	13120
青　海	Qinghai	11576	12605	13611	14775	15503
宁　夏	Ningxia	11292	12485	13816	14965	15350
新　疆	Xinjiang	11392	11904	12867	14066	15087

21-10 各省(市、区)城镇居民人均可支配收入
Per Capita Disposable Income of Urban Households by Provinces, Autonomous Regions

单位：元 (yuan)

地　区	Region	2013	2014	2015	2016	2017
全国总计	**National Total**	**26467**	**28844**	**31195**	**33616**	**36396**
北　京	Beijing	44564	48532	52859	57275	62406
天　津	Tianjin	28980	31506	34101	37110	40278
河　北	Hebei	22227	24141	26152	28249	30548
山　西	Shanxi	22258	24069	25828	27352	29132
内蒙古	Inner Mongolia	26004	28350	30594	32975	35670
辽　宁	Liaoning	26697	29082	31126	32876	34993
吉　林	Jilin	21331	23218	24901	26530	28319
黑龙江	Heilongjiang	20848	22609	24203	25736	27446
上　海	Shanghai	44878	48841	52962	57692	62596
江　苏	Jiangsu	31585	34346	37173	40152	43622
浙　江	Zhejiang	37080	40393	43714	47237	51261
安　徽	Anhui	22789	24839	26936	29156	31640
福　建	Fujian	28174	30722	33275	36014	39001
江　西	**Jiangxi**	**22120**	**24309**	**26500**	**28673**	**31198**
山　东	Shandong	26882	29222	31545	34012	36789
河　南	Henan	21741	23672	25576	27233	29558
湖　北	Hubei	22668	24852	27051	29386	31889
湖　南	Hunan	24352	26570	28838	31284	33948
广　东	Guangdong	29537	32148	34757	37684	40975
广　西	Guangxi	22689	24669	26416	28324	30502
海　南	Hainan	22411	24487	26356	28453	30817
重　庆	Chongqing	23058	25147	27239	29610	32193
四　川	Sichuan	22228	24234	26205	28335	30727
贵　州	Guizhou	20565	22548	24580	26743	29080
云　南	Yunnan	22460	24299	26373	28611	30996
西　藏	Tibet	20394	22016	25457	27802	30671
陕　西	Shanxi	22346	24366	26420	28440	30810
甘　肃	Gansu	19873	21804	23767	25693	27763
青　海	Qinghai	20352	22307	24542	26757	29169
宁　夏	Ningxia	21476	23285	25186	27153	29472
新　疆	Xinjiang	21091	23214	26275	28463	30775

21-11 各省(市、区)城镇居民人均消费支出

Per Capita Consumption Expenditure of Urban Households by Provinces, Autonomous Regions

单位：元 (yuan)

地　区	Region	2013	2014	2015	2016	2017
全国总计	**National Total**	**18488**	**19968**	**21392**	**23079**	**24445**
北　京	Beijing	31632	33717	36642	38256	40346
天　津	Tianjin	22306	24290	26230	28345	30284
河　北	Hebei	14970	16204	17587	19106	20600
山　西	Shanxi	13763	14637	15819	16993	18404
内蒙古	Inner Mongolia	19244	20885	21876	22744	23638
辽　宁	Liaoning	19318	20520	21557	24996	25379
吉　林	Jilin	15941	17156	17973	19166	20051
黑龙江	Heilongjiang	15704	16467	17152	18145	19270
上　海	Shanghai	32447	35182	36946	39857	42304
江　苏	Jiangsu	22262	23476	24966	26433	27726
浙　江	Zhejiang	25254	27242	28661	30068	31924
安　徽	Anhui	14594	16107	17234	19606	20740
福　建	Fujian	20565	22204	23520	25006	25980
江　西	**Jiangxi**	**13843**	**15142**	**16732**	**17696**	**19244**
山　东	Shandong	16646	18323	19854	21495	23072
河　南	Henan	15249	16184	17154	18088	19422
湖　北	Hubei	15334	16681	18192	20040	21276
湖　南	Hunan	16867	18335	19501	21420	23163
广　东	Guangdong	21621	23612	25673	28613	30198
广　西	Guangxi	14470	15045	16321	17268	18349
海　南	Hainan	15833	17514	18448	19015	20372
重　庆	Chongqing	17124	18279	19742	21031	22759
四　川	Sichuan	16098	17760	19277	20660	21991
贵　州	Guizhou	13768	15255	16914	19202	20348
云　南	Yunnan	14862	16268	17675	18622	19560
西　藏	Tibet	13679	15669	17022	19440	21088
陕　西	Shanxi	16399	17546	18464	19369	20388
甘　肃	Gansu	14411	15942	17451	19539	20659
青　海	Qinghai	16223	17493	19201	20853	21473
宁　夏	Ningxia	15807	17216	18984	20364	20219
新　疆	Xinjiang	16858	17685	19415	21229	22797

21-12 各省(市、区)农村居民人均可支配收入

Per Capita Disposable Income of Rural Households by Provinces, Autonomous Regions

单位：元 (yuan)

地 区	Region	2013	2014	2015	2016	2017
全国总计	**National Total**	**9430**	**10489**	**11422**	**12363**	**13432**
北 京	Beijing	17101	18867	20569	22310	24240
天 津	Tianjin	15353	17014	18482	20076	21754
河 北	Hebei	9188	10186	11051	11919	12881
山 西	Shanxi	7949	8809	9454	10082	10788
内蒙古	Inner Mongolia	8985	9976	10776	11609	12584
辽 宁	Liaoning	10161	11191	12057	12881	13747
吉 林	Jilin	9781	10780	11326	12123	12950
黑龙江	Heilongjiang	9369	10453	11095	11832	12665
上 海	Shanghai	19208	21192	23205	25520	27825
江 苏	Jiangsu	13521	14958	16257	17606	19158
浙 江	Zhejiang	17494	19373	21125	22866	24956
安 徽	Anhui	8850	9916	10821	11720	12758
福 建	Fujian	11405	12650	13793	14999	16335
江 西	**Jiangxi**	**9089**	**10117**	**11139**	**12138**	**13242**
山 东	Shandong	10687	11882	12930	13954	15118
河 南	Henan	8969	9966	10853	11697	12719
湖 北	Hubei	9692	10849	11844	12725	13812
湖 南	Hunan	9029	10060	10993	11930	12936
广 东	Guangdong	11068	12246	13360	14512	15780
广 西	Guangxi	7793	8683	9467	10359	11325
海 南	Hainan	8802	9913	10858	11843	12902
重 庆	Chongqing	8493	9490	10505	11549	12638
四 川	Sichuan	8381	9348	10247	11203	12227
贵 州	Guizhou	5898	6671	7387	8090	8869
云 南	Yunnan	6724	7456	8242	9020	9862
西 藏	Tibet	6553	7359	8244	9094	10330
陕 西	Shanxi	7092	7932	8689	9396	10265
甘 肃	Gansu	5589	6277	6936	7457	8076
青 海	Qinghai	6462	7283	7933	8664	9462
宁 夏	Ningxia	7599	8410	9119	9852	10738
新 疆	Xinjiang	7847	8724	9425	10183	11045

21-13 各省(市、区)农村居民人均消费支出

Per Capita Consumption Expenditure of Rural Households by Provinces, Autonomous Regions

单位：元 (yuan)

地 区	Region	2013	2014	2015	2016	2017
全国总计	**National Total**	**7485**	**8383**	**9223**	**10130**	**10955**
北 京	Beijing	13564	14535	15811	17329	18810
天 津	Tianjin	12491	13739	14739	15912	16386
河 北	Hebei	7377	8248	9023	9798	10536
山 西	Shanxi	6458	6992	7421	8029	8424
内蒙古	Inner Mongolia	9080	9972	10637	11463	12184
辽 宁	Liaoning	7032	7801	8873	9953	10787
吉 林	Jilin	7523	8140	8783	9521	10279
黑龙江	Heilongjiang	7192	7830	8391	9424	10524
上 海	Shanghai	13016	14820	16152	17071	18090
江 苏	Jiangsu	10759	11820	12883	14428	15612
浙 江	Zhejiang	12803	14498	16108	17359	18093
安 徽	Anhui	7200	7981	8975	10287	11106
福 建	Fujian	9986	11056	11961	12911	14003
江 西	**Jiangxi**	**6807**	**7548**	**8486**	**9128**	**9870**
山 东	Shandong	6877	7962	8748	9519	10342
河 南	Henan	6359	7277	7887	8587	9212
湖 北	Hubei	7850	8681	9803	10938	11633
湖 南	Hunan	7833	9025	9691	10630	11534
广 东	Guangdong	8938	10043	11103	12415	13200
广 西	Guangxi	6035	6675	7582	8351	9437
海 南	Hainan	6376	7029	8210	8921	9599
重 庆	Chongqing	6971	7983	8938	9954	10936
四 川	Sichuan	7365	8301	9251	10192	11397
贵 州	Guizhou	5291	5970	6645	7533	8299
云 南	Yunnan	5247	6030	6830	7331	8027
西 藏	Tibet	4102	4822	5580	6070	6691
陕 西	Shanxi	6488	7252	7901	8568	9306
甘 肃	Gansu	5654	6148	6830	7487	8030
青 海	Qinghai	7506	8235	8566	9222	9903
宁 夏	Ningxia	6740	7676	8415	9138	9982
新 疆	Xinjiang	7103	7365	7698	8277	8713

21-14 各省(市、区)社会消费品零售总额
Total Retail Sales of Consumer Goods of Provinces, Autonomous Regions and Municipalities

单位：亿元 (100 million yuan)

地 区	Region	2012	2013	2014	2015	2016	2017
全 国	**National Total**	**214433**	**242843**	**271896**	**300931**	**332316**	**366262**
北 京	Beijing	8124	8872	9638	10338	11005	11575
天 津	Tianjin	3921	4470	4739	5257	5636	5730
河 北	Hebei	9254	10517	11820	12991	14365	15908
山 西	Shanxi	4507	5139	5718	6034	6481	6918
内蒙古	Inner Mongolia	4573	5114	5658	6108	6701	7160
辽 宁	Liaoning	9304	10581	11857	12787	13414	13807
吉 林	Jilin	4773	5426	6081	6652	7310	7856
黑龙江	Heilongjiang	5491	6251	7015	7640	8403	9099
上 海	Shanghai	7840	8557	9303	10132	10947	11830
江 苏	Jiangsu	18411	20878	23458	25877	28707	31737
浙 江	Zhejiang	14200	15971	17835	19785	21971	24309
安 徽	Anhui	6143	7045	7957	8908	10000	11193
福 建	Fujian	7257	8275	9347	10506	11675	13013
江 西	**Jiangxi**	**4123**	**4696**	**5293**	**5926**	**6635**	**7448**
山 东	Shandong	19652	22295	25112	27761	30646	33649
河 南	Henan	10916	12427	14005	15740	17618	19667
湖 北	Hubei	9682	11036	12449	14003	15649	17394
湖 南	Hunan	8319	9510	10723	12024	13437	14855
广 东	Guangdong	22677	25454	28471	31518	34739	38200
广 西	Guangxi	4517	5133	5773	6348	7027	7813
海 南	Hainan	950	1091	1225	1325	1454	1619
重 庆	Chongqing	4403	5056	5711	6424	7271	8068
四 川	Sichuan	9622	11001	12393	13878	15602	17481
贵 州	Guizhou	2266	2601	2937	3283	3709	4154
云 南	Yunnan	3598	4113	4633	5103	5723	6423
西 藏	Tibet	278	322	365	409	459	523
陕 西	Shanxi	4582	5245	5919	6578	7368	8236
甘 肃	Gansu	2064	2369	2668	2907	3184	3427
青 海	Qinghai	480	550	621	691	767	839
宁 夏	Ningxia	591	669	737	790	850	930
新 疆	Xinjiang	1916	2179	2436	2606	2826	3045

21-15 各省(市、区)进出口总值

Total Imports & Exports of Provinces,Autonomous Regions and Municipalities

单位：亿元 (100 million yuan)

地区	Region	2015	2016	2017
全国	**National Total**	**245503**	**243386**	**277923**
北京	Beijing	19828	18649	21924
天津	Tianjin	7093	6776	7647
河北	Hebei	3194	3078	3376
山西	Shanxi	912	1100	1162
内蒙古	Inner Mongolia	789	769	942
辽宁	Liaoning	5950	5712	6739
吉林	Jilin	1172	1218	1255
黑龙江	Heilongjiang	1302	1094	1272
上海	Shanghai	27908	28662	32238
江苏	Jiangsu	33867	33614	40021
浙江	Zhejiang	21527	22207	25604
安徽	Anhui	2975	2936	3632
福建	Fujian	10478	10345	11591
江西	**Jiangxi**	**2629**	**2638**	**3020**
山东	Shandong	14948	15477	17824
河南	Henan	4597	4714	5233
湖北	Hubei	2836	2600	3134
湖南	Hunan	1821	1741	2435
广东	Guangdong	63531	63101	68155
广西	Guangxi	3185	3152	3866
海南	Hainan	869	749	702
重庆	Chongqing	4615	4139	4508
四川	Sichuan	3173	3261	4606
贵州	Guizhou	761	376	551
云南	Yunnan	1520	1317	1586
西藏	Tibet	57	52	59
陕西	Shanxi	1895	1977	2715
甘肃	Gansu	494	450	342
青海	Qinghai	120	101	44
宁夏	Ningxia	231	215	341
新疆	Xinjiang	1225	1167	1398

21-16 各省(市、区)进出口总值

Total Imports & Exports of Provinces,Autonomous Regions and Municipalities

单位：亿美元 (USD 100 million)

地 区	Region	2015	2016	2017
全 国	**National Total**	**39530**	**36856**	**41045**
北 京	Beijing	3194	2823	3237
天 津	Tianjin	1143	1027	1129
河 北	Hebei	515	467	498
山 西	Shanxi	147	167	172
内蒙古	Inner Mongolia	127	116	139
辽 宁	Liaoning	959	866	994
吉 林	Jilin	189	185	185
黑龙江	Heilongjiang	210	165	188
上 海	Shanghai	4492	4338	4761
江 苏	Jiangsu	5456	5093	5911
浙 江	Zhejiang	3468	3366	3779
安 徽	Anhui	478	444	536
福 建	Fujian	1688	1568	1710
江 西	**Jiangxi**	**424**	**400**	**445**
山 东	Shandong	2406	2344	2631
河 南	Henan	738	712	776
湖 北	Hubei	456	394	463
湖 南	Hunan	293	262	360
广 东	Guangdong	10225	9553	10065
广 西	Guangxi	511	476	572
海 南	Hainan	140	113	104
重 庆	Chongqing	745	628	666
四 川	Sichuan	512	493	681
贵 州	Guizhou	122	57	82
云 南	Yunnan	245	199	235
西 藏	Tibet	9	8	9
陕 西	Shanxi	305	299	401
甘 肃	Gansu	80	68	51
青 海	Qinghai	19	15	7
宁 夏	Ningxia	37	33	50
新 疆	Xinjiang	197	176	207

21-17 各省(市、区)入境旅游情况

Development of Overseas Visitor Arrivals of Provinces, Autonomous Regions and Municipalities

地区	Region	入境游客（万人次） Number of Overseas Visitor Arrivals (10000 Person-times)			外汇收入（万美元） Foreign Exchange Earnings from International Tourism (USD 10000)		
		2015	2016	2017	2015	2016	2017
北京	Beijing	419.96	416.53	392.56	460500	507000	512981
天津	Tianjin	78.48	82.43	79.21	329811	355687	375147
河北	Hebei	76.64	83.79	91.01	50191	55241	57869
山西	Shanxi	59.38	62.98	67.00	29710	31738	35014
内蒙古	Inner Mongolia	160.78	177.91	184.83	96249	113903	124556
辽宁	Liaoning	264.01	273.67	278.85	163650	182392	177806
吉林	Jilin	148.10	161.95	148.43	72414	79121	76579
黑龙江	Heilongjiang	83.47	95.70	103.88	39533	45805	47958
上海	Shanghai	653.59	690.43	719.33	586044	641920	669865
江苏	Jiangsu	305.01	329.77	370.10	352729	380362	419472
浙江	Zhejiang	459.02	525.59	589.06	678847	312759	358644
安徽	Anhui	291.12	313.43	351.09	226287	254236	288078
福建	Fujian	332.71	611.48	691.74	556140	662569	758803
江西	**Jiangxi**	**155.28**	**164.83**	**174.69**	**56700**	**58454**	**62992**
山东	Shandong	312.22	328.82	440.52	289648	306342	317404
河南	Henan	135.30	149.93	155.89	62360	64650	66155
湖北	Hubei	311.76	337.56	368.14	167190	187239	210474
湖南	Hunan	226.05	240.81	322.28	85772	100457	129537
广东	Guangdong	3450.35	3507.21	3654.52	1788466	1857713	1996040
广西	Guangxi	450.06	482.52	512.44	191686	216427	239563
海南	Hainan	60.84	74.89	111.95	24852	34989	68102
重庆	Chongqing	148.10	180.89	224.85	146857	168682	194759
四川	Sichuan	273.20	308.79	336.17	118087	158168	144654
贵州	Guizhou	68.59	72.29	32.40	23133	25271	28327
云南	Yunnan	570.08	600.38	667.69	287550	307477	355033
西藏	Tibet	29.26	32.19	34.35	17666	19439	19751
陕西	Shanxi	293.03	338.20	383.74	200022	233855	270440
甘肃	Gansu	5.45	7.15	7.88	1418	1914	2086
青海	Qinghai	6.53	7.01	7.02	3876	4416	3829
宁夏	Ningxia	3.73	5.12	6.53	2084	4058	3763
新疆	Xinjiang	53.14	58.21	77.41	55589	51873	81081

2017 年江西统计调查大事记

1 月

1 月 省统计局撰写的《2016:我省工业生产圆满收官》、《2016 年我省全面完成工业经济预期目标》、《企业成本有所下降偏高问题仍然突出》、《江西经济实现十三五“良好”开局》、《投资亮点纷呈问题仍需关注》、《2016 年我省房地产运行情况分析》、《2016 年江西建筑业总产值突破 5000 亿大关》、《着力推进六大工程努力构建现代统计——江西省统计局 2016 年工作总结》获省领导批示或圈阅。

1 月 3 日 省委常委、常务副省长、省第三次全国农业普查领导小组组长毛伟明赴南昌县南新乡山上村考察农业普查现场登记工作。

1 月 6 日 省统计局召开全局干部大会，大会宣布省委关于万庆胜同志任省统计局党组书记，提名为省统计局局长的决定。

1 月 23 日 省统计局与省政府新闻办联合召开 2016 年全省经济运行情况新闻发布会。

1 月 25 日 省统计局领导班子召开 2016 年度（专题）民主生活会。

2 月

2 月 省发改委和省统计局共同撰写的《江西省打好扩投资“组合拳”，充分发挥投资对经济稳增长的关键作用》被国务院办公厅《专报信息》采用，获国务院总理李克强批示。

2 月 省委副书记、省长刘奇，省委常委、常务副省长毛伟明对统计工作作出批示，肯定 2016 年全省统计工作取得的成绩，对 2017 年统计工作提出要求。

2 月 省统计局撰写的《加快技术中心建设，提高企业创新能力——2016 年我省国家级企业中心建设状况》获省领导批示或圈阅。

2 月 10 日 省统计局召开学习贯彻中央关于深化统计管理体制改革提高统计数据真实性文件精神座谈会。

2 月 23 日，全省统计工作会议在南昌召开。局党组书记、局长万庆胜作题为《深化改革创新提升数据质量努力开创江西统计工作新局面》的工作报告。

3 月

3 月 省统计局撰写的《成绩喜人仍存隐忧——2016 年全省节能降耗完成情况》、《2016 年我省超额完成能耗“双控”目标》、《1-2 月我省工业增速回落情况分析》获省领导批示或圈阅。

3 月 省统计局局领导班子成员分别带队赴全省各地开展农业普查督查和经济形势调研。

3 月 1 日 省统计局收听收看全国统计部门党风廉政建设工作视频会议。

3 月 2 日 省委第七考核组莅临省统计局开展 2016 年度领导班子和领导干部考核工作。

3 月 17 日 省统计局召开 2017 年全省统计系统党风廉政建设工作视频会议。

3 月 21 日 江西省统计局、国家统计局江西调查总队联合发布《江西省 2016 年国民经济和社会发展统计公报》。

4 月

4 月 省统计局撰写的《一季度全省经济实现开门红》、《一季度 GDP 初步测试情况分析》、《非公有制经济助力江西经济增长》、《密切关注工业能耗反弹趋势》获省领导批示或圈阅。

4月13日 国家统计局党组成员、副局长、国务院农普办主任鲜祖德来赣调研督查第三次全国农业普查工作，省委常委、常务副省长毛伟明会见鲜祖德一行。

4月26日—27日 国家统计局党组成员、总经济师盛来运来赣出席全国综合统计暨新闻宣传工作会议并调研经济形势，省委常委、常务副省长毛伟明会见盛来运一行。

5月

5月 省统计局撰写的《1-4月全省经济稳中向好》、《当前工业用水存在五大问题》获省领导批示或圈阅。

5月 省统计局社会科技和文化产业统计处荣获全省实施妇女儿童发展纲要先进集体荣誉称号。

5月4日—9日 省统计局组织实施全省第三次农业普查事后质量抽查。

5月5日 省统计局正式启动市县领导干部统计知识培训工作。至12月中旬，省统计局先后赴10个设区市开展市县领导干部统计知识培训，受训人员达14000余人。

5月9日—11日 国家统计局党组成员、副局长郑京平来赣出席全国统计信息化和信息安全工作会议并调研经济形势。

5月23日 省委常委、赣州市委书记李炳军赴会昌开展“降成本、优环境”调研，省统计局党组书记、局长万庆胜，党组成员、副局长曹青云陪同。

6月

6月7日 省统计局召开推进“两学一做”学习教育常态化制度化工作部署会。

6月22日 省委副书记、省长刘奇拜会国家发改委副主任、国家统计局局长、党组书记宁吉喆，省统计局党组书记、局长万庆胜参加会谈。

6月22日 省政府新闻办、省测绘地理信息局、省国土资源厅、省统计局、省第一次地理国情普查领导小组办公室联合召开江西省第一次地理国情普查公报新闻发布会。

6月26日—29日 国家统计局党组成员、副局长郑京平在赣州市出席《国务院关于支持赣南等原中央苏区振兴发展的若干意见》出台实施五周年系列活动，调研当前经济形势和统计调查工作。

7月

7月 省统计局撰写的《农业经济稳步提升发展动力逐步升级》、《率先垂范正党风，严格执行扶社风——2017年中央八项规定精神贯彻执行情况民意调查数据解读》、《上半年各设区市主要经济指标情况》获省领导批示或圈阅。

7月19日 省统计局与省政府新闻办联合召开上半年全省经济运行情况新闻发布会。

7月19日 省统计局成立江西省第四次全国经济普查筹备领导小组及办公室。

8月

8月 省统计局撰写的《1-7月全省经济延续平稳态势》、《蓬勃发展显亮点，创新引领增活力——我省旅游业发展情况分析》获省领导批示或圈阅。

8月3日 省委深改组第十五次全体会议审议并原则通过《关于深化统计管理体制改革提高统计数据真实性的实施意见》。

8月19日 省委办公厅、省政府办公厅正式印发《关于深化统计管理体制改革提高统计数据真实性的实施意见》。

8月21日-22日 全省统计工作座谈会在靖安召开。

8月28日 《江西日报》发表省统计局党组书记、局长万庆胜，国家统计局江西调查总队党组书记、总队长方正亚署名文章——坚持依法统计 推进依法治统 为统计事业健康发展保驾护航》。

9月

9月 省统计局撰写的《深入推进农业供给侧结构性改革，加快推动江西现代农业强省建设》、《我省在国家绿色发展评价中位次预判分析》、《关于研发支出计入GDP及对GDP带来变化的报告》、《江西离创新省份有多远》、《关于绿色发展评价与国家对口部委沟通及指标数据情况的汇报》获省领导批示或圈阅。

9月14日 省统计局党组成员、副局长彭勇平为全省第27期县处级领导干部经济管理知识培训班进行“统计法及相关统计知识”专题讲座，为“统计进党校”开讲了第一课。

9月19日 省委常委、常务副省长毛伟明，省委常委、南昌市委书记、赣江新区党工委书记殷美根赴南昌经济技术开发区调研“三新”统计监测工作，省统计局党组书记、局长万庆胜陪同调研。

9月19日至22日 全省统计干部统计知识培训班在江西财经大学举行。

9月20日 省统计局、国家统计局江西调查总队、南昌市统计局、国家统计局南昌调查队在南昌经济技术开发区北大科技园联合主办全省第八届“中国统计开放日”现场活动。

9月22日 前三季度全省宏观经济形势分析会议在南昌召开。

9月26日 省统计局印发《关于开展第四次全国经济普查专项试点（江西）工作的通知》，正式启动第四次全国经济普查专项试点工作。

9月29日 全省社会治安综合治理表彰大会在南昌召开，省统计局社情民意调查中心被大会授予“全省社会治安综合治理先进集体”称号。

10月

10月 省统计局撰写的《关于研发支出计入GDP及对GDP带来变化的报告》、《前三季度GDP初步测算情况分析》获省领导批示或圈阅。

10月12日 省统计局党组书记、局长万庆胜，国家统计局江西调查总队党组书记、总队长方正亚在《江西日报》联合发表署名文章——《砥砺前行谋新篇铿锵奋进铸辉煌—党的十八大以来江西经济社会发展成就》。

10月18日 省统计局领导班子成员和全体干部职工集中收听收看中国共产党第十九次全国代表大会。

10月23日 省统计局与省政府新闻办联合召开“2017年前三季度全省经济运行情况”新闻发布会。

10月30日 省统计局召开学习贯彻党的十九大精神会议。

11月

11月 省统计局撰写的《能耗增速逐季下降工业节能进展顺利》、《投资平稳增长上升面临压力——前三季度固定资产投资情况解析》、《前三季度我省规上工业效益三增三降》、《江西与全国同步全面小康进程统计监测分析》、《江中集团联点帮扶工作进展顺利》获省领导批示或圈阅。

11月2日—3日 国家统计局党组成员、副局长鲜祖德来赣调研第四次全国经济普查专项试点工作和产业活动单位统计改革工作。

11月17日 省统计局、国家统计局江西调查总队联合举办学习贯彻党的十九大精神报告会。

11月24日 省统计局在南昌召开全省统计法治工作会议。

11月26日至28日 省统计局在井冈山市召开全省统计系统学习贯彻党的十九大精神专题研讨会。

12 月

12 月 省统计局撰写的《会昌工业园区“降成本优环境”专项行动成效显著》、《推进江西生态文明建设构建富裕美丽江西》获省领导批示或圈阅。

12 月 8 日 省统计局与南昌市统计局、新建区统计局联合开展“12•8”《统计法》颁布纪念日暨统计法治宣传月活动。

12 月 12 日 省统计局在江西新闻广播直播室开展“贯彻党的十九大精神 推进统计法治建设”特别直播节目。

中国统计出版社最新图书简目

(仅供参考,以实际出版为准)

统计资料

中国统计年鉴　中国统计摘要　中国第三产业统计年鉴

中国第三次全国农业普查综合资料　国际统计年鉴　金砖国家联合统计手册

中国-东盟国家统计手册　中国农村统计年鉴　中国县域统计年鉴

中国农产品价格调查年鉴　中国城市统计年鉴　中国价格统计年鉴

中国贸易外经统计年鉴　中国零售和餐饮连锁企业统计年鉴　中国商品交易市场统计年鉴

大中型批发零售和住宿餐饮企业统计年鉴　中国住户调查年鉴　中国工业统计年鉴

中国环境统计年鉴　中国能源统计年鉴　中国建筑业统计年鉴

中国房地产统计年鉴　中国固定资产投资统计年鉴　中国对外直接投资统计公报

中国人口和就业统计年鉴　中国劳动统计年鉴　中国社会统计年鉴

中国科技统计年鉴　中国高技术产业统计年鉴　全国企业创新调查年鉴

中国文化及相关产业统计年鉴　2018年时间利用调查资料　中国妇女儿童状况统计资料

中国基本单位统计年鉴　中国教育统计年鉴　中国教育经费统计年鉴

中国民族统计年鉴　中国残疾人事业统计年鉴

省级综合统计年鉴系列

北京 天津 河北 山西 内蒙古 辽宁 吉林 黑龙江 上海 江苏 浙江 安徽 福建 江西 山东 河南 湖北 湖南 广东 广西 海南 重庆 四川 贵州 云南 西藏 陕西 甘肃 青海 宁夏 新疆 新疆生产建设兵团

市(县)级综合统计年鉴系列

滨海新区 石家庄 唐山 邯郸 保定 沧州 邢台 廊坊 承德 衡水 秦皇岛 张家口 太原 大同 阳泉 长治 晋城 朔州 晋中 运城 忻州 临汾 吕梁 呼和浩特 呼和浩特新城区 鄂尔多斯 包头 沈阳 大连 长春 吉林 延吉 四平 通化 松原 哈尔滨 齐齐哈尔 黑龙江垦区 上海浦东新区 南京 无锡 徐州 常州 苏州 南通 连云港 淮安 盐城 扬州 镇江 泰州 宿迁 江阴 丹阳 海门 杭州 宁波 温州 嘉兴 湖州 绍兴 金华 衢州 舟山 台州 丽水 合肥 安庆 马鞍山 福州 厦门 宁德 漳州 龙岩 南昌 九江 上饶 新余 抚州 萍乡 赣州 吉安 景德镇 济南 青岛 潍坊 枣庄 日照 滕州 郑州 洛阳 平顶山 三门峡 商丘 信阳 济源 汝州 武汉 十堰 荆州 宜昌 荆门 咸宁 长沙 广州 深圳 惠州 东莞 汕尾 南宁 柳州 桂林 梧州 来宾 河池 防城港 海口 三亚 成都 贵阳 黔南 毕节 昆明 西安 咸阳 延安 宝鸡 安康 铜川 汉中 榆林 兰州 庆阳 银川 乌鲁木齐 兵团一师 兵团十师

调查年鉴系列

天津 内蒙古 上海 浙江 福建 河南 湖北 湖南 广东 广西 重庆 四川 云南 甘肃 宁夏

统计方法应用/实用手册

实用SAS统计分析教程　Python数据分析基础　统计公文知识问答　领导干部统计知识问答

乡镇统计人员岗位知识培训系列教材：辅助调查员岗位基础知识　乡镇统计人员岗位基础知识

县级统计人员岗位知识培训系列教材：Excel在统计工作中的应用　简明统计分析

地市级统计人员岗位知识培训系列教材：统计报告与演示　中国国民经济核算体系（2016）基础知识

全国统计专业技术资格考试系列考试用书：统计业务知识（第四版）　统计业务知识学习指导与习题

全国统计专业技术资格考试系列考试用书：统计相关知识（第四版）　统计相关知识学习指导与习题

统计通俗读物/统计科普图书

我国20个统计指标的历史变迁　联合国工业发展组织：2016年工业发展报告

中国古代统计发展史　理解国民账户

重点图书

波澜壮阔四十年　砥砺奋进铸就辉煌——改革开放40年与时俱进的中国统计

新编英汉汉英统计大词典　中国国民经济核算体系2016　国民经济行业分类注释

挑大学选专业2019—考研择校指南　挑大学选专业2019—高考志愿填报指南　中华医学统计百科全书

中国统计出版社发行部电话：（010）63376907　63376908　同榺行书店电话：68783171　68783172

地址：北京市丰台区西三环南路甲6号　邮政编码：100073　网址：http://www.zgtjcbs.com